Peter Meyer Reiseführer **FAHRRAD-REISEN**

MARTIN KARSTEN · FRANK MICUS

JOHANNES REMMEL

FAHRRAD~REISEN

Das unentbehrliche Handbuch
für jede Radtour

PETER MEYER REISEFÜHRER
4. aktualisierte Auflage, Frankfurt am Main 1994

IMPRESSUM
© 1989, 1990, 1993, 1994 Peter Meyer Reiseführer
Schopenhauerstraße 11, 60316 Frankfurt am Main
Umschlag- und Reihenkonzept, insbesondere die Kombination
von Griffmarken und Schlagwort-System auf dem Umschlag,
sowie Text, Karten, Tabellen und Illustrationen sind urheber-
rechtlich geschützt.
Druck und Bindung: Tiskarna DAN, Ljubljana
Lithographie: Repro 45, Frankfurt am Main
Umschlaggestaltung: Fuhr & Wolf, Frankfurt am Main
Karten: Kirsten Elsner & Marc Schichor, Karlsruhe
Zeichnungen: K. Elsner, M. Schichor, P. Meyer, M. Remmel
Umschlagfotos: Jörg Danzberg, Frank Micus
Fotos: Verlagsarchiv 235, 246, 259, 264, 272, 293, 315, 319, 325,
336, 345, 362, Peter Schneider 74, 116, 144, 149, 152, 163, 183, 195, 196, 254,
330, 352, 365, Wolfgang Burk 57, Jörg Danzberg 32,
191, 208, Stefan Ludmann 212, alle anderen von den Autoren
Lektorat und Gestaltung: Annette Sievers

VERTRIEB FÜR DEN BUCHHANDEL
PROLIT GMBH, Postfach 9, D-35463 Fernwald-Annerod
AVA/buch 2000, Postfach 89, CH-8910 Affoltern a.A.
FREYTAG & BERNDT, Postfach 169, A-1071 Wien
NILSSON & LAMM, Postbus 195, NL-1380 AD Weesp
andere Länder über den Verlag
ISBN 3-922 057-51-9

INHALT

»Es war ein Tag für Klapperschlangen, Männerzigaretten und die wirklich echten Gefühle. Wir waren mit dem Auto unterwegs, quer durch Arizona – aber was heißt hier Auto? Einen offenen Sportwagen hatten wir gemietet! Einen Ford Mustang, blitzend weiß, mit singendem Motor und burgunderrot bespannten Sitzen. Dazu der blaublaue Himmel, der den Schädel dörrte, und um uns herum nur Wüste wie von John Wayne geträumt. Im Gürtel stak das neugekaufte Bowiemesser zu 18 Dollar. Wir hielten an der einsamsten Tankstelle der Welt, um Cola und Benzin zu tanken.
Und da trafen wir IHN.
Ein schmächtiger Bursche in kurzen Hosen lehnte an einer kleinen Mauer, neben sich ein Fahrrad. Das 18gängige Cross-Bike war hoch bepackt, unter der feinen Staubschicht schimmerte es chromhell und aluminiumen, und die am Lenker festgezurrte Karte kündete von gewagten Durchquerungen und letztmöglichen Heldentaten. Der Typ war mit dem Fahrrad hier. Hier. Wir schluckten.
Er nickte uns freundlich zu, als wir steif aus dem Auto stiegen, schwang sich in den Sattel, schnurrte davon und verschwand im Sonnenglast. Unglaublich.«

RALF HOPPE, MIT
FREUNDLICHER GENEHMIGUNG
AUS: ZEITMAGAZIN, AUGUST 1990

Vorwort

Es ist nicht ganz leicht, »Nicht-Kennern« etwas von der Faszination einer Radreise zu vermitteln. Nur allzu schnell werden wir als Schwärmer belächelt, wenn wir von dem berauschenden Tannenduft erzählen, von den schattigen Buchenwäldern, den zirpenden Grillen oder dem kühlen Bach, in dem wir an der tiefsten Stelle geschwommen sind. Tatsächlich kommen die unzähligen Begegnungen und Gespräche am Wegesrand dazu, und plötzlich eröffnen sich neue Perspektiven. Man bekommt einen genaueren Einblick in Struktur, Tradition, Mentalität und Kultur eines Landes. Mit dem Fahrrad hat man die Freiheit, sich abseits der üblichen Wege dem alltäglichen, fremden Leben zu nähern. Das Bewußtsein, mit dem sozial- und umweltverträglichsten Fahrzeug zu reisen, ist dann nur noch eine erfreuliche Dreingabe.

Als wir wieder mal unsere Fahrradtaschen packten, um zu einer längeren Tour quer durch Europa und Nordafrika aufzubrechen, reichten die Reaktionen unserer Freunde von neidvoller Bewunderung bis zu mitleidigem Bedauern. Wir bekamen immer ähnliche Fragen gestellt: Erholung und Fahrradferien – paßt das zusammen? Bekommt man denn keinen wunden Hintern? Ist das nicht viel zu gefährlich? Wie kommt man denn sechs Monate mit so wenig Gepäck aus?

Als wir schließlich losfuhren, hatten auch wir nicht jede Frage, die bei der Vorbereitung aufgetaucht war, klären können: Halten unsere Räder? Haben wir alle nötigen Ersatzteile, die besten Karten dabei? Haben wir die richtige medizinische Vorsorge getroffen? Wird man uns an Grenzen Schwierigkeiten machen …? In Büchern fanden wir dazu nur unzureichende Antworten. Das war die Geburtsstunde dieses Reisesachbuches. Die zusammengetragenen Informationen zur Ausrüstung des Radlers – samt medizinischer Vorsorge –, zur Ausstattung eines Reiserades – inklusive Reparatur-Tips – und die Länderinfos zu allen europäischen Ländern (aus Mangel an ausreichend Informationen und Erfahrungen außer den Staaten der ehemaligen Sowjetunion) und den Mittelmeerländern sollen bei der Planung und Durchführung einer Radreise helfen. Mit dem radlerspezifischen Lexikon begleiten wir Sie dann noch ein Stück auf Ihrer Reise.

Auch zur vierten, aktualisierten und stark erweiterten Ausgabe unseres Fahrrad-Buches freuen wir uns über Lob und Kritik, über Anregungen und Postkarten von unterwegs! Schreiben Sie uns an die Verlagsadresse; verwertbare Informationen honoriert der Verlag mit einem Buch aus seinem Programm oder schickt Ihnen auf Wunsch sein Verlagsverzeichnis zu. Und wenn Ihnen dieser *Peter Meyer Reiseführer* gefallen hat, freuen wir uns, wenn Sie den Verlag auch Ihren Freunden und Bekannten weiterempfehlen!

Was erwarte ich von meiner Radreise?

Das Gelingen einer Fahrradtour wird erst in zweiter Linie von äußeren Einflüssen bestimmt. Im Vordergrund stehen persönlicher Wunsch und Wille. Der eine verbindet eine Radtour vielleicht mit abendlicher Zeltromantik, der andere mit Leistungsfähigkeit, der dritte einfach mit seinem Freiheitsbedürfnis. Die folgenden Fragen sollen helfen, Wünsche und Anforderungen an eine Radtour zu klären. Sie werden auch vorbereitende Gespräche mit Reisepartnern ungemein erleichtern.

• Bin ich der Typ, der das Ungeplante, Unerwartete und Spontane genießt, der auch bei noch so großen Schwierigkeiten seinen Spaß hat, dem also nichts, kein Wind und kein Wetter, seine Freude am Radfahren nehmen kann? Wenn ja, ist weiteres Lesen verschwendete Zeit! Pack Deine Klamotten zusammen, schwing Dich auf Deinen Drahtesel und ab geht's – immer schön geradeaus … Viel Glück und schreib' uns mal!

Freizeit- und Alltagsradlern mögen jedoch kleine Zweifel bleiben:

• Bin ich tourenerfahren? In der näheren Umgebung, in Europa, unter extremen Bedingungen? Will ich vor der »großen Tour« Erfahrungen sammeln oder den Sprung ins kalte Wasser wagen? Wie stark ist mein Wille (gerade bei längeren Touren)? Wie groß ist meine Bereitschaft, mich plötzlichen Problemen zu stellen und fehlende Perfektion auszuhalten?

• Wie lange möchte ich unterwegs sein? Sind mein Zeitrahmen und ich flexibel genug, mich nicht immer für die schnelle, aber teurere Lösung entscheiden zu müssen?

• Wohin soll die Reise gehen? In eher vertraute Gefilde und Regionen, die meinem Lebensstil nicht allzu fremd sind, oder reizt mich gerade das Unbekannte? Bin ich offen für neue Erfahrungen, andere Kulturen und kann ich Menschen unvoreingenommen begegnen?

• Möchte ich eher alleine und unabhängig sein oder lieber meine Eindrücke mit anderen teilen? Wie gut kenne ich die Leute, mit denen ich fahre? Sind auch persönliche Ängste und Sorgen vor dem engen Miteinander besprochen worden? Wie reagiere ich bei Auseinandersetzungen?

Oder will ich alleine losfahren, weil ich die Einsamkeit suche und aushalte? Kann ich mit der Sehnsucht nach Nähe, Liebe und Geborgenheit umgehen? War ich schon einmal länger (drei bis vier Monate) von der Sicherheit meiner gewohnten Umgebung entfernt?

• Habe ich meinen Körper schon unter extremen Bedingungen (Kälte, Hitze, eventuell Durchfallerkrankung) erlebt? Wie reagiere ich auf Belastungen und Anstrengungen? Nehme ich mir Zeit, mich auf veränderte äußere Bedingungen einzustellen?

• Habe ich noch andere Ziele und persönliche Vorstellungen, beispielsweise ideeller oder geographischer Natur? Gibt es für mich bei einer langen Reise Beschäftigungen, denen ich nachgehen will (z.B. Fotographie, Kunst, Musik, Essen, Handwerk, Kunsthistorisches, Architektur, Klassisches, Natürliches, Bars und Cafés, Begegnungen mit anderen Kulturen, Religionen und Menschen)?

• Will ich die ganze Tour mit dem Fahrrad fahren? Brauche ich eine Alternative, falls ich mich überschätze? Sollen andere Verkehrsmittel mit einbezogen werden? Bin ich erfahren in der Reise mit Bahn, Schiff und Flugzeug? Kann ich Kursbücher und Fahrpläne lesen?

• Habe ich mich schon einmal mit der Technik von Rad und Ausrüstung beschäftigt oder vertraue ich meinem Improvisationstalent?

Daß Radreisen mitunter überaus anstrengend sind, wird niemand ernsthaft bezweifeln. Endlose Steigungen, dauernder Gegenwind, Eiseskälte oder drückende Hitze können die Stimmung auch tatendurstigster Radler auf den Nullpunkt sinken lassen. Aber mit zunehmender Tourenerfahrung wird klar, daß sich zu jedem Tief ein Hoch gesellt und Strapazen durch viele kleine Überraschungen und herrliche Ausblicke entschädigt werden. Also:
Auf geht's!

Peter Meyer Reiseführer
– Korrekturen Fahrrad-Reisen –
Schopenhauerstraße 11
D-60316 Frankfurt am Main

MARTIN KARSTEN, FRANK MICUS
UND JOHANNES REMMEL
Juli 1994

REISEVORBEREITUNG

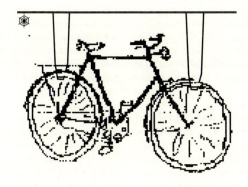

DIE REISE PLANEN UND VORBEREITEN

*Für die Grobplanung ist es zunächst nötig,
sich einen Überblick über das mögliche Reiseland und praktische
Informationen dazu zu besorgen. Ich muß wissen, was mich landschaftlich
erwartet, welche Karten dafür nützlich sind, wie ich sie handhabe und wo ich
sie auf dem Rad unterbringe. Zur Vorbereitung unerläßlich sind natürlich
Geldangelegenheiten und der leidige Papierkram. Haupt- und
Lieblingsthemen für Radler sind dagegen Wind und Wetter sowie die genaue
Tourenplanung. Um einen erlebnisreichen Urlaub verbringen zu können,
ist also ein bißchen Planung notwendig.*

Wie informiere ich mich?

Eine gründliche *Reisevorbereitung* sollte nicht nur sachlich informieren, sondern auch den eigenen Horizont erweitern und tiefere Dimensionen des Erlebens erschließen. Das gilt ganz besonders für Reisen in andere Kulturkreise. Deshalb sind Orientierungshilfen zur Erkundung von Land und Menschen so nötig wie die Straßenkarten. Nur so kann man verhindern, sich auf dem Weg zum Wesen der Kultur und der Menschen zu verfahren.

Das Wissensspektrum sollte möglichst breit sein: von den offiziellen Infos der Fremdenverkehrsämter über Reiseführer und Anliegen von »Dritte-Welt-Gruppen« bis zu Fragen nach oppositionellen Sichtweisen der politischen Wirklichkeit.

Direktinfos

Der unmittelbarste Weg, Aufschluß über ein Land zu erhalten, ist das Gespräch mit dessen Bewohnern. Kontakte vermitteln die jeweiligen ausländischen Studentenvereinigungen, deren Adressen es bei der *Vereinigten*

Deutschen Studentenschaft (VDS), Reuterstraße 44, 53113 Bonn, oder bei der Uni vor Ort gibt.

Erfahrungsaustausch beim *Stammtisch für Radler,* Reisepartnervermittlung und andere Infos bietet die Berliner *Initiative Tourenradler,* Kontakt: A. Volkmann, Martin-Opitz-Str. 6, 13357 Berlin, ✆ 030/4659757 oder 7825002.

Botschaften

Botschaftsadressen von Ländern, die nicht in unseren »Länderinfos« stehen, erfährt man über die Auskunft oder aber aus dem sogenannten *Stuttgarter* (Fink-Kümmerly & Frey Verlag, Ostfildern), einer Loseblattsammlung, die in jedem größeren Reisebüro zu finden ist.

Eine knappe Adressenliste der Vertretungen und FVA der Hauptreiseländer steht in der kostenlosen Broschüre *Urlaub – Tips für Ihre Ferienreise,* Presse- & Informationsamt der Bundesregierung, Welckerstraße 11, 53113 Bonn, ✆ 0228/ 208-0.

Fremdenverkehrsämter (FVA)

Die offiziellen Vertretungen der Reiseländer verschicken Informations- und Werbematerial (Ein-, Ausreisebestimmungen, Formalitäten, allgemeine Infos) von unterschiedlicher Qualität. Die Adressen sind bei großen Reisebüros in der Adressensammlung *Fremdenverkehrs-Informationsdienst,* FID, einzusehen oder unseren »Länderinfos« zu entnehmen. Bei Ländern, die kein FVA unterhalten, wendet man sich direkt an die Botschaft. Bei konkreten und spezifischen Fragen ist es in jedem Fall besser, bei den Fremdenverkehrszentralen und Botschaften nachzuhaken.

Freundschaftsgesellschaften

Hinter diesem Namen verbergen sich eine Vielzahl unterschiedlicher Organisationen und Gruppen mit ebenso unterschiedlichen Absichten. Sie reichen von politischer und wirtschaftlicher Public Relation über Solidaritätsgruppen zur Völkerverständigung bis hin zu Initiativen zur Vermittlung von privaten Kontakten. Eine Anfrage mit Bitte um Info-Material schadet nie. Adressenzusammenstellungen finden sich im *Info-Heft* der DZG siehe S. 15.

Goethe-Institute

Diese Kulturinstitute, meist in den Haupt- und größeren Städten der jeweiligen Länder, vermitteln unter anderem auch Kontakte zu interessierten Einheimischen. Ein Adressenverzeichnis kann bei der *Zentralverwaltung der Goethe-Institute* angefordert werden: Balanstraße 57, 81541 München, ☎ 089/418680.

Studienkreis für Tourismus und Entwicklung (StfTuE)

Als Zusammenschluß verschiedener Trägerorganisationen ist der StfTuE Herausgeber der *Sympathie-Magazine,* die mit guten Hintergrundinformationen Verständnis für Land und Leute wecken wollen. Bisher erschienen Ägypten, Bolivien, Griechenland, Indien, Indonesien, Israel, Jamaika, Jemen, ehemals Jugoslawien, Karibik, Kenya, Malaysia, Marokko, Mexiko, Nepal, Peru, Philippinen, Singapur, Sizilien, Spanien, Sri Lanka, Thailand, Tunesien, Türkei, VR China, Islam.

Die etwa 50 Seiten starken Hefte sind gegen je 6 DM per Verrechnungsscheck StfTuE e.V., Kapellenweg 3, 82541 Ammerlad/Starnberg See, ☎ 08177/1783, zu beziehen. Der Studienkreis gibt außerdem *drei Broschüren* über Möglichkeiten, Veranstalter und Institutionen internationaler Begegnungen in *Deutschland, Europa* und *Übersee* heraus.

Organisationen zum Thema »Reisen und Dritte Welt«

Für einen grundlegenden Einblick in die Probleme der sogenannten Entwicklungsländer empfehlen wir das mit vielen Illustrationen ausgestattete, anschauliche Werk von Rudolf H. Strahm *Warum sie so arm sind,* Peter Hammer Verlag, Wuppertal 1990.

Weitere Literaturhinweise finden sich unter der Griffmarke »Lexikon und Adressen«. Dort sind außerdem eine Reihe von Adressen der verschiedenen Gruppen und Institutionen verzeichnet, die meist gegen Rückporto über ihre Arbeit informieren.

Allgemeiner Deutscher Fahrrad-Club (ADFC)

Der ADFC besteht aus den verschiedenen Landesverbänden und Ortsgruppen, die sowohl politische Arbeit leisten als auch beraten oder Fahrradtouren organisieren. Mitglieder (Jahresbeitrag 60 DM, ermäßigt 39 DM und Familien 78 DM) sind als Radfahrer, Fußgänger und Benutzer öffentlicher Verkehrsmittel automatisch haftpflicht- (bis zu 1 Mio DM) und rechtsschutzversichert (bis zu 50.000 DM) und beziehen Bücher und Karten des ADFC günstiger.

Die etwas sehr industriefreundliche Mitgliederzeitung »Radfahren« bietet teils nützliche Informationen rund ums Rad.

Bei der *Bundesgeschäftsstelle* des ADFC, Postfach 107747, 28077 Bremen, Hausanschrift Hollerallee 23, 28209 Bremen, ✆ 0421/346290, sitzen Experten für Radreisen und verschicken auf schriftliche Anfrage eine aktuelle Liste lieferbarer Reise- und Länderinformationen (mit 1,40 DM frankierten Rückumschlag beilegen). Die Länderinfos zu 21 europäischen Ländern kosten jeweils 1 DM und werden alle zwei Jahre aktualisiert.

Der *ADFC* unterhält auch eine Tourenradlerkartei (»Wer War Wo«). Zu nahezu allen europäischen und einigen außereuropäischen Ländern werden Adressen von Radfahrern vermittelt, die schon einmal dort waren; in die Kartei kann jeder mittels eines Fragebogens (erhältlich beim Bundesverband oder jeder Geschäftsstelle) seine eigenen Erfahrungen eintragen lassen. Gegen 3 DM (Nichtmitglieder 5 DM) pro Land wird auf Anforderung eine Liste erstellt, die eine Grobinformation und vor allem die Anschriften der Informanten enthält (derzeit sind etwa 500 Datensätze erfaßt). Stets Mitgliedsnummer angeben und Rückporto beilegen!

Die Adressen der Landesverbände und die der Geschäftsstellen der Ortsgruppen sind in der alle zwei Monate erscheinenden Zeitung »Radfahren« (Zeitschriftenhandel) enthalten.

European Cyclists' Federation (ECF)

… ist ein Zusammenschluß europäischer Radlerverbände. ADFC-Mitglieder können die Leistungen anderer europäischer Radvereine in Anspruch nehmen, als seien sie auch dort Mitglied. Besonders reichhaltige Informationsangebote haben die Niederlande, Schweiz, Österreich, Großbritannien und Dänemark. Adressen und Leistungen siehe in unseren »Länderinfos«. ECF, Postbus 2150, NL-3440 DD Woerden, ✆ 0031/34/8023119.

Die *Eurocycle Service Card* ist eine eigene Service-Card für Radfahrer. Mit ihr können alle Mitglieder der Clubs, die dem ECF angeschlossen sind, die Leistungen anderer Vereine in Anspruch nehmen. Für ADFC-Mitglieder gilt die Rückseite des Ausweises als Eurocyle-Card. Vorteil: Infos, Bücher und Radfahrkarten der jeweiligen Länder sind dadurch billiger zu haben (siehe besonders unsere »Länderinfos« Dänemark (DCF), Österreich (Argus), Schweiz (VCS) und Holland (ENFB).

Verkehrsclub Deutschland (VCD)

Der VCD handelt wie seine Partner in der Schweiz (VCS) und Österreich (VCÖ) nach dem Grundsatz, einen umweltverträglicheren Verkehr zu fördern. Neben verkehrspolitischen Initiativen gibt's für Mitglieder Serviceleistungen wie Versicherungen, Radwanderkarten und Literatur. Eifelstr. 2, 53119 Bonn, ☎ 0228/985850.

Globetrotter-Clubs

Deutsche Zentrale für Globetrotter e.V., Birkenweg 19, 24558 Henstedt-Ulzburg. Die DZG gibt ein *Infoheft* heraus, das gegen 5 DM in Briefmarken erhältlich ist. Das Infoheft nennt Adressen für Behindertenreisen, Ausrüstungs- und Geographische Buchläden, Freundschaftsgesellschaften, Billigflugbüros und Organisationen, die sich mit dem Thema »Reisen und Dritte Welt« auseinandersetzen, und gibt Hinweise auf Literatur für Fernreisende sowie Möglichkeiten der Reisepartnervermittlung.

Die DZG gibt als Club-Zeitschrift den *Trotter* mit einem Mitgliederverzeichnis heraus, durch das Adressen von anderen Globetrottern zwecks Informationsaustausch weitergegeben werden. Diese Informationen sind ausschließlich Mitgliedern zugänglich; über die Modalitäten der Aufnahme gibt das Infoheft Auskunft.

Globetrotter Club, Postfach, CH-8023 Zürich, ☎ 01/2112023/24, Herausgeber des *Globetrotter Magazins*, Ableger der Flugbüros Globetrotter Travel Service.

Traveller Club Austria, Schreyvogelstraße 3, A-1010 Wien.

Globetrotters Club, BCM/Roving, London WC 1N 3XX, England, United Kingdom, englisches Gegenstück zur DZG.

Wegwijzer vzw, Beenhouwerstr. 24, B-8000 Brugge, Belgien.

Nederlandse Globetrotters Club, Toussaintkade 14, NL-2513 CJ Den Haag.

Travel-BIT, Andrzej Urbanik, Skr. poczt. 258, PL-30965 Kraków 69, Polen.

TransCyclist International, C.P.O Box 2064, Tokyo 100-91, Japan.

Info-Börsen

• Kartei über »alternatives Reisen«, vor allem über Projekte, Zusammenschlüsse und Workcamps in Asien und Lateinamerika. Möglichst präzise Anfragen, frankierter Rückumschlag und 5 DM in Briefmarken an Peter Becker, Spengelweg 28, 20257 Hamburg.

• Adressenkartei von Leuten, die bereit sind, ihre Reiseerfahrungen zu bestimmten Zielen weiterzugeben. Unter Stichwortangabe (z.B. »Lappland«) sind die jeweiligen Adressen zu bekommen bei *Sack und Pack*, Matthias Echtermeyer, Aachener Straße 10, 40223 Düsseldorf, ☎ 0211/346218. Diese Datei läuft allerdings derzeit mangels Anfragen aus. Mit Glück ist noch eine aktuelle Adresse des gesuchten Landes dabei.

• Private Infobörse auch von Ländern, die nicht alltäglich besucht werden, bei Burkhard Herbote, Klarastraße 22, 59269 Beckum. Preise auf Anfrage mit frankiertem Rückumschlag.

Reiseliteratur

Ein guter **Reiseführer** läßt den Radfahrer nicht überall nur staunend vorbeirauschen, sondern gibt Hinweise zum Verweilen und Verstehen. Für Radfahrer halten wir solche Reiseführer für am geeignetsten, die Landeskunde, Städte- und Streckenbeschreibungen, Tips und Hinweise auf Verhaltensweisen mit persönlichen Eindrücken verbinden und so auf Land und Leute einstimmen. Dazu benötigt man häufig mehr als nur ein Buch.

Bei unserer ersten Nordafrika-Tour empfanden wir es als lehrreich, neben den mehr technischen Reiseführern den Bericht eines nordafrika-erfahrenen Journalisten zu lesen. Er vermittelte uns Verständnis für die dortige Lebensweise, die wir täglich erlebten. Ähnlich zu verwenden sind die klassischen **Reiseberichte**, wie Goethes »Italienreise«, von Humboldts Südamerikabuch, George Sands »Ein Winter auf Mallorca« oder Seumes »Spaziergang nach Syrakus«. Diese Art von Reiseliteratur geht bei dem weit verbreiteten Bedürfnis, alles in möglichst kurzer Zeit sehen zu müssen, oft unter. Doch in Verbindung mit dem Rad und einem gemächlichen Reisetempo könnte man sich ihrer ruhig wieder erinnern.

Neben solcher Literatur gibt es auch zeitgenössische Radlerprosa z.B.: Hans-J. Boysen *Nordamerika im Vorbeifahren;* Richard und Niclas Crane *Kilimandscharo per Rad: Mit dem Mountain Bike auf dem höchsten Berg Afrikas,* Franz-Schneider-Verlag 1987; Herbert Lindenberg *Mit dem Fahrrad in die Türkei,* Frederking & Thaler 1990; Patrick Hettrich *Von Feuerland nach Mexico,* Stuttgart 1987; Fred Roderich Pohl *Mit dem Fahrrad nach Kalkutta,* Göttingen 1981; Kreutzkamp *12.000 km Australien und Neuseeland,* Motorbuch-Verlag; Bettina Selby *Ah, Agala! – Eine Frau erfährt Afrika,* Schweizer Verlagshaus; Croop/Grauhan *Frankfurt - Rom per Rad – Auf den Spuren der Salier und Staufer,* BVA; Christian E. Hannig, *Mit dem Fahrrad durch Alaska – 5000 km durch das Land der Bären,* Frederking & Thaler, 1993.

Ein Klassiker in dieser Sparte ist H. Helfgens *Mit dem Fahrrad um die Welt,* Neubearbeitung 1988 bei der BVA. Einen genußvollen Streifzug durch 100 Jahre Fahrradkultur von Thomas Mann bis Leonie Ossowski, von Henry Miller bis Emile Zola bietet *Fahrradgeschichte – Ein Lesebuch für Liebhaber,* P. Schweitzer (Hrsg.), Bylos Verlag, Berlin 1993.

Radreiseführer & Radwanderführer

Speziell für Radreisende sind Radwander- und Radreiseführer entwickelt worden, die in den »Länderinfos« aufgeführt und zum Teil bewertet sind. Sie kämpfen alle mit den gleichen Problemen:

Streckenbeschreibungen sind auch durch gutes Kartenwerk und gründliche Vorinformationen zu ersetzen, touristische Informationen und Tips sind eher in praktischen Reiseführern (wie zum Beispiel in den *Peter Meyer Reiseführern*) zu finden. Radreiseführer können im Vorfeld einer Tour mit ihren Streckenbeschreibungen, Tourenideen und wichtigen Infos zu fahrradspezifischen Themen gute Planungshilfen sein. Eine gelungene Mischung aus Buch und Karte bieten für kleinräumige Radtouren die Radwanderführer von Esterbauer/Weinfurter (Deutschland und Österreich) und der Weserradführer der BVA.

Beschreibungen von Landschaften sind im Sinne eines Reiseratgebers kaum möglich, denn Natur ist am wenigsten in Begriffe zu fassen. Die Gefühle des Einzelnen werden in einer Landschaft und unter bestimmten Bedingungen – Wetter oder körperliche Konstitution – von der individuellen Erlebniswelt bestimmt. Außerdem spielt die subjektive Einschätzung von Straßenverhältnissen oder Höhenunterschieden eine entscheidende Rolle.

Beispiel: Tatort Sierra Nevada. Die Beschreibung »Jetzt gibt es noch eine extreme Steigung bis zum Pto. Camacho und dann kannst du nur noch rollen lassen für die letzten 40 km bis zur Küste« (M. Möbius, Südspanien selbst entdecken) versprach ja eine tolle Abfahrt. Nur die freudige Erwartung auf das euphorische Abfahrtsgefühl ließ uns ohne Murren den irrsinnig strapaziösen Anstieg bewältigen. Doch am vermeintlichen Gipfelpunkt Pto. Camacho angekommen, mußten wir uns noch zweimal jeweils 200 Höhenmeter hochquälen. Das einzige, was da unsere Wut noch mildern half, waren die grausigen Strafen und Verwünschungen, die wir uns für den Streckenbeschreiber ausdachten!

Bei langen Reisen über weite Strecken ist es unmöglich, schwere Literatur mitzuschleppen. Es sei denn, die

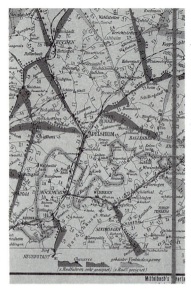
Radlerkarte aus dem 19. Jahrhundert

eher das Jahr des Redaktionsschlusses. Inhaltlich sollten der aufgeklärten Zeit entsprechend keine Ausbeutertips, keine Tips für Sextourismus, Infos zum Schwarztausch, rassistische (die »Eingeborenen«) oder andere diskriminierende Bezeichnungen vorkommen, ebenso sollten die Texte Respekt vor der Natur zeigen und vermitteln, dazu gehören auch genaue Informationen zu öffentlichen Verkehrsmitteln und Verbindungen.

Eine sehr gute Zusammenstellung außereuropäischer Reise- und Prosaliteratur, nach Ländern und Kontinenten geordnet, findet sich in dem bibliographischen Nachschlagewerk von Udo Schwark, *Handbuch für Fernreisen,* Gisela E. Walther Verlag, Bremen, 16,80 DM.

Eine andere Info- und Bezugsquelle kann der *Geo-Katalog Band 1* sein. Dieses Verzeichnis aller lieferbaren Reisebücher und Karten kann in guten geographischen Buchläden eingesehen werden.

Infos über den Straßenzustand

Spezielle »Straßenzustandsberichte« für Radfahrer über glatten oder rauhen Asphalt, Kopfsteinpflaster, Schlaglöcher, Schotterstraßen etc., gibt es nicht. Einzige Ansprechpartner sind in Europa und Nordamerika die Radfahrorganisationen der einzelnen Länder (Adressen in den »Länderinfos«) und die Tourenradler-Kartei des ADFC (siehe Seite 14). In Gesprächen mit anderen Radlern zu Hause oder vor Ort kann man Genaueres über eine Strecke erfahren –

Buchlast kann auf mehrere verteilt werden. Besser noch: Schwerpunkte festlegen für Regionen, die lange und intensiv bereist werden, und bei den übrigen Strecken auf Reiseführer zurückgreifen, die einen großen Raum weniger ausführlich beschreiben.

Tip: Generell ist es bei der Auswahl von Reiseführern sinnvoll, darauf zu achten, ob sie nur durch viele Anzeigenseiten, übergroßzügige Gestaltung, den legendären »Raum für Ihre Notizen«, mehrere Farbfotoseiten etc. die Buchdeckel füllen können, oder ob sie bis zur letzten Seite wirklich informativ sind. Die Aktualität läßt sich nicht immer unbedingt vom Erscheinungsjahr ablesen; ein Blick auf den Schluß des Geschichtskapitels verrät aber dabei hat jeder so seine eigene Radlerphilosophie (s. auch »Stammtisch für Reiseradler«, Seite 12).

Doch Witterungseinflüsse machen auch die beste Sachinformation unbrauchbar, Frost und starker Regen können ganz schön destruktiv wirken. Bekannte von uns fuhren einmal über eine wunderbar asphaltierte Straße durch Bangladesh in Richtung Osten. Als sie jedoch zwei Monate später den Rückweg über die gleiche Strecke nahmen, war die Straße in weiten Teilen so schlecht passierbar, daß sie die Räder schieben oder tragen mußten. Die Monsunregenzeit lag dazwischen!

Aber solch vermeintliche Exotika können Tourenradler auch in unseren Breiten erleben. So manches Hochwasser am Rhein hat schon Fahrradwege für längere Zeit blockiert.

Des weiteren ist es einen Versuch wert, die jeweiligen Automobilverbände des Reiselandes anzuschreiben, Infos vom ADAC (Touristische Abteilung, Postfach 700127, 81301 München) anzufordern oder in Reiseführern zu stöbern. Für Radfahrer sind diese Infos aber nur bedingt tauglich: sie werden von Autofahrern für Autofahrer gemacht. Und die Anforderungen an die Straßenbeschaffenheit sind nun mal unterschiedlich. Beispielsweise sind langweilige Straßen für Autofahrer eine Momentaufnahme, für den Radfahrer jedoch stundenlange Öde. Ebenso ist Kopfsteinpflaster für Autofahrer noch akzeptabel, für den Radfahrer jedoch wie das Weihwasser für den Teufel. Dagegen wird dem Autofahrer eine Straße mit vielen Schlaglöchern ein Grauen sein, während der bewegliche Radfahrer immer noch einen Weg zwischen den Schlaglöchern findet.

Einige Tips

• Haupt- und Nationalstraßen, sowie Straßen in viel besuchten Touristengegenden sind zwar meist gut ausgebaut und asphaltiert, der starke Autoverkehr erfreut Radler aber wenig.

• Nicht ausgebaute Hauptstraßen (eine Spur in jeder Richtung) können für den Radfahrer sogar lebensgefährlich sein. Sie zwingen ihn bei Auto-Überholmanövern häufig, auf den womöglich unbefestigten Seitenstreifen auszuweichen, was noch mit einer Salve Steine belohnt wird. In solchen Fällen: nächste Abfahrt benutzen und Umwege in Kauf nehmen.

• In vielen Städten (in Europa: Belgien, Portugal und im Osten) gibt es häufig Kopfsteinpflaster. Da, wo Kopfstein- und Schotterstraßen zu erwarten sind, sollten die Reifen mindestens 32 mm breit sein.

• Die Oberfläche der Nebenstraßen ist besonders in südlichen Ländern rauh, was eine stärkere Abnutzung des Reifenprofils und einen höheren Rollwiderstand bedeutet.

• Wer unbefestigte Sand-, Erd-, Stein- oder Schotterwege benutzen will, sollte mit einem Mountain Bike losziehen. Auf solchen Wegen verringert sich zwar die Tageskilometerleistung um mindestens ein Drittel. Das sollte aber kein Hinderungsgrund sein: Nur so erreicht man abgelegene Ziele und lernt Land und Menschen abseits der ausgetretenen Pfade kennen.

Die Kunst, ein Berg zu sein

Die Kunst, ein Berg zu sein, oder *die nächste Abfahrt kommt bestimmt.*

ALTE ZEN-RADLERWEISHEIT

Berge zu bewältigen wird wohl bis in alle Ewigkeit das Leid, aber auch die dauernde Herausforderung für Radfahrer sein. Wer nicht ganz so heroisch ist, informiert sich vor seiner Reise genau über die landschaftlichen und topographischen Gegebenheiten des Radelgebietes.

Erste Informationen können Schulatlanten entnommen werden. Ein genaueres Studium ermöglichen spezielle Fliegerkarten (1:500.000) oder der *Atlas der Oberflächenformen,* Hrsg.: Kartographisches Institut Bertelsmann, Gütersloh 1963 (Auszug aus: Großer Bertelsmann Weltatlas). Dieses Werk mit sehr guten physikalischen Karten aller Regionen und Erdteile gibt einen ersten Eindruck von den zu erwartende Plagen. Da aber keine Straßen eingezeichnet sind, wird eine Detailroutenplanung erst mit einer guten Straßenkarte möglich. Anlaufstellen sind geographische Bibliotheken von Universitäten und Instituten, große Landesbibliotheken sowie im Inland die Landesvermessungsämter (im Ausland die nationalen Geographischen Institute).

Eine weitere Möglichkeit, sich Landschaften vor Augen zu führen, bieten *Profildarstellungen*, also Querschnitte durch eine bestimmte Region. Entlang eines Breitengrades beispielsweise wird durch eine Landschaft von West nach Ost ein Höhenprofil gezeichnet. Leider sind solche Darstellungen nur noch schwer zu finden (Meyers Großer Weltatlas, Herder Weltatlas 1968, alte Schulatlanten vor 1970).

Grundsätzlich werden *gebirgige Strecken* als interessanter und abwechslungsreicher empfunden. Zum einen, weil grandiose Ausblicke auf schöne Landschaften nur in den Bergen zu erwarten sind. Zum anderen hat jede Kuppe und Kurve ihre eigenen Reize, Überraschungen und kleinen Geheimnisse, die immer wieder neu dazu anspornen, weiter zu fahren und doch »mal eben« um die Ecke zu kiebitzen.

Flache Strecken müßten eigentlich des Radlers Freud sein, entpuppen sich jedoch oft als langweiliges, nie endenwollendes Geradeausfahren ohne herausragende landschaftliche Abwechslungen. Sie eignen sich besonders für tiefschürfende Gedanken, ausgiebige Meditationen oder aber Gespräche mit Reisepartnern. Ist man musikalisch – und wer ist das eigentlich nicht – vertreibt man je nach Stimmung mit einem Lied die Geister der Eintönigkeit. Meine Mitautoren werden noch ihren Kindern und Kindeskindern mit Schaudern davon berichten, wie ich ab und zu eine Ballade köstlichen Minnegesangs anzustimmen pflegte …

Profil (stark überhöht)

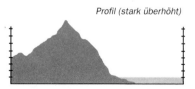

Als besonders anstrengend und demoralisierend empfanden wir *hügelige Landschaften* mit meist kurzen, steilen Anstiegen und ebenso kurzen und steilen Abfahrten. Ein nie endendes Auf und Ab geht an die Substanz und läßt so etwas wie ein Sisyphusgefühl aufkommen.

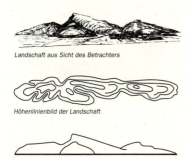

Landschaft aus Sicht des Betrachters

Höhenlinienbild der Landschaft

Profilansicht der Landschaft

Topographie-Weisheiten

• Traditionelle Radtourenbegleiter sind Flüsse. Meist ist hier bis auf den Oberlauf ein gleichmäßiges und abwechslungsreiches Radeln möglich. Soll allerdings die Uferseite gewechselt werden, sehe man sich frühzeitig nach entsprechenden Brücken oder Fähren um.

• Es ist einfacher, einen Gebirgszug zu überwinden, als parallel zu ihm am Hang zu fahren. Denn das »Entlang-Hangeln« bedeutet meist eine dauernde Berg- und Talfahrt.

• Auch an zerklüftete Steilküsten ist mit einer kurzen Abfolge von Aufstieg und Abfahrt zu rechnen.

• In der Nähe von großen Flußmündungen können flache Gebiete in Form von Schwemmlandschaften erwartet werden.

Unverzichtbar: Karten

Eine gute Karte kann einem geübten Kartenleser sogar einen Reiseführer ersetzen, da sie Hinweise auf das Land, auf das Leben bzw. die Arbeit der Leute (Industrie, Landwirtschaft), auf Landschaftsformen, auf zu erwartende Strapazen oder auch auf Abfahrts-Hochgefühle gibt. Dazu gehört ein wenig Vorstellungskraft, die die dargestellten Einzelheiten vor dem geistigen Auge Wirklichkeit werden läßt. Diese Fähigkeit ist aber schnell erlernbar, für längere Touren durch unbewohnte Landstriche sogar absolut notwendig. Man sollte schon erkennen können, welche Landschaften zu erwarten sind und wo sich die nächsten Wasserstellen bzw. Versorgungsmöglichkeiten befinden. So kann man durch kleinere Umwege nicht nur verkehrsreiche Straßen und anstrengende Steigungen meiden, sondern auch zielsicher schöne Landstriche ansteuern.

Und noch ein Argument für eine gute Karte: Das gegenwärtige Straßensystem und seine Beschilderung sind auf den motorisierten Verkehr ausgerichtet, der möglichst schnell Distanzen überwinden will. Für den Radfahrer hat dies oft längere und verkehrsreiche Wege zur Folge. Hinweise auf Nebenstraßen, Radwege und Straßen mit landschaftlichen Glanzpunkten sind eher Ausnahmen.

Ganz besondere Exemplare der Gattung Radfahrkarten aus alter und neuer Zeit kann man im *ADFC-Kar-*

tenarchiv, An der Wolfsburg 24, 53332 Bornheim-Roisdorf, ✆ 02222/3500, bestaunen. Dieses Archiv ist allen ADFC-Mitgliedern und allen, die ein besonderes Interesse nachweisen können, zugänglich. Schriftliche Anfragen, die Radreisen betreffen, werden aber verständlicherweise nicht bearbeitet, da das Archiv ehrenamtlich geleitet wird.

Welche Karte?

Wer die Wahl hat, hat die Qual ... Hier eine kurze auf den Radfahrer zugeschnittene Charakterisierung einzelner Kartentypen:

Topographische Karte: wirklichkeitsgetreue, genaue Darstellung mit Gewässern, »Situation« (Ortschaften, Straßen etc.), Geländeformen (Höhenlinien, Höhenpunkte) und Vegetation. Gibt alle für die Orientierung im Gelände notwendigen Anhaltspunkte maßstäblich verkleinert wieder. Die Informationsdichte und eine fehlende farbliche Gestaltung erschweren es dem ungeübten Kartenleser zum Bei-

Topographische Karte

spiel, die verschieden breit dargestellten Straßen rasch zu unterscheiden.

Sie werden von Landesvermessungsämtern, kartographischen oder militärgeographischen Instituten herausgegeben und sind in Europa nahezu in jedem Land in Maßstäben von

Dieses Höhenrelief verdeutlicht, daß Höhenlinien die senkrechte Projektion von Schichten gleicher Höhe auf die Kartenebene sind. Liegen die Linien dicht beieinander, ist das Gelände steil.

1:50.000 bis 1:300.000 erhältlich. Zu Zeiten des Kalten Krieges war es vor allem in den Ostblockstaaten üblich, die Karten aus militärischen Gründen zu verfremden, weshalb alte Karten (z.B. aus dem VEB-Tourist-Verlag) falsche Lageverhältnisse darstellen.

Außereuropäisch gibt es von vielen Gebieten Karten in Maßstäben von 1:1 Mio, 1:500.000 oder 1:250.000, sie sind jedoch oft veraltet, enthalten wenig Informationen und sind schlecht lesbar.

Geographische Übersichtskarten beschränken sich auf die Landschaftsformen und sind deshalb höchstens für die Vorbereitung geeignet.

Straßenkarte: ist hauptsächlich für Autofahrer gemacht; Landschaftsangaben fehlen oft; trotzdem für den

Radfahrer die gebräuchlichste Form der Karte. Qualitativ herausragender Vertreter dieser Kategorie ist die Michelin-Karte, andere Verlage versuchen in jüngster Zeit aufzuholen. In Europa ist die Qualität je nach Hersteller verschieden; Höhenlinien sind nie, Pässe und höchste Punkte sowie Steigungen nur manchmal verzeichnet. Kilometerangaben sollten unbedingt vorhanden sein. Der außereuropäische Raum und Osteuropa sind mit Straßenkarten schlecht abgedeckt und oft nur in kleinen Maßstäben und mit wenigen zusätzlichen Informationen zu haben.

Radlerkarte: eine Straßenkarte, bei der ein Zuschnitt auf Radfahrer mehr oder weniger gelungen ist (z.B. Klassifizierung der Straßen nach Verkehrsaufkommen, Steigungen, Straßenzustand). Solche Karten gibt es in dieser Form nur für die BRD, Dänemark, Niederlande, Schweiz und Österreich (siehe »Länderinfos«).

Touristik- und Urlaubskarte: sehr ungenau, in schlechtem Maßstab und nur mit den sogenannten Hauptsehenswürdigkeiten ausgestattet. Besseres Altpapier, das man eigentlich auch dem Autofahrer nicht wünscht!

Fliegerkarte: eine mehr photographische Karte; für die Tourenvorbereitung wegen der guten Höhendarstellung brauchbar (TPC-Karten, 1:500.000, großformatig, 18 DM pro Blatt; ONC-Karten 1:1 Mio).

Welcher Maßstab?

Mit dem Maßstab lassen sich die Entfernungen berechnen, technisch ausgedrückt gibt der Maßstab das lineare Verkleinerungsverhältnis der Karte gegenüber der Natur wieder. Ein großer Maßstab, etwa 1:25.000, bürgt nicht immer für gute Qualität. Auch Karten mit kleineren Maßstäben, beispielsweise 1:200.000, können sehr genau sein, nur müssen sie auf einer kleineren Fläche mehr Informationen unterbringen.

Maßstabstabelle

Kartenmaßstab = Kartenstrecke dividiert durch Naturstrecke, also 1 cm auf der Karte sind soundsoviel cm in der Natur. Beispielsweise bedeutet der Maßstab 1:25.000, daß 1 cm auf der Karte 25.000 cm in der Natur entspricht.

1 : 25.000	1 cm = 250 m
1 : 50.000	1 cm = 500 m
1 : 100.000	1 cm = 1 km
1 : 200.000	1 cm = 2 km
1 : 500.000	1 cm = 5 km
1 : 1.000.000	1 cm = 10 km

Für Radtouren von *mehr als drei bis vier Tagen* ist der Maßstab von 1:200.000 am geeignetsten! Kleinere Maßstäbe (ab 1:750.000) enthalten meist zu wenig Detailinformationen. Das Kartenlesen wird dann zu einem aufwendigen Ratespiel. Karten größerer Maßstäbe (1:50.000) werden dagegen auf längeren Touren zu kostspielig: sie sind schnell »durchfahren«, und so benötigt man viele Einzelblätter.

Für *kleinere Touren* mit geringen Tagesschnitten sind auch Karten mit 1:100.000, für *Tagesausflüge* auch solche mit 1:50.000 geeignet.

Mountain-Bike-Fahrer benötigen jedoch Karten, die sowohl einen großen Maßstab (1:100.000 und darüber) als auch eine gute landschaftliche Darstellung bieten. Für solche Fälle sind topographische Karten geeignet.

Selbst in *englischsprachigen Ländern,* in denen es andere Maßeinheiten gibt, bedeutet letztendlich ein Maßstab von 1:10.000 das gleiche wie bei uns. (1 *Meile* entspricht 1609,344 Metern, 1 *Fuß* zu 12 *inches* ist 30,48 cm; 1 inch = 1 Zoll = 2,54 cm)

Tips zum Kartenkauf

Ein entscheidendes Kriterium beim Kartenkauf ist die Aktualität. Angaben über den Erarbeitungszeitraum oder das Herausgabedatum sind nicht unbedingt verläßlich, da einige Hersteller von Straßenkarten nur das Fernstraßennetz überarbeiten. Deshalb lohnt es sich, die Sorgfalt des Kartenherstellers zu überprüfen, indem man andere Karten desselben Herstellers von Gebieten untersucht, die einem bekannt sind. Ist dies nicht möglich, bleibt nur der Vergleich einzelner Karten untereinander.

Vor dem Kauf Kartenbild und Legende nach folgenden Fragen studieren: Ist die graphische Gestaltung übersichtlich, die Auswahl der Signaturen üblich und ihre Anordnungen in der Karte leserlich? Ist das Wesentliche erkennbar und die Farbgebung einheitlich? Sind Straßen überdeutlich dargestellt wie bei manchen Autostraßen, so daß andere Punkte wegfallen? Welche für Radfahrer wichtigen Infos sind vorhanden? Höhenangaben, Höhenlinien, Schattierungen

oder »Schummerung«, Paß- Grenz- und Tunnelöffnungszeiten, Steigungen, Feld- und Waldwege, Klassifizierung von Haupt- und Nebenstraßen, touristische Hinweise, Hinweise auf landschaftlich schöne Straßen und Gebiete, Straßenzustände, Campingplätze, Jugendherbergen, Flüsse, alte Treidelpfade, Brücken, (Personen-) fähren, Bahnlinien und Bahnstationen, eventuell Straßennumerierung, Wasserstellen, Tankstellen (oft auch für die Wasserversorgung wichtig), Grenzstationen (jährliche Öffnungszeiten), etc. Gibt es sogar zusätzliche Informationen auf der Rückseite der Karte (öffentlicher Nahverkehr, Ortsregister, Übernachtungsmöglichkeiten, touristische Informationen etc.)?

Genaue *Preisangaben* zu Karten finden sich für die einzelnen Länder im Länderteil dieses Buches. In der Regel gilt:

Straßenkarten und Radlerkarten kosten um 15 DM, topographische Karten um 25 DM. Folgende Eigenschaften machen eine Karte teuer: geringe Auflage, unattraktiv für Autofahrer, sehr speziell und deswegen schwer zu beziehen.

Kartenmaterial bekommt man wirklich nirgends so gut wie in Deutschland, eventuell noch in der Schweiz. Legt man also Wert auf die beste erhältliche Karte, sollte man sie schon daheim kaufen oder bestellen. Bei außergewöhnlichen Zielen oder selten verlangten Karten muß man sich auf eine Wartezeit von bis zu einem Vierteljahr einrichten.

Ist man sich schon frühzeitig über den Tourenverlauf im klaren, genügt es möglicherweise, nur eine Farbkopie des Kartenausschnittes mitzunehmen.

Sind Touren von über einem halben Jahr geplant und kann man aus Platzgründen nicht alle Detailkarten mitnehmen, helfen nur kleine Pakete zum Nachschicken (siehe unter »Post«, Seite 51). So erspart man sich die zeitraubende und unter Umständen erfolglose Suche nach Karten vor Ort (außer in Frankreich, wo Michelin- und IGN-Karten fast überall und billiger zu bekommen sind). Wem die vielen Einzelkarten zu schwer sind, kann auch dem Super-Tip eines erfahrenen Reiseradlers folgen und die »Wasser-Anteile« der Karten rausschneiden ...

Wie geht man konkret vor?

• Der erste Blick gilt dem *Länderteil dieses Buches,* wo wir für alle europäischen Länder sowie für die Mittelmeeranrainerstaaten versucht haben, die für den Radfahrer geeigneten Karten ausfindig zu machen.
• Der zweite Blick gilt dem *Geo-Katalog Band I* (Touristische Veröffentlichungen) und *Band II* (Geowissenschaftliche Werke) (herausgegeben vom Internationalen Landkartenhaus GeoCenter, Postfach 800830, 70508 Stuttgart). Band II des Katalogs ist in Sachen Karten wesentlich informativer (insbesondere für topographische Karten, mit kurzen Kartenbeschreibungen) und umfangreicher. Zum Kauf sind beide Kataloge zu teuer. Geo I liegt in jeder guten Buchhandlung und Geo II findet man in geographischen Abteilungen von Uni-Bi-

bliotheken, geographischen Instituten, in großen Landesbibliotheken, sowie in spezialisierten Landkartenhandlungen. Auszüge für ein Land versendet das GeoCenter aber auch kostenlos.
• Interessant ist auch das Stöbern in den riesigen Kartenabteilungen der *Landesbibliotheken* (besonders in Berlin, München, Göttingen), wo man nicht mehr lieferbare Karten kopieren kann. Ebenfalls lohnt sich ein Gang zur örtlichen Stadtbibliothek.
• Ist man in der örtlichen Buchhandlung nicht fündig geworden, bzw. werden dort keine Karten zur Ansicht bestellt, so bleibt der Weg zu *Spezialgeschäften* (Reisebuchläden, Globetrotter- und Ausrüstungsshops, Kartenfachgeschäfte). Im Anhang ist eine Liste solcher Bezugsquellen zusammengestellt, die teilweise auch mit einem Katalog über ihre Produkte informieren.

Kartenhalter

Am einfachsten ist es, die Karte in die Packtaschen zu stecken oder fest eingeklemmt zwischen Schlafsack und Isomatte auf dem hinteren Gepäckträger immer griffbereit zu haben. So kann sie aber bei Regen naß werden, und man muß praktisch für jeden Blick auf die Karte anhalten.

Eine um den Hals gehängte *Kartentasche* ist zwar billig, aber sie baumelt störend außerhalb des Blickfeldes in der Gegend herum.

Der ideale Platz für die Karte ist sicherlich am Lenker. Trotzdem gibt es dafür noch keine ideale Lösung. Die Kartenfächer der *Lenkertaschen* haben oft das falsche Format, ganz abgesehen davon, daß sich die Sonne immer im Kunststoffüberzug spiegelt. Auch sind die meisten Halterungen für Lenkertaschen oft so unstabil, daß sie die Tour früher beenden als ihre Besitzer.

Bleiben die *Kartenhalter*: aber auch hier gibt es Probleme. Je größer das Sichtfeld der Karte, desto schwieriger wird die Befestigung. Zudem vibriert die Karte auf Holperstraßen und behindert die Sicht auf die Straße.

Ein idealer Kartenhalter sollte sein: leicht montierbar, haltbar, bruchsicher, blendfrei, wasserdicht, vibrationsfrei, leicht abnehmbar, gut im Blickfeld mit richtigem Betrachtungswinkel, geeignet für möglichst viele Kartenformate und nicht teurer als 25 DM. Eine genauere Beschreibung von sieben Produkten wurde im »Radfahren extra« 2/90 veröffentlicht. Der Autor empfiehlt als einfachste Lösung den *Fahrradkartenclip* von Asista-Stölzle (12 bis 14 DM), für den der Benutzer allerdings noch eine *Kartentasche* (z.B. Klarsichthülle) basteln muß. Komfortabler sind die Westo- oder Hebie-Kartenhalter, die für etwa 35 DM eine um 360° drehbare Kartentasche bieten, um damit Karte und Fahrtrichtung in Einklang bringen zu können. Beide Produkte sind im guten Fachhandel erhältlich.

Eine *Selbstbaulösung* möchten wir niemandem vorenthalten. Auf einer Papprolle (etwa 35 cm lang, Durchmesser 10 bis 15 cm) wird unter einer blendfreien Plastikfolie (sogenannte Hipofolie) die Karte an beiden Enden befestigt und mit starken Gummis am

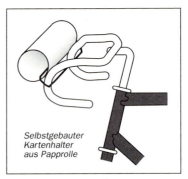

Selbstgebauter Kartenhalter aus Papprolle

Lenker angebracht (siehe oben stehende Zeichnung). Abwaschbar werden sie auch mittels einer speziellen Tinktur (»Karten-Dry«, etwa 10 DM). Dieser vorteilhafte selfe-made-Kartenhalter bietet uneingeschränkte Sicht, und wenn man einen anderen Kartenausschnitt betrachten möchte, dreht man einfach weiter. Blendwirkungen sind allerdings nie ganz zu verhindern.

Eine ideale Lösung gibt es für *Tandemfahrer*. Hier trägt der Vordermann die geschützte Karte auf den Rücken gebunden, was man mit einer Plastikhülle, Klettband und Nieten selbst bewerkstelligen kann.

Mit der Karte orientieren

Die besondere Perspektive im Verkehr läßt einen Radler vieles mit anderen Augen sehen. Man muß ein Gespür für Zeiten und Entfernungen entwickeln, um abzuschätzen, wieviel man z.B. in 30 Minuten unter Berücksichtigung von Steigungen, Straßenzuständen und Wind zurücklegen kann. Man muß wieder in kleineren Entfernungen denken: 5 km bis zur nächsten Ortschaft, noch 2 km Steigung, 500 m bis zur Abzweigung.

Eine Karte mit Darstellungen von Seen, Flüssen, Küstenlinien, Waldgebieten, Ortschaften oder Bergzügen sorgt für die ungefähre Orientierung, das konkrete Sichzurechtfinden geschieht mittels gut sichtbarer Orientierungsmerkmale in der Landschaft. Dabei sollte man bedenken, daß es wesentlich einfacher ist, ständig seinen Weg auf der Karte zu verfolgen, als seinen Standort im Nachhinein bestimmen zu wollen. Hier einige Tips als Orientierungshilfe:

• Je seltener bestimmte Punkte vorkommen, desto höher ist ihr Orientierungswert (z.B. Kirchen, Denkmäler, Leuchttürme, Bahnhöfe, Fernsehtürme, Brücken, Fähren).

• Ebenso hilfreich sind die meist entweder durch Bezeichnungen (Numerierung, Farbgebung) oder Unterscheidung der Ausbauzustände gekennzeichneten Einteilungen des Verkehrssystems in Fern-, Haupt- und Nebenstraßen.

• Besonders brennt dem Radler die Frage nach den zu erwartenden Steigungen unter den Nägeln. Hinweise in der Karte sind Höhenlinien, Höhenangaben, Kartenschummerungen (Landschaftsdarstellung mittels Schattierungen) und Steigungspfeile. Aber auch ohne solche Darstellungen kann man allein aus dem Straßenverlauf Rückschlüsse ziehen: Straßen, die gleichbleibend parallel zu Flüssen und Bahnlinien verlaufen, sind meistens flach. Linien, die in der Karte fast gerade verlaufen (verbunden mit rechtwinkeligen Abzweigungen), deuten ebenfalls auf flache Landschaften hin. Kurvige oder gar in Serpentinen verlaufende Straßenführungen verheißen je nach Fahrtrichtung Strampelei oder eine rauschende Abfahrt. Das gleiche gilt für Straßen, die von/zu Küsten, Aussichtspunkten und Flüssen weg/hin führen.

Der scheinbar kürzere Weg ist nicht immer der schnellere. Bei Höhenunterschieden von z.B. 40 m entsteht durch Umfahren des Hügels (bis 1/1,5 km mehr) kein Zeitverlust.

• Ein weiterer Blick gilt der Gestalt von Städten. Zieht sich eine Stadt wie ein Wurm an einer Straße entlang, so kann das auf eine Tallage hinweisen. Ist sie eher rund angelegt, liegt sie ent-

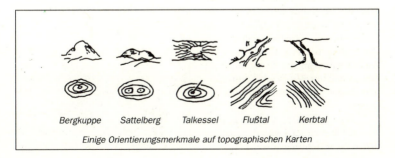

Bergkuppe   Sattelberg   Talkessel   Flußtal   Kerbtal

Einige Orientierungsmerkmale auf topographischen Karten

weder in einem Becken oder gruppiert sich um einen Berg, meist mit einer zentralen Kirche oder Burg.

• Wer sich einfach bei Passanten und Einheimischen – notfalls mit Zeichensprache – durchfragt, sollte bedenken, daß es in manchen Ländern (in Asien, Nordafrika) zum »guten Ton« gehört, überhaupt eine Antwort zu geben, und dann wird überzeugend etwas Falsches dargestellt. Deshalb immer mehrere Leute fragen.

• Ein nicht unbedingt nötiges aber interessantes Utensil ist ein Höhenmesser. Klein und leicht (90 g) kann man sich jederzeit digital über seine Höhenposition informieren. Ab etwa 200 DM im Fachhandel.

Himmelsrichtung bestimmen

An Straßenkreuzungen zu stehen, die unbekannten Schriftzeichen der Schilder nicht lesen zu können und der Karte auch sonst nichts Positives mehr abringen zu können, muß nicht zum Trauma werden, wenn man die *Himmelsrichtung* ungefähr bestimmen kann:

In der nördlichen gemäßigten Zone (23,5 bis 66,5 Grad nördlicher Breite) richtet man den kleinen Zeiger der Uhr auf die Sonne und halbiert den jeweiligen Winkel zu 12 Uhr – hier ist Süden. In der südlichen gemäßigten Zone (66,5 bis 23,5 Grad südlicher Breite) hält man die 12 in Richtung Sonne, halbiert den Winkel zum kleinen Zeiger und kann so Norden bestimmen.

Kompasse können schon mal 5 bis 10 Grad je nach Lage von der tatsächlichen Nordrichtung abweichen.

Nachts helfen bei klarem Himmel die Sterne. Auf der Nordhalbkugel zeigt der Polarstern in Richtung Norden (siehe Skizze), auf der Südhalbkugel weist das Kreuz des Südens nach Süden.

Sollten alle Hilfsmittel versagen, können in Gegenden, in denen die vorherrschende *Windrichtung* bekannt ist (siehe »Länderinfos«), Bäume, Gestein und Schnee- oder Sandverwehungen Aufschluß geben. Bei Bäumen sind Äste und Jahresringe an der windabgewandten Seite stärker entwickelt und die Baumrinde eher mit Moos bewachsen. Gestein ist an der windausgesetzen Seite stärker verwittert, Schnee- oder Sandgebilde flacher auslaufend, während die windabgewandte Seite steiler ist und Überhänge aufweist.

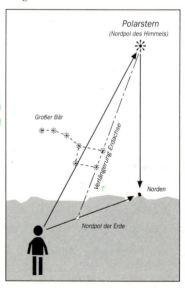

Polarstern
(Nordpol des Himmels)

Großer Bär

Verlängerung Erdachse

Norden

Nordpol der Erde

KLIMA, WIND & WETTER

Alle reden vom Wetter:
Urlaubswetter, Badewetter, Sauwetter, Radlerwetter.
Gerade Radler wollen wissen, wie es wird. Sie sind am meisten davon
abhängig, denn Wind und Wetter sind nicht selten ausschlaggebend für
Begeisterung oder Enttäuschung, Hochstimmung oder Frust.

Das Rad ist das ideale Gefährt, um den Körper an eine neue klimatische Umgebung zu gewöhnen, indem man von der einen *Klimazone* durch die einzelnen Zwischenstufen in die andere radelt. Denn bei einem abrupten Wechsel in andere Klimazonen kann es zu unangenehmen Kopfschmerzen, Schlafstörungen und Kreislaufbeschwerden kommen. Auf jeden Fall muß die Lebensweise den geänderten klimatischen Bedingungen in Kleidung, Ernährung und Lebenstempo angepaßt werden.

Als *Orientierungswerte* gelten: Der Mensch fühlt sich am wohlsten in dem Bereich von 17 Grad Celsius bei 85 % Luftfeuchtigkeit bis 27 Grad Celsius bei 25 % Luftfeuchtigkeit. Hohe Luftfeuchte ist unangenehmer als hohe Temperatur. Genau über Umstellungsbedingungen, klimatische Einflüsse und beste Reisezeiten für alle wichtigen Urlaubsziele informiert: Otmar Harlfinger, *Bioklimatischer Ratgeber für Urlaub und Erholung,* Stuttgart 1985, Verlag Gustav Fischer, 36 DM.

Klimatypen

Zum besseren Verständnis stellen wir sieben Klimatypen vor, deren Bezeichnungen sich am allgemeinen Erscheinungsbild orientieren.

Regenwaldklima (Immerfeuchte Tropen)

Immer heiß, die Kleidung klebt auf der Haut und macht Schwitzen fast unmöglich, da die Luft enorm feucht ist. Auch nachts läßt die Schwüle kaum nach. Die Eingewöhnung dauert ein bis zwei Wochen. Anfangs reagiert der Körper mit Schlaffheit, Mattsein und Konzentrationsschwäche. Daher langsam mit kleinen Tagestouren von höchstens 30 km anfangen. Größere Anstrengungen verstärken das Gefühl von Kraftlosigkeit und schwächen den Körper zusätzlich. Tagesschnitte von über 50 bis 70 km sollten die Ausnahme sein und sind über einen längeren Zeitraum hinweg gesundheitsgefährdend. Und das, obwohl man geradezu aufs Rad getrieben wird, denn Fahrtwind ist die einzige geringe Abkühlung.

Auf ausreichend Flüssigkeitsersatz mit dosierter Salzzufuhr achten. Alkohol sollte gemieden werden, da er die Flüssigkeitsverluste noch erhöht. Schwer verdauliche Kost (vor allem Fett) liegen dem Radfahrer im Savannen-, Wüsten- und Mittelmeerklima besonders schwer im Magen; Siesta als Verdauungspause einhalten.
Achtung: Beim Wechsel aus der Tropenhitze in klimatisierte Räume besteht akute Erkältungsgefahr.

Savannenklima (Wechselfeuchte Tropen)

In abgeschwächter Form gilt hier das Gleiche wie für das Regenwaldklima. Man kann keine Jahreszeiten unterscheiden, da die Temperaturschwankungen am Tage größer sind als über das Jahr. Es gibt nur eine *Trockenzeit* und eine sommerliche *Regenzeit*. Es ist stets schwül und heiß mit kurzen, aber heftigen Schauern, in der Regenzeit häufig als Gewitter.

Regenzeiten in den Tropen:

Von Regenzeiten spricht man in den Gebieten zwischen nördlichem und südlichem Wendekreis, in Mittel- und Südamerika, Afrika, Süd- und Südostasien. Der Regen tritt meistens nachmittags in kurzer, aber sehr heftiger Form (teilweise 350 mm/qm in drei bis vier Stunden) auf, danach klart es rasch wieder auf.

Während in Afrika die Regenmengen und Regentage von Ost nach West abnehmen, sind die Verhältnisse in Südostasien schwieriger. Hier hängen sie vom jahreszeitlichen Wechsel der *Monsunströme* und einer Vielzahl von lokalen Winden ab, die in der nicht klar gegliederten Inselwelt ihre Ursache haben.

Regenzeiten sind keine Radfahrzeiten! Man sollte sie meiden, obwohl auch in den Trockenzeiten heftige Regenfälle nicht auszuschließen sind. In solchen Fällen kann man nur die nächste Unterstellmöglichkeit aufsuchen und muß je nach Niederschlagsmenge und -dauer mehrere Tage Pause in Kauf nehmen, da sich der Straßenzustand katastrophal verändern kann.

Wichtig: Filme, Dokumente, Karten und Aufzeichnungen vor der Dauerfeuchte sowie vor Platzregen sehr gut schützen! Der im Kapitel »Bekleidung« beschriebene Regenponcho erwies sich bei uns als nützlich, weil mit ihm das ganze Fahrrad inklusive Gepäcktaschen abgedeckt werden kann.

Wüsten- und Steppenklima (trocken, heiß)

Je weiter die Entfernung vom Äquator, desto geringer und kürzer werden die Regenzeiten und desto karger die Vegetation. Regenfälle beschränken sich oft auf sporadische Wolken-

Eis, Tundren, Hochgebirgsklima

Schneewaldklima

Buchenwaldklima

Mittelmeerklima

Savannenklima

Regenwaldklima

Wüstenklima

brüche, die dann allerdings ausgetrocknete Flußbetten (*Wadis* oder auch *Oueds*) in reißende Ströme verwandeln. Wadis als Zelt- und Lagerplätze daher unbedingt meiden!

Wüstenklima zeichnet sich durch extrem heiße, trockene und damit radfahrerfeindliche Sommer aus. Die übrigen Monate sind durchaus angenehm (trocken und heiß), allerdings muß man extreme Temperaturschwankungen zwischen Tag und Nacht von bis zu 40 Grad Celsius in Kauf nehmen.

Nach einer ein- bis zweiwöchigen Akklimatisationsphase läßt sich das trocken-heiße Klima besser aushalten als das tropisch-feuchte. Die trockene Luft nimmt jeden Schweißtropfen sofort auf, so daß man das Gefühl hat, das Schwitzen völlig verlernt zu haben. Der Fahrtwind wirkt noch zusätzlich, so daß hohe *Flüssigkeitsverluste* durch Unmengen an Getränken – wir sind oft auf eine Menge von bis zu 10 Litern gekommen – ausgeglichen werden müssen, auch wenn man keinen Durst verspürt. Die Mineralstoffverluste müssen unbedingt ersetzt werden, um nicht schon nach kurzer Zeit schlaff und lustlos zu werden (siehe »Radlerkost«, S. 182).

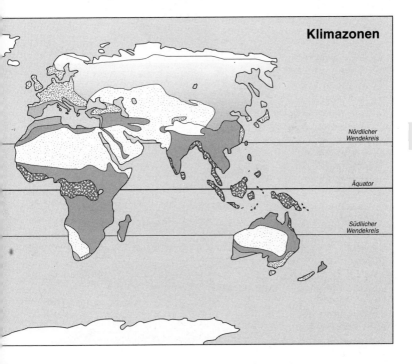

Klimazonen

Nördlicher Wendekreis

Äquator

Südlicher Wendekreis

Das Radeln beschränkt sich dort auf den frühen Morgen (nach Sonnenaufgang) und den späten Nachmittag. Während der Mittagszeit kann man nicht radeln: In der Hitze spürt man fast das Gehirnwasser kochen! Diese Zeit verbringt man besser in kühlen Räumen, denn selbst im Schatten von Palmen ist es unerträglich.

Die Wüste wird auch gerne als *Reich der Winde* bezeichnet, von 100 Tagen sind nur 10 windstill.

Achtung: Vor allem abends und nachts besteht die Gefahr von *Sandstürmen* (in der Sahara verstärkt im Frühjahr). Sie kündigen sich durch einen bedeckten Himmel, zunehmende Windstärke und gelbliche Luft- und Sandvernebelungen am Horizont an. Man sollte sofort ein Quartier im nächstgelegenen Dorf suchen. Wenn das nicht mehr möglich ist: Die Kette und alle Lager des Rades gegen Sand abdecken und einen windgeschützten

Platz aufsuchen, den man mit einer Plane (z.B. Regenponcho) selbst herstellen kann.

Auf unserer ersten Wüstenfahrt hatten wir die Anzeichen eines Sandsturmes zu spät bemerkt: Wir waren auf freier Strecke, als der Sand schon wirbelte und sich wie unzählige Nadelstiche auf der Haut anfühlte. In dichtem Sandtreiben, bei dem wir die Straße kaum noch erkennen konnten, fuhren wir, von Rückenwind und ein wenig Panik getrieben, in den letzten Ort zurück. Der Zufall wollte es, daß wir direkt am Ortseingang ein unbewohntes Haus fanden. Puh! – Glück gehabt.

Mittelmeerklima

Dieser Klimatyp wird durch die Küstennähe bestimmt und zeichnet sich durch heiße und trockene Sommer sowie milde bis kühle und feuchte Winter aus, im Herbst manchmal länger andauernder Regen. In den Küstenregionen wird die sommerliche Hitze durch die Meeresnähe abgeschwächt, so daß der Mitteleuropäer sich in diesem Klima schnell heimisch fühlt.

Buchenwaldklima (gemäßigt)

Durch Temperaturwechsel bedingte Vegetationsperioden kennzeichnen vier Jahreszeiten. Landeinwärts werden die Temperaturunterschiede zwischen den Jahreszeiten wesentlich größer als an den Küsten. Die Sommer sind mäßig warm, die Winter in Küstennähe mild und werden landeinwärts kälter. Fast täglich wechseln sich Sonnenschein und Regen ab, sub-tropische Hocheinflüsse sind selten. Das Klima erfordert kaum Umstellung für den Mitteleuropäer und ist das angenehmste Radlerklima.

Schneewaldklima (gemäßigt kalt)

Kalte, lange Winter und kurze, milde Sommer erfordern auch in den Sommermonaten warme Kleidung. Mit zunehmender Kälte sollte das Essen fettreicher werden. In den ersten Umstellungstagen ist das Immunsystem geschwächt und anfällig für Infektionen. Deshalb besonders am Anfang auf hochwertige Mischkost achten!

Um Erkältungen vorzubeugen, ist gerade in diesem Klimabereich auf angemessene Kleidung bei Bergabfahrten nach schweißtreibenden Anstiegen zu achten.

Tundren- und Hochgebirgsklima

Das Hochgebirgsklima ist ein Reizklima mit trockener und (hoffentlich) sauberer Luft, intensiver Sonneneinstrahlung, starken Temperaturschwankungen und kräftigen Winden. Je höher, desto kälter und sauerstoffärmer wird die Luft und desto stärker die Sonneneinstrahlung.

Der Körper steht vor der schwierigen Aufgabe, sich auf den geringen Sauerstoffgehalt der Luft einzustellen. Er reagiert mit einer verstärkten Bildung von roten Blutkörperchen, den Sauerstoffträgern im Blut. Zur Bildung dieser Blutkörperchen wird Eisen und/oder Vitamin B benötigt, was man in seiner Ernährung berücksichtigen sollte (z.B. Vollmilch).

Mangelnde Anpassung kann sich in schnellem und flachem Atem und einer höheren Pulsfrequenz äußern. Wenn es noch schlimmer kommt (Kopfdruck, Gefühle von Schwindel und Benommenheit), sollte sich der Radler schnell wieder in tiefere Regionen begeben, denn mit der Höhenkrankheit ist nicht zu spaßen! Sie führt schnell zur Bewußtlosigkeit und im fortgeschrittenen Stadium zum Tod. Also nur langsam in höhere Regionen vordringen (ab 3500 m nicht mehr als 500 Höhenmeter täglich), wenig anstrengen und gleichmäßig fahren. Außerdem helfen kreislaufanregende Getränke (Tee, Kaffee, Cola) und tiefes Durchatmen bei der Anpassung. Die Nahrung sollte aus wenig Fett und vielen Kohlehydraten bestehen.

Nach der Akklimatisationsphase kann man mit einer gestiegenen Ausdauerleistung rechnen. Besonders spürt das, wer anschließend wieder in tieferen Regionen radelt.

Als beste Reisezeit erweist sich in nördlichen Breiten der Herbst mit lang anhaltenden Schönwetterperioden, im Gegensatz zum Sommer, der öfters von Gewittern durchzogen ist.

Verhalten bei Gewitter

• Bei sich ankündigenden Gewittern (Donner, Blitz, schwarze Wolken) Häuser oder Hütten aufsuchen.
• Sich in der Mitte des Raumes aufhalten. Abstand zu Öfen, Rohren und elektrischen Leitungen halten.
• Wenn man keinen Gebäudeschutz findet, Regenhaut überziehen, mit zusammengepreßten Beinen hinhocken, um die Schrittspannung zu vermeiden.

• Alleinstehende Bäume, Waldränder, erhöhte Punkte, Gewässer und hohe Gebäude meiden.
• Jegliche Telefon- und freiliegenden Kabel meiden.
• Vom Fahrrad und von Zaundrähten Abstand halten, beim Zelten Zeltstangen nicht berühren.

Wenn der Wind weht ...

Konstanter Gegenwind ist das Zermürbendste und Kräftezehrendste, was es gibt, schlimmer als Kälte und Regen. Wenn der Wind nicht nachläßt, helfen nur längere Pausen – und ansonsten eine große Übersetzung und eine windschnittige Radelhaltung. Das bedeutet natürlich eine größere Kraftanstrengung und kann bei nicht nachlassendem Wind ganz schön auf die Radlermoral drücken.

Wenn wir zu zweit oder dritt unterwegs sind, ziehen wir das abwechselnde *Windschattenfahren* vor. (Achtung: Unfallträchtig, da ziemlich nahe am Hinterrad der anderen gefahren werden muß. Der oder die Vordere muß für alle anderen Fahrer denken und schauen).

Ebenso schlimm und gefährlich kann *Seitenwind* sein: Wir erlebten einmal eine Extremsituation an der äußersten Südspitze Spaniens (Tarifa). Der Seitenwind war so stark, daß wir uns, um vorwärts zu kommen auf dem Fahrrad schräg wie ein Segelschiff in den Wind legen mußten. Damals kamen noch vorbeidonnernde Laster und schlingerndes Gepäck erschwerend hinzu, so daß es unmöglich war, das Fahrrad auf »Kurs« zu halten. Um nicht zu »kentern«, haben

Die Windstärken

... und was wir Radler von ihnen halten

Windstärke 0 bis 1: Windstill, leiser Zug
0 m/s bis 1,7 m/s schnell
Windrichtung wird nur durch den Zug von
Rauch angezeigt.
»Wunschwindstärke«.

Windstärke 2: Leichte Brise
1,8 bis 3,3 m/s
Wind auf der Haut fühlbar, Blätter
säuseln, kräuselt die Oberfläche stehender Gewässer.
Auch noch zu ertragen, keine Hemmwirkung beim Radeln.

Windstärke 3: Schwache Brise
3,4 bis 5,2 m/s
Blätter und dünne Zweige in dauernder
Bewegung, wirft auf stehenden Gewässern kleinere Wellen.
Ein höherer Kraftaufwand wird spürbar.
Bei Gegenwind rollt das Rad nicht mehr
von selbst bergab.

Windstärke 4: Mäßige Brise
5,3 bis 7,4 m/s
Hebt Staub und loses Papier, bewegt
Zweige und dünnere Äste, wirft auf
stehenden Gewässern ausgeprägte
Wellen.
Radfahren wird zum Ankämpfen gegen
den Wind, auf Dauer nervtötend; man
konzentriert sich nur noch auf den Wind,
nimmt kaum noch die Umgebung wahr,
also Windschatten fahren, häufiger
Pausen einlegen.

Windstärke 5: Frische Brise
7,5 bis 9,8 m/s
Kleine Laubbäume beginnen zu schwanken, Schaumkämme auf stehenden
Gewässern.
Nur noch dann Radfahren, wenn man
unbedingt weiter muß, sonst wird es zur
Qual. In der Gruppe dizipliniertes Windschattenfahren, Tagesschnitte stark
reduzieren.

Windstärke 6: Starker Wind
9,9 bis 12,4 m/s
Starke Äste in Bewegung, Pfeifen in
Telegrafenleitungen, Geräusche an Häusern und anderen festen Gegenständen
hörbar.
Nur noch für Radfahrer vom Typ:
»Der alte Radler und der Wind«, frei nach
Hemingway.

Windstärke 7: Steifer Wind
12,5 bis 15,2 m/s
Bewegt unbelaubte Bäume mittlerer
Stärke, fühlbare Hemmung beim Gehen
gegen den Wind, wirft auf stehenden
Gewässern Wellen mit vielen Schaumkronen.
Radfahren einstellen und ein ruhiges,
windstilles Plätzchen aufsuchen: Pause,
bis der Wind sich gelegt hat.

Windstärke 8: Stürmischer Wind
15,3 bis 18,2 m/s
Bricht Zweige von den Bäumen.
Radfahren unmöglich, Hotel oder Café
suchen, Zeit zum Briefeschreiben.

wir es vorgezogen, abzusteigen und
zu schieben. Erst viel später haben wir
erfahren, daß Tarifa ein bekanntes
Surfparadies ist.

Grundsätzlich ist es besser:
• von der Küste in das Landesinnere
zu fahren,
• in Europa und am Mittelmeer die
West-Ostrichtung zu bevorzugen,

• bei permanentem Gegenwind flexibel zu sein, längere Pausen einzulegen
oder die Richtung zu ändern.

Wer den Wind den ganzen Tag
über beobachtet, kann herausfinden,
zu welcher Tageszeit der Wind aktiv
ist, ob seine Intensität zu- oder abnimmt und wann er seine Richtung
ändert.

Wie wird das Wetter?

Wie nützlich ein wenig Gefühl für die Wetterentwicklung sein kann, haben wir – sprichwörtlich – schon öfters am eigenen Leib erfahren. Nach einem Tag unter wolkenlosem Himmel an der französischen Atlantikküste im Hochsommer fanden wir in einem schönen Kiefernwald ein Schlafplätzchen. Wie gewöhnlich hatten wir unser Zelt nicht aufgebaut und schliefen im Freien. Gegen zwei Uhr weckten mich ein starkes Rauschen der Baumwipfel und heftige Windstöße. An dem vorher klaren Sternenhimmel waren dicke schwarze Wolken aufgezogen. Obwohl meine Mitradler nur mit Murren aus ihren Schlafsäcken krochen, hatten wir innerhalb von einer Viertelstunde unsere Sachen zusammengekramt und waren auf dem Weg in die zwei Kilometer entfernte Siedlung. Wir waren noch keine Minute unter einem schützenden Dach, als es nach kurzem Blitzen und Donnern so heftig zu schütten begann, daß man keinen Meter weit mehr sehen konnte. An dem alten Plätzchen wären wir weggeschwommem!

Auch der unerfahrenste Großstadtmensch entwickelt mit der Zeit ein Gespür für sich ändernde Wetterbedingungen, zumal wenn er so auf das Wetter angewiesen ist wie der Radfahrer.

Zeichen für schönes Wetter

• Schäfchenwolken über den Haufenwolken
• kleinere Haufenwolken, die sich gegen Abend auflösen
• Berge im Dunst
• warme Täler und Wälder, kühle Berge und Felder
• heiße Tage, kühle Nächte
• Ostwind
• grauer Morgenhimmel, fallender Morgennebel, starker Tau
• Abendrot, Abendnebel, Nachtfrost, Mückenschwärme tanzen am Abend
• Rauch steigt aufwärts, hochfliegende Vögel (z.B. Schwalben)
• Glühwürmchen, Spinnen bei der Arbeit, Grillen zirpen und Froschgequake am Abend

Zeichen für schlechtes Wetter

• Tiefhängende schwarze Haufenwolken und drückende Schwüle kündigen starken Regen oder Gewitter an, ebenso hoch aufgetürmte Wolken, die unten dunkler sind als oben, kleine tiefliegende Schäfchenwolken, gezackte Schichtwolken, sich ver-

Typische Wolkenformationen

größernde und zackige Haufenwolken bei Windstille
• tiefe Federwolken, Wolkenschleier
• Westwind, Nordwestwind, Südwind
• Morgenrot, tiefblauer Himmel am Morgen, steigender Morgennebel
• Schmerzen an Narben oder verheilten Knochenbrüchen
• Nässe an Brunnensteinen und Wasserleitungen
• üble Gerüche aus Wasserabflüssen und Kanaldeckeln
• klare Fernsicht, Sterne funkeln auffallend stark
• Tauben fliegen nicht mehr aus, Hunde benagen das Gras, Kühe fressen besonders heftig
• lästige Mücken, Maulwürfe werfen besonders hohe Hügel, viele Schnekken und Regenwürmer
• tiefliegende Schwalben auf der Suche nach Nahrung (Mücken)
• springende Fische, Frösche quaken morgens und tagsüber

Er guckt wie »3 Tage Regenwetter«

Literaturtips
Zur genaueren **Klimabestimmung** des jeweiligen Zielortes empfehlen wir Horst Eichlers *Geographisches Hand- und Lesebuch für Modernes Reisen* mit Erläuterungen zu Landschaften, Naturkatastrophen, Sprache, Religion, Wasser, Wolken, Zeit und Klimastationen der Erde, Touristbuch, Hannover 1989, 32 DM.

Weitere gute Hilfsmittel, die man in Bibliotheken findet, sind:

Heinrich Walter, Elisabeth Harnickell, Dieter Müller-Dombois: *Klimadiagrammkartensammlung*, Stuttgart 1975 (gibt es auch als Klimadiagramm-Weltatlas, Jena 1967). Acht Klimakarten von allen Kontinenten, in denen eine große Anzahl von Klimadiagrammen eingezeichnet sind. Diese gewähren einen guten und informativen Überblick über das Verhältnis von Temperatur- und Niederschlagswerten in den einzelnen Regionen.

Oder aber die drei Hefte *Klimadaten von Europa*, herausgegeben vom Deutschen Wetterdienst, Zentralamt Offenbach (hier finden sich Angaben über ausgewählte Klimastationen. Über 12 Monate werden angegeben: Lufttemperatur, Luftdruck, Luftfeuchtigkeit, Niederschläge, Sonnenscheindauer, Wassertemperaturen, Tage mit Schneedecke). Einzelauszüge sind auf Anfrage beim Deutschen Wetterdienst, Postfach 100465, 63004 Offenbach am Main, zu beziehen.

Manfred J. Müller: *Handbuch ausgewählter Klimastationen*, Trier 1983, 3. überarbeitete Auflage. Angaben über jeweils zwölf Monate von mittlerer Temperatur, mittlerer relativer Luftfeuchte, mittlerem Niederschlag, maximalem Niederschlag in 24 Stunden, Tagen mit Niederschlag, Sonnenscheindauer, Strahlungsmenge, potentieller Verdunstung, sowie Angaben über mittlere **Wind**geschwindigkeiten und vorherrschende Windrichtungen von ausgewählten Klimastationen aller Kontinente. Leider sind Windangaben nicht bei allen angeführten Stationen zu finden.

Heft 8 der *Reihe Erdkundliches Wissen*, Heinz Schamp, *Die Winde der Erde und ihre Namen*, Franz-Steiner-Verlag, Wiesbaden 1964. Hier werden Intensität und Auftreten von Winden auf der ganzen Welt detailliert beschrieben, Auszüge daraus finden sich in den »Länderinfos«.

Wer sich etwas professioneller über's **Wetter** informieren möchte, der lese nach in: Alan Watts *Wolken und Wetter*, Bielefeld 1968, 7. Auflage. Hier werden nach kurzer Einführung ausführlich, aber prägnant anhand von 24 Wolkenbildern Wettersituationen erläutert. 98 Seiten, 18 DM. Nur zu beziehen über den Fachverlag Bade & Hornig GmbH, Stubbenhuk 10, 20459 Hamburg, ℂ 040/364587. Günther D. Roth, *Wetterkunde für alle*, BLV, 19,80 DM.

Für alle europäischen Länder und Mittelmeeranrainerstaaten finden sich klimatische Angaben und Informationen zu den Windrichtungen in unseren »Länderinfos« zu Deutschland und Europa.

Reisezeit

Es ist relativ müßig, über die besten Radlerzeiten genaue Angaben zu machen: »Manche mögen's heiß« – und manche lieber kälter. Bei der Planung können folgende Überlegungen mitspielen:

• Der Frühling beginnt – erkennbar an dem Beginn der Obstblüte – in Europa im Südwesten (Lissabon/Algarve) ab Mitte März, im Nordosten (Lappland) hält er erst Ende Juni Einzug. Er zieht mit einer Geschwindigkeit von durchschnittlich 30 km pro Tag in der Ebene (pro 100 m Höhe 4 bis 6 Tage später) nach Norden.

• Die Luft erwärmt sich im Frühjahr schneller als das Wasser. Im Herbst kühlt sie schneller ab.

• Der Herbst bietet oft lang anhaltende Schönwetterperioden (Altweibersommer), das Frühjahr die aufblühende grüne Natur.

• Die europäischen Wintermonate November bis Februar eignen sich am ehesten für Touren auf der Südhalbkugel und in den Wüstenregionen.

• Die Hauptreisezeiten und Ferien sollte man meiden, da die Straßen und Urlaubsregionen überfüllt sind.

• Es gibt diverse Abweichungen von den allgemeinen Klimabeschreibungen in den Regionen in Form von sogenannten Kleinklimata, wie erhöhte Temperaturen, unübliche Vegetation, geringerer Niederschlag, veränderte Windrichtung.

TOURENPLANUNG

*Die Gesamtstrecke ermittelt man vorab auf Karten
aus dem Auto- oder Schulatlas mit einem groben Maßstab (ab 1:800.000).
Man verbindet die einzelnen Zielpunkte (einschließlich Ausgangsort und
Rückreiseort) miteinander und erhält so die Gesamtstrecke. Sind Kilometerangaben vorhanden, so läßt sich für den Hauptstraßen-Radler
schnell die ungefähre Gesamtkilometerzahl errechnen.*

Wer lieber *Nebenstraßen* benutzt, schlägt auf die Summe der Hauptstraßen-Kilometer noch einmal 50 % drauf. Nebenstraßen versprechen vor allem weniger Verkehr, billigeres Essen und Unterkünfte.

Sind keine Kilometerangaben vorhanden, hilft ein *Kilometerrädchen*, mit dem man die Strecke auf der Karte abfährt (im Ausrüstungshandel ab 15 DM). Oder ein Bindfaden wird erst mit dem Straßenverlauf in Deckung gebracht und dann die Länge mit Hilfe des Maßstabes in Kilometer umgerechnet. Da im Streckenverlauf keine *Höhenunterschiede* dargestellt werden können, müssen noch einmal bis zu 50 % (je nach Topographie) addiert werden, um auf eine ungefähre Endkilometerzahl zu kommen.

Dann dividiert man die Gesamtkilometer durch die durchschnittliche *tägliche Kilometerleistung*. Zu dem jetzt ermittelten Ergebnis (X Tage) addiert man die erwünschten Ruhetage (mindestens einer pro Woche), Pannen, Regen, Gegenwind, mehrtägige Pausen usw. und kommt so annäherungsweise auf die benötigten Tage.

Besonders zwei Dinge bestimmen die Anzahl der zusätzlichen Tage: die Tourenerfahrung und die Information über das Reisegebiet. Je unerfahrener der Radler, desto mehr zusätzliche Tage muß er einplanen und je unbekannter das Ziel, desto mehr Zeit für Unvorhergesehenes! Wir mußten trotz intensiver Planungen immer wieder feststellen, daß die Welt so voller Überraschungen steckt, daß die Zeit hinten und vorne nicht reicht.

Wie weit pro Tag?

»Wieviele Kilometer fahrt Ihr denn so am Tag?« Eine beliebte und doch überflüssige Frage unter Tourenradlern. Was soll man darauf antworten?

Wir schweigen auf diese Frage dann eine Zeitlang betreten, bis sich einer überwindet und rauspreßt: »Zwischen 30 und 130 Kilometern!« Das befriedigt den wißbegierigen Fra-

---

Beispielrechnung für eine Strecke von 980 km:

Typ 1: durchschnittliche Tageskilometerleistung von 70 km.

980 : 70 = 14 Tage effektive Radelzeit, d.h. bei 70 km pro Tag und vielen Pausen: 14 + 7 = 21 Reisetage.

Typ 2: durchschnittliche Tageskilometerleistung von 90 km.

980 : 90 = 11 Tage effektive Radelzeit, das heißt bei 90 km/Tag und wenigeren Pausen: 11 + 4 = 15 Reisetage.

ger meist nicht, denn mit dieser Antwort kann er uns in keine Kategorie einordnen: Hat er es nun mit kilometerfressenden Muskelprotzen oder mit verträumten Naturburschen zu tun?

Mit keinem von beiden (oder von beidem ein bißchen?). Denn die Kilometer, die wir am Tag fahren, sind von vielen Faktoren abhängig:

Art des Fahrrads, Straßenbeschaffenheit, Topographie und die jeweilige Kondition (auch die der Reisepartner). Natürlich ist das Wetter wichtig und die persönliche Lust am Fahren und an der Geschwindigkeit. Mal kommt man an Sehenswürdigkeiten vorbei, mal rastet man länger an besonders schönen Plätzen. Vielleicht hat man gerade eine nette Bekanntschaft gemacht, von der die Trennung schwerfällt, oder es hat ganz einfach eine Panne gegeben.

Hinzu kommt die jeweils individuelle Leistungsfähigkeit: Welche Entfernungen werden als unangenehm empfunden? Wie lange kann man im Sattel sitzen, ohne die Lust zu verlieren und zu ermüden? Aber keine Sorge: Spätestens nach einer Woche hat man seinen Rhythmus gefunden. Gerade am Anfang sollten die Anstrengungen nicht zu groß sein. Am besten pausiert man nach den ersten zwei bis drei Tagen, denn der dritte Tag gilt als der unfallträchtigste.

Auch wenn Schnellradler das Gegenteil behaupten, Stundenschnitte von mehr als 20 km liegen im Hochleistungsbereich. Ein solcher Schnitt ist nicht durchzuhalten, da das Radeln immer von kurzen Pausen für Einkäufe, zum Kartenlesen oder Wegerkunden und für das menschlichste aller Bedürfnisse unterbrochen werden muß. Grob kann in zwei große Gruppen unterteilt werden (Tagesschnittangaben unter optimalen Bedingungen):

Typ 1) Kennzeichen: lieber Nebenstraßen und geringe Umwege und somit langsameres Vorwärtskommen, dafür aber intensiveres Erleben der Landschaft, Spaß am Fahrrad-Urlaub und Zeit für Bekanntschaften; öfters mal eine Pause an einem schönen Ort oder einem Terrassen-Café; gutes Essen und Erholungsphasen; körperliche Anstrengungen halten sich im Rahmen.

Der Tagesschnitt wird sich nach einer gewissen Anlaufzeit zwischen 60 und 90 km einpendeln (circa zehn Stunden tägliche Radelzeit inklusive zwei Stunden Mittagspause und zwei, drei 30-Minuten-Pausen), einen wöchentlichen Ruhetag eingerechnet.

Typ 2) Kennzeichen: lieber schneller befahrbare Hauptstraßen mit gutem Belag. Spaß an der Geschwindigkeit; körperliche Anstrengungen dürfen auch schon mal zur Strapaze werden; man will seine eigenen Grenzen erfahren und empfinden; Lust am Kampf gegen den inneren Schweinehund; Essen und Übernachtungssuche dürfen nicht zuviel Zeit rauben; Orientierung an sportlichen Höchstleistungen und an Werten wie höher, schneller, weiter; anspruchsvolle Technik, um den »höchsten« Berg zu bezwingen und die »längste« Tagesstrecke zu fahren.

Dieser »Idealradler« fährt einen Schnitt zwischen 130 und 160 km (ganztägiges Fahren mit kurzen Pausen, zwölf Stunden Radelzeit, inklusiv einer Stunde Mittagspause und zwei 15-Minuten-Pausen).

Wir persönlich tendieren zum ersten Typus, der schon aus körperlichen Gründen allen Anfängern zu empfehlen ist. Auch meinen wir, eine Fahrradreise sollte eine Reise bleiben und nicht zum Wettrennen ausarten.

Besondere Rücksichtnahme erfordert das Fahren in der *Gruppe*. Hier bestimmt der schwächste Teilnehmer das Tempo! Neben dem persönlichen Kennenlernen vor Antritt einer Gruppenreise sollte man den anderen auch sein Rad vorstellen – angenehm, Speedy-Supertourer mein Name – um allzugroße Unterschiede in der Radtechnik zu vermeiden.

Achtung: Feuchte Hitze, Gegenwind, schlechte Straßen und abrupte Klimawechsel rauben Kraft und Moral. Überanstrengungen bemerkt man oft erst in den nächsten Tagen, wenn man sich müde und abgeschlafft fühlt und keine Lust hat, weiterzuradeln.

Außerdem kann besonders der erste Tag einer Tour demoralisierend sein. Meist ist das Gepäck noch nicht ideal am Rad verteilt. Dicke, schwere Beine (Muskelkater) oder ein wundgescheuertes Gesäß wirken als Motivationsbremse. Dann heißt es, die Muskeln durch weniger Anstrengung nicht noch mehr zu übersäuern und den Sattel entsprechend zu polstern oder – ganz einfach auf die Zähne beißen, denn: kommt Zeit – kommt Hornhaut!

Tagesplanung

Ein Tag unterwegs bietet so viele Überraschungen, daß gemachte Pläne nur selten eingehalten werden können. Flexibilität ist gefragt und sollte zu den besonderen Eigenschaften des Radlers gehören. Nur Mut: nach einer gewissen Zeit spielt sich ein Rhythmus der »Regelmäßigkeit von Unregelmäßigkeiten« ein. Trotz aller guten Vorsätze schaffen wir es nur selten, eine ausgiebige Mittagspause auch in der Mittagszeit zu machen. Zu spätes Aufstehen, Pannen, nette Erlebnisse oder ein schattiges Plätzchen halten uns mit steter Regelmäßigkeit davon ab. Schon nach kurzer Zeit kapitulieren wir vor unserer eigenen Planung! Man beginnt dann langsam zu begreifen, was die Orientalen unter »Kismet« verstehen. Planung ist eben eher eine Sache des Verstandes und des Kopfes, Radfahren dagegen eine Sache des Gefühls und des »Bauches«. Deshalb gilt es, genau auf das zu hören, was ich, was mein Körper, mein Bauch jetzt will: Hat er Durst, hat er Hunger? Möchte er ausruhen, schwimmen, schlafen, faulenzen oder sich anstrengen?

Trotzdem kommen Radfahrer natürlich nicht ganz ohne Planung aus, daher ein paar Hinweise:
• In heißen Gegenden früh aufstehen (bei Sonnenaufgang), lange Mittagspausen einlegen (»Siesta«), erst am frühen Abend wieder fahren.
• Der Abend ist besonders günstig für die »große warme Mahlzeit«, da es mittags oft zu heiß ist und die Suche nach Übernachtung und geplanten Zielen noch vor einem liegt.

• Aus psychologischen Gründen (»ich hab ja schon das Meiste geschafft«) fährt man besser schon vormittags über die Hälfte der geplanten Strecke. Das gibt Luft nach hinten und Zeit zum Trödeln.

• Vor Stadtbesichtigungen bringt man am besten das Rad sicher unter und nutzt öffentliche Verkehrsmittel. Denn das Radeln mitten im fremden Getöse ist eher was für Leute mit Drahtseilnerven und Atemschutzmaske.

• Am Abend vorher mit Hilfe von Karten bedenken: Wie wird die Landschaft? Steigungen, Pässe, Flachland? Wie kann ich große Anstrengungen umgehen? Wo sind besonders schöne Flecken zu erwarten? Wo würde sich eine längere Pause anbieten? Welche Sehenswürdigkeiten und schönen Punkte liegen auf oder neben der Strecke? Welcher Streckenverlauf verbindet am besten Ziele und Absichten (z.B. Nebenstraßen benutzen)? Wo könnte ich schwimmen, einkaufen, übernachten? Müssen bestimmte Abfahrtszeiten von Bus, Bahn oder Schiff eingehalten werden? Wo besorge ich mein Frühstück?

Absolut wichtig ist eine sorgfältige Planung dann, wenn man beabsichtigt, mehrere Tage durch unbewohnte Gebiete zu radeln. Schwierig wird es dort, wo man seine Bedürfnisse nach Nahrung und Wasser nicht aus der Natur befriedigen kann. Gerade in extrem heißen Gebieten ist es im doppelten Sinne schwer, Wasservorräte für mehrere Tage mitzunehmen. Hier bleibt nur: Auf jedes nicht unbedingt lebensnotwendige Gepäckstück verzichten und dafür entsprechend Wasser und Nahrung einpacken. Allerdings sollte man sich an solche Versuche nur sehr langsam herantasten. Anfängern und Unerfahrenen ist unbedingt abzuraten.

Feiertage einplanen

Leerer Magen, kein Bargeld, Banken und Geschäfte geschlossen ... und im Gastland ist Feiertag. Infos über landesübliche Feiertage und ihre Bedeutung, aber auch zu Öffnungszeiten der Behörden, Banken und Geschäfte schützen vor unangenehmen Überraschungen.

Einige Tips

• Wöchentlicher Ruhetag ist im Gegensatz zum christlichen Sonntag im Judentum der Samstag und im Islam der Freitag. In westlich orientierten islamischen Gebieten sind meist der Freitagnachmittag und der Sonntag frei.

• Während des *Ramadan* (islamischer Fastenmonat) halten die meisten Moslems die religiösen Vorschriften ein, am Tag nicht zu essen und zu rauchen. Um sich an diese Gegebenheiten anzupassen, sollten Reisende sich vor Ortschaften lange Hosen anziehen und am besten »unter Ausschluß der Öffentlichkeit« essen.

Ramadan: 22.2. bis 23.3.1993, 12.2. bis 12.3. 1994

Hammelfest: 1./2.7.93, 21./22.5.94

Beginn der Pilgerfahrt »Hadj«: 24. & 25.3.1993, 13. & 14.3.1994

Alle diese Feiertage liegen entsprechend dem islamischen Mondkalender jährlich um zehn bis zwölf Tage früher; Auskunft geben die Fremdenverkehrsämter und Botschaften.

• Auch in Europa hat nicht jeder kleine Ort eine Bank oder ein Geschäft, das allen Feinschmeckeransprüchen genügt. Gerade in landwirtschaftlichen Gebieten wird oft nur angeboten, was nicht selbst produziert werden kann (z.B. Öl, Konserven). Brot, Butter, Milch, Obst und Gemüse gibt es möglicherweise nicht. Also: bei der Strecken(eß)planung an Feier- und Ruhetage denken. Das erfordert schon einmal »Gripsgymnastik«, schließlich sind Packtaschen keine Vorratsschränke.

• Es gibt überall Feste, die über eine halbe bis ganze Woche dauern. Während dieser Zeit haben fast alle öffentlichen Stellen, Behörden und Banken geschlossen.

Leidvoll erlebt haben dies Freunde von uns in der Türkei. Keine noch so freundliche Bitte half, die Fahrräder bei der Rückfahrt durch den Zoll zu schleusen, um sie dann anschließend per Bahn nach Deutschland zu schicken. Geschlossen wegen Hammelfest! Unsere Freunde – immerhin eine Gruppe von 20 Leuten mit ihren Rädern – hatten aber keine Zeit, das Ende des Festes abzuwarten. So wurden kurzerhand die Räder völlig demontiert und heimlich durch den Hintereingang in den Zug geschmuggelt. Nach einigen turbulenten Szenen zeigten alle Schaffner Verständnis, die Räder blieben im Gepäcknetz!

Geldumtausch, Formalitäten bei Behörden, Buchungen von Rückreisetickets und eventuelle Zolldeklarationen also besser rechtzeitig erledigen. Ein Tag zu früh ist immer besser als eine Minute zu spät!

GELD UND PAPIERE

Jedem Individualreisenden muß klar sein, daß die
Ausweispapiere und das Geld niemals abhanden kommen dürfen. Und
wenn es dennoch passiert ist, sofort an das nächste Konsulat des Heimatlandes
und die örtliche Polizei wenden – in dieser Reihenfolge. Darauf gehen
wir in der Griffmarke »Pech und Pannen« ein. Die Konsulatsadressen
stehen in den jeweiligen Länderinfos.

Ohne Moos nix los

Die Frage »Wieviel Geld brauche ich unterwegs?« muß jeder für sich entscheiden, allerdings gibt es Riesenunterschiede zwischen dem unbedingten »Muß« und dem geliebten »Kann«. Es ist zweckmäßig, sich die monatlichen Ausgaben von daheim vor Augen zu halten. Wenn man davon die Mietkosten, das Auto, Versicherung und ähnliche Nebenkosten abzieht, gelangt man an einen persönlichen Richtwert. In der Regel wird dieser Wert unterschritten werden, wenn man nicht gerade in extrem teuren Ländern (z.B. Skandinavien, Schweiz) radelt. Ausschlaggebend ist auch, ob man hauptsächlich selbst kocht oder im Restaurant speist und welche Unterkunftsart man wählt. Neben diesen Ausgaben fallen noch einige nur schwer zu bestimmende Kosten an: Zusatzversicherung, Reparaturen, Flüge, Bahntransporte oder Schiffsüberfahrten, Filme. Wer bei längeren Reisen einen Pauschalbetrag von 400 DM monatlich dafür ansetzt, wird diese nicht genau einzukalkulierenden Kosten nach unserer Erfahrung decken können.

Wir selbst sind in Europa immer mit einem Wert von insgesamt 700 bis 800 DM monatlich ohne Askese, aber auch ohne Luxus ausgekommen. Anfahrtskosten mit Bahn oder Flugzeug kommen allerdings noch dazu.

Um unsere Reisekasse aufzubessern, haben wir bei originellen Radtouren z.B. oft kleinere Artikel oder Artikelserien von unterwegs geschrieben, die als Fortsetzungsgeschichten mit unseren Fotos in der Lokalpresse erschienen. Allerdings lassen solche und andere Aktivitäten keine großen Sprünge zu, es kann sich bestenfalls um ein kleines Zubrot handeln.

Zahlungsmittel

Bei einem Vergleich zehn verschiedener europäischer Währungen stellte die Verbraucherzentrale Nordrhein-Westfalen fest, daß die Entscheidung für Bargeldumtausch zu Hause, Bargeld im Urlaubsland tauschen, Reisescheck, Euroscheck oder Postsparbuch bis zu 30 % mehr oder weniger Urlaubsgeld brachte. Eine entsprechende Anfrage bei der Verbraucherzentrale nach einer aktuellen Untersuchung lohnt sich.

Der Dollar ist nach wie vor das gängigste Zahlungsmittel der Welt. Daneben besitzt die Währung ehemaliger Kolonialherren meist noch einigen Wert (z.B. der Französische Franc in frankophonen Staaten Afrikas).

Es ist gut, auf zwei unterschiedliche Geldquellen zurückgreifen zu können, falls eine Quelle (z.B. wegen Diebstahl) versiegt.

Zum Thema Schwarzumtausch

Schon der Begriff »Schwarzumtausch« beschreibt gut, daß es sich dabei um dunkle Geschäfte handelt, was man auch dann noch im Auge behalten sollte, wenn Umfang und Popularität dieser Tauschgeschäfte schon halboffiziellen Charakter annehmen: Es ist und bleibt eine illegale Angelegenheit!

Ein *festgelegter Wechselkurs* sowie ein *Pflichtumtausch* sind Versuche, die Stabilität der Inlandswirtschaft zu sichern und einen latenten Devisenmangel auszugleichen. Wer auf dem Schwarzmarkt tauscht, unterläuft diese Absichten, schädigt die Wirtschaft und damit die Menschen in diesem Land: Man kann einem armen Land wohl kaum vorhalten, daß es sich gerne ein Stück aus der Ersten-Welt-Torte auf diesem Wege abschneiden möchte. Erst recht nicht, wenn man die weltwirtschaftlichen Zusammenhänge dieser Maßnahmen als Folge unserer Rohstoffpreise und Wechselkurse bedenkt.

Bargeld

Es lohnt nicht, größere Mengen Bargeld mit sich zu führen, da für Verlust oder Diebstahl im Gegensatz zu Reiseschecks niemand aufkommt. Wie es sich dennoch relativ sicher transportieren läßt, siehe weiter unten.

Der Umtausch in einer Bank oder Wechselstube erfordert diskretes Vorgehen: Am besten holt man schon vorher unbeobachtet die Geldscheine aus dem Brust- oder Geldbeutel, um nicht allzu deutlich den Aufbewahrungsort der Reisekasse zu offenbaren. Das gewechselte Geld gleich nachzählen und die Wechselquittung nicht vergessen. Denn diese wird an der Grenze bei der Ausreise gerade in solchen Ländern verlangt, in denen ein Pflichtumtausch oder reger Schwarzmarkt besteht.

Banknoten sollten immer unbeschädigt sein, da es sonst Ärger mit der Anerkennung geben kann.

Die bekannten harten Währungen wie US-Dollar, D-Mark, Schweizer Franken, Englisches Pfund oder Französischer Franc können meist überall gewechselt werden, wobei der Wechselkurs oft geringfügig unter dem der bargeldlosen Zahlungsmittel liegt. Grundsätzlich gilt: Je höher die Inflationsrate, desto einfacher und günstiger zahlt es sich mit stabilen Währungen. Weitreisende außerhalb Europas sollten stets kleine Dollarnoten (1 und 10 US $) bei sich tragen. Da sie bekannt sind, kann man in der Regel mit ihnen auch dann bezahlen, wenn Banken geschlossen oder gar nicht vorhanden sind.

Euroscheck

Wechselmöglichkeiten mit Euroschecks bieten sich außer in allen EG-Ländern auch in Ägypten, Albanien, Algerien, Bulgarien, Finnland, Island, Israel, Kroatien, Libanon, Malta, Marokko, Norwegen, Österreich, Polen, Rumänien, Slowenien, Türkei, Tschechische Republik, Slowakei, Tunesien,

GUS, Ungarn und Zypern, in Frankreich auch in Postämtern. In Andorra (34), Benelux (950, 2500, 55), Dänemark (198), Frankreich (5462), GB (3907), Israel (170), Italien (3187), Österreich (1050), Portugal (1277), Spanien (11.600) und Zypern (19) kann man sogar direkt am *Geldautomaten* abheben (in Klammern die Zahl der Geldautomaten); Gebühr unabhängig vom Betrag 5 DM.

Das abgehobene Geld (Höchstbetrag 400 DM pro Scheck in Landeswährung) wird mit einiger Verzögerung (Zinsvorteil) vom Konto abgebucht, was pro Scheck mindestens 2,50 DM, bei Vollausnutzung des Betrages 7 DM kostet. Zusätzlich wird beim Einlösen häufig noch eine Bearbeitungsgebühr verlangt. Mit einer entsprechenden Quittung fordert man solche Gebühren von der heimischen Bank zurück. Scheckkarte und Schecks sind immer getrennt aufzubewahren. Ging die Scheckkarte verloren, kann man sie über ✆ 069/740987 sofort sperren lassen, auch nachts: Bankleitzahl, Kontonummer, Name und Adresse sowie Name und Ort der Bank angeben, aber nicht die Geheimnummer.

Reiseschecks

Reiseschecks (= *Travellers' Cheques*) sind am sichersten. Die Versicherungsgebühr von einem Prozent des Wertes lohnt sich schon alleine deshalb, weil bei Verlust weltweit in den jeweiligen Filialen gegen Vorlage der Kaufquittung für Ersatz gesorgt wird. Die Kaufquittung muß für diesen Zweck immer unabhängig von den Schecks aufbewahrt werden. Zusätzlich am besten je eine Kopie dieser Quittung dem Reisepartner zur Aufbewahrung geben und zu Hause deponieren. Sie kann bei Bedarf zugeschickt werden.

Leider werden die Schecks in den Banken des Reiselandes häufig nicht kostenlos eingelöst. Da die anfallenden Bearbeitungsgebühren sehr unterschiedlich ausfallen, lohnt es sich, bei mehreren Banken nachzufragen.

Für Europa bietet sich die Deutsche Mark als Scheckwährung an (50 und 100 DM), außerhalb Europas sind Dollarschecks oder in ehemaligen französischen Kolonien Francs zu bevorzugen. Die American Express Company (Amexco) hat das dichteste Filialnetz der Welt. Eine Adressenliste aller Amexco-Filialen erhält man bei der Bank, bei der die Reiseschecks gekauft wurden. Bei den Filialen können auch kostenfrei große Schecks in kleinere Stückelungen umgetauscht werden.

Postsparbuch

Beim Umtausch mit dem Postsparbuch werden häufig günstigere Wechselkurse und keine Bearbeitungsgebühren berechnet. Postämter haben oft dann noch geöffnet, wenn Banken schon lange geschlossen sind, etwa samstags. Aber trotzdem Vorsicht: In manchen Ländern (bald auch in Deutschland) sind Postämter und Postsparkasse getrennt und haben unterschiedliche Öffnungszeiten. Leider dürfen in einem Monat nicht mehr als 2000 DM abgehoben werden. Wird also voraussichtlich mehr benötigt, so kann man mehrere Sparbücher anlegen und mitnehmen. Das Postsparbuch ist benutzbar in Belgien, Dänemark, Finnland, Frankreich, Großbritannien, Island, Italien, Kroatien, Liechtenstein, Luxemburg, den Niederlanden, Norwegen, Österreich, Portugal, Schweden, Schweiz, Slowenien, Spanien, Ungarn. Nähere Informationen über die unterschiedlichen Abhebemodalitäten erhält man im Postsparbuchinfo *Sie reisen gut mit dem Postsparbuch*, bei jedem Postamt.

Kreditkarte

Diese für den Zahlungsverkehr zumindest in Europa und Nordamerika sehr angenehme Methode bietet sich denen an, die über ein Mindestbruttogehalt von wenigstens 2000 DM verfügen und eine jährliche Bearbeitungsgebühr von 50 bis 200 DM je nach Betreiber (American Express, Diners Club) in Kauf nehmen. Weltweit ist VISA am bekanntesten, in Europa auch Eurocard. Mit der Karte kann man bei Banken und an Geldautomaten Geld abheben, vielfach bargeldlos zahlen oder Preisnachlässe (z.B. bei einigen Flug- und Mietwagengesellschaften) erzielen. Besonders preisbewußte Urlauber nutzen die dreimonatigen oft kostenlosen Testangebote.

Die Karten beinhalten gewisse Versicherungen, ersetzen aber keine gewöhnliche Unfallversicherung (siehe auch Seite 200). Den Verlust einer Karte sofort der Gesellschaft melden, da diese für Schäden vor einer Verlustanzeige nur mit maximal 100 DM haftet. Notfallnummern bei Verlust:

Eurocard © 069/79331910
American Express © 069/720016
Diners Club © 069/260358
Visa-Zentrale London © 004471/9381031

Banküberweisung

Eine große Menge Bargeld oder Schecks in der Tasche vermitteln dem Langzeitreisenden nicht unbedingt das Gefühl von Sicherheit. Abhilfe schafft die Banküberweisung, bei der ein Beauftragter zu Hause die *telegraphische Überweisung* vornimmt, sobald er benachrichtigt wird. Er braucht der heimischen Bank nur die Adresse eines großen Geldinstitutes des Reiselandes mitzuteilen, mit dem eine solche Zusammenarbeit möglich ist. Nach ein paar Tagen Warterei (wir haben aber auch schon von wochenlangen Verzögerungen gehört) kann man das Geld bei der Bank im Reiseland unter Vorlage des Reisepasses abholen. Leider fallen dabei Gebühren in Höhe von 1,5 % der überwiesenen Geldmenge, mindestens 16 DM an. Als telegraphische Bankanweisungsadresse sollte man sich möglichst ein Land mit einer frei konvertierbaren (»harten«) Währung aussuchen, um bei der Weiterreise in andere Staaten ohne großen Verlust das angewiesene Geld in die dortige Währung tauschen zu können.

Innerhalb Europas ist eine *telegraphische Postanweisung* meist schneller. Sie landet bereits nach einigen Stunden beim Empfänger und kostet für 1000 DM Überweisung 15 DM Gebühr (ab 3000 DM 30 DM) plus 14 DM für das Telegramm (Europa).

Ausweise
Reisepaß und Personalausweis

Selbst in Länder, in denen der Personalausweis zum Grenzübertritt ausreicht, nimmt man den Reisepaß noch mit. Am besten transportiert man beides getrennt, so daß bei Verlust der andere Ausweis noch da ist. Ausweisdokumente sollten mindestens noch ein Jahr gültig und mit aktuellen Paßbildern versehen sein.

Bei Radtouren durch mehrere außereuropäische Länder kann unter Umständen noch ein zweiter Reisepaß notwendig werden. Nicht alle Nachbarländer vertragen sich nämlich so gut, daß sie den Einreisestempel des Nachbarn akzeptieren und ihren eigenen daneben stempeln. Gerade auch Eintragungen südafrikanischer oder israelischer Grenzbeamter im Paß können Grenzübertritte in afrikanische und arabische Länder verhindern. In diesen Fällen zückt man dann seinen zweiten Reisepaß, den man – ganz legal – bei ausführlicher Begründung von der Paßstelle der Heimatstadt ausgestellt bekommt. Mit Hilfe eines zweiten Reisepasses eine Verlängerung der Aufenthaltsgenehmigung in einem Land zu erschwindeln, ist allerdings unzulässig. Die aktuellsten Informationen über Besonderheiten im Grenzverkehr erhält man bei den Konsulaten.

Hinweis für Minderjährige: In viele Länder dürfen minderjährige Reisende ohne Begleitung von Erwachsenen nur mit einer amtlich beglaubigten Einverständniserklärung der Eltern einreisen.

Visum

Einen solchen »Sichtvermerk« beantragt man beim jeweiligen Konsulat des Landes, das man bereisen möchte. Da die Bearbeitung bis zu vier Wochen dauern kann, fordert man gleich mehrere Anträge mindestens 3 Monate vor Reisebeginn an (siehe »Länderinfos«). Sind mehrere Visa für die Reise notwendig, muß genau geplant werden, neben der Aufenthaltsdauer ist nämlich manchmal noch der letztmögliche Einreisetermin vermerkt. Aus diesem Grunde bittet man immer um die längstmögliche Berechtigung zum Aufenthalt. Wer weiß, was alles dazwischen kommen kann? Will man sich in seinen Planungen nicht festlegen und bringt viel Zeit und Geduld mit, so kann ein Visum in der Regel auch beim Konsulat im Ausland besorgt werden. Bei den geforderten Angaben gibt man sich besser bescheiden: Zweck der Reise ist immer der *Tourismus* (keine näheren Angaben) und der Beruf ist auch ein ganz unverfänglicher (Arzt/Ärztin, Krankenpfleger/in, Student/in).

Viele visafreie Länder begrenzen die *Aufenthaltsdauer* per Stempel im Paß bei der Einreise. Solche Aufenthaltsgenehmigungen sind problemlos zu verlängern; wer dennoch nicht darauf achtet, kann Schwierigkeiten bekommen. So saßen wir einmal in Ecuador für einige Stunden in einer Zelle, weil bei einer Polizeikontrolle aufgefallen war, daß die Aufenthaltsdauer der *Gringos* abgelaufen war.

Genaue *Einreisebedingungen* erfährt man entweder von den Botschaften oder Konsulaten direkt oder aus dem *Stuttgarter*, einer ständig aktualisierten Loseblattsammlung, die von der Stuttgarter Industrie- und Handelskammer im Fink-Kümmerly & Frey-Verlag herausgegeben wird und in jedem Reisebüro einzusehen ist. Auch Fluggesellschaften können weiterhelfen oder aber der *ABC-Guide To International Travel*, der zuverlässige und detaillierte Informationen über alle Aspekte des internationalen Reiseverkehrs (Paß, Visa, Zoll, Gesundheit, Devisen, Einfuhrbestimmungen und Klimabeschreibungen von über 180 Ländern) beinhaltet. Er erscheint vierteljährlich und ist für 38 DM zu erhalten bei *ABC-International*, Heerdter Landstraße 193, 40549 Düsseldorf, ✆ 0211/503062 – 65. Den ganz schnell Entschlossenen bietet der *Visum-Service*, Karolinenstr. 7, 20357 Hamburg, ✆ 040/4302838 oder Sybillenstr. 18, 53173 Bonn, ✆ 0228/956980 einen Last-Minute-Service: Für 56 DM plus Kurierdienstkosten verschaffen die Fachleute Visa in der Regel innerhalb eines Tages.

Impfausweis

Nur noch wenige Länder schreiben eine *Impfung* bei der Einreise vor. Trotzdem sollte auf dieses Dokument nicht verzichtet werden. Es hilft spätestens dann, wenn man im Ausland wegen einer Erkrankung behandelt werden muß und unklar ist, welche Impfungen bereits vorgenommen wurden. Die erfolgten Impfungen läßt man sich in einem internationalen Impfausweis amtlich bestätigen, den man bei vielen Ärzten oder dem Gesundheitsamt bekommt. Informationen über die *Impfpflicht* sind in unserem Gesundheitskapitel, im »Stuttgarter« (siehe oben), beim örtlichen Gesundheitsamt oder einem Tropeninstitut zu erfahren (siehe Seite 178).

Studentenausweis

Mit einem *Internationalen Studentenausweis* öffnet sich manche Türe billiger (Besonderheit: siehe Frankreich-Länderinfo): Ermäßigungen ergeben sich in Museen, bei Übernachtungen oder bei Flügen, manchmal auch bei öffentlichen Verkehrsmitteln. Eine Auflistung von Verbilligungen findet sich im *International Student Travel Guide*, den man gratis beziehen kann: *RDS*, Rentzelstraße 16, 20146 Hamburg, ✆ 040/449839. Der Internationale Studentenausweis (*International Student Card*), der jeweils ein Kalenderjahr Gültigkeit besitzt, ist für 12 DM beim ASTA der Universität oder in vielen Billigflugbüros zu bekommen. Zusätzlich nimmt man am besten auch den nationalen Studentenausweis mit, da der schwunghafte Schwarzmarkthandel mit Ausweisen zu erhöhtem Mißtrauen bei den ermäßigenden Stellen geführt hat.

Jugendherbergsausweis

Siehe im Kapitel »Übernachtung« auf Seite 165.

Sonstiges

Paßfotos kann man nie zu viele mitnehmen: Sie werden in Mengen bei ausgedehnten Fernreisen für Visa benötigt und können auch mal ein geeignetes Gastgeschenk sein. Mit einem Schwarzweißnegativ lassen sich unterwegs Abzüge nach Bedarf herstellen.

Weiterhin hilft eine *Bankbestätigung*: Die Bank bestätigt in englisch und französisch, daß der Reisende über eine bestimmte Menge an Bargeld verfügt (beispielsweise 1000 US $). Manche Länder lassen nämlich nur solche Reisende über die Grenze, die nachweisen, daß sie über genügend finanzielle Mittel verfügen.

Ebenso kann bei der Einreise die Vorlage eines *Rückflugtickets* verlangt werden, zur Sicherheit, daß man aus dem Land auch wieder ausreist. Tickets der IATA (Zusammenschluß der bekanntesten Fluggesellschaften) haben den Vorteil, daß sie ein Jahr gültig sind und unbenutzt gegen volle Erstattung des Flugpreises zurückgegeben oder aber in einen anderen Flugschein umgetauscht werden können.

Wohin mit den Moneten?

Weit verbreitet ist der *Brustbeutel*, der zumindest ein festes Lederband als Befestigung haben sollte. Besser noch: *Zusatzinnentaschen* in Kleidungsstücken und Geldgürtel, da sie nicht sofort auffallen wie das Band des Brustbeutels am Hals. Bei Brustbeuteln und *Bauchgurten* haben wir schon die unzweckmäßigsten Größen erlebt. Auch wenn sie nach Reisepaßgröße aussehen, sollte man es vor dem Kauf auf einen Versuch ankommen lassen, vielleicht fehlen ja 5 mm!

Egal welche Methode man bevorzugt: Jedes Teil aus Stoff, das man unmittelbar auf der Haut trägt, wird feucht, sobald der Körper schwitzt. Daher sollten alle Dokumente zusätzlich vor Nässe geschützt sein, etwa durch eine Plastikhülle. Ferner kommt es darauf an, wo man hinwill. Bei einer mehrwöchigen Skandinavientour wird man seltener zu Papieren und Geldbörse greifen, vor dem Besuch einer südeuropäischen Metropole sollten Ausweise dagegen unbedingt fotokopiert und getrennt vom Original und von Scheckkarten verwahrt werden.

Der Fahrradrahmen und die Luftpumpe besitzen Hohlräume, die sich hervorragend dazu eignen, beispielsweise Kopien des Reisepasses oder der Kaufbestätigungen der Reiseschecks zu verstauen. Vorsicht bei Geld: Fahrrad weg, alles weg!

Bei Übernachtungen in billigen Hotels, Privatunterkünften und Pensionen hatten wir häufig das Gefühl, daß unsere Ausrüstung beschnuppert wurde – in unserer Abwesenheit, versteht sich. Als Schutz vor Diebstahl von Papieren und Reiseschecks, die wir nicht mit uns führen wollten, haben wir im Zimmer immer ein gesegnetes Chaos hinterlassen und unsere Wertsachen an den schmutzigsten Stellen deponiert (dreckige Wäsche, Öllappen, Ersatzschraubendose).

Post und Telefon

Es gehört zu den ungeschriebenen Gesetzen unter harten Tourenradlern, daß man der gesamten Sippe mit einem netten Gruß von der ach so anstrengenden Reise beweist, tatsächlich das vorher lauthals angekündigte Ziel erreicht zu haben.

Damit der **Brief** auch ankommt, muß er ausreichend frankiert (bei mehreren Stellen oder auf der Post erkundigen) und richtig eingeworfen werden (oft gibt es unterschiedliche Briefkästen, je nach Zielgebiet). Und in den »Dritte-Welt«-Ländern gewährt man dem Brief am besten einen Geleitschutz bis zum Abstempeln, eine kleine Beschädigung an der Briefmarke macht diese für Sammler uninteressant. Unter den Bestimmungsort gehört mit Großbuchstaben das Bestimmungsland in Französisch oder in einer anderen im Urlaubsland bekannten Sprache: »Republique Fédérale d'Allemagne«.

Pakete sind eine gute Möglichkeit, sich überflüssiger Kilos und unnütz gewordener Gegenstände zu entledigen. Vorher erkundigt man sich bei der Post oder den Paketämtern – außerhalb Europas am besten in einer größeren Stadt mit Zollamt – nach den Bedingungen und Formalitäten: Preis, Zoll, Höchstgewicht, Größe, Laufzeit, länderspezifische Abwicklung, Verpackung, Versiegelung, Versicherung. In Übersee kalkuliert man, je nach Entfernung des Absendeortes vom nächsten Hafen, Laufzeiten von 2 bis 3 Monaten ein, da Pakete teilweise nur monatlich verschifft werden. Manchmal ist Stofftuch als Verpackung vorgeschrieben. In vielen Ländern der »Dritten Welt« gibt es in der Nähe der Paketpostämter einen *Paket-Service* (oder *Parcel-Service*), der gegen geringe Gebühr das Einpacken und die Formalitäten erledigt.

Die Versendung der Pakete per *Luftpost* ist zwar schneller, aber fünf- bis zehnmal so teuer. Mit Luftpost

verschickte Filme sollten in einem röntgenstrahlensicheren Bleibeutel (Fotohandel) eingepackt und außen deutlich und mehrsprachig gekennzeichnet sein.

Auf Flughäfen oder in Goethe-Instituten kann man auch Abreisende ansprechen und um Mitnahme von Kleinigkeiten bitten. So waren unsere Diafilme und Briefe mit Boten oft eher am Bestimmungsort, als die zwei Wochen vorher verschickten Exemplare per Post. Allerdings sollte die **Botenpost** ausreichend frankiert (genügend Briefmarken mitnehmen!) und nicht verschlossen sein, damit der Bote sich von der Ungefährlichkeit des Inhalts überzeugen kann (bei Dias Diaversandbeutel benutzen).

Unterwegs Post empfangen

Postlagernde Briefe werden grob nach dem Anfangsbuchstaben des Familiennamens sortiert, deshalb diesen deutlich und auf einen auffälligen Umschlag schreiben. Man wird nämlich nicht selten aufgefordert, selbst nach der Post zu fahnden, wenn sie – trotz deutlicher Schrift – unter dem Vornamen eingeordnet wurde. Darum zweiten Vornamen und Titel in jedem Fall weglassen, Anschriftenmuster siehe unten. Es ist ratsam, wichtige Briefe zu kopieren und an verschiedene Adressen und Orte zu verschicken.

Innerhalb Europas kann ein Brief bis zu drei Wochen unterwegs sein, nach Übersee oft eine Woche länger. Der schnellste und sicherste Postempfang ist das *Hauptpostamt* einer Großstadt mit Flughafen.

Fast so gut wie postlagernd ist eine *bekannte Adresse* unterwegs. Dafür eignen sich in reichen Ländern die Poststellen von American Express. Nicht-Inhaber von Reiseschecks zahlen 1 US $ pro Annahme, Briefe werden 30 Tage aufbewahrt, allerdings keine Einschreiben und keine Pakete. Eine Broschüre mit allen Amexco-Vertretungen weltweit gibt es bei den Banken, die diese Reiseschecks verkaufen (American Express in Frankfurt am Main ✆ 069/7154333).

In allen anderen Ländern ist diese Art sehr unzuverlässig. Deshalb bieten sich als weitere Möglichkeiten Hotels der gehobenen Kategorie, Bot-

---

Anschriftenmuster:
Karl DURCHMARSCH
poste restante
General Post Office
X-Stadt
Land

Susanne SAUSEWIND
c/o Embassy of the
Federal Republic of Germany
Straße oder Postfach
Postleitzahl und Ort
Land

Joachim FAHRTWIND
c/o American Express Co
client's mail service
Postfach oder Straße
Postleitzahl und Ort
Land

Daniela DÜSENTRIEB
c/o Hotel Bicycle
client's mail/will be collected
15, sunstreet
Y-ville
Land

---

schaften bzw. Konsulate oder Touristenbüros an. Wichtige Dokumente sollten per Einschreiben an die Botschaften oder Konsulate gehen. Einige wenige nehmen allerdings keine Post mehr an, aber sie landet dann auf der Hauptpost in der Abteilung »Poste restante«.

Größere Postsendungen und Päckchen können auch an einem anderen Postamt der gleichen Stadt liegen, deshalb ausdrücklich nach anderen Lagermöglichkeiten und den dortigen Öffnungszeiten fragen!

Bei langen Reisen muß sich jemand um die laufende Post und die sonstigen Angelegenheiten *zu Hause* kümmern. Für diesen Zweck stattet man am besten einen Freund oder Verwandten mit den entsprechenden Vollmachten aus. Dieser kann auch sonst helfen, indem er Ersatzteillieferungen annimmt und Briefe an andere Freunde weiterleitet (siehe Kapitel »Ersatzteilbeschaffung«, Seite 121).

Telefonieren

Fast überall in Europa sind Selbstwählgespräche möglich, zumindest in den größeren Städten und Touristenzentren. Ansonsten muß das Gespräch im Postamt vermittelt werden, wofür man häufig viel Geduld und Stehvermögen benötigt. Wer einen sogenannten *personal call* anmeldet, braucht sich nicht die Finger wundwählen. Solche Gespräche mit Voranmeldung sind zwar etwas teurer, werden aber nur bezahlt, wenn man durchgekommen ist.

Von vielen Ländern ist über eine spezielle »Deutschland-Direkt«-Rufnummer (siehe »Länderinfos«) gratis eine Vermittlungskraft der Telekom anzuwählen, die dann die gewünschte Verbindung herstellt. Die für das Gespräch anfallende Gebühr wird über die Telekarte dem eigenen Fernmeldekonto oder als R-Gespräch dem Empfänger belastet. Die ersten drei Minuten kosten innerhalb Europas 15 bis 17 DM (jede weitere angefangene Minute 1,15 bis 1,38 DM), von Übersee 20 bis 23 DM – nicht gerade billig, aber bequem.

Wenn's eilig ist, kann man sich eines **Fernschreibers** oder **Faxgerätes** in größeren Hotels und Firmen, bei Fluggesellschaften, Reisebüros und Konsulaten bedienen. Konsulate sind in Notfällen dazu verpflichtet, ein Telex weiterzuleiten (siehe auch »Nottelex«, Seite 206).

REISEPARTNER

O VERFLUCHT, IST MAN ALLEINE!

»O verflucht, ist man alleine! Was man hört und sieht, ist fremd.
Und im Stiefel hat man Steine. Und schon spürt man eine
kleine Sehnsucht unterm Oberhemd.«

(Erster Vers aus »Sentimentale Reise«,
Doktor Erich Kästners Lyrische Hausapotheke)

Wem, wie Erich Kästner, das Allein-Reisen zu langweilig ist, sollte sich frühzeitig nach einer geeigneten Reisebegleitung umsehen. Dabei kommt es nicht einmal so darauf an, ob man über die gleiche Kondition verfügt, sondern wie sehr man bereit ist, seine Reiseerlebnisse mit anderen zu teilen und Probleme gemeinsam zu bewältigen.

Allein reisen

Wer allein reist, muß seine Leistungsfähigkeit und seine Begabung, allein zu sein, gut einschätzen. »Solisten« sollten nicht die Anstrengung unterschätzen, die ein ständiges Neukennenlernen von Menschen mit sich bringt. Sie können nicht auf die Sicherheit vertrauen, die ein Reisepartner so angenehm vermittelt. Niemals wird man auf die freundschaftlichen Gesten von alten Bekannten zurückgreifen können.

Dafür haben Solo-Radler bedeutend mehr Kontakte im Reiseland. Viel häufiger kommt es vor, daß sie angesprochen und eingeladen werden. Allein reisen bedeutet auch unabhängig und selbstbestimmt reisen: Die vielen Kompromisse, die mit einem Partner geschlossen werden müssen, erübrigen sich. Kein langes Palaver an der Kreuzung über die Frage, ob die rechte oder die linke Straße ins Paradies führt!

Nette Abwechslungen beim Allein-Strampeln sind kurzzeitige Fahrgemeinschaften mit anderen Radtouristen, die die gleiche Strecke fahren.

In Gruppen reisen

Unterwegs haben wir nie Langzeitradler mit Reisepartnern getroffen. Sind sie alle kompromißlose Einzelgänger? Diesen Eindruck hatten wir wiederum auch nicht. Uns erzählten viele, daß sie einfach keine Reisepartner gefunden haben, die von einem solchen Projekt begeistert gewesen sind. Zugegeben, eine Fahrt zu mehreren stellt Anforderungen an das Sozialverhalten, setzt auch eine gewisse Vertrautheit voraus. Nutzt man nämlich die Vorteile der Gruppenreise und nimmt jeweils nur eine Ausführung an Kochgeschirr, Werkzeug und Zelt mit, so ist eine Trennung nur schlecht möglich. Und die ist schon oft vermieden worden, weil die Vorstellungen der einzelnen Reisepartner vor der Tour genau durchgesprochen wurden.

Auf einer Radtour stehen ungemein viele Entscheidungen zur Diskussion: Grundsätzliche, wie denn die Fahrtroute der nächsten Wochen aussieht, aber auch die täglichen Entscheidungen an der Wegkreuzung. Dabei werden schnell Persönlichkeitszüge offenbar, die Spannungen nach sich ziehen. Können der Zauderer und der Waghalsige langfristig miteinander auskommen? Oder vielleicht gerade nur die beiden, weil sie sich so toll ergänzen? Wir haben es immer als Herausforderung begriffen, diese Spannungen offen miteinander auszutragen und damit nicht nur die anderen, sondern auch uns selbst besser verstehen gelernt.

Es ist einfacher, in einer Gruppe mit einer geraden Zahl von zwei, vier oder maximal sechs Personen zu reisen. Ungerade Zahlen werden dann schwierig, wenn unterschiedliche Interessen dazu führen, daß die Gruppe in verschieden große Kleingruppen zerfällt. Dies sagen wir trotz (und

nicht wegen!) unserer vielen und langen Touren zu dritt.

Unsere ersten intensiven Radtourenerlebnisse stammen aus einer Zeit, als wir mit Jugendgruppen bis zu zwanzig Personen in Griechenland, Spanien, Portugal und anderswo unterwegs waren. Wenn das Fahren in der gesamten Gruppe als Pulk zu gefährlich ist, können Kleingruppen das Problem lösen, die sich an abgesprochenen Stellen immer wieder treffen. Bei der Suche nach *Gruppenunterkünften* auf solchen Reisen hilft Gerd Grützmacher, Rosenhag 7, 51469 Bergisch-Gladbach 2, ℰ 02202/58881, weiter. Gegen 14 DM als Verrechnungsscheck erhält man eine ausführliche Liste von Gruppenunterkünften in Deutschland und etwas dünnere Informationen über europäische Unterkunftsmöglichkeiten, siehe S. 164.

Wir haben die Vorteile der Gruppe immer genossen: Abwechselndes Windschattenfahren strapaziert nicht so, die Gewichtsverteilung des Gepäcks erleichtert das Fortkommen, von den Reisepartnern existieren schöne Fotos, bei Besichtigungen und Erledigungen kann immer einer auf die Räder aufpassen, und eventuelle Krankheiten sind besser zu ertragen in der Gewißheit, daß jemand da ist. Besonders wichtig aber ist uns der Austausch von Erlebnissen, die jeder individuell wahrnimmt und verarbeitet. Phänomenal, wie unterschiedlich auch die Schlußfolgerungen aus solchen Wahrnehmungen sein können. Der eine sieht politisch: Für ihn ist der Basarbesuch im Orient Ausdruck dafür, daß auch ein klein strukturiertes Wirtschaftssystem funktioniert. Der zweite sieht durch die Kamera: Er ist begeistert, welche ausdrucksvollen Bilder dieser lebhafte Handel ergibt. Der dritte sieht in den Menschen: Ist der Handwerksberuf befriedigender als Fließbandarbeit, weil Produkte noch selbst an den Endverbraucher verkauft werden? Erst so ergibt sich ein vielschichtiges Bild von einem fremden Land.

Reisepartnervermittlung

Lokale Fahrradinitiativen wie die ADFC-Ortsgruppen sind für die Reisepartnersuche gute Anlaufstellen. Informationen dazu und einen Fragebogen gibt's gegen frankierten Rückumschlag plus 8 DM (Nichtmitglieder 12 DM) bei der *Mitradelzentrale* vom ADFC-Bremen, Mathildenstraße 89, 28203 Bremen. Auch die Mitgliedschaft in einem Globetrotter-Club kann bei der Suche weiterhelfen. Oder aber man macht es wie der Weltumradler Wolfgang Reiche, der seine Mitreisende per Kleinanzeige suchte. Neben der Fahrradfachzeitschrift »Radfahren« (Bielefelder Verlagsgesellschaft) bieten sich noch Tageszeitungen mit einer Reiserubrik (taz, FR), Stadtmagazine oder auch Schwarze Bretter in Unis, Ausrüstungs- und Fahrradläden an.

Die Preise der **Vermittlungsagenturen** schwanken zwischen 10 bis über 50 DM pro Adresse; Frauenreisebörsen siehe Seite 71: *Freundeskreis Alleinreisender e.V.*, Postfach 520551, 22595 Hamburg, ✆ 040/8807421, versendet monatlich die *Reisepost* an seine meist älteren Mitglieder (Mindestjahresbeitrag 50 DM), in der auch Reisepartner gesucht werden. Oder:

Bon Voyage, ✆ 0421/703131, 069/499653, 030/8515104; *DIE Reisepartnervermittlung*, ✆ 0541/430730; *Reisebörse Düsseldorf*, ✆ 0211/622026; *Rhein-Main Reise- und Freizeit Partnerservice*, ✆ 06102/52200; *Single Reisebörse*, ✆ 0211/678562; *Single-Reisepartnerservice*, ✆ 07661/7868; *Zentrale Reisepartnervermittlung*, ✆ 04403/5078.

Mit Kindern radeln

Fahrradreisen vermitteln Kindern – in einer von motorisierten Verkehrsmitteln geprägten Welt – ganz neue Erfahrungen: mit Entfernungen, mit der Natur, mit ihrem Körper. Sie erfordern allerdings eine sorgfältige Planung. Kleine Etappen (30 bis 50 km) müssen von attraktiven Rastplätzen unterbrochen werden, die Übernachtungsfrage muß geklärt sein und an die Sicherheit der Kinder gedacht werden. Das Kind, das mit dem eigenen Rad mitfährt, ist wohl am besten geschützt durch eine ruhige und gefahrlose Streckenführung. Anhand einer guten Karte kann man die Route über gering befahrene Straßen oder Radwege leiten. Dies erfordert viel *Planungsarbeit* vor der Reise, aber man kann so die Angst der Kinder wie die der Eltern begrenzen.

Gerade die Angst der jungen Reisepartner ist nicht zu unterschätzen. Vieles nehmen Kinder völlig anders wahr als Erwachsene. So kann schlechter Straßenbelag (zum Beispiel Schotter) auf ein Kind viel gefährlicher wirken als auf die Eltern, genauso vielbefahrene Straßen, starkes Gefälle und anderes mehr. Es ist sinnvoll, vor einer Radtour die Kleinen beim Radfahren zu beobachten, um herauszufinden, wie sicher oder wie angestrengt sie sind. An der Planung beteiligen sich die Kinder am besten. Das ergibt nicht nur eine kindgerechte Tour, sondern auch schon gemeinsame Vorfreude.

Kinder sollten mit ihren Rädern positive Erfahrungen machen, um auch später noch begeisterte Radler

zu sein, deshalb dürfen Eltern beim Kauf eines **Kinderrades** nicht am falschen Platz sparen (mit 700 DM muß man rechnen). Das Kostspielige am »erwachsenen« Kinderrad ist nicht der Rahmen, sondern die Ausstattung: stabil aber leicht (10-12 kg), für Anfänger eine gut funktionierende Felgenbremse mit Rücktritt, für Fortgeschrittene sichere Cantilever-Bremsen mit für Kinderhände erreichbaren Bremshebeln und eine 6-Gangschaltung mit guter Übersetzung (38/34), sowie eine funktionierende Beleuchtung, die über die Pflichtreflektoren hinausgeht. Vor jeder Tour sollten die Eltern die Bremsen des Kinderrades sorgfältig überprüfen. Auch wenn alle zwei, drei Jahre ein Fahrradwechsel notwendig ist, sollten Eltern dem gelassen begegnen. Denn gerade bei Kinder- und Jugendrädern gibt es gute Chancen, günstig zu (ver-)kaufen oder einen Ringtausch mit anderen Eltern zu organisieren.

Auf jeden Kinderkopf – auch wenn das Kind nicht selbst radelt – gehört ein *Helm* (vergleiche auch Seite 209)!

Die neuste englische Erfindung in Sachen Zweirad heißt *Trailer-Bike*: das vorderradlose Kinderrad wird mittels eines Gestänges an das Erwachsenen-Rad hinten angehängt. So entsteht ein Tandem, das ideal für Kinder ist (6 – 12 Jahre), die allein noch nicht so weit fahren können (BBL-Industriemeßtechnik GmbH & Co, Jülicher Str. 342, 52070 Aachen).

Auch **kleinere Kinder** können selbstverständlich mit, sie lieben geradezu den aussichtsreichen Platz vor, besser *hinter* den frischluftfreudigen Eltern. Aber sicher muß er sein: Die Stiftung Warentest hat 1990 (Heft 8) zwanzig solcher **Kindersitze** getestet, bei denen wegen Sicherheitsmängel dreizehn mit mangelhaft bewertet wurden. Die Note »gut« bekamen: Monza-Sicherheitssitz 80 DM, Römer »Jockey« 170, Kettler Kindersitz 140 und »Bobike« von Demefa 120 DM.

Grob lassen sich zwei Kindersitz-*Bauarten* unterscheiden: einfache Sitze aus Korb, Plastik oder Metall, und Schalensitze mit Rückenlehne und Kopfstütze, vorzugsweise aus Kunststoff. Ein sicherer Kindersitz muß in jedem Fall mit Sicherheitsgurten, verstellbaren Fußstützen mit Riemen und einer körperangepaßten Sitz-

fläche ausgestattet sein. Die Befestigung am Fahrrad darf sich auch nach mehrmaliger Montage nicht lockern (eine zweite Halterung für das Rad des Partners ist äußerst praktisch). Gerade kleine Kinder schlafen im Kindersitz schnell ein, doch habe ich bisher noch keinen Sitz gefunden, bei dem der Kopf eines schlafenden Kindes ausreichend Halt findet und nicht wie der eines Sturzbetrunkenen hin und her pendelt – und da das mit dem vorher oder zwischendurch Schlafen meist nicht klappt, blieb mir bisher nur die Lösung, Sohn samt Fahrrad gegen eine Hauswand zu lehnen und den Kopf entsprechend zu polstern.

Besonders wichtig ist eine *Abdeckung der Speichen,* die verhindert,

Für die Kleinen ist die Pause fast genauso schön wie das Radeln

daß die Kinder ihre Füße in das Laufrad stecken. Fast jeder Sitz braucht einen zusätzlichen Schutz. Ratsam ist es, auch alle anderen Teile, die verletzen können (Sattelfedern, Felgenbremsen etc.) abzudecken. Zum Kauf eines Kindersitzes gleich Rad und Kind mitnehmen, um vor Ort Probe fahren zu können.

Zum sicheren Sitz gehört auch das richtige **Eltern-Rad,** denn das Kind verändert Gewicht und Schwerpunkt. Ein verwindungssteifer *Diamant-Rahmen* sorgt zwar für Probleme beim Auf- und Absteigen, ist aber auf Grund seiner Stabilität dem offenen Rahmen unbedingt vorzuziehen (siehe auch Seite 82). Ein robuster *Gepäckträger* mit einer Tragfähigkeit von über 20 kg und drei Strebpaaren ist Voraussetzung für einen hinten montierten Sitz. Zweibeinständer, Rückspiegel und breite Lenker sind hilfreich, breite Reifen als zusätzliche Federung und kräftige Cantilever-Bremsen selbstverständlich. Der Kauf eines Kindersitzes ist eine Anschaffung fürs Leben – in jeder Hinsicht.

Das Tandem, das wir derzeit besitzen, war einst eine richtige Familienkutsche. Die Eltern auf den beiden Sätteln wurden angefeuert von den Kindern auf einem Sitz vorne und einem weiteren Sitz hinten. Das dritte Kind sprengte dann die Beförderungskapazität. Aber auch da hätte es noch eine Möglichkeit gegeben: Mittlerweile gibt es **Anhänger,** die speziell zum Kindertransport gebaut werden (zu empfehlen sind: »Winchester« um 770 DM, »Burley d'Lite« 1050, »Leggero Kombi« 900 DM und »Bug-

ger« um 1000 DM. Ausführliche Infos und Katalog beim Spezialgeschäft nur für Anhänger: Zwei plus zwei, Palanter Str. 5b, 50937 Köln, ✆ 0221/ 422800, den VSF-Läden, oder im Versandhandel). Diese äußerst praktische Lösung – die Kinder können drin schlafen, essen usw. – hat noch keinen hohen Bekanntheitsgrad, obwohl die Straßenverkehrsordnung Personentransport in geeigneten Fahrradanhängern erlaubt. Wie die Praxis zeigt, bleibt das Rad bei einer seitlich angebauten Anhängerkupplung stabiler als bei einem hinten befestigten Hänger, der zudem den Gepäckträger blockiert. Der Beiwagen sollte Sicherheitsgurte, eine Polsterung, eine seitliche Abdeckung gegen die Laufräder, ein regendichtes Verdeck und batteriebetriebene Rücklichter besitzen. Hohe Wimpel verschaffen dem Gespann im Straßenverkehr zusätzliche Aufmerksamkeit. Das Zug-Fahrrad sollte mit einer Untersetzung nachgerüstet werden, damit man nicht bei jedem kleinsten Hügel den bohrenden Fragen seiner Fahrgäste (»Warum schiebst'e denn schon wieder?«) ausgesetzt ist.

Die **Gepäckbeförderung** stellt das größte Problem dar. Auf dem eigenen Rad können Kinder noch nicht viel transportieren, Kindersitze blockieren sogar Packraum. Die Gepäckprobleme lassen sich mit einem Anhänger (siehe auch Seite 148) lösen, oder indem man auf Campinggegenstände verzichtet und stattdessen Jugendherbergen und Hotels ansteuert. Trotz Platzmangels sollten jedoch immer auch ein Spielzeug, Schwimmflügel, genügend Windeln und Schnuller, ein eigener kleiner Rucksack, ein Ball, die Lieblingsschaufel oder das Schmusetier für die notwendigen Pausen eingepackt werden. Oder wie wäre es mit einer Versuchsphase? Ein Urlaub könnte so aussehen, daß von einem festen Quartier aus tägliche Fahrten in die Umgebung unternommen werden als eine langsame Vorbereitung auf ein hoffentlich fahrradbegeistertes Leben!

Literaturtips

D. & H. Renz-Polster, *Radfahren mit Kindern*, rororo, 12,80 DM (empfehlenswert, mit allen nötigen Tips auch für die Radreise)

A. & R. Tausch-Fiedler *Reisen mit Kind*, Reisehandbuch, Mundo-Verlag

Ulrich Herzog (Hrsg.) *Reisen mit Kindern – Pfiffig und billig*, Moby-Dick-Verlag

Deutscher Familiendienst *Reisespiele für Kinder* und *Erlebnisferien für Familien*, jeweils 3 DM in Briefmarken, Rathausstraße 3, 53809 Ruppichterroth

Verbraucherzentrale Niedersachsen *Kinder und Fahrräder*, (80-Seiten-Broschüre, 8 DM) Georgswall 7, 30159 Hannover, ✆ 0511/304060

ADFC-Infos *Kinderfahrräder, Fahrradkindersitze, Fahrradanhänger* Bundesgeschäftsstelle, siehe Seite 14

Bayrisches Staatsministerium für Familie (Hrsg.) *Sitzinfo*, Bezug über ADFC-München, Steinstr. 17, 81667 München 80

Katalog über Fahradanhänger bei: *Zwei plus zwei*, Palanter Str. 5b, 50937 Köln, ✆ 0221/422800

Unbehindert radreisen
Von Matthias Klei,
einem Behinderten auf »Tournee«

Aufgrund einer spastischen Behinderung kann ich meine Arme und Beine nur eingeschränkt bewegen und bin daher an einen Rollstuhl gebunden. Weil ich mich damit nur im Haus bewegen kann, sind meine Eltern und ich schon früh auf das Fahrrad gekommen, mit dem ich mir mehr Eigenständigkeit verwirklichen kann.

Bereits mit vier Jahren habe ich begonnen, das Radfahren zu erlernen, auf einem *Haverich-Dreirad* (Modell 16/16) und zur Sicherheit in unserem Keller. Zum Lenken mußte eine Hand mit einer Führungsschiene am Lenker befestigt werden. Im Stand schob immer eine andere Person an. Das war 1975, inzwischen fahre ich ganz selbstständig auf der Straße und schaffe bis zu 50 km am Tag!

Haverich-Räder können bis 24 Zoll klappbar geliefert werden und passen daher in jedes Auto. Mein jetziges, viertes Fahrrad ist ein 26-Zoll-Rad von *Wulfhorst*, die nur bis 20 Zoll klappbare Räder fertigen. Beide Firmen bauen sehr stabile Dreiräder mit allen möglichen Zusatzteilen. Wulfhorst bietet eine besondere Variante bei Nabenschaltungen: sie kann wahlweise als starre Nabe (rückwärts fahrbar) oder als normale Dreigang-Nabe mit Rücktrittbremse betrieben werden. Außerdem bieten sie eine Fünfgang-Penta-Schaltung mit Rücktrittbremsen. Die Firmen *GFBA e.V.* und *Raduis Spezialräder* bieten ein *Sesseldreirad* an. Es wurde für behinderte Menschen entwickelt, die keine starken Erschütterungen vertragen. Der tiefgelegene Sitz ist gefedert und verstellbar (GFBA), daher sitzt man sehr niedrig und kippstabil. Der Lenker kann unter dem Sitz angebracht werden (Radius).

Wer nur wenige Kilometer allein fahren kann, dem hilft ein *Tandem* (20 und 26 Zoll, Haverich), wobei die Tour für den Vorderen wegen nur einer Durchgangsschaltung sehr anstrengend ist. Tandems als Dreirad (20 und 26 Zoll, Wulhorst) sind so kompakt, daß die Dreigangschaltung kaum ausreicht.

Für die jeweilige Behinderung ist ein richtiges *Zubehör* wichtig, das man besser ausprobiert, statt es nach Katalog zu bestellen. Möglich ist das übrigens alle zwei Jahre auf der *Reha-Messe* in Düsseldorf (Herbst '95, '97).

So wichtig wie das richtige Zubehör ist die richtige *Kleidung*. Für diejenigen, die eine Sitzhose auf dem Sattel benötigten, empfiehlt sich eine breite Hose aus Wildleder mit etwas breiteren Bändern und Klettverschlüssen, damit die Schnüre nicht zwischen den Beinen kneifen. Die Haut ist sonst bald wund. Die Sitzhose verhindert das Abrutschen nach vorne, weil sie hinten am Sattel – am besten mit Schnappverschlüssen – befestigt ist. Falls eine Sitzhose nicht ausreicht, gibt es Rückenlehnen mit seitlichen Druckpolstern, die den Oberkörper stabilisieren. Spezielle Polsterungen am Lenker und die exakte Einstellung der einzelnen Fahrradteile auf meine Behinderung haben sich erst nach den ersten *Übungsfahrten* ergeben. Hier muß man einfach

Matthias Klei auf einem geliehenen Tandem, an das sein eigenes Zubehör montiert wurde

experimentieren: etwa durch längeres Probefahren auf einem Spezialsattel vor dem Kauf. Ein anderes Zusatzteil für mich ist die *Lenkersperre,* die bei einer abrupten Bewegung verhindert, daß der Lenker zu weit einschlägt und das Rad schnell umkippt. Ohne Lenkersperre bin ich einige Male gestürzt und habe mir so einmal eine handfeste Gehirnerschütterung zugezogen. Seitdem trage ich einen Fahrradhelm.

Zusätzlich brauche ich *Beinführungsschienen* für die Füße, da ich die Pedale nicht selbst halten kann. Für Behinderte, die Kraft in den Beinen haben, sind die Beinführungsschienen mit Klettverschlüssen nicht so ratsam. Hier empfehle ich eher Lederriemen mit Schnallen (Haverich).

Als ich immer größer und schwerer wurde, wurde es immer schwieriger, mich auf das Fahrrad zu heben. Im Garten haben wir darum eine kurze Strickleiter angebracht, an der ich mich jetzt hochziehe, und dann auf den Sattel des darunter postierten Rades gerückt werde.

Andere Möglichkeiten

Da wäre das *Doppelfahrrad* aus zwei Bikes nebeneinander: freie Sicht und einfache Unterhaltung. Noch höheren Sitzkomfort hat das *Doppel-Schalendreirad* – die Fahrer haben bei einer Pause gleich eine Sitzgelegenheit. Und dann gibt's Tricks für all die, die nicht selbst radfahren können:

Rollfiets werden als nichtzerlegbare Schalenrollstühle an Fahrradhinterteile gekoppelt. Abgekoppelt funktionieren sie wie normale Rollstühle, allerdings mit sehr großem Wendekreis.

Der *Rollstuhlboy* wiederum ist ein halbes, solides Klapprad, das an jeden Rollstuhl paßt. Der »Boy« ist zwar wendig, aber für den Fahrer schwer zu bedienen. Dafür bleibt der Behinderte in seinem Rollstuhl: er muß sich nicht umsetzen, ähnlich wie beim *Marcobil,* einem Dreirad mit Kufen, auf die alle gängigen Rollstühle passen. Und schließlich gibt es noch die *Anhängevorrichtungen* von Simon, Offenbach (siehe Adressen). Mit Hilfe eines Gestänges läßt sich fast jeder Rollstuhl hinter ein Fahrrad hängen, was die preiswerteste unter allen Möglichkeiten ist.

Wenn man sich schließlich für ein Fahrrad entschieden hat, fragt man am besten den Hersteller oder Händler, was der Arzt auf das Rezept schreiben soll, um bei der Krankenkasse aussichtsreiche Chancen für eine Kostenübernahme zu haben. Die Hersteller haben darin Erfahrung. Mit dem Rezept stellt man dann einen Antrag bei der Krankenkasse. Wenn man aus dem Rad herauswächst, was ja bei jüngeren Behinderten der Fall ist, gibt es im Austausch gegen das alte ein neues Rad.

Gruppenfahrten

Das Radfahren erweitert Behinderten den Aktionsradius, es gibt vielen die Möglichkeit, die nähere Umgebung kennenzulernen und mehr Selbstständigkeit zu erreichen. Mir selbst bedeutet das Fahren Muskeltraining, Therapie und Steigerung meines Selbstwertgefühls.

Zum Schluß noch einige Bemerkungen zu meinen *Radreiserfahrungen:*

Fahrrad und Rollstuhl gekoppelt: das Rollfiets

Ich bin mehrmals bei Radtouren mit größeren Gruppen in England, Frankreich und im einstigen Jugoslawien dabei gewesen. Diese Touren habe ich mit einem Partner auf einem normalen Tandem unternommen, bei dem die Zusatzteile angebracht waren, die ich benötige. Auf diese Weise bin ich täglich bis zu 80 km gestrampelt.

Mir ist es sehr wichtig, daß ich auf einer solchen Fahrt einen festen Tandempartner habe, auf den ich mich einstellen kann und dem ich vertraue. Vor kurzem haben wir eine Radtour auf einem Holland-Tandem an der Nordsee unternommen. Sattel und Beinführungsschienen hatten wir mitgebracht, und dann einen Fahrradverleiher mit einiger Mühe überredet, meine Zusatzgeräte anbauen zu dürfen. Patentrezepte für eine erfolgreiche Radreise gibt es nicht. Doch ich möchte mit diesem Artikel Mut machen. Mut dazu, sich diese Fortbewegungsart zu erschließen!

Über Kritik und Anregungen würde ich mich freuen: Matthias Klei, Hainbuchenweg 21, 32257 Bünde/Westfalen.

Matthias Klei

Herstelleradressen
Haverich GmbH, Postfach 101367, 33513 Bielefeld, ✆ 0521/204009; Räder für Körperbehinderte, Tandems.
Wulfhorst, Postfach 3326, 33263 Gütersloh, ✆ 05241/24062; Dreiräder, Rollstuhltransporter, Mofa-Dreiräder.
Kubatsch & Rühlmann, Paul-Lincke-Ufer 39, 10999 Berlin, ✆ 030/6116061; Dreiräder.

Heiko Mende, Waldstr. 23 – 25, 46499 Hamminkeln, ✆ 02857/2235; Dreiräder, Sesseldreiräder.

GFBA e.V. – Veloquent –, Köpenicker Str. 325, 12555 Berlin-Köpenick, ✆ 030/65762286; Sesseldreiräder, Transporträder.

Radius Spezialräder, Borkstraße 20, 48163 Münster, ✆ 0251/780342; Liegedreiräder, Kombitandems.

Thomashilfen für Behinderte GmbH & Co, Waldmühlenstr. 1, 27432 Bremervörde, ✆ 04761/886; Dreiräder, Doppelschalen-Dreiräder.

M. Novak, Mittelstr. 22, 53175 Bonn, ✆ 0228/375693; Doppelfahrräder.

R. Hoening, Ulmer Str. 16, 71229 Leonberg, ✆ 0711/751061; Rollfiets.

Schramm Rollstuhlboy GmbH, Richthofenstraße 29, 31137 Hildesheim, ✆ 05121/760373; aus Rollstuhl wird Fahrrad.

Sanitätshaus Simon, Kaiserstr. 23, 63065 Offenbach, ✆ 069/885365; Rollstuhlanhängervorrichtungen.

Behindertenreisen

Der *Fremdenverkehrsverband »Grünes Band«,* 48565 Steinfurt, ✆ 02551/1383, stellt Rollstuhlfährräder zum Radwandern im Münsterland zur Verfügung.

Recania, Am Flachsteich 20, 44229 Dortmund, ✆ 0231/7344118, bietet und vermittelt Fahrradtouren, behindertengerechte Wohnmobile.

Mobility International, Hard 4, CH-8408 Winterthur; ✆ 52/256825. Katalog für Behindertenreisen, auch fürs Velo.

Nebas, Afedeling Watersport-accommodaties, Birkade 1, Postbus, NL-

1600 AD Enkhuizen; holländischer Ferienkatalog für Behinderte, empfehlenswert.

TUI, Sonderreisen, Postfach 610280, 30602 Hannover, ✆ 0511/5674371; Urlaubsvermittlung und -infos.

Zellmer-Reisen, Am Anker 2, 40668 Meerbusch 3, ✆ 02150/5463; Behinderten-Reiseagentur.

BSK-Reisedienst, Altkrautheimer Str. 17, 74238 Krautheim/Jagst, ✆ 06294/68121; Infos über Reisehelferbörse und Broschüre »Reise ABC«.

Deutsches Jugendherbergswerk, Postfach 1455, 32704 Detmold, ✆ 05231/7401-0; Liste über rund 48 behindertengerechte Jugendherbergen.

Deutsches Behindertenschiff e.V., Südliche Hafenstr. 15, 97080 Würzburg, ✆ 0931/1928.

Wiener Reiseclub Handikap, Glokkengasse, 1020 Wien, ✆ 01/263846.

Grabowski Tours, 76744 Wörth, Tannenstr. 1, ✆ 07271/8575, Büro in Karlsruhe ✆ 0721/858280; Reisen für Behinderte und Nichtbehinderte.

Richardt Eberhardt GmbH, Mühlweg 90, 75331 Engelbrand, ✆ 07082/7900; Reiseveranstalter.

Verschiedene Organisationen von *Kirchen* über das *Diakonische Werk* bis zum *Roten Kreuz* bieten Freizeiten für Behinderte an.

Literatur

FMG Verlag, Postfach 1547, 53008 Bonn, ✆ 0228/616133, *Handicapped-Reisen,* zwei Bände (In- und Ausland), je 34 DM.

ADFC, Hollerallee 23, 28209 Bremen 1, ✆ 0421/346290; Broschüre *Vereint Radfahren* vom Fachausschuß »Behinderte«, sowie die Tonbandzeitung *Tandemfahren*. Kontakt: Stephan Jacobs, Oestricher Str. 6, 65197 Wiesbaden, ☎ 06121/48661.

Organisierte Touren

Mit steigender Popularität des Fahrrads sowie einem geänderten Bewußtsein für Umwelt und eigenen Körper hat sich eine neue Branche von Reiseveranstaltern etabliert. Mit allen Schikanen und teilweise in exotische Länder, lassen die organisierten Radtouren an Service nichts zu wünschen übrig. Anstrengungen lassen sich vermeiden, denn das Gepäck wird meist mit dem Begleitwagen transportiert, und Radelmüde natürlich gleich mit. Radfahren wie auf »Wattebäuschchen«. Dabei ist es oft erst die eine oder andere Panne, das Unvorhergesehene, das kleine Abenteuer oder die erschöpfende Anstrengung, die eine Radtour interessant machen.

Trotzdem: Besser, als mit dem Auto die Luft zu verpesten oder einen Urlaub Marke »Teutonengrill« zu verbringen, ist organisiertes Radfahren allemal!

Will man keinen Charterurlaub mehr, so sei als »Erste Hilfe« zur individuellen Reise auf die vielen betreuten Touren der ADFC-Ortsvereine verwiesen. Hier erhält man wertvolle Hinweise und gewinnt durch Erfahrungen vielleicht nach und nach die Sicherheit, eine Radtour einmal ohne »Krücken« durchzuführen. Und natürlich will auch dieses Buch seinen bescheidenen, aber entscheidenden Beitrag dazu leisten, daß man seine Tour selbst in die Hand nimmt.

Ein anderer Weg, sich an die selbst organisierte große Tour heranzutasten, beginnt mit kleineren Touren von seinem Urlaubsort aus. Mit Hinweisen auf Verleihstationen und Zusendung von speziellen Radelinfos, Routenvorschlägen und Kartenmaterial werben zahlreiche Fremdenverkehrsämter und immer mehr Hotels um die Gunst der Besucher, und oft organisieren sie auch kleinere Touren in die Umgebung.

Eine Adressenauflistung der in Frage kommenden Verkehrsämter würde etliche Seiten füllen und den Rahmen des Buches sprengen. Deshalb schreibe man einfach das jeweilige Amt seines Urlaubsortes an. Gute Chancen auf Erfolg hat man im Münsterland, an der Nord- und Ostsee, in Bayern und Baden-Württemberg, sowie bei den nationalen Fremdenverkehrsämtern von Dänemark, den Niederlanden, Belgien, der Schweiz, Irland, Großbritannien und Schweden. Die Radler besonders ins Herz geschlossen haben die Österreicher. Unter dem Stichwort »Radelbares Österreich« werben die verschiedenen Orte unter anderem mit Mountain-Bike-Touren und »Radl-Diplomen« um Urlauber.

Radfahrschule: Lernkurse im Urlaub für Erwachsene, die lange nicht mehr Rad gefahren sind und für Anfänger bieten der *Fremdenverkehrsverband Münsterland* und *Sportservice*, C. Burmeister, Steilshooper Straße 255, 22309 Hamburg, ☎ 040/6317991, an.

Lesen Sie weiter auf Seite 72 ▶

Frauen und Fahrräder sind hier in Braunschweig so selbstverständlich wie der morgendliche Kaffee. Ich fahre jeden Tag mehrere Kilometer mit dem Rad, weil es hier das billigste, praktischste und gerade im Stadtverkehr schnellste Fortbewegungsmittel ist. Also, ich denke, solange frau »im Lande« bleibt, ist Frau und Fahrrad kein Thema. Anders, wenn sich frau hinauswagt:

»Sie radeln wie ein Mann, Madame«

Ein Bericht von Maggie Guth-Einhaus, die beide Amerikas mit dem Rad bereiste

Als ich mich entschloß, mit meinem Freund Lu auf dem Fahrrad durch Süd-, Mittel- und Nordamerika zu radeln, erntete ich ungläubige, skeptische, vorwurfsvolle, zum Teil aber auch anerkennende und bewundernde Blicke: »Du als Frau in solche Länder?« Tatsächlich habe ich während der gesamten Tour nur einmal eine Frau, ebenfalls mit ihrem Freund unterwegs, getroffen. Was ist es denn eigentlich, das Tourenradeln in anderen Kulturkreisen zur Besonderheit werden läßt?

Ich glaube, daß es für viele Frauen, bevor sie sich entscheiden, loszufahren, Hürden gibt, die zuerst einmal überwunden werden müssen.

Die Hürden, die ich meine, entspringen einer typisch weiblichen Sozialisation, wie sie wohl die meisten von uns Frauen in mehr oder weniger starker Ausprägung mitgemacht haben. Sie zu bewältigen, bedeutet Kraft, Kreativität und gedankliche Auseinandersetzung.

Hürde Nr. 1: Ich traue mich nicht. Ich habe Angst, meine vertraute Umgebung zu verlassen. Was ist, wenn ich krank werde, oder wenn ich nicht mehr kann? Und die Hitze und Räuber, und nichts zu essen …

Ich fand es wichtig, mich wirklich lange Zeit mit solchen Gedanken an unbekannte Variablen zu beschäftigen, sie immer wieder hin und her zu wenden und abzuwägen. Ich habe mir immer die extremsten Situationen vorgestellt und Verhaltensmöglichkeiten überlegt, so daß ich auf alles gefaßt war. Auf diese Weise habe ich mich langsam psychisch gestärkt. Im nachhinein denke ich, daß diese psychische Stärke und mein Wille, es schaffen zu wollen, das A und O so einer Fahrt ist. Vor der »großen« Radtour wollte ich damals eine Probetour machen, um zu sehen, wie leistungsfähig ich bin. Nach 3 Tagen bin ich jämmerlich gescheitert; mir fehlte genau diese innere Stärke und der echte Wille. Also versucht euch vor einer Tour psychisch stark zu machen!

Hürde Nr. 2: Mein Körper ist schwach. Irgendwo in der Wüste bei größter Hitze mal nicht mehr zu können, einfach nicht mehr weiterzukönnen. Ein naheliegender Gedanke, wenn ich an meine konditionellen Voraussetzungen dachte. Nachweislich verfügen Frauen über circa 20 % weniger Muskelkraft als Männer. Ein Hindernis für eine solche Tour?

Ich finde nicht! Der menschliche Körper ist trainierbar. Wer von euch häufiger Sport treibt, hat sicher schon beobachten können, wie sich die körperliche Ausdauerleistung in kurzer Zeit schnell verbessert. Beim Radfahren ist im wesentlichen diese Ausdauerleistung gefragt. Wer Zeit hat, kann also vor einer Tour was dran tun.

Als ich losfuhr, hatte ich etwa eineinhalb Jahre Uni-Prüfungen hinter mir. Mit meiner am Schreibtisch abgesessenen Kondition konnte ich wirklich keinen Staat machen! Während der ersten zwei Wochen der Radtour mußte ich sie mir erst antrainieren, da ging es halt langsamer und mühsamer voran, ich mußte oft schieben und viele Pausen machen. Wenn ich 50 oder 60 km geschafft hatte, war ich superstolz.

Nach zwei Wochen wußte ich schon genau, wie schnell ich einen Berg anfahren mußte, um ihn bewältigen zu können. Ich konnte weite Strecken gut überstehen. Ich wußte mit Müdigkeit umzugehen und konnte genau abschätzen, wann ich wieder Nahrung brauchte. Es ist wirklich ein gutes Gefühl, auf diese Weise über den eigenen Körper zu regieren und ihn als kraftvoll zu erfahren. Mein Selbstwertgefühl hat dadurch jedenfalls einen erheblichen Aufschwung erlebt.

Tips für die, die gerade in der Anfangsphase Schwierigkeiten haben:
• Nehmt euch nicht zuviel vor. Wenn ihr euch ein Ziel setzt, das ihr nach euren Kräften einfach noch nicht erreichen könnt, seid ihr ständig frustriert.

• Versucht Erlebnisse nicht an anderen, sondern an euch selbst zu messen. Was für andere vielleicht eine Kleinigkeit bedeutet, ist für euch schon riesig. Also, seid stolz auf jeden kleinen Fortschritt.
• Setzt euch bei längeren Strecken Abschnitte als Teilziele, an denen ihr euch, wenn's ganz schlimm wird, selbst belohnt (längere Pause).
• Wenn ihr absolut keine Lust mehr habt, macht ein paar Tage Pause oder fahrt ein Stück per Bus oder Lkw weiter. Auch hier gibt es tolle Erlebnisse. Falscher Ehrgeiz bringt höchstens schlechte Laune.

Hürde Nr. 3: Mein Fahrrad – ein Buch mit sieben Siegeln? »Frau und Technik – zwei Unbekannte stoßen aufeinander …« Wie oft habe ich mich über diesen Spruch geärgert! Aber noch ärgerlicher finde ich es, daß er auf mich auch noch zutrifft. Wenn es einigen von euch Frauen auch so geht, wird euch das wahrscheinlich genau wie mich damals zum Grübeln bringen, ob eine Reise auf einem doch auch technischen Drahtesel für euch das Richtige ist. Ich wollte nicht, daß ein so »banales« Problem meine Pläne durchkreuzte. Am schlauesten erschien es mir deshalb, soviele Risiken wie möglich von vornherein auszuschalten: das Fahrrad sollte schon vor der Reise bestmöglich präpariert sein. Ich kaufte ein Mittelklasse-Peugeot-Rad, an dem Lager, Speichen und weitere Teile gegen bessere ausgetauscht wurden. Dies hat sich als sinnvoll erwiesen. Außer einigen Platten und einer Kleinigkeit an der Schaltung hatte ich keinerlei Pannen.

Glück, sagen jetzt vielleicht viele – und was wäre bei größeren Pannen geschehen?

Für diesen Fall hatte ich – äußerst unemanzipiert – meinen Freund dabei. Doch es geht auch anders: Wer Werkzeug für alle eventuellen Reparaturen und die wichtigsten Ersatzteile dabei hat, findet überall einen Bastler oder Mechaniker, der das Fahrrad wieder in Schwung bringt. Fahrräder gibt es schließlich auf der ganzen Welt. Empfehlenswerter ist es natürlich, gerade für Touren ohne Partner/in, sich selber die nötigen Grundkenntnisse zu verschaffen, z.B. mal unter »Aufsicht« einer fachlich versierten Person das Rad zerlegen und wieder zusammenbauen.

Hürde Nr. 4: Männer-Anmache. Sicher hat jede Frau mit Pfiffen, beschleunigten Männerschritten, dummen Sprüchen oder sogar tätlichen Angriffen schon Erfahrung machen müssen. Auf meiner Fahrt haben sich diese ätzenden Erfahrungen nicht nur bestätigt, sondern leider in ihrem Extrem dargestellt. Mehrmals haben mich Autofahrer von der Straße abgedrängt und mit wedelnder Zunge versucht, mich irgendwie anzugrabschen. Besonders gemein sind solche Aktionen von Grenzbeamten, von denen man ja auch noch abhängig ist. Selbst bei Männern, die einigermaßen gebildet schienen, endeten die Gespräche meist mit der Frage nach dem Bett.

Zum Teil gab es komische Situationen: Einmal hielt mich ein Polizist an. Er wollte mir weismachen, daß es verboten sei, in langer Hose Rad zu fahren. Andere Situationen waren aber nicht komisch: Ein Handlungsreisender (wie er sich selbst vorstellte) versuchte einmal, meinen Freund betrunken zu machen. Als dies nicht glückte, forderte er mich schlicht auf, in seinem Zimmer zu übernachten. Als wir dann noch ein großes Messer entdeckten, nahmen wir Reißaus.

Bei den Begegnungen mit Männern hatte ich nie das Gefühl, als Mensch, sondern immer nur als Körper wahrgenommen zu werden. In mir wuchs echter Haß, ich hatte so eine Wut im Bauch, daß ich öfter Männern einen Schwall von Schimpfwörtern entgegenschleuderte oder sie sogar bespuckt habe. Eigentlich dachte ich, daß mein Freund, der nicht gerade klein und schmächtig ist, Männer von solchen Aktionen abhalten würde, aber die Selbstherrlichkeit und das Selbstbewußtsein der Latino-Machos ist wirklich unbeschreiblich. Begegnungen mit Indio-Männern verliefen meist anders, sie sind eher zurückhaltend.

Es gibt sicherlich Gründe für das Verhalten der Männer: ihr durch US-amerikanische Medien geprägtes »vorteilhaftes« Bild von der Frau (»immer zu haben«), der für sie ungewöhnliche Anblick einer radelnden Urlauberin, was für sie eventuell besonders attraktiv und begehrenswert ist. Doch alle Gründe können das Verhalten der Männer nicht entschuldigen. Leider habe ich auf der Fahrt das geeignete Mittel nicht gefunden, richtig damit fertig zu werden. Ich konnte nur kratzen, schimpfen, spucken …, aber der nächste Typ kam auf dieselbe schmierige Tour an.

Welche Möglichkeiten bleiben also einer Frau?

• Dem Land und seiner Kultur angepaßtes Verhalten, nur durch gute Vorinformation möglich: Z.B. Kopftuch tragen, wo angemessen, nicht allein in eine venezolanische Disco spazieren, in Süditalien den Bikini vergessen etc.

• Weite, alle Körperteile bedeckende Kleidung.

• Manchmal hilft es, sich als verheiratet auszugeben (einen Ring und eventuell Photos als »Beweise« mitnehmen).

• Bei allen Begegnungen mit Männern zunächst einmal Skepsis und Mißtrauen, auch wenn dies ein Kennenlernen des Landes erschwert.

• Wer es schafft, sollte sich vielleicht eine größere Lässigkeit zulegen, um sich nicht ständig zu ärgern.

• Ein Selbstverteidigungskurs gibt Sicherheit. Außer verschiedenen Abwehrtechniken lernen Frauen, daß es überhaupt möglich ist, sich mit Erfolg gegen (stärkere) Angreifer zu wehren.

Allein, zu zweit, mit Mann oder Frau?

Allein zu reisen bietet den Vorteil größerer Freiheit: frau muß sich nicht großartig auseinandersetzen, ob dahin oder dorthin gefahren wird, ob im Zelt oder im Hotel übernachtet wird et cetera. Erlebnisse prägen noch stärker, weil es eben allein meine sind. Nachteil des Alleinseins: die Anmache! Wie belastend wird sie erst beim Alleinreisen sein, wenn schon mein Freund kaum Schutz davor bot? Daher würde ich persönlich eine Radtour in außereuropäischen Ländern nicht ohne männliche Begleitung machen, ganz abgesehen davon, daß ich sowieso lieber zu zweit radle: um mich auszutauschen, mich in anstrengenden Phasen zu stärken. Aber das ist wirklich nur meine persönliche Meinung. Vielleicht seid ihr in dieser Hinsicht stärker, selbstbewußter, cooler als ich und meistert solche Situationen souveräner.

»Frauenradtouren« finde ich toll in Gebieten, in denen nicht so stark mit Männer-Anmache zu rechnen ist. Die Vorzüge weiblicher Reisepartner brauche ich euch an dieser Stelle ja wohl nicht im Einzelnen auseinanderzulegen.

Fazit

Trotz aller Anstrengungen und negativen Begeleiterscheinungen empfinde ich eine Radtour als eine sehr gute Art zu verreisen. Wie hätte frau besser Gelegenheit, ein Land in seinen vielen Einzelheiten ein wenig verstehen zu lernen? Einfach weil sie müde ist, hält frau mit dem Fahrrad abends in Orten, wo sie mit dem Bus sicherlich nicht ausgestiegen wäre. Für die Einheimischen ist der Aufenthalt ebenfalls einsichtig: Ist frau genauso abgespannt und verschwitzt wie sie, ergeben sich leichter Kontakte und Einblicke in ihr Leben. Es entsteht schneller eine Nähe. Die Überwindung einer Wegstrecke ist nicht nur eine Überbrückungzeit, sondern wird zum Erlebnis. Die vielen kleinen und großen Tiere, die den Weg kreuzen, die verschiedenen Düfte der Pflanzen, das Lichtspiel der Sonne, die Menschen, all dies ist hautnah.

Frau kann anhalten, um einen Vogel zu beobachten, um Menschen ein »¡hola!« zuzurufen – immer ist sie mitten im Geschehen.

Ich habe mich selten so gesund gefühlt wie auf meiner Tour. Während des ganzen Jahres meiner Reise war ich nie krank. Der belastende Speck verschwand mit der Zeit und wich festen Muskeln.

Klar, auf jeder Radtour gibt es mal Durststrecken. Ich denke aber, daß sie für Frauen überwindbar sind. Eine gute Vorbereitung, Offenheit und eine gehörige Portion Gelassenheit helfen dabei. Und ich hoffe, mein Bericht hat euch ein bißchen Mut gemacht, die Vorbereitung der nächsten Radtour schon bald in Angriff zu nehmen!

Maggie Guth-Einhaus

Literatur und Frauenreisebörsen

Bettina Selby, *Ah Agala, eine Frau erfährt Afrika, mit dem Fahrrad durch die Wüste*, 1989, Schweizer Verlagshaus, 26,80 DM

Ingrid Backes, *Das Frauenreisebuch*, Rowohlt Anders reisen, Reinbek, 1986

Gudrun Maierhof, Katinka Schröder, *Sie radeln wie ein Mann, Mada-* *me. Als die Frauen das Rad eroberten.* edition ebersbach 1992, 28 DM

Frauen unterwegs e.V. (Hrsg.), *Frauenorte überall. Frauen unterwegs von Skandinavien bis Griechenland* (28 DM + 3 DM Porto). Das Handbuch bietet einenn Überblick über die Entwicklung der eigenständigen Frauentourismusbranche in 20 europäischen Ländern. Das Reiseverzeichnis umfaßt über 150 Adressen und Beschreibungen von Frauenhotels,-pensionen, -ferienhäusern, -campingplätzen, Adressen von Reiseveranstalterinnen sowie Tips zu Frauencafes, -buchläden und Infostellen. Zu bestellen ebenso wie der aktuelle Reisekatalog, *Frauen unterwegs, Frauen reisen* bei Frauen unterwegs e.V. Potsdamer Str. 139, 10783 Berlin, ✆ 030/ 2151022. Auch Reisepartnerinnenvermittlung und Radreisen nur für Frauen, angebotene Länder: Österreich, Frankreich, Irland.

Frauen Reisebörse, Lüticher Str. 25, 50674 Köln 1, ✆ 0221/515254, vermittelt mit ständig aktualisierter Suchkartei Reisepartnerinnen.

Susanne Ibdes, ✆ 040/4106944, vermittelt ebenfalls nur für Frauen Reisepartnerinnen.

▶ *Fortsetzung von Seite 67*

Radtouren-Veranstalter
mit besonderen Angeboten

Eine aktuelle Liste aller Radreiseveranstalter mit Reiseländern, Zielgruppen und Preisen hat der VCD zusammengestellt. Für 4 DM in Briefmarken beim VCD, Eifelstr. 2, 53119 Bonn, erhältlich.

Eine ähnliche Liste veröffentlicht in ihrer Frühjahrsausgabe die alle zwei Monate erscheinende Zeitschrift *Aktiv Radfahren* (Bezug über den Zeitschriftenhandel). Dort stehen immer aktualisiert die Adressen der ADFC-Landesverbände sowie die Adressen der Geschäftsstellen und Infoläden der Ortsgruppen, bei denen man nach dem Tourenprogramm für die nächste Saison fragen kann. Ist man Mitglied, erhält man diesen Service gratis und einen Nachlaß bei den Unkosten für eine Tour.

ADFC Bundesgeschäftsstelle, Hollerallee 23, 28209 Bremen, ℗ 0421/346290, Fax 0241/3462950.

African Bikers, Unter den Ulmen 40, 47137 Duisburg, ℗ 0203/444520. Angebotene Länder: Südafrika.

Alps Mountain Bike Tours, Reischlweg 1b, 80939 München, ℗ 089/3231659. Angebotene Länder: Schweiz, Italien, Ägypten, Israel, Nepal, Hawaii.

Amphi Trek, Eichenstraße 19, 74825 Gerabronn, ℗ 07952/6442. Angebotene Länder: Frankreich (Bretagne, Provence), Ungarn, Spanien (Andalusien), Irland, Schweden, Marokko, Tunesien.

Aquarius e.V., Breite Straße 24, 42657 Solingen, ℗ 0212/810314. Deutschland (Ost), Besonderheit: Verbindung Rad und Schiff auf der Mecklenburgischen Seenplatte.

DNV Tours, Max-Planck-Straße 10, 70806 Kornwestheim, ℗ 07154/131830. Angebotene Länder: Polen (Masuren), Frankreich (Camargue), Baltische Staaten, GUS, Neuseeland.

Dr. Eisenrith Tours, Amalienburgstraße 19, 81247 München, ℗ 089/8119373. Angebotene Länder: Spanien (Andalusien), Deutschland (Bayern), Italien, Frankreich (Süd).

Eldorado Reisen, Kartäuserstraße 112, 79104 Freiburg, ℗ 0761/286680. Angebotene Länder: Spanien, Griechenland, Frankreich, Italien, Norwegen.

Erlebnis Reisen, Sandgrubenweg 87, 81737 München, ℗ 089/6801812. Sahara mit dem MTB.

Fahrrad Ferien Fahrten, Postfach 1367, 48574 Gronau, ℗ 0130/856060. Angebotene Länder: Frankreich komplett, Portugal, Spanien, Italien, Holland, Zypern, England; individuelle Touren nach Routenbeschreibung.

in naTOURa - Reisen, Rosenstr. 5, 38102 Braunschweig, ℗ 0531/797355. Angebotene Länder: BRD, Polen.

Inter Air, Triftstraße 28, 60528 Frankfurt a.M., ℗ 069/67031. Angebotene Länder: Litauen, Polen, GUS, Island, Schottland, Irland und Nepal jeweils mit Mountain Bikes.

Kiwi Tours GmbH, Tumblingerstr. 32, 80337 München, ℗ 089/367039. Neuseeland.

Klingenstein Internationale Studienreisen, Thomas Wimmer Ring 9, 80539 München, ℗ 089/2350810. Angebotene Länder: Ungarn, Österreich, Deutschland (Bayern), Frankreich, Italien, Polen, Irland, Tschechische Republik, Slowakei.

Lernidee Reisen, Dudenstraße 78, 10965 Berlin, ℗ 030/7865056. Angebotene Gebiete: China, Vietnam, Nepal, Baltikum.

Liegerad Reisen, Fichtestraße 8, 86165 Augsburg, ℗ 0821/792100. Angebotene Länder: Deutschland (Süd), Frankreich, Schweiz.

Liera Tours, 48163 Münster, Thierstraße 161, ℗ 0251/6908. Angebotene Länder: Frankreich, Deutschland. Liegeradreisen.

Natours, Untere Eschstr. 15, 49179 Ostercappeln, ℗ 05473/8211. Angebotene Länder: Griechenland, Schwe-

den, Portugal, Frankreich (Korsika), Irland, Italien (Toskana), Spanien (Andalusien), Schottland, Ungarn.

Öko-Tours, Bahnhofstr. 1, 17207 Röbel, ℘ 039931/2000. Angebotene Länder: Mecklenburgische Seenplatte.

rad-so-aktiv-gmbh, Am Hang 2, 77883 Ottenhöfen, ℘ 07842/8184. Angebotene Länder: BRD, Tschechische Republik, Kanada, Kolumbien, Costa Rica, Neuseeland, USA.

Radsportreisen Margreiter, Am Ring 8, 83131 Nußdorf, ℘ 08034/1842. Angebotene Länder: Deutschland, Italien, Frankreich, Schweiz, Österreich, Neuseeland.

Radwander Touristik Reishofer, Ruedorffer Passage, 83022 Rosenheim, ℘ 08031/31740. Angebotene Länder: Deutschland, Finnland, Österreich, Italien, Schweiz, Frankreich, Türkei, GUS.

Rotalis Reisen per Rad, Alte Poststraße 1, 85593 Baldham, ℘ 08106/7175. Angebotene Länder: Deutschland (Bayern), Österreich, Frankreich (Loire, Bretagne), Italien, Schweiz.

Rückenwind Reisen GmbH, 26209 Kirchhatten, Hauptstraße 2, ℘ 04482/8405. Angebotene Länder: Deutschland, Schweiz, Elsaß, Frankreich (Süd), Polen, Liegeradreisen.

Tapetenwechsel, Am Steinbruch 12, 35091 Cölbe, ℘ 06421/85548. Angebotene Länder: Deutschland (Hessen, Thüringen). Spezielle Touren für Senioren, Frauen, Alleinreisende.

Terranova, Hirschsprung 8, 63263 Zeppelinheim, ℘ 069/693054. Angebotene Länder: Spanien (Andalusien, Mallorca), Frankreich, Italien (Toskana), Tschechische Republik.

Travelo, Pfalzstraße 32, 67378 Zeiskam, ℘ 06347/2132. Angebotene

Länder: Flandern, Burgund, Italien (Toskana), Schweiz, Deutschland.

Vacancia, Südstraße 27, 52064 Aachen, ℗ 0241/49369. Neuseeland.

Valhalla Tours, Friedensstraße 14, 37247 Großalmerode, ℗ 05604/6213. Angebotene Länder: USA, Kanada.

Velociped Reisen, Weidenhäuser Straße 63, 35037 Marburg, ℗ 06421/24511. Angebotene Länder: Deutschland (Ost), Schweden, Sizilien, Frankreich, Italien, Österreich, Tschechische Republik.

Velodrom, Herrenstraße 46, 76133 Karlsruhe 1, ℗ 0721/21431. Angebotene Länder: Mallorca, Kreta, Frankreich, Österreich, Ägypten, Sahara, Neuseeland, USA, Kuba, Nepal, Tibet, Pakistan.

Velomobil, 28077 Bremen, Postfach 104777, ℗ 0421/3463916. Angebotene Länder: Niederlande, Frankreich, Irland, Italien, Schweden, Finnland, Spanien, Polen, Baltische Staaten. Wöchentliche Transportangebote mit dem Euro-Bus: Ende der Osterferien – Mitte Oktober nach Frankreich, Italien, Spanien; Juni – August Niederlande, Schweden, Irland, Großbritannien, Polen. *Bike & Boot Touren* in Holland, am Main entlang, auf der Mecklenburgischen Seenplatte und im Burgund.

Velotours GmbH Aktivreisen, Mainaustraße 34, 78464 Konstanz, ℗ 07531/98280. Angebotene Länder: Deutschland, Frankreich, Italien, Schweiz.

Weinradel, Wertstraße 37, 52074 Aachen, ℗ 0241/876262. Angebotene Länder: Deutschland, Benelux, Frankreich, Spanien, Neuseeland.

Ausländische Anbieter

(Telefonnummern aus Deutschland!)

Arinbjörn Jóhannsson Erlebnistouren, Brekkulaekur, IS-531 Hvammstang; ℗ 0035/45/12938. Island.

Austria Radreisen, Holzringerstraße 546, A-4780 Schräding, ℗ 0043/77/12511. Angeboten wird: Deutschland, Österreich, Ungarn, Tirol, Donauradweg.

Edelweiß Bike Travel, Steinreichweg 1, A-6414 Mieming, ℗ 0043/52645690. USA.

Rad & Reisen, Schullgasse 36, A-1180 Wien, ℗ 0043/1/40538730. Angebotene Länder: Frankreich (Provence, Camargue, Loire), Deutschland (Bodensee), Italien (Toskana), Irland, Holland, Ungarn, Österreich.

Rad Luger, Rosenweg 462, A-4780 Schräding, ℗ 0043/77124046. Angebotene Länder: Österreich, Ungarn, Südtirol, Polen (Pommern), Böhmen, Deutschland (Bodensee).

Central European Adventures, Pod Utesy 8, CS-15200 Praha 5, ℗ 0042/222328872. Angebotene Länder: Tschechische Republik, Slowakei, Österreich, Italien, Ungarn.

Natur Travel, ul. Waska 6/73, PL-15481 Biatystok, ℗ 0048/85753422. Angebotene Länder: Polen (Pommern, Masuren, Nordostpolen). Besonderheiten: deutschsprechende polnische Reisebegleitung, Info auch über 05922/3436 Karl Stopka, 02056/57294 Helga Schniewind.

Eine Vielzahl von Anbietern gibt es in Holland mit Arrangements für ganz Europa und die USA. Adressen über das niederländische Fremdenverkehrsamt (siehe Länderinfo).

RUND UMS RAD

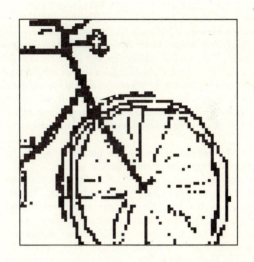

FACHCHINESISCH LEICHT GEMACHT

Der Fahrradmarkt boomt – und die Verwirrung bei den Bezeichnungen für
Fahrradtypen *wächst. Tourenrad, Citybike, Sportrad, Mountain- oder*
Trekking-Bike, ganz wie es der Verkäufer (oder Kunde?) gerade
wünscht. Die Konfusion ist komplett, wenn Händler und Kunde merken: es
existieren keine verbindlichen Definitionen. Jeder Hersteller
scheint frei nach dem Motto »neuer Name, neues Glück« zu produzieren.
Unser »Trampelpfad« soll helfen, sich im Dschungel der
Bezeichnungen zurechtzufinden. Anschließend wollen wir Fahrrad-Anfängern
wie Fortgeschrittenen das nötige Wissen geben, um sowohl die Einzelteile
eines Fahrrades beim Neukauf beurteilen als auch sich mit
den verschiedenen, individuell abgestimmten Komponenten ein
Rad selbst zusammenstellen zu können.

Das klassische **Tourenrad**, schwer und ohne Gangschaltung, führt ein echtes Kellerdasein. Da sollte es auch stehen bleiben, es eignet sich bestenfalls für kurze Abstecher zum Einkaufen in flachen Gegenden. Ein komplett verschlossener Kettenkasten und der Kleiderschutz am Hinterrad kennzeichnen das **Hollandrad**. Mit einer Dreigang-Nabenschaltung, manchmal in Verbindung mit einer Trommelbremse, eignet sich das gemütlich reagierende Rad für Besorgungen in der Stadt oder für beschauliche Sight-Seeing-Touren, bei denen

Klassisches »Tourenrad«: tourenuntauglich

die gefahrene Kilometerleistung sekundär ist.

Besseres Rahmenmaterial, geschmiedete Ausfallenden und mindestens eine Dreigang-Schaltung, die zunehmend durch 5- bzw. 7-Gangschaltungen ausgetauscht werden, sind die Hauptmerkmale eines **Sportrades**. Mit einem kurzen Lenkervorbau und einem Gesundheitslenker kann der Radler in leicht geneigter Tourenposition zum dreiwöchigen Erlebnisurlaub in flachen und hügeligen Gebieten starten.

Mehrfach gebogener Rennlenker, schmaler Sattel und Pedale mit Fußhaken sind einige Ausstattungsmerkmale eines klassischen **Rennsportrades**. Dank einer 12- bis 14-Gangschaltung sowie schmaler Bereifung (28 – 32 mm) ist es für Touren auf guten Straßen geeignet. Restlos abgespeckt, verzichtet das **Rennrad** auf alles, was nicht unbedingt notwendig ist. Schutzbleche, Lichtanlange oder Gepäckträger sucht man vergeblich. Der angestrebte Kompromiß zwischen Stabilität und einem möglichst geringen Eigengewicht gipfelt in durchbohrten Kettenblättern und Rennbremsgriffen. So ein »Fliegengewicht« (9 bis 12 kg) taugt nicht für Schotterpisten und Feldwege.

Solche Wege sind dagegen die »Traumstraßen« für ein reinrassiges **Mountain Bike** (MTB, S. 110). Grobstollige Reifen, ein breiter und gerader Lenker, bis zu 24 Gänge, kräftig zupackende Bremsen sowie ein verstärkter Rahmen, der alle Abenteuer mitmacht, locken ins Gelände – fehlendes Licht, fehlende Schutzbleche und Gepäckträger wecken jedoch das Interesse jedes Gesetzeshüters. **City Bikes** mit Licht, Klingel, Schutzblechen und Gepäckträger entsprechen eher den Anforderungen der StVZO.

Rennrad: nicht StVZO-gerecht

keit) und MTB (Stabilität). Normale Reifenbreite und -größe, viele Gänge sowie Cantilever-Bremsen sind die äußeren Merkmale. Es ist StVZO-gerecht ausgerüstet, im Gegensatz zum **All-Terrain-Bike** (ATB). Entsprechende Anlötteile für Gepäckträger sind aber vorhanden. Beide Variationen eignen sich für Radtouristen, die auch einmal auf Schotterstrecken ihr Ziel erreichen wollen.

Wählt man ein Rad von der Stange, sind Händler meist zu gewissen Modifikationen bereit, die das Trekking-Rad noch tourentauglicher machen:
• Auswechseln der Geländebereifung
• Umtausch oder Kürzung des geraden Lenkers in einen Gesundheits- oder Rennlenker
• stabile Gepäckträger & Lichtanlage
• Auswechseln der Kombinationsschalt- und Bremsgriffe in Daumenschalthebel

Sportrad: läßt sich zum Reiserad ausbauen

Weitere Sonderformen sind das **Allround Bike** (für Einsteiger), **Fun Bike** (für MTB-»Infizierte«) und das **Race Bike** für Leute, die eigentlich Materialtester werden wollten. Alle diese MTB-Variationen sind ausreichend belastbar, um Radtouren auf schlechten Wegstrecken zu überstehen. Das **Trekking-Rad** ist eine Kreuzung aus Rennsportrad (Schnellig-

Der Rahmen

Das traditionelle **Material** für den Fahrradrahmen ist *Stahlrohr*, nahtlos gezogen und hochlegiert. Zunehmend werden auch – ursprünglich für die Raumfahrttechnologie entwickelte –

Materialien verwendet, die leichter und gleichzeitig stabiler sind. Rahmen aus *Carbonfasern* und *Aluminium* sind keine Seltenheit..

Geschweißte Stahlrohre besitzen meist eine Wandstärke von 1,2 mm. Verwenden die Hersteller stattdessen nahtlos gezogene Rohre aus Stahl, dem Chrom, Molybdän oder Mangan beigemischt wird, so können viel geringere Wandstärken von etwa 0,6 mm erreicht werden, die Mindestzugfestigkeit und die für ein Reiserad wichtige Elastizität des Rahmens bleiben dennoch erhalten. Bei einer anderen Verarbeitungstechnik werden die Stahlrohre zur Mitte hin in ihrer Wandstärke verjüngt, was sie ebenfalls leichter macht. Hersteller solch edler Rohre ab 600 DM sind Reynolds, Columbus, Vitus, Jshiwatha. Nicht verjüngt, aber ebenso tourentauglich sind die 25- bzw. 34-CrMo-Rahmen aus Mannesmann-Rohren. Vertrieben werden sie u.a. von Patria und dem Bicycle-Versand für 350 bis 600 DM. Gleiches gilt für den ATB- und den Reiseradrahmen der VSF-Fahrrad-Manufaktur aus Tange-5-Rohren (500 DM). *Oversized-Rahmen* ebenso wie Rahmen mit ovalen Rohren werden zur Zeit hauptsächlich im Rennrad- und MTB-Bereich angeboten. Beide erhöhen die seitliche Steife des Rahmens, allerdings sind Ersatzteile wegen der ungewöhnlichen Maße nicht leicht zu bekommen.

Innen konisch verjüngtes Stahlrohr

Hinweise aus ökologischer Sicht:
• möglichst Teile europäischer bzw. inländischer Hersteller verwenden (kürzere Transportwege)
• Stahlrahmen sind besser als Alu-rahmen (weniger aufwendig in der Herstellung, einfacher zu recyclen)
• Verzicht auf Chromteile
• statt Wegwerf-Produkten möglichst reparaturfreundliche Teile von Herstellern wählen, die auch Ersatzteile bereithalten
• Produkte aus möglichst nur einem Stoff/Material wählen (besseres Recycling)

Bei all der faszinierenden Technik spielt die *Gewichtsersparnis* beim Rahmen für Tourenradler nur eine sehr untergeordnete Rolle. Wer nur 500 Gramm sparen will, muß dafür tief in die Tasche greifen. Die gleichen 500 Gramm lassen sich aber beim persönlichen Gepäck wesentlich einfacher und billiger einsparen.

Viel bedeutender ist die *Elastizität* der mit Chrom, Molybdän oder Mangan versetzten Stahlsorten. Ihre Fähigkeit, leichte Stöße innerhalb der Rahmengeometrie aufzufangen, entlastet die Laufräder und erhöht nebenbei den Fahrkomfort.

Auch wenn die Lackierung »glänzt, als ob man sich drin spiegeln kann«, ist dies noch kein Qualitätsbeweis. Erst wenn auch bei kniffeligen Stellen wie Lenkkopfmuffen, Tretlagergehäuse oder den Anlötteilen der Lack bis in die kleinsten Ritzen gelaufen ist, hat man eine saubere Lackierung. Ein hervorragender Schutz ist die *Kunststoffbeschichtung* des Rahmens. In einem Ofen verschmelzen elektrostatisch aufgetragene Kunststoff-Farbpartikel zu einer widerstandsfähigen Oberfläche, die jedem Lack an Haltbarkeit überlegen ist.

Eine solche Beschichtung bieten bisher nur einige kleinere Unternehmen an (Adressen siehe letzte Griffmarke). Unter ökologischen Aspekten betrachtet, lohnt sich die Kunststoffbeschichtung erst bei langer »Partnerschaft« mit dem Rad, denn sie ist schwerer zu recyclen als Lacke. Wer sich seinen Rahmen nachträglich beschichten lassen will, schaut in den »Gelben Seiten« unter dem Stichwort Kunststoffverarbeitung. Ohne ausgefallene Farbwünsche liegt der Preis meist zwischen 70 und 100 DM. Dafür erhält der Rahmen dann auch eine wirklich dauerhafte, gegen Rost geschützte Oberfläche, die selbst viele Jahre härtesten Einsatzes als Stadt-, Urlaubs- und Winterrad übersteht.

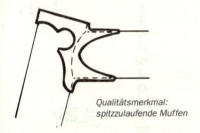

Qualitätsmerkmal:
spitzzulaufende Muffen

Muffen sehen als *Rohrverbindungselement* einer Pelzhülle zwar kaum ähnlich, trotzdem sind sie nach dem Muff benannt. Beim Treten müssen sie in der Lage sein, wechselhafte Zug-, Druck- und Verdrehungskräfte weiterzuleiten. Geformte Rohrenden in Verbindung mit *spitz zulaufenden Muffen* gewährleisten einen harmonischen Kraftfluß. Muffensausen sollten Käufer vor Rahmen mit gerade abgeschnittenen Rohren und den entsprechenden Rohrverbindungen haben. Meist sind das billige Tourenräder, an deren Hinterradstrebe zur Befestigung der Hinterradachse sich nur *plattgedrückte* oder *angeschweißte Ausfallenden* befinden. Beide Varian-

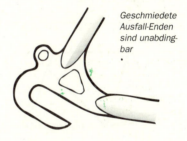

Geschmiedete Ausfall-Enden sind unabdingbar

ten können bei hoher Belastung brechen. Bessere Rahmen haben *geschmiedete Ausfallenden*, besitzen Justierschrauben für die Hinterradachse und werden verlötet.

Rahmen für kräftige Pedaltreter sollten einen zusätzlichen *Steg* hinter dem Tretlager eingelötet haben. Das versteift den Hinterbau und verhindert vorzeitige Ermüdungserscheinungen der Kettenstreben.

Grundsätzlich unterscheidet man industriell und von Hand **gelötete Rahmen**. *Maschinelle Lötapparate* arbeiten mit Temperaturen von etwa 800° C. Die hohen Temperaturen verändern jedoch das Molekulargefüge des Rohres, die Festigkeit läßt nach.

Dickere Wandstärken der Fahrradrohre gleichen den Mangel an Festigkeit wieder aus.

Bei einem *von Hand gelöteten* Rahmen verwendet der Rahmenbauer ein Lot mit einem höheren Silberanteil, womit die Schmelztemperatur auf etwa 600° C sinkt. Bei dieser Temperatur lassen sich die sehr dünnen Spezialrohre verlöten, ohne viel an Festigkeit zu verlieren. Verschiedene *Anlötteile* zieren diese Rahmen: Kabelführungen, Befestigungen für

Trinkflaschen, Gewindeösen für Gepäckträger oder ein Halter für Ersatzspeichen an einer der Hinterradstreben. Diese Zusatzteile werden zum größten Teil bei einer maschinellen Produktion außer acht gelassen. Insofern sind diese nützlichen Kleinigkeiten ein Beweis für die liebevolle und sorgfältige Verarbeitung des Rahmens von Hand.

Elastizität ist die wichtigste Eigenschaft für einen Reiserad-Rahmen. Erst danach kann man sich entscheiden, ob man beispielsweise 800 DM für einen handgelöteten und extrem leichten oder 400 DM für einen maschinell gelöteten Rahmen ausgeben will.

Neben den konventionellen Rahmen mit Muffen werden mittlerweile auch gute Stahlrohrrahmen stumpf gelötet (800 DM) oder geschweißt (ca. 400 DM), die ebenfalls eine lange Haltbarkeit und gute Elastizität besitzen.

Rahmengeometrie

Die Vielfalt der unterschiedlichen Rahmenformen läßt sich kaum überblicken. Sämtlichen Rahmenformen ist aber der traditionelle »Herrenrahmen«, *Diamantrahmen,* in einem Punkt überlegen: er wird aus zwei steifen Dreiecken gebildet und besitzt somit die stabilste Form. Einwirkende Kräfte wie Straßenunebenheiten leitet dieser schon 1890 entwickelte Rahmen am besten ab und glänzt außerdem durch seitliche Verwindungssteifheit. Kurz: eine einfach geniale und genial einfache Konstruktion!

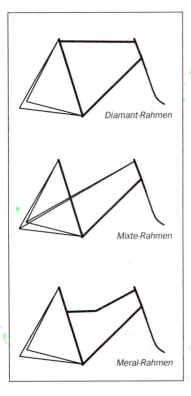

Diamant-Rahmen

Mixte-Rahmen

Meral-Rahmen

Der herkömmliche »Damen«-Rahmen ist leider nur für kurzfristige Einsätze als Stadtrad zu gebrauchen. Gerade bei einem beladenen »Damenrad« machen sich die Schwingungen vor allem in der Längsachse unangenehm bemerkbar. Schon bei ein paar engen Slalomrunden vor dem Fahrradgeschäft ist deutlich zu merken, wie das Hinterrad ebenfalls anfängt, Kurven zu fahren. Verwindungssteifer sind da schon die *Meral- und Mixte-Rahmen*. Um auch öfters eine Radtour mit Gepäck unternehmen zu können, bleibt als beste Wahl dennoch nur der Diamantrahmen übrig (vergleiche auch Seite 84).

Unabhängig von der Rahmenhöhe sind **drei Fixmaße** bei einem Reiserad entscheidend: der Abstand der Räder zueinander, der Abstand der Hintergabelrohre und der Winkel zwischen Ober- und Sattelrohr.

Ein *langer Radstand* von 103 bis 108 cm (Rennrad 96 bis 100 cm) garantiert die wichtige Trittfreiheit zum vorderen Schutzblech und ebenso nach hinten, um nicht mit den Packtaschen zu kollidieren. Walzendynamo und Schutzblech haben dadurch ebenfalls genügend Platz. Abgesehen davon ist der Rahmen elastischer.

Ausschlaggebend für die mögliche *Reifenbreite* ist der Abstand der zwei Hintergabelrohre in der Nähe des Tretlagers. Will man Reifen bis zu einer maximalen Breite von 32 mm fahren, genügen etwa 4 cm lichte Weite an dieser Stelle.

Der *Winkel zwischen Oberrohr und Sattelrohr* muß bei einem Reiserad steiler als 67°, maximal 73° auf-

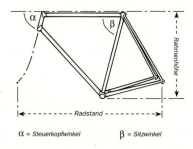

α = Steuerkopfwinkel   β = Sitzwinkel

weisen, um bei der Radreise eine optimal geneigte Sitzposition zu haben. Oft ist auch der *Steuerkopfwinkel* beim Lenker angegeben, der beim Reiserad mormalerweise bei 72° liegt. Ist er geringer, reagiert das Rad träger auf Lenkbewegungen.

Rahmenhöhe

Am besten läßt sich das individuelle Rahmenmaß mit einem *Positionsmeßgerät* bestimmen. Hierbei können der Vorbau, die Rahmenhöhe und Oberrohrlänge eingestellt und exakt abgelesen werden. Eigentlich sollte so ein Gerät in keinem Fachgeschäft fehlen ... Wer dort nicht fündig geworden ist, kann bei ADFC-Geschäftsstellen oder -Ortsgruppen nachfragen, die oft ein solches Meßgerät besitzen (Hauptadresse Seite 14).

Die nächstbeste Methode ist die *Ermittlung aus der Schrittlänge.* Dazu muß der zukünftige Fahrradbesitzer in wenig breitbeinig auf einer geraden Unterfläche stehen. Dann wird die Länge des Beines an der Innenseite gemessen. Von der so ermittelten Schrittlänge werden 25 cm abgezogen, das Ergebnis ist die Rahmenhöhe. Ob diese richtig ist, kann ganz einfach

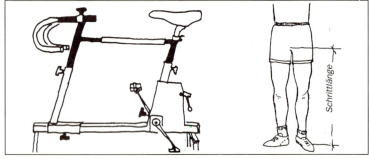

Positionsmeßgerät zum Ermitteln der Rahmenmaße

überprüft werden: stellt man das fertige Rad zwischen seine Beine, sollten noch 3 bis 4 cm Luft zwischen Oberrohr und den empfindlichen Körperteilen sein.

»Herrenrahmen« für Frauen?

Von den bekannten Unterschieden zwischen Mann und Frau sind zwei auch für die Wahl des Fahrradrahmens wichtig: die längeren Oberschenkel und der kürzere Oberkörper. Für die Radlerin ist es auf einem sogenannten Herrenrad schwierig, eine ergonomisch günstige Sitzposition einzunehmen. Im Regelfall läßt sich der Sattel auf diesem nicht weit genug nach hinten schieben. Klappt frau den Sattelkolben um, gewinnt sie noch ungefähr drei Zentimeter dazu.

Ansonsten schaffen *Patentsattelstützen* Abhilfe. Natürlich muß dann auch der *Lenkervorbau* entsprechend verkürzt werden. Also: auch hier ist ein Austausch meist unvermeidlich. Hat frau kleine Hände, können auch die üblichen Bremsgriffe gegen kleinere ausgewechselt werden. Sehr gut geeignet sind die *Zwei-Finger-Bremsgriffe.* Auf die Tauscherei könnte verzichtet werden, wenn die Fahrradhersteller endlich spezielle Damenrahmen in der altbewährten Diamantform herstellen würden. Und auch die üblichen »Herrengrößen« sind problematisch: bei 50 cm Rahmenhöhe ist meist schon das Ende der *Sattelstange* erreicht. Frauen, die einen kleineren Rahmen benötigen, müssen dann wieder auf einen Mixte-Rahmen zurückgreifen, oder (wenn's der Geldbeutel erlaubt) einen guten Rahmenbauer suchen.

Die Gabel

Die Gabel gehört zu den am stärksten beanspruchten Fahrradteilen, weil sie unentwegt kleine Fahrbahnunebenheiten kompensiert. Am besten ist sie deshalb aus legiertem und damit elastischem Material, was aber oft nicht eindeutig aus den Rahmeninformationen hervorgeht.

Wenig gekrümmte Gabeln werden für Rennräder benutzt. Ihre Federungseigenschaften sind sehr gering,

Fahrbahnunebenheiten werden als Stöße über den Lenker direkt an den Fahrer weitergegeben. Anders dagegen beim Hollandrad. Hier sorgt eine starke Gabelkrümmung für einen hohen Fahrkomfort.

Und auf noch ein Detail hat die Gabel Einfluß: den *Geradeauslauf*. Er wird maßgeblich vom *Nachlauf* der Gabel bestimmt. Je größer also der Nachlauf, um so stärker ist das Bestreben des Fahrrades, geradeaus zu laufen. Um so kraftvoller muß der Radler aber auch lenken. Andererseits ist ein Fahrrad mit wenig Nachlauf sehr »nervös« und geht gerne auf eigene Faust in die Kurve.

Eine optimale Gabel liegt zwischen diesen beiden Extremen. In der Regel findet man Nachlaufwerte um 5 cm. Ideale Größen lassen sich aber nur schwer angeben, da nicht nur die Krümmung der Gabel, sondern auch der Steuerkopfwinkel in Abhängigkeit von der gesamten Rahmengeometrie für den Fahrkomfort entscheidend sind. Bei Gabeln, die extra für Reiseräder hergestellt werden, sind Gewindeaugen für den Low-Rider-Gepäckträger eingelötet. Dies vereinfacht die Befestigung, die Befestigungsschellen entfallen.

Der Lenker

Lenker und Lenkervorbau bestimmen maßgeblich die Sitzposition, und damit auch ein Stück Bequemlichkeit des Fahrrades. Prinzipiell gilt: Die Bequemlichkeit steigt mit der Zahl der möglichen Griff- und Sitzpositionen. Für Reiseradler sind drei verschiedene Lenkerarten empfehlenswert:

In der Gruppe der Rennlenker ist nur der *Randonneur-Bügel* interes-

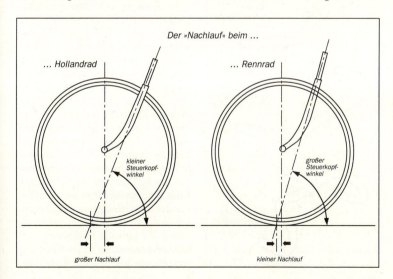

Der »Nachlauf« beim ...

... Hollandrad

kleiner Steuerkopfwinkel

großer Nachlauf

... Rennrad

großer Steuerkopfwinkel

kleiner Nachlauf

sant, der mit »Touristik-Bügel« zu übersetzen wäre. Er ist breiter als ein herkömmlicher Rennlenker und bietet dank seiner vielen Biegungen die verschiedensten Griffpositionen und variable Sitzstellungen, von stark geneigt (zum Beispiel bei Gegenwind) bis zur entspannenden 45-Grad-Haltung. **Tip:** Läßt sich mit einem konventionellen Vorbau der Lenker nicht hoch genug stellen, hilft ein Mountain-Bike-Vorbau.

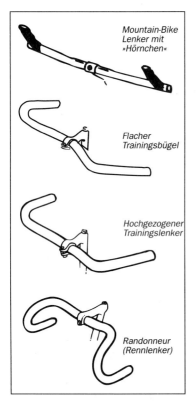

Mountain-Bike Lenker mit »Hörnchen«

Flacher Trainingsbügel

Hochgezogener Trainingslenker

Randonneur (Rennlenker)

Der flache *Trainingsbügel* bietet ebenfalls mehrere Griffpositionen, ermöglicht aber keine Änderung der Sitzstellung, wie es bei Gegenwind vorteilhaft ist. Leicht nach oben gebogene Trainingsbügel, auch »Gesundheits«-Lenker genannt, lassen leider nur eine einzige, annähernd aufrechte Körperhaltung zu.

Mountain-Bike-Lenker erkennt man an der geraden Bauart. Im schwierigen Gelände können damit feinfühlige Lenkbewegungen übertragen werden, bei Fahrten in der Stadt ist die Breite dagegen eher hinderlich. Man denke nur an schmale Radwege oder parkende Autos. Da hilft nur eins: der Griff zur Säge, den Lenker auf Schulterbreite stutzen und direkt »Hörnchen« (rund 40 DM) montieren, um eine weitere Griffposition zu erhalten.

Unabhängig von dem gewählten Lenkertyp darf der Lenker nie breiter als die eigene Schulter sein! Nur so wird die Atmung nicht beeinträchtigt. Die ergonomisch *richtige Lenkerneigung* kann ermittelt werden, indem man sich auf den Sattel setzt und mit einer Hand am Lenker festhält, wobei die andere leicht nach vorne schwingt. Ohne ein Beidrehen der Armgelenke sollte die Hand dann automatisch die Lenkerposition erreichen – was zweifelsohne nur bei den Gesundheits- und den Randonneur-Bügeln gelingen kann. Zwei weitere Faustregeln helfen bei der *Einstellung von Lenker und Sattel:* die Lenkerhöhe entspricht der Sattelhöhe und die Entfernung vom Lenkervorbau zum Sattel einer Unterarmlänge plus 2 cm. Rennlenker und Trainingsbügel sollten an den Griffstellen dick mit Lenkerband umwickelt sein. Es saugt den Schweiß auf, macht den Lenker griffiger und ermöglicht leichter Variationen bei der Körperhaltung. Eine Alternative sind sehr abriebfeste Griffe von Grab On aus Neopren mit sehr hoher Dämpfung (circa 20 DM).

Lenker und Lenkervorbau werden meist aus *Aluminiumlegierungen* hergestellt (Stahl ist zwar billiger, aber rostanfällig und schwerer). Material und Konstruktion der Alu-Lenker (ab 20 DM) mit einer Dicke von mindesten 2,1 mm brechen heute nicht mehr so leicht. Sollten sie aber bei einem Sturz einen heftigen Stoß abbekommen haben, besser austauschen.

Lenker und Lenkervorbau müssen aus dem gleichen Material und im Idealfall auch vom gleichen Hersteller sein, denn dann ist sichergestellt, das die Teile auch vom Maß her zusammenpassen. Es existieren nämlich Unterschiede im Millimeterbereich! Als Schutz vor unangenehmen Überraschungen am besten mit der Schieblehre nachmessen.

Die Bremsen

Gefordert sind Bremsen, die bei jedem Wetter gleich gut verzögern und das Rad sicher zum Stehen bringen. Je nach Gepäckvolumen und Witterung eine nicht immer leichte Aufgabe.

Vollkommen unabhängig von Witterungseinflüssen funktioniert die *Rücktrittbremsnabe* oft über Jahre hinweg ohne ständige Wartung. Beim Dauerbremsen, etwa bei langen Abfahrten mit vielen Haarnadelkurven,

Orbit-Trommelbremsnabe

besteht allerdings die Gefahr, daß die Nabe heißläuft. Das gilt um so eher in warmen bis heißen Gefilden. Beim als *»Fading«* bekannten Nachlassen der Bremswirkung wird das Fett aus der Nabe geschleudert; Intervallbremsungen und vorsichtiges Kühlen der Nabe mit Wasser können dann helfen. Hauptanbieter von 3-, 5-, und 7-Gang-Naben mit Rücktritt ist Fichtel & Sachs (»Torpedo« 3-Gang 100 DM, »Pentasport 5-Gang 160, »Super 7« 7-Gang 250 DM). Anders als die 7-Gang-Nabe von Shimano (250 DM) haben »Pentasport« und »Super 7« in den unteren Gängen eine Bremskraft-Verstärkung. Die Fichtel & Sachs-Konstrukteure lassen dafür das Getriebe auch beim Bremsen arbeiten.

Bei *Trommelbremsen* werden zwei feststehende Bremsbacken gegen die rotierende Bremsnabe gedrückt. Ist

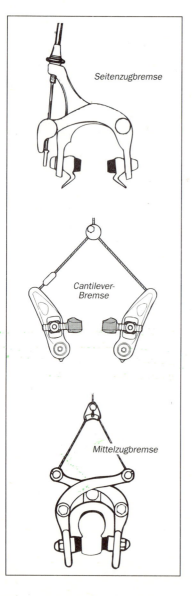

Seitenzugbremse

Cantilever-Bremse

Mittelzugbremse

die Bremstrommel mit Hilfe von Labyrinthsystemen gut gegen Spritzwasser geschützt, so zeigt sie bei allen Witterungen eine sehr gut dosierbare Bremswirkung. Sobald aber Wasser eindringt, sackt die Wirkung fast auf Null ab. Da hilft nur das Trocknen von Bremsbelag und Trommel, was bei andauerndem Regen erfahrungsgemäß einer Sisyphusarbeit gleicht.

Wie bei der Rücktrittbremse besteht die Gefahr, daß die Nabe bei langen Bergabfahrten heiß gebremst wird und somit an Bremskraft verliert. Bei den mit Rillenkugellagern ausgestatteten Trommelbremsnaben von Sturmey-Archer ist uns in Ungarn mal das Achsgewinde kaputt gegangen. Eine neue Achse konnte weder beschafft, noch eingebaut werden. Die auf Passung eingesetzten Industrielager sind ohne ein Spezialwerkzeug, welches natürlich nirgendwo zu bekommen war, nicht demontierbar. Die einzige Möglichkeit, weiterzufahren, war das Umspeichen auf eine einfache Hinterradnabe und der Kauf einer Felgenbremse. Wäre bei der Trommelbremsnabe auch noch eine Nabenschaltung integriert gewesen, so hätten wir auch noch eine neue Kettenblattgarnitur besorgen müssen.

Trommelbremsen mit einer guten Abdichtung gegen Wasser, gehärteten Achsen und austauschbaren Kugellagern eignen sich ohne weiteres für kurze und mittlere Radtouren. Bei Tests vom ADFC zeigte sich, daß die von Fichtel & Sachs hergestellten »Orbit« Trommelbremsnaben allen anderen überlegen waren (Preis für vorne und hinten circa 130 DM).

Bevor eine Trommelbremse eingebaut wird, sollte man sich unbedingt erkundigen, ob der Rahmen – und hier speziell die Gabel – für diese Art Bremsen ausgelegt ist.

Wirklich gute *Seitenzugbremsen* werden nur in rennradspezifischen Maßen hergestellt. Eine geringe Seitenlänge der Bremszangen garantiert zwar ein gutes Bremsverhalten, läßt aber kaum zusätzliche Montage von Schutzblechen zu.

Ein gutes Preis-Leistungs-Verhältnis bei Seitenzugbremsen für Rennräder bieteten die Bremsen Shimano SC 105, Campagnolo Stratos (je etwa 110 DM) oder die Mavic 451 (ca. 150 DM).

Mittelzugbremsen bieten bei einer etwas aufwendigeren Mechanik vergleichbar gute Verzögerungswerte. Längere Bremszangen ermöglichen aber hier eine einfache Schutzblechmontage, die bei Regen unschätzbare Vorteile hat.

Für Fans der Mittelzugbremse bietet sich die Weinmann-CP-Reihe an. Hier ist der eigentliche Drahtseil-Mittelzug durch ein starres Zuggestänge ersetzt worden, was die Kraftübertragung erheblich verbessert (ca. 30 DM).

Eine *Cantilever-Bremse* steigert die Bremsleistung (Preise für Vorder- und Hinterrad zwischen 60 und 120 DM). Ihr am Rahmen befestigter Hebelarm läßt sich mit günstiger Hebelwirkung und damit immenser Kraft gegen die Felge pressen. Auch bei Nässe, denn der hohe Anpreßdruck zerstört den Wasserfilm. Beim Kauf auf gute Verstellbarkeit und Schutz des Federmechanismus gegen Schmutz achten.

Montage: Einen bedeutenden Einfluß auf die Kraftübertragung hat die Geometrie des Verbindungsseils. In Bremsstellung sollte es möglichst flach über dem Schutzblech gespannt sein. Optimal ist, wenn Seil und Bremsarm einen Winkel von 90° bilden (siehe Skizze).

Wichtig ist auch, daß die Bremsgummis beim Bremsen zuerst mit dem vorderen Ende die Felge berühren. Hinten bleibt zunächst ein Spalt

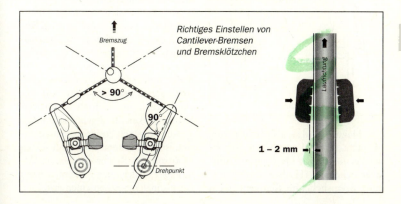

Richtiges Einstellen von Cantilever-Bremsen und Bremsklötzchen

Bremszug

> 90°

90°

Drehpunkt

Laufrichtung

1 – 2 mm

von 1 bis 2 mm. Beim Bremsen ziehen sich die Gummis dann von selbst auf die Felge und verbessern so die Bremswirkung.

In jedem Fall müssen *Felge und Bremsgummi* optimal zueinander passen. Tatsächlich ist es ein großer Unterschied, ob mit einer Alufelge und speziellen Bremsbelägen für Alu gebremst wird, oder mit Belägen für Stahl. Beim Kauf darauf achten, daß die Bremsbeläge einfach zu verstellen sind und der Federmechanismus gegen Schmutz geschützt ist.

Oft ist es schwierig, Lampen oder Kindersitze in der Nähe der Bremszüge zu installieren. Ein Spezialteil von Soubitez oder Gloerfeld (10 DM) löst auch dieses Problem.

Eine weitere Möglichkeit ist die *Hydraulikbremse*. Die neue Generation der Felgenbremse arbeitet mit einem enormen Anpreßdruck und nur sehr geringen Übertragungsverlusten.

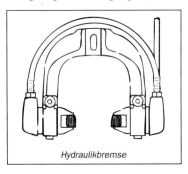

Hydraulikbremse

Von Magura wird sie als Nachrüstsatz für etwa 120 DM angeboten. Mit einer Version für die Montage an Cantileversockeln (Hydro-Stop-Mountain). Bremshebel für Rennlenker, ein kleiner Zweifingerhebel sowie ein Reise-Reparatur-Set machen die Hydrobremse auch bei Reiseradlern salonfähig. Sie ist zwar teuer und hat keine große Auswahl an Bremsklötzen, überrascht aber mit einer sehr guten Bremsleistung. Für Tandems ist sie gerade deshalb erste Wahl.

Das Laufrad

Die Qualität des Laufrades wird von folgenden Komponenten bestimmt:

Reifen

Der Reifen ist hauptsächlich für den *Rollwiderstand* verantwortlich. Verringert wird er durch höheren Reifendruck, ein großes Laufrad und schmale Reifenbreiten.

Zwar besitzt ein mit 7 bar ($\approx$ atü) aufgepumpter Reifen einen sehr geringen Rollwiderstand, dafür ist die Federung gleich Null. Alle Fahrbahnunebenheiten müssen teils vom Rahmen, teils vom Fahrer selbst aufgefangen werden. Bei sehr steifen Rahmen geht dies zu Lasten der Handgelenke und des Sitzfleisches.

So eignen sich schmale Hochdruckreifen von 25 mm Breite bei längeren Reisen mit Gepäck nur bei ausschließlich gut geteerten und glatten Straßen. Reifen von 32 und 37 mm Breite hingegen erlauben schon eher einen gefahrlosen Abstecher auf solche Straßen, die auch als Stoßdämpferteststrecken durchgehen könnten.

Auf extremen Straßen oder gar Pisten ist das Mountain Bike mit seinen grobstolligen Reifen die bessere Alternative. Allerdings muß man dann auf normalen Straßen einen erhöhten

Rollwiderstand in Kauf nehmen oder einen Mountain-Bike-Reifen mit einem Mittelsteg im Profil fahren.

Wer seine *Reifengröße* geschickt wählt, braucht sich innerhalb Europas keine Sorgen um den Reifennachschub machen. Reifen der Größen 25 bzw. 28-622 haben wir auf unseren Touren überall bekommen. Weitaus schwieriger wird es da bei den traditionellen deutschen Tourenmaßen 47-622 oder speziell 47-559. Bei Mountain-Bike-Reifen sieht es ähnlich aus, wobei diese eine längere Lebensdauer haben.

Für Tourenradler haben sich *Reifenprofile* mit einer glatten, mittleren Zentralauffläche und zum Rand hin schräg anlaufenden Kanälen bewährt. Der Mittelsteg sorgt für einen geringen Rollwiderstand, während die Seitenkanäle bei Regen das Wasser ableiten und die engmaschige Karkasse kurvensicher ist.

Wir haben uns in der Tabelle der Reifenmaße absichtlich auf *Drahtreifen* beschränkt. Die hauptsächlich von Rennradlern benutzten *Schlauchreifen* sind für Tourenradler zu schmal. Außerdem müssen diese Reifen auf die Felge geklebt werden, und der Klebstoff kann in heißen Gegenden schnell aufweichen.

Neben der Reifengröße stehen manchmal noch weitere Angaben auf der Reifenflanke, zum Beispiel: »Inflate to 100 psi«. Mit »psi« ist der maximale Reifendruck gemeint, der in einer für uns ungewohnten Einheit angegeben ist: P (= Druck) per square inch ($1 N/mm^2$ = 10 bar = 145,038 psi; 100 psi sind etwa 6,9 bar).

Empfohlen sei der inzwischen schon fast legendäre Reifen »Marathon« von Schwalbe (circa 30 DM). Noch geringeren Rollwiderstand hat der »Top-Touring« von Continental (empfehlenswert nur der mit schwar-

Umrechnungstabelle für die verschiedenen Reifenmaße

Zoll	ETRTO	französisch
26 x 1 3/4 x 2	47 – 559	kaum zu bekommen
28 x 1 3/4	47 – 622	700 x 45 C
28 x 3/4	20 – 622	700 x 20 C
28 x 1 x 1 3/4	25 – 622	700 x 25 C
28 x 1 1/3 x 1 1/4	28 – 622	700 x 28 C
28 x 1 5/8 x 1 1/4	32 – 622	700 x 32 C
28 x 1 5/8 x 1 3/8	37 – 622	700 x 35 C
Die erste Zahl bezeichnet den Außendurchmesser des Laufrades inklusive Reifen. Die zweite und dritte Zahl beziehen sich auf die Reifenbreite in Zoll. 1 Zoll = 1 inch = 2,54 cm	Die erste Zahl der ETRTO-Bezeichnung steht für die maximale Reifenbreite im aufgepumpten, aber unbelasteten Zustand. Der zweite Wert bezeichnet den Felgendurchmesser von Schulter zu Schulter, jeweils in mm.	Frankreich erlaubt sich den Luxus einer eigenen Norm. Die ersten Ziffern geben hier den Durchmesser des gesamten Rades (Felge plus aufgepumptem Reifen), die zweite die Reifenbreite, beides in mm an.

zer Seitenwand für 30 DM). Beide Reifen sind in den Breiten 28, 32, 37 und 47 mm lieferbar.

Reifen mit einer zusätzlichen Schicht des leichten, aber hochfesten Kunststoffes *Kevlar* verhindern, daß Scherben oder spitze Gegenstände in den Schlauch eindringen, was ihn relativ plattfußsicher macht. Dafür sind die dünnwandigen Seitenflächen dieser Reifen anfälliger für Löcher. Deshalb ist abzuwägen, ob die höhere Investition lohnt (»Tourgard« mit Kevlar circa 42 DM).

Eine weitere Entwicklung ist der Ersatz des Stahldrahtes in den Reifenflanken durch *Kunststofffasern*. Dadurch wird der Reifen leichter, faltbar und besser transportabel.

Spike-Reifen verschaffen Winterradlern auch bei glitschigem Schneewetter oder Touren ins »ewige Eis« die nötige Bodenhaftung (Preis etwa 35 DM). Wer nicht dauernd mit dem

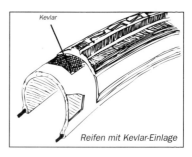

Reifen mit Kevlar-Einlage

erhöhten Reibwert der Spikes auf schneefreier Fahrbahn radeln will, dem stehen aufziehbare *Schneeketten* zur Verfügung (Preis um 35 DM).

Schlauch und Ventil

Den passenden Schlauch für den jeweiligen Reifen zu besorgen, ist nicht weiter schwierig, denn auch Schläuche werden nach der ETRTO-Norm bezeichnet, so daß zu einem Reifen der Größe 28-622 eben auch ein Schlauch der Größe 28-622 paßt. Häufig findet man Schläuche, die für mehrere Breiten und Größen benutzbar sind (z.B. 25/28 – 622/630).

Beachtenswerte Unterschiede gibt es bei den verwendeten Ventilen:

Das *Dunlop-Ventil* hat schon vor Jahrzehnten Großvater beim Aufpumpen kräftig ins Schwitzen gebracht. Wer es einfacher haben will, setzt ein *Blitzventil* in den Ventilschacht; benötigtes Ventilloch in der Felge: 8,3 mm Durchmesser.

Beim *Sclaverand-Ventilsystem* muß zum Aufpumpen eine Kontermutter gelöst werden, denn erst der Überdruck aus der Luftpumpe läßt einen Dichtkegel zurückschnellen und die einströmende Luft ungehin-

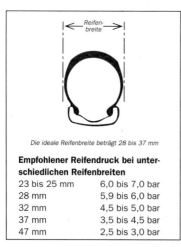

Die ideale Reifenbreite beträgt 28 bis 37 mm

Empfohlener Reifendruck bei unterschiedlichen Reifenbreiten

23 bis 25 mm	6,0 bis 7,0 bar
28 mm	5,9 bis 6,0 bar
32 mm	4,5 bis 5,0 bar
37 mm	3,5 bis 4,5 bar
47 mm	2,5 bis 3,0 bar

dert vorbei. Das Ventilloch in der Felge muß 6 mm groß sein.

Besitzer von *Schrader-Ventilen* (Autoventil) können zum Füllen des Schlauches an jede Tankstelle fahren (sonst benötigt man eine Spezialluftpumpe). Ventilloch: 8,3 mm.

Wirklich *diebstahlsicher* ist nur das Sclaverand-Ventil, da es keinen eingeschraubten Einsatz besitzt. Für die anderen Ventilarten gibt es als Zubehör extra Diebstahlsicherungen zu kaufen, bei denen kleine Hütchen mit einem zierlichen Inbusschlüssel über

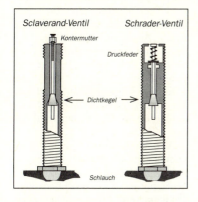

Sclaverand-Ventil Schrader-Ventil
Kontermutter
Druckfeder
Dichtkegel
Schlauch

dem abschraubbaren Ventilkörper befestigt werden.

Verschiedene *Ventiladapter* (3 DM) ermöglichen es, jeden Reifen an den Druckluftspendern der Tankstellen zu füllen. So kann gleichzeitig der Reifendruck gemessen werden. Doch Vorsicht beim Pumpen wegen des kleinen Volumens. Der auf dem Reifen angegebene Maximalwert sollte nicht überschritten werden (siehe Tabelle).

Als »Antiplatten-Patent« werden Schläuche angeboten, die nicht mehr aus dem Standardmaterial Butyl, sondern aus hochelastischem *Latex* hergestellt sind und mit Spezialflickzeug rund 30 bis 50 DM kosten.

Ein »selbstflickender« Schlauch, der nur 40 Gramm schwerer ist als andere, ist etwas für rastlose Radler. Gefüllt mit dem chemischen Zaubermittel *Athlenglykol* schließt sich das Loch nach ein paar Umdrehungen blitzschnell wieder. Im Handel gibt's die Airlook-Self-Healing-Tube von Specialized für rund 25 DM.

Felge

Wegen des besseren Bremsverhaltens beschränken wir uns auf die Vorstellung von *Alufelgen*, die genauso stabil sind wie *Stahlfelgen*.

Das *Eloxieren* (Härtung der Oberfläche durch elektrische Oxidation) verleiht der Alufelge nicht nur ein tolles Aussehen, sondern verhindert zusätzlich, daß sich Aluspäne von der Felge auf dem Bremsgummi festsetzen und dann beim nächsten Bremsen die Felgenschulter zerkratzen. Dafür muß man aber einen längeren Bremsweg in Kauf nehmen. Auch die Biegesteifigkeit der oberflächenbehandelten Felgen erhöht sich dadurch nicht. Ausschlaggebend für die *Stabilität* ist lediglich die Felgengeometrie, bestimmt von der Materialstärke, der Felgenbreite und der Höhe. Eine zusätzliche *Keramikbeschichtung* optimiert die Bremsleistung bei Nässe und verhindert, daß sich die Felge bei längeren Paßabfahrten zu stark aufheizt (Mavic »Open 4 Ceramic« um 120 DM).

Reifenbreite	nötige Felgenbreite
47 mm	27 mm
37 mm	20 – 24 mm
32 mm	18 – 22 mm
28 mm	18 – 20 mm
25 mm	13 – 18 mm
20 mm	13 – 16 mm

Für ein tourentaugliches Rad sind *Hohlkammerfelgen* optimal. Ihre Speichenlöcher werden mit Messinghülsen gesichert, die die zwei Kammerebenen miteinander verbinden und gleichzeitig das Ausreißen der Nippel verhindern. Hat die Felge eine verstärkte Aluschicht, werden die Messinghülsen überflüssig. Wegen der Schräglage der Speichen werden die Speichenlöcher gepunzt, das heißt leicht schräg eingestanzt. Damit ist der bestmögliche Sitz des Speichennippels garantiert. Ein Beispiel ist die bestens bewährte Mavic MA-40 ab 60 DM. Eine günstige Alternative ist die Alesa 917 für 40 DM bis zu einer Reifenbreite bis zu 37 mm.

Etwas anders konstruiert ist die *Konkav-Felge* von Weinmann für ebenfalls etwa 40 DM. Wird bei normalen Hohlkammerfelgen oder ex-

Hohlkammer-Felge   Konkav-Felge

trem aerodynamisch geformten Rennfelgen die Speichenseite konvex geformt, so besitzt die Weinmann/Alesa -Felge an dieser Stelle eine konkave Krümmung. Die Stabilität in Umfangrichtung wird dadurch verbessert. Überstehende Bordsteinkanten werden von dieser Felge nicht so schnell »krumm« genommen. Nebenbei läßt eine hohe Felgenschulter selbst bei erheblicher Verdrehung der Bremszangen die Bremsbeläge nicht an der Reifenflanke scheuern.

Speichen

Jede einzelne Speiche muß in einem rollenden Rad Zugkräfte aufnehmen. Wie hoch diese sind, hängt u.a. von der Anzahl der montierten Speichen ab. Je mehr Speichen, desto weniger wird jede einzelne belastet. Im Regelfall wird ein Rad mit 36 Speichen bestückt. Ausnahmen gibt es bei Tandems oder Transportfahrrädern, die bis zu 48 Stück in einem Laufrad verwenden.

Einspeichen kann man sein Laufrad mit den unterschiedlichsten Materialstärken (1,6 bis 2,63 mm) und Arten:

Normale Speichen, die über die gesamte Länge den gleichen Durchmesser haben, *Ein-Dickendspeichen,* bei denen nur der Bereich vor dem Speichenkopf verdickt ist, und mit *Doppel-Dickendspeichen* (DD), welche an beiden Enden Verstärkungen aufweisen.

Verzinkte und *verchromte Speichen* werden fast ausschließlich an billigen Fahrrädern verwendet. Ihre Qualität ist ausreichend, wenn auch nicht ideal für eine extreme Tour. Das Ölläppchen sollte hier das ein oder andere Mal an den Speichen vorbeihuschen, will man Rostansatz verhindern.

Doppel-Dickend-Speiche

Nippel

Kopf

Gewindeende

Keinen Ärger mit Rost hat man bei der Verwendung von *Nirostaspeichen*, die auch wesentlich dehnungsfähiger sind als zum Beispiel unbehandelte oder verchromte Stahlspeichen.

Die erwähnten *DD-Speichen* unterstützen ebenfalls den Dehnungsprozeß. Bei gleicher Belastung längen sich beispielsweise 1,8 mm DD-Speichen wesentlich mehr, als solche mit einem gleichbleibenden Durchmesser von 2 mm. Der Dehnungsprozeß liegt zwar im Millimeter-, wenn nicht sogar im Zehntel-Bereich, trotzdem

Tangential eingespeichtes Vorderrad mit Schnellspann-Nabe

kann er dafür entscheidend sein, ob die Speiche früh oder erst nach ein paar hundert Kilometern bricht. Mit welchen Tricks man Speichenbrüchen sonst noch vorbeugen kann, steht im nächsten Unterkapitel.

Trotz vieler Versuche hat sich bisher noch keine neue *Anordnung* der Speichen durchgesetzt. Die Praxis und die Erfahrungen sprechen für die Stabilität von dreifach gekreuzten, also *tangential* angeordneten Laufradspeichen. Wer eine höhere Elastizität der Lauräder wünscht, kreuzt die Speichen vierfach.

Warum Speichen brechen

Jede einzelne Speiche ist im System eines Laufrades wichtig. Bricht auch nur eine Speiche, so verändern sich die Spannungsverhältnisse im Laufrad, was meist einen *Seitenschlag* (als »Achter« bekannt) oder zusätzlich ein *Höhenschlag* (die Felge sieht wie ein »Ei« aus) zur Folge hat. Wenn das Rad aber »eiert« und gegen die Bremsgummis und Schutzblechbefestigungen schlägt, wird ein Weiterfahren fast unmöglich. Eventuellem Ärger mit Speichenbrüchen während einer Radtour kann man vorbeugen:

• Oft wird eine Nabe unentgratet geliefert. Scharfkantige Flanschränder kratzen dann langsam aber sicher an der Speichenstabilität. Zusätzlich können auch noch Späne vom Bohren in den Speichenlöchern sitzen. Mit ein wenig Schleifpapier kann hier schnell Abhilfe geschaffen werden.

• Aus Unwissenheit wird beim Selbsteinspeichen der Kopf der Speiche oft genau auf der Seite des Flansches eingesteckt, an der sich kleine Versenkungen befinden. Hier sollte eigentlich die Krümmung der Speiche liegen, um bei den Dehnungsprozessen nicht vom scharfkantigen Speichenloch eingeritzt zu werden.

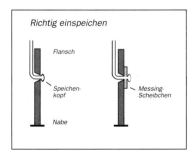

Richtig einspeichen

• Um Speichenkopf und Nabe zu schützen, können kleine Messingunterlegscheiben zwischen Speichenkopf und Nabenflansch gelegt werden. Sie bilden dort ein weiches Polster, auf dem sich der Speichenkopf ruhig einmal bewegen darf.
• Hat die Speiche zuviel Luft im Loch des Flansches, ist sie also zu dünn, dann muß eine etwas dickere Speichenstärke gewählt werden. Anderenfalls kann auch hier die Speiche im eigentlichen Speichenloch scheuern und irgendwann brechen. Nicht immer ist die Krümmung des Speichenendes identisch mit der »idealen« Speichenlinie. Hier sollte man sich nicht scheuen, mit einem Stück Holz und einem Hammer die Speiche »in Form zu bringen«. Damit erspart man sich häufiges Nachzentrieren, das Rad wird stabiler.

Speichenbruch unterwegs?

Aber auch bei noch so guter Vorsorge kann es unterwegs zu wiederholten Speichenbrüchen kommen. Mögliche Ursachen sind in einigen Fällen erst nach längerem Probieren ausfindig zu machen. Dazu zwei Hinweise:
• Sitzt man auf einem Rennrad extrem gerade, also fast in aufrechter Sitzposition, so wird ein Großteil des Fahrergewichtes und des Gepäckes dem Hinterrad beziehungsweise der Achse zugemutet. Auch wenn verstärkte Speichen montiert sind, kann es immer wieder zu Speichenbrüchen kommen. Der Grund liegt in der Rahmengeometrie des Rennrades.

Hier kann die Änderung der Sitzposition vorübergehend Abhilfe schaffen. Die Gewichtsverlagerung auf das Vorderrad wird durch das Verstellen von Lenker (tiefer) und Sattel (weiter nach vorne) erreicht. Damit aber nicht genug! Um das Rad weiter zu entlasten, muß eine Gepäckverteilung von hinten nach vorne vorgenommen werden. Falls vorhanden, sollten Mitradlern Gepäckstücke übergeben werden. Fährt man alleine, so wird man sich wohl von dem einen oder anderen Gepäckstück trennen müssen.
• Wenn nach längerer Zeit eine Speiche auf der rechten Seite des Hinterrades reißt, ist die Wahrscheinlichkeit recht groß, daß die anderen acht hier ebenfalls »ausgelutscht« sind. Wer Zeit hat und sich weiteren Ärger ersparen will, sollte direkt »alle Neune« austauschen.

Siehe auch »Reparaturtips für Notfälle« in »Pech & Pannen«.

Nabe

Da die Nabe die Rolleigenschaften des Rades wesentlich mitbestimmt, orientiert sich die Auswahl einer tourentauglichen Nabe an folgenden Kriterien:

Ein erstes Augenmerk gilt den *Kugellagern*. Die herkömmlichen *Konuslager* bestehen aus Kugeln oder Kugelkäfigen und werden mit Hilfe von komplizierten Labyrinthdichtsystemen gegen eindringenden Schmutz und Wasser geschützt. Diese Dichtscheiben müssen das Kugellager abdichten, dürfen aber gleichzeitig nicht an der Achse schleifen. Bei hochwertigen Naben ist das Problem mit entsprechend aufwendigen Dichtsystemen gelöst. Trotzdem bleibt das Konuskugellager reparaturfreundlich. Mit einem 15er und zwei 17er Maulschlüsseln (eventuell extra dünne Schlüssel) eröffnet sich einem die gesamte Technik des Lagers. Dann kann problemlos nachgefettet und können eventuell verschlissene Kugeln ausgetauscht werden. Selbst die beim Hinterrad stark belastete Achse läßt sich bei Bedarf ohne Mühe auswechseln. Allerdings erfordert ein herkömmliches Lager Zeit zur optimalen Einstellung und des öfteren eine Nachkontrolle.

Bei mit höchster Präzision gefertigten Rillenkugellagern entfällt aufgrund der engen Schmiegung zwischen Kugeln und Rille im äußeren Lagerring das oft langwierige und schwierige Einstellen des korrekten Lagerspiels. Zusätzlich kann das Lager problemlos mit Deck- oder Dichtscheiben gegen eindringenden

Schmutz geschützt werden. Versehen mit einem Langzeitfett als Schmiermittel, benötigt ein Rillenkugellager im Normalfall keine weitere oder besondere Wartung. Bei Fahrten in heißen Gegenden kann das Fett jedoch so dünn werden, daß es zwischen Dicht- und Lagerring herausfließt. Der Versuch, mit einer Injektionsnadel neues Fett einzuspritzen, wird kläglich an der Stabilität des Schutzringes scheitern. Bemerkt man das Malheur frühzeitig, kann mit einem an den Speichen neben dem Dichtring befestigten Lederstück weiteres Auslaufen von Fett weitgehend verhindert werden. Während der Fahrtpausen muß dann ein schattiger Ort die Nabe vor direkten Sonnenstrahlen schützen und ein nasser Lappen für Kühlung sorgen. Der Lauf der Dinge kann aber ohne Spezialabzieher und Ersatzkugellager nicht lange aufgehalten werden.

Schnellspann- oder Vollachse?

Die Physik spricht trotz des gegenteiligen Erscheinungsbildes für die Stabilität der Schnellspannachse. Die Erfahrung zeigt, daß sogar gebrochene Achsen unter Druck noch halbwegs zusammenhalten. Diesen Vorteil bietet die Vollachse nicht. Aber: sie ist sicherer vor Diebstahl! Mögliche Interessenten an guten Vorder- und Hinterrädern haben es bei Schnellspannnaben natürlich viel leichter, da sie nicht erst vier Muttern lösen müssen.

Alle Vorderradnaben sind ähnlich aufgebaut, bei den Hinterradnaben gibt es dagegen zwei Gruppen. Konventionell aufgebaute *Schraubnaben*, auf die ein 6,7 oder 8-faches Ritzel-packet aufgeschraubt wird, sind vor allem bei älteren Rädern zu finden. Auf der Ritzelseite können die Speichen nur mit einem Zahnkranzabnehmer ausgetauscht werden. Nicht nötig ist dies bei französischen *Maxi-Car-Naben* mit ihren sogenannten »Knopflöchern« (circa 200 DM für Vorder- und Hinterrad).

Das herkömmliche System wird vornehmlich von der *Kassettennabe* verdrängt. Der Freilauf ist hier Bestandteil der Nabe, wodurch das Lager weiter außen sitzen kann und die Achse damit weniger belastet wird.

Die Ritzel werden einzeln aufgesteckt, das letzte verschraubt. Mit dem »Cassette-Cracker« (20 DM) können auch unterwegs die Ritzel demontiert und gebrochene Speichen ausgetauscht werden. Vorsicht: Für Shimano-Hyperglide-Zahnkränze gibt es einen extra »Cracker«. Gute Naben mit Konuslager haben Shimano, Campagnolo (circa 170 DM), gute Rillenkugellager Edco, Mavic oder Hügi (um 220 DM).

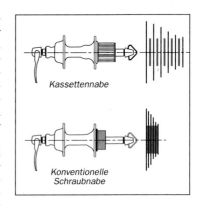

Kassettennabe

Konventionelle Schraubnabe

Der Sattel

Bei der leicht geneigten Sitzposition von Tourenradlern ist ein spitz zulaufender, aber im hinteren Bereich breiterer *Rennsattel*, der selbst bei ausgeprägten Radleroberschenkeln ein Wundscheuern der Haut verhindert, am besten.

In der Regel werden Rennsättel ohne jegliche *Federung* montiert, was dem Komfort aber nicht unbedingt schadet. Minimal federt entweder das Sattelleder oder der entsprechende

Hartschaum. Zusätzliche Stöße müssen dann die Arme abfangen. Die Ausführungen reichen vom harten Plastiksattel über einen Gel-Sattel bis hin zu handgefertigten aus Kernleder.

Bei einer Plastikoberfläche schwitzt der Allerwerteste mehr als bei einem Wildlederüberzug mit angenehmerem »Sitzklima«. Die Krönung der Sitzfreude aber ist ein *Kernledersattel*. Damit er es auch auf Dauer bleibt, benötigt er ein wenig Pflege. Vor dem ersten Ritt muß der Sattel von innen mit Lederfett oder -öl mehrmals eingestrichen werden. Das Leder wird dann geschmeidig und paßt sich der Anatomie des Radlers an. Selbst unterwegs verlangt dieser Sattel noch Pflege, zumindest eine Plastiktüte, die ihn vor Nässe schützt, wenn das Rad abgestellt ist. Andernfalls hat man hinterher eine nasse Hose und der Sattel verliert die hart ersessene individuelle Form. Von Zeit zu Zeit sollte der Sattel nochmals mit Lederfett oder -öl eingerieben werden.

Eine lange Lebensdauer versprechen Ledersättel erst ab einer Dicke von mindestens 5 mm. Beim Befestigungsmaterial ist auf große Nietköpfe aus Messing oder Kupfer zu achten. Diese sind so formbar, daß sie auch noch an ungünstigen Stellen bündig am Leder anliegen. Wer dennoch aufgerissene Hosen hat, kann mit einem Hammer die Nieten selbst wieder bündig schlagen.

Gute Kernledersättel für Männer stellen die Firmen Lepper, Brooks und Idéale her. Je nach Ausstattung liegen die Preise zwischen 60 und 120 DM. Nicht billig, aber langlebig. Für Tourenradler gut geeignet sind beispielsweise die Modelle 90 bzw. 92 von Idéale sowie »Professional« und »Conquest« von Brooks.

Tourensättel sind dreieckig. Auf dickem Schaumstoff, getragen von großen Sattelfedern, soll sich der Radler wohlfühlen wie auf dem heimischen Sofa. Diese Sättel eignen sich eher für die aufrechte Sitzposition, wobei die Federung Straßenunebenheiten abfängt. Die Riesenfedern erhöhen aber nicht den Fahrkomfort, im Gegenteil, sie verringern ihn: Die sich ständig ändernde Entfernung zwischen Sattel und Pedal raubt dem Radler über den ganzen Tag hinweg eine Menge Energie. Zusätzlich können nach einiger Zeit sehr unangenehme Kniebeschwerden auftauchen. Zu breite Tourensättel behindern außerdem Gesäß- und Oberschenkelmuskulatur.

Durch die unterschiedliche Anatomie von Frau und Mann läge es eigentlich nahe, daß auch bei Sätteln darauf genügend Rücksicht genommen würde. Aber weit gefehlt! Das Angebot von *frauenfreundlichen Sätteln* in der Breite von 18 bis 24 cm (aufgrund weiter auseinanderliegender Sitzknochen) und einer Mulde in der Mitte ist minimal. Das einzige Modell, das auch für die geneigte Sitzposition geeignet ist, stellt die französische Firma Idéale zum Preis von etwa 85 DM aus Kernleder her. Ohne Sitzmulde, aber trotzdem empfehlenswert ist der »Champion« von Brooks, etwa 80 DM.

Einen Sattel aus Spezialschaum für die aufrechte Sitzposition bietet die Firma Wittkop für 45 DM an.

Die *Höhe des Sattels* wird so eingestellt, daß die Ferse bei durchgedrücktem Knie bequem auf dem Pedal auf-

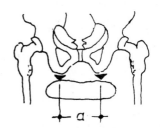

oben: der Sitzknochenabstand
unten: Mixte-Ledersattel »Idéale 75« mit Mulde

Satteleinstellung

Das Knie soll senkrecht über dem vorderen Pedal stehen

liegt. Mit der optimalen Einstellung des Sattels in Längsrichtung (siehe obige Skizze), werden eventuelle Kniebeschwerden vermieden.

»Sitting Bull« heißt der Ausweg, um über Schotter- und Pflasterstraßen »hinwegschweben« zu können. Der gefederte Sattelkolben entlastet bei aufrechter Sitzposition die stark beanspruchten Bandscheiben, bei geneigter Sitzhaltung entschärft er den Druck auf die Weichteile (etwa 160 DM).

Das Tretlager

Das Tretlager soll die eingesetzte Kraft möglichst verlustfrei an die Antriebskombination weiterleiten. Im allgemeinen kann man zwischen den folgenden drei Typen wählen:

Thompsonlager

In eingepreßten Lagerschalen laufen einzelne Kugeln oder auch Kugelringe. Mit Konen wird ein möglichst geringes Spiel der Tretlagerwelle eingestellt.

Die unzureichende Schmutz- und Wasserabdichtung zwischen Tretlagerschale und Welle zwingt zu häufigen Säuberungs- und Einstellarbeiten.

BSA-Konuslager

Hier sind die Lagerschalen in das Tretlagergehäuse eingeschraubt. Auf dem Markt durchgesetzt hat sich – ausgenommen einige Rennradrahmen – das englische BSA-Gewinde. Gute BSA-Lager besitzen geschliffene und gehärtete Lagerschalen, auf denen exakt kallibrierte Kugeln ihre Runden drehen. Bei entsprechend sorgfältiger Einstellung ist es an Leichtläufigkeit nicht mehr zu überbieten. Komplizierte Labyrinthdichtungen machen es weitgehend unempfindlich gegen Schmutz und Wasser. Empfehlenswert sind hier die Lager von Campa-

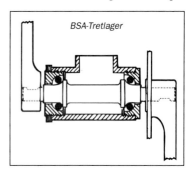

BSA-Tretlager

gnolo (»Record« circa 150 DM). Vorsicht: italienische und französische Rahmen können abweichende Gewinde haben, erkennbar an den Rechtsgewinden auf beiden Seiten des Lagers.

Eine zusätzliche »Schmutzschutzhülse« hält Feuchtigkeit und Dreck vom Inneren des BSA-Lagers fern.

Rillenkugellager

Zunehmend mehr Innenlager werden inzwischen in einer Patrone integriert. Die eigentlichen Lager sind dann zumeist dauergeschmierte, wartungsfreie und abgedichtete Rillenkugellager. Das Justieren entfällt, dafür sind jedoch Notreparaturen unmöglich. Im Ernstfall bleibt nur noch der Austausch. Einfache Patronen aus Hartkunststoff sind preiswert (etwa FAG circa 30 DM). Aufwendigere Aluminiumpatronen, zum Teil mit dreifacher Lagerung, von Edco, Mavic, Thun und Shimano kosten ab 80 bis 180 DM.

Die Pedale

Ein gutes Pedal ist für Tourenradler ebenso wichtig wie ein komfortabler Lenker oder Sattel. Einfache *Rennpedale mit Haken* können beispielsweise sehr unbequem sein sein, da es ohne einen im Sohlenbereich verstärkten Schuh schnell zu Durchblutungsstörungen kommt, weil der Fußballen nur auf einer schmalen Kante liegt. Deshalb sind Pedale mit möglichst großer Trittfläche empfehlenswert, so etwa das *Tourenpedal* von Sakae (circa 30 DM) mit einem einstellbaren Kugellager und zwei großen, rutschfesten Gummi-Trittblöcken. Bei »Click-Pedalen« rastet der Schuh ähnlich wie bei einer Skibindung mit einem Klick fest in das Pedal ein. Durch leichtes Drehen ist man schnell wieder draußen – wichtig in brenzligen Situationen – wobei die Auslösekraft leicht über eine Feder eingestellt werden kann. Solche Pedale erlauben einen sicheren Halt und eine gute Kraftübertragung.

Bisher waren Radler, ob Hakenoder »Click«-Pedal-Benutzer, leicht an ihrem aufrechten Watschelgang zu erkennen. Inzwischen gibt es neue »Click«-Systeme, die den Klotz unterm Schuh überflüssig machen. Eine Adapterplatte ist im Schuh integriert und erleichtert das Laufen (»SPD« von Shimano ab 130 DM, »Look MP 90« ab 280 DM). Mit diesem Schuh kann man fast normal laufen. Das SPD-Pedal von Shimano mit seinen Reflektoren bietet zusätzlich noch einen Aufsatz (20 DM) für Straßenschuhe.

Die Schaltung

Der Kraftaufwand beim Radfahren hängt stark vom *Tretrhythmus* ab. Optimal sind 60 bis 90 Kettenblattumdrehungen pro Minute. Bei Gegenwind oder Bergauffahrt hilft die »richtige« Schaltung, die physiologisch günstige Trittfrequenz beizubehalten. Die »richtige« Gangschaltung wird es aber leider nicht geben können, ebenso wenig wie den »Einheitsradler« oder die »universelle Rahmenhöhe«. Es bleiben spezielle Schaltungen, die auf ganz bestimmte Anwendungszwecke und Anwender abgestimmt sind.

Jedem Radler bleiben zwei Möglichkeiten, auf Berge, Gegenwind oder Schlappheit zu reagieren: Will man nicht langsamer fahren, muß man seine Muskelarbeit erhöhen und damit Schweißausbrüche und Erschöpfung in Kauf nehmen. Besser greift man zum Schalthebel, wählt einen kleineren Gang, fährt langsamer, strengt sich aber nicht zusätzlich an und bleibt damit im Bereich seiner Dauerleistung. Alltagsradler sowie Tourenradler mit Gepäck finden sich wahrscheinlich eher in der zweiten Beschreibung wieder. Die »sanfte« Fahrweise ermöglicht es, das Fahrrad als Fortbewegungsmittel zu benutzen und trotzdem nicht total in Schweiß gebadet am Ziel zu erscheinen. So beziehen sich die folgenden Überlegungen auch nur auf die Radler, die es nicht so eilig haben.

Die Muskelarbeit des Tourenradlers über den ganzen Tag hinweg stößt oft an die Grenze seiner Leistungsmöglichkeit. Er versucht, sich immer gleichmäßig anzustrengen, um damit über längere Zeit Leistung zu bringen. Um trotzdem Berge befahren zu können, hilft eine *Kettenschaltung.*

Hinten ein Zahnkranzpaket mit bis zu acht unterschiedlichen Ritzeln, sowie ein bis drei *Kettenblätter* vorne ermöglichen 21 oder gar 24-Gang-Schaltungen. Gegenwind oder Berge lassen damit selbst den Anfänger nicht aus dem Tritt geraten.

Positionierende Kettenschaltungen haben den Schaltkomfort deutlich erhöht.. Der Nachteil einer herkömmlichen Kettenschaltung, immer nur nach Gefühl und Gehör die Gänge zu wechseln, ist damit beseitigt. Rastende Schalthebel signalisieren dem Radler mit einem Blick am Schalthebel den aktuellen Gang. Neu entwickelte Züge und Hüllen, die sich kaum noch zusammendrücken und damit Schalthebelbewegungen exakt übertragen, sorgen in Verbindung mit einem speziellen Schaltwerk dafür, daß die Kette sicher und exakt anliegt. Gemeinerweise sind die Einzelteile dieses »Index-Systems« untereinander nicht immer kombinierbar, selbst wenn sie von ein und dem selben Hersteller stammen. Kettenschaltungen sind schlecht gegen äußere Einflüsse wie Schmutz und Nässe geschützt. Spezielle *Kettenkästen* (für 50 DM im Versandhandel) verhindern zwar allzu starkes Verschmutzen, können aber nicht den Schutz wie bei einem Hollandrad bieten.

Kompromisse bezüglich der theoretisch möglichen Gänge und der praktisch schaltbaren müssen in Kauf genommen werden. Zur Schonung von Kette und Ritzel sollten die extremen Kombinationen (großes Kettenblatt und großes Ritzel, sowie kleines Kettenblatt und kleines Ritzel) nicht angewählt werden. Durch Überschneidungen der Übersetzung stehen bei einer ungünstigen 21-Gang-Schaltungen effektiv nur 12 Gänge zur Verfügung.

Trotz der allgemein vorherrschenden Dreifach-Kettenschaltung soll noch eine interessante Möglichkeit mit einem *zweifachen Kettenblatt* vorgestellt werden: Kettenblatt 50/32; Zahnkranz 14-16-18-21-24-28-32 (feste HG-Kombination). Im Regelfall wird man mit einem großen, z.B. 50er Kettenblatt alle Abstufungen durchfahren, bis einem selbst die 50/32-Kombination zu kraftraubend ist. Dann wechselt man die Kette auf das

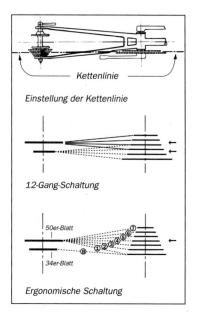

Kettenlinie

Einstellung der Kettenlinie

12-Gang-Schaltung

50er-Blatt

34er-Blatt

Ergonomische Schaltung

32er Kettenblatt und strampelt leichter weiter.

Der Vorteil dieser Schaltung liegt in den gleichmäßig gestalteten *Entfaltungsschritten* und in den großen *Stufensprüngen* bei kleinen Gängen. Damit ändert sich beim Schalten die Trittfrequenz am Berg um 20 bis 30 %. Das bedeutet zwar für den keuchenden Tourenradler am Berg eine Verringerung der Fahrtgeschwindigkeit, bringt ihn aber gleichzeitig wieder in die Nähe seiner optimalen Trittfrequenz. Er benötigt dann erheblich weniger Kraft für eine Kurbelumdrehung. Selbstverständlich kann, je nach Trainingsstand, eine andere Kettenblattkombination gewählt werden. Für untrainierte, aber wild-

entschlossene Radler bietet sich eine 44/30-Kombination an. Guttrainierte, wirklich Sportliche liegen mit einer 52/36-Garnitur richtig.

Ein zweiter Vorteil ist die einfache Bedienung. Jeder Gangwechsel muß nur mit einem Schalthebel ausgeführt werden. Komplizierte Schaltpläne, wann, wo und mit welchem Hebel der Gang gewechselt werden muß, sind hier nicht mehr nötig.

Wer diese *ergonomische* Schaltung verwenden will, muß allerdings die *Kettenlinie* anders einstellen. Bei dem genannnten 7-fach-Zahnkranz muß das große Kettenblatt in einer Flucht mit dem vierten Ritzel liegen. Eine ähnlich abgestimmte Schaltung wurde schon vor Jahren von der *Reiserradgruppe Gütersloh* empfohlen: Kettenblätter 50 und 32, Zahnkranz 16-18-21-26-32.

Komponenten der Kettenschaltung
Das Schaltwerk

Tourenradler benötigen in der Regel ein sogenanntes *Long-Cage-Schaltwerk*. Es zeichnet sich durch einen langen *Kettenkäfig* aus, womit große Ritzel (bis zu 32 Zähnen), die für die Bergtüchtigkeit einiger Schaltungstypen benötigt werden, leicht und sicher zu schalten sind.

Beim Kauf des Schaltwerks und des vorderen Umwerfers sollte unbedingt auf eine Abdeckung geachtet werden, die Bewegungsmechanismen wie Federn und Lagerpunkte vor Staub und Wasser schützt. **Tip:** Auch wenn der Rest des Rades mittelklassig ausgestattet ist, beim Schaltwerk ze Transportwege Wert legt, ist mit »New Success« bzw. »Rival ATB« von Sachs nicht nur technisch, sondern auch umweltpolitisch gut beraten. Eine angenehme Eigenschaft von Mavic-Schaltwerken (50 bis 190 DM): sie lassen sich fast vollständig zerlegen, und man kann jedes Federchen einzeln nachbestellen.

Kettenblattgarnituren

Die mit *Tretkeilen* befestigten Kettenblattgarnituren existieren kaum noch. Aus Leichtmetall hergestellte Garnituren mit einer *Vierkantbefestigung* für die Tretlagerwelle entsprechen eher den Anforderungen der Tourenradler. Den Tretkurbelabzieher kann man sparen, wenn die speziellen Schrauben von Sugino (15 DM) benutzt werden.

Als *Befestigungsmöglichkeit* empfiehlt sich eine 5-Punkte-Befestigung, da sie die zu übertragende Kraft in fünf Teilkräfte aufteilt und so jeder einzelne Arm entsprechend geringer beansprucht wird als bei einer Dreiarmbefestigung. Dazu ein **Tip** von Weltumradler Wolfgang Reiche: Die Lebensdauer der Zähne kann verlängert werden, wenn in regelmäßigen Abständen das Kettenblatt um ein Drittel beziehungsweise ein Fünftel gedreht und wieder befestigt wird. Das funktioniert natürlich nicht mit ovalen Kettenblättern (z.B. »Biopace«).

Für die *Stabilität* der Garnitur ist wichtig, daß der rechte Kurbelarm sowie die Befestigungsarme nicht aufgeschrumpft oder gepreßt, sondern aus einem Teil gegossen sind. Wurde das

lohnt sich's, die nächst höhere »Gruppe« zu wählen. Für Wartungsarbeiten unterwegs sind leicht und vor allem ohne Spezialwerkzeug zerlegbare Schaltwerke notwendig. Nicht fehlen sollte ein *Schaltschutzbügel* (Bezug im Fachhandel für 15 DM), der das Herzstück einer jeden Schaltung bei einem Sturz des Rades schützt. Gut gerüstet ist man mit Mavic, Shimano XTR, Deore, STX der Sun-Tour XC-Reihe, oder mit »Centaur« bzw. »Euclid« der italienischen Firma Campagnolo. Wer zusätzlich auf kur-

Leichtmetall zusätzlich geschmiedet, so erhöht sich nochmals die Stabilität. MTB-Fahrer, die ihr Rad stark belasten, montieren als kleinstes Kettenblatt besser ein Modell aus Stahl anstelle des Alu-Blattes (etwa von Sugino, 24 – 28, 25 DM).

Eine unterschiedliche *Oberflächenbehandlung* ist hauptsächlich eine Frage des Preises und der Optik. Grundsätzlich sind spiegelblanke Flächen besser gegen Korrosion geschützt.

Ovale Kettenblätter (Biopace usw.) helfen Neulingen mehr als routinierten Vielfahrern, die ihren »runden« Tritt schon gefunden haben.

Bei der Wahl der *Schaltung* sind die zur Verfügung stehenden Kettenblätter wichtig. Reine Rennschaltungen haben meist nur Standardblätter in gängigen Größen (meist von 38 bis 54 Zähnen). Je nach gewünschter Schaltung – zwei- oder dreifaches Kettenblatt – muß das Sortiment an Kettenblättern recht umfangreich sein. Ein breites Spektrum an Kettenblättern haben die Firmen Sugino und Stronglight (24 – 56 Zähne für 100 bis 200 DM). Vorsicht allerdings bei den unterschiedlichen Lochkreisdurchmessern. Die billigeren Sugino-Kettenblätter können auch mit denen anderer Hersteller (Shimano, Suntour, Mavic, Campagnolo), die serienmäßig eine kleinere Auswahl anbieten, kombiniert werden.

Ein Unterschied bei der Vielzahl an Schaltungen, die es auf dem Markt gibt, ist die *Schaltkapazität*. Sie schwankt erheblich, je nachdem ob die Schaltung ein reinrassiges Rennrad bestücken soll, oder ein Mountain Bike. Die Schaltkapazität ermittelt man, indem man die Zähnezahl des kleineren Kettenblattes von der Anzahl der Zähne des größeren Kettenblattes abzieht. Ebenso bei den Ritzeln verfahren und anschließend die beiden Differenzen addieren. Je größer die Schaltkapazität, um so extremere Schaltstufen können bewältigt werden.

Die Kurbellänge

Bei fertig montierten Fahrrädern ist die Kurbel 170 mm lang. Dieser Wert ist aus der Erkenntnis entstanden, daß die Schrittlänge im Durchschnitt 85 cm beträgt. Weicht man von dieser Norm erheblich ab, sei es durch lange

---

Beispiel zur Ermittlung der Schaltkapazität

Kettenblatt: 52 und 36

Schaltkapazität des vorderen Umwerfers: (52 – 36) =	16

Ritzel: 32/28/22/17/15/13

Schaltkapazität des hinteren Schaltwerkes: (32 – 13) =	19
Schaltkapazität des gesamten Systems: (16 + 19) =	35

Für Tourenradler sollte die Schaltkapazität möglichst im Bereich von 35 bis 40 liegen.

Storchen- oder etwas kürzere Entenbeine, so kann die Kurbellänge individuell nach der Formel »Kurbellänge = 20 bis 21 % der Schrittlänge« berechnet werden. Unterschiedliche Kurbellängen sind bei fast jeder Kettenblattgarnitur möglich. Für Frauen ist oft eine kürzere Kurbellänge günstig.

Der Zahnkranz

Shimano hat mit seinem *Hyperglide-System* den Standard geprägt. Fest vorgegebene Zahnkranzpakete finden sich auf fast allen Neurädern. Wer unabhängig von den vorgegebenen HG-Abstufungen eigene Ritzelkombinationen haben möchte, ist mit den Wechselkränzen des älteren *Uniglide-Systems* gut bedient. Variationsmöglichkeiten von 12 bis 32 Zähnen lassen wohl das Herz eines jeden »Entfaltungskünstlers« höher schlagen. Einen fast perfekten Schutz gegen Wasser und Schmutz mittels einer labyrinthartigen Flüssig-Öl-Dichtung bietet der Freilauf »Winner« von Sun-Tour. Die eingeschränkte Ritzelauswahl und die Schraubkranzführung sind allerdings deutliche Nachteile.

Die Kette

Fahrradkette ist nicht gleich Fahrradkette. Solche mit *gekröpften Kettengliedern* springen auf schräg gestellte Zähne am Zahnkranz. Dadurch wird ein weicheres Schalten ermöglicht, was gerade bei extremen Zahndifferenzen von Vorteil ist. Optimal geschaltet werden kann nur, wenn Zahnkranz und Kette zueinander passen, d. h. zum Beispiel beide nach dem Hyperglide-System hergestellt sind.

Um unterwegs die Kette wechseln zu können, muß entweder ein *Kettennietendrücker* mitgenommen (spezielles Werkzeug bei Hyperglide-Ketten) oder sie mit einem *Kettenschloß* ausgestattet werden, was bequemer ist. Auch für schmale Rennketten gibt es die unterschiedlichsten Schraub- und Schiebesysteme (circa 17 DM).

Die Schalthebel

Lenkerschaftschalthebel, Rahmenschalthebel, Daumenschalter, Rapid-Fire oder Drehgriffschalter? – Mit beladenem Fahrrad im dichten Verkehr schalten zu müssen, erfordert eine gute Balance, wenn die Schalthebel an der traditionellen Stelle am unteren Rohr sitzen. Mehr Sicherheit bieten in solchen Situationen Schalthebel, bei denen die Hände am Lenker bleiben. Also: *Rapid Fire, Command Shifter, Lenkerendschalter, Daumenschalthebel oder Drehgriffschalter.*

Bei den aus Hartkunststoff hergestellten Kombinationsmodellen *Rapid Fire* (Bremsen, Schalthebel zum Herunter- und Hochschalten) leiern die ersten Teile schon recht früh aus.

Besser bewährt haben sich die *Lenkerendschalter* oder die *Daumenschalthebel*. Gute Modelle bieten die Firmen Shimano, Sun Tour (ebenfalls 50 DM) und Campagnolo (circa 60 DM). Bei der Wahl von Daumenschaltern auf einen großen Kreisdurchmesser, über den der Schaltzug gezogen wird, eine dem Daumen angepaßte Form sowie auf Plastikschutz achten. Solche Kriterien erfüllen die Sun-Tour-»XC«-Schalter (um 60 DM) sowie die »Deore-XT«-Daumenschalter von Shimano (um 100 DM). Daumenschalter eignen sich gut für Mountain-Bike- oder Gesundheitslenker. Eine Alternative zu Daumenschalthebeln sind die Drehgriffschalter. Sie werden z.T. als Kombination mit Bremsgriffen (Bullet, Campagnolo, 200 DM) angeboten. »Power Grip« (Sachs) oder »Grip Shift« haben ein feststehendes äußeres Segment, wodurch die

Hand jederzeit einen sicheren Halt hat (etwa 180 DM).

Tourenradler, die den Rennlenker bevorzugen, haben durch den Sun Tour »Command Shifter« (55 DM) alle Gänge gut im Griff. Die Schalter werden neben den Bremsgriffen montiert und sind so schnell erreichbar.

Schalthebel für *Indexsysteme* sollten die Möglichkeit bieten, die Rasterung auszuschalten. Fällt nämlich unterwegs ein Teil des ganz fein aufeinander abgestimmten Systems aus, helfen nur noch Originalteile des Herstellers. Ein auf *Friktion* (ohne Rasterung, nur auf Reibung) umgestellter Hebel arbeitet mit allen Systemen. Deshalb sind die Rapid-Fire, die Lenkergriffschalter und auch der kombinierte Schaltbremsgriff von Shimano für Touren nur bedingt tauglich.

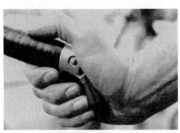

oben: Lenkerendschalthebel
unten: Daumenschalthebel

Nabenschaltung

Bei Nabenschaltungen sitzt das eigentliche Getriebe in der Nabe. Ein ineinandergreifendes System von Zahnrädern, das *Planetengetriebe*, realisiert drei, fünf oder sogar sieben unterschiedliche Gänge. Diese Art der Schaltung ist wirksam gegen äußere Einflüsse wie Regen, Schmutz oder mechanische Beschädigungen verschlossen. Ein großer Vorteil der Schaltung besteht darin, daß die Gänge auch im Stehen, also zum Beispiel vor einer Ampel, gewechselt werden können. Aus diesem Grunde ist sie vor allem im Stadtverkehr und bei kleineren Touren probat, weniger aber auf extremen Langzeittouren mit viel Gepäck, wo die Belastbarkeit des Materials an seine Grenze stößt und die Ersatzteilbeschaffung zum Problem werden kann.

Zuverlässig und wartungsfreundlich hat die *Torpedo-3-Gang-Nabe* uns auf den ersten Touren begleitet. Mit Trommelbremse oder Rücktritt versehen, bremst sie auch bei nassem Wetter gut und sicher.

5-Gang-Naben, etwa von Sturmey-Archer oder die »Pentasport« von Fichtel & Sachs bieten einen noch größeren Übersetzungsbereich (225 %). Ein Manko dieses Getriebes sind allerdings die notwendigen zwei Schaltzüge, was das Justieren der Schaltung nach dem Hinterradausbau erschwert. Der Schalthebel ist so aufwendig konstruiert wie reparaturanfällig. Die *7-Gang-Schaltung* von Shimano erreicht eine Gesamtübersetzung von 244 %. Fichtel & Sachs erreicht sogar 284 %, womit beide

Naben Übersetzungswerte von einfachen Kettenschaltungen erreichen. Die »Super 7« von Fichtel & Sachs besitzt darüber hinaus eine Rücktrittbremse mit Bremskraftverstärkung in den unteren Gängen. In Verbindung mit einem 3-fach-Kettenblatt vorne ergibt sich für diejenigen eine interessante Variante, die sich mit einer Kettenschaltung nicht anfreunden möchten. Genau umgekehrt, nämlich mit einem 7-fach-Zahnkranz hinten und einer 3-Gang-Nabenschaltung (3 x 7 von Sachs), werden die Vorteile der Nabenschaltung mit den neuen Ansprüchen zur Gangvielfalt verknüpft.

Die Lichtanlage

Als Verkehrsteilnehmer ohne schützende Blechschicht ist es wichtig, bei einbrechender Dunkelheit neben heller und auffälliger Kleidung, wie reflektierenden Hosenbändern, Schärpen, Neon-Schnürsenkeln oder ähnlichem, eine funktionstüchtige und leistungsstarke Lichtanlage zu besitzen. Trotz noch so guter Beleuchtung sollten Tourenradler Nachtfahrten vermeiden, die auf unbekannten Straßen oft Russischem Roulette ähneln.

Dynamo

Dynamos, die nach altväterlicher Sitte seitlich gegen die Reifen gepreßt werden, gibt es immer noch, oder besser gesagt wieder. Die bisherigen Dynamos dieser Art waren wegen der Unzuverlässigkeit bei Schnee und Regen eher unbeliebt. Auch *Felgendynamos* haben bei diesen Witterungsverhältnissen ihre Schwierigkeiten: Die Nässe läßt die Reibräder durchrutschen

und die Lampe bleibt dunkel oder wird bestenfalls zur Lichtorgel.

Seitendynamos, die auf der Reifenschulter laufen, arbeiten zuverlässiger. Gute Dienste leisten der »AXA HR« sowie das Modell von Nordlicht (40 DM) mit hohem Anpreßdruck und auswechselbarem Gummi- oder Metallreibrad.

Walzendynamos sind leicht zu bedienen und zuverlässig, die Auswahl beschränkt sich zur Zeit auf drei Modelle: Union hat den Anschluß mittels Steckkontakten gut gelöst, äußerst praktisch ist auch der integrierte Fernbedienungshebel am Sattelrohr. Mit einem Preis von 80 DM plus Fernbedienung liegt Union in Preis und Leistung an der Spitze. Die Konkurrenzmodelle von Sanyo und Soubitez sind mit 60 DM um einiges billiger, erfüllen aber genauso ihren Zweck.

Die Lösung der Lichtprobleme bei Nässe heißt *Speichen- bzw. Nabendynamo.* Beim Speichendynamo wird ein Mitnehmer in die Speichen eingehakt, damit ist die Verbindung zum außerhalb der Radnabe angebrachten Kraftwerk hergestellt. Eine verbesserte Überarbeitung des alten GS 2000 stellt der FER 2001 dar (etwa 60 DM).

Bei Nabendynamos sitzen die stromerzeugenden Elemente im Nabenkörper, ein Durchrutschen bei Nässe ist somit nicht möglich. Der Vorteil hat aber seinen Preis: 250 – 300 DM kosten die Modelle von DT-Swiss (»S´Light«) und Union (»WING«). »S´Light« wird erst bei Bedarf über einen Knebelschalter an der Vorderradachse aktiviert. Der »WING« dagegen liefert dauernd

Walzendynamo an den Hinterradstreben

Strom, der über einen einfachen Schalter bequem zur Lichtanlage weitergegeben wird. Ein kaum spürbarer Verlust durch die Polfühligkeit (hemmendes Rasten) stellten die Tester der Zeitschrift Radfahren 2/94 beim Probebetrieb mit dem WING fest.

Vertrieb von S´Light in Deutschland durch *Centurion Renner,* Blumenstraße 49, 71106 Magstadt, ☎ 07159/400630, in der Schweiz durch *Verimpex*, Rehagstr. 6, CH-4434 Hölstein, ☎ 061/9511520.

Akku-Lichtanlage

Hier wird der Fahrer nicht mit dem reibenden Geräusch eines Dynamos belästigt: die Leistung der Lichtanlage ist unabhängig von der Fahrgeschwindigkeit. Die Vorteile sollten einem buchstäblich einleuchten. Einfache elektronische Schaltungen ermöglichen die Kombination von Dynamo und Standlicht. Dabei übernimmt der Akku die Versorgung der Lichtanlage, wenn an einer Ampel angehalten wird oder generell die Fahrgeschwindigkeit unter einem bestimmten Level liegt. Zum Aufladen der Akkumulatoren werden die Bergabfahrten genutzt, die überschüssige Spannung wird gespeichert. Bei einer anderen Art wird ganz auf den Dynamo verzichtet. Die Spannung liefert ein Akku, der nachts an der Steckdose aufgeladen wird. Ein solches Gerät ist selbstverständlich nicht bei jeder Art von Radreise zu gebrauchen.

Lampen

Sind selbst bei einfachen Frontscheinwerfern die *Halogenlampen* inzwischen Standard, haben einige Hersteller auch den *Reflektor* noch weiter optimiert. Lampen mit sehr hoher Lichtausbeute verstecken sich in winzigen Gehäusen. Selbst der vorgeschriebene weiße Frontreflekor ist integriert. Anbieter sind: Busch & Müller, Soubitez und Proplat (circa 30 DM). Für Räder unter 11 kg sind auch Batterieleuchten erlaubt. In der Regel sind die Batterien stets genau dann leer, wenn die Lampe am dringendsten benötigt wird, und selbst wiederaufladbare Batterien sind für Umweltbewußte inakzeptabel.

Auch der Rückstrahler sollte unbedingt mit einem Reflektor versehen sein. Einfache Ausführungen kosten etwa 6 DM. Das Modell »Secutec« von Busch & Müller schaltet bei einem Stop an der Ampel automatisch auf eine Leuchtdiode um, die dann etwa 10 Minuten weiter leuchtet. Dieses Rücklicht arbeitet ohne Batterie oder Akku (ca. 35 DM). Superhelle *Leuchtdioden* (LED) lösen zunehmend die Glühbirne ab. Sie sind robuster und ermöglichen durch ihren geringen Stromverbrauch etwa 100 Stunden Dauerlicht mit Batterie oder Akku.

MOUNTAIN-BIKE-TOUREN

Das Mountain Bike: bullig im Aussehen und hart im Nehmen. Der ideale Partner für Radtouren abseits der wohlgeteerten Hauptstraßen, zum Beispiel auf Marokkos Überlandpisten, griechischen Gebirgsstrecken oder auch auf deutschen Forstwegen. Zweifellos muß das Material bei solch extremen Touren mit Gepäck äußerst belastbar sein.

Rahmen

Von einem normalen Tourenrahmen unterscheidet sich ein Mountain-Bike-Rahmen ganz grundlegend, weil er fast ausnahmslos ohne Muffen verschweißt und gelötet wird. Die gesamte Rahmengeometrie ist im Hinblick auf die extremen Einsatzgebiete verändert worden. So liegt das Sattelrohr weiter hinten und damit auch der Schwerpunkt des Radlers, was eine entscheidende Voraussetzung dafür ist, Hindernisse wie Bordsteinkanten oder Baumstämme »anhüpfen« bzw. bequemer überfahren zu können. Das Tretlager liegt höher als normal, damit nicht schon bei kleinen Hindernissen das Kettenblatt aufsetzt.

Auch die optimale Rahmenhöhe wird anders als beim Tourenrad gewählt. Generell vier bis fünf Zentimeter kleiner soll der Mountain-Bike-Rahmen sein (zur Bestimmung siehe Kapitel »Rahmenhöhe«, Seite 83), so kann man im Gelände gefahrlos absteigen oder die Beine schnell als letzte Hilfe auf den Boden stellen.

Die MTB-Angebote für große Radler fallen allerdings sehr bescheiden aus. Bei einer benötigten Rahmenhöhe von über 58 cm (entspricht einem Tourenmaß von 62 cm und darüber) wird es schwierig, ein passendes Mountain Bike zu finden. Ab einer gewissen Größe hilft auch eine längere Sattelstange nicht mehr. Sie schwingt dann zu stark und birgt die Gefahr, im entscheidenden Augenblick zu brechen. Mountain-Bike-Enthusiasten mit Gardemaß sollten sich lieber ein Bike maßschneidern lassen, denn in der Regel kommen sie auch mit der normalen Entfernung Sattel – Lenker nicht mehr zurecht.

Schaltung

Ein Mountain Bike mit weniger als 21 Gängen auszustatten, kommt einem Porsche gleich, unter dessen Haube ein R4-Motor seine Dienste tut. Erst mit fein gestuften Gangmöglichkeiten, bis hinunter zu einer Untersetzung, schafft der MTB-Fahrer die unterschiedlichsten Geländeanforderungen. Zweifellos ist auch hier eine positionierende Schaltung vorteilhaft. Richtig eingestellt, ermöglicht sie selbst im unwegsamsten Gelände sicheres und schnelles Schalten. Die Hauptvertreter solcher Schaltungen sind auch bei Reisefahrrädern zu finden: Shimano »XTR«, Deore-Gruppe, SunTour »XC« und »New Success« oder auch »Rival« von Sachs Huret (siehe auch im Kapitel »Die Schaltung«, Seite 101).

MTBs der oberen Preisklasse sind sehr oft mit *Lenkergriffschaltungen* oder *Daumenschalthebeln* ausgestattet. Mit den *Drehgriffen* von Campagnolo, Sachs und Grip Shift können die Gänge ebenso zuverlässig wie *Daumenschalthebel* gewechselt werden. Im Gelände während des Schaltens die Hände vom Lenker zu nehmen, wäre wohl etwas leichtsinnig. *Lenkerendschalthebel* erfüllen den gleichen Zweck, können aber nur bei Renn- oder Tourenlenkern sinnvoll montiert werden.

Recht unterschiedlich haben die Hersteller die Möglichkeit des Wechselns zwischen positionierender Schaltung und der freien Gangwahl bei den Schalthebeln gelöst. Bei einigen Modellen muß erst eine Schraube gelöst werden (z.B. Sun Tour), bei anderen legt man lediglich einen Hebel um (z.B. Shimano), was natürlich viel bequemer und auch während der Fahrt einfach zu bewerkstelligen ist. Deshalb besitzen die besseren Bikes wieder vermehrt Daumenschalthebel oder Drehgriffschalter (vergleiche auch »Schalthebel«, Seite 106).

Noch zwei wichtige **Tips,** die die Funktion der Kettenschaltung auch im schwierigsten Gelände sichern:

Das empfindliche hintere *Schaltwerk* sollte unbedingt mit einem wirksamen Schutzbügel versehen werden. Andernfalls kann im Extremfall ein Stock dem Abenteuer ein rapides Ende bereiten. Das gleiche gilt für die vorderen *Kettenblätter,* die ebenfalls in extremen Situationen gefährdet sind. Serienmäßig stattet bisher nur die Firma Technobull ihre Mountain Bikes so vorbildlich aus. Im Handel (Bicycle, Brügelmann) gibt es sie jetzt zwar auch als Zubehörteile, sie bieten aber im Vergleich zu Technobull eher eine Gewissensberuhigung als einen echten Schutz.

Ein Bügel schützt das Schaltwerk am MTB

Bremsen

Bei den Bremsen für MTBs ist man sich einig: es kommen ausschließlich *Cantilever-Bremsen* in Frage (siehe Seite 87). Mit der Entwicklung der 2-Finger-Bremshebel für Hydraulikbremsen ist nur das Spektrum der Modelle erweitert worden.

Räder

Will man Bordsteinkanten ignorieren, Schotterpisten lässig überfahren und über kleine Hügel springen, müssen die *Felgen* eines Mountain Bikes etwas mehr aushalten als andere. Deshalb werden bevorzugt Kastenfelgen (z.B. von Mavic Rigida, Araya oder Ambrosio) oder die schon erwähnte Weimann/Alesa-Konkav-Felge verwendet (siehe Seite 93).

Die grobstolligen Reifen unterscheiden sich nicht nur in ihrer *Breite*, 26 x 1.75 bis 26 x 2.175 Zoll, fast jede Firma gestaltet auch ihr *Reifenprofil* unterschiedlich, was sich deutlich im Gelände bemerkbar macht. Entscheidend sind die Seitenführung (steife oder dünne, unstabile Reifenwand) und die Durchschlagsfestigkeit zur Schonung der Felge.

Mit einem Mittelsteg im Reifenprofil rollt das Rad auf der Straße deutlich besser. Ist der Reifen mit einem entsprechend hohen Luftdruck gefüllt (etwa 8 bar), so berührt lediglich der glatte Mittelsteg die Fahrbahn und vermindert dadurch den sonst üblichen hohen Rollwiderstand ganz erheblich. Wer also nicht nur im Gelände fahren will (wo dann etwa 2-3 bar aus dem Schlauch gelassen werden, damit die Karo- und Y-Profile im Matsch wieder greifen), ist mit dieser Sorte Reifen gut bedient. Für Unterwegs ist es besser, faltbare Ersatzreifen mitzunehmen oder an zentralen Stellen zu deponieren.

Matsch- und Regenfahrten verlangen gedichtete *Lager,* nicht nur in den Naben. Anderenfalls könnte die Freude über das neue Rad nicht allzu lange dauern.

Gepäckbeförderung

Gepäckträger gehören bei einem Mountain Bike nicht unbedingt zur Grundausstattung. Deshalb muß man beim Kauf auf die unterschiedlichen Montagemöglichkeiten achten. Wichtig sind entsprechende Befestigungslöcher an den hinteren Ausfallenden.

An der *Sitzstrebe* sind solche Anlötteile für viele Gepäckträger nützlich. Sonst hilft ein kleines Zusatzteil der Firma ESGE, welches den Gepäckträger sicher mit den Sitzstreben verbindet.

Es gibt zwar spezielle *MTB-Gepäcktaschen* aus stabileren Stoffen (KS 100e, Codura etc.) und von einer geringfügig veränderten Form, aber selbstverständlich paßt jede normale Fahrradtasche an ein Mountain Bike (vergl. Seite 140).

MTB – Powern mit Rücksicht

Die alte Kneipen-Weisheit »Ist der Ruf erst ruiniert, lebt's sich gänzlich ungeniert« müßte gerade der Moun-

Griffig: Grobstolliger MTB-Reifen

tain-Biker mit seinem vereinzelt schon stark angekratzten Image revidieren. Und dies *jetzt,* bevor er sich in weißen, runden Schildern mit rotem Rand wiederfindet. Die Rechtslage bei Naturschutzgesetzen ist nicht ganz eindeutig, da Naturschutzgebiete Sache der Länder und nicht des Bundes sind. Auch wenn jeder ein Betretungsrecht der freien Natur hat, gibt es doch die unterschiedlichsten Auslegungen darüber, was denn nun ein »befestigter Weg« sei. Bis die Bürokratie durch das wilde Gesetzesgestrüpp gefunden hat, können die Mountain Biker schon mal anfangen. Zu diesem Zweck hat sich im Frühjahr 1991 auch die *Deutsche Initiative Mountain Bike e.V.* (DIMB) gegründet. Angeschlossene Bike-Clubs fördern mit regional unterschiedlichen Möglichkeiten das umweltfreundliche Mountain-Biken. Infos gegen Kostenbeteiligung beim *DIMB,* Manfred Huchler, Auwaldstr. 63, 79110 Freiburg, ☎ 0761/131745.

Einge Tips:

• Nur mit einem technisch einwandfreien Rad der Natur ein Stück näher kommen. Bremsen, Züge und Reifen vorher überprüfen, um eine Gefährdung von Mensch und Tier durch technisches Versagen von vornherein auszuschließen.

• Das Benutzen von ausreichend breiten Wegen (1,5 m), Forst- und Almstraßen schützt weitgehend (seltene) Pflanzen und garantiert, daß Wanderer und Radfahrer bequem aneinander vorbeikommen. Unter Naturschutz stehende Flächen (Moore, Steinwiesen, Bach- und Flußbetten) dürfen selbstverständlich nicht befahren werden. Almwiesen und Skipisten abzufahren, ist ökologisch nicht vertretbar.

• Fußgänger nicht vom Weg abdrängen, sondern gegebenenfalls lieber absteigen. Partnerschaftliches Miteinander von Wanderern und Radlern ist selbstverständlich.

• Sperrschilder wie jenes runde mit dem roten Rand beachten, das auch das Radfahren verbietet.

• Fahren mit angemessener Geschwindigkeit, gerade wenn's bergab geht, d.h. Verzicht auf Blockierbremsungen.

• Verzicht auf Fahrten in der Dämmerung, um auch den Tieren ihre Ruhe zu lassen.

• Sportliche Biker fahren nicht mit der Seilbahn auf den Berg, um dann ins Tal zu rasen.

• Rastplätze sollten sauber wieder verlassen werden.

• Österreichs Richter unterscheiden klar zwischen Wanderern und Radlern. Letztere dürfen prinzipiell auf allen öffentlichen und privaten Straßen fahren, ausgenommen sind schmale Privatwege, Waldwege und allgemeine Wanderwege, sofern nicht ausdrücklich erlaubt.

• Gekennzeichnete Fuß- und Wanderwege dürfen in der Schweiz nicht befahren werden. Wenn Gemeinden und Kantone kein entsprechendes Fahrverbot erteilen, steht dem Radler das Netz der Forststraßen offen.

Mehr Tips zum Umweltschutz finden Sie unter der Griffmarke »Fit & Fair« ab Seite 187.

DAS TANDEM

*Auf unseren Straßen ist das Tandem verhältnismäßig
selten zu sehen. Ein Grund ist sicher der recht hohe Anschaffungspreis, ein
anderer vielleicht, daß viele nicht wissen, daß man auch problemlos alleine auf
so einem »Long Vehicle« fahren kann. Auf dem hinteren Sitzplatz könnten
dann sogar noch radelwillige Anhalter mitgenommen werden.*

Charakteristisch für ein Tandem sind
lediglich die doppelt montierten Teile
wie Lenker, Tretkurbel und Sattel.
Die sonstige Ausstattung schwankt
zwischen Tourenrad und Rennrad, also von der Dreigang-Nabenschaltung
bis zu sämtlichen Variationen von
Kettenschaltungen. Bei der Bremsanlage ist man sich ziemlich einig;
Trommelbremsen in Verbindung mit
guten Mittelzug- oder Cantilever-
Bremsen beherrschen die Angebote.

In Ausflugsorten begegnet man oft
einem besonderen Spezi vom *Miet-
Tandem:*. Voluminöse Reifen, Mofa-
gabel und dicke Rahmenrohre
wecken Assoziationen zu einem
»Fahrrad-Omnibus«, doch sehen und
gesehen werden ist vielen die einstün-
dige Tortur mit diesem Vehikel wert.
Wer mit dem Tandem etwas länger
und anders reisen will – hier ein paar
Tips dazu.

Die Pas-de-deux-Tour

Sich gemeinsam die Berge hinauf-
kämpfen, wieder bergab düsen, radeln, im Duo die Landschaft genießen
und sich ungestört unterhalten: Erlebnisse, die einem noch lange in Erinnerung bleiben!

So schön das gemeinsame Tandemfahren auch ist, es gelingt nicht mit jedem Partner auf Anhieb, da persönliche Fahrgewohnheiten zurückge-
steckt werden müssen. Ob sie zusammengeschweißt werden können, stellt
sich oft schon nach wenigen Kilometern bei der Probefahrt vor dem Kauf
(Adressen siehe 117) heraus. Wer fest
entschlossen ist, öfter gemeinsam zu
radeln, sollte wegen der sicheren
Fahreigenschaften gerade beim Rahmen nicht sparen. Ein recht gutes
Tandem etwa der Firma Schauff (weitere Hersteller am Ende des Kapitels)
in Remagen kostet ab 2000 DM. Mit
exklusiver Ausstattung klettert der
Preis bis 7000 DM hoch. Eine Übersicht komplett ausgestatteter Tandems
gibt's in den Zeitschriften *Tour* 8/90
und *Radfahren Extra* 4/91 aus der
Bielefelder Verlagsanstalt. Zu den
technischen Dingen am Tandem informieren Sie die folgenden Abschnitte (vergleiche dazu auch die Griffmarke »Rund ums Rad«).

Rahmen

Es gibt verschiedene Rahmenformen,
die häufigste ist das *Mixte-Tandem:*
vorne für den Herrn und hinten für
die Dame. Die traditionelle Rollen-
verteilung läßt grüßen ... dabei
spricht allein schon die mangelnde
Stabilität gegen die Tradition. Denn
diese Rahmenform verwindet sich zu
stark in der Längsachse, was mit Ge-

päck zu unangenehmen Schwingungen führt.

Wesentlich stabiler und somit für eine Radreise besser geeignet sind die *Doppel-Diamantrahmen*. Eine zusätzliche einfache bzw. zweifache Seitenverstrebung vom Lenkkopflager zum hinteren Tretlagergehäuse (*Marathon-Rahmen*) stabilisiert das Vehikel nochmals. Bei dieser Bauart werden die Rahmenrohre direkt aufeinandergelötet. Eine Alternative sind Oversized-Rohre mit größerem Durchmesser (bis zu 34 mm statt 28,6), was beim Kauf neuer Teile, etwa Sattelkerzen, berücksichtigt werden muß. Der direkte Bezug bei Rahmenschmieden erspart lange Such- und Wartezeiten.

Wer sein Tandem mit einer *Trommelbremse* ausstatten will, muß schon beim Rahmenkauf daran denken, daß die Vorderradgabel den zusätzlichen Belastungen standhalten muß.

Anlötteile wie Sockel für Cantilever-Bremsen, Kabelführungen und Luftpumpenhalter gehören dazu.

Aber nicht des Guten zuviel, denn bei jedem Anlötteil wird der Rahmen wieder erhitzt und an dieser Stelle geringfügig geschwächt.

Laufräder und Naben

Aufgrund der höheren Gewichtsbelastung bieten verschiedene Hersteller Tandemfelgen mit 40 oder gar 48 *Speichen* statt 36 an. Die Begründung liegt auf der Hand, bei 48 Speichen wird jede Speiche geringer belastet als bei der Verteilung des gesamten Gewichtes auf 36 Speichen. Selbstverständlich gibt es dazu auch entsprechende Naben.

Als *Reifengröße* wählt man mindestens 32 mm, besser sind die dickeren Mountain-Bike-Reifen, die der Felge selbst bei niedrigem Reifendruck nicht gleich jede Bodenunebenheit mitteilen. Sinnvoll ist ein Reifendruck von 100–130 PSI (entspricht 7–8 bar).

Optimal stabile *Tandemnaben* gibt es von Phil Wood, Kingsbery, Wheels Power, Bullseye, Nöll, Hügi, Technobull und Mavic. Alle haben eine Flanschstärke von 4 mm (normal 3 mm), Industrielager, erstklassige Materialien und stolze Preise (300–400 DM). Campagnolo, Hügi und Nöll bauen *Kassettennaben* (siehe Kapitel »Nabe«, Seite 97). Alle anderen Naben besitzen ein herkömmliches Gewinde zur Aufnahme des Zahnkranzes. Preiswerter ist die Kassettennabe von Shimano »Deore XT« (circa 130 DM) oder die »Paris-Dakar-Nabe« von Mavic (circa 200 DM). *Trommelbremsnaben*, etwa von Maxi Car oder Arai (200 DM) werden ausschließlich für das Hinterrad verwendet.

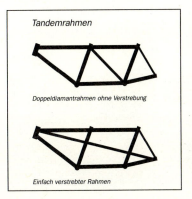

Tandemrahmen

Doppeldiamantrahmen ohne Verstrebung

Einfach verstrebter Rahmen

Schaltung und Antrieb

Die Schaltung sollte über einen gut dimensionierten Schnellgang beim 54er Kettenblatt sowie über einen anständigen Berggang (nahe der 1:1 Übersetzung oder darunter) verfügen. Denn mit einem Tandem ist es am Anfang erheblich schwerer, Berge zu erfahren als mit einem Solorad. Daher lohnt sich ein – auf den ersten Blick vielleicht zu extremer – Berggang ganz gewiß. Wer bequem Tandem fahren will, kommt daher an einer *Kettenschaltung* nicht vorbei.

Als Schalthebel kommen eigentlich nur wenige Arten in Frage, beim Rennlenker oder Trainingsbügel zwei *Lenkerendschalthebel* und beim Tourenlenker die *Daumenschalter* oder *Drehgriffschalter*.. Nur so ist gewähr-leistet, daß selbst im dicksten Verkehr die Hände den Lenker nicht verlassen müssen.

Nach einer gewissen Zeit längen sich die *Ketten*. Dies ist bei Kettenschaltungen nicht weiter tragisch, das hintere Schaltwerk ist leicht in der Lage, die wenigen Millimeter auszugleichen. Bei der starren Verbindungskette zwischen den beiden Tretlagern ist dies schon schwieriger. Gut gelöst ist es bei Tandems mit verstellbaren Gehäusen, in die das vordere Tretlager eingesetzt ist. Exzenterschalen gestatten es, die gesamte Tretlagereinheit um ein paar Millimeter nach vorne oder hinten zu bewegen. Meist reicht dies aus, um die Kette wieder zu spannen oder so zu lösen, daß ein Kettenglied ausgenietet werden kann.

Das Tandem wird generalüberholt

Bremsen

Cantilever-Bremsen mit zum Teil zwei Einheiten pro Rad oder *Hydraulikbremsen* sind auch beim Tandem eine gute Wahl. Hydraulikbremsen können übrigens von zwei verschiedenen Hebeln (vorne und hinten) aus bedient werden. Gemeinsamer Nachteil ist das Erhitzen der Felge (und des Schlauches) bei längeren Bremsmanövern. Abhilfe kann eine *Trommelbremse* schaffen, doch hier besteht die Gefahr des »Fadings« (siehe auch »Bremsen«, Seite 87). Also, kombinieren! Cantilever- oder Hydraulikbremsen vorne und hinten sowie eine leistungsfähige Trommelbremse (Arai) im Hinterrad. Die Cantilever-Bremsen bedient über normale Bremshebel der vordere Radler. Werden zwei Paar montiert, ist ein spezieller Hebel nötig. Mit einem Daumenschalter kann der Hintere ohne Probleme über längere Zeit die Trommelbremse zuschalten.

Adressen von Tandemherstellern

(F) bedeutet: Bezug nur über Fachhandel, die Firmen nennen auf Anfrage den nächsten Vertriebspartner:

Achim Nöll, Fischerweg 6, 36041 Fulda

Peugeot, Zum Schlingenbach, 51491 Overath (F)

Velo Schauff, In der Wasserscheid 56, 53424 Remagen (F)

Gudereit KG, Am Strebkamp 14, 33607 Bielefeld

Technobull, H. G. Sattler, Platanenstraße 9, 63179 Hausen

Mittendorf Radstudio, Postfach 14, 55756 Herrstein/Nahe

Batavus Intercycle B.V., Industrieweg 4, NL-8440 AM Heerenveen (F)

Gazelle Rijwielfabriek B.V., Wilhelminiaweg 8, NL-6950 AA Dieren (F)

Gottfried, 7 Rue de Soultz, F-68270 Wittenheim

Van Beeck, Holbeinstraße 15, 47533 Kleve (Rahmenbauer)

Wolfgang Haas, Weinstraße 3, 83022 Rosenheim; amerikanische Tandems der Marken Santana und Burkley

KWH, Frauenhofer Str. 16, 82152 Martinsried; Gary-Fisher-Tandems (F)

Bike Tech, Industriestr. 8, 61476 Kronberg; Bullseye, Phil Wood, Kingsbery (F)

Wiedemann & Schmieding GmbH, Industriestraße 5, 59199 Böhnen, ☎ 02383/3975; Wheels-Power-Naben (F)

Utopia, Eschberger Weg 1, 66121 Saarbrücken (F)

Villiger & Söhne, Industriestr. 17, 79771 Klettgau-Grießen (F)

Literaturtip für Bastler: Christian Kuhtz *Tandem bauen aus Sperrmüll,* Verlag Christian Kuhtz, 6 DM.

Infos und Touren:

ADFC, Steinstr. 17, 81667 München, ☎ 089/4801001; Tandemradler-Treff.

Tandemclub, Karl Schubert, Steinburgring 16, 48431 Rheine, ☎ 05971/15829. Organisation von Tandem-Touren.

Die erste Fahrt

Steht nun endlich das Tandem vor der Tür, sollte man sich gut überlegen, wo die ersten Fahrversuche stattfinden. Meist wird daraus eine zirkusreife Vorstellung, besonders dann, wenn beide Partner noch nie auf einem Tandem gesessen haben. Ungeeignet sind dafür verkehrsreiche Straßen. Ein Schulhof, oder ein über's Wochenende leer stehender Firmenparkplatz, bieten den nötigen Platz.

Die ersten Kilometer verbringt man am besten solo auf seinem Tandem, schnell entwickelt sich dann das benötigte Feeling für das »long vehicle«. Man fühlt sich dann selbst im dicksten Verkehr sicher, kennt den Übersetzungsbereich der Schaltung, das Brems- und das Kurvenverhalten.

Fährt man zu zweit, ist es am Anfang wichtig, gewisse Abläufe festzulegen: den Zeitpunkt zum Anfahren bestimmt am besten der Vordere, der hintere Partner setzt dann ein paar Sekunden später ein. Ebenso beim Bremsen. Auch hier sollte festgelegt werden, mit welchem Fuß der Boden zuerst berührt wird. Hilfreich sind Absprachen kurz vor Schaltgängen. Der Hintere wird dann nicht von plötzlichen Schaltvorgängen überrascht und kann seinen Pedaldruck für kurze Zeit verringern, um das reibungslose Schalten zu ermöglichen.

Manchmal ist es günstig, die Pedale um 80° zu versetzen. Mit diesem kleinen Trick wird der Totpunkt, der sich bei jeder senkrechten Pedalstellung ergibt, besser und kontinuierlicher überwunden. Steigungen lassen sich damit wesentlich leichter erradeln. Bei schnelleren Fahrten, also höherer Trittfrequenz, wird das gesamte Tandem in stärkere Schwingungen versetzt; ein Nachteil, der sich aber in Grenzen hält.

Vom Schalten, Bremsen und Lenken befreit, ist der hintere Partner der ideale Kartograph. Ausgerüstet mit einer wasserdicht verpackten Karte (eine DIN-A4-Hülle auf den Rücken des Partners binden) kann er den »Straßenkreuzer« zielsicher durch Stadt und Land lotsen.

Gepäckbeförderung

Zu zweit unterwegs sein, aber nur zwei Gepäckträger (vorn und hinten) zur Verfügung haben, bedeutet als erstes: abspecken! Was dann noch übrigbleibt, sollte nach den gleichen Kriterien wie beim Solorad (vergleiche Seite 140) in entsprechenden Gepäcktaschen untergebracht werden. Andernfalls löst ein übersichtlicher *Fahrradanhänger* das Problem. Berge sollte man dann allerdings weiträumig umfahren, denn dort erweist sich der Hänger als echte Bremse. Notfalls tun's leichtere, zweckentfremdete Kinderanhänger. Praktisch auch für die Bahnfahrt zwischendurch sind die klappbaren Fahrradanhänger (gehen als Handgepäck ins Abteil) der Ulrichs-Werkstätten (siehe unten), die am besten in Höhe der Hinterachse montiert werden. Sonst aber sind Anhänger beim Bahntransport schwer und sperrig.

Wer noch nie mit Anhänger gefahren ist, muß sich auf ein neues Fahrgefühl einstellen. Verändertes Kurvenverhalten mit einem viel größeren Wendekreis und ein längerer Bremsweg sind gewöhnungsbedürftig.

Die *Regenabdeckung* des Anhängers muß absolut wasserdicht sein! Eine Plane zum Festschnüren ist zu windempfindlich, es können sich Wasserlachen bilden und eventuell

Tandemfahren will geübt sein

den Stoff undicht werden lassen; eine Ösenbefestigung reißt meist schnell aus. Dafür hat sie den Vorteil, daß sie leicht ist und bei Bedarf auch als Sonnenschutz aufgespannt werden kann.

Feste Plastik- oder Aludeckel mit Schnappverschlüssen sind etwas schwerer, trotzdem ideal. Wenn die Verschlüsse nicht ausleiern, schützen die Deckel vor Diebstahl, Regen, Wind und Schneegestöber.

Anhängerhersteller, Bezugsquellen
Oft haben die ADFC-Ortsgruppen einen Anhänger, den sie an Mitglieder vermieten. Für den Sommerurlaub

früh anmelden, die Nachfrage ist groß. Eine gute Übersicht bietet die Broschüre *Fahrradanhänger* des ADFC.

Das einzige Geschäft, das sich auf Anhänger spezialisiert hat: *Zwei plus zwei Fahrradanhänger,* Palanter Str. 5B, 50937 Köln, ✆ 0221/422800. Kostenloser, sehr ausführlicher Katalog, Testmöglichkeit vor Ort. Bezug auch über die VSF-Fahrradläden möglich. *VSF-Fahrradmanufaktur GmbH* (über selbstverwaltete Fahrradläden) *Utopia,* Eschberger Weg 1, 66121 Saarbrücken, ✆ 0681/816506 *Ulrichs Werkstätten,* Fuggerstr. 44, 8930 Schwabmünchen, ✆ 08232/3045

Sitzpositionen: aufrecht, um 45 Grad geneigt und stark geneigte Rennhaltung

Handy Transport, Van Brederode-Straat 32, NL-8423 TW Makkinga
Bicycle Versand, Fasanenstr. 30, 33607 Bielefeld
Volker Klink, Bussental 14, 75038 Oberderdingen
Glees & Liebert, Postfach 270554, 50511 Köln
Centurion Renner, Postfach 1149, 71102 Magstadt
Sani-Mobil, Zur alten Berghalde 3, 82380 Peißenberg
Joachim Diedrich, Esslinger Str. 20, 70736 Fellbach, ✆ 0711/582673
Campus, Talacker 51a, CH-3604 Thun, ✆ 033/360656, Selbstbauanhänger »Transpoly«
Die Wiese, Friedrichstr. 36, 67433 Neustadt/Weinstr., ✆ 06321/35813

Tandemfahrt mit Blinden

Weil der hintere Partner sich nicht um das Lenken, Schalten oder Bremsen kümmern muß, ist Tandemfahren optimal für Blinde. Der Radsport ist bei Nichtsehenden in den letzten Jahren immer beliebter geworden, Früh- oder Jugendblinden erschließt sich eine völlig neue Dimension der Freizeitgestaltung sowohl am Wochenende wie auch im Urlaub. Bei Späterblindeten bedeutet es oft ein Stück wiedergewonnener Lebensqualität. Um blinden und sehbehinderten Menschen sportliche und private Kontakte zur Außenwelt zu ermöglichen, gibt es den Tandemclub »Weiße Speiche« in Deutschland. Man muß aber nicht gleich einen Verein gründen. Wer ein Tandem besitzt und es Blinden zur Verfügung stellen oder gar selbst Touren unternehmen möchte, kann sich an den örtlichen Blindenverein wenden.

Blinde sind nicht die einzigen Behinderten, die sich mit dem Fahrrad eine neue Welt erschließen. Was Tandemfahren oder auch alleine Fahrradfahren z.B. für einen spastisch Gelähmten bedeuten kann, hat Matthias Klei in seinem Beitrag ab Seite 62 dargestellt.

Adressen

Tandemclub Offenbach, Lothar Janotta, ✆ 069/8065 2337 & 06106/5984
Tandemclub Weiße Speiche, Wolfgang Müller, ✆ 0641/54082; Ivo Koch, Homburger Landstraße 96, 60435 Frankfurt 50, ✆ 069/544574

Blindenverein Stadt Wuppertal, Rolf Scherer, ✆ 0202/5632452 oder 781278
Tandemclub Franken, Siegfried Meister, ✆ 0911/593652

Fahrtechnik

Als Tourenradler möchte man in möglichst bequemer Körperhaltung Distanzen zurücklegen, ohne irgendwelche Beschwerden an Gesäß, Rücken oder den Händen zu spüren. Damit fällt die für kurze Strecken bequeme *aufrechte Sitzposition* bereits weg. Die Belastung der Wirbelsäule und des Gesäßes auf unebenen Straßen wäre zu hoch. Zusätzlich macht sich bei Gegenwind die große Angriffsfläche, die der Körper dem Wind bietet, unangenehm bemerkbar. Radrennsportler bevorzugen aus diesem Grunde die aerodynamisch günstigere *stark geneigte Rennposition.* Zusammen mit enganliegender Kleidung sind sie für den Wind kaum angreifbar, müssen aber dafür mit Verspannungen der Schulter- und Nackenmuskulatur rechnen.

Die günstigste Haltung für Touren- und Alltagsradler ist die *geneigte Sitzposition* von 45° bis 50°. Hierbei findet nicht nur eine gute Verteilung des Körpergewichtes auf das Vorder- und Hinterrad statt, sondern auch eine Rückenentlastung. Fahrbahnunebenheiten werden abgefangen und nicht genau senkrecht an die Bandscheiben weitergegeben. Eine Federung mittels breiterer Reifen ist nicht unbedingt notwendig. Stattdessen können schmale Reifen mit günstigeren Rollwiderstandswerten eingesetzt werden.

Kraftsparend radfahren

Genauso wie am Lauf- oder Schwimmstil kann man durch Training an der Radfahr-Technik feilen. Natürlich mit dem Ziel, bei geringstem Krafteinsatz möglichst weit zu fahren! Das erreicht man mit einer gleichbleibend hohen Trittfrequenz und einem »runden Tritt«. Einen solchen erhält man, wenn der *Fußballen* – und nicht das Fußgewölbe – auf dem Pedal aufliegt, damit auch die Wadenmuskulatur beim Treten hilft. Wer nur mit dem Ballen tritt, kann durch leichtes Kippen des Pedals immer rechtwinklig zur Kurbel einsetzen. Die Skizze zeigt, wie bei einer Kurbelumdrehung die Stellung der Pedale mehrfach wechselt. Am besten trainiert man diese Technik längere Zeit bewußt, um eine harmonische Einheit aus diesen verschiedenen Fuß- und Beinstellungen zu erzielen.

Eine bessere Kraftübertragung wird durch *Rennhaken* oder -*riemchen* erreicht. Sie bieten die Möglichkeit, den Totpunkt bei senkrechtem Pedalstand durch Ziehen zu überwinden. Neben der Druckkraft setzt man

Druck nach vorne

Zug nach oben

Druck nach unten

Kippen des Fußes

also noch die Zugkraft ein. Kein Vorteil ohne einen Haken (im wahrsten Sinne des Wortes): Ein am Pedal fixierter Schuh kann im Stadtverkehr gefährlich werden. Am leichtesten löst sich der Schuh aus diagonal verlaufenden Schlaufen (Power-Grips circa 50 DM), die aus Nylon oder Leder auch selbst hergestellt werden können, und aus den »Click«-Pedalen (siehe Seite 101).

Bei der Frage, wie schnell man die Kurbel drehen soll, sind sich Praktiker und Theoretiker nicht ganz einig. Die Sportmediziner haben herausgefunden, daß der biologische Leistungsaufwand bei *Tretfrequenzen* zwischen 40 und 70 Umdrehungen pro Minute (je nach Belastung) optimal ist. Die Radsportler hingegen fahren mit Umdrehungen von 100 bis 120 Umdrehungen in der Minute. Was macht also der Radtourist? 60 bis 80 Kurbelumdrehungen pro Minute sind Werte, mit denen nicht nur wir gute Erfahrungen gemacht haben. Die Umdrehungszahl sollte immer eingehalten werden, egal bei welcher Geschwindigkeit (zur Überprüfung gibt es Trittfrequenzanzeiger, eine oft zusätzliche Funktion von elektronischen Tachos. Denn wer am Berg wie im Tal und bei Rückenwind wie bei Gegenwind in kontinuierlichem Rhythmus – also auch mit stets gleichem Kraftaufwand – strampelt, ermüdet kaum. Allerdings setzt das eine Schaltung voraus, mit der der Radler sich all diesen Bedingungen anpassen kann (siehe »Die Schaltung«).

DAS REISEGEPÄCK

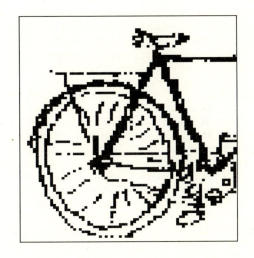

DIE AUSRÜSTUNG

*Daß man auf eine Radtour nicht seinen ganzen
Hausstand mitnehmen kann, leuchtet jedem ein – spätestens bei der
Frage »Wie kriege ich's bloß unter?«. Es gilt also, einen robusten aber
kleinen und leichten Schlafsack zu finden, ein stabiles, aber handliches
Zeltdach überm Kopf, optimal kombinierbares Campinggeschirr, die
passende Radlerbekleidung (ab Seite 132) und last but not least
1a-Zaubertaschen, in denen das alles problemlos
verschwindet (dazu ab Seite 140).*

Schlafsack

Bei der *Füllung* von Schlafsäcken wird zwischen Daune und Kunstfaser unterschieden. Die *Kunstfaser* kann eine synthetische Wattierung sein, wie es bei den preiswerten Produkten bis 100 DM der Fall ist. Kaum ein Ausrüstungsversand nimmt jedoch noch solche Ausführungen in seinen Katalog auf, doch sind sie im Frühsommer in den Campingabteilungen der Kaufhäuser zu finden. Für Sommertouren in warmen Gebieten reicht dieser Schlafsack völlig! Das preiswerte Produkt kann verbessert werden, indem zusätzlich eine Reißverschluß-Abdeckleiste eingenäht wird. Auch eine nachgerüstete Innentasche für die Wertsachen ist sehr praktisch.

Für Frühjahrs-, Herbst-, Winter- oder Gebirgstouren brauchen selbst kälteunempfindliche Radler einen guten *Synthetikfaser-* oder *Daunenschlafsack*. Synthetikfasern sind weniger feuchtigkeitsempfindlich und isolieren auch bei extrem hoher Luftfeuchtigkeit noch gut. Beliebt sind sie bei Radlern, die häufig durch Flußtäler fahren und dort im Frühjahr oder Herbst verstärkt mit Tau und Nebel rechnen müssen.

Die Daunenfüllung hält bei Feuchtigkeit nur ungenügend warm. Dafür bietet sie andere Vorteile: geringes Packmaß und geringes Gewicht bei höchster Wärmeisolation. Daunen werden mit größeren Federn vermischt, was die Füllung weniger druckempfindlich macht. Auf die Mischungen ist zu achten: Angaben über den Volumenanteil der Daunen an der gesamten Füllung sagen nichts aus, wichtig ist der Gewichtsanteil.

Schlafsäcke sind entweder als Kombidecke oder in Mumienform verarbeitet. Die *Kombidecke* hat einen umlaufenden Reißverschluß und kann, wie der Name schon sagt, auch als Decke benutzt werden. Ohne Kopfteil und ohne Schulterschlußmöglichkeit ist sie nur in wärmeren Gebieten sinnvoll.

Bei Kälte ist die *Mumienform* sinnvoller, da sie zum Fußende hin schmaler wird und so weniger Raum aufgeheizt werden muß. Weitere Qualitätsmerkmale sind eine möglichst gefüllte Reißverschluß-Abdeckleiste, eine Fußraumzusatzfüllung und ein Wärmekragen im Schulterbereich, der stufenlos verstellt werden kann. Außerdem eine stärker gefüllte Oberseite (da dort die meiste Wärme verloren geht) und eine zuschnürbare Kapuze. Ein 2-Wege-Reißverschluß, von innen und außen zu bedienen, macht die Wärmeregulation einfacher. Ab 185 cm Körpergröße muß häufig eine Überlänge gekauft werden. Deshalb unbedingt auf die Innenmaße des Schlafsackes achten.

Für den *Innenbezug* werden Baumwolle oder synthetische Materialien (meist Nylon) verwendet. Baumwolle ist hautfreundlicher, aber auch schwerer und feuchtigkeitsempfindlicher. Wer einen guten preiswerten Schlafsack gefunden hat, sollte den Kauf aber nicht von dem Innenmaterial abhängig machen. Auch ein Nylonbezug läßt sich durch ein Baumwoll- (ab 30 DM) oder Seideninlett (etwa 140 DM) noch hautfreundlicher machen. Solch ein Inlett schont und macht häufiges Waschen überflüssig. Als *Außenmaterial* wünscht man sich *wasserdichte* und *atmungsaktive* Stoffe, beispielsweise Nylon, das bei guten Schlafsäcken auf der Unterseite noch verstärkt ist.

Kammertechnik: Was wird nicht alles unternommen, um die Wärmeisolation so hoch wie möglich zu halten! Da gibt es die Stegnaht, die Dachziegelkonstruktion, die V-Kammernaht – alles Entwicklungen, die verhindern sollen, daß die Körperwärme entweicht. Je kleiner eine Kammer, um so besser. Dadurch bleibt die Füllung an Ort und Stelle. Ungünstig ist dagegen eine Kammertrennung mit einer durchgesteppten Naht, weil sich dann im Bereich der Naht kein Füllmaterial befindet. Bei Modellen mit Differentialschnitt ist der Außenbezug weiter geschnitten als der Innenbezug, wodurch ein lockerer Zwischenraum entsteht, in dem sich die Füllung besser entfalten kann.

Nahezu alle Hersteller geben *Temperaturbereiche* an. Sie sind keine echten Entscheidungshilfen beim Kauf, bestenfalls Annäherungswerte. Das Kälteempfinden eines jeden Menschen ist subjektiv, ganz abgesehen von Faktoren wie Wind, Nässe, Qualität der Unterlage und vielem anderen mehr. Behält man aber die vorher angegebenen Eigenschaften eines Schlafsackes im Auge, so kann man auch ohne Temperaturangaben die Qualität eines Produktes abschätzen.

Pflege: Hochwertige Schlafsäcke niemals in die Packtasche rollen, sondern stopfen. Auf der Reise mit Isomatte umhüllen, Risse mit Gewebeklebeband verschließen. Zuhause trocken lagern, ausbreiten. Möglichst selten waschen, Kunst- und Daunenschlafsäcke bei 30° mit Feinwasch- bzw. Daunenwaschmittel. Beim Trocknen oft aufschütteln, damit Füllungsklumpen verschwinden. Das besorgt auch ein Turnschuh, der mit dem Schlafsack bei maximal 60° in die Trockentrommel gesteckt wird.

Schlafsäcke und Umwelt: Synthetik- bzw. Kunstfaserschlafsäcke werden natürlich nicht ohne Chemie hergestellt. Um auch Chemiekonzerne, wie beispielsweise den weltgrößten FCKW-Produzenten DuPont, zu umweltfreundlichen Produktionsweisen zu zwingen, sollte man Schlafsackfüllungen aus Quallofill und Hollofill boykottieren. Da gefällt uns die Firma Gold-Eck schon besser, die kostenlos ausgediente Gold-Eck-Schlafsäcke zurücknimmt, um sie, wie sie sagt, zu recyclen. Daunen halten übrigens doppelt so lange wie Kunstfasern – auch ein Beitrag zur Müllreduzierung. Und wer seinen alten Schlafsack »nachrüstet« (z.B. Big Pack »Ultralight«), ist abfalltechnisch sowieso top aktuell.

Isoliermatten

Bei den Schlafsackunterlagen weist die *Isoliermatte* aus Zellkunststoff das günstigste Preis-Leistungs-Verhältnis auf. Die luftgefüllten Poren des Gewebes sind geschlossen, so daß sie hervorragend isolieren und kein Wasser aufnehmen. Die Matte wiegt zwischen 250 und 500 g, ist zwischen 180 und 200 cm lang, 50 bis 60 cm breit und FCKW-frei.

Robust und langlebig ist die Isomatte nur dann, wenn sie über kleine Poren verfügt und einigermaßen dick ist (8 bis 15 mm). Diese beiden Qualitätsmerkmale machen hauptsächlich die Preisunterschiede von 15 bis 40 DM aus. Für etwas weniger Geld gibt es *Aluminium-Isoliermatten*, die zwar leichter, aber dafür weniger komfortabel und haltbar sind.

In der gehobenen Preisklasse gibt es Matten aus einem offenzelligen *Schaumkern* (u.a. von Therm-a-rest, Metzler), der sich mit Luft füllt, wenn man ein Ventil öffnet. Diese Konstruktion verbindet den Komfort einer Luftmatratze mit dem geringen Gewicht von einem Kilogramm, bei allerdings stolzen Preisen zwischen

Isomatten: vielseitig und leicht, aber sperrig

110 und 150 DM. Die nur 500 g schweren *Leichtluftmatratzen* sind zwar sehr bequem, aber labil und mit 50 DM auch nicht billig. Zur Reparatur eignen sich Bootsflickzeug oder Nylonflicken.

Nicht unerwähnt bleiben sollte die exotisch anmutende *Hängematte*. Mit ungefähr 600 g ist sie schön leicht und noch dazu bequem. Sie schützt vor Krabbeltieren und, kombiniert mit einem Biwak-Sack, auch vor Regen – nicht allerdings bei Wüstenfahrten. Für Reisen ist nur die Baumwollhängematte (ab 80 DM) zu empfehlen, weil die netzartigen, sogenannten Taschenhängematten weder übermäßig haltbar noch sonderlich bequem sind.

Zelt

Wir ziehen ein geräumiges Zelt einer kleinen »Hundehütte« vor – auch wenn wir schwerer daran tragen. Das haben wir besonders zu schätzen gelernt, als uns tagelanger Regen nervte. In einem größeren Zelt fällt einem nicht so schnell die sprichwörtliche Decke auf den Kopf. Hier konnten wir dann neben dem Schlaf auch noch das Essen, Lesen und Schreiben genießen.

Konstruktionsarten

Leichtgewichtige Zelte können unterschiedlich konstruiert sein. Eine kurze Beurteilung nach Vor- und Nachteilen hilft bei der Auswahl:

❶ *Biwakzelt*
Vorteil: niedriges Gewicht, geringes Packmaß
Nachteil: kein Stauraum, keine Sitzmöglichkeit

❷ *Firstzelt*
Vorteil: geringes Gestängegewicht, windstabil
Nachteil: viele Abspannungen und viele Heringe, weniger Kopfraum als Kuppel- oder Tunnelzelt

❸ *Einbogenzelt*
Vorteil: geringes Gewicht
Nachteil: wenig Kopffreiheit, steht nicht ohne Abspannungen

❹ *Kuppelzelt*
Vorteil: schneller Aufbau, geräumig, selbsttragend
Nachteil: relativ hohes Gewicht, teuer

❺ *Tunnelzelt*
Vorteil: windfest, meist große Apsiden, geringe Grundfläche
Nachteil: schwer und teuer

Probleme mit Wasserdichte und Belüftung werden durch *Doppeldachzelte* optimal gelöst. Durch Atmen und Schwitzen entsteht im Inneren des Zeltes Kondenswasser, das bei einwandigen Zelten aus wasserdichtem Material nicht entweichen kann. Das Innenzelt des Doppeldaches hingegen ist wasserdampfdurchlässig (meist aus Baumwollmischgeweben), die Feuchtigkeit kann zwischen Innen- und Außenzelt abziehen. Ob mikroporöse Gewebe wie Gore-Tex das Kondenswasserproblem wirklich lösen, hat uns noch keiner bewiesen.

Vorteilhaft sind Vordachräume, die sich prima zum Deponieren von feuchten Klamotten und Schuhen eignen, nicht aber zum Kochen; Zeltmaterial ist leicht entflammbar.

Und noch eine gute »Zeltidee«: Es gibt Doppeldachzelte, bei denen das Außenzelt vor dem Innenzelt auf-

und erst nach diesem abgebaut wird, was dann praktisch ist, wenn Regen den Auf- oder Abbau stört. Doppeldachzelte sind zudem variabel zu verwenden: ist es warm und trocken, reichen Überdach und Gestänge, will man sich lediglich vor Mücken schützen, genügt das Innenzelt.

Nähte sind häufig die Schwachstellen eines Zeltes. Durch baumwollummantelte Polyesterfäden, die bei Nässe aufquellen, wird zwar versucht, das Nahtloch abzudecken. Trotzdem sollten die Nähte zusätzlich abgeklebt oder (besser noch) verschweißt sein. Unterwegs hilft Nahtdichter, ein farbloser Klebstoff.

Gestänge müssen bruchsicher und leicht sein. Aus eigener Erfahrung raten wir von Voll- und Hohlstangen aus Fiberglas ab: Als die Stange eines Kuppelzeltes brach, hat es sehr viel Zeit und Mühe gekostet, sie wenigstens so zu schienen, daß sie provisorisch hielt. Gewickelte Glasfaserstangen sind in dieser Hinsicht besser. Die bruchsichersten, aber nicht gerade billigen Gestänge sind jedoch aus Aluminium oder Kohlefaser. Bricht trotzdem unterwegs eine Stange, so muß sie entweder ganz durch Holz ersetzt oder aber geschient werden.

Wegen des Gewichtes zeichnet sich ein gutes Fahrradzelt durch eine geringe Anzahl von *Heringen* aus. Außerdem liegen auch teuren Zelten oft nur schlechte Heringe und Erdnägel bei, die man am besten gleich durch stabilere ersetzt.

Pflege: Ein feucht verpacktes Zelt muß innerhalb kürzester Zeit zum Trocknen ausgelegt werden, da sich sonst Stockflecken bilden. Ist nur das Außenzelt naß, sollte es getrennt vom Innenzelt eingepackt werden. Auch UV-Strahlung liebt der Zeltstoff nicht. Man sollte ihn daher nicht unnötig lange der Sonne aussetzen.

Bei der richtigen Beurteilung eines Zeltes geht kein Weg am Aufbau schon im Geschäft vorbei. Ein Preisvergleich lohnt sich immer, genauso wie die Lektüre eines Tests der Stiftung Warentest, der in jeder Verbraucherzentrale nachzulesen ist.

Man kann Zelte aber auch leihen (45 DM/Woche z.B. *Äquator-Zelthaus,* Hohenzollernstr. 93, 80790 München, ℂ 089/2711350).

Zum Schluß noch *drei Alternativen* zum »normalen« Zelt:

Ein Biwak besticht durch sein geringes Gewicht, doch bei längerem Regen wird es in dieser Zusatzhaut ziemlich ungemütlich.

Weiterhin gab es einmal spezielle Fahrrad-Zeltkonstruktionen, die aber derzeit in Deutschland nicht erhältlich sind. Der bastelfreudige Camper wird sich ein solches Produkt, bei dem die Mittelstange des Fahrradrahmens die Firststange des Zeltes ersetzt, selbst herstellen können. Das macht einen Teil des Gestänges überflüssig und hindert einen Dieb am Fahrradklau: schließlich liegt der Besitzer in »Fahrradfühlung«.

Und zuletzt: Läßt es das Wetter zu, so wechseln wir immer vom kleinen unter das ganz große Zelt – und schlafen unterm Himmelszelt.

Das Kochset

Leider hat man nur selten die Möglichkeit, nach alter Sitte auf dem Holzfeuer zu kochen. In einigen Ländern ist es wegen Waldbrandgefahr gänzlich verboten, in anderen Ländern wegen akuten Brennholzmangels und drohender Bodenerosion unangebracht. Lagerfeuerromantik muß dann einfach hintanstehen.

Da bleibt dem campenden Radler nichts anderes übrig, als einen **Kocher** mitzuschleppen. Nur welchen? Entscheidend für die Wahl des Kochers ist der Brennstoff, mit dem er betrieben wird. Man hat die Wahl zwischen Gas-, Benzin- und Spirituskochern, die alle irgendwann die Nudeln gar werden lassen – vorausgesetzt, der Brennstoff ist überall erhältlich.

Wir haben schon wilde Geschichten über den schwierigen Kauf von Brennstoff gehört. So war es in Nordafrika weitaus problematischer, Spiritus zu bekommen, als einen Schraubstock zum Abziehen von Zahnkränzen. In Norwegen war der gleiche Brennstoff so teuer wie ein Essen im Restaurant. Auch im ganz auf den Campingtourismus eingestellten ehemaligen Jugoslawien war Spiritus nur in winzigen Fläschchen in der Apotheke zu bekommen. Ein *Benzinkocher* ist der Ausweg (z.B. Coleman oder Borde, circa 100 DM). Benzin hat eine gute Heizkraft und ist nahezu überall erhältlich. Nachteile sind Rußentwicklung (und damit häufige Reinigung der Düse), schlechter Geruch und lästiges Vorwärmen. Man achte aber darauf, wirklich Benzin oder Superbenzin (noch besser Waschbenzin) zu erhalten und nicht, wie wir einmal versehentlich, ein Öl-Benzin-Gemisch. Den Vorrat an Benzin transportiert man am besten in einer SIGG-Sicherheitsflasche (12 DM für eine 0,5 Literflasche). Nicht annähernd so einfach wie Benzin lassen sich *Petroleum* und *Spiritus* besorgen, dafür hat ein Spirituskocher eine hohe Heizleistung, ist leicht zu bedienen und windunempfindlich (Trangia mit Topf etwa 90 DM). *Gaskocher* (ab 45 DM) sollte man dagegen wirklich nur in Länder mitnehmen, in denen es mit Sicherheit die notwendigen Kartuschen gibt. Ins Flugzeug dürfen sie nicht mitgenommen werden.

Zur Erleichterung der Wahl haben wir in unseren *Länderinfos* eine entsprechende Angabe gemacht.

Die Größe des **Kochsets** hängt von der Anzahl der Mitfahrer ab. Wir waren eigentlich immer froh, drei ineinander steckbare *Töpfe* dabeizuhaben, um vollständige Mahlzeiten mit Fleisch, Gemüse und Salat zubereiten zu können. Im Topfset findet sich noch reichhaltig Platz für andere Kochgegenstände. Bei längeren Reisen empfehlen wir Edelstahlmaterial. Nach langer Benutzung entwickeln Aluminiumtöpfe einen solch penetranten Eigengeschmack, daß jedes Essen leicht metallgewürzt schmeckt. Zudem ist es wenig appetitlich, wenn die Trockentücher wegen des entstehenden Aluminiumoxids ständig schwarz aussehen.

Leichtes **Kunststoffgeschirr** ist flexibler als Aluminium und damit besser zu verstauen. Mit einem Suppenteller als der »Allroundform« ist man gut bedient.

Zum **Besteck** gehört auch ein scharfes Messer. Das Taschenmesser ersetzt das herkömmliche Besteckmesser nicht. Es ist zu klein und läßt sich schlecht reinigen.

Vorratsdosen aus Kunststoff mit Schraubverschluß auf einem weiten Hals sind sehr günstig zur Verpackung von Lebensmitteln, die länger aufbewahrt werden sollen. Gerade Butter, Margarine und Marmelade brauchen Dosen mit dichtem Verschluß. Gewürze verwahrt man in Filmdöschen. In den fertig zu kaufenden »Gewürzrondells« sind zehn verschiedene Gewürze auf kleinem Raum untergebracht. Wir haben auch gerne ein Öl-Essig-Gemisch für die Salatsauce dabei, das sich gut in einer Fahrradflasche am Rahmen transportiert: aber nicht zu lange. Ranziges Öl verstört den verwöhnten Gaumen.

Zum **Geschirreinigen** gehören Topfreiniger, Spültuch und Trockentuch mit auf die Reise. Faltwannen zum Spülen sind im Ausrüstungsfachhandel zu bekommen, es geht aber auch im größten Topf. Als Allzweckmittel eignet sich Neutralseife (Spülmittel, Waschpaste, Waschmittel in einem). Eine kleine Kunststoffflasche kann als Nachfüllbehälter für Spülmittel dienen.

Eine scharfe Klinge, ein Dosen- und Flaschenöffner gehören zu einem guten **Taschenmesser**. Mit dem Dosenöffner sollte man sich vor der Fahrt schon mal vertraut gemacht haben.

Nützlicher Kram

Streichhölzer oder Feuerzeug, Seil, Kerze, Taschenlampe mit Ersatzbatterien, eventuell Reisewecker, Weltempfänger, Nähzeug mit Sicherheitsnadeln, Knöpfe und Druckknöpfe, breites Klebeband zum Zelt-Abdichten, unter Umständen ein Stück Klettverschluß, Toilettenpapier oder Papiertaschentücher, eine Rolle Abfalltüten für jeden Zweck, eventuell Trichter zum Füllen des Benzinkochers, bei Bedarf Moskitonetz.

Wo die Ausrüstung kaufen?

Nahezu jede Stadt besitzt ihre »eigenen« Ausrüstungsläden. Eine Vielzahl dieser Geschäfte bietet außerdem noch einen Versandservice per Katalog. Eine Auswahl von bewährten Läden haben wir in der Griffmarke »Lexikon & Adressen« zusammengestellt.

Das Angebot an nützlichen Gegenständen ist zweifelsfrei bei den meisten Geschäften beeindruckend – und verführerisch. Was nicht auf Vorrat liegt, wird noch bestellt, so daß man hier die Anlaufadresse für alle »Außergewöhnlichkeiten« und Spezialbedürfnisse hat. Aber Vorsicht: Preisvergleiche ergeben häufig Unterschiede bis zu 40 %. Leider lassen sich keine generellen Urteile über die Preise bestimmter Händler fällen. Die Qualitäts- und Preisunterschiede sind von Teil zu Teil zu verschieden.

Mit ein wenig Glück kann man auch an gute *gebrauchte Gegenstände* auf Flohmärkten und speziellen Fahrradmärkten kommen, gelegentlich von Ortsgruppen des ADFC (Adressen bei der Bundesgeschäftsstelle, Seite 14) organisiert. Ansonsten bleiben persönliche Gespräche, Kleinanzeigen in Stadtmagazinen, Szeneblättern, der Zeitschrift »Radfahren«, Reisemagazinen oder Aushänge an Schwarzen Brettern von Radclubs, Fahrrad- und Ausrüstungsläden und Unis.

DIE PERFEKTE GARDEROBE

Wandervogel-Askese und Klamotten-Pragmatismus sind out, schrille
Radsportmode ist in – der Zeitgeist hat auch in der Reiseradlerszene
unübersehbare Spuren hinterlassen. Chic, funktional und vor allem
bunt muß es sein: wer nicht auf Trend setzt, ist provinzlerisch. Jedes moderne
Fahrradgeschäft offeriert gleich einer Boutique spezielle Kleidung und
Accessoires in gewagtem Design und aus den verschiedensten Kunststoffen.
Es mag ja durchaus Zeitgenossen geben, denen eine einteilige,
pinkfarbene MTB-Trägerhose eine hinreißende Ausstrahlung
verleiht – die Ähnlichkeit mit einem
»Ganzkörperkondom« ist dennoch frappierend ...

Zeitgeist hin, Purismus her: Wer schon einmal tagelang auf der harten Naht einer Jeanshose geradelt ist, kann über die enorme Bedeutung der richtigen Bekleidung für das Gelingen einer Radtour abendfüllende Vorträge halten. Denn ein wundgeriebener Hintern beendet die Radreise frühzeitig, eine Erkältung wegen mangelhaft schweißaufsaugender Unterwäsche auch, der Sonnenbrand wegen zuviel und zu früh gezeigter nackter Haut ist ebenfalls nicht das pure Vergnügen, und die Nieren zeigen sich bei schlechtem Schutz sogar langfristig beleidigt. Zumindest eine eintägige Probefahrt sollte jedes Kleidungsstück deshalb schon einmal mitgemacht haben.

Häufig vergessen werden strengere Kleiderordnungen in anderen Kulturkreisen. Sie sind verwurzelt in der Umgebung, im Klima, in der eigenen Geschichte, in den Sitten und der Religion, kurzum: sie sind Teil des Selbstverständnisses eines Volkes. Jede Ignoranz gegenüber diesen Normen provoziert unter Umständen einen Angriff auf das Ehrgefühl des Gastgebers. Verstöße gegen die Moralvorstellungen machen das Kennenlernen des Gastlandes nicht leichter. Wir halten daher Sensibilität für angebracht, die bei der schulterbedeckenden Kleidung in den Kirchen Südeuropas anfängt und bei dem unter Umständen langen Rock der Radlerin in streng islamischen Gebieten noch immer nicht aufhört. Vor dem krassen Gegenteil sei aber auch gewarnt: Eine Kopie der landesüblichen Kleidung kann lächerlich oder sogar verletzend wirken.

Menge und Art der Kleidung hängen natürlich von den Bedingungen des Zieles ab, welches man anvisiert. Dazu sollte man sich vor der Fahrt die Klimatabellen und die Topographie des jeweiligen Landes anschauen, um sich den Wetterverhältnissen besser anpassen zu können. Geplante Stadtbesichtigungen, Wanderungen oder abendliche Restaurantbesuche sollten ebenfalls einkalkuliert werden.

Sicherheit und Fahrkomfort verbieten weite und flatternde Kleidungsstücke, weil sie wie Segel wirken und einen nicht zügig fortkommen lassen. Man verschwendet unnötig Kraft, wenn man dem Wind zuviel Angriffsfläche bietet.

Waschpulver ersetzt Kleidungsstücke! Wer jede Woche einen Waschtag einlegt, wird mit wenig Kleidung auskommen. Mit etwas Glück findet sich in südlichen europäischen und außereuropäischen Ländern ein öffentlicher Waschplatz. Ob der Waschtag am Campingplatz oder einfach am Fluß abgehalten wird, organisch abbaubare Waschmittel (z.B. Neutralseife) sind mit von der Partie, denn Radfahren und Umweltverschmutzung sind zwei gänzlich unverträgliche Dinge.

Auf eine extra Wäscheleine kann verzichtet werden, zum Aufspannen eignen sich die Spanngurte. Klammern erübrigen sich, wenn man die Gurte durch das Hosenbein oder den Ärmel zieht. Kein noch so starker Wind bläst dann die Wäsche von der Leine.

Geringe Mengen feuchter Wäsche (gerade das Handtuch am Morgen) trocknen bei entsprechenden Temperaturen unter den Spanngurten auf dem hinteren Gepäckträger.

Brillen

Wie empfindlich die Augen sind, merkt man oft erst zu spät. Zu viel Sonne bzw. zu grelles Licht, winzige Insekten und Fahrtwind verursachen schnell eine Bindehautentzündung. Eine gut be- und entlüftete, in der Form angepaßte Brille mit UV-Filter, die die Sicht nicht einschränkt und festsitzt, gehört also zur Ausrüstung

Wie wichtig ein effektiver Sonnenschutz mit Kopfbedeckung und Brille ist, weiß man manchmal erst hinterher

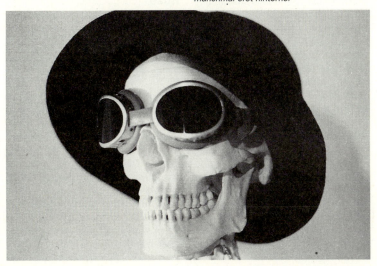

dazu. Brauchbare Modelle gibt's ab 70 DM (s. auch »Fit & Fair« ab Seite 173).

Sonnenhut und Pudelmütze

Etwa 40 % der Körperwärme werden über den Kopf abgegeben. So ist bei Wintertouren das gut geschützte Haupt schon die halbe Wärmemiete: gegen Kälte am besten mit der *Wollmütze,* bei besonders niedrigen Temperaturen zusätzlich mit einer *Sturmhaube,* wie sie Motorradfahrer unter dem Helm tragen (aus Polypropylen oder Seide, circa 20 DM). Wer Mützen am Kopf nicht mag, weil ihn dann der Juckreiz plagt, der versuche es einmal mit einem breiten *Stirnband* aus Faserpelz, das durch Fahrtwind nicht gleich vom Kopf geweht wird. Es verhindert auch, daß Schweiß in die Augen gerät, was schnell zu einer Bindehautentzündung führt.

Als Schutz vor Sonneneinstrahlung hat sich bei uns die *Schirmmütze* (ab 10 DM) gut bewährt, vorausgesetzt, sie ist der individuellen Kopfform anzupassen. Ein mit einem Stirnband befestigtes T-Shirt tut es im Zweifelsfall aber auch. Gleichzeitig kann mit dieser Methode der Sonnenbrand im Nacken verhindert werden.

Oberbekleidung

Zweckmäßige Kleidung heißt, daß die Pullover, T-Shirts, Hemden und Jacken vielseitig verwendbar (auf dem Rad und als »Abendgarderobe«), pflegeleicht, unempfindlich und atmungsaktiv sind. Am besten tragen sich mehrere Lagen übereinander (Zwiebelschalenprinzip), die je nach Wetterlage abgepellt werden.

Die Kleidung muß so geschnitten sein, daß sie die Nieren vor dem kalten Fahrtwind schützt. Besonders vor Abfahrten, wenn der Körper noch schweißnaß vom Aufstieg ist, bindet man sich als zusätzlichen Nierenschutz einen Pullover oder eine Jacke um den Bauch. Lunge und Brust kann man vor dem Fahrtwind schützen, indem man am besten eine Zeitung unter die Oberbekleidung schiebt. Eine Pause zum Trocknen ergänzt diese Vorsichtsmaßnahmen.

Einen Pullover oder Kapuzenpulli halten wir besonders bei Fahrten mit dem Zelt für unerläßlich, da am Abend in Ruhe der Körper schnell abkühlt. Bei tiefen oder rasch wechselnden Temperaturen sind wärmende Arm- und Beinlinge zum schnellen Überstreifen praktisch.

Hose

Auch wenn ein Rock in islamisch geprägten Ländern in das Gepäck jeder Frau gehört (dann an eine Speichenabdeckung am Hinterrad denken), bleibt die Hose – lang wie kurz – für Frauen und Männer die praktischste Bekleidungsart. Neueste Entwicklung sind Fleece-Hosen (und -Jacken) aus 100 % Polyester. Sie sind leicht, wärmen jedoch so gut wie Wollstoffe und nehmen Feuchtigkeit auf. Für etwa 200 DM verleihen sie einem das Aussehen eines graffity-besprühten Grizzly-Bären.

An Sitzflächen und Oberschenkeln dürfen keine Nähte scheuern. Bequem sind lange, oben weite und unten enge »Karotten«-Hosen. Reflektor- und Hosenschutzbänder mit

Klettverschluß haben als Schutz vor der Kette die gute alte Fahrradklammer abgelöst.

Jede Hose muß den Muskeln, die sich bei Anspannung ausdehnen, genügend Bewegungsfreiheit lassen. Am besten leisten das hochelastische oder kurze Hosen. Hosen, die keinen Reibungsschutz an den Oberschenkeln bieten und keine sicheren Taschen für das Nötigste wie Schlüssel, Kleingeld und Taschenmesser besitzen, sind am ungeeignetsten. Am besten ist eine *Tourenradlerhose*, die die Funktionalität einer Rennhose (mit Sitzleder) mit dem Aussehen normaler Shorts (Brügelmann, 80 DM) kombiniert.

Unterwäsche

Am besten eignen sich atmungsaktive Mischgewebe. Entwicklungen dieser Art gibt es als *Sportunterwäsche* einmal für alle Jahreszeiten (z.B. Dunova, Oldo) oder speziell gegen Kälte (von Lifa). Die Preise liegen je nach Ausführungen als Langarm, Kurzarm, Langbein oder Kurzbein zwischen 20 und 50 DM. Allgemein eignen sich faltenlose Modelle ohne dicke Nähte. Das Unterhemd muß die Nieren bedecken, auch dann noch, wenn der Radler in gebückter Haltung fährt. Daneben gibt es für den modebewußten, aber sitzfleischgeplagten Radler Ledereinsätze ab 60 DM. Zusätzlichen Schutz können (selbstgestrickte) *Nierengurte* bieten, die Nierengurte für Motorradfahrer sind zu unförmig.

Die Wahl der *Strümpfe* fällt nur bei extrem kalter Witterung ins Gewicht. Gegen kalte Füße hilft die Kombination aus den erwähnten Mischgeweben auf der Haut und Wollstrümpfen darüber.

Die ganz Harten unter den Tourenradlern, die bei Minustemperaturen erst richtig auftauen, sollten nicht vergessen, ihre Gelenke zu schützen. Hier gibt es spezielle *Angora-Knieschoner*, die natürlich billiger auch selbst hergestellt werden können!

Handschuhe

Die richtigen Fahrradhandschuhe dienen – entgegen sonstiger Gewohnheiten – nicht als Frostschutz, sondern als Schutz vor Blasenbildung, um Schwingungen abzudämpfen, Handverletzungen bei Stürzen zu verhindern und gegebenenfalls Taubheitsgefühl zu vermeiden (ab 20 DM). Sie bestehen aus einer gepolsterten Lederinnenseite und einer Stoffoberseite, die »Finger« sind gekürzt und offen. Leder ist wegen größerer Lenkerhaftung Wolle vorzuziehen. Bei extremer Kälte: Fingerhandschuhe innen und Fäustlinge darüber (unter Umständen Belstaff-Handschuhe aus dem Motorradladen). Bei überraschend einsetzender Abkühlung während einer Tour können auch mal ein Paar Socken aushelfen.

Typische Radlerbekleidung

Was man auch von der Kostümierung der Rennfahrer sonst hält: eine zweckmäßigere Kleidung für's Radeln gibt es nicht. An die Grenzen der Zweckmäßigkeit stößt der Radler allerdings dann, wenn er einmal von seinem Verkehrsmittel absteigt und einen Streifzug incognito machen möchte. Der Stempel »Radrenner« bleibt an ihm haften. Wen das nicht stört, der trägt ein Trikot aus Wolle (für kalte Tage) oder aus den schon mehrfach erwähnten Mischgeweben (zwischen 50 und 100 DM), das lang geschnitten ist und über drei praktische Außentaschen verfügt. Aber erst die Rennhose ist die wahre »Geheimwaffe«. Sie ist am Oberschenkel eng geschnitten und bedeckt drei Viertel der Schenkel. Innen wird ein Leder von Gemse oder Hirsch eingenäht (Kunstleder bzw. Gel-Polster sind billiger und pflegeleichter), das auch bei längeren Strapazen ein Wundreiben des Allerwertesten verhindert. Die Hose kann mit Hosenträgern getragen oder gleich als Trägerhose gekauft werden. Doch gute Materialien wollen auch gut behandelt werden:

Immer kalt waschen, langsam trocknen und anschließend das Leder mit Sitzcreme oder Melkfett behandeln (je 10 DM). Die Hose wird direkt auf der Haut getragen! Dies trifft auch auf die lange Rennhose zu, da die Wirkung des Leders durch eine Unterhose wieder aufgehoben würde. Statt einer langen Rennhose können auch »Beinlinge« verwendet werden, die nur von den Füßen bis zum Oberschenkel die Haut bedecken und schnell bei Bedarf an- und ausgezogen werden können (30 bis 60 DM).

Schuhe

... sollten grundsätzlich stabile und rutschfeste Sohlen haben; Stiefel behindern den Achillessehnenansatz beim Radfahren. Auf die speziellen Bedürfnisse des Tourenradlers sind mittlerweile einige Firmen eingegangen (Agu-Sport, Adidas, Nike und Diadora, deren Preise zwischen 60 und 170 DM liegen). Sie bieten Schuhe mit Spezialsohlen für's Treten und Laufen an.

Radfahren mit Haken ist wegen der Belastung der Gelenk- und Achillessehnen gewöhnungsbedürftig – man sollte vor der Tour unbedingt erst trainieren – und setzt geschlossene schmale Schuhe mit möglichst steifer Sohle voraus. (Zum Thema »Click«-Pedale siehe Seite 101.)

Vom rein radfahrtechnischen Standpunkt aus betrachtet, mögen Sandalen keine Existenzberechtigung haben, erst recht nicht in Ländern, wo es Skorpione, Hakenwürmer und Sandflöhe gibt. Doch sonst haben wir sie in warmen Gebieten immer benutzt, weil sie uns den größten »Tragekomfort« boten; festen Halt sollten sie aber geben.

Regenschutz

Der *Poncho* (auch Regen-Cape; aus PVC ab 17 DM und aus beschichtetem Nylon ab 50 DM) bietet den Vorteil, daß durch den luftigen Schnitt ein übermäßiges Schwitzen auch bei wasserdampfundurchlässigen Materialien verhindert wird. Allerdings, um von außen trocken zu bleiben, muß der Poncho mit Regenhose und Fahrradgamaschen kombiniert werden. Nicht ungefährlich ist die Windempfindlichkeit des Ponchos, die auch durch spezielle Schlaufen nicht gebannt werden kann. Sie sollen den Poncho zwar am Lenker festhalten, doch reißen sie schnell aus. Ausrangierte Ponchos der Bundeswehr sind billig (etwa 30 DM in US-Shops oder Ausrüstungsläden), wasserdicht und inzwischen auch einigermaßen leicht. Sie haben noch einen Vorteil: Dank der Druckknöpfe, mit denen sie seitlich zur Ponchoform geknüpft sind, können sie vielfach verwendet werden, beispielsweise als Zeltplane oder Unterlage bei feuchtem Untergrund.

Der *Regenanzug* als »Regentrotzvariante« ist zwar nicht so vielseitig, dafür aber wesentlich windschlüpfriger. Er besteht aus Anorak und Hose, die folgende Eigenschaften aufweisen sollten: langgeschnitten (oder nur langes Rückenteil), abgeklebte Nähte, doppelter Reißverschluß für garantierte Wasserdichte, Gummizug oder Klettverschluß an den Ärmeln (kein Bund aus Wolle, der sich vollsaugt), hochschließender Kragen und helle Farben mit Reflektorstreifen. Jacke und Hose wählt man am besten ein bis zwei Nummern größer, damit sie auch bei Bewegungen bis zum Handgelenk beziehungsweise bis zu den Schuhen reichen. Außerdem sollte die Hose bequem am Bund sitzen und mit Gummibandsteg über die Schuhe zu ziehen sein. Solche Anzüge aus Polyurethan-beschichtetem Nylon sind wirkungsvoll und ab 60 DM erhältlich. Schade, daß man darin sehr schwitzt.

Kommen wir nun zum schwierigsten Kapitel: Den *Regenanzügen* aus atmungsaktiven Geweben. Eine schlechte, wenn auch preiswerte Variante der neuen Wetterschutz-Generation sind die sogenannten *Mikrofaser-gewebe*. Deren Kunstfasern sind so eng verwebt, daß sie Regentropfen kaum durchlassen, gleichzeitig aber Schweiß in Form von Wasserdampf entweichen kann. Wie alle atmungsaktiven Materialien sind sie sehr winddicht und damit äußerst wärmefördernd. Leider halten Mikrofasergewebe (»Climaguard«, »H_2OFF«, »Tactel Micro«) keinem Dauerregen stand. Dagegen sind *mikroporöse Membranen,* wie z.B. »Gore-Tex« und »Sympatex« Gewebe, die keinen Regen durch-, aber körpereigene Feuchtigkeit rauslassen. »Sympatex« ist zudem unempfindlich gegenüber Fett. Nachteil bei beiden: ab 20° C Außentemperatur bleibt der Schweiß auf der Haut kleben. Um nicht nur eine dichte Membran, sondern auch dichte Nähte zu erhalten, gibt es mehrere Verarbeitungsmethoden: Mikroporöse Membranen werden entweder auf 2- oder 3-Lagen *Laminat* (ein Trägermaterial) aufgebracht oder als Z-Liner angeboten. 2-lagig heißt, daß die Membran mit einem Außengewebe verbunden ist, 3-lagig, daß Oberstoff, Membran und Innenfutter laminiert sind, was das Produkt sehr steif, aber auch sehr belastbar macht. Der Z-Liner ist das gängigste Verfahren, dabei wird die Membran lose zwischen Innen- und Außenstoff gehängt; das hat den Nachteil, daß sich der Außenstoff sehr vollsaugt und nur langsam trocknet. Wer diesem Nachteil durch eine *mikroporöse Beschichtung* (z.B. »Texapore«, »MPC«) ausweichen will, wird bald merken, daß sich die Beschichtung unter Belastung (Rucksack etc.) relativ schnell abreibt.

Der Preis für eine Membran-Jacke beginnt bei 250 DM, die weniger empfehlenswerten beschichteten oder Mikrofaser-Jacken sind etwas billiger.

Der wunde Punkt aller vorgestellten Formen ist die *Kapuze.* Sie bewegt sich, wenn man den Kopf dreht, mit und beeinträchtigt so die Seitensicht. Auch Kapuzen mit Sichtfenstern lösen das Sicherheitsproblem nicht, da sie beschlagen und spiegeln. Deshalb unser **Tip:** Die Kapuze mit einem Stirnband oder einer Schirmmütze befestigen.

Schuhe und Füße schützt man am besten mit *Gamaschen* oder wärmenden Überschuhen (jeweils ab 20 DM), oder durch mit Gummibändern befestigten Plastiktüten.

Die beste Auswahl an Regenbekleidung findet man in Ausrüstungsläden, von denen einige im Anhang aufgeführt sind. Aber es lohnt sich, zum Preisvergleich bei Motorrad- und Berufsbekleidungsgeschäften oder in Kaufhäusern nachzufragen.

Materialien – eine Wissenschaft für sich

Die Textilbranche hat in den letzten Jahren zunehmend die Sportler für sich entdeckt. Diese sollen bei ihren schweißtreibenden Aktivitäten nicht weiterhin frösteln und selbst bei Regenwetter wasser- und winddicht sowie atmungsaktiv verpackt sein. Dabei geht es nach dem Schichtenprinzip: spezielle Unterwäsche auf der Haut, darüber eine ausgeklügelte *Wärmeschicht* und als *Wetterschutz* mikroporöse Gewebe. Gut aufeinander abgestimmte Schichten lassen den Schweiß von der Haut über mehrere Stoffe an die Außenluft gelangen. Dafür eignen sich als *Unterwäsche* Mischgewebe aus *Natur-* und *Kunstfasern.* Sie nehmen Feuchtigkeit auf, trocknen schnell und dienen so als Feuchtigkeitsleiter. Naturfaser wie Baumwolle saugen zwar auch den Schweiß auf, stoßen ihn aber nur langsam ab. Die Folge: Nach einer schweißtreibenden Bergfahrt kühlt man wegen der Feuchtigkeit völlig aus und holt sich spätestens bei der nächsten Talfahrt eine Erkältung. Reinsynthetische Materialien bieten sich also als Wetterschutz und Wärmeschicht an. Das Angebot ist, nicht zuletzt durch die verwirrende Namensvielfalt, nahezu unüberschaubar.

Umweltverträglichkeit von Textilien

Sind Naturfasern haut- und umweltfreundlicher als Kunstfasern? Schwer zu sagen, zumal nahezu alle Woll-, Baumwoll-, Seide- und Leinenstoffe chemisch behandelt werden. Die Zeitschrift *Natur* empfiehlt daher, alle Naturfasern mehrfach vor Gebrauch zu waschen und nicht chemisch zu reinigen. Auch die Massenherstellung von Naturprodukten mit ihrem intensiven Dünger- und Pestizidgebrauch wirft einen Schatten auf Naturfaser.

Wie giftig sind dagegen die Zwischen-, Neben- und Endprodukte der Chemiefasern zu bewerten? Heftig kritisiert wird etwa die mikroporöse Membran »Gore-Tex«, da dieser Kunst-Stoff aus Teflon besteht, bei dessen Herstellung giftige Nebenprodukte entstehen. Ausrangierte Jacken dürften wegen giftiger Dämpfe eigentlich nicht verbrannt werden – Sondermüll! Der Konkurrent »Sympatex« kommt besser weg: sein Basisstoff Polyester gilt in Produktion und Entsorgung als unbedenklich. Das ökologisch Sinnvollste ist wohl, möglichst hochwertige Materialien auszuwählen, die eine lange Lebensdauer garantieren.

Sprichwörtlich ein Kapitel für sich:
DIE GEPÄCKBEFÖRDERUNG

Wir gehen bei unseren Angaben von einem Durchschnittswert von ungefähr 16 kg Gepäck aus. Im Sommer, in südlichen und wärmeren Breiten oder bei Übernachtung in Hotels nimmt das Gepäck ab. Umgekehrt nimmt es bei unbeständigem Wetter, in nördlichen und kälteren Breiten oder bei Übernachtung mit Zelt und Schlafsack zu.

Der Unterschied einer zweiwöchigen oder mehrmonatigen Tour fällt kaum ins »Gewicht«, denn bei letzterer kommt man um den wöchentlichen Waschtag nicht herum. Das Gepäck wird noch einmal geringer, wenn in einer Gruppe Zelt, Kochgeschirr, Werkzeug, Ersatzteile und Lebensmittel auf mehrere verteilt werden. Was sich unterwegs als überflüssig erweist – etwa bei einer Fahrt gen Süden – verschnürt man in einem Paket und bringt dies zum nächsten Postamt (siehe »Post«, Seite 51). Hat man schließlich das »kleinste gemeinsame Vielfache« seiner persönlichen Habe zusammen, stellt sich die Frage: »Wie und wo bringe ich es am Fahrrad unter«?

Am günstigsten liegt das Gepäck möglichst nahe am Schwerpunkt des Rades. Es muß möglichst weit unten im Bereich der Radnaben und so nahe wie möglich am Tretlager untergebracht werden. Negativ für Fahrverhalten, Belastbarkeit und Lenkfähigkeit hat sich das Anbringen von schweren Gepäckstücken am Lenker und am Ende des hinteren Gepäckträgers erwiesen. Besser ist eine Aufteilung zugunsten des hinteren Gepäckträgers; also etwa 60 % vorne und 40 % hinten.

Hinterer Gepäckträger

Die Auflagefläche des Gepäckträgers sollte möglichst lang sein, damit beim Fahren ausreichend Platz zwischen Ferse und Packtasche bleibt. Verstellbare Stützstreben ermöglichen selbst bei unterschiedlichen Rahmenhöhen eine gerade Auflagefläche. Erfahrungsgemäß werden die Befestigungsschrauben der Stützstreben am stärksten beansprucht. Hier sollte man unbedingt eine gehärtete Schraube einsetzen.

Durch den niedrigen Anschaffungspreis ist der Gepäckträger aus Stahl immer noch eine Alternative. Er hat ein recht hohes Eigengewicht, ist aber bis 50 kg belastbar und kann im Notfall in jeder Schlosserei wieder zusammengeschweißt werden. Gepäckträger aus Aluminium sind im Vergleich zu Stahlträgern leichter. Ihre Belastbarkeit ist mit etwa 40 kg um weniges niedriger, dafür sind sie teurer und können nur recht umständlich repariert werden, z.B. mit Nietverbindungen, Schlauchschellen oder Schienen.

Typen und Modelle

Einfache Fahrräder besitzen am hinteren Gepäckträger nur ein bis zwei *Seitenstreben*. Sie sind meist als Stahlmodelle im Handel. Bei viel Gepäck beeinträchtigt Schlingern das Fahrverhalten ganz erheblich, weshalb diese Träger nur bedingt tourentauglich sind.

Modelle mit drei Seitenstreben sind höher belastbar und damit für Touren durchaus empfehlenswert. Es gibt sowohl Alu- wie auch Stahlausführungen (ab 20 DM). Die Stabilität des aus Aluteilen verschweißten »Jim Blackburn« genießt (auch preislich) fast legendären Ruf. Billigere Nachbauten dieses Trägers sind jedoch ähnlich stabil (»Blackburn« um 100 DM, Nachbauten von Bor Yueh um 50 DM). Für Reiseradler sind noch zwei Gepäckträger der Firma ESGE interessant: der mit Kunststoffverbindungsteilen zusammengesteckte »Safari III« und der verschweißte »Touring TX«. Letzterer besitzt eine hohe Seitensteifigkeit, die Gepäcktaschen

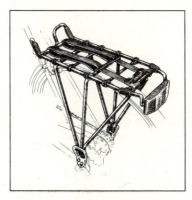

3-Streben-Gepäckträger ESGE »Safari III«

können an einem tieferliegenden Seitenbügel eingehängt werden, was den Schwerpunkt der Tasche weiter nach unten verlagert (»Safari« um 60 DM, »Touring« um 100 DM). Neue Gepäckträger aus Rahmenmaterial (25 CrMo 4) setzen in Leichtigkeit und

Die optimale Verteilung des Gewichts: vorne schwer, hinten leicht

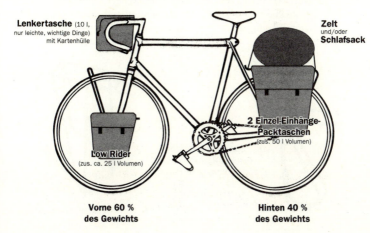

Lenkertasche (10 l, nur leichte, wichtige Dinge) mit Kartenhülle

Zelt und/oder **Schlafsack**

2 Einzel-Einhänge-Packtaschen (zus. 50 l Volumen)

Low Rider (zus. ca. 25 l Volumen)

Vorne 60 % des Gewichts

Hinten 40 % des Gewichts

Stabilität neue Maßstäbe. Leider auch im Preis. Ab circa 150 DM sind die kunststoffbeschichteten Träger Cargo und Assel Nr. 3 bei Bicycle und in VSF-Läden zu bekommen (VSF = Verband selbstverwalteter Fahrradläden).

Vorderer Gepäckträger

Normale Vorder-Gepäckträger mit hochliegender Auflagefläche werden in verschiedenen Ausführungen angeboten: von ganz zierlichen »Gepäckträgerchen«, die sich bestenfalls zum Transport einer Badehose eignen, bis hin zur Größe eines hinteren Gepäckträgers. Diese eignen sich wiederum nur für kurze Touren, da sie mit Gepäck beladen das Lenkverhalten negativ beeinflussen. Besser sind *Low-Rider-* (= tiefliegende) Gepäckträger. Modelle aus Aluminium oder dem oben erwähntem 25-CrMo-Material für 40 bis 100 DM sind ausschließlich für spezielle Einhängetaschen konstruiert. Mit Hilfe von Spanngummis lassen sich aber auch Schlafsack oder Isoliermatte daran befestigen.

Ideal ist eine Kombination von Low-Rider- und normalem Gepäckträger. Gutes Lenkverhalten garantieren die Low-Rider-Taschen, frisch Eingekauftes und oft Benötigtes findet dagegen auf dem oberen Träger Platz.

Gepäcktaschen

Gepäcktaschen aus beschichtetem Nylongewebe sind strapazierfähig, aber nicht wasserdicht. Spezielle Nylongewebe wie »Cordura«-Nylon, »Silverguard«, »KS 100 e« sind robuster, lassen aber an den Nähten Wasser durch. Dichtgewebte und gewachste Baumwolle benutzt die englische Firma Carradice für ihre biologisch imprägnierten Radtaschen; aber auch diese sind nicht absolut wasserdicht. Die einzigen Taschen, die wirklich dicht sind, stellt die Firma Ortlieb her (etwa 160 DM). Beidseitig mit PVC beschichtet, läßt sich die Tasche im Notfall als Wassertransportsack benutzen. Weniger umweltbelastend in Herstellung und Entsorgung, doch gleichfalls 100-%ig wasserdicht sind

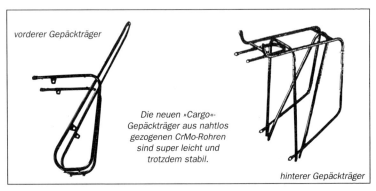

vorderer Gepäckträger

Die neuen »Cargo«-Gepäckträger aus nahtlos gezogenen CrMo-Rohren sind super leicht und trotzdem stabil.

hinterer Gepäckträger

die violetten Ortlieb-Taschen auf Polyurethan-Basis. Bei allen anderen Taschen sollte man das Gepäck zusätzlich mit Plastiktüten schützen. gerade bei den spritzwassergefährdeten Low-Rider Taschen Eine äußere Schutzhülle aus PU-Nylon und Nahtdichter helfen zwar auch, können aber die Plastiktüten nicht ersetzen.

Form und Ausstattung

• Die Hinterradtaschen sollten der Fersen wegen schräg geschnitten sein und kleine Außentaschen besitzen. Ein bequemer Tragegriff, oder die Möglichkeit zum Anbringen eines Schultergurtes, erleichtern die Mitnahme der Taschen.

• Reißverschlüsse sind praktisch, aber wasserdurchlässig. Sie reißen häufig an den Nahtstellen aus, wenn die Tasche voll ist. Fastex-Klickverschlüsse in Verbindung mit Kompressionsgurten sind strapazierfähiger und damit als Verschluß der Haupttasche besser geeignet. Klettbänder verlieren mit der Zeit ihre Klettwirkung: da hilft nur häufiges Reinigen.

• Zur Befestigung sind Nylonbänder mit Metallschnallen bei häufigem Montieren lästig. Außerdem sind sie schmutzempfindlich und haben die Neigung, sich in den Laufrädern zu verheddern. Die beste Lösung sind stabile kunststoffüberzogene Haken (eventuell zusätzlich montieren) in einer Metallschiene an der Oberkante der Rückseite. Eingehakt am Gepäckträger halten sie selbst bei Schlaglöchern, wenn sie fixiert und zusätzlich noch mit einem Gummizug am unteren Teil des Gepäckträgers abgespannt sind. Für die zerbrechlichen Kunststoffhaken sollte man Ersatz dabei haben.

• Die Nähte müssen doppelt verarbeitet und mit Bändern gefaßt sein, damit sie nicht ausreißen.

• Für die Sicherheit sind Reflektorstreifen an den Taschen wichtig, eventuell nachträglich anbringen.

• Taschen ohne verstärkte Rückwand taugen nichts. Die Rückwand sollte zumindest aus beschichteter Pappe bestehen, besser aus Aluminium oder Kunststoff.

• Taschen mit Deckelklappe besitzen zur Vergrößerung der Haupttasche einen ausziehbaren Innensack, ähnlich wie bei Rucksäcken. Verschlossen mit einem Kordelzug und Schnellstopper entsteht so ein weiterer Regenschutz.

• Grundsätzlich ist ja jede Packtasche zu klein, oder vielleicht nur das Gepäck zu groß? Hinterradtaschen fassen zwischen 40 und 60, Vorderradpacktaschen zwischen 15 und 30 Litern.

Typen und Modelle

Die Dreifach-*Hinterrad*-Packtasche ist wohl das meistverbreite Modell, mit ihren Schnallen und Riemchen aber auch das unpraktischste. Vorsicht vor Billigprodukten, denn die müssen schon nach der ersten Tour wegen Verarbeitungsmängeln ausrangiert werden. Dreifach-Packtaschen bieten viel Platz, aber beim Beladen und Tragen zeigen sich Nachteile. Größe um 50 l, Preis 35 bis 90 DM.

Die Doppelpacktasche hat ein geringeres Packvolumen als die Dreifach-Tasche. Sie ist für die zusätzliche

Beladung von Zelt oder Schlafsack auf dem Gepäckträger eher geeignet.

Die Einzel-Einhängetasche ist die sicherste und zweckmäßigste Version. Mit Haken im Gepäckträger eingehängt und mit Gummizügen an der Gepäckträgerbefestigung festgehalten, ist sie in kürzester Zeit montiert. Preise zwischen 130 und 350 DM pro Paar. Auch hier gibt es Hersteller mit legendärem Ruf: Karrimor, Ortlieb und Carradice. Sonstige Anbieter sind Cannondale, Velo Bruckmann, Jansport, Römer, Trelock, VauDe, Hobbyt, AGU und noch andere.

Die Doppeltasche für gewöhnliche *Vorder*-Gepäckträger faßt 10 bis 15 l Gepäck. Nachteil: der ungünstige Schwerpunkt stört beim Fahren; Preis 25 bis 60 DM. Die Einzel-Einhängetaschen für Low-Rider sind teuer, aber nützlich. 20 bis 30 l Gepäck lassen

sich mit ihnen sicher transportieren (zwischen 100 und 200 DM das Paar).

Lenkertaschen für ständig benötigten Kleinkram fassen um die 10 l. Praktisch ist eine integrierte Kartenhülle, die aber auch Kartengröße haben sollte! Artistisch anmutende Abspannungen der Lenkertasche mit Metallbügeln und Haltegummis schwingen zu sehr. Besser sind starre »Klick«-Befestigungen; hierbei wird eine Führungsschiene fest am Lenker montiert, die Tasche nur noch eingerastet (siehe »Fotografieren«, S. 192).

Der *Fahrradkorb* ist am billigsten, kommt aber dem Fahrkomfort teuer zu stehen, weil der hohe Schwerpunkt beim Lenken stört.

Rahmentaschen sind schwierig zu bepacken und empfindlich bei Seitenwind; sie sind deshalb nur für wichtige Kleinigkeiten zu empfehlen.

Im Bereich Packtaschen sind der Selbstbauphantasie kaum Grenzen gesetzt. So sahen wir auf unseren Fahrten Dreifach-Packtaschen aus Aluminium, Selbstbaueinheiten aus Kunststoffkästen und Kanistern. Die ideale Packtasche für die speziellen Bedürfnisse läßt sich mit etwas Geschick sicher selbst herstellen.

Tip: Man sollte immer mindestens zwei *Spanngurte* dabei haben, um sperrige Güter sicher transportieren zu können. Billiger sind ausgediente Fahrradschläuche!

Beim Kauf:
- Fahrrad mitbringen und probepacken
- Nähte überprüfen
- Reißverschlüsse testen

PACKLISTE

Die sinnvollste und beste Checkliste ist immer die eigene. Sie berücksichtigt meine Bedürfnisse, meine Reise und mein Rad. Solche eigenen Checklisten formulieren Tourenradler gerne aus Erfahrungen früherer Fahrten. Den angehenden »Tourenfreaks« wollen wir mit der folgenden Liste Anregungen geben, »ihre« Ausrüstung zusammenzustellen; sie ist mit Absicht sehr umfangreich.
Bei der verantwortungsvollen Tätigkeit des Quälens und Auswählens sollten den Planer Bilder eines schweißgebadeten Radlers wie Alpträume peinigen, der keuchend mit einem hoffnungslos überladenen Rad eine fünf Kilometer lange Steigung hochstrampelt! Das alles, damit auch die letzte überflüssige Socke zur Seite gelegt wird.
Die Unterscheidung in »wichtig« und »nicht unbedingt notwendig bei kürzeren Touren« ist natürlich eine persönliche. Sie ist jedoch in langer und auch leidvoller Erfahrung entstanden!

❏ = wichtig
❍ = bei kürzeren Touren nicht unbedingt notwendig

Kleidung

❏ Unterwäsche
❏ T-Shirts
❏ Socken
❏ Pullover
❏ lange Hose
❏ Shorts
❏ Jogging-Hose
❏ Badezeug
❏ Handtücher
❏ Wind- und Regenjacke
❏ Regenhose
❏ Gamaschen
❏ Sandalen
❏ feste Schuhe/Sportschuhe
❏ Sonnenhut
❏ Waschzeug/Toilettenartikel
❍ Handschuhe
❍ Schal, Halstuch
❍ Waschlappen

Campingartikel

❏ Schlafsack
❏ Unterlage
❏ Taschenlampe
❏ Taschenmesser mit Dosen- und Flaschenöffner
❏ Besteck, scharfes Messer
❏ Suppenteller
❏ Becher
❏ Feuerzeug/Streichhölzer
❏ Wassersack, 2-Liter-Flasche
❍ Zelt
❍ Moskitonetz
❍ Kocher
❍ Gewürze
❍ Aluflasche für Benzin
❍ Reinigungsbürste
❍ Kochgeschirr

Sonstiges

❏ Reiseapotheke
❏ Trinkflaschen
❏ Ersatzbrille

DAS REISEGEPÄCK

- ❑ Sonnenbrille
- ❑ Sonnencreme, Lippenschutz
- ❑ Nagelschere, Pinzette, Sicherheits-
  nadeln
- ❑ Nähzeug
- ❑ Öko-Waschmittel
- ❑ Kondome
- ❑ Schnur
- ❑ Schreibzeug, Adressenverzeichnis
- ❑ Toilettenpapier
- ❑ Mückenschutz
- ❑ Reisebücher
- ❑ Wörterbuch
- ❑ Landkarten
- ❑ innenliegender Geldgurt
  bzw. Brustbeutel
- ○ Kamera und Filme
- ○ kleiner Tagesrucksack
- ○ Spiele
- ○ kleines Musikinstrument
- ○ Kompaß
- ○ Wecker
- ○ Weltempfänger
- ○ Kerze
- ○ Tagebuch
- ○ Gummistopfen für JH-Spül-
  becken

Papierkram
- ❑ Reisepaß (mit Visum)
- ❑ Personalausweis
- ❑ Internationaler Studentenausweis
- ❑ Internationaler Impfausweis
- ❑ Internationaler Krankenschein
- ❑ Reiseschecks und Banknoten
- ❑ Tickets
- ❑ Kopien aller wichtigen
  Dokumente
- ○ JH-Ausweis

- ○ 2. Reisepaß
- ○ Reisekrankenversicherungs-
  nachweis
- ○ 2 zusätzliche Paßfotos

Fahrrad
- ❑ Ersatzschlauch
- ❑ Kettenglieder/Kettenschloß
- ❑ Ersatzzüge für Schaltung/
  Bremsen
- ❑ Fahrradschloß und Ersatz-
  schlüssel
- ○ Ersatzmantel
- ○ Ersatzspeichen
- ○ Ersatzachsen vorne/hinten
- ○ Ersatzbirne vorne/hinten
- ○ Lichtkabel

Werkzeug
- ❑ breiten Schraubendreher (8 mm)
- ❑ schmalen Schraubendreher (4 mm)
- ❑ Kreuzschlitz-Schraubendreher
- ❑ notwendige Inbus-Schlüssel
- ❑ Wasserpumpenzange
- ❑ Flickzeug
- ❑ Bindedraht und Gewebeband
- ❑ mindestens einen Maulschlüssel
  für jede Mutterngröße am Fahrrad
- ❑ bei Kontermuttern an einen
  zweiten Schlüssel denken (Sattel-
  stütze, Naben, Bremsanlage)
- ○ Tretlagerschlüssel
- ○ Sortiment Schrauben u. Muttern
- ○ Fett, Klarlack gegen Roststellen
- ○ Dreikantfeile
- ○ Schlauchschellen, Lüsterklemmen
- ○ Zahnkranzabnehmer mit passen-
  dem Maulschlüssel, und eventuell
  Gummihammer

UNTERWEGS & ÜBERNACHTEN

RADBEFÖRDERUNG

Nicht jede Radreise fängt zu Hause an oder endet dort. Damit der Fahrradtransport in Bahn oder Flugzeug streßfrei und preiswert wird, bieten wir Ihnen eine Übersicht über alle Möglichkeiten einschließlich vieler Tips und einiger ungewöhnlicher Beförderungsarten.

Rad und Bahn

Rad und Bahn wären eigentlich ein ideales Team, wenn da nicht so manche Ärgernisse wären: unsachgemäße Behandlung des Rades, beschränkte Schalterzeiten, fehlender Gepäckwagen, lange Wartezeiten, fehlender Service (Hinweisschilder, Erklärungen etc.), eingeschränkte Selbstverladung ins Ausland oder buchstabentreue Bahnbeamte. Trotz alldem ergänzen sich Rad und Bahn bei einer Radreise sinnvoll. Beide sind umweltschonend, sie lassen Zeit, sich auf ein Reiseziel einzustellen, ermöglichen ein Reisen fern von allen Staus und sind somit Hilfsmittel zum »sanften Reisen«.

Allgemeine Hinweise zum Bahnfahren

Rechtzeitig, das heißt zu Spitzenzeiten mindestens zwei Monate vorher, sind *Sitz- oder Liegeplatzkarten* bei DER-Reisebüros oder direkt bei der DB zu reservieren. Das geht auch ohne Fahrkarte. Aber Vorsicht im Ausland: Dort wird sie, wenn man nicht energisch auf dem Gegenteil besteht und eventuell eine vorlegt, oft gleich mitgebucht. Liegekarten kosten in Westeuropa um 26 DM, in Ost- und Südeuropa weniger.

Die *BahnCard* kostet für Jugendliche bis 22, Studenten bis 26 Jahren, Senioren und Familien 110 DM, für alle übrigen 220 DM. Dafür fährt man ein Jahr lang innerhalb Deutschlands zum halben Preis. Außer den *Sparpreis-* und *Supersparpreis-*Tarifen für Familien und Gruppen ist für Leute ab 60 Jahren das *Rail-Europa-S-Ticket* interessant, das zusätzliche 30 DM kostet, aber europaweit ein Jahr lang 30 % Ersparnis bringt. Über Sondertarife wie *Twen Tours* oder *Transalpino* informieren die Reisebüros oder *Twen Tours International,* Postfach 6003, 30060 Hannover, ✆ 0511/5670, und *Transalpino GmbH,* Hohenzollernweg 47, 50672 Köln, ✆ 0221/20230.

Euro-Domino ist ein Sparangebot für »Erwachsene«. Innerhalb eines Monates kann man an frei wählbaren Tagen 3, 5 oder 10 Tage in einem von 24 europäischen Ländern Bahnfahren.

Die Struktur des *Interrail-Tickets* wurde verändert: mit dem »Global-Paß« für 630 DM können alle unter 26 einen Monat lang in allen europäischen Ländern außer in Rußland, Albanien, Serbien, Montenegro und Makedonien reisen. Die Schiffspassagen zwischen Brindisi (Italien) und den griechischen Inseln Korfu und Patras sind im Preis enthalten, andere Fährverbindungen mit Ermäßigungen. Ansonsten gibt es nun 7 Länderzonen mit Preisen zwischen 350 und 420 DM, wobei man oft mindestens zwei Zonen nehmen muß, um eine sinnvolle Langstrecke zusammenzukriegen.

Mit dem *Tramper-Monats-Ticket* können Jugendliche bis 22, Studenten bis 26 Jahre für 350, mit ICE-Berechtigung für 465 DM einen Monat lang beliebig oft zuschlagfrei in Deutschland reisen. Fahrradtransport gratis!

Eine gute Übersicht europäischer Bahn-Sparangebote gibt's gegen frankierten Rückumschlag beim *VCD*, Eifelstr. 2, 53119 Bonn, ℂ 0228/985850.

In vielen südeuropäischen Ländern ist es billiger, das Rückreiseticket erst vor Ort zu kaufen. Noch preiswerter wird es, wenn dort Twen Tours-, Transalpino- oder Wastells-Vertretungen ein Büro haben. Je nach Entfernung kann ein Interrail-Ticket billiger als eine verbilligte Hin- und Rückfahrkarte sein.

Mit *rail & fly* können eine/zwei Personen je nach Entfernung für 99/149 DM bis 140/210 DM, ICE 176/264 DM von beliebigen Ausgangsorten bis zum Flughafen und wieder zurück fahren, was sich wegen der Geltungsdauer hauptsächlich nur für kurze Städtetrips eignet. Fluggäste der LTU aus dem Ruhrgebiet reisen per Bahn kostenlos, aus dem übrigen Bundesgebiet für 40 DM zum Flughafen.

Liegewagen nur für Frauen stellt die Deutsche Bahn auf allen inländischen Strecken zur Verfügung. Die Buchung muß zwei Tage vor der Abreise erfolgen.

Auslandskursbücher

Wer schon mal zu Hause einen Blick in das Auslandskursbuch wirft, erspart sich unterwegs viel Zeit:

Kursbuchstelle der DB, Postfach 1569, 55005 Mainz (15 DM). Hier kann man ebenso wie in Buchhandlungen oder am nächsten Bahnhof die Kursbücher der Deutschen Bundesbahn und deren Auslandskursbuch beziehen.

WWT Repräsentations AG, Arter Str. 155, CH-6317 Oberwiel/Zug, ℂ 0041/42/214168. Hier sind die folgenden drei englischen Werke zu bestellen:

Thomas Cook Continental Time Table, 38 DM (Fahrpläne von Bahnen, Schiffen, europaweit);

Thomas Cook International Time Table, 32,50 DM (Fahrpläne von Bahnen, Schiffen, international);

Wood/McDonald, Europe by train, 1988, 25 DM (Bahn- und Länderinformationen von 26 europäischen Staaten).

Viele Kursbücher ausländischer Gesellschaften (Bahn, Bus, Schiff, Flugzeug) gibt es nach Prospektanforderung bei:

Auslandskursbuchzentrale Litterscheid, Annostr. 48, 53773 Hennef, © 02242/2522 (nur Di- und Do-Vormittag, Bestellung nur schriftlich).

SBB-Verkaufsstelle für ausländische Kursbücher, Hauptbahnhof, Postfach, CH-9001 Sankt Gallen, © 071/226180 (nur Di- und Do-Vormittag besetzt).

Grundsätzliche Informationen (Preise, Gepäck, Adressen etc.) und die Streckennetze europäischer Bahnen mit vielen Detailinformationen enthält das neue *Inter-Rail-Buch,* K.-Ch. Wanninger, Fischer-Verlag 1993, 2 Bände (Nord- und Südeuropa) je um 16,80 DM.

In »Dritte-Welt«-Ländern ist die Bahn neben dem Bus das billigste Verkehrsmittel und entsprechend stark frequentiert. Weil die Fahrkarten oft erst eine Stunde vor der Abfahrt verkauft werden, ist rechtzeitiges Anstellen nötig. Und obwohl die Aufgabe des Rades erst mit der Fahrkarte erfolgen kann, sollte man sich vorher schon einmal beim Gepäckschalter ankündigen.

Das konkrete Vorgehen ist von Land zu Land verschieden. Hier sind Beobachtungsgabe, Verhandlungsgeschick, Durchsetzungsvermögen, mal Geduld, mal Schnelligkeit gefragt, um mit diversen Gepäckstücken beladen Fahrkarte und Sitzplatz zu ergattern und auch noch das Fahrrad im Auge zu behalten.

Tips zum Transport in der Bahn

Das **Selbstverladen** des Rades ist in vielen Ländern in Zügen mit Gepäckwagen möglich. Um dies zu erfahren, durchforstet man Kursbuch oder Fahrplan nach dem Symbol für Gepäckwagen. Nun kauft man unter Vorlage einer Fahrkarte eine Fahrradkarte und bringt das Rad selbst zum Gepäckwagen, verlädt es beim Umsteigen und holt es auch an der Endstation dort wieder ab.

Das *Gepäck* muß vom Rad abgenommen werden, so jedenfalls die Vorschrift. Man kann jedoch bei halbwegs leeren Gepäckwagen mit der Kulanz der Bahnbeamten rechnen. Selbstverständlich nimmt man alle Wertsachen aus dem Gepäck an sich.

Selbstverladung kann in eine unbeabsichtigte Plackerei ausarten, besonders dann, wenn man mehrmals umsteigt, viel Gepäck dabei hat und die Bahnhöfe mit treppenreichen Unterführungen gespickt sind. Zum Debakel wird eine Radtour vollends, wenn man trotz größter Anstrengung nur noch die Rücklichter des gerade abgefahrenen Zuges erblickt.

Wenn keine Packwagen angehängt sind, machen Zugführer auf freundliche Nachfrage (bei nicht besonders gekennzeichneten IC- und EC-Zügen zwecklos) bei ein bis zwei Personen schon mal eine Ausnahme und erlauben, das Rad in den Eingang oder Seitengang (am besten am Anfang oder Ende des Zuges) zu stellen. Bei der DB ist das Mitnehmen von Fahrrädern im Interregio (reservieren) und in allen Nahverkehrszügen im Eingangsbereich möglich (Gruppen mit

Anmeldung), siehe auch »Länderinfo« Deutschland, ab Seite 127.

Nicht nur in Ländern, in denen der Besitz eines Fahrrades, das vielleicht sogar mit Gangschaltung ausgerüstet ist, noch eine große Verlockung darstellt, schließt man sein Rad im Gepäckwagen fest. Dies gilt auch dann, wenn man sein Rad aufgibt und im selben Zug reist.

Selbstverladung bei Zügen, die Landesgrenzen überschreiten, war bisher nur in Ausnahmen möglich. Man mußte es entweder vorher aufgeben oder aber vor der Landesgrenze aussteigen, radelnd die Grenze passieren und in den nächsten Zug wieder einladen, falls dies die Beförderungsbedingungen des jeweiligen Landes zuließen. Die ganze Prozedur konnte unter Umständen teuer werden, da man in zwei Ländern die Passage bezahlen mußte; ABER: ein breiter Silberstreif am Horizont. Mit Beginn des Sommerfahrplans am 29. Mai 1994 ist die Mitnahme von Fahrrädern in bestimmten Zügen in nahezu alle Nachbarländer möglich. Der neue Service gilt für Dänemark, die Niederlande, Belgien, Österreich, Ungarn, Tschechien und Polen, nicht jedoch für Frankreich und die Schweiz. Die Internationale Fahrradkarte kostet je Richtung rund 16 DM und muß jeweils vor Ort neu gelöst werden, siehe »Länderinfos«.

Die **Aufgabe** des Rades als Reisegepäck ins Ausland empfiehlt sich trotz einiger Risiken wegen des geringen Aufwands. Aber Achtung, obwohl die europäische Einigung in aller Munde ist, ist das Europa der Radler in weite Ferne gerückt: die Aufgabe des Rades von und nach Irland, England und Italien ist seit Sommer '92 nicht mehr möglich.

Wer sein Rad mit der DB in Urlaub schicken möchte , kann es seit dem 1.1.1994 nur noch verpackt beim Gepäckschalter abgeben. Bevor das Rad auf also auf Bahnreise geht, entfernt man alle Zusatzteile wie Tacho, Trinkflasche oder Luftpumpe, umwickelt den Rahmen und polstert die empfindlichen Teile der Schaltung gut ab. Vorbildlich sind hier die speziellen Fahrradkartons der Eisenbahnen in Frankreich, Belgien und der Schweiz, die dort an Bahnhöfen zu erwerben sind. Das Rad sollte trotz Verpackung noch fahrbar sein. Da Schäden nie auszuschließen sind, ist eine Reisegepäckversicherung sinnvoll (siehe Kapitel »Versicherungen«, Seite 200).

Zumindest in der Hauptreisezeit kann es zu Engpässen in der Fahrradbeförderung kommen. Daher muß das Rad rechtzeitig – bis zu 2 Wochen vorher – aufgegeben werden. Nach Schweden beispielsweise verkehrt nur einmal wöchentlich ein Zug mit Gepäckwagen.

Der *Aufgabetermin* ist aus diesem Grunde immer ein kleines Vabanquespiel. Gibt man das Rad zu spät auf, muß man eventuell am Zielbahnhof warten, hat man es zu früh aufgegeben und holt es verspätet (nach 10 Tagen) ab, muß man Lagergebühren bezahlen.

Als Zielbahnhöfe kommen nur solche mit angegliederter *Zollstation* in Frage. Große Städte haben oft mehrere Bahnhöfe, deshalb auf den genauen

Namen des Bahnhofs achten und bei der Zollerklärung angeben. Nicht jedes Zollamt beispielsweise in Hafenstädten befindet sich in unmittelbarer Bahnhofsnähe. In Istanbul mußten wir zum 30 km vor der Stadt gelegenen Amt fahren, um unsere Räder in Empfang nehmen zu können.

Die Ankunft verlegt man auf den Morgen eines Werktages, da dann die Wahrscheinlichkeit am größten ist, daß man die Öffnungszeit des Zollamtes nicht verpaßt. Außerdem bleibt so – wichtig gerade in größeren Städten – noch genügend Zeit, um vor Einbruch der Dunkelheit aus der Stadt herauszuradeln.

Die Aufgabe des Rades als Reisegepäck ist in allen Ländern möglich, jedoch nicht immer im selben Zug. Gibt es Schwierigkeiten, hilft in vielen Fällen eine nette Unterhaltung, eine Zigarette oder ein leidendes Gesicht. In Ländern, wo der reisende Radler keine Alltäglichkeit ist, wurden wir und unsere Räder wie Staatsgäste behandelt: mit allen Ehren!

Die *Rücksendung* des Rades aus Nicht-EG-Ländern kann sich schwieriger gestalten. Nacheinander müssen Gepäckschalter und Zollstation aufgesucht werden. Manchmal können Beamte den richtigen Preis und das richtige Formular mit dem zugehörigen Paragraphen nicht gleich finden, manchmal haben sie dazu auch keine Lust. Hier hilft nur: standhaft bleiben und Hartnäckigkeit demonstrieren.

In Europa gelten unabhängig von der Entfernung einheitliche Beförderungsbedingungen für Fahrräder: danach kostet ein Rad 21 DM; bei Gruppen ab 6 Personen 10,50 DM. Manchen Schwierigkeiten kann man dadurch entgehen, daß man das Rad mit ins Abteil nimmt (in einer Spezialtasche oder zerlegt in einem Karton, siehe Kapitel »Radbeförderungsallerlei«, Seite 162). Allerdings erscheint uns dieses Verfahren – Packtaschen, Schlafsack und Isomatten noch mit dabei – nur für eine Sonderausführung der Gattung Mensch möglich: Vier Arme sind eine minimale Grundvoraussetzung. Detaillierter kann man sich durch die ADFC-Broschüre »Fahrrad und Bahn in Europa« (3 DM in Briefmarken) informieren.

Rad und Bus

Die Anreise mit dem Bus ist um einiges billiger als mit der Bahn. Wer allein oder zu zweit reist, hat auch große Chancen, neben dem Busplatz noch einen Gepäckplatz für sein Rad zu finden.

Jedoch ist zur Hauptreisezeit der Stauraum für Gepäck meist ausgelastet. Wer Pech hat, muß trotz Buchung auf den nächsten Bus warten. Vorteilhaft ist sicherlich, sein Vehikel demontiert in einem Karton oder in einer Tasche zu transportieren.

Für Gruppen mit mehr als 4 Personen plus Rädern gibt es nach unseren Erfahrungen keine Chancen.

Eine kostenlose Broschüre über Abfahrtszeiten, Beförderungsbedingungen, Zielorte und Buchungsstellen der unter dem Sammelnamen »eurolines« zusammengeschlossenen Unternehmen kann man bei *IRV International Road Transport Union,* 3 rue de Varembè, BP 44, CH-1211 Genève 20, ☏ 022/7341330, beziehen.

Für Deutschland erkundigt man sich am besten mit genauen Fragen bei der *Deutschen Touring GmbH,* Reservierungsbüro, Am Römerhof 17, 60486 Frankfurt a.M., ☏ 069/79030. Angeboten werden die Benelux-Länder, Frankreich, Großbritannien, Polen, Italien, Skandinavien, Spanien, Portugal, Griechenland, Türkei und Jugoslawien. 10 % Rabatt gibt es für Studenten und Erwachsene unter 26 Jahren.

Velomobil, die Dienstleistungs-GmbH des ADFC, hat 1994 erstmals ein Euro-Fahrradbusnetz in Zusammenarbeit mit sieben unabhängigen Reiseunternehmen organisiert. Gebucht wird nur der Transfer, die Gestaltung vor Ort bleibt jedem selbst überlassen. Ab Beginn der Osterferi-en verkehren Fahrradbusse nach Italien, Frankreich und Spanien, in der Regel bis Mitte Oktober wöchentlich. Norwegen, Schweden, Irland, England und Polen werden von Juni bis August angefahren (Preisbeispiele für Hin- und Rückfahrt: Köln – Irland 695 DM, Frankfurt – Barcelona 290 DM, Berlin – Masuren 150 DM).

Infos gegen frankierten Langumschlag bei *Velomobil,* ADFC-Radverkehr-Dienstleistungen-GmbH, Postfach 104777, 28077 Bremen, ☏ 0421/3463916. Buchen kann man außerdem in den örtlichen ADFC-Geschäftsstellen und in Fahrradgeschäften, die zum Verbund selbstverwalteter Fahrradbetriebe (VSF) gehören. In den Niederlanden wird diese Variante des Fahrradreisens schon einige Jahre praktiziert. Für Interessenten, die im Grenzgebiet wohnen, sicherlich eine

Alternative (näheres siehe »Länderinfo« Niederlande).

Weitere Informationsquellen über Möglichkeiten, mit dem Bus an sein Ziel zu kommen, sind die örtlichen Reisebüros, speziell jene für ausländische Mitbürger (vor allem türkische Reisebüros) und die entsprechenden nationalen kirchlichen Missionen in der jeweiligen Stadt (z.B. spanische Mission). Spezialisiert auf Busfahrten in die Türkei ist *Bosfor Turizm*, Seidlstraße 2, 80335 München, © 089/594002 und 592495. Auch hier gibt es 10 % Rabatt für Studenten oder Personen unter 26 Jahren.

Tips zum Transport auf Überlandbussen

Bei größeren Distanzen in Ländern mit einem wenig ausgebauten Eisenbahnnetz ist der Bus oft ohnehin die einzige Möglichkeit, größere Distanzen zu überwinden. Als Regel gilt: Je älter und klappriger der Bus, desto wahrscheinlicher wird das Fahrrad mitgenommen.
• Vorher Preis für Bus- und Radbeförderung erfragen.
• Für Auf- und Abladen (Dach) wird meist noch einmal ein geringer Extra-Obulus gefordert. Achtung, Touristen-Zuschlag: Beobachten, wieviel die Einheimischen geben.
• Beim Aufladen verhindern, daß das Rad unter alle anderen Gepäckstücke kommt, sonst wird es hinterher mit Sicherheit in einem anderen Zustand sein als vorher.
• Im Gepäckraum sollten die Pedale möglichst nicht »Pufferzone« zwischen Rad und Boden sein.

• Längere Busfahrten in »Dritte-Welt«-Ländern sind alles andere als bequem (wenig Platz, enge Reihen, 5 Plätze, wo sonst 4 sind), lassen einen jedoch hautnah ein Stück vom Leben der Menschen erfahren − und bei allzu vielen Schlaglöchern auch das eigene. Wir haben oft gestaunt, was so ein Bus alles transportieren kann: von Säcken mit Futtermitteln über Hühner bis hin zu lebenden Schafen, die im unteren Gepäckraum verschwanden und sich regelmäßig in Kurven durch »Mähs« bemerkbar machten.
• Eventuelle Rang- oder Sitzordnungen beachten (z.B. Männer und Frauen getrennt, freier Platz für Soldaten oder Mönche).
• Aus Schweden kennen wir zusätzliche angebrachte Radhalterungen am Bus. Warum gibt's das nicht bei uns?

Rad und Schiff

Neben den großen »Pötten« gibt es unzählige kleinere »fahrende Brücken«. Sie sind auf Karten selten verzeichnet, aber hilfreich, um große Flüsse, Mündungen oder Fjorde zu überqueren oder um zur nächsten Robinson-Insel zu hüpfen. Auf diese Art von Fähren stößt man manchmal zufällig, wobei ihre Fahrtzeiten oft ebenso zufällig sind (saison- und tageszeitabhängig). Sie sind außerdem recht billig, das Rad wird oft sogar umsonst nach drüben geschippert.

Größere Fähren auf weiteren Strecken sind erheblich teurer. Preise und Bedingungen sind recht unterschiedlich, so daß es sich lohnt, konkurrierende Unternehmen zu vergleichen. In Südeuropa immer direkt vor

Ort die Passage buchen! In der Regel ist es billiger, solche Fähren zu benutzen, die die nationalen Grenzen nicht verlassen; so ist beispielsweise die längere Strecke von Algeciras (Spanien) nach Ceuta (spanische Enklave in Marokko) billiger als die kürzere von Algeciras nach Tanger (Marokko).

Die Spannbreite der Preise für den Radtransport reicht von Null bis zum halben Personenpreis. Alle großen europäischen Fährverbindungen sind in den Länderinfos mit den Telefonnummern ihrer deutschen Buchungsagenturen aufgeführt. Die vollständigen Anschriften aller erwähnten Buchungsbüros sind unter »Lexikon & Adressen« verzeichnet.

Die umfassendste Quelle, die Auskünfte über alle existierenden Schiffsverbindungen gibt, ist der *ABC-Shipping-guide*. Er erscheint monatlich und ist gegen 50 DM pro Ex. bei *ABC international*, Heerdter Landstr. 193, 40549 Düsseldorf, ✆ 0211/503062-67, zu bekommen. Ein Exemplar sollte aber auch in jedem guten Reisebüro ausliegen, wo man um Einsicht (wichtige Seiten kopieren) oder ein altes Exemplar bitten kann. Der Shippingguide ist besonders für die Reiseplanung unersetzlich. Mit ihm findet man schnell heraus, wo und zu welchen Jahreszeiten Schiffsverbindungen existieren.

Für sehr lange Radtouren ist der Guide jedoch kein präziser Informant, da die Pläne, wenn man sie dann braucht, schon veraltet sein können. Ähnliche Dienste leistet *Thomas Cook Continental* bzw. *International Time Table*, Bezugsadresse Seite 149.

Das Heft *Fähren in Europa* mit den wichtigsten Angaben über Fährverbindungen nach Großbritannien, Skandinavien und im Mittelmeer kostet 20 DM inklusive Versand und erscheint jährlich Ende Februar. Außerdem im Verlagsprogramm: Reisewege nach Skandinavien/Island, je 10 DM, Kreuzfahrten weltweit zu 30 DM oder Flußkreuzfahrten für 25 DM bei: *Fähren in Europa-Verlag* (FiE), Postfach 106104, 20042 Hamburg, ✆ 040/230696.

Die Ausgabe *Reisewege nach Skandinavien* ist das Nachschlagwerk ausführlicher Fährverbindungen zwischen der BRD und Dänemark, Finnland, Island, Norwegen, Schweden und Polen sowie lokaler Linien innerhalb dieser Länder. Es bietet einen genauen Überblick über die exakten und ausführlich dargestellten Fahrpläne und Preise der Fähren in den Norden. Empfehlenswert, da im Ostsee-Fährverkehr viel in Bewegung ist.

Der ADAC informiert, für Mitglieder kostenlos, in jeweils gesonderten und ständig überarbeiteten Faltblättern über Ablegezeiten, Fahrtzeiten, Routen, Preise, Beförderungshinweise und Adressen von Buchungsstellen nach Kroatien, der Türkei, Griechenland, Korsika, Großbritannien, Skandinavien, über den Bodensee, zu den Nordseeinseln und den spanischen und italienischen Inseln. Anlaufstellen sind die *ADAC-Geschäftsstellen* oder die *Zentrale*, Abteilung Touristik, Am Westpark 8, 81373 München.

Auch das ADFC-Heft *Kombinierte Fahrradreisen* hat unter anderem ein Kapitel »Fahrrad und Fähren in Nord- und Ostsee« mit Hinweisen zu Mitnahmebedingungen, Abfahrtszeiten, Preisen und Buchungsadressen (für Mitglieder 4, sonst 5 DM); *ADFC -Bundesgeschäftsstelle,* Hollerallee 23, 28209 Bremen, ✆ 0421/346290.

Über *Transalpino* und *Twen Tours* sind für Jugendliche unter 26 Jahren verbilligte Fährtarife möglich (Adresse siehe »Rad und Bahn«, Seite 148).

Stand-by-Tickets für Fähren

Wie bei Flugtickets üblich, bieten *Corsica-* und *Sardinia-Ferries* (Schützenstr. 8, 80355 München) Stand-by-Tickets für Fährverbindungen zu den beiden Mittelmeerinseln an. Der Reisende kauft zu Hause im Reisebüro ein »Open Ticket«, das unter dem normalen Tarif liegt. Im Abfahrtshafen werden diese Fahrscheine gegen reguläre eingetauscht – aber nur, wenn das Schiff nicht mit Vollzahlern belegt ist.

Folgende Agenturen informieren über Schiffsverbindungen nach und innerhalb bestimmter Länder:

Viamare Seetouristik, Apostelnstraße 9, 50667 Köln, ✆ 0221/2573781; kostenlose Broschüre »Viamare 1994«, 66 Seiten. In ihr sind sämtliche Mittelmeerfähren inklusive Tarifen und Fahrplänen zusammengefaßt.

P&O European Ferries Ltd., Graf-Adolf-Straße 41, 40210 Düsseldorf, ✆ 0211/387060. Informiert in einer Broschüre kostenlos über Verbindungen und Preise nach Großbritannien.

Griechische Zentrale für Fremdenverkehr, Neue Mainzer Straße 22, 60311 Frankfurt a.M., ✆ 069/236561-63. Infoheft über Fähren in der Ägäis.

Bernd Woick Expeditions- & Allradservice, Spaichinger Straße 31,

70619 Stuttgart, ✆ 0711/453351 (erteilt telefonisch Auskunft über Fähren nach Island, Algerien, Tunesien, Griechenland und in die Türkei).

Vobis Reisen GmbH, Landwehrstr. 31, 80336 München, ✆ 089/5521680. Vertretung der British Columbia Ferries innerhalb von Nordamerika, Alaska, Kanada. Buchung nur im Zusammenhang mit einer Pauschalreise.

Tips zum Transport auf Fähren

• Es existieren kaum Möglichkeiten der schadensfreien Unterbringung und es besteht kein Schutz (Versicherung) gegen Diebstahl/Beschädigung.
• Rad möglichst selbst verladen und irgendwo im Schiffsbauch, abseits der Autoabstellflächen, anbinden. Möglichst Spanngurte benutzen, die nicht am Rahmen und Lack scheuern.
• Rad an- und abschließen.

• Frühzeitig Informationen über Lage der Fährhäfen (weit außerhalb? Bahnanschluß?) einholen.
• Eine Stunde vorm Einschiffen erscheinen. Radler werden meist an den Kfz vorbei direkt auf die Fähre gelotst.
• Fahrtzeiten und Preise sind saisonabhängig, Reservierungen sind in der Hochsaison bei Fahrten von mehr als 8 Stunden zu empfehlen.
• Dokumente, Geld und Proviant mit an Deck nehmen. Pullover nicht vergessen, auf See kann es kühl sein.
• Beim Ausladen wegen der Abgase erst spät in den Frachtraum gehen, außer, man kann sofort an den Kfz vorbei in Richtung Frischluft flüchten.

Natürlich kann ein Radler auch weitere Strecken als Schiffspassagier zurücklegen, jedoch sind *Ozeanüber-*

querungen teuer und zeitaufwendig. Erwähnt werden sie an dieser Stelle nur, weil Passagiere mit 250 kg Freigepäck oft mehr mitnehmen dürfen, als sie brauchen. So könnten Fluggäste, denen ihrerseits sehr wenig Freigepäck erlaubt ist, Schiffspassagieren oder der Besatzung ihr Rad anvertrauen und so auf dem Seeweg vorschicken. Wer fliegt, kann das gleiche auch bei Frachtschiffen versuchen. Als Passagier auf einem Frachter zu reisen, ist nicht unbedingt billig und man muß viel Zeit mitbringen. Auskünfte erteilen folgende Agenturen und Reedereien:

Margis-Reiseagentur, Stahltwiete 11, 22761 Hamburg, ☏ 040/2512597

Reederei Hamburg Süd, Reiseagentur GmbH, Ost-West-Straße 59, 20457 Hamburg, ☏ 040/3705525

Euro-Lloyd-Büro, Alstertor 13, 20095 Hamburg, ☏ 040/32810630

Schiffahrtskontor Horn-Linie, Johannis Bollwerk 6-8, 20459 Hamburg 11, ☏ 040/311491 (Karibik)

Agentur Pfeiffer, Friedrich-Storck-Weg 18a, 42107 Wuppertal, ☏ 0202/452379 (Westafrika, Mittelmeer, Portugal, Spanien, England, Skandinavien, kostenloses Info-Material)

Rad und Flugzeug

Die günstigsten Preise bieten oft Reisebüros und Agenturen, die sich auf sogenannte Billigflugtickets spezialisiert haben. Diese Stellen können am besten darüber aufklären, was es mit Billig-, Linien- und Charterflügen, Stand by, Wegwerf-Charterflügen, ABC-Flügen und anderen Angeboten so auf sich hat.

Eine ausführliche jährlich überarbeitete Zusammenstellung von Billig-Flug-Reisebüros findet man im *Info-Heft* der Deutschen Zentrale für Globetrotter e.V., siehe Seite 15. Die Flughafengesellschaften geben Adressenverzeichnisse für Fluglinien im deutschsprachigen Raum heraus.

Tips zum Radtransport im Flieger

• Bei *Linienflügen* sind bis zu 20 kg Freigepäck erlaubt, über geringes Übergewicht wird meist hinweggesehen. Bei fast allen Gesellschaften zählt das Fahrrad zum Freigepäck und wird somit problemlos mitgenommen.

• Ob der Drahtesel als Gepäckstück oder Gewicht berechnet wird, hängt von der Fluggesellschaft und der Flugstrecke ab. Meist muß bei deutlich mehr als 20 kg ein Prozent des Preises der Business-Class für jedes Kilogramm Zusatzgepäck bezahlt werden. Nicht so bei Flügen nach Kanada, USA, Mexiko und in die Karibik: hier wird nach Gepäckstücken gefragt. Da außer dem Rad noch ein Gepäckstück erlaubt ist, lohnt es sich, aus vielen einzelnen Päckchen ein großes zu schnüren. Bei Linienflügen der Lufthansa kostet das Rad 50, außerhalb Europas 100 DM.

• Bei Flügen mit IATA-Tickets gibt es neben Luftfracht und bezahltem Übergepäck die Möglichkeit, »unbegleitetes Fluggepäck« aufzugeben. Nach Auskunft der Frachtabteilung der Lufthansa ändern sich diese Tarife jedoch monatlich. Je nach Ziel und Gepäckmenge kann eventuell ein geringerer Preis als bei den erstgenannten Möglichkeiten erreicht werden.

• Bei *Charterflügen* gibt es mittlerweile eine einheitliche Regelung: bei Flügen innerhalb Europas und des Mittelmeerraumes kostet der Transport 120 DM, weiter entfernte Ziele 150 DM und Nordamerika 180 DM, zuzüglich 40 DM Incheckgebühr.

• Als Handgepäck ist meist nur ein Gepäckstück erlaubt, das unter den Sitz oder in eine Box über dem Sitz passen muß. Jedoch wird dies nicht mehr gewogen. Die Kunst besteht also darin, etwa 20 kg Gepäck samt Rad am Check-in-Schalter aufzugeben und den Rest im Handgepäck oder am Körper unterzubringen.

Flugchinesisch

arrival: *Ankunft des Flugzeugs*
baggage: *Fluggepäck*
baggage claim: *Gepäckausgabe*
baggage label: *Namensschild am Gepäck oder Rad*
boarding: *einsteigen*
boarding pass: *Einsteig-Karte*
cabin: *Flugzeuginnenraum*
cabin attendant: *Steward/Stewardeß*
cancellation: *Flugannullierung*
check in: *Fluggastannahme*
confirmation: *Flugbestätigung*
reconfirmation: *Rückbestätigung*
delay: *Verspätung*
departure: *Abflug*
destination: *Ziel*
disembark: *aussteigen*
embark: *einsteigen*
excess baggage: *Übergepäck*
fasten seat belts: *bitte anschnallen*
gate: *Ausgang zum Flugzeug*
hand luggage: *Handgepäck*
lavatory: *Toilette*
oxygen mask: *Sauerstoffmaske*
safety control: *Sicherheitskontrolle*

• Alle schweren Teile vom Rad demontieren und ins Handgepäck packen.

• Alles, was nicht mehr nötig ist, aufbrauchen oder zurücklassen.

• Viele Kleidungsstücke übereinander anziehen und ein bißchen schwitzen.

• Teile des Gepäcks als Paket vorausschicken (siehe »Post«, Seite 51). Man beachte die langen Laufzeiten und kalkuliere Schwierigkeiten mit dem Zoll ein.

• Das Übergepäckproblem kann auch so gelöst werden, daß man frühzeitig vor dem Abflug am Schalter steht und Mitreisende bittet, Gepäck als Handgepäck zu übernehmen. Manchmal bedarf es etwas Überzeugungskraft, um zu beweisen, daß man keine Bombe loswerden will ...

• Rad flugfertig machen: Lenker in Fahrtrichtung drehen, Pedale abschrauben; Schrauben, Muttern und alle losen Teile fest anziehen; scharfe Kanten (Schutzbleche, Lenker, Radachsen, Pedale, Schaltung usw.) schützen. Der Aufforderung, die Luft aus den Reifen zu lassen, sollte man nur halb nachkommen, da es zwar einerseits zum Druckausgleich während des Fluges nötig ist, das Verladepersonal aber andererseits das Rad nicht unbedingt trägt. Einige Fluggesellschaften geben Abdeckkartons oder –planen heraus, einige schreiben sogar eine umfassende Verpackung vor. Aber erfahrungsgemäß wird ein unverpacktes Rad sorgfältiger behandelt als ein verpacktes, da man erkennen kann, was transportiert wird.

• Frühzeitig bei den Fluggesellschaften wegen der Radbeförderung anfragen und eine schriftliche Bestätigung verlangen. Diese lege man dann zusammen mit Flugticket und Paß am Abfertigungsschalter vor. Will man das Rad dort trotzdem nicht transportieren, verlange man sofort den Vorgesetzten, bleibe hartnäckig, verweise noch einmal auf die schriftliche Bestätigung und darauf, daß man schon immer die Möglichkeit des kostenlosen Radtransportes bei der Konkurrenz gehabt habe.

• Manchmal hilft ein in verschiedenen Sprachen verfaßtes Schreiben, das den besonderen Charakter der Reise betont. Viele Stempel von irgendeiner Organisation (z.B. ADFC) und ein hochoffizieller Inhalt verfehlen in vielen Ländern nicht ihre Wirkung.

• Je nach Fluggesellschaft kann es sein, daß das Rad nicht in der gleichen Maschine mitgenommen wird, so daß man es entweder vorschickt oder am Zielort auf den Drahtesel wartet.

• Drei Buchstaben am Gepäckanhänger entscheiden über den Zielort des Rades. Beim Einchecken die Anschrift auf dem Gepäckschein mit dem im Flugschein angegebenen 3-letter-code vergleichen und unbedingt Anhänger oder Aufkleber mit Namen und Anschrift anbringen.

• Bei sehr teuren Fahrrädern kann sich der Abschluß einer Gepäckversicherung durchaus lohnen, da bei Schäden von der Fluggesellschaft nur 20 Dollar pro Kilo erstattet werden.

• Bei Flügen nach Nahost oder in andere Krisengebiete, die häufiger von Terroristen heimgesucht werden, kann die Zollkontrolle verlangen, das Rad völlig zu demontieren.

Radbeförderungs-Allerlei

Neben den klassischen Beförderungsmethoden gibt es je nach Einfallsreichtum noch eine Reihe unkonventioneller Transportmöglichkeiten:

Rad und Taxi

»My good old Victoria« (Kosename für meine langjährige Tourenbegleiterin der Marke »Victoria« – lebt inzwischen im Rad-Altersheim), also meine »good old Victoria« und ich standen einsam an einer gottverlassenen Straße zwischen Saloniki und Athen. »Old Victoria« hatte einen ihrer wenigen Aussetzer in Form von mehreren gerissenen Speichen am Hinterrad. Der Schaden war auf Anhieb nicht zu beheben, da ich keine Ersatzspeichen dabei hatte. Speichenbruch war für mich bis dahin bei einem 26er Dreigangrad ein Fremdwort

gewesen. Obwohl allen Lastwagen-fahrern unsere mißliche Lage schon durch die auf den Kopf gestellte Victoria, die daneben stehenden Gepäck-taschen und durch meinen ausge-streckten Daumen hätte auffallen müssen, rauschten sie gnadenlos an uns vorüber. Nach über einer Stunde hatten wir das Warten satt und quäl-ten uns halb schiebend, halb rollerfah-rend zum 10 km entfernten Ort. Dort hatte ein Taxifahrer – gegen entspre-chenden Aufpreis und gutes Zureden – ein Einsehen und brachte die Lady und mich zum nächsten Bahnhof.

Moral von der Geschichte: Auch die Kombination Rad und Taxi ist je nach Situation, Lust des Taxifahrers und Überredungskünsten des Radlers möglich. Den Preis vereinbare man al-lerdings vorher. Eine nachahmens-werte Idee haben die Schweden in die Tat umgesetzt: Durch eine Halterung am Kofferraum ist die Mitnahme von Fahrrädern an Taxis eine selbstver-ständliche Sache.

Rad und Auto

Diese Kombination ist nur dann sinn-voll, wenn das Rad als Zweitgefährt für kürzere Touren oder Tagesausflü-ge beispielsweise mit Kindern genutzt werden soll.

Für den Transport des Rades auf dem Autodach gibt es spezielle *Ge-päckträger* (200 bis 350 DM). Ange-sichts der großen Typenvielfalt und schnellen Entwicklung ist eine aktuel-le Beratung bei einer Verbraucherzen-trale unumgänglich. Hier hilft man bei der Auswahl des sichersten Fahr-radgepäckträgers durch Verweis auf

die letzten »Test«-Ergebnisse. Ist die Heckklappe groß genug, können wir »Paulchen« der Firma Kerkow, Rug-genbarg 85, 22549 Hamburg, empfeh-len. Eine weitere Alternative sind Ge-päckträger, die auf eine Anhänger-kupplung montiert werden. Hierbei muß das Fahrrad nicht so hoch geho-ben werden. Ab etwa 400 DM.

Ist man kein Autobesitzer, kann man sich über eine *Mitfahrzentrale* (im Telefonbuch größerer Städte) un-ter Angabe seines Sonderwunsches oder durch Anzeigen und Aushänge um einen Platz für Radler und Rad bei Caravan- oder Wohnmobilreisen-den bemühen.

Tips für Radhalterungen
• Auf TÜV und GS-Siegel (geprüfte Sicherheit) achten.
• Wenn der Gepäckträger nur Felgen-montage vorsieht, Fahrräder zusätz-lich mit Gurten sichern.
• Auf zulässiges Gesamtgewicht des Fahrzeugs achten.
• Gesamthöhe messen; auf Höhenbe-schränkungen/Hindernisse achten.
• Befestigungen von Radhalterung und Rädern regelmäßig überprüfen.
• Luftwiderstand und Treibstoffver-brauch erhöhen sich, das Fahrverhal-ten in Kurven, beim Bremsen, bei Sei-tenwind etc. verändert sich.

Rad und Lkw

Wer einen Brummifahrer gezielt an-spricht, hat gute Chancen, seinen Drahtesel streckenweise auf einem Lkw zu befördern. Schon mehrfach sind wir allerdings selber von Fahrern angesprochen worden, ob wir uns nicht ein Stückchen Strampelei ersparen wollten. Unvergessen bleibt uns – gerade aus dem eher bedächtig-melancholischen Portugal kommend – eine holprige Straße in Südspanien, wo uns ein Andalusier im Arbeitsdress mit der Frage anhielt, ob er uns nicht 5-6 km in seinem kleinen Transporter mitnehmen solle. Das war etwa um fünf Uhr nachmittags. Die Begegnung erwies sich jedoch als abendfüllend. Nach einer kurzen Fahrt mußten wir mit ihm in einer der unzähligen spanischen Tapa-Bars ein paar Bier auf den Durst trinken, dann in einer kleinen Weinkellerei den köstlichen Sherry aus der Eigenproduktion seines zukünftigen Schwiegervaters kosten, um dann noch auf eine *fiesta* zu fahren. Zwischendurch zeigte er uns einen Übernachtungsplatz, alles noch immer mit dem Transporter. Bei einem Wendemanöver während dieser kleinen Exkursion fuhr er sich, wohl wegen des reichlichen Alkoholgenusses, noch eine Beule in den Wagen und die Bremse blockierte kurzzeitig, die er aber mit einer Hand – in der anderen die Zigarette haltend – gleich reparierte. Kein Problem. Gegen 24 Uhr auf dem besagten Fest, nach Gesprächen über Spanien, pardon, über Andalusien, die Politik, Felipe González (ein Andalusier, der Andalusien verraten habe), den Wein, das Bier und die Deutschen, erklärte er uns – immer noch im Blaumann – er müsse sich jetzt verabschieden, noch schnell duschen, denn seine *novia* (Braut) warte auf ihn.

Auch wir fuhren in Hochstimmung noch die letzten 25 km bis Se-

villa und schliefen, glücklich über den ersten Tag Spanien, gegen 2 Uhr in unseren Hotelbetten ein.

Rad und Esel

Von einer sehr abenteuerlichen Möglichkeit des Radtransportes berichteten uns zwei französische Mountain-Biker. Als die Wege im Hohen Atlas in Marokko auch für Mountain Bikes zu unwegsam wurden, mieteten sie für die nächsten Kilometer kurzerhand einen Esel samt Eselsführer.

Rad und Tasche

Wer sich nur ungern von seinem Rad trennt, kann es in einer stoßsicheren Tasche (200 DM, Koffer ab 500 DM, Firma Brügelmann, Frankfurt a.M.) im Handgepäck transportieren. Um Tasche oder Koffer am Zielort bis zur Rückreise zu deponieren, fragt man im Bahnhof oder bei einer Spedition. Eine perfekte, aber kaum erschwingliche 007-Imitation der Firma Winorra ist ein faltbares Rad im Hartschalenkoffer für 4500 DM.

Rad und Karton

In einem vom Radhändler oder der nächsten Spedition besorgten Karton wird das von Laufrädern, Schutzblechen, Pedalen, Lenker, Gepäckträger und Pumpe befreite Rad mit den abmontierten Teilen und Füllstücken (z.B. Kleidung) gut verstaut und mit Klebeband und Schnur reisefertig gemacht. Tragbar und passend für die Kofferablage der Bahn kann man mit dieser Self-made-Version der Taschenvariante so manchem Ärger mit Gepäck- und Zollschaltern aus dem Weg gehen. Pfiffige Bastler bekommen drei dieser Kartons ins Zugabteil.

Für die schnelle Montage lohnt es sich, die Schrauben zu vereinheitlichen, um mit möglichst wenig Werkzeug (Inbusschlüssel, integriertem Kurbelabzieher) auszukommen.

Radler ohne Rad

Wer teuren Transportkosten (nach Übersee) oder unnötigem Ärger mit Einreisebestimmungen und Zollbehörden aus dem Weg gehen will, kann erst im Land einen Drahtesel kaufen.

In vielen ärmeren Ländern muß man in jedem Fall mit einfachen »Tourenrädern« ohne alle Hilfsmittel (z.B. Gangschaltung) rechnen, wenn überhaupt auf Anhieb neue Räder zu bekommen sind. Nur selten wird man seine Idealvorstellungen von einem Reiserad verwirklichen können. Beim

ohnehin schwierigen Wiederverkauf verliert man bis zu zwei Dritteln des Kaufpreises, besonders unter Zeitdruck.

Rad und Verleih

Räder werden von Eisenbahngesellschaften (BRD, Frankreich, Belgien, Schweiz, Österreich, Holland, Dänemark), in fast allen »Touristenhochburgen« von Fremdenverkehrsämtern, Hotels oder Fahrradgeschäften verliehen (siehe »Länderinfo«). Die Qualität der Leihräder läßt erfahrungsgemäß zu wünschen übrig. Es ist einfach nicht das Eigene, dessen Macken man kennt, und das zur individuellen Größe paßt. Aus diesem Grund ist es auch nicht verwunderlich, wenn selbst Veranstalter von Rad-Pauschalreisen verstärkt zur Mitnahme des eigenen Rades raten.

ÜBERNACHTEN

Welche der vielen Übernachtungsarten man wählt,
hängt zum einen vom eigenen Komfortbedürfnis ab –
und natürlich dem Geldbeutel – und zum anderen
davon, wieviel Gepäck man mitnehmen möchte. Wenn
sich das Gepäck nebst Zelt und Campingartikel auf mehrere Radler verteilen
läßt, ist es natürlich wesentlich einfacher, auf diese preiswerte Art zu reisen.
Wer vorher gut plant und reserviert, kann aber ebenso billig und mit wenig
Gepäck von Jugendherberge zu Jugendherberge radeln.

Hotels & Privatunterkünfte

Es ist gar nicht so abwegig, als Radfahrer in Hotels zu übernachten. Jugendherbergen und Jugendgästehäuser sind häufig teurer als preiswerte Hotels, und Campen ist schon wegen des Zusatzgepäckes nicht jedermanns Sache. Für uns Gelegenheits-Hotelbenutzer bleiben jedenfalls die Szenen, wie verunsicherte Portiers von 4-Sterne-Hotels unsere Räder in die Hotelgarage und die verstaubten, ölverschmierten Packtaschen aufs Zimmer bringen, in köstlicher Erinnerung.

In Südeuropa, Afrika, Asien und Südamerika gibt es eine Unzahl von *Billigunterkünften,* bei niedrigem Standard natürlich. Schlepper offerieren solche Zimmer oft an Bahnhöfen oder schon am Stadtanfang. Da in jenen Ländern fast keine Mittelklassehotels existieren, bleibt nur die Wahl zwischen Billig und Luxus. Billighotels z.B. mit benutzter Wäsche (oder keiner) wirken ziemlich abschreckend. Wir besichtigen stets zuerst die Zimmer und entscheiden dann; nicht selten benutzen wir vorsichtshalber den eigenen Schlafsack. Der Preis dieser Unterkünfte ist immer eine heikle Sache: Einerseits kennt man die schlechte materielle Lage der Bevölkerung,

die sich ein kleines Zubrot dadurch verdient, daß sie Privatunterkünfte oder Hotelzimmer vermietet. Andererseits möchte der Reisende natürlich nicht den dreifachen Preis bezahlen, »nur« weil er mehr Geld besitzt als die Einheimischen. Am besten erkundigt man sich nach den üblichen Hotelpreisen in Touristenbüros und legt danach eine Schmerzgrenze fest, oberhalb derer man einen »Touristenaufschlag« nicht mehr akzeptiert.

In Australien und Nordamerika sind Hotels schon wesentlich teurer. *Privatzimmer* oder *Overnight-Caravans* (Wohnwagenvermietung, in Australien, Skandinavien oder Irland) sind Alternativen.

Hat man eine Unterkunft gefunden, folgt nach der *Zimmerinspektion* die Frage nach den *Unterstellmöglichkeiten* fürs Fahrrad und eine *Preisabsprache* mit allen Nebenkosten.

Wir machen die Hotelwahl immer davon abhängig, ob es einen abschließbaren Raum für unsere Räder gibt. Sie fanden sogar schon Unterschlupf in unseren Zimmern; nur selten wurde dafür ein Zusatz-Obulus verlangt. Schließlich sollte man fragen, wann das Zimmer geräumt werden muß, bevor man zusagt.

Nahezu alle nationalen und regionalen Fremdenverkehrsbüros senden auf Anfrage Unterkunftslisten zu.

Bauernhöfe

Mehr als 350 Ferienunterkünfte bei *osteuropäischen Biobauern* hat die niederländische Stiftung ECEAT (European Centre for Agro Tourism) zusammengestellt. Für die Tschechische Republik, die Slowakei, Polen, Rumänien, Bulgarien, Slowenien, die baltischen Länder, Ostdeutschland und – als westeuropäische Ausnahme – Portugal werden meist traditionelle Höfe, die in »sanfter Landwirtschaft« und »sanftem Tourimus« eine Chance sehen, aufgeführt. Die Preise für eine Übernachtung liegen zwischen 6 und 20 DM. *ECEAT-Büro*, Brinkstraße 43, Fach 1g, 49143 Bissendorf, ☎ 05402/5046 (Preis incl. Versand 12,50 DM je Ausgabe).

Die Broschüre »Übernachtungsverzeichnis für Radwanderer auf dem Öko-Hof« mit Adressen aus 16 europäischen Ländern wird herausgegeben vom *Arbeitskreis Ökologisches Reisen,* c/o Christine Dittmann, Mindener Weg 6, 32457 Porta Westfalica, ☎ 0571/74846 (20 DM incl. Versand).

Jugendherbergen & -häuser

»Jugend« stimmt bei den Jugendherbergen insofern, als Junioren unter 27 Jahren bei belegter Herberge Vorrang genießen. Ansonsten sind auch Senioren gern gesehene Gäste. Neu sind Familienausweise (30 DM) für entsprechende Zimmer. Das einzig Ärgerliche an JH-Übernachtungen sind »Schließzeiten« von meistens 22 oder 23 Uhr. Einen internationalen JH-Ausweis (Lichtbild einkleben) bekommen Jugendliche (15 DM) und Senioren (30 DM) bei der örtlichen Jugendherberge oder beim *Deutschen Jugendherbergswerk*, Bismarckstr. 8, 32754 Detmold. ☎ 05231/7401-0. Dort und im Buchhandel gibt's *The guide to budged accomodation* (19,80 DM).

Nicht alle Jugendherbergen sind ganzjährig geöffnet. Die genauen Öffnungszeiten sind dem Führer zu entnehmen.

Eine Liste von Häusern des CVJM (YMCA, YBCA) weltweit ist gegen 10 DM in Briefmarken beim *CVJM Gesamtverband*, Postfach 410149, 34063 Kassel-Wilhelmshöhe, ☎ 0561/3087-0, erhältlich. Der YMCA ist das Gegenstück zum CVJM (Christlicher Verein Junger Menschen) hierzulande, also eine christliche Jugendorganisation, die auch ohne Mitgliedschaft Reisende aufnimmt. Die Geschlechtertrennung wird zum Teil noch sehr ernst genommen, so daß manche Häuser nur Frauen (diese heißen dann YWCA) oder nur Männer aufnehmen.

Naturfreundehäuser

Fast in ganz Europa gibt es preiswerte Unterkünfte und Zeltplätze der »Naturfreunde«, auf französisch »Les Amis de la nature«. Die Preisstruktur ähnelt meistens derjenigen von Jugenherbergen. Es gibt keine Altersbeschränkung. Verzeichnisse der einzelnen Organisationen:

Touristenverein »Die Naturfreunde«, Bundesgruppe Deutschland e.V., Postfach 600441, 70304 Stuttgart, ☎ 0711/337687.

Naturfreunde Schweiz, Zentralsekretariat, Postfach, Mühlemattstr. 31, CH-3014 Bern, ✆ 031/456004.

Naturfreunde Österreich, Bundesleitung, Viktoriagasse 6, Postfach 98, A-1010 Wien, ✆ 01/838608-0.

Stichting Natuurvriendenhuizen en Kampeerterreinen NIVON, Nieuwe Heerengracht 119, NL-1011 SB Amsterdam, ✆ 020/269371.

Verband Deutscher Gebirgs- und Wandervereine e.V., Reichstraße 4, 66111 Saarbrücken, ✆ 0681/390070.

Camping

Das Zelt gilt als Inbegriff des naturnahen Reisens. Aber Benutzer von offiziellen Campingplätzen werden das häufig bedenkenlos verneinen können, denn Campingplatzbesitzer in Europa richten sich immer mehr auf Autotouristen mit Wohnwagen oder Campingmobil ein; eine Übernachtung im Zelt zwischen den Staatskarossen hat allerdings nichts mehr mit einem »Naturerlebnis« zu tun.

Als weiteres Indiz für die Bevorzugung von Autotouristen: Uns selbst wurde auf einem südfranzösischen Platz ohne einen internationalen Campingausweis (CCI, Camping-Carnet-International) der Zutritt untersagt. Und zwar mit der Begründung, wir wären dann nicht haftpflichtversichert für Schäden, die wir innerhalb des Camping-Areals mit unserem »Fahrzeug« anrichteten. Ein anderes Mal war der Platz für Radler, nicht aber für Wohnmobile besetzt (in der Regel ist das CCI jedoch nicht notwendig).

Ein relativ dichtes Platzangebot mit relativ hohem Standard gibt es nur in Nordamerika und Europa. Auf die Öffnungszeiten achten; selbst in Südeuropa sind die meisten Plätze nur von Mai bis September geöffnet.

Häufig wurden wir aufgefordert, unseren Reisepaß bei der Rezeption zu hinterlegen. Dies ist eine Praxis, der man sich in jedem Falle widersetzen sollte! Niemand ist berechtigt, dieses Dokument einzubehalten. Nur die Daten dürfen notiert werden. Wenn der Platzbenutzer im voraus bezahlt, gibt es auch überhaupt keinen Grund, den Paß zu verwahren. In einigen Ländern übernimmt die Rezeption die polizeiliche Meldung mit Hilfe des Reisepasses.

Im Buchhandel erhältlich (zur Gewichtsersparnis nur Kopien der notwendigen Seiten mitschleppen) sind: *ADAC Campingführer,* jährlich neu, Band 1 Südeuropa, Band 2 Deutschland, Mitteleuropa, Nordeuropa, je 24,80 DM. *DCC Campingführer Europa*, jährlich neu, 29,80 DM. *ECC Europa Camping und Caravan Führer*, 26,80 DM. *RV Camping Atlas*, 4 Bände, jeweis zu 19,80 DM.

Campingführer für Nordamerika: *Camp-Ground and Trailer Park Guide*, USA, Canada, Mexiko. Liste von 20.000 Campingplätzen, 59 DM, erhältlich beim Geo-Center, Stuttgart.

In guten Reiseführern – wie zum Beispiel in allen *Peter Meyer Reiseführern* – sind die Campingplätze des jeweiligen Landes vollständig und mit Charakterisierung und Preisen aufgeführt. Da erübrigt sich dann die Mitnahme einer weiteren Liste. Oftmals sind in Regionalführern sogar mehr Plätze aufgeführt, da Campingführer meistens eine auf die Bedürfnisse von Auto-Campern zugeschnittene Auswahl anbieten und gerade die kleinen Zeltplätze fehlen.

»Wildes Zelten«

In der freien Natur sollte man nicht unter einem Verbotsschild oder an Plätzen übernachten, die unter besonderem ökologischen Schutz stehen. Wir haben stets gute Erfahrungen damit gemacht, den Grundstückseigentümer zu fragen, ob wir unser Zelt bei ihm aufbauen können. So hat sich manches gute Gespräch und Erlebnis ergeben. Gelegentlich sind wir natürlich auch »abgeblitzt«. Doch der natürliche Charme des Fortbewegungsmittels Fahrrad schlägt meist die Brücke und bringt Vertrauen. Charme verpflichtet: den Zeltplatz sollte man immer sauber hinterlassen. Für den nicht vermeidbaren, anfallenden Müll daher immer eine Abfalltüte bereithalten.

Den Zeltplatz sucht man sich am besten bei Tageslicht. So ist man vor solchen Überraschungen sicher: Uns hatte einmal die Dunkelheit beim Zeltaufbau in Südspanien verheimlicht, daß wir uns auf einer Weide andalusischer Kampfstiere befanden. Als die am nächsten Morgen langsam herantrabten, konnten wir kaum noch unsere Sachen packen. So schnell haben wir wohl noch nie die »Kurve gekriegt«. Mit sehr viel mehr Ärger kann eine Übernachtung in einem militärischen Sperrgebiet verbunden sein. Vorsicht auch bei Übernachtungen am Strand – die Flut nimmt keine Rücksicht auf das Schlafbedürfnis.

Nicht in trockenen Flußbetten (Wadis) übernachten.

Nahrungsmittel nimmt man zum Schutz vor Ameisen und streunenden Hunden mit ins Zelt oder hängt sie an einen Baum.

Wo weiße Haut und Tourenradler außergewöhnlich sind, befindet man sich beim freien Zelten oft umringt von einer neugierigen Menschentraube, zumeist Kindern. Ein Radler ist in solchen Ländern nie alleine, selbst wenn er kilometerweit von der nächsten Ansiedlung entfernt lagert. Wer schlafen möchte, sollte dies ehrlich und deutlich zu verstehen geben.

Sonstige Schlafplätze

Eine der interessantesten Übernachtungsmöglichkeiten bietet der *ADFC-Dachgeber*. Diese Übernachtungsliste ist eine Zusammenstellung von derzeit circa 4000 Adressen radlerfreundlicher Mitbürger, die Tourenradlern einfache Schlafstellen im Haus oder Garten für wenige Nächte anbieten. Da dieses Angebot umsonst ist, wird verständlicherweise die Liste ausschließlich an Personen vergeben, die bereit sind, selbst Tourenradler aufzunehmen. Ist man also an dem Verzeichnis interessiert, sendet man die dazu erforderlichen Daten (Adresse, Telefon, Stadtteilname, Entfernung zur nächsten Stadt, maximale Plätze in Haus und Garten, sonstige Bemerkungen) neben einer Gebühr von 18 DM (ADFC Mitglieder 12 DM) und einem frankierten Rückumschlag an *ADFC-Dachgeber*, Mathildenstr. 89, 28203 Bremen, ✆ 0421/701179.

Auch für Auslandsradler ist dieses Verzeichnis interessant. Es besteht eine Zusammenarbeit mit ähnlichen Projekten in England, den USA, Schweiz, Österreich, Holland, und Dänemark.

Ein ganz ähnliches Verzeichnis wird von der BUND-Jugend organisiert, *Schlafbuch-Redaktion*, Stefan Barthel, Staffelweg 3, 91054 Erlangen, ✆ 09131/206611.

In Deutschland und Anrainerländern sprießen derzeit in den Städten *Mitwohnzentralen* aus dem Boden. Zimmer kosten ab 20 DM plus 20 % Provision für die örtliche Vermittlungszentrale.

Übernachten kann man gelegentlich auch in *Klöstern* oder *Missionsstationen*. Hier sei aber darauf hingewiesen, daß eine entsprechende (vielleicht nicht ausdrücklich geforderte) Spende selbstverständlich ist. Gelegentlich ergibt sich durch Mund-zu-Mund-Propaganda auch der Kontakt zu Entwicklungshelfern und Angehörigen ausländischer Firmenprojekte.

Eine Erwähnung verdienen noch sogenannte *Work Camps*, wie sie von den verschiedenen Organisationen angeboten werden. Bekannteste Einrichtung dieser Art sind die Kibbuze in Israel. Diese Camps nennen sich aber nicht ohne Grund Work Camps. Daher sollte man bei einem Besuch wirklich zur Arbeit eine Zeitlang bleiben. Wer es nicht auf den Zufall ankommen lassen will, dem helfen folgende zwei Adressen:

Interconnections, Belfort-Straße 55, 79098 Freiburg, ✆ 0761/30733. Auf Anfrage wird ein Prospekt zugesandt.

Studienkreis für Tourismus und Entwicklung, Kappellenweg 3, 82541 Ammerland/Starnberger See, ✆ 08177/1783. Kostenlose Broschüre *Internationale Begegnung* für Deutschland, Europa und Übersee.

Eine Organisation, die dem Reiseradler-Übernachtungsverzeichnis ähnelt, heißt *Servas* und stellt eine internationale Sammlung von Gastgebern zusammen. Diese bereits 40 Jahre alte Organisation hat ihre schlechten Erfahrungen mit Schnorrertum bereits in den Aufnahmebedingungen verarbeitet; *Servas D*, Peter Brock, Perlbergweg 70, 22393 Hamburg, ✆ 040/6012150.

Die Schweizer Firma *Funtrale* gibt gegen eine Aufnahmegebühr von 37 Franken Adressen aus 18 Ländern weiter, Postfach, CH-9500 Wilz.

FIT & FAIR

TABLETTEN, TROPFEN, TETANUS

Der Körper ist ein ausgezeichneter Kommunikationspartner –
wenn man ihn versteht und auf ihn hört. Anzeichen von Krankwerden sind
häufig seine Hilfeschreie nach Ruhe und gesünderer Behandlung. Also
sollte man sich davor hüten, die Symptome nur mit Medikamenten zu
unterdrücken und ansonsten so weiterzumachen wie vorher. Wir beschreiben
in diesem Kapitel Verhaltensregeln, die typische Reisekrankheiten
verhindern helfen, geben Informationen zur Vorbereitung einer Tropenreise
sowie zur Zusammenstellung einer Reiseapotheke und vermitteln
Tips zum Umgang mit häufig auftretenden Erkrankungen
und speziellen »Radlerwehwehchen«.

Auf keinen Fall können mit diesen Hinweisen schwerwiegende Krankheiten selbst behandelt oder der Arztbesuch ersetzt werden. Die meisten der beschriebenen Erkrankungen lassen sich aber dadurch in den Griff bekommen, daß man eine Pause einlegt, sich Ruhe gönnt und nicht radfährt oder zumindest nur in kleinen Etappen.

Vor der Reise

Um festzustellen, wie fit und leistungsfähig man ist, ist es ratsam, vor einer Tour mehrere Tagestrips zu unternehmen. Bei chronischen oder akuten Beschwerden sucht man besser einen Arzt auf, Schwangere sowieso und vor einer Tropenreise am besten sogar einen Tropenarzt eines Tropeninstituts (Adressen siehe Seite 178).

Unklare Krankheiten sollten vor der Fahrt behandelt, Medikamente- und »Pillen«-vorrat angelegt, und Impfungen aufgefrischt werden. Die Zähne werden dankbar sein, wenn sie vollständig saniert losziehen dürfen. Wer überläßt seinen revoltierenden Weisheitszahn schon gerne den Fertigkeiten eines Dorfschmieds in einem abgelegenen Gebirgsdorf?

Impfungen

In einigen Staaten wird ein Impfschutz vor bestimmten Infektionskrankheiten verlangt. Er muß vor der Einreise durchgeführt werden und in einem *Internationalen Impfausweis* amtlich bestätigt sein (erhältlich beim Arzt oder Gesundheitsamt). Aktuelle Informationen über die Impfvoraussetzungen bestimmter Länder bekommt man bei den Konsulaten oder im sogenannten »Stuttgarter«, der in jedem größeren Reisebüro vorliegt (siehe auch »Infostellen«, Seite 12). Mit den Impfvorbereitungen sollte am besten sechs bis acht Wochen vor der Abreise begonnen werden. Bei der Planung der genauen zeitlichen Abfolge der einzelnen Impfungen ist der Hausarzt, das Gesundheitsamt oder ein Tropenmediziner behilflich. Detaillierte schriftliche Informationen gibt es bei der *Fernreise-Impfberatung,* Albrecht-Dürer-Platz 11, 90403 Nürnberg, ✆ 0911/232527. Für 12 DM erhält man einen individuellen

Impfplan und Infos. Ferner berät für 18 DM ausführlich das *Centrum für Reisemedizin,* Graf-Recke-Straße 25, 40239 Düsseldorf, ☎ 0211/664858. Einige Apotheken erstellen per Bildschirm für 5 – 10 DM Impfpläne und reservieren Medikamente.

Es lohnt sich, bei allen Immunisierungen die eigene *Krankenkasse* wegen einer Kostenübernahme zu befragen. Beispielsweise übernimmt die Techniker-Krankenkasse 95 % der Arzneikosten und die gesamten Arztkosten bei allen Impfungen. Andere Krankenkassen verweisen dagegen nur auf das Gesundheitsamt, bei dem es aber genausoviel kostet wie beim Hausarzt.

Es gibt nur noch zwei mögliche und selten geforderte **Pflichtimpfungen:** Cholera und Gelbfieber. Alle anderen aufgeführten Impfungen werden je nach Reiseziel empfohlen. Weitere Informationen hierzu bieten die Tropeninstitute und Publikationen der Weltgesundheitsorganisation.

Gelbfieber: Einmalige Impfstoffgabe mit einer Schutzzeit von zehn Jahren, die nur von autorisierten Stellen gegeben werden darf (notwendig besonders in Zentralafrika, Mittel- und Südamerika). Sie sollte vor allen anderen Impfungen vorgenommen werden.

Cholera: Zweimalige Injektion im Abstand von zwei Wochen schützt bis zu sechs Monaten. Diese Impfung ist zwar umstritten, da bei peinlichster Einhaltung aller hygienischen Vorschriften die Ansteckungsgefahr gering ist, doch da sich Cholera in mehrern Ländern wieder ausgebreitet hat,

am besten beim Tropeninstitut beraten lassen. Unter Umständen kann man sich einen Befreiungsstempel beim Amtsarzt besorgen. Sonst Impfung kurz vor der Reise.

Empfohlene Impfungen:

Typhus: Diese Schluckimpfung stellt einen notwendigen Schutz in Ländern mit niedrigem hygienischem Standard dar. Sie ist gut verträglich und gewährt Schutz für ein bis drei Jahre vor einer wirklich schweren Allgemeinerkrankung mit anhaltend hohem Fieber, Verdauungs- und Bewußtseinsstörungen.

Tetanus: Vor Wundstarrkrampf sollte eigentlich jeder – auch ohne Reiseabsicht – geschützt sein. Drei Injektionen im Abstand von einem Monat und einem Jahr bieten zehn Jahre Immunität.

Poliomyelitis: An Kinderlähmung können auch Erwachsene noch erkranken, daher sei die einmalige Schluckimpfung, die zehn Jahre schützt, empfohlen.

Hepatitis A: Die infektiöse Gelbsucht kommt in allen warmen Ländern vor. Das Infektionsrisiko läßt sich senken durch Injektion von Gamma-Globulin (Antikörper). Der Schutz hält bis zu 3 Monate an. Am besten mit dem Arzt über die Notwendigkeit sprechen.

Hepatitis B: Sie ist in tropischen Ländern häufiger anzutreffen als bei uns, aber auch dort wird sie durch Blut oder andere Körperflüssigkeiten, die in den Blutkreislauf gelangen, übertragen (zum Beispiel durch unsterile Spritzen, Blutkonserven oder

Geschlechtsverkehr). Eine Impfung beinhaltet drei Injektionen innerhalb eines halben Jahres, ist sehr teuer und außerdem nicht unproblematisch.

FSME: Frühsommer-Meningo-Encephalitis: Diese durch Zecken übertragene Hirnhautentzündung hat vor einiger Zeit in Österreich für Schlagzeilen gesorgt. Aus diesem Grund übernehmen mittlerweile einige Krankenkassen die Kosten für die Impfung (dreimalige Injektion). Vorsicht vor Zecken ist auch im südlichen Deutschland geboten.

Malaria: Vor Malariamücken schützt man sich vor allem durch langärmelige, dichte Kleidung (besonders in der Dämmerung), Moskitonetz und Dschungel-Öl, vor dem Malariaerreger durch vorsorglich eingenommene Medikamente. In manchen Gebieten sind die Malaria-Überträger allerdings bereits resistent gegen bestimmte Wirkstoffe. Da Nebenwirkungen der Malaria-Prophylaxen nicht unbeträchtlich sind und sich die Situation – nicht zuletzt durch den vermehrten Tourismus in die betreffenden Länder – in stetigem Wandel befindet (Ausbreitungsgebiete, resistente Stämme, neueste Forschungen etc.), möchten wir dringend auf die *Tropeninstitute* verweisen. Diese können am sichersten informieren und individuell beraten (Adressen s. unten).

Reiseapotheke

Mit der Reiseapotheke des Radfahrers müssen möglichst viele Erkrankungen behandelt werden können, zumindest sollte sie aber den Radler so weit auf den Beinen halten, daß er den näch-

sten Arzt erreichen kann. Das wiederum kann je nach Fahrtroute ganz schön weit sein! Sie muß aber gleichzeitig ein geringes Packmaß aufweisen sowie lange und klimaunabhängig haltbar sein (daher keine Zäpfchen). Und der Preis sollte stimmen, selbst wenn in den meisten Fällen der Hausarzt die Medikamente verschreibt und so den eigenen Kostenanteil minimal hält.

Zur folgenden Aufstellung noch einige Anmerkungen: Über die mitzunehmende Menge können hier keine genauen Angaben gemacht werden. Sie sind von der Länge der Tour abhängig. Außerdem verzichten wir darauf, alle Präparate gleicher Wirkstoffzusammensetzung zu erwähnen (in jeder Apotheke kann man sich über weitere Medikamente zur gleichen Therapie informieren, dort kennt man auch die billigsten Medikamente). Vor allem immer die Packungsbeilage gründlich lesen!

Krankheitsbild und Medikament

Infektionen: Eusaprim forte oder Doxycylin 100 ratio (Tabletten). Beide Medikamente bekämpfen alle bakteri-

ellen Infektionen außer Syphilis und Tuberkulose

Durchfall: Kohlekompretten zur Wasserbindung und Tannacomp bei leichtem, Imodium oder Ozara bei schwerem Reisedurchfall

Erbrechen: MCP-ratio-Tropfen (wie Paspertin), Vomex

Erkältung: pflanzliches Echanacin

Sodbrennen: Talcid

Schmerzen/Fieber: Ben-u-ron (besser verträglich als Aspirin), Treopel nur bei starken Schmerzen und hohem Fieber

krampfartige Schmerzen: Buscopan Plus

Schnupfen: Otriven-Spray, Japanisches Heilpflanzenöl

Auge: Yxin-Tropfen bei unspezifischer Bindehautentzündung, Noviform-Salbe 3 % bei Gerstenkorn, u.U. Chibro Uvelin bei Lichtempfindlichkeit (Lichtschutz für das Auge)

Ohrenschmerzen: Otalgan-Tropfen

Sonnenbrand: Brand- und Wundgel Medice oder Systral Gel (auch bei Mückenstichen)

Wunden: Merfen Orange (Tropfen), Nebacetin-Puder, Bepanthen-Salbe

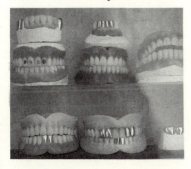

Außerdem Verbandstoffe, Mullbinden, Heftpflaster, Hansaplast, sterile Einmalspritzen und Einmalkanülen in Ländern mit mangelhafter Hygiene (da dort oft keine sterilen Bestecke vorhanden sind), ein versiegeltes Apotheken-Set schützt halbwegs davor, von Zöllnern als Fixer fehlidentifiziert zu werden.

Radler- und Reisebeschwerden

Schnupfen und eine laufende Nase stören absolut beim Radfahren. Wenn schon durch den Mund geatmet werden muß, helfen abschwellende Nasentropfen wie Otriven-Spray und täglich Kamilledampfbad, auch Japanisches Heilpflanzenöl und Esberitox N. Leider lassen sich diese Beschwerden nur selten in weniger als sechs Tagen beheben. Sind sie hartnäckig, verbunden mit Kopfschmerzen und Druck im Kiefer- oder Stirnbereich, muß mit einer Nasennebenhöhlenentzündung gerechnet werden. Wenn Sinupret nicht hilft, sollte ein Arzt aufgesucht werden.

Fast alle Erkrankungen der Atemwege äußern sich durch **Husten.** Mit Kamilledampfbädern, Anis-, Fenchel- oder Salbeitee kann das Abhusten unterstützt werden. Nur bei quälendem Hustenreiz greift man auf Hustensäfte zurück. Sie sind überall erhältlich und deshalb nicht nötig für die Reiseapotheke.

Halsschmerzen können mit allgemeinen Erkältungszuständen zusammenhängen. Als Hausmittel bewährt: Honig mit frisch gepreßtem Zwiebelsaft verrühren und teelöffelweise mehrmals am Tag einnehmen. Starke Schluckbeschwerden oder gar Fieber und Schüttelfrost deuten auf Mandelentzündung hin. Ein Blick in den Rachen, der die Mandeln rot und geschwollen zeigt, verschafft die unangenehme Gewißheit. Bettruhe und eine Antibiotika-Therapie sind die Konsequenz. Auf jeden Fall den Arzt aufsuchen!

Einen diffusen **Kopfschmerz** als Begleitung einer Erkältung versucht man am besten mit Ben-u-ron oder Aspirin in den Griff zu bekommen. Noch besser: aushalten und abschalten.

Ungünstige Sitzpositionen führen oft zu extremen Nackenverspannungen und damit zu Kopfschmerzen. Dagegen hilft nur, die Sitzposition dem Körper anzupassen. Eine andere Ursache von Kopfschmerzen kann unregelmäßiger Straßenbelag (Kopfsteinpflaster, Wellblechpiste) sein. Auf solchen Wegen sollte man nicht so große Tagesetappen fahren und den Reifendruck senken. Ein höher gestellter Lenker vermindert die Stöße, die über die ausgestreckten Arme sonst direkt zum Kopf geleitet werden.

Die meisten Infektionen gehen mit *Fieber* einher. Wenn das Fieber nicht von alleine verschwindet, helfen folgende allgemeine Maßnahmen:
• Eisbeutel in die Leistenbeugen,
• Wadenwickel an den Unterschenkeln,
• tägliche feuchte Abreibungen des gesamten Körpers.

Fiebersenkende Wirkung haben die Medikamente Ben-u-ron und Aspirin.

Beim Stichwort **Reisedurchfall** kommen unangenehme Erinnerungen hoch: Über 40°C Außentemperatur, Fieber, zehn bis zwanzig Mal täglich der Toilettengang, krampfartige Schmerzen, Kreislaufstörungen, Kraftlosigkeit …

Wer nur Anzeichen eines beginnenden Darminfektes dieser Art verspürt, tut gut daran, in aller Ruhe (etwa im Hotel) die Krankheit auszukurieren. Wir haben es einst nur unter großen Strapazen geschafft, den fünfzig Kilometer entfernten Ort mit Hotel zu erreichen.

Der größeren Anfälligkeit unseres von »zivilisierter« Hygiene verwöhnten Körpers kann man nur mit äußerster Vorsicht beim Essen vorbeugen, das heißt nur abgekochtes bzw. entkeimtes Wasser, keine Eierspeisen, kein Salat und nur Obst, das selbst geschält wird.

Was tun, wenn es mich trotzdem erwischt hat?

Erster Tag: Zunächst Tannacomp oder bis zu 10 Kohlekompretten pro Tag und soviel schwarzen Tee wie möglich trinken, Bettruhe.

Zweiter Tag: Tannacomp oder bis zu 10 Kohlekompretten, schwarzer Tee, Zwieback, Reisbrei, Milchreis, Apfelmus, Haferflocken und auf genügend Salz- und Flüssigkeitszufuhr achten.

Wenn am ersten Tag durch die Tannacomp-Behandlung keine Besserung eingetreten ist, dann am zweiten Tag:

Imodium oder Ozara, beginnend mit 2 Kapseln, danach nach jedem Stuhlgang 1 Kapsel einnehmen. Bei Fieber die oben angegebenen Gegenmaßnahmen einhalten, nur Tee und Zwieback.

Dritter Tag: Bei Besserung Medikamente nach Bedarf und weiter leichte Kost: Tee, Weißbrot, Reis, Kartoffelbrei, leichtes Gemüse, Pudding, Obst (geschälter Apfel/Banane).

Tritt keine Besserung ein, dann einen Arzt konsultieren. Ist dies nicht möglich, Einnahme von Eusaprim forte oder Doxycilin. In diesem Fall Imodium absetzen. Viel trinken.

Vierter Tag: Gleiche Behandlung wie am dritten Tag.

Fünfter Tag: Langsame Gewöhnung an normale Kost, noch Vorsicht bei sehr fetten und scharfen Speisen.

Spätestens jetzt muß Besserung eingetreten sein! Sonst so schnell wie möglich zum Arzt!

Wen es nicht so stark erwischt hat, aber auch generell als Hilfsmittel empfiehlt sich, mehrmals täglich frisch geriebene, geschälte Äpfel, getrocknete Heidelbeeren, Salzstangen oder auch Joghurt und Cola zu sich zu nehmen. Bei Reisen in außereuropäische Länder ist bei länger anhaltendem Durchfall die Angst nicht unberechtigt, sich vielleicht eine schwerwiegende Erkrankung (Typhus, Paratyphus, Cholera, Ruhr, Wurmerkrankungen) zugezogen zu haben. Bei blutigen Durchfällen oder mehrtägigen Fieberzuständen muß man in jedem Fall zum Arzt! Wir haben bei Reisedurchfall die Erfahrung gemacht, daß Ärzte und Apotheker in diesen Ländern sehr gut über die landläufigen Erreger Bescheid wissen und patente Rezepte auf Lager haben.

Die ungewohnte Ernährung und die beginnende vegetative Umstellung verursachen zu Beginn einer Reise häufig **Verstopfungen.** Für den Körper bedeutet der Wechsel vom Alltagsstreß zur Urlaubsruhe eine Veränderung der unwillkürlich arbeitenden Nerven. Und das zeigt er, indem er anders verdaut. Selbst drei bis vier Tage ohne Stuhlgang sollten aber niemanden zum Griff in die Reiseapotheke bewegen! Ballaststoffreiche Kost (Obst/Gemüse) und viel Flüssigkeit reichen meist völlig aus, um darüber hinwegzukommen. Getrocknetes Obst als ähnlich gutes Mittel sollte bei schlechtem hygienischem Standard zehn Minuten abgekocht werden. Man kann sich zum Beispiel eine Feigenwurst zubereiten. Ein halbes Kilogramm getrocknete Feigen und ein halbes Kilogramm Rosinen kleinstampfen, leicht erwärmen und zu einer Wurst drehen. Davon ißt man dann jeden Morgen ein Scheibchen.

Erbrechen geht häufig mit einer allgemeinen *Magen-Darm-Infektion* einher, kann aber auch Zeichen anderer innerer Erkrankungen oder zu starker Sonneneinstrahlung sein. Ruhe, Diät mit ungesüßtem Fenchel- oder Salbeitee und Zwieback verschaffen Linderung. MCP ratio unterstützen die Heilung. Bei starken krampfartigen Schmerzen kann Vomex noch weiterhelfen. Bei Erbrechen wie auch bei Durchfall geht eine Menge an Mineralstoffen verloren, die unbedingt ersetzt werden muß.

Nur eine wirklich disziplinierte Kleiderordnung verhindert den **Son-**

nenbrand. Die Arme, der Nacken, das Gesicht, besonders Nase und Ohren (bei kurzen Haaren), der Fußrücken (wenn man mit Sandalen fährt), die Oberschenkel und Waden sind extrem gefährdete Körperteile, die erst langsam an Sonne gewöhnt werden wollen. Der kühlende und erfrischende Fahrtwind läßt häufig die Gefahren beim Radfahren in praller Sonne vergessen. Vorwitzige Körperteile benötigen mindestens Lichtschutzfaktor 10. Wer die Empfindlichkeit seiner Haut kennt, nimmt Kalcium-Tabletten mit auf die Reise, um eine Sonnenallergie im Keim zu ersticken. War der Sonnenhunger trotzdem zu groß, so trägt man bei Rötung der Haut mehrfach täglich Fettsalben auf oder macht Wickel aus saurer oder Buttermilch. Bilden sich Bläschen, hilft Brand- und Wundgel. Die Blasen dürfen nicht geöffnet werden, da die Blasenhaut vor Infektionen schützt. Bei größeren Wundflächen am besten Nebacetin-Puder oder Bepanthen-Salbe auftragen und nicht mehr in die Sonne gehen!

Hitzschlag ist die Folge mißachteter Kleiderregeln, verbunden mit Überanstrengung. Radlerkleidung muß atmungsaktiv sein! Beim Hitzschlag kommt es durch falsche Bekleidung und hohe Luftfeuchtigkeit zu einem Wärmestau, der die Körpertemperatur erhöht. Da das nicht nur Kreislaufprobleme und Erbrechen, sondern auch Bewußtlosigkeit zur Folge haben kann, ist schnelles Handeln wichtig. Den Betroffenen sofort im Schatten mit leichter Kopfhochlagerung flach lagern, die Kleidung öff-

nen, so weit wie möglich ausziehen, um den Wärmeaustausch zu gewährleisten und kalte Umschläge im Stirn- und Nackenbereich auflegen. Ruhe ist noch mindestens zwei Tage angesagt.

Fehlende Kopfbedeckung führt zum **Sonnenstich,** einer Reizung der Hirnhaut, was sich in heftigen Kopfschmerzen, Kreislaufschwäche, Brechreiz und erhöhter Herz- und Atmungstätigkeit äußert: Den Kranken sofort im Schatten lagern, Stirn und Nacken mit Umschlägen kühlen und eine längere Pause einlegen.

Kommt es trotz idealer Sattelstellung (Seite 100) zu **Sitzbeschwerden,** wird es oft besser, wenn man die Haltung korrigiert (Neigung des Sattels verändern, tiefere Lenkerposition entlastet den Druck auf den Sattel, mit einem Handtuch als Polster auf dem Sattel experimentieren, Hose mit Sitzleder tragen, eventuell Sattel austauschen). Ist die Haut durch Schwitzen und Reibung schon verletzt, bleibt nur die Pause! Sitzbäder und Nebacetin-Puder oder Bepanthen-Salbe sowie äußerste Sauberkeit fördern den Heilungsprozeß.

Hämorrhoiden sind Krampfadern im Bereich des Enddarmes, die häufig beim Stuhlgang bluten. Behandlung: ballaststoffreiche Nahrung (um den Stuhlgang geschmeidiger zu machen), mit kaltem Wasser nach jedem Stuhlgang waschen (vorher die Hämorrhoiden zurückdrücken) und Hämorrhoidensalbe oder Zäpfchen verwenden. Außerdem die tägliche Fahrtzeit verkürzen!

Gelenke, Sehnen, Bänder muß man langsam trainieren. Muskeln sind nämlich meist stärker belastbar als Sehnen und Bänder. Das zeigt sich gut am Beispiel der *Achillessehne*. Sie ist ganz besonders gefährdet beim »Wuchten«, dem bergauf Schieben. Mountain-Bike-Fahrer im schweren Gelände haben daher häufig Schmerzen, die sie durch geringere Anstrengung vermeiden können. Eine zu hohe Sitzposition verursacht die gleichen Probleme im normalen Gelände. Das *Kniegelenk* nimmt ungerechte Behandlung schnell übel. Kraftraubendes Treten in großen Gängen und mangelnden Schutz bei Kälte und Nässe daher vermeiden. Auch enge lange Hosen, die die Beweglichkeit der Kniescheibe beeinträchtigen, können zu Kniebeschwerden führen. Daß Frauen größere Schwierigkeiten mit ihren Kniegelenken haben, liegt daran, daß die weibliche Knie- und Oberschenkelanatomie ungünstigere Voraussetzungen für das Radfahren bietet. Deswegen noch besser vorbeugen!

Auch das *Handgelenk* kann sich auf einer Tour unangenehm bemerkbar machen. Die Beschwerden können entweder vom Gelenk oder der Handinnenfläche ausstrahlen, wobei beides oft durch Auswechseln oder eine bessere Polsterung des Lenkers verschwindet. Wir benutzen aus diesem Grunde den Trainingsbügel (Seite 86), bei dem die Griffposition für das Handgelenk am günstigsten ist. Ist eine Sehnenscheidenentzündung erst einmal aufgetreten, bleibt nur noch die Ruhigstellung des Handgelenks durch einen festen Verband oder Gips. Und natürlich ein Radfahrverbot!

Bei einem *Wadenkrampf* hilft extreme Streckung der Wadenmuskulatur (Zehen nach oben ziehen). Ansonsten wird die Ursache durch geringere Belastung und stärkere Mineralstoffzufuhr vermieden.

Entzündung der **Harnröhre** (Urethritis) und in der Folge beim Mann der *Vorsteherdrüse* (Prostatitis) gehören zum radfahrerspezifischen Krankheitsrepertoire. Symptome wie Brennen beim Wasserlassen, ständiger Harndrang und trüber Urin lassen auf solche Entzündungen schließen. Die Behandlung: Größere Mengen trinken (Spüleffekt) und bei krampfartigen Schmerzen krampflösende Mittel wie Vomex einnehmen, aber auch auf Hygiene achten, d.h. häufig waschen und Vorsicht bei öffentlichen Toiletten. Halten die Beschwerden an (inklusive Fieber), so ist, falls kein Arzt erreichbar, eine Antibiotika-Therapie angezeigt.

Eine **Bindehautentzündung** unterwegs entsteht häufig durch die Zugluft beim Fahren, unter der besonders Brillenträger zu leiden haben (Behandlung mit Augentropfen, z.B. Yxin). Hinter ihrem »Nasenfahrrad« bilden sich nämlich unangenehme Luftwirbel. Davor schützen rundum geschlossene Gletscherbrillen oder spezielle Fahrradbrillen. Solche Brillen schützen auch gut bei Sandstürmen.

Besonders Insekten geraten schon mal ins Auge. Am besten läßt man sie von anderen vorsichtig entfernen. Aus dem Bindehautsack des Unterlides kann der Fremdkörper schnell mit dem Zipfel eines Taschentuches besei-

Nach der Reise

Gesundheitliche Beschwerden sind nicht gerade erwünschte »Souvenirs«. Man muß daran denken, daß nach einer Reise in außereuropäische Staaten eine Erkrankung noch Monate später auftreten kann. Der behandelnde Arzt ist bei Beschwerden auf jeden Fall von einem solchen Aufenthalt in Kenntnis zu setzen.

Wer in einem tropischen Land geradelt ist, sollte unbedingt daran denken, daß die Malaria-Prophylaxe noch vier Wochen lang eingenommen werden muß, und sich auf jeden Fall sechs Wochen nach der Fahrt routinemäßig untersuchen lassen (einschließlich parasitologischer Stuhl- und Blutuntersuchung), um das Risiko einer mitgeschleppten Krankheit zu minimieren. Besonders bei Beschwerden wie Fieber, Gewichtsverlust, Bauchkrämpfen, andauernden Durchfall, Husten, blutigem oder dunklem Urin, Blut im Stuhl, Hautjucken oder Hautveränderungen sollte der Arzt von dem Tropenurlaub erfahren, auch noch nach vielen Monaten oder sogar nach einem Jahr!

Literatur

Wolfgang Lieb, *Medizinisches Handbuch,* DuMont Reisetaschenbuch, 19,80 DM

tigt werden. Das Entfernen des Insekts aus dem Oberlid gestaltet sich da schon schwieriger, da dieses über ein Streichholz nach oben »umgerollt« werden muß. Bei mehreren kleinen Teilchen spült man das Auge mit klarem Wasser aus, damit nichts hängen bleibt.

DIE RICHTIGE RADLERKOST

*Ein befreundeter Franzose erläuterte uns einst seinen
unfreiwilligen Speiseplan einer vierwöchigen Mountain-Bike-Tour
durch den Hohen Atlas in Marokko:
»On a mangé principalement sardines (Ölsardinen),
norilles (Nudeln), vache qui rit (Streichkäse), muesli, coca, eau chlorées
(entkeimtes Wasser), pain (Brot) et biscuits secs (trockene Kekse).«
Bei diesem Speiseplan, extremen Temperaturen im August und enormen
Anstrengungen bei Höhen um 3000 m hat er zehn Kilo Gewicht verloren!*

Dieses Beispiel zeigt das ernährungsphysiologische Dilemma des Radfahrers: Was nützen ihm alle Ernährungsweisheiten, wenn er im Reiseland keine Möglichkeiten hat, sie anzuwenden? In diesem Fall läßt sich die nötige Regel einer Mischkost, die den erhöhten Bedarf des Radfahrers decken soll, nur schwer durchführen. Aber: Gerade dann ist es wichtig, sich mit allgemeinen Ernährungsfragen und landesspezifischen Ernährungsgewohnheiten zu beschäftigen.

Mischkost

Radfahren gehört zu den extremen *Ausdauersportarten*. Der *Energiebedarf* wird beim trainierten Radler ausschließlich dadurch gedeckt, daß der Körper *Glucose* (Traubenzucker) mit Hilfe von Sauerstoff in Energie umwandelt. Für das Radfahren heißt das: Um eine optimale Energieausbeute zu erreichen, sollten Nahrungsbestandteile überwiegen, die mit wenig Sauerstoff viel Energie anbieten. Das ist bei *Kohlehydraten* der Fall (z.B. Stärke, Zellulose, Zucker). Fette sind zwar energiereicher, brauchen aber mehr Sauerstoff, um diese Energie freizusetzen und sind schwerer verdaulich.

Eine Radtourenernährung muß vitaminreich sein, denn *Vitamine* beschleunigen den Stoffwechsel, machen leistungsbereit, steigern Energiereserven und Abwehrkräfte. Ähnlich wichtig sind *Mineralstoffe*. Sie kontrollieren den gesamten Wasserhaushalt und beeinflussen die Reizübertragung an Nerven und Muskeln. Summa summarum wird also eine Mischkost benötigt, die den erhöhten individuellen Energiebedarf von 3000 bis 5000 Kilokalorien enthält und ihn zu etwa 60 % in Kohlehydraten, 25 bis 30 % in Fett und 15 bis 20 % in Eiweiß deckt.

Die *Kohlehydrate* nimmt man am besten in Form von Getreide (Vollkorn), Reis, Kartoffeln, Nudeln, Honig und Trockenfrüchten zu sich. Irgendetwas davon ist überall zu bekommen.

Hochwertige *Eiweiße* finden sich in Milch, Milchprodukten, Ei, magerem Fleisch, Fisch, Vollkornprodukten, Nudeln und Nüssen.

Fette sind in jeder Nahrung reichlich vorhanden. Daher ist es sinnvoller, die Nahrungsmittel aufzulisten, auf die man wegen zu hohen Fettgehaltes verzichten sollte: fette Fleisch-

FIT & FAIR

sorten, fetter Schinken, Speck, Räucherfisch, Ölsardinen, Mayonnaise und Pommes frites.

Vitamine sind in Obst, Gemüse und Salat enthalten und gehören ebenso auf die Speisekarte wie mineralstoffreiche Speisen (Gemüse, Milchprodukte, Meeresfisch, Fleisch).

Mit **zwei Mythen** muß im übrigen in diesem Zusammenhang einmal gebrochen werden:

• *Traubenzucker* fördert die Ausdauer. Ganz im Gegenteil! Traubenzucker erhöht zwar kurzfristig den Blutzuckerspiegel, was aber die Bauchspeicheldrüse nicht mag und mit einer verstärkten Ausschüttung von Insulin (Hormon der Bauchspeicheldrüse) beantwortet. Das Insulin wiederum senkt den Blutzuckerspiegel so stark, daß der Radler schlapp wird. Anders beim *Fruchtzucker*. Der Fruchtzucker wird insulinunabhängig in die Zellen transportiert und ist daher das richtige »Kraftfutter« für den Radler.

Ein Fall, bei dem Traubenzucker doch nötig wird, sei aber hier noch erwähnt – der *Hungerast*. Es handelt sich hierbei um einen Kohlehydratmangel, der sich durch Heißhunger, Kraftlosigkeit, Schwindel und Schweißausbruch bemerkbar macht. Der Blutzuckerspiegel ist bis zu vierzig Prozent niedriger als sonst und benötigt dringend eine Auffrischung. Traubenzucker hilft dabei am schnellsten.

• *Salztabletten* sind eine »Wunderwaffe« gegen *Mineralstoffmangel*. Zumindest, wenn Salztabletten ohne Flüssigkeit eingenommen werden, ist diese Aussage falsch! Bei großer Hit-

Radlerfrühstück international

ze verlieren wir extrem viel Mineralstoffe über den Schweiß. Das muß natürlich ausgeglichen werden. Salztabletten jedoch, die dem Organismus schubweise die Mineralstoffe zuführen, erhöhen den Mineralstoffspiegel im Blut so stark, daß die Niere mit einer erhöhten Ausscheidung reagiert. Und die erhöhte Ausscheidung bedeutet dann sowohl einen noch größeren Wasser- als auch einen verstärkten Mineralstoffverlust. Erst bei einer Einnahme von Salztabletten mit viel Flüssigkeit kann die Aufnahme der Mineralsalze langsam erfolgen.

Eine genaue »Qualitätskontrolle« der Ernährung ist unterwegs nicht möglich: Appetit und Gewichtskontrolle (zugegeben nicht ganz einfach ohne Waage) bleiben die einzigen Kriterien. Und natürlich die Hoffnung, daß jeder seinen Körper genügend kennt und dessen Informationen richtig zu interpretieren weiß. Abgeschlagenheit, fehlender Appetit und Krankheitsanfälligkeit können beispielsweise Hinweise auf Vitaminmangel sein.

Wie komme ich aber am besten zu einem ausgewogenen Speiseplan? Wir haben fast immer Kocher und Kochgeschirr mitgenommen. Damit waren wir flexibler in der Tagesplanung und das Essen billiger. Außerdem ist es gesünder, mehrere kleine Mahlzeiten inklusive einem warmen Essen pro Tag zu sich zu nehmen. Tagsüber kalte Küche und am Abend eine größere warme Mahlzeit – jedoch nicht kurz vor dem Schlafengehen, denn der Verdauungstrakt will auch seine Ruhe haben.

Auf der anderen Seite verschmähen wir aber auch nicht die landesübliche Kost. »Wat der Bauer net kennt …« – das probiert er eben! Nur ein Blick auf die *Hygiene* ist angebracht. Vorsicht in südlichen und außereuropäischen Ländern bei Salat, ungeschältem Obst, Fleisch und Fleischwaren, offenen Getränken, Obstsäften, Eis, Eiswürfeln, Pudding und Sahne! *Peel it, cook it or forget it.*

Bei Selbstversorgung achte man auf das Gewicht des Proviants, immerhin muß alles verstaut und fortbewegt werden. Allerdings macht dies eine sorgfältige Planung für Wochenenden und bei großen Etappen ohne Einkaufsmöglichkeiten notwendig. So haben wir einmal eineinhalb Tage von trockenen Keksen zehren müssen, da wir die Information, auf einer Strecke von einhundertfünfzig Kilometern keine Nahrungsmittel kaufen zu können, nicht ernst genommen hatten.

Sportlernahrung

Diese speziell auf den Sportlerbedarf ausgerichteten Ergänzungspräparate sind bei ausgewählter Mischkost nicht notwendig. Wer allerdings die Probleme der Nahrungsbeschaffung im Zielgebiet (zum Beispiel Mountain-Bike-Touren) kennt, sollte sich natürlich vorher gut eindecken. *Trockenlebensmittel* (sogenannte dehydrierte Mahlzeiten, Trockenobst) sind bei mehrtägigen Fahrten ohne jede Versorgungsmöglichkeiten unumgänglich. Alles andere wiegt zu schwer. Weiterhin kann man in solchen Fällen auch noch auf *Konzentrate* von Kohlehydraten und Eiweißen, sowie Vitaminpräparate zurückgreifen. Wohlbemerkt als Ergänzung zur Ernährung – wie der Name schon sagt! Informationen über diese Präparate erhält man in Apotheken, Sportgeschäften oder Ausrüstungsläden.

Flüssigkeitsbedarf

Ist der Ersatz von Flüssigkeit bei normalen mitteleuropäischen Temperaturen nicht besonders schwierig, so kann er in extrem heißen Regionen zu einem Problem werden. Wir haben im Süden Marokkos bis zu 10 Liter am Tag getrunken. Schwierig wurde es, als wir des warmen Wassers aus unseren Trinkflaschen überdrüssig waren, jedoch keine wirklich durstlöschenden Getränke fanden, nur Cola oder grausam süße Limonaden. Wir behalfen uns mit Zitrone im Wasser oder Brausetabletten und ansonsten mit Tee. Alupapier oder mit Salzwasser getränkte Tücher, in die wir die Flaschen gewickelt hatten, hielten den Inhalt wenigstens eine Zeitlang kühl.

Für den *Getränketransport* reichen normalerweise zwei Trinkflaschen aus, die am Rahmenhalter befestigt werden. Es lassen sich aber sogar bis zu vier am Rahmen unterbringen. Geschmacksneutral und sauber sind Aluminiumflaschen, die innen mit Teflon beschichtet sind (im Fahrradhandel oder Bicycle Versand, etwa 20 DM für 0,75-l-Flaschen) und für die es zusätzlich Neopren-Kühlüberzüge für rund 15 DM gibt. Billiger sind über die Trinkflasche gestülpte nasse Socken. Bei extrem »trockenen« Touren sind Wasserkanister im Rahmendreieck oder Zwei-Liter-Flaschen in jeder Au-

ßentasche der Packtaschen praktisch. Was gibt es sonst zu bedenken? Die *Menge* muß stimmen. Die beste Kontrolle bieten dabei der Durst und die Urinkonzentration. Ist die Urinfarbe sehr dunkel, muß unbedingt mehr Flüssiges »getankt« werden.

Zuwenig Flüssigkeit über einen längeren Zeitraum führt zu extremem Mineralstoffmangel, dessen Folgen allgemeine Schwäche und Muskelkrämpfe sind. Dem kann man durch mineralstoffreiche Mischkost vorbeugen oder durch Salze, die Getränken zugesetzt werden. Wer Salz im Wasser vertragen kann, für den ist das die günstigste Lösung (max. 3 g pro Liter). Aber Vorsicht: Brechmittelwirkung! In heißen Gebieten kann der Genuß kalter Getränke leicht zu Magen-Darm-Verstimmungen führen.

Bei abgefüllten Getränken braucht man wegen der *Hygiene* keine großen Sorgen zu haben. Auch mit dem *Trinkwasser* haben wir in Europa nie Schwierigkeiten gehabt. Einwandfreies Wasser läßt sich überall besorgen (notfalls in Flaschen, Sprudel), so daß wir auf Entkeimungsmittel oder ähnliches verzichtet haben. Wer sein Wasser meist aus offenen Wasserläufen schöpfen wird oder Länder mit schlechtem hygienischem Standard bereist, kann und sollte das Trinkwasser auf verschiedene Arten aufbereiten, um Magen-Darm-Grippen zu vermeiden, die einen in kürzester Zeit radfahrunfähig machen und zu einer längeren Pause zwingen.

Die sicherste und bekannteste Art ist das *Abkochen*. 15 Minuten sprudelndes Kochen überlebt kein noch so

munterer Erreger. Allerdings ist das Abkochen unterwegs eine sehr mühsame und aufwendige Methode und bei einem Flüssigkeitsbedarf von unter Umständen 8 bis 10 Litern am Tag nicht möglich. Außerdem muß das Wasser sofort verbraucht werden, da es ohne chemische Zusätze nicht keimfrei bleibt. Nicht zu empfehlen ist die Abkochmethode in großen Höhen. Der geringe Siedepunkt von Wasser (z.B. 90°C bei 3000 m) läßt manche Mikroorganismen überleben. Bleiben noch zwei weitere Methoden:

Die *chemische Entkeimung* durch Zusatz von Silbersalzen als Pulver, Tabletten oder in flüssiger Form. Das Fläschchen »Micropur flüssig« z.B. reicht für 1000 l und kostet 15 DM. Dies funktioniert aber nur bei klarem Wasser und etwas Geduld: 2 Stunden Einwirkzeit. Bei organischen Schwe-

beteilchen im Wasser verlieren solche Mittel auf Silberionen-Basis ihre keimtötende Wirkung (u.a. gegen Typhus-, Cholera-, Influenza-Erreger). Beim chlor- und silberhaltigen »Certisil« (Packung für 1000 l ab 14 DM) muß keine Mindesteinwirkzeit eingehalten werden.

Keramikfilter (Hauptvertreter Katadyn), durch die das Wasser gepumpt wird, bieten die Möglichkeit, überall und jedes Wasser von Keimen und Schwebeteilchen zu befreien. Da dies etwas umständlich ist, ist es wohl nur dort sinnvoll, wo über lange Strecken ausschließlich mit stark verunreinigtem Wasser gerechnet werden muß (ein 300 g schwerer Taschenfilter kostet etwa ab 180 DM). Verschiedene Filtersorten entkeimen u.a. auch mit Jod, was für Schwangere und Schilddrüsen-Patienten gefährlich ist.

Verhalten unterwegs
BENIMM MIT VERSTAND

Ein positiver Austausch mit Gastland und Gastgeber kann nur stattfinden, wenn man sich dem Anderen öffnet, zunächst einmal zuhört und alles Neue auf sich wirken läßt. Häufig wird man dann unterwegs von einer Offenherzigkeit und Gastfreundschaft überrascht, die in unserem geschäftigen Alltag kaum noch zu finden ist. Uns hat diese Reiseerfahrung viele Anstöße gegeben, das eigene Verhalten gegenüber Fremden daheim zu überdenken.

Außerhalb des engeren westlichen Kulturkreises ist ein *Gastgeschenk* bei Einladungen in den meisten Fällen angebracht, gut kommen Fotografien aus der Heimat oder von einem selbst mit Reisegefährt an. Ebenso eignen sich Seifen, Parfüms, Süßigkeiten, Kalender oder Stifte. Die Freude ist meist genauso groß wie die Enttäuschung, wenn man nichts hinterläßt.

Angebotenes *Essen* sollte man nicht ablehnen, denn das wäre eine Beleidigung für denjenigen, der von dem wenigen, was er hat, das Beste anzubieten versucht. Um Mißverständnisse zu vermeiden, kann es nützlich sein, über die Eßgewohnheiten im Reiseland Bescheid zu wissen. Es löst beispielsweise bei asiatischen und nordafrikanischen bzw. islamischen Gastgebern Unverständnis aus, wenn man die linke Hand zum Essen benutzt, da diese zum Reinigen des Hinterteils nach dem Gang auf die Toilette gebraucht wird. Selbst wenn man sich absolut daneben benommen hat, klagen die Gastgeber aus Höflichkeit meist nicht; deshalb sollte man sein Verhalten trotzdem öfter mal in Frage stellen und darauf achten, was die Einheimischen tun.

Auf unseren Reisen außerhalb Europas schwankten wir bei allzu spontanen *Einladungen* oft zwischen Freude und einer gewissen prüfenden Zurückhaltung. Zum einen verbaut das Mißtrauen die Offenheit zum Kennenlernen des Gegenübers, zum anderen dient es aber auch dem Selbstschutz. Die Entscheidung, eine Einladung anzunehmen, obliegt letztendlich der Menschenkenntnis eines jeden. Besonders vorsichtig sollte man in touristischen Zentren und großen Städten sein, denn man ist nicht der erste Tourist in dieser Stadt.

Man hüte sich davor, voreilige *Versprechungen* zu machen, die später nicht zu halten sind. Beispielsweise: Ich komme wieder, ich schreibe, ich schicke Fotos, ich schicke dies oder jenes, oder schlimmer: Ich besorge einen Arbeitsplatz, ich vermittle einen Arzt, ich komme wieder, um zu heiraten. Wenn solche Versprechungen nicht eingehalten werden, können sie das ganze Leben eines Menschen zerstören.

Wer die *Sprache* des Gastlandes beherrscht, hat einen unschätzbaren Vorteil. Aber auch alle anderen sollten zumindest die einfachsten Höflichkeitsworte erlernen: guten Tag, danke usw. Dies, gepaart mit Freundlichkeit und Geduld, öffnet so manche Tür. Ein Lächeln hilft immer weiter als ein schnaubender Wutausbruch.

Die jeweilige *Religion* ist oft die Quelle der traditionellen Verhaltensregeln. Deshalb respektiere man besonders alle religiösen Stätten und vermeide, religiöse Gefühle durch unpassende Kleidung oder beispielsweise auch »wildes« und unsensibles Fotografieren zu verletzen.

Der Austausch von *Zärtlichkeiten in der Öffentlichkeit* stellt häufig einen Verstoß gegen die guten Sitten dar – wie immer man das auch bewerten mag. Nacktbaden verletzt fast überall das Schamgefühl der Einheimischen erheblich, und es ist unangebracht, sie auf diese Weise »aufklären« oder gar

»emanzipieren« zu wollen. Ordnungskräfte kennen hier manchmal kein Pardon.

Es ist wichtig, sich über das Bild im Klaren zu sein, das sich die »anderen« von einem Radreisenden in »Dritte-Welt«-Ländern oder auch in den »Armenhäusern« Europas machen. Wer auf einem relativ teuren Gefährt länger als einen Monat unterwegs ist, muß über einen gewissen Reichtum verfügen, da man sowohl Zeit zum Verdienen des Lebensunterhaltes einfach übrig hat, als auch noch Geld, eine solche Reise zu finanzieren. Deshalb vergegenwärtige man sich vor einer Reise die Verhältnisse von Löhnen und Preisen in dem Reiseland. Es ist deshalb unangebracht, ein Eintrittsgeld von 50 Pfennig umgehen zu wollen, sich Gastfreundschaft zu erzwin-

Spontane Freundschaft: abendliche Teerunde in Marokko

gen oder stets nur kostenlos übernachten zu wollen. Den Einheimischen ist auf jeden Fall mehr damit geholfen, wenn unser Geld in ihren Restaurants und Pensionen bleibt als im Club Mediterranée oder bei Kodak. Radler reisen »anders« und sollten sich gerade deshalb stets bewußt sein, daß sie wie jeder Fremde bloß Gast und kein »Sondertourist« sind. Wer die bereisten Länder ständig mit der Heimat vergleicht und kritisiert, braucht nicht loszufahren. Denn es sind ja gerade die Unterschiede – selbst die fremden Vorschriften, die wir, ohne daß sie uns vielleicht einleuchten, akzeptieren müssen –, die das Reisen so aufregend und interessant machen.

Beamte, Militär, Polizei

Beim Umgang mit diesen Berufsgruppen ist Zurückhaltung sinnvoll. Normalerweise sind die Vertreter des Staates und der Bürokratie gegenüber Radfahrern recht freundlich, oft sogar zuvorkommender als gegenüber Landsleuten. Sollte es einmal nicht nach den eigenen Vorstellungen gehen, ist Geduld erste Radlerpflicht. Kleine Geschenke (Zigarette, Kugelschreiber etc.) wirken oft Wunder, von offenen Bestechungsversuchen ist allerdings unbedingt abzuraten. Wenn nichts mehr hilft, verlange man den Vorgesetzten oder – falls vorhanden – das Beschwerdebuch. Erpressungsversuchen von Seiten der Behörden sollte man, wenn es eben geht, auch im Sinne der nachfolgenden Radler nicht nachgeben.

Bettelkinder

Auch Radreisende werden auf Fahrten durch die Länder der »Dritten Welt« oft auf ausgestreckte Kinderhände treffen. Diese Kinderhände machen aufmerksam auf Armut, Elend und Hilflosigkeit. In ländlichen Gegenden kann es aber auch sein, daß das Handausstrecken eine normale Erwartungshaltung gegenüber Touristen ist, da diejenigen, die vorher da waren, mit Bonbons, Stiften und Geld nur so um sich geschmissen haben. Ganz anders sieht es jedoch in den großen Städten und Touristenzentren aus. Hier soll in den meisten Fällen Mitleid erregt werden. Was man nicht sehen kann, ist die Tatsache, daß ein solches Kind durch mehrmaliges Handausstrecken am Tag mehr verdient als der schwer arbeitende Vater. Wenn ein Kind deshalb zur Haupteinnahmequelle der Familie geworden ist, wird es nicht zur Schule gehen, da die Bettelei, am Ende auch Kriminalität, leichter ist als Arbeit.

Wer den Kindern Geld gibt, dreht an dieser Teufelsspirale weiter. Auch wenn das hart klingt – man muß dennoch die Tatsache im Auge behalten, daß durch den Anstieg des Tourismus in armen Ländern auch die Zahl der Bettelkinder zugenommen hat. Wir haben schon darauf hingewiesen, daß die Länder der sogenannten Dritten Welt – oft fallengelassene ehemalige Kolonien – nur deshalb so arm sind, weil wir auf ihre Kosten so bequem leben. Es ist deshalb besser, konkrete Selbsthilfeorganisationen zu unterstützen, auch zu Hause beim Einkauf auf das Herkunftsland bzw.

nungen sind wir meist nicht der Mensch XY, sondern Deutsche. Wir haben dabei eine besondere Verantwortung und auch Chance, als Botschafter jenes Deutschlands aufzutreten, welches die Schrecken der Vergangenheit als Mahnung, aber auch als Verpflichtung für Gegenwart und Zukunft begreift.

Wer nicht den Protz-Deutschen »raushängen« läßt, sondern sich auch mal die Erlebnisse eines alten Partisanen anhört oder mit jungen Leuten über die heutige Lage diskutiert, kann eher zu mehr Menschlichkeit beitragen, als derjenige, der sich gelangweilt abwendet.

Reise-Knigge

Über Sitten und Gebräuche diverser Länder (derzeit 24 Länderhefte à 10 DM erhältlich) informiert *Inkubi* (Interkulturelle Beratung und Information), gibt Hilfestellung und Beratung für »Aussiedler«. *Universität Essen, Inkubi,* Henri-Dunant-Str. 65, 45131 Essen, ✆ 0201/1834264.

die Produktionsstätte zu achten und Kooperativen zu fördern, als sein Gewissen kurzfristig mit Almosen zu beruhigen.

Ein Unterschied besteht zu erwachsenen Bettlern, die oft außerhalb des sozialen Netzes stehen (Witwen, Verstoßene, kranke, alte Menschen ohne Angehörige) oder deren Religion diese Lebensweise vorschreibt. Eine Spende gilt dann als tugendhaft; wer sich an den Einheimischen orientiert, kann nichts falsch machen.

Deutsche Radreisende

In allen Teilen der Welt, besonders in unseren Nachbarländern, trifft man auf Menschen, die direkt oder indirekt unter dem Nationalsozialismus leiden mußten. Bei solchen Begeg-

Aktiver Umweltschutz

Klimabelastende und energiefressende Flugreisen gehören zu den größten Umweltbelastungen. Insofern wirken sanfter Fahrradtourismus und Umwelttips für den Urlaubsort dann etwas rührselig, wenn man die Anreise dorthin per Flugzeug umweltfeindlich gestaltet. Die größte Umwelttat des bewußten Radtouristen ist daher die Anreise mit der Bahn - wo immer dies geht. Darüber hinaus hört natürlich die Umwelt nicht an unserer Landesgrenze auf, deshalb werfe man sei-

FIT & FAIR

ne guten Vorsätze, so man sie denn hat, nicht gleich über'n Lenker. Wir hoffen, mit unseren Texten und speziell mit unseren vielen Hinweisen in den einzelnen Kapiteln konkret dazu beizutragen. Hier noch einige weitere Empfehlungen, sie sind den *Peter Meyer Reiseführern* »Costa Blanca« und »Korsika« entnommen.

Tips für umwelt- und sozialverträgliches Reisen

In einer Zeit, in der sich jährlich 20 Millionen (deutsche) Menschen in die Ferien bewegen, ist es höchste Zeit zum Umdenken: »Sanfter Tourismus« heißt, sowohl die Natur als auch die Eigenheiten der Fremde zu respektieren. »Sanften Tourismus« zu praktizieren, ist für jeden möglich.

• Schon zu Hause beim Packen umweltbelastende Produkte vermeiden. Zum Beispiel kein Plastik und keine Spraydosen, sondern lieber Stifte (Deo-Stift, Mücken-Stift etc.) benutzen und statt drei verschiedener Shampoos ein biologisch abbaubares; Nachfüllpackungen aus Pappe bevorzugen. Auch wenn es nach einer guten Idee klingt, kann kein Umweltminister verschleiern, daß auch der »Grüne Punkt« auf nichts anderem als auf Müll klebt.

• Auch unterwegs stets versuchen, Müll gar nicht erst anfallen zu lassen – auch wenn mancherorts die wilden Kippen Flüsse und Abhänge hinunterwuchern.

• Statt teure Import-Konserven zu kaufen, lieber nach frischem Obst und Gemüse (ohne Plastikverpackung) aus der einheimischen Produktion greifen. Damit unterstützt man zum einen die Bauern und zum anderen kann die Natur organischen Abfall abbauen. Blech, Glas und Plastik verbrauchen bei der Herstellung und Entsorgung Rohstoffe und Energie.

• In den Supermärkten bekommt man praktisch überall soviele Plastiktüten, wie man will. Dieser Einpack-Wut am besten mit mitgebrachten kleinen Rucksack o.ä. entgegensetzen.

• Keinen Abfall in die Landschaft oder ins Meer werfen. Das, was man angeschleppt hat, kann man in erleichtertem Zustand auch ruhig wieder mitnehmen: Den Müll sammeln und zu den Depots auf den Campingplätzen bringen oder in den nächsten Müllcontainer werfen.

• Gerade nach einem Picknick sollte man den Platz wieder sauber verlassen und dabei vielleicht sogar mal etwas liegengebliebenen Dreck der Vorgänger mitnehmen.

• Straßen und Wege nicht verlassen, damit die Natur in Ruhe gelassen wird. Das gilt natürlich ebenso und ganz besonders für das Wandern und Radeln in den Wäldern und Bergen (siehe auch MTB-Radeln, Seite 112).

• Sonnenschutzmittel erst nach dem Baden anwenden. So wird das Wasser weniger belastet. Dies gilt vor allem für die Binnengewässer. Übrigens besitzt das besonders belastende Sonnenöl sowieso keinerlei Schutzwirkung.

• Zum Umweltschutz gehört selbstverständlich auch der Artenschutz. Hier können wir uns durch unsere Vorsicht genauso aktiv betätigen wie beim Umweltschutz. Durch den Kauf von seltenen tierischen oder pflanzlichen Produkten unterstützt man nämlich profitable Metzeleien und Raubbau. Doch wo kein Käufer ist, ist auch kein Markt.

• Wenn's mit dem Rad mal nicht weitergeht, öffentliche Verkehrsmittel benutzen und nicht gleich auf den eigenen oder einen Mietwagen zurückgreifen.

• Auch wenn anfangs vielleicht etwas ungewohnt, auch die landestypische Küche kosten.

• Besonders die Wasserknappheit ist in vielen heißen Ländern ein Problem. Aktiv Wasser sparen beginnt beim Zähneputzen und Einseifen (kein Wasser laufen lassen) und »gipfelt« im Verzicht auf den Swimmingpool.

• Zu den größten Gefahren und Umweltgefährdungen gehört in vielen Ländern die akute Waldbrandgefahr, oft ausgelöst, weil zu viele immer noch die Ursachen und Gefahren, die in simpler Umweltverschmutzung liegen können, unterschätzen. So können nicht nur eine noch glimmende Zigarette oder ein Streichholz gefährlich werden, sondern auch eine in die Landschaft geworfene Flasche, deren Glas in der Sonne wie ein Brennglas funktioniert.

Ein offenes Feuer ist schon kein Leichtsinn mehr, sondern sträfliche Dummheit, ebenso im Bett oder Schlafsack zu rauchen. Auf Lagerfeuerromantik sollte man auch dort verzichten, wo man es für gänzlich ungefährlich hält. Abgesehen davon, daß man Unvorhergesehenes nun mal nicht abschätzen kann, ist es auch ein schlechtes Vorbild für andere. Beson-dere Vorsicht gilt also für alle Camper, die mit Camping-Kochern jeder Art hantieren. Stets einen sicheren Stand wählen, einen feuerfesten Windschutz aufbauen und die Kochstelle nicht unbeobachtet lassen! Überlegen Sie außerdem, welche Ihrer touristischen und Campingausrüstung leicht brennbar ist und ob sie vor einer Feuerquelle geschützt ist.

Literaturtips und Initiativen

Umwelttips für Ihre Reise, WWF-Infodienst, Hedderichstr. 110, 60569 Frankfurt a.M.

Die Zukunft auf zwei Rädern, Wolfgang Reiche, in »Radfahren Extra« 2/92 (Anforderungen an einen fahrradspezifischen Tourismus)

Freizeit ohne Auto, eine Beispielsammlung herausgegeben vom VCD

Zum Beispiel Tourismus, J. Hammelehle, Lamuv-Vlg. Göttingen

Jugend für Sanften Tourismus, Broschüre (66 S., 5 DM) beim BUND, Jugendorganisation, Friedrich-Breuer-Str. 86, 53225 Bonn

Ökologischer Tourismus in Europa e.V. (Ö.T.E.), Am Michaelshof 8 – 10, 53177 Bonn, ✆ 0228/359008

Interessensgemeinschaft der Anbieter, Vermittler und Veranstalter von umwelt- und sozialverträglichen Reisen, c/o M. Schiedeck, Wohlersallee 25, 22767 Hamburg, ✆ 040/437001 (Broschüre »Sanftes Reisen«)

Verträgliche Reisen – Ein Magazin für umweltverträgliches Reisen, c/o M. Reuther, Bach 1, 84149 Velden, ✆ 08742/1077. Das jährlich erscheinende Magazin bietet neben grundsätzlichen Beschreibungen von 35 umwelt-

FIT & FAIR

freundlichen Unterkünften eine kleine Zusammenstellung von »sanften Reiseveranstaltern«.

Ecotrans, europäisches Informations- und Dokumentationsnetz »Tourismus und Umwelt«, c/o Studienkreis für Tourismus und Entwicklung, J. Hammelehle, siehe Seite 13.

Fotografieren

Reisen und Fotografieren sind scheinbar unzertrennliche Dinge. Unzertrennlich, aber nicht immer erwünscht. In Ländern, wo der Tourist mit seinem »Glasauge« zum alltäglichen Erscheinungsbild gehört, entstehen selten Probleme. In vielen Ländern jedoch, in weiten Teilen Afrikas, in Asien oder Mittel- und Südamerika, begegnet man Reisenden mit Kamera nicht selten mißtrauisch und distanziert. Nur allzuoft wird auf der Jagd nach immer außergewöhnlicheren und exotischeren Motiven jegliche Sensibilität und Zurückhaltung aufgegeben. Die Kamera wird dann zur Waffe, die sowohl in privaten Schutzzonen als auch in Tabubereichen von Kultur und Religion herumballert.

Welche Kamera?

Mit der *Spiegelreflexkamera* hat der Fotograf dank Wechselobjektiven und sonstigem Zubehör viel Spielraum, dafür aber auch mehr Gepäck bzw. Gewicht. Wer sich für ein solch vielseitig einsetzbares Teil entscheidet, sollte beim Neukauf bedenken, daß bei einer modernen *vollautomatischen* Kamera der Batterieverbrauch enorm hoch ist, während bei einem manuell einstellbaren *alten Modell* (vom Gebrauchtmarkt) dagegen alle Funktionen weitgehend erhalten bleiben. Gebrauchte Teile sind billiger und weniger diebstahlgefährdet.

Kompaktkameras sind zwar bescheidener, doch fast immer einsetzbar, schnell und dabei weniger auffällig. Es gibt Kompaktkameras mit Blitz und Selbstauslöser oder zusätzlich mit Portraitautomatik, Zoom und diversen Belichtungsprogrammen. Möchte man Einfluß auf die Belichtung haben, bleibt eigentlich nur die Minox (circa 400 DM) oder Rollei 35 (2000 DM, gebraucht etwa 600 DM). Beide sind kaum größer als eine Zigarettenschachtel.

Welches Zubehör?

Für die Spiegelreflexkamera bietet sich als *Wechselobjektiv* ein Zoom (80 – 200 mm) kombiniert mit einem Weitwinkel an. Extreme *Zoomobjektive,* die sowohl den Weitwinkelbereich (28 – 35 mm) als auch den Telebereich (135 – 200 mm) abdecken, sind wegen ihrer mangelnden Abbildungsqualität in den Randbereichen nicht zu empfehlen.

Ein einfacher *Blitz* mit der Leitzahl 20 begleitet uns auf jeder Radtour. Klein und vollkommen computerlos, hat er uns schon oft geholfen, abendliche Stimmungen einzufangen. Damit sich der Blitz nicht in der Tasche ungewollt auflädt, entweder eine Batterie rausnehmen oder einen Batteriepol mit Klebeband überkleben. Bei Fahrten in sonnige Gefilde lohnt sich ein solares Ladegerät.

Die Wahl der zusätzlichen (Effekt-) *Filter* hängt ausschließlich von dem verwendeten Filmmaterial ab.

Für *Schwarzweißfilme* eignen sich mittlere *Gelb-, sowie Orange- oder Rotfilter.* Die beiden letzteren verdunkeln das Himmelblau und betonen die Wolken. Einen mittleren Gelbfilter benutzt man für Aufnahmen bei großer Helligkeit, also bei viel Schnee oder Himmel.

Bei *Farb- und Diafilmen* sind leichte *Skylight-Filter* ratsam, um Blaustiche etwa im Hochgebirge oder am Meer zu verhindern. UV-Filter werden nur für (meist ältere) Objektive benötigt, bei denen der farbige Glanz einer Vergütung auf der Linse nicht festzustellen ist. Sinnvoll ist auch ein *Polarisations-Filter.* Er besteht aus zwei drehbaren Scheiben und kann sowohl in der Farbfotografie als auch bei Schwarzweißbildern angewandt werden. Polfilter lassen Reflexe auf Fensterscheiben oder Wasseroberflächen verschwinden und bewirken eine allgemeine Farbsättigung.

Eine *Sonnenblende* sollte in keiner Ausrüstung fehlen.

Als *Objektivschutz* kann ein leichter Skylight- oder UV-Filter dienen. So bleibt die empfindliche Objektivlinse ohne Kratzer, und beim Herunterfallen der Kamera geht zwar der Filter zu Bruch, das Objektiv selbst bleibt jedoch in der Regel unbeschädigt.

Filme

Wer schon vor seiner Reise an eine Veröffentlichung der Bilder (Ausstellungen, Diavorträge, Berichte in lokalen Zeitungen) denkt, der sollte

Während der Fahrt zu fotografieren, erfordert Geschick und eine schnelle Kamera

Schwarzweiß- und Diamaterial benutzen. Damit ist man in der Lage, auf alle Wünsche zu reagieren. Ansonsten beschränkt man sich auf einen Filmtyp (auf Haltbarkeitsdaten und Emulsionsnummer achten). So muß der Belichtungsmesser nicht immer umgestellt werden, womit sich die Gefahr von komplett fehlbelichteten Filmen verringert.

Für Länder mit *hoher Sonnenintensität* wählt man am besten Filme mit einer niedrigen ASA- bzw. ISO-Zahl (internationale Kennzeichnung der Filmempfindlichkeit). Damit sind zum einen Vergrößerungen und Diaprojektionen ohne grobes »Korn« in ausreichender Schärfe möglich und zum anderen eine Lagerung auch bei extremen Temperaturen relativ problemlos.

Für typische *Regen- und Bewölkungsländer* ist eine mittlere Empfindlichkeit von 100 bis 125 ASA ausreichend. Für Innen- oder Nachtaufnahmen kann es nicht schaden, auch Filme mit einer höheren Empfindlichkeit (400 ASA) in der Tasche zu haben. Solche 400er-Filme werden von Pressefotografen gerne als Allroundfilme genutzt, weil sie die Spannweite von schummrig bis strahlend erfassen.

Im Zweifelsfall lieber zuviele als zu wenig Filme mitnehmen. Wir rechnen immer mit eineinhalb bis zwei Filmen pro Woche. Denn kaum etwas ist für einen engagierten Fotografen ärgerlicher, als im fernen Urlaubsland für teures Geld neue Filme nachkaufen zu müssen.

Es lohnt sich, die Angebote der Fotohändler abzuwarten, Sonderkonditionen bei entsprechender Menge auszuhandeln, oder wenn man sie selbst rollen kann, direkt als Meterware zu bestellen (auch Diafilme). Der Diafilm Kodachrome 64 (auch der 25-ASA- bzw. ISO- oder 200-ASA- bzw. ISO-Film) unterscheidet sich von allen anderen Diafilmen im chemischen Aufbau. Die Vorteile für Langzeitradler: Kodachrome-Filme behalten auch unter extremen Lagerbedingungen ihre phantastische Schärfe und Farbwiedergabe.

Nimmt das gesamte Filmmaterial zuviel Platz weg, kann es auch in regelmäßigen Abständen von zu Hause nachgesandt werden (siehe »Post«, Seite 50). Wir haben damit gute Erfahrungen gemacht. Selbst die sechs Filme, die uns postlagernd nach Algier geschickt wurden, kamen ohne Schaden nach drei Monaten wieder zu Hause an, als wir sie dort nicht abholen konnten.

Kameracheck vor der Reise

• Batterien überprüfen, besser: gegen neue austauschen, an Ersatzbatterien denken
• Belichtungsmesser mit einer zweiten Kamera oder einem Handbelichtungsmesser überprüfen
• sämtliche Funktionen des Fotoapparates durchtesten
• an Objektiven die Blenden überprüfen, dazu den Blendenstift am Bajonettring betätigen.

Wer will, kann seine Kameraausrüstung versichern. Der einfachste Weg ist eine Reisegepäck-Versicherung. Bei teuren Ausrüstungen ist aber darauf zu achten, daß die Fotoausrüstung nur zu maximal 50 % der Versicherungssumme abgedeckt ist.

Für umfangreichere Fotoausrüstungen bietet die Nordstern-Versicherung einen Vertrag an. Um die Versicherung abschließen zu können, muß man bei ihr allerdings schon Kunde sein.

Transport der Kamera

Die Fotoausrüstung muß gegen Staub, Regen, Vibrationen oder eventuell auslaufende Lebensmittel geschützt, gleichzeitig aber auch schnappschußbereit sein.

Kompaktkameras trägt man am besten in einer kleinen Gürteltasche (Lowe, CCS, 50 DM). Klettverschlüsse und Fastex-Schnallen lassen sich einfacher und schneller öffnen als Reißverschlüsse. Ohne jeglichen Schutz kann die Kamera an einem Hüftgurt mittels eines Adapters eingehakt werden (»Move Method« Jansport, ca. 80 DM). Oft reicht auch die aus Hartplastik hergestellte Verpackungsbox. Wird die Kamera nicht gebraucht, verschwindet sie in der Gepäcktasche. Dort schützt sie ein nichtfusselndes Fensterleder gegen Erschütterungen. Für Spiegelreflexkameras gibt es platzsparende Fototaschen, die wie eine zweite Haut aus Schaumstoff und Codura oder aus Neopren die Kamera umhüllen (Lowe, CCS , ZING (nur bei AFT) u.a., ab 100 DM). Keine Alternative dazu sind Umhängetaschen. Sie sind zu sperrig und schlecht am Fahrrad anzubringen. Außerdem läßt sich schon von weitem erkennen, welche wertvolle Fracht am Fahrrad baumelt.

Mehrere Firmen (Cannondale, Jansport, Ortlieb, Karrimor) offerieren Fototaschen mit einer speziellen Befestigung: blitzschnell kann man sie vom Lenker lösen und wieder sicher befestigen, selbst vollbeladen bleibt die Tasche stabil am Lenker hängen. Bei Cannondale ist die Adapterplatte auf die aus einem Stück bestehende Rück- und Seitenwand geschraubt, bei anderen nur auf die Rückwand; mit ein wenig Geschick läßt sich die Konstruktion nachbauen.

Wer mal ohne Rad loszieht, steckt den Apparat entweder in einen kleinen Rucksack (sicherheitshalber vor dem Bauch tragen) oder in Beckentaschen zum Umschnallen.

Schutz vor Nässe oder Sand

• Niemals einen Film am Strand wechseln! Filme und Kamera nehmen durch Sand- oder Staubkörner Schaden. Ein schwarzer Strich zieht sich dann wie ein roter Faden durch alle Bilder.

• Bei Feuchtigkeit die Kamera mit einer Haube schützen.

• EWA-Marine stellt einen Klarsichtbeutel her, in dem Kameras bei uneingeschränkter Bedienung wasserdicht verpackt werden können. Er kann die viel zu teuren wasser- und staubdichten Kameras ersetzen (ab 70 DM).

• Belichteten und unbelichteten Filmen schaden Hitze und Feuchtigkeit. Sie sollten am besten in einer verschraubbaren Dose verpackt werden. Wenn diese Dosen in den Packtaschen verstaut sind und morgens immer nur der tägliche Bedarf entnommen wird, kann den Filmen nichts passieren. Die Filme immer mit einer Nummer versehen, um nachher mit der chronologischen Reihenfolge nicht durcheinanderzukommen.

• Kaltes Klima verlängert die Haltbarkeit von Filmen. Vorsicht ist allerdings beim Akklimatisieren von Filmen und Fotoapparaten geboten. Wird das Material aus dem Kalten ins Warme gebracht, bildet sich Kondenswasser. Filme können gegen diese Feuchtigkeit mit einem Granulat (*Silicagel*), welches die Feuchtigkeit bindet, geschützt werden. Es ist in jeder Apotheke erhältlich. Objektive und Kameras steckt man am besten in einen festverschlossenen Plastikbeutel, an dem sich dann das Kondenswasser niederschlagen kann.

Kamera vor Dieben schützen

Kameras beim *Übernachten unterm Himmelszelt* diebstahlsicher zu verstauen, ist problematisch. Stopft man sie in den Schlafsack, sind sie innerhalb kürzester Zeit an die unterste Stelle gerutscht und dort für jeden Dieb leicht zu klauen. Wir haben das einmal in Italien erlebt: Mit Rasierklingen wurde kurzerhand der Schlafsack an der untersten Ecke aufgetrennt und Kamera samt Wertsachen gestohlen, ohne daß auch nur einer von immerhin acht Personen aufgewacht wäre. Was bleibt?

• Die Fototasche in Pullover und Hose eingewickelt als Kopfkissen benutzen (nur für ruhige Schläfer).

• Bei weichem Untergrund, Wertgegenstände in einer Plastiktüte verpackt unter der Isomatte vergraben.

• Reist man zu mehreren, so wird das Gepäck – das wertvollste zu unterst – zwischen zwei Schlafplätzen deponiert. Der ganze Gepäckberg wird mit einer Allzweckplane (oder Regenponcho) abgedeckt und gegebenenfalls mit Heringen gesichert.

• Die Kamera wird in der Bereitschaftstasche mit Hilfe des Umhängegurtes an einem Oberschenkel befestigt. Sie ist dann zugegebenermaßen beim Schlafen etwas hinderlich, läßt sich aber von außen nur schwer ertasten, ohne daß man aufwacht.

Noch mehr Tips für unterwegs

• Bei längeren Touren eine zweite Kamera mitnehmen. Z.B. eine Spiegelreflex und eine kleine Kompaktkamera, um parallel Dias und Schwarzweißbilder machen zu können.

• Ein kleines Klemmstativ ist nützlich bei Fotos während der Fahrt (am Lenker befestigen), ebenso für Selbstportraits oder Gruppenaufnahmen, wenn kein »Freiwilliger« in Sicht ist.

• Wenn eine Diaschau oder eine Ausstellung nach der Reise nicht ausgeschlossen wird, schon einmal Ideen dafür sammeln (z.B. Motivreihen, Themengruppen).

• Ortschilder, Km-Steine, Hinweisschilder, Zuglaufschilder oder -pläne sind später dankbare Aufhänger.

• Auf der ganzen Welt ist es verboten, militärische Anlagen zu fotografieren. Genauso zählen eine Reihe von öffentlichen Gebäuden wie Flughäfen, Bahnhöfe, Brücken sowie Industrieanlagen in vielen Ländern zu »strategisch« wichtigen Einrichtungen.

• Bei Fotos von Menschen sich vorher in sie eindenken: Wie würde ich mich in dieser Situation als Fotografierter fühlen? Da gerade Radfahrer sehr schnell mit der Bevölkerung in Kontakt kommen, kann dies die Barriere abbauen, die ein Fotoapparat darstellt. Wer sich Zeit nimmt, kann die Situationen entkrampfen und auf diese Weise zu schönen Fotos kommen, bei denen neugewonnene Freunde gerne mithelfen.

• Geld fürs Foto? Wir haben es einmal gemacht und werden es nie wieder machen! Solche Bilder wirken gestellt, unnatürlich und haben daher keinen Reiz. Wir verzichten lieber darauf, »Modelle« zu kaufen.

• Wer nicht alleine, womöglich noch mit nicht fotografierenden Radlern unterwegs ist, muß einen langen Atem mitbringen. Denn in der Regel ist es störend, wenn der Fotograf gerade mal anhält, um eine besonders schöne Landschaft auf die Platte zu bannen. Man kommt aus dem Tritt, und häufen sich die Fotostops, steigt der Ärger der Mitradler. Eine kleine Kompaktkamera in den Händen von »Fotobanausen« mit der dezenten Aufforderung, es auch mal zu probieren, hat meine Mitradler zu fanatischen Motivjägern werden lassen.

• Ausschnitte zeigen mehr als man denkt. Der geplatzte Reifen, die Schotterpiste oder Teile der Ausrüstung sind reizvolle Objekte.

• Radreisen heißt unterwegs sein. Deshalb nicht nur beim Frühstück oder Abendessen fotografieren, sondern auch unterwegs, während einer rasanten Abfahrt oder einer unangenehmen Steigung, beim Einkaufen,

Kochen oder der Reparatur des fünften Plattfußes.

• Viele weiterführende Tips für Motive und den Umgang mit der Kamera in einem fremden Land findet man noch in dem Buch *Die Welt im Sucher* von Helmut Hermann, Selbstverlag, Markgrönigen 1987, 24,80 DM.

Einkaufen

Fremde Länder wecken oft außergewöhnliche Kaufgelüste; dies ist zumindest eine Erfahrung, die wir bei uns selbst gemacht haben.

Wer sich auf neue Eßgewohnheiten einläßt, kann ein Land »durch den Magen« kennenlernen, denn in den Eßsitten findet sich ein Stück der Kultur, der Landschaft und des Lebensgefühls der Menschen wieder. Allerdings ist die Versorgungslage in dünn-

Mancher Weg zum nächsten Geschäft ist auch mit einem MTB nicht mehr zu schaffen

FIT & FAIR

besiedelten, ländlichen Gebieten, in weiten Teilen Osteuropas und außerhalb der Großstädte in Übersee nicht mit unserem hohen Standard zu vergleichen. Deshalb sollte man sich mit dem Wichtigsten vorher eindecken. In rein landwirtschaftlichen Gebieten gilt oft noch das Prinzip der Selbstversorgung. Brot und Frischprodukte sind dort nicht in den Läden zu bekommen, die Auswahl beschränkt sich auf Konserven, Getränke, Öl und Mehl. Alle anderen Lebensmittel bekommt man auf dem örtlichen Markt. Sind Produkte nicht mit Preisen ausgezeichnet, ist manchmal der »Touristenaufschlag« fällig. Am besten beobachtet man dann, was die Einheimischen zahlen.

Die Show gehört überall zum Geschäft dazu: Sherry-Probe in Jerez, Andalusien

Eine gute *Streckenplanung* berücksichtigt immer die Öffnungszeiten und die eventuell schlechte Versorgungslage. Generell sollte man sich einen kleinen Vorrat anlegen und eine »Notration« Hartkekse oder Müsliriegel dabei haben.

Souvenirs, Souvenirs

Radfahrer können schon aus Platzgründen kaum landesübliche Handwerksarbeiten, Kleidung oder Teppiche mitbringen. Kult- und Kulturgegenstände oder Antiquitäten kaufen, hieße ohnehin, am Raub an den Kulturgütern des jeweiligen Landes teilzunehmen. Bevor man irgendetwas teuer bezahlt, studiert man am besten die Zoll-, Ein- und Ausfuhrbestimmungen.

Handeln ist mancherorts selbstverständlich. Die Händler sind geradezu enttäuscht, wenn man direkt zugreift. Es gibt kaum Festpreise, und die Spanne beträgt nicht selten 50 % des zuerst genannten Preises, bei Touristen häufig noch mehr. Die Taktik des Handelns ist eine individuelle Sache (feste Vorstellung, zwischenzeitliches Weggehen …). Auch wenn das gute Gefühl eines »Schnäppchens« meist schnell wieder verrauscht ist, kann das Handeln doch aufregend sein und viel Spaß machen.

Artenschutz

Unter die Ausfuhrbestimmungen des jeweiligen Urlaubslandes und unter die Einfuhrbestimmungen der BRD gehören nicht nur die zu schützenden Kulturgüter, sondern auch vom *Aussterben bedrohte Tiere* und *aus ihnen* gewonnene Materialien und *Produkte*. Dies sind beispielsweise Zähne und Krallen von Wildtieren, Elfenbein, Schildkrötenpanzer, Schlangen- und Krokodilleder, Pelze, Muscheln, Schnecken, Korallen (Schmuck, Kämme, Nippes, Schachfiguren, Einlegearbeiten, Lederwaren, Bekleidung). Auch seltene und unter Naturschutz stehende *Pflanzen*, wie nahezu alle Orchideenarten oder Edelweiß, sollten nicht gepflückt oder gekauft werden.

Empfehlenswert ist die Broschüre *Souvenirs, Souvenirs,* die gegen Einsendung eines frankierten DIN-A5-Rückumschlages umsonst beim *World Wildlife Fund,* Hedderichstr. 110, 60596 Frankfurt a.M., © 069/6050030, zu beziehen ist.

An der Grenze und beim Zoll

Um jenseits des Schlagbaumes weiterradeln zu können – Visa und Einreiseerlaubnis vorausgesetzt –, muß man an Grenzen außerhalb der EG unter Umständen viel Zeit und Geduld mitbringen und darf weder Eile noch Unbeherrschtheit zeigen. Deshalb meide man bestimmte Tageszeiten (früher Vormittag und später Nachmittag) sowie Sonn- und Feiertage. Neugierig sind Zöllner meist sowieso, wenn bepackte Radfahrer ankommen. Freundlichkeit, ein Schwätzchen, bereitwilliges Öffnen aller Taschen und geduldiges Ausfüllen der Formulare, auch wenn sie unsinnig erscheinen, erleichtern und beschleunigen den Vorgang ungemein. Paßbilder neueren Datums sollte man ebenso wie genügend Geld oder einen Liquiditäts-nachweis seiner Bank für alle Fälle dabeihaben (siehe unter der Griffmarke »Reisevorbereitung«, »Die Finanzen«, Seite 44).

Alles, was Anstoß erregen könnte, wie Waffen, Drogen oder Alkohol, ist tabu. Bei manchen Grenzstationen legten wir unsere schönsten »Gewänder« an, da wir durch Reiseführer gewarnt waren, daß es bei »Hippies« oder Menschen, die schlampig aussehen, schon einmal Schwierigkeiten geben kann. Wir jedoch hatten den Eindruck, daß unser vorteilhaftes Äußeres – bei längeren Radtouren nicht immer ein leichtes Unterfangen – in keiner Weise von den Zollbeamten beachtet und honoriert wurde, aber trotzdem: schaden kann es nie.

Es kann vorkommen, daß das Fahrrad in den Paß mit Marke und Radnummer eingetragen wird, um zu verhindern, daß es im Land verkauft wird. Eine solche Erklärung verwahrt man sicher bis zur Ausreise. Das ist uns selbst erst einmal passiert. Damals waren wir mit einer größeren Gruppe unterwegs und mußten sogar die 50 km Taxianfahrt der Zollbeamtin zum Bahnhof bezahlen, an den wir die Räder verschickt hatten.

Vor allem kleinere Grenzstationen sind häufig nur zu bestimmten Jahreszeiten geöffnet. Um nicht vor einem geschlossenen Schlagbaum zu stehen, sollte man sich vorher bei Botschaften oder Fremdenverkehrsämtern informieren. Sonst bleibt nur der Weg zur nächsten offenen Station, denn das Risiko, über die grüne Grenze zu wechseln, ist zu hoch.

Allgemeine Zollbestimmungen

Berücksichtigt werden müssen die Ausreisebestimmungen des Urlaubslandes und die Einreisebestimmungen der BRD bzw. des jeweiligen Heimatlandes.

Genaue Informationen hat die *Bundesstelle für Außenhandelsinformation* (BfAI), Agrippastr. 87 – 93, 50678 Köln 1, © 0221/20570. Hier erfährt man auch die speziellen Postversandfreimengen: Pakete und Päckchen unterliegen unterschiedlichen Bedingungen. Ein aufgedeckter Schmuggelversand wird mit doppeltem Zollzuschlag geahndet.

Für teure Ausrüstungsgegenstände – beim Radfahrer wohl bestenfalls die Fotoausrüstung und das Rad – besorgt man sich bei der Ausreise im Zollamt eine Bescheinigung über die vorübergehende Ausfuhr (Nämlichkeitsbescheinigung). Es wäre zu ärgerlich, wenn der Zoll bei der Rückreise annehmen müßte, die Kamera wäre unterwegs gekauft und bedürfe daher einer Zollbehandlung.

Anregend und oft sogar abenteuerlich ist das Einkaufen auf dem örtlichen Markt oder Basar

PECH & PANNEN

DEN TEUFEL AN DIE WAND GEBANNT

*Daß einem überall »etwas« passieren kann, ist klar. Daß es aber
nicht ausgerechnet während des Wochenendtrips oder der Urlaubsfahrt
passieren soll, ist auch klar. Wir geben Ihnen daher in diesem
Kapitel einen Überblick über mögliche Gefahren und wie sie zu verhindern
sind. Wie Pannen am Fahrrad zur Not auch ohne Werkstatt
behoben werden können, lesen Sie ab Seite 219.*

Versicherungen

Nach vielerlei Blättern im Klein-
gedruckten der Versicherungsbedin-
gungen sind wir für unsere Reisen
mittlerweile zu folgender Lösung gekommen: Wir schließen eine *Auslandskrankenversicherung* für die
Dauer des Urlaubs ab, zusätzlich eine
*Reisegepäckversicherung; eine Fahr-
radversicherung* ist nur für denjenigen
sinnvoll, der keine Hausratsversicherung des Typs VHB 84 (siehe unten)
besitzt. Aber das Sicherheitsbedürfnis
ist individuell. Daher gehen wir noch
näher auf die einzelnen Möglichkeiten
ein:

Auslandskrankenversicherung

Die gesetzliche Krankenversicherung
hilft nur in Ländern, mit denen die
BRD ein *Sozialversicherungsabkommen* abgeschlossen hat. Dies sind alle
EG-Länder, Finnland, Marokko,
Österreich, Rumänien, Schweden,
Schweiz, Tunesien und die Türkei. Bei
diesen Reisezielen besorgt man sich
vor der Reise bei seiner Krankenkasse
eine *Internationale Anspruchsbescheinigung* und Merkblätter für die jeweiligen Reiseländer. Mit Hilfe dieser
Unterlagen wird man so behandelt,
wie es die gesetzliche Versicherung
des jeweiligen Landes vorsieht. Ent-

standene Kosten zur Arzneimittelbe-
schaffung werden nach Vorlage des
Rezepts, einer Quittung und einer
Wechselkursbescheinigung von der
heimischen Krankenkasse bezahlt.
Der Erstattungsbetrag übersteigt jedoch in keinem Fall den in der BRD
üblichen. Der Krankenrücktransport
wird von den öffentlichen Krankenkassen nicht bezahlt!

Eine zusätzliche private *Auslandskrankenversicherung* deckt die
Krankheitsfälle außerhalb sowie Rest-
risiken innerhalb der oben genannten
Länder ab, beispielsweise wenn ein
Arzt die Behandlung gegen Vorlage
der Internationalen Anspruchsbescheinigung verweigert und Bares sehen will oder die Bestimmungen des
Gastlandes für die erbrachte Behandlung oder Sachleistung keinen Erstat-
tungsanspruch oder erhebliche Selbst-
beteiligungen vorsehen.

Schon für rund 10 DM pro Person
werden Jahrespolicen angeboten. Sie
sind in der Regel günstiger als Kurz-
verträge. Wer lange Zeit unterwegs ist,
der muß die Versicherungsbedingun-
gen dahingehend abklopfen, wie lange
diese Reisekrankenversicherung gültig ist. Die meisten Gesellschaften kö-
dern mit einjähriger Vertragsdauer,
die aber nur jeweils maximal vier Wo-

chen oder drei Monate Reisezeit einschließen. Zwischen mehreren Reisen muß man dann zwischendurch daheim gewesen sein, um bei weiteren Auslandsaufenthalten im Jahr noch versichert zu sein.

Langzeitradler, die über drei Monate unterwegs sind, sollten die gesetzliche Krankenkassenmitgliedschaft ruhen lassen (was meist nichts kostet) und für die Dauer der Reise eine Auslandskrankenversicherung abschließen.

In jedem Fall muß man die Behandlungskosten vorausbezahlen und dabei beachten, daß die Arztrechnung mit dem Namen, der Diagnose, den Behandlungsdaten und den Einzelleistungen versehen ist. Dann gibt es bei der Kostenerstattung keine Schwierigkeiten.

Fahrraddiebstahlversicherung

»Rad los, Geld zurück oder wie versichere ich ein Fahrrad« heißt ein Faltblatt, das einen aktuellen Überblick über die sich ständig ändernden Angebote von Fahrraddiebstahlversicherungen gibt (ADFC-Bundesgeschäftstelle, Seite 14).

Eine Möglichkeit, sein Fahrrad europaweit gegen *Diebstahl* zu versichern, ist die *Hausratsversicherung.* Es gibt die alte Versicherung des VHB 74 (Hausratsversicherungsbedingungen) und die neue des VHB 84. In der alten Variante ist das Rad eingeschlossen, allerdings nur innerhalb Europas. Bei der VHB 84 bedarf es des Abschlusses einer Zusatzklausel (Nr. 7110 H), die das Rad vorübergehend bis zu 3 Monaten einschließt. Sie gilt

europaweit, wenn das Rad abgeschlossen wurde (»Campingklauseln«: zwischen 22 und 6 Uhr nur, wenn es sich außerdem in abgesperrten Räumen befindet). Erstattet wird der Wiederbeschaffungspreis, maximal 1 % der Deckungssumme für den Hausrat. Die Prämie berechnet sich nach der Hausratsversicherungssumme, mindestens jedoch 45 DM zusätzlich zur normalen Jahresprämie. Die Bedingungen von der Hausratsversicherung nach VHB 84 und VHB 92 sind im wesentlichen identisch, nur beim Typ 92 gilt der vorübergehende Versicherungsschutz mit Zusatzklausel weltweit.

Mitglieder des *VCD* können eine spezielle Fahrraddiebstahlversicherung (incl. Hausrat) bei der *Hartwieg-Versicherung* (Hamburg) abschließen.Mit der Campingklausel beträgt die Jahresprämie ohne Selbstbeteiligung bei einem Wert des Rades von 1500 DM (Staffelung bis 4000 DM möglich) 132 DM; VCD siehe Seite 14.

Ein Angebot des *Bundes deutscher Radfahrer* und vom Geldinstitut *Visa* ist die *Visa-Radsport-Karte.* Die normale Kreditkarte kostet 150 DM im Jahr, die Zusatzkarte 80 DM und beinhaltet eine Fahrraddiebstahlversicherung bis 3000 DM pro Schadensfall, eine Unfall- und eine Haftpflichtversicherung: *Visa-Card-Service,* Postfach 303126, 10777 Berlin, © 0130/4660.

ARAG-Rafadi-Versicherung, Herzog-Garibaldi-Str. 17, 81545 München. Bei 1500 DM Wert 165 DM Versicherungsgebühr, Europa und Mittelmeeranrainerstaaten, 20 Prozent

Selbstbeteiligung, Fahrradschutzbrief für 20 DM zusätzlich.

Kravag-Sachversicherung, Bike Assekuranz, c/o Pergande & Pöthe GmbH, Schloßstr. 2 – 6, 22041 Hamburg. Bei 1500 DM Wert 120 DM Versicherungsprämie, einige europäische Staaten, 10 % Selbstbeteiligung, Versicherungsleistung nur bei Benutzung von einem Spezialschloß.

Reisegepäckversicherung

Diese Versicherung bietet zwar weltweiten Schutz, das Fahrrad wird damit aber nur ungenügend abgesichert. Gute Dienste leistet sie erfahrungsgemäß nur bei Schäden, die durch Bahntransport entstanden sind. Hier übernimmt die DB selbst nur zögernd die Kosten für entstandene Schäden, die Reisegepäckversicherung hingegen meist in vollem Umfang, wenn der Schaden beim Abholen korrekt gemeldet wurde. Eine solche Versicherung bietet sich auch für *Kameraausrüstung,* weniger dagegen für *Campingausrüstung* an. Um beim Campen einigermaßen abgesichert zu sein, muß eine Zusatzprämie bezahlt werden (»Campingklausel«). Sie richtet sich nach dem Wert der Ausrüstung. Neben Kurzverträgen, die 31 Tage gültig sind und für die bei einer Versicherungssumme von 4000 DM etwa 60 DM zu zahlen sind, werden auch Jahresverträge angeboten, die etwa das zweieinhalbfache kosten.

Bei Diebstahl muß für die spätere Abwicklung mit der Versicherung eine polizeiliche Meldung und die Kaufquittung vorliegen, bei Schäden die Reparatur- und die Kaufquittung.

Haftpflichtversicherung

Wenn man sich einmal vor Augen hält, was man mit dem Rad alles anstellen kann, so enden solche Phantasien am konstruktivsten in einer privaten Haftpflichtversicherung. Es muß ja nicht gerade ein Tanklaster sein, den man durch verkehrsgefährdendes Verhalten zum Umstürzen gebracht hat, es sind ja auch genügend andere kostspielige Schuldmöglichkeiten denkbar. Eine private Haftpflichtversicherung hat weltweite Geltung bei einem vorübergehenden Auslandsaufenthalt bis zu einem Jahr und kostet 60 bis 100 DM pro Jahr. Bei längeren Reisen sind gesonderte individuelle Vertragsabschlüsse notwendig. Besonders gut haben es ADFC-Mitglieder, sie sind mit ihrem Mitgliedsbeitrag gleichzeitig haftpflicht- und rechtsschutzversichert.

Gefahren & Sicherheit

Wir wollen an dieser Stelle keinen Spaziergang durch das Gruselkabinett folgenreicher Reiseerfahrungen machen. Artikel in der Sensationspresse, die von Messerstechereien und grausamen Unfällen erzählen, spiegeln die Reisewirklichkeit nicht wieder. Im Vergleich zu den heimischen Gefahren ist Reisen in fernen Ländern nicht gefährlicher. Zum Opfer kann jeder überall werden, in Niederbayern genauso wie in Nigeria.

Die Gefahr durch den Straßenverkehr ist anderswo sogar geringer. Es gibt wenige Länder mit ähnlicher Verkehrsdichte und Radfahrerignoranz wie bei uns. Wer also zu Hause den Praxistest bestanden hat, defensiv fährt und für die Autofahrer noch mitdenkt, der ist für jedes Reiseziel bestens gewappnet.

Bei Fahrten durch besonders abgelegene Gebiete sollte man gut überlegen, ob man alleine reist. Wer beispielsweise weit entfernt von jeder Versorgungsmöglichkeit ernsthaft stürzt oder erkrankt, kann sich alleine nur schlecht weiterhelfen.

Diebstahl

Auf »alt« getrimmte Ausrüstung wirkt weniger attraktiv. Packtaschen ruhig Dreckspritzer verpassen und das Rad ungeputzt lassen (außer an beweglichen Teilen), weiterhin Gegenstände auf dem Gepäckträger in Plastiktüten verpacken. Das verrät nicht gleich, was drunter ist (laut Kriminalstatistik 1991 haben in der BRD knapp 440.000 Räder »versehentlich« den Besitzer gewechselt).

Der beste Schutz für das Rad: nie aus den Augen lassen. Notfalls von einer vertrauenerweckenden Person im Straßencafé bewachen lassen, wenn ein Stadtbummel ansteht. Wesentlich sicherer sind Gepäckaufbewahrungen in größeren Bahnhöfen und Busstationen. Irgendwann kommt jeder einmal in die Verlegenheit, sein Rad unbeaufsichtigt zu lassen. Spätestens nachts. Daher gehört ein gutes **Schloß** mit auf die Tour. Die 2,8 kg schweren *Motorradketten* fallen für den gewichtsbewußten Tourenradler aus (»Abus K105«, 98 DM). *Bügelschlösser* aus spezialgehärtetem Stahl wiegen etwa 1 kg und kosten ab 100 DM aufwärts (»Kryptonite Evolution«, »Abus Granit«, »Trelock titan«), vor billigen Nachbauten sei gewarnt. *Panzerkabel,* eine kunststoffumhüllte , flexible Stahl-Spirale großen Querschnitts und kugelförmigem Schloß wiegen etwa 1,2 kg und bieten eine hohe Sicherheit bei mehr Flexibilität.(»Trelock mirage 1645«, »Abus Stal-O-Flex«, ab 75 DM). *Speichenringschloß* (am Rahmen oder Gepäckträger befestigt) und *Spiralkabel* (»Abus 900/ 80«, 60 DM) sind beide leicht zu knacken, als Kombi-Schloß kosten sie 70 DM (»Basta Combi«). Einen aktuellen Testbericht findet man im ÖKO-TEST 4/94 . Ein preiswertes *Kettenschloß* mit optimaler Länge läßt sich aus einer gehärteten, mit einem alten Schlauch ummantelten Metallkette und einem stabilen Vorhängeschloß selbst zusammenstellen.

Tip: Besonders bewährt hat sich, mehrere Räder zu einem Knäuel zusammenzuketten. Bei mehreren Reisepartnern empfiehlt es sich, Zweitschlüssel untereinander auszutauschen. Notierte Schlüsselnummer zu Hause aufbewahren.

Eine *Alarmanlage* klingt zwar nach Spielerei, schreckt jedoch ungemein ab. Bewegungsmelder mit Quecksilber-Schalter oder Geräte, die auf Zug an einem Band (das mehrere Räder umschlingen kann) reagieren, gibt's im Campingbedarfshandel (z.B. »Bike Guard« 50 DM).

Alles geklaut?

Wurde das Rad trotzdem geklaut, geht man am besten gleich zur Polizei und erstattet Anzeige! Wer ein auffälliges Rad besitzt, hat die besten Chancen, es wiederzubekommen: besondere Farbe, exotischer Gepäckträger oder ungewöhnliche, angeschweißte Teile helfen bei der Suche. Auf alle Fälle sollte man sich die vom Werk oder selbst mit Schlagzahlen oder -buchstaben angebrachte Rahmennummer notieren und zwei Farbfotos des Rades mitführen. Ein Foto kann man der Polizei geben, ein weiteres bei eigenen Suchaktionen rumzeigen.

Auch wenn es wenig erfolgversprechend ist, kann man die Polizei nach bekannten Schwarzmärkten oder Hehlerkneipen fragen. Die Beamten wissen häufig am besten, an welchem Ort und zu welcher Zeit gestohlenes Diebesgut weiterverhökert wird. Ein Anzeigenprotokoll mit der Tatzeit ist in jedem Fall notwendig, um es bei der Reisegepäckversicherung (Seite 201) vorlegen zu können.

Sind gleich alle Papiere und sämtliches Geld gestohlen, müssen deutsche Botschaften oder Konsulate jedem deutschen Staatsbürger helfen, der im Ausland in Not geraten ist (auch bei Krankheit, Unfall, Festnahme und Prozeß). Bei Diebstahl bedeutet es, daß sie bei Vorlage des Anzeigenprotokolls einen provisorischen Reisepaß ausstellen, bei Verlust sämtlichen Geldes mit einem Handgeld aushelfen und das direkte Heimat-Ticket bezahlen – als Kredit, versteht sich, der mit Zinsen zurückgezahlt werden muß. Die Vorlage von Kopien der zweiten und dritten Seite des Reisepasses beschleunigen dieses Verfahren. Zu Sicherung und Diebstahl von Reiseschecks siehe Kapitel »Die Finanzen«, Seite 46.

Vorsichtsmaßnahmen

• Geld und Ausweispapiere an unterschiedlichen Orten und möglichst körpernah aufbewahren.

• Wertsachen nicht in der Lenkertasche transportieren. Während eines Ablenkungsmanövers ist sie schnell geleert.

• Bei Stadtbummeln so wenig Geld wie möglich mitnehmen.

• Keine Wertsachen alleine am Strand lassen, wenn man baden geht.

• Achtung auf Bahnhöfen, Flughäfen, einem Schiff kurz vorm Anlegen, in überfüllten Bussen und Bahnen oder im dichten Gedränge.

• Wenn möglich Wertsachen bei der Rezeption des Hotels gegen Quittung deponieren, oder im Zimmer gut verstecken.

• Deutlich zeigen, daß man keine Wertsachen dabei hat, also am besten keine Umhängetasche tragen.

• Eine Kamera kann zur Tarnung in einer Leinentüte getragen werden oder bei einer umfangreichen Ausrüstung in einem Rucksack oder Kameragurt vor dem Bauch.

• In Hafenstädten besondere Vorsicht walten lassen.

• Empfohlenes Motto: diskretes Understatement.

Wer dennoch einmal unmißverständlich »gebeten« wird, sein Geld rauszurücken, tut gut daran, nicht den Helden zu spielen, besonders wenn Waffen im Spiel sind. Als Überfallener ist man immer in der unterlegenen Position. Man ist überrascht, kann nicht so schnell konsequent überlegen, kennt womöglich die Gegend nicht. Außerdem ist auch der Gegner extrem angespannt und in seinen Reaktionen nicht berechenbar.

Von erfahrenen Globetrottern stammt der Tip, für eventuelle Überfälle ein »spezielles Set« zu präparieren, also eine dicke Brieftasche mit möglichst vielen, aber wertlosen Geldscheinen zu füllen und diese im Zweifelsfall nach einigem Zögern auszuhändigen.

Freies Campen ist normalerweise nicht gefährlich, wenn man überfallgefährdete Stellen wie vielbesuchte Strände und Ansammlungen von Zelten angrenzend an – vielleicht überfüllte – Campingplätze meidet.

Waffen

Waffen sind absolut unnütz! Schließlich wartet kein Täter freundlicherweise so lange, bis man seine Waffe aus der Tasche gefummelt hat. Er ist also immer mindestens um den Überraschungsmoment voraus, ganz abgesehen von größerer Kaltblütigkeit und längerer Erfahrung mit solchen Situationen. Welchen Zweck soll die Waffe auch haben? Drohinstrument kann sie nicht sein, denn man wird ja selbst bedroht. Und wer sie anwendet, also jemanden verletzt, muß mit unangenehmen Konsequenzen rechnen. Hieb-, Stich- und Schußwaffen, deren Einfuhr ohnehin in den meisten Staaten verboten ist, haben in Fahrradtaschen nichts zu suchen.

Wir haben einmal einen Radler getroffen, der eine Tränengasflasche in einer Halterung griffbereit am Gabelschaft befestigt hatte. Wie er sagte, als Schutz vor umherstreunenden Hunden, die einem Radfahrer häufig gefährlich nahekommen. Auch diese Art Verteidigung kann – sichtbar für jeden – brenzlige, unkontrollierbare Situationen provozieren. Wir vertrauen eher auf Ruhe, Nahkampftechniken und die Erkenntnis, daß kein noch so großer materieller Verlust so schlimm ist wie eine Verletzung.

Drogen

In den meisten Ländern der Erde stehen Drogenhandel und -konsum unter Strafe, bis hin zur Todesstrafe. Der Konsum mag mancherorts billig sein, aber Ausländer werden nicht bevorzugt behandelt, wenn man sie dabei erwischt. Vorsicht also in Cannabis-, Koka- oder sonstigen Rohstoffanbaugebieten! Mit den übelsten Methoden wird versucht, Touristen zu Konsumenten oder Transporteuren zu machen. So kommt es vor, daß Touristen auf offener Straße angehalten werden und unter Schußwaffenbedrohung Stoff abkaufen müssen. Eleganter, doch nicht minder gefährlich sind unter allerlei Vorwänden ausgesprochene Einladungen zu einer Tasse Tee oder ähnlichem. Bei allzu spontanen Einladungen ist also Zurückhaltung angesagt. Es gibt kein Patentrezept, mit dem man garantiert nicht in solche Situationen hineinschlittert. Am besten meidet man bekannte Drogenhandelsgebiete, die auch meistens in Grenznähe liegen, wie beispielsweise Teile Nordafrikas, im Atlas-Gebirge, in einigen Ländern Süd- und Mittelamerikas sowie viele Gebiete Südostasiens. Keinesfalls sollte man sich am Stoff interessiert zeigen.

Wer trotz Vorsicht einmal zum Ankauf von Drogen gezwungen wird, schmeißt das Zeug am besten so schnell wie möglich weg. Denn es kann einem passieren, daß man nicht nur zum Kauf von Drogen gezwungen, sondern kurze Zeit später auch noch von der Polizei gestellt wird, die mit den Drogenhändlern zusammenarbeitet.

Tiere

Häufig trifft man auf herumstreunende Hunde, die offensichtlich an Radfahrern ihren Jagdtrieb befriedigen. Diese Hunde sind meist Mißhandlungen gewohnt, so daß Drohgebärden wie angedeutete Fußtritte oder Steinwürfe nicht immer helfen:
• Wenn es bergab geht und man den Hund abhängen kann: strampeln, strampeln, strampeln!
• Sonst nicht strampeln, da die Pedalbewegungen den Hund reizen.
• Zeigen, daß man keine Angst hat (in die Augen blicken).
• Stock auf dem hinteren Gepäckträger griffbereit halten und damit drohen.

Bisse von Hunden sind gefährliche Wunden, da sie sich schnell entzünden. Als Schutz unbedingt Tetanus- und Tollwutimpfung!

Mit anderen »wilden« Tieren hat der Radfahrer wenig Berührung. Auch in Afrika und Asien steht nicht hinter jedem Strauch ein Elefant oder Tiger. Die Nationalparks, in denen diese Tiere noch anzutreffen sind, dürfen von Radfahrern sowieso nicht befahren werden. Mit kleineren Störenfrieden sollte man hingegen schon

rechnen: gegen *Skorpione* und *Schlangen* schützt man sich durch ein geschlossenes Zelt und die Angewohnheit, Bekleidung und Schuhe vor dem Anziehen auszuschütteln. Schlangen flüchten vor Trittschallwellen. Also kräftig auftreten oder mit einem Stock vor sich auf den Boden schlagen. Noch kleineren Plagegeistern wie Stechmücken, Sandflöhen, Ameisen, Fliegen begegnet man am besten mit hautabdeckender Bekleidung, festem Schuhwerk, Moskitonetz und abwehrenden Düften (z.B. Autan-Stift).

In Gebieten, in denen *Hakenwürmer* vorkommen (in Tropen und Subtropen), sollte man nie in stehenden oder fließenden Gewässern baden. Außerdem ist hier festes Schuhwerk wichtig. Hakenwürmer dringen über die Haut in den Organismus ein.

Nottelex

Es gibt in Deutschland zwei Telex-/Telefax-Adressen, an die man sich wenden kann, wenn man in eine Notlage geraten ist:

• Telex Nr. Deutschland 5215384 darr d und Fax 089/282525 (Därr Expeditionsservice GmbH, Theresienstraße 66, 80333 München, ✆ 089/ 282032)

• Telefax 030/874535 (Globetrotter Ausrüstung Ed Kreutzer, Konstanzer Straße 50, 10707 Berlin, ✆ 030/ 871164)

Diese Stellen leiten die Nachricht per Brief oder Telefon kostenlos weiter. Außerdem versenden sie in echten Notlagen auch Ersatzteile oder Medikamente, wenn diese im Telex/Telefax genau angegeben sind und ein Kostenträger benannt wird.

Zu einem Nottelex/-fax gehören folgende Angaben: Name, Aufenthaltsort, wo, wann und wie erreichbar? Was ist los? Was wird benötigt? Wer bekommt die Nachricht? Wer übernimmt die Kosten?

Man muß für mindestens 600 Zeichen pro Telex bezahlen (etwa 20 DM). Der Preis eines Telefax richtet sich nach den jeweiligen Telefongebührensätzen. Fernschreiber oder Faxgeräte haben Botschaften, Konsulate, Fluggesellschaften, große Firmen und große Postämter.

Verkehrssicherheit

Die meisten Unfälle mit Radlerbeteiligung entspringen Situationen, in denen der Zweiradfahrer vom Autofahrer übersehen wurde. Der Radfahrer sollte vorbeugend alle Möglichkeiten nutzen, die ihn deutlich als fahrenden Verkehrsteilnehmer kennzeichnen. Manch einer mag über den ästhetischen Wert streiten, den eine radelnde »Leuchtboje« darstellt, doch die Sicherheit geht vor.

• Speichenreflektoren sind in Deutschland Vorschrift. Auf große Reflektorfläche achten und sauber halten!

• Reflektierende Reifen bedeuten bei Nacht eine wirklich gute Warnung für Autofahrer und zugleich Sicherheit für den Radfahrer. Leider ist der verwendete Mantelgummi oft von schlechter Qualität.

• Großflächige rote Rückstrahler am hinteren Gepäckträger, wie an den meisten Hollandrädern, sind sehr gut sichtbar. Eine Nachrüstung ist möglich. Weiße Frontreflektoren am Lenker sind hierzulande Pflicht.

• Reflektorstreifen bringt man jeweils vorne und hinten an den Fahrradtaschen an, sofern sie nicht schon vorhanden sind. Es gibt Reflektorstreifen zur Nachrüstung als Meterware. Beim Bicycle-Versand für 8 DM pro Meter.

• Signalfarbene Kleidung sollte jeder Radler besitzen. Zumindest Ärmel und Beine mit Reflektorstreifen ver-

sehen. Besonders auffallend sind Schärpen, die über der Kleidung getragen werden. Bei Gruppenfahrten tragen sie der Erste und der Letzte.

• Außerdem sind für die Sicherheit unbedingt erforderlich:
Eine helle Beleuchtung, ein Rückspiegel, gute Bremsen (siehe entsprechende Kapitel) und eine lauttönende Glocke. Laufklingeln sind zwar wirkungsvoll, aber in Deutschland leider verboten.

• Abstandhalter halten im Straßenverkehr Autofahrer auf Distanz, bei Fahrten mit Gepäck sind sie überflüssig, da die Gepäcktaschen genausoweit herausragen.

Viel Verkehr, dicke Lkw und kein Platz für Radfahrer – höchst unangenehme Situation. Am besten auf Nebenstraßen ausweichen!

Verhalten im Straßenverkehr

• Radfahrer sollten sich nicht von vornherein an den Straßenrand abdrängen lassen. Besser und sicherer ist ein gehöriger Abstand zur seitlichen Straßenbegrenzung, damit man in gefährlichen Situationen noch Platz zum Ausweichen hat.

• Zur Beobachtung des rückwärtigen Verkehrs ist ein *Spiegel* nützlich. Es gibt drei brauchbare Lösungen: Ein vibrationsarmer Außenspiegel an der Bremshebelhalterung (25 DM), eine Befestigung am vorderen Low-Rider-Gepäckträger oder ein kleiner Rückspiegel, der an der Brille befestigt wird. Dieser kann aus einem Zahnarztspiegel selbst gebogen werden. Bei Gruppenfahrten sind Spiegel unentbehrlich. Ein ständiges Umdrehen, ob die Mitreisenden auch noch Anschluß halten, ist gefährlich. Wir selbst haben schon einmal bei einem solchen Manöver die unangenehme Bekanntschaft mit einem anderthalb Meter tiefen Seitengraben gemacht.

• Ein Spiegel macht auch *Windschattenfahren* einigermaßen ungefährlich. Beim Windschattenfahren mit nur geringen Abständen darf der Vordere nicht vergessen, Hindernisse durch Rufen anzukündigen. Nur so können die Folgenden Kanaldeckel, Schlaglöcher u.ä. unbeschadet überstehen.

• Weniger kraftsparend, aber dafür um so kommunikativer ist das Nebeneinander-Radeln. Auf das Verbot muß wohl nicht gesondert hingewiesen werden, wohl aber auf die Ausnahme: ab fünfzehn Radlern darf in der Bundesrepublik nebeneinander gefahren werden.

• Zu einem unangenehmen Hindernis kann die sich öffnende Autotür werden. An parkenden Autos kann man nur mit Blick auf den Fahrersitz und mit gehörigem Abstand vorbeifahren. Hindernisse wie Straßenbahnschienen (in möglichst großem Winkel queren) und Bordsteine befährt man am besten im Stehen, um die Felge zu schonen. Fahrbahnmarkierungen und Gullideckel entpuppen sich bei Nässe allzu schnell als Fallen. Man überfährt die Markierungen langsam und ohne Schräglage. Vorsicht auch vor Ölspuren. Eine besondere Gefahr bei Feuchtigkeit ist Kopfsteinpflaster. Die Reifen haften bei Regen so schlecht, daß man keine Schräglage riskieren und sehr dosiert bremsen sollte. Aber auch bei Trockenheit sind Pflasterstraßen nicht gerade der Inbegriff des Fahrkomforts. Sie können sich bei schlechtem Zustand als wahre Marterstrecken herausstellen. Wir erinnern uns nur ungerne an Hunderte von Kilometern in Portugal, bei denen wir uns von der Durchschüttelei die erbärmlichsten Kopfschmerzen holten. Wir haben damals den Reifendruck verringert, was den Fahrkomfort geringfügig anhob. In anderen Gebieten finden sich so schmale Asphaltstraßen, daß sie bestenfalls für einen Pkw ausreichen. Wer hier nicht bei Überholmanövern vor den Autos schnellstens auf den unasphaltierten Seitenstreifen flüchtet (was man von schwächeren Verkehrsteilnehmern immer erwartet), wird mit einer Salve von Steinen bedacht. Und die können im wahrsten Sinne des Wortes ins Auge gehen.

Fahrradhelme

Bei Radrennen ist er längst Vorschrift, bei Mountain-Bikern gehört er oft zum Outfit, Kinder bekommen ihn von den Eltern verordnet: der Fahrradhelm. Anders als in Schweden, den USA oder Australien ist er bei uns trotzdem noch weitgehend unpopulär. Untersuchungen der Medizinischen Hochschule Hannover haben ergeben, daß ein Drittel der helmlos verunglückten Radler unnötige Kopfverletzungen davontrugen. Herkömmliche Helme schützen allerdings nur ungenügend Augen und Stirn, Ober- und Unterkiefer. Noch weniger schützen sie vor Autofahrern, die zu 90 % des Radlers Unfallgegner und zu über 60 % die Hauptschuldigen sind. Daran würde auch eine gesetzliche Helmpflicht nichts ändern. Gleichwohl ist es nicht rechtens, wenn der Autofahrer nach einem Unfall Schmerzensgeld mit der Begründung verweigert, daß die Verletzung mit Helm weniger gravierend gewesen wäre. Die Oberlandesgerichte in Koblenz und Nürnberg (AZ 1 U 94/89 und AZ 3U 2573/90) entschieden, daß es für Radfahrer nach »allgemeiner Überzeugung« noch nicht geboten sei, einen Helm zu tragen.

Tips zum Helmkauf

• Gütesiegel sind amerikanische SNELL- oder ANSI-Norm, schwedische KOVFS-Norm und GS als Prüfzeichen des TÜV-Rheinland.
• Eine harte Kunststoff-Außenschale über der 2 cm dicken Styroporschicht gleitet auf rauhem Asphalt, verteilt die Aufprallkraft und ist widerstandsfähi-

ger gegen eindringende spitze Gegenstände.

• Der Helm muß korrekt sitzen, gute Kinnriemen haben und darf nirgendwo drücken oder verrutschen.

• Auf Verschlüsse achten, die im Winter leicht mit Handschuhen aufgehen, aber auch auf gute Belüftung und reflektierende Streifen (evt. nachrüsten, z.B. Neoprenreflexbänder).

• Mit Klettband befestigte unterschiedlich dicke Polster passen den Helm individuell, auch an Kinderköpfe, an.

• Nach einem Sturz, wegen Materialermüdung, aber auch nach fünf unfallfreien Jahren auswechseln. Deshalb auf eingeprägtes Herstellerdatum achten oder wenigstens das Kaufdatum auf dem Helm notieren.

• Lösungsmittel von nachträglich angebrachten Dekorationen mit Farbe oder Aufklebern können das Material angreifen und die Stabilität des Helms herabsetzen.

• Einen Blick in den Spiegel wagen. Der beste Helm nützt nichts, wenn er aus Scham nicht getragen wird.

Verhalten bei Unfällen

Auch eine »Leuchtboje« kann einmal umgefahren werden. Wenn es zu einem Unfall kommt, insbesondere einem, an dem man keine Schuld trägt, dann gilt neben den üblichen Formalien:

• Unfallskizze anfertigen und unterschreiben lassen, Fotos machen, Pkw-Kennzeichen, Versicherung und Personalien des Fahrers, Adressen von Zeugen notieren.

• Bei Verletzungen Arzt aufsuchen und sich die Verletzung als Unfallfolge bestätigen lassen.

• An der Unfallstelle keine Schuld eingestehen, keine fremdsprachigen Formulare unterschreiben, darin könnte die Schuldfrage schon geklärt sein.

• Im Ausland gegebenenfalls Konsulat verständigen und nach einem deutschsprachigen Anwalt fragen.

• Wenn möglich, der eigenen Versicherung den Schaden melden.

Es mag auch Situationen geben, in denen man sich besser aus dem Staub macht, weil man unberechtigterweise den Kürzeren ziehen könnte. Im mittleren Atlas in Marokko fuhren wir auf einer langen Gerade vorschriftsmäßig hintereinander, als sich je ein Pkw von hinten und vorne näherten. Wir kannten damals schon die Kämpfe der Autofahrer: wer nachgibt und abbremst, hat verloren. Und für zwei Autos plus Fahrrad gleichzeitig war auf der Straße kein Platz. Der Wagen, der von hinten kam, verlor. Er hatte allerdings auch nicht abgebremst und schoß wegen eines falschen Lenkmanövers mit bestimmt 80 km/h in den nächsten Acker. Die Pirouetten, die er dabei drehte, sahen gefährlich aus. Nachdem wir uns vergewissert hatten, daß der Fahrer unverletzt war, haben wir den größeren Gang eingelegt und kräftig in die Pedale getreten. Wir hatten einfach Angst, daß man uns mit unseren mangelhaften Sprachkenntnissen die Schuld an diesem Unfall zuschieben könnte.

PFLEGE & WERKZEUG

*Eine gute Pflege und Wartung vorher ist in jedem Fall
besser als diverse Reparaturen unterwegs. Auch bei einem neugekauften Rad
ist nicht alles in »Butter«, sprich gut geschmiert. Kritische Stellen wie
die Lagerung der Schaltungsröllchen und Anlötsockel der Cantilever-Bremsen
werden nur von guten Radhändlern versorgt. Besonders empfehlenswert ist
eine häufig kostenlose Inspektion nach den ersten 500 km. Dann erst
haben sich die Speichen und Schrauben »gesetzt«, können
nachzentriert und endgültig festgezogen werden.*

Vor der Reise

Um das Fahrverhalten mit Gepäck kennenzulernen, lohnt es sich, mit dem beladenen Drahtesel einmal kleine Ziele in der Umgebung anzusteuern. Wer eine mehrmonatige Tour plant, sollte sich mit den einzelnen Teilen am Fahrrad auskennen. Hat man jedes Teil am Rad schon einmal ausgebaut, so geht bei der späteren Reparatur unterwegs vieles einfacher und schneller.

Bremse:

• Stehen die Bremsgummis der Cantilever-Bremsen so, daß sie mit dem vorderen Teil die Felge ganz minimal berühren, hinten aber 1 bis 2 mm Luft ist (siehe Zeichnung Seite 89)?
• Ist das Gummi stark abgefahren?
• Läßt sich der Bowdenzug leichtgängig ziehen?
• Ist der Draht unverletzt?
• Sind die Drehpunkte der Bremszangen gut geschmiert?
• Ist die Bremskraft ausreichend für Radler und Gepäck?

Kette:

• Sind alle Glieder gelenkig, gut geschmiert (besser noch gewachst) und frei von Schmutzablagerungen?
• Stimmt die Kettenlänge? Ist sie ausgeleiert oder hängt durch?

Laufrad:

• Hat das Rad einen Seiten- oder Höhenschlag?
• Ist noch ausreichend Reifenprofil vorhanden?
• Ist für das Reisevorhaben das richtige Profil drauf?
• Zeigen sich Risse in der Reifenflanke oder auf der Lauffläche?
• Ist die Speichenspannung gleichmäßig?
• Ist das Felgenband ausreichend stark, um den Schlauch vor Verletzungen durch die Speichenenden zu schützen?

Lichtanlage:

• Funktionieren Front- und Rücklicht?
• Sind Speichen-, Pedal-, Rück- und Frontreflektoren vorhanden?

Kugellager:

• Sind alle Lager neu gefettet und mit minimalem Spiel eingestellt?
• Drehen sich die Pedale ohne merklichen Widerstand?

Schaltung:

• Verlaufen die Schaltzüge ohne Knickstellen?

- Hat der Außenzug die richtige Länge?
- Sind vorderer Umwerfer und hinteres Schaltwerk exakt justiert?
- Ist die Nabenschaltung genau eingestellt?
- Lassen sich alle Gänge problemlos schalten?

Sonstiges:
- Sind Lenker und Sattel optimal eingestellt?
- Ist der Gepäckträger auch unter hoher Belastung ausreichend stabil?
- Klappern die Schutzbleche?
- Werden die Blumen gefüttert und die Katze gegossen?
- Ist die Brille geputzt?

Für manches Rad kommt jede Pflege zu spät ...

Die Werkzeugtasche

Die Werkzeugtasche sollte nicht zu schwer sein. Häufig werden an Fahrrädern Inbus- und Schloßschrauben verschiedenster Größen bunt gemischt. Ein systematischer Austausch einzelner Schraubengrößen hilft die Schlüsselzahl – und damit das Gewicht – zu verringern. Wer eine Radtour zu zweit oder mit mehreren Freunden plant, kann den Werkzeugbeutel nochmals erleichtern, wenn die Räder in wichtigen Teilen identisch bestückt sind. Wird beispielsweise überall das gleiche Tretlager verwendet, so gehört auch nur ein Set an Tretlagerschlüsseln in die Werkzeugtasche. Ebenso einsparen lassen sich verschiedene Systeme von Zahnkranzabnehmern, sowie unterschiedliche Ersatzachsen, Bremszüge, Mäntel, Schläuche und Speichen.

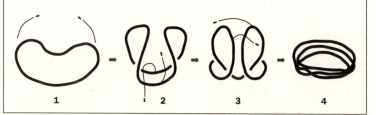

So wird der Ersatzmantel verstaut

1   2   3   4

Gerade bei selbst zusammengebauten Rädern bietet sich der Einbau von *Nirosta-Schrauben* und *selbstsichernden Muttern* an, die sich durch Vibrationen nicht lösen können. Das ewig klappernde Schutzblech gehört damit der Vergangenheit an.

An neuen Fahrrädern sind oft erstklassige Teile mit billigen Schrauben befestigt. Ein Ende mit Schrecken ist dann schon fast programmiert. Während unserer letzten Tour hatten wir einen Gepäckträger von ESGE montiert. Der Gepäckträger hielt hervorragend, lediglich die beiden unteren Befestigungsschrauben am Ausfallende verabschiedeten sich nach kurzer Zeit. Während einer Talfahrt ein wirklich atemberaubendes Erlebnis!

Folgende Auswahl orientiert sich an einer mehrmonatigen Radtour. Bei 3-Wochentrips in Gegenden mit guter »Fahrradinfrastruktur« abspecken (siehe auch Packliste, Seite 145).

• Luftpumpe: Sie muß zum Ventil passen und in der Lage sein, den notwendigen Luftdruck in den Schlauch zu befördern. Praktisch ist eine Rahmenklemmpumpe.

• Ersatzschlauch: Dank ihm kann man nicht nur auf das Flicken im Regen verzichten, sondern er ersetzt gleich geplatzte Schläuche.

• Ersatzmantel: Er ist eigentlich nur nötig, wenn längere Fernreisen in Länder mit unbekannter Ersatzteillage geplant sind.

• Ventile: Es ist lediglich bei herkömmlichen Dunlop-Ventilen notwendig, zusätzlich Blitzventile mitzunehmen.

• Flickzeug: Gummilösung, ein großes Stück Schleifpapier und genügend Flicken bester Qualität gehören ins Werkzeugtäschchen. Wer mit Hochdruckreifen unterwegs ist, muß an spezielle, extra flache Flicken denken. Zwar bekommt man überall Flickzeug, aber solches von der Qualität des heimischen »Tip-Top« ist uns noch nirgendwo untergekommen. Kaum etwas ist nerviger, als bei sengender Hitze das Hinterrad ein zweites Mal flicken zu müssen, bloß weil der Flicken nicht länger dicht hält.

• Inbusschlüssel und Maulschlüssel: Jeder Radler kennt die Schräubchen seines Zweirades am besten (spätestens nach der ersten Tour). Meist werden Maulschlüssel der Größen 7, 8, 9, 10, 12, 13, 15 und 17, Inbus 4, 5, und 6mm benötigt. Alle Größen am eigenen Rad erproben. Bei Bremsen und Lagern wird noch ein zweiter Schlüssel der gleichen Größe zum Kontern benötigt.

• Schraubenzieher: Ein kleiner Schraubenzieher mit einer sauber geschmiedeten und gehärteten Klingenspitze ist notwendig, um die Schaltung einstellen zu können (u. U. mit Kreuzschlitz); zusätzlich ein größerer für die restlichen Schrauben am Radler ..., pardon: Rad.

• Montiereisen, beziehungsweise Reifenheber: Drei solcher Werkzeuge aus Kunststoff oder Metall (in jedem Fall entgeraten) hebeln jeden Reifen aus der Felge.

• Speichen, Nippel und Speichenspanner: Die Ersatzspeichen finden mit Hilfe von Klebeband einen geeigneten Platz am Ober- oder Sattelrohr, die dazugehörigen Nippel gehören aber in die Werkzeugtasche (z.B. in eine Filmdose).

Speiche ist nicht gleich Speiche: Die Längen müssen vor dem Kauf für Vorderrad und Hinterrad (die Speichen auf der Zahnkranzseite sind kür-

zer) bestimmt werden. Beim Fahrradkauf läßt man sich die Speichenlänge gleich mitteilen und kontrolliert durch Vergleich an einer eingebauten Speiche am besten nochmal. Dabei aber nicht vergessen, daß circa 3 mm noch in der Felge verschwunden sind. Sind die Speichen etwas zu lang, müssen sie nach der Montage in der Felge abgefeilt werden. Danach sollte ein dickes und stabiles Felgenband (zum Beispiel Plastikband und breites Gewebeband) die Nippel verdecken, um den Schlauch vor spitzen Speichenenden zu schützen. Praktisch ist eine Ersatzspeiche aus Drahtseil. Am Ende mit Gewindestangen bzw. Haken versehen, kann sie blitzschnell montiert werden, gerade auf der Zahnradseite.

• Fahrradöl: Man tut gut daran, biologisches Öl in gut verschließbaren stabilen Plastikflaschen zu transportieren (zum Beispiel die noch aus dem Chemieunterricht bekannten Plastikflaschen für destilliertes Wasser. Sie können während des Transportes fest verschlossen und zur Arbeit mit einem Spritzaufsatz versehen werden. Zu bekommen in Chemiegroßhandlungen oder Apotheken). Eine Plastiktüte als zusätzliche Sicherung darf trotzdem nicht fehlen. Hilfreich ist auch eine kleine 5 ml-Spritze mit ei-

Der winzige »Cassette Cracker« nutzt den Hebelarm des Pedals und das Körpergewicht zum Abnehmen der Ritzel

Zahnkranz-Abnehmer

ner Nadel, womit ganz gezielt ein Gelenk oder der Außenzug geölt werden kann.

Um nicht mit einer hervorragenden Schleifpaste innerhalb kürzester Zeit die Ritzelzähne zu kürzen, verzichtet man in sandigen Gebieten auf das Ölen der Kette.

• Kugellagerfett: Ein kleines (Film-) Döschen reicht für den Notfall aus, da einem an jeder Tankstelle oder Autowerkstatt gerne ausgeholfen wird. Zu Hause am besten harzfreies und wassergesättigtes Kugellagerfett (von Campagnolo) einfüllen.

• Nietendrücker, Ersatzkettenglied oder Kettenschloß: Diese Teile sollten zur Grundausstattung gehören, da sie im Falle eines Falles die Nagel-Hammer-Prozedur ersparen (siehe nachfolgendes Kapitel).

• Putzlappen: Der Stoff für tausendundeinen Zweck, zur Not tut es auch Klopapier.

• Zahnkranzabzieher mit passendem Maulschlüssel und Hammer: Bei einem Speichenbruch auf der Zahnkranzseite sind diese Werkzeuge unerläßlich, sofern man nicht zu den glücklichen Besitzern einer Kassettennabe gehört. Aber auch Radler mit »Knopflöchern« in der Hinterradnabe sowie Besitzer des Libero-Abziehers haben gut lachen. Hammer und Maulschlüssel kann sich der sparen, der sich im Falle eines Speichenbruchs mit Felge und Abzieher auf die Suche nach einem Schraubstock machen will.

Bei Dreigangnaben sollte unbedingt an den kleinen, aber wichtigen Konterbolzen für das Schaltkettchen

gedacht werden. Bricht er unterwegs, so bleibt für den Rest der Tour nur noch der dritte Gang.

• Tretlagerwerkzeug: Wurden keine Rillenkugellager eingebaut, so ist auf jeder Tour über vier Wochen entsprechendes Schlüsselmaterial nötig.

Kombiwerkzeug
u.a. mit Inbusschlüsseln und Kreuzschlitzschraubenzieher

• Kurbelabzieher: Zur Behebung eines Tretlagerschadens müssen erst die Kurbeln abgenommen werden. Dieses eher zierliche Werkzeug findet bestimmt noch Platz. Auf den 16er Schlüssel kann verzichtet werden, wenn man vorher das Werkzeug für einen 15er Schlüssel passend feilt.

• Bremsgummis und Bremsschuhe: Ersatzgummis oder besser Bremsschuhe für Cantilever-Bremsen dürfen bei einer mehrmonatigen Fahrt nicht fehlen. Für die herkömmlichen Seitenzugbremsen sind sie überall zu bekommen, jedoch in sehr unterschiedlichen Qualitäten. Besser zwei Ersatzpaare mitnehmen.

• Brems- und Schaltzüge: Es genügt ein langer Bremszug, der bei Bedarf entsprechend gekürzt wird. Er muß aber den richtigen Nippel haben, also entweder »Tonne«, oder »Birne« (beziehungsweise Walzen- oder Flaschennippel). Achtung: Bei Trommelbremsen werden oft Spezialzüge mit einem oder zwei besonderen Nippeln benutzt.

Ein Schaltzugpaar kann nicht schaden, obwohl es auch überall zu bekommen ist. Sonderausführungen gibt es allerdings bei den 3, 5 bzw. 7-Gang-Nabenschaltungen Commander Orbit, Sturmey-Archer und Shimano Positron. Diese Schaltungen benötigen Spezialzüge und besondere Schaltkettchen. Bei einer »offenen« Kabelführung ist ein Zug mit Kunststoffummantelung bzw. Teflonbeschichtung dienlich.

• Ersatzbirnen und Lichtkabel: Bei Dämmerungsfahrten gehören diese Teile mit ins Gepäck.

• Zange: Eine Wasserpumpenzange (zwecks Gewichtsersparnis Griffe kürzen), sowie eine Kombizange mit Seitenschneider zum Durchtrennen von Brems- und Schaltzügen sind unersetzliche Helfer beim Einstellen des Steuersatzes, des Schaltzuges oder um die Gaskartuschen zu wechseln.

• Gelenkhakenschlüssel: Spezialwerkzeug für Kontermuttern mit seitlichem Nut, zum Beispiel am Tretlager und Steuerkopf.

Zusätzlich

noch einige vielseitige Hilfsmittel, die nicht gleich jedes technische Problem zur Katastrophe werden lassen:

• Lüsterklemmen: Sie helfen bei der Reparatur von gerissenen Brems- und Schaltzügen sowie Lichtkabeln.

• Muttern und Schrauben verschiedener Größen (M 5, M 6): Für den Fall defekter oder verlorengegangener Schrauben sollte immer eine Reservebox zur Verfügung stehen. Bei Naben mit Spezialgewinde (z.B. Sturmey-Archer) schaffen Ersatzmuttern ein ganzes Stück Sicherheit.

• Bindedraht, Lotschnur oder Paketschnur: Für diverse Befestigungen und Notreparaturen.

• Schlauchschellen verschiedener Größen: Ihr Einsatzbereich ist außerordentlich vielseitig. Beim provisorischen Schienen gebrochener Gabeln wie auch bei defekten Gepäckträgern haben sie uns schon gute Dienste geleistet.

• Zweikomponentenkleber: Die letzte Rettung bei abgebrochenen Teilen.

• Kugellagerkügelchen und Lagerschalen: In einem kleinen Döschen fallen sie kaum ins Gewicht, können aber das ein oder andere Kugellager vor dem Abstieg zum Gleitlager retten.

• Gewebeklebeband: Als Versiegelung von Liebesbriefen, zur Beseitigung von Zeltrissen bis hin zum Verpackungsmaterial für überflüssige Ausrüstungsgegenstände konnten wir es bestens gebrauchen. Selbst bei ausgerissenen Reifenflanken und abgefahrenem Profil konnte die Fahrt immer bis zum nächsten Fahrradgeschäft fortgesetzt werden. Manchmal wird es auf Flohmärkten günstig angeboten. Ähnliche Dienste leistet auch ein Textillenkerband, das auf handlichen Rollen angeboten wird.

• Dreikantfeile, Metallsägeblatt: Kleine, leichte Ausführungen reichen vollkommen aus, um unterwegs Notreparaturen durchzuführen.

Ersatzteilbeschaffung

Die Probleme bei der Beschaffung von Ersatzteilen hängen ganz entscheidend von den im Reiseland üblichen Fahrradtypen ab. Deshalb gilt als Faustregel: je einfacher, universeller und unkomplizierter die Technik ist, desto leichter ist auch eine Versorgung mit Ersatzteilen. So wird man in Skandinavien zum größten Teil auf Nabenschaltungen stoßen. Ganz speziell englische Gewinde für Naben, Speichen, Tretlager und Ersatzmuttern können den Radler dort vor unlösbare Probleme stellen. **Tip:** Unbedingt Ersatzmuttern für Hinter- und Vorderrad mitnehmen.

In Deutschland ist die Auswahl an Schaltungen und Ersatzteilen erheblich größer. Die bei uns weitverbreiteten Nabenschaltungen werfen bei einer Ersatzteilbeschaffung außerhalb von Deutschland erhebliche Probleme auf. Lediglich Portugal und Schweden können da noch bei älteren Modellen mithalten. Bei allen anderen Ländern setzt man am besten auf eine gründliche Wartung vorher und nimmt zur Sicherheit Schaltkettchen, Konterbolzen oder Schaltgriffe mit. Frankreich, Italien und Spanien dagegen sind traditionelle Kettenschaltungs-Länder.

Wer aus unseren Gefilden herauskommt, muß sich auf ein dünneres Netz von Fahrradläden einstellen, oft gibt's nur in zwei bis drei größeren Städten des Landes eine hinreichende Auswahl. Um so mehr also ist das eigene Improvisationstalent gefragt. Die Versorgungsschwierigkeiten in Osteuropa gelten auch für Fahrradteile. Wenn überhaupt Ersatzteile zu bekommen sind, dann sowieso nur für die landeseigenen, sehr einfach konstruierten Modelle.

Schon beim Kauf des Rades sollte man darauf achten, welche Werkzeuge für die Reparatur benötigt werden, um möglichst ohne Spezialwerkzeuge und spezielle Abziehvorrichtungen auszukommen (siehe Kapitel »Schaltung«, Seite 101).

Bei einem Ersatzteil, das nicht hundertprozentig paßt, nicht gleich die Flinte ins Korn werfen! Ein Fahrrad besteht aus vergleichsweise unkomplizierten Teilen, die unter Umständen mit geringer Korrektur an den unterschiedlichen Modellen die gleiche Funktion übernehmen können.

Bei speziellen Rädern, wie Tandems oder Mountain Bikes oder auch bei Fahrten in Länder mit sehr schwieriger Ersatzteillage sollte man vor der Reise am besten mit einem Fahrradhändler oder einem guten Bekannten Vereinbarungen und Modalitäten abklären, wie dieser bei bestimmten Engpässen Ersatzteile nachschicken kann. Siehe dazu auch die Kapitel »Post« und »Gefahren/Notfax«. Dafür ist es günstig, alle Teile des Rades auf Listen (Kopie anfertigen) aufzuführen und durchzunumerieren. Das eine Exemplar nimmt man mit, das andere läßt man bei der betreffenden Person zurück. Sollte jetzt der Fall der Fälle eintreten, so braucht man nur noch per Telefon oder Fax (Zahlen ausschreiben) die Nummer und die Anschrift mitzuteilen. Verwechslungen und Irrtümer müßten bei einer genauen Bezeichnung der Fahrradteile ausgeschlossen sein.

Wartung unterwegs

Wer längere Zeit mit dem Rad auf Tour geht, entwickelt eine ungemeine Sensibilität für Störungen an seinem Vehikel, achtet vermehrt auf Fremdgeräusche, die auf kürzeren Strecken kaum auffallen und grübelt über jedes Schleifen und Rappeln. Diese Geräusche weisen auf einen möglichen Schaden hin, der unverzüglich behoben werden sollte.

Regelmäßige Wartungsarbeiten, unabhängig davon, ob es knirscht und schleift, empfehlen sich bei allen beweglichen Teilen.

Kette:
• Regelmäßig ölen oder fetten, besonders nach einer längeren Regenfahrt. Öl hat den Vorteil, daß die Mechanik leichtgängiger ist und weniger Schmutz bindet, dafür ist Fett wasserfest.
• Mit einer Zahnbürste, einer kleinen Draht- oder Zündkerzenbürste oder einem Schraubenzieher den Dreck zwischen den Kettengliedern herauspulen, danach evtl. ölen.
• Gleichzeitig kann man den Zahnkranz mit Pfeifenreinigern oder dünnen Ästen putzen. Aber nicht in Benzin oder Petroleum einlegen, wenn kein Spezialwerkzeug in der Werkzeugtasche ist, um an den eigentlichen Freilauf heranzukommen. Das Reinigungsmittel transportiert sonst Staubteile in das Lager.

Schaltung:
• Züge nachstellen, wenn die Gänge nicht mehr einwandfrei zu schalten sind.
• Außenzüge ölen, Bowden-Züge fetten.
• Auf Gelenkstellen von Umwerfer und Schaltwerk öfter mal einen Tropfen Öl geben.

Bremsen:
• Außenzüge ölen, Bowdenzüge fetten und auf Schadstellen untersuchen.
• Bremsbeläge überprüfen und Bremsen nachstellen.

Lager:
• Generell auf Lagerspiel achten.

Laufräder:
• Unbedingt jeden Seitenschlag sofort zentrieren, nach einem Speichenbruch sowieso. Bei größeren Problemen sollte ein Fachmann zu Rate gezogen werden.

REPARATURTIPS FÜR NOTFÄLLE

*Gibt es die eigentlich beim Fahrrad? Ein Speichenbruch
in Zentralanatolien, zwanzig Kilometer bis zum nächsten Ort. Ein Notfall?
Auf unseren ersten Touren war es einer. Jetzt läßt uns das bekannte
»Pling« einer gebrochenen Speiche relativ kalt. Wir suchen uns einen ruhigen
Platz, packen Zahnkranzabnehmer, entsprechendes Werkzeug und die
Ersatzspeiche aus und machen uns an die Arbeit.*

Mit ein wenig Improvisationstalent und einer gut gefüllten Werkzeugtasche läßt sich einiges wieder so zusammenbasteln, daß die nächste Stadt mit Fahrradgeschäft erreicht werden kann. Denn im Gegensatz zu unseren motorisierten Kollegen hat der Radfahrer kein Nottelefon diverser Verbände zur Verfügung. Ist man zu mehreren unterwegs, so trennt man sich zur Ersatzteilbeschaffung kurzfristig. Reist man allein und ist mit vorhandenem Werkzeug und Ersatzteilen das Fahrrad nicht wieder fahrtüchtig zu machen, versucht man einen Lkw oder Bulli anzuhalten, der einen samt Gepäck bis in die nächste Stadt bringt. Dort angekommen, beginnt, eventuell unterstützt vom örtlichen Telefonbuch, die Suche nach einer Schlosserei oder einem Fahrradhändler. Meist können dort auch kleinere Reparaturen mit fachlicher Hilfe des Händlers selbst vorgenommen werden. So sind in den meisten Fällen ein Neukauf oder die traurige Heimreise abzuwenden.

Bei Ersatzteilen wie Felgen, Bremsen oder gar Lenker lohnt sich die Frage nach Gebrauchtteilen. Dabei haben wir die unterschiedlichsten Reaktionen erlebt, wobei uns das Kopfschütteln deutscher Händler ebenso im Gedächtnis blieb, wie das Gebrauchtwarenlager in einem kleinen spanischen Bergdorf. Einfach fragen, man kann Glück haben, und das Gesuchte wesentlich billiger bekommen.

Die folgenden »Katastrophentips« können helfen, das Fahrrad wieder fahrtüchtig zu machen, was aber noch lange nicht reisetüchtig heißt. Deshalb nur so lange wie unbedingt nötig mit diesen Provisorien fahren.

Rahmen

• Bricht das Sattelrohr am Tretlager, kann mit stabilem Draht (zum Beispiel Zaundraht) das Tretlager mit dem Oberrohr verbunden werden. Mit einem Holzstück als Knebel wird die nötige Spannung wieder hergestellt. Die Zeichnungen auf der nächsten Seite zeigen, wie es gemacht wird.

• Eine andere kritische Stelle ist das Unterrohr unterhalb des Lenkkopfes. Auch hier hilft der Zaundraht, der vom Tretlager zum Lenkkopflager gespannt wird. Ein passend geschnitztes Stück Holz als Verbindungsteil macht das Ganze noch stabiler.

• Sind die Gabelscheiden verbogen, dann kann man den Lenker um 180° drehen und das Vorderrad mit wohldosierter Kraft gegen eine Mauer oder

PECH & PANNEN

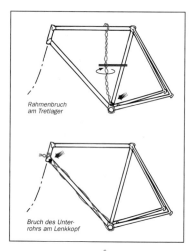

Rahmenbruch
am Tretlager

Bruch des Unter-
rohrs am Lenkkopf

einen Baum drücken. Wer über die entsprechenden Muskelpakete in den Armen verfügt, der kann die Zinken auch mit der Hand zurückbiegen.

• Sitzt die Biegung über dem Gabelkopf, so ist Vorsicht geboten. In aller Regel ist dann der Gabelschaft angebrochen. Also erst vorsichtig geradebiegen und dann an beiden Gabelzinken Stöcke befestigen, die von der Mitte aus bis zum Lenker reichen; dort wieder mit Bindedraht befestigen.

Speichen

• Ein Speichenbruch ist eigentlich kein größeres Problem, wenn man die passenden Ersatzspeichen dabei hat. Das Vorderrad wird ausgebaut, die neue Speiche eingesetzt und zentriert. Nützlich ist eine kleine Zentrierhilfe, die an der Gabelzinke befestigt werden kann. Den gleichen Dienst erfüllen auch die Bremsbacken von Fel-

genbremsen. Oder das Ohr: Mit einem Schraubenzieher angeschlagen, müssen benachbarte Speichen ungefähr gleich klingen. Also auch die frisch ersetzte.

• Bricht eine Speiche auf der Zahnkranzseite des Hinterrades, so kann man sich schon auf die Arbeit mit dem Zahnkranzabzieher, dem Maulschlüssel und dem Hammer freuen. Schraubstöcke, um den Zahnkranzabzieher aufzunehmen, gibt's beim hoffentlich nahen Bauernhof oder vielleicht direkt vor einem: ein umfunktionierter Gullideckel, der ein wenig angehoben und zurechtgerückt wird, so daß der Abnehmer in eine Lücke paßt. Einfacher ist es natürlich mit einer Notspeiche aus Drahtseil. Ansonsten wie beim Vorderrad verfahren.

• Sind Speichen gebrochen und stehen keine Ersatzspeichen zur Verfügung, so wird die Weiterfahrt zu einem Lotteriespiel. Mit Bindedraht können die übrigen Speichen so zusammen gezogen werden (mindestens drei bis vier nebeneinander), daß der Seitenschlag sich kaum noch bemerkbar macht. Schleift die Felge dann weder am Rahmen noch am Schutzblech, kann

Improvisierte Zentrierhilfe: Ein Kugelschreiber wird an der Gabel befestigt.

Reparatur mit fachlichem Beistand

man (sehr vorsichtig) weiterfahren (siehe auch »Warum Speichen brechen«, Seite 95).

Einmal sind wir mit vier gebrochenen Speichen noch 10 km bis zur nächsten Herberge gekommen. Natürlich war das entsprechende Rad soweit wie möglich entlastet und das Gepäck verteilt. Die hohe Stabilität der Weinmann-Konkav-Felge erlaubte dies ohne weitere Probleme. Auch bei weiteren Pannen brachte eine gerissene Speiche die Felge kaum außer Form.

• Bei extrem verbogenen Stahlfelgen sofort das Rad ausbauen und die Felge mit einem kräftigem Sprung wieder in die normale Lage bringen. Achtung: auf die Achse achten und das Gewinde mit einer Mutter schützen! Bei leicht verbogenen Felgen kann oft die Wasserpumpenzange weiterhelfen.

Reifenmantel

Am liebsten fährt man ja, bis wirklich kein Profil mehr zu sehen ist. Scherben und Steine können allerdings einen bösen Strich durch die Rechnung machen.

• Risse in der Reifenflanke: Damit sich der Schlauch nicht aufbläht, ein Stück stabilen Stoff um den Schlauch nähen und mehrmals umwickeln. Zum Schutz gegen Wasser, Dreck und Steine kann noch ein Stück alter Fahrradschlauch, Baumrinde oder fester Karton zwischen Mantel und Schlauch gelegt werden.

Wer über genügend Klebeband oder Gummilösung verfügt, fixiert den Schlauchschutz auch im Reifen. So gebändigt, quillt der Schlauch nicht mehr aus dem Riß der Reifenflanke heraus.

• Kleine Risse auf der Lauffläche: Den Schlauch nur wenig aufpumpen, dann mit Schnur die Risse stramm umwickeln. Zum Schutz gegen Abnutzung können noch einzelne Fäden oder schmale Schlauchstreifen längs zur Fahrtrichtung eingebunden werden. Die herausstehenden Teile verdecken während der Fahrt das Kunstwerk und schützen es.

Notreparatur der Lauffläche

Bindfäden und Gummifetzen einbinden

Laufrichtung

• Durchgefahrene Stellen: Sie werden von der Innen- und Außenseite bearbeitet. Außen klebt man einen schmalen langen Flicken auf. Zum Gegenlegen von innen eignen sich alte Stücke Reifenprofil, mehrere Lagen Schlauch oder Gewebeband.

• Draht aus der Reifenflanke gerissen: Auch hier kann Gewebeband weiterhelfen. Von der Innenseite zur Außenflanke geklebt, fixiert es den Draht für ein paar Kilometer wieder an der richtigen Stelle. Noch besser: Mit stabilem Garn annähen. Zeltzwirn, Dekorationsseil oder Lotschnur eignen sich dafür gut. Zum Schutz sollte nach dem Nähen ein Schlauchrest, Klebeband oder ein großer Flicken die Nahtstelle bedecken.

> Wir freuen uns auf die »erfahrenen« Katastrophentips unserer Leser!

Schlauch

• Hier gibt es eigentlich nur eine Stelle, die beim Flicken Kopfzerbrechen bereitet: das Ventil. Ist der Schlauch am Ventilstutzen undicht geworden, kann man nur hoffen, daß das Ventil eingeschraubt wurde. Dann kann das Ventil mit einem 7er Maulschlüssel gelöst und in den Schlauch gedrückt werden. Das Loch wird in Ruhe überklebt, und erst, wenn der Flicken richtig sitzt, das Ventilloch mit einem kleinen Kreuzschnitt neu gesetzt. Danach den Ventilkörper wieder hochdrücken und verschrauben.

An der Dordogne (Zentralfrankreich) kamen wir einmal auch mit dieser Methode nicht weiter. Wir halfen uns, indem wir mit dem letzten großen Flicken das alte Ventilloch verklebten und in 30 cm Entfernung ein neues Ventilloch in den Schlauch schnitten. Das so versetzte Ventil ließ uns die nächsten 500 km nicht im Stich. Das mußte es auch, denn ein 47-559er Schlauch ist in Frankreich kaum zu bekommen.

• Bei einvulkanisierten Ventilen hilft das kunstvolle Umkleben des Ventils. Lieber noch einen Flicken darüber kleben, denn gerade diese Stelle ist beim Aufpumpen besonders gefährdet und kann leider nicht mit einer Mutter in der Felge befestigt werden.

Wenn alle Stricke, besser gesagt Schläuche reißen, hilft immer noch langes, trockenes Gras, das zum Schonen der Felge beim Schieben bündelweise in den Schlauch gestopft wird.

• Bei widerlichem Regen und Zeitdruck muß nicht unbedingt das Trocknen der Gummilösung abgewartet werden. Flicken auf die Lösung und reichlich Isolierband um den halbaufgepumpten Schlauch.

Bowdenzüge

• Wenn ein Bowdenzug reißt, verbindet eine Lüsterklemme (Elektrobedarf) die zwei Enden miteinander. Bei Bremszügen sollten, der eigenen Sicherheit zuliebe, besser zwei Klemmen ihren wichtigen Dienst versehen. Wenn noch genügend Bowdenzug vorhanden ist, kann auch eine Knottechnik angewandt werden. Hierzu zwei Ösen formen, ineinanderhaken und kräftig mit Bindedraht umwickeln. Selbstverständlich können auch diverse Segel- oder Pfadfinderknoten angewandt werden (Weberknoten, doppelter Schotstek, Anglerknoten ...). Aber auch diese immer mit Bindedraht stramm umwickeln.

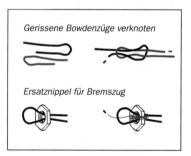

Gerissene Bowdenzüge verknoten

Ersatznippel für Bremszug

• Ist der Nippel zum Einhängen im Bremshebel abgerissen, braucht man eine M4- oder M5-Ersatzmutter. Der Zug wird umgebogen und die Mutter so aufgeschoben, daß sich eine kleine Schlaufe bildet; dann mit Bindedraht sichern. Es ist zwar eine erhebliche Fummelei, bis der selbstgebaute Nippel wieder im Bremshebel sitzt, dafür hält er erstaunlich lange. Ein aufgeschobener Speichennippel kann einen »Tonnen«-Bremszug in einen mit »Birne« verwandeln.

Schaltung

• Das dem Ritzel näher zugewandte Schaltröllchen eines Umwerfers wird bei jedem Gangwechsel weit stärker belastet. Tauscht man es gegen das untere aus, funktioniert die Gangschaltung wieder, wenn auch etwas rauh.

• Versagt der Umwerfer völlig, muß er abmontiert, die Kette entsprechend verkürzt und um ein mittleres Ritzel gelegt werden. Dadurch verfügt der Radler nur noch über einen Gang.

Einfacher ist, den Umwerfer montiert zu lassen, ihn aber über die Einstellschrauben ebenfalls auf einen Gang, sprich mittleres Ritzel, fest zu justieren.

Kette

• Reißt die Kette, ist oft noch etwas Spiel in der Kettenlänge. Dann einfach mit einem Kettennietendrücker das defekte Glied entfernen und die Kette wieder vernieten. Befindet sich ein Kettenschloß im Ersatzteilsortiment, ist alles noch einfacher: defektes Glied entfernen und Kettenschloß einsetzen. Bei Kettenschlössern, die mit einem Schieber gesichert werden, muß die Öffnung immer entgegengesetzt der Laufrichtung sein.

• Hat man weder Kettennietendrücker noch ein Kettenschloß dabei, versucht man, den Nietendrücker durch einen Stahlnagel zu ersetzen. Dazu wird das betreffende Glied auf zwei

PECH & PANNEN

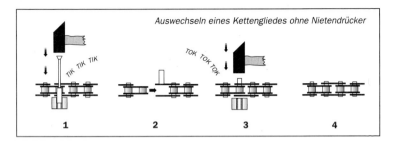

Auswechseln eines Kettengliedes ohne Nietendrücker

TIK TIK TIK

TOK TOK TOK

1   **2**   **3**   **4**

M6-Muttern gelegt, so daß der herauszudrückende Niet genau über den Gewindelöchern liegt. Mit einer Zange hält man den Stahlnagel auf das entsprechende Niet, während von oben sorgfältig mit einem Hammer oder Stein geschlagen wird. Aber den Niet im Eifer des Gefechtes nicht ganz herausdrücken! Hat man ihn trotzdem plötzlich in der Hand, versucht man es am besten bei einem neuen Kettenglied. Denn es ist fast unmöglich, ihn wieder gerade in eine Kettenlasche zu bekommen.

Das Verbinden ist einfacher. Kettenglied und Kettenlasche werden zusammengeschoben, bis der Niet einrastet, dann entweder mit einer Zange in die Kettenlasche eindrücken oder mit einem Hammer einschlagen. Der Niet muß nach dem Einschlagen auf beiden Seiten gleichmäßig überstehen. Dann die Kette seitlich etwas hin- und herbiegen, damit sie auch an der genieteten Stelle wieder gelenkig wird. Eventuell mit dem Schraubenzieher etwas nachhelfen.

• Ist die Kette nicht mehr lang genug, so muß man eine Verbindung zwischen zwei Kettengliedern herstellen. Das geht mit einem Kettenschloß, einem Stück Draht oder mit einem Nagel. Der Nagel wird durch ein Kettenende gesteckt, wobei der Kopf etwas vorsteht. Nun das andere Kettenende einhängen, den Nagel U-förmig umbiegen und die Nagelspitze um den Kopf drehen.

• Bei Schaltschwierigkeiten ist nicht immer der Umwerfer der Grund. Vor allem, wenn in hohen Gängen die Kette über das Ritzel springt, kann es sein, daß ein Kettenglied nicht mehr gängig ist. In dem Fall das Fahrrad auf den Kopf stellen, die Kette ganz langsam drehen und Ausschau nach einem steifen Kettenglied halten. Ist das schadhafte Teil lokalisiert, kann man es ausnieten oder mit einem Schraubenzieher solange biegen, bis es wieder gelenkig ist.

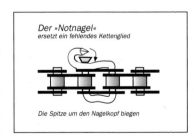

Der »Notnagel«
ersetzt ein fehlendes Kettenglied

Die Spitze um den Nagelkopf biegen

Tretlager

• Eingerissene Lagerschalen (nur beim Thompson-Lager) können ausgetauscht werden. Die rechte Schale, also auf der Seite, wo die Kette verläuft, reißt leichter ein als die linke. Sind beide eingerissen, hilft nur der Gang zur nächsten Schlosserei, um sie dort schweißen zu lassen. Ist das nicht möglich, kann die gerissene Stelle notdürftig mit dünnem Alu-Dosenblech ausgekleidet werden, so daß die Kugeln nachher mit viel Fett darauf laufen können.

• Sind die Lagerschalen nicht gerissen, haben aber tiefe Riefen, so kann man das normale Fett durch Graphitfett ersetzen und so wieder eine akzeptable Kugelrennstrecke herstellen. Ein solches Lager muß dann aber öfters nachgestellt und nach etwa 50 km wieder komplett neu gefettet werden.

Andere Kugeldurchmesser laufen auf neuen Bahnen, die vielleicht noch nicht zu stark zerfressen sind. Man probiert aus, wie gut kleinere oder größere Kugeln in das Lager passen und kann es so zu neuem Leben erwecken.

PECH & PANNEN

• Sind sämtliche Kugeln absolut nicht mehr zu gebrauchen, hilft nur noch die Umstellung auf ein Gleitlager mit etwas erhöhtem Reibungswiderstand. Dazu besorgt man sich dicke stabile Lederstreifen, läßt sie sich mit Fett vollsaugen und legt sie in die Lagerschalen. Noch etwas Fett, und dann ganz vorsichtig weiterfahren (»Ich hab' ja gleich gesagt, laufen wär' schneller gewesen«). Hat sich einmal die Befestigungsschraube der Tretkurbel gelöst und ist der Spezialschlüssel nicht zur Hand, kann die Kurbel mit gezielten Schlägen (feste Unterlage bei der Gegenseite und ein Holzstück oder wenigstens Pappe zwischen Hammer und Alutretkurbel) wieder auf das Tretlager befördert werden. Die Schraube dann von Hand fest anziehen und den Zwischenraum mit morschen Stöckchen oder Erde auffüllen. Für endgültige Lösungen bietet sich der Zweikomponentenkleber an.

Gepäckträger

• Stahlgepäckträger können geschweißt werden. Autoreparaturwerkstätten und Schlossereien führen Verstärkungen meist nicht allzu teuer und relativ schnell aus.

• Alugepäckträger müssen geschient werden, z.B. mit kleinen Stöcken, Baustahlresten oder Ersatzspeichen. Mit Bindedraht, Schlauchschellen oder Isolierband befestigt, ist die Reparatur oft mehr als ein Provisorium. Umwickeln mit dünnem Alu-Dosenblech gibt zusätzlichen Halt. Auch ein kurzes Kupferrohr kann die gebrochenen Teile schienen. Bricht der Träger an der Befestigungsöse, Kupferrohr aufschieben, das Ende plattklopfen und mit einem Loch für die Befestigungsschraube versehen.

LÄNDERINFOS

D*eutschland*

RADELN IN DEUTSCHEN LANDEN

Nach den Informationen zu den allgemeinen Reise- und Radelbedingungen beschreiben wir in alphabetischer Folge die einzelnen Bundesländer, teilweise nochmals unterteilt in attraktive Landschaften und Regionen, die den Radreisenden aber auch -wanderer besonders einladen. Neben einigen Charakteristika informieren wir hier jeweils gesondert über Karten, Reiseführer und weitere Informationsmöglichkeiten.

In Deutschland bieten sich dem Radreisenden, im Gegensatz zu fast allen europäischen Ländern, eine Vielzahl von ausgeschilderten und gepflegten Wander- und Waldwegen. Besonders die Strecken entlang der Flüsse sind zum Einradeln für die »ganz große Tour« bestens geeignet. Und Radeln in Deutschland bedarf nicht langer Vorbereitungen.

Naturräume

Deutschland läßt sich in vier große Einheiten unterteilen:

Norddeutsches Tiefland und die der Nordseeküste vorgelagerten Friesischen Inseln. Dahinter beginnt die meist ebene Marsch, woran sich weite flache Ebenen bis zu den Lößbuchten (Kölner und Münstersche Bucht) anschließen. Das Landschaftsbild wird bestimmt durch Heideflächen, die teilweise aufgeforstet wurden, und landwirtschaftliche Nutzflächen. In Flußnähe finden sich oft Eichen-Buchen-Mischwälder, ausgedehnte Seen und Moore.

Die Ostseeküste hat eine Reihe von flußartigen Buchten, vorgelagerten Inseln und Halbinseln. Im NO der Küste befindet sich die größte Insel Deutschlands, Rügen. Das fruchtbare Hinterland ist zunächst eben, dann eine kuppige, bis 150 m hohe Landschaft mit über 800 Seen (Mecklenburgische und Holsteinische Seenplatte). Daran schließt sich das zwischen Elbe und Oder in einer flachen Mulde verlaufende Tiefland mit zahlreichen kleinen Seen, Altwässern, kleinen Flüssen, Kanälen, Sümpfen und Moorsenken an.

Mittelgebirgsschwelle: Im W das teilweise über 800 m hohe Rheinische Schiefergebirge, östlich des Rheins bestehend aus Westerwald, Siebengebirge, Rothaargebirge und Taunus, westlich davon die Eifel und der Hunsrück. Die Gebirge sind durchschnitten vom Rhein und seinen Nebenflüssen wie Mosel, Lahn, und Sieg. An die eigentlichen Gebirgskerne gliedern sich hügelige bis bergige Gebirgsvorlandschaften an, so Sauerland, Bergisches Land und Pfälzer Bergland.

Nach O schließen sich das abwechslungsreiche Niedersächsische Bergland mit plateauartigen Erhebungen und breiten Tälern im N sowie das Hessische Berg- und Senkenland im S an (Rhön bis 950 m, Vogelsberg 774 m). Danach folgen der Harz als steiler Gebirgswall (bis 1142 m hoch), das Lausitzer Bergland und die hügeligen Vorlandzonen und Beckenlandschaften des Wald- und Erzgebirges.

Nach S schließen sich die leicht welligen Hochflächen des Frankenwaldes an.

An der Grenze zur Tschechischen Republik stehen in fast rechtem Winkel zueinander die Mittelgebirgsschwellen aus Thüringer Wald, Fichtelgebirge und Erzgebirge, die von NO nach SW bis zum Kamm stetig ansteigen (im Schnitt 800 bis 1100 m), dann jedoch steil nach S/SW abfallen.

Süddeutsches Stufen- und Beckenland mit westlichen (Pfälzer Wald, Schwarzwald, Odenwald, Spessart) und östlichen (Oberpfälzer und Bayrischer Wald) Gebirgsräumen mit durchschnittlichen Erhebungen von 500 bis 1000 m, überragt vom Feldberg mit 1493 m im W und dem Großen Arber mit 1457 m im O.

Alpenvorland: Von W nach O erstreckt sich die flache bis hügelige, zwischen 200 und 300 m hohe schwäbisch-bayrische Hochebene, durchschnitten von der Donau und ihren Zuflüssen. Im SW liegt der Bodensee, im SO Chiemsee, Starnberger See und Ammersee. Es folgen die

Alpen, ein schroffes, steiles Hochgebirge mit einigen kleineren eingelagerten Seen.

Klima & Wind

Westdeutschland liegt im Bereich kühl gemäßigter Breiten mit fast ständig wechselhaftem Wetter, d.h. relativ milde Winter und meist kühle, nasse Sommer im NO und eher kalte Winter und heiße Sommer im SW. Der durchschnittliche Niederschlag liegt bei 800 mm. Landstriche im Windschatten von Bergen bleiben meist etwas trockener, in den Höhen steigt die Feuchtigkeitsmenge bis auf 2000 mm. In Höhenlagen ab 800 bis 1000 m liegt in den Wintermonaten Dezember bis Februar fast ständig Schnee. Das Bodenseegebiet, der Oberrheingraben und das Maintal sind die wärmsten Landstriche. Durch den günstigen Verlauf der Höhenzüge (meist West-Ost Richtung) profitiert auch Ostdeutschland noch von dem milden atlantischen Einfluß. Hier liegt der durchschnittliche Niederschlag bei 600 mm. Das Frühjahr setzt im Osten etwas später ein als im Westen, dafür sind aber im Hochsommer die Temperaturen leicht höher.

Hauptwindrichtung: Der Wind bläst vorwiegend aus W bis SW bei einer durchschnittlichen Windgeschwindigkeit an der Nordsee von 4 m/sec, an der Ostsee von 5,1 m/sec, in Berlin 4,8, am Brocken im Harz 11,2 und in den anderen Höhenlagen teilweise bei 7 m/sec und darüber.

Besondere Winde: *Wisperwind* (Oberes Mittelrheintal): Aus dem Taunus den Rhein aufwärts wehender Kaltluftstrom.

Albtalwind (nördl. Schwarzwald): Teilweise heftiger Bergwind aus SW.

Föhn (Alpenvorland): siehe im Länderinfo »Schweiz«

Erler Wind (Inntal): Recht steif das Inntal herabwehender Bergwind

Pfänderwind (Bodensee): Ostwind, der vom Pfänder föhnartig auf den Bodensee herabstürzt und dort in kurzer Zeit heftige Böen auslöst.

Elbtalwind (Elbtal oberhalb Dresdens): Kräftiger, böiger und trockener SSO-Wind, durch Düsenwirkung meist böig auffrischend, als Fallwind trocken.

Görlitzer Wind (Neißetal): Durch die Zittauer Senke zw. Sudeten und Erzgebirge wehender, böiger SSW-Wind, bei im Böhmischen Becken angestauter Luft als kalter Fallwind.

Reisezeit

Je nach Wetterlage April (Südwesten) oder Mai bis Oktober. In den Hauptferienzeiten im Juli und August sind die Urlaubsgegenden Oberbayern, Bodensee, Schwarzwald, Mosel und Nord- und Ostsee ausgelastet. Aber abseits der Touristenzentren ist es meist schon etwas ruhiger. Ansonsten bieten sich das Frühjahr (Blüte) und der Herbst (Weinernte) an.

Karten

Für die Planung eine der vielen Straßenkarten im Maßstab 1:500.000 oder ein Autoatlas. Für die Fahrt:

BVA, ADFC-Radtourenkarte 1:150.000, 27 Blätter sowie ein Sonderblatt Berlin und Umgebung. Empfiehlt Routen abseits der Straßen oder auf Nebenstrecken mit wenig KFZ-Aufkommen – mit unvermeidlichen Ausnahmen. Radfernwege und Steigungs-Klassifizierung sind eingezeichnet. 12,80 DM.

Haupka-Radtourenkarte 1:100.000, 35 Blätter, 8 Sonderblätter, mit Straßenkennzeichnung nach Menge des Autoverkehrs und allen Radwegen. Jeweils 11,80.

Mair, Deutsche Generalkarte 1:200.000, klassifiziertes Straßennetz und km-Angaben, 37 Blätter, je 7,80 DM; Gesamtwerk auch als Atlas (1:150.000) erhältlich.

Topographische Karten 1:100.000 (»TK 100«) und 1:50.000 (»TK 50«) erscheinen bei den jeweiligen Landesvermessungsämtern und sind über den Buchhandel zu beziehen. Mit dem flächendeckenden Netz der TK 50 ist es möglich, fast ohne Ausnahme abseits von Autostraßen unterwegs zu sein. In Baden-Württemberg und Hessen ist die TK 50 auch mit einem Eindruck der empfohlenen Radwanderwege erhältlich, in Bayern fast alle Sonderblätter der TK 50.

Bei *Kompass* gibt es außer den aufgeführten weitere Radwanderkarten für Touren entlang deutscher Flüsse.

• Wir empfehlen für die Tourenvorbereitung das »Kartenverzeichnis für Radfahrer« von Wolfgang Lierz mit Auflistung von aktuellen Radwanderkarten und Stadtplänen der BRD, erhältlich für 10 DM im Buchhandel oder beim ADFC.

Reiseführer

ADFC-Radführer: erschienen bisher für Bremen-Bremerhaven, Bremen-Oldenburg, Westfalen, Köln-Bonn-Nordeifel, Taunus-Wetterau, Hessen-Süd, Rhein-Neckar, Rhein 1 & 2 und Norddeutsche Fahrradwege; kosten jeweils 16,80 DM für ADFC-Mitglieder, sonst 19,80 DM (pro Band 160 bis 220 Seiten, teilweise mit praktischer Spiralheftung). Diese Führer wurden sorgfältig erarbeitet, aber seit Jahren nicht mehr aktualisiert. Sie haben ge-

---

Detaillierte Angaben zu Karten, Reiseführern und Info-Adressen für Radler unter den einzelnen Radelgebieten.

genüber allen anderen den Vorteil, daß eine bestimmte Region komplett abgehandelt wird und so eine beliebige Kombination einzelner Streckenabschnitte (5 bis 20 km) möglich ist. Zusätzlich erhöht sich die Qualität dieser Führer durch Beschreibung der Strecken in beiden Richtungen. Neben ausführlichen Wegbeschreibungen vornehmlich über Nebenstraßen und Radwege werden noch knappe touristische Hinweise und Hinweise über Bahnverbindungen gegeben. Die guten Kartenausschnitte machen eine zusätzliche Karte überflüssig.

Regional-Rad-Geber 1 – 10, Kettler Verlag: Berlin, Mecklenburger Seen I u. II, Ostseeküste, Fränkische Seen und Altmühltal, Rhön, Spessart, Fränkische Schweiz und Oberer Main, Schleswig-Holstein, Ost-Niedersachsen, Niederrhein (zwischen 19,80 und DM). Mit je mehr als 120 Etappen eignen sich diese Reiseführer für Tagestouren und Kurzreisen in einem eng begrenzten Gebiet. Dabei steht nach Möglichkeit die Nutzung autofreier Wege im Vordergrund.

Kompass-Radwanderführer: Auf vergrößerten Ausschnitten der Generalkarte (1:200.000, 24,80 DM) werden Rundtouren übergenau nach klassischem Strickmuster beschrieben: zwei links, zwei rechts, zwei fallen lassen. Das Drumherum der Strecke wird unter dem Stichwort »Wissenswertes« etwas kärglich abgehandelt. Obwohl die Streckenbeschreibungen nichts zu wünschen übrig lassen (u.a. Höhenangaben), sind Abweichungen von den beschriebenen Strecken nicht vorgesehen.

Kompass, Radtouren von Jugendherberge zu Jugendherberge, R. Kuntze, 19,80 DM

Aschendorff, Alte Wege neu entdecken, Teil 1: Jütland, Schleswig-Holstein, Niedersachsen, Münsterland, Theo Breider; Radwandern abseits der großen Straßen durch 5 Länder, 11 DM

Info-Adressen

ADFC Bundesverband e.V., Postfach 107747, 28077 Bremen, © 0421/346290, siehe Seite 14. Faltblattinformationen zu den Bundesländern Baden-Württemberg, Bayern, Berlin/Brandenburg, Bremen/Niedersachsen, Hamburg/Schleswig-Holstein, Mecklenburg-Vorpommern, Rheinland-Pfalz, Saarland, Sachsen, Sachsen-Anhalt, Thüringen (je 0,20 DM und 3 DM Porto)

Grüne Radler Berlin, Cheruskerstraße 10, 10829 Berlin

Bund deutscher Radfahrer e.V., Otto-Fleck-Schneise 4, 60528 Frankfurt a.M., © 069/6789222. Organisiert Jedermann-Touren über 20 bis 30 km, aber auch längere Radtouren, wobei die Teilnahme nach dem »Fleißkärtchen«-Prinzip belohnt wird (viele Punkte = hohe Auszeichnung). Auf dem Programm stehen neben sportlichen Aktivitäten wie Radrennen, Radpolo oder Kunstradfahren die Erörterung von Verkehrssicherheitsfragen. Gegen Rückporto sendet die Geschäftsstelle weitere Informationen und Adressen von Ortsvereinen zu.

Fremdenverkehrsämter (FVA): Zahllose Verkehrsämter der Länder, Kreise, Städte und Gemeinden verschicken meist kostenlose Informationsmaterialien, die zunehmend über Tourenvorschläge hinaus auch Kartenmaterialien, Verleihmöglichkeiten, regionale Radelattraktionen etc. enthalten. Man adressiert eine Postkarte ganz einfach an das Verkehrsamt des entsprechenden Ortes. Die Anschriften aller Landesverkehrsverbände sind in der kostenlosen Broschüre »Urlaub« enthalten, erhältlich beim *Presse- und Informationsamt der Bundesregierung,* Welckerstraße 11, 53113 Bonn. Regionale oder städtische FVA findet man oft in der Umgebung des Hauptbahnhofs, gekennzeichnet mit einem »i«.

A: *Deutsche Zentrale für Tourismus,* Schubertring 12, A-1010 Wien, ℗ 01/5132792

CH: *Deutsches Verkehrsbüro,* Talstr. 62, CH-8001 Zürich, ℗ 01/2211387

Straßenverhältnisse

Westdeutschland besitzt ein gut ausgebautes und weit verzweigtes Straßennetz, das aber auch entsprechend stark von Kraftfahrzeugen frequentiert wird. Nur in besonders fahrradfreundlichen Landstrichen trifft man auf gut beschilderte Radwege abseits der Hauptstraßen. Deshalb in jedem Fall lieber auf die weniger befahrenen Seitenstraßen ausweichen. Uferstraßen können im Frühjahr und im Herbst wegen Überschwemmungen gesperrt sein. Die Beschilderung der bundesdeutschen Straßen ist für Radfahrer mangelhaft, da sie sich meist nur an größeren Fernzielen orientiert. Deshalb immer eine gute Karte zu Rate ziehen, gerade dann sind

abseits der großen Straßen die das Radfahren so spannend machenden kleinen Entdeckungen möglich.

Seit November '89 hat sich im Straßenverkehr Ostdeutschlands einiges getan. Nicht etwa, daß sich die durchweg schlechte Straßenqualität gebessert hätte – die Fahrweise der Autofahrer ist rüder geworden. Radwanderwege existieren kaum, Radwege in Städten sind so schlecht, daß man sie trotz Radwegebenutzungspflicht meiden sollte. Städte wie Ost-Berlin oder Leipzig mit dem Rad zu durchqueren, ist kein Spaß: Kopfsteinpflaster und Schlaglöcher, Zweitakter-Abgaswolken und Straßenbahnschienen machen dem Radler das Leben schwer.

Fernverkehrsstraßen wie F 104, F 105 sind wegen der Verkehrsdichte für Radreisende ungeeignet. Landstraßen 1. Ordnung sind schon besser, aber auch nur für die, die hauptsächlich vorwärts kommen wollen. Für gemütliche Radreisen bei geringem Verkehr eignen sich die Straßen 2. und 3. Ordnung, auch wenn die Fahrbahn häufig tiefe Schlaglöcher, Kopfsteinpflaster, manches Mal auch keinerlei festen Belag aufweist. Leider läßt die Klassifizierung keinen Schluß auf die Qualität der Fahrbahn zu. Eine schlechte Beschilderung kommt noch hinzu. So häufig wie möglich durch Nachfragen vergewissern!

Noch zwei dringende Ratschläge: In Ostdeutschland sollten wegen der beschriebenen Zustände keine Tagesschnitte von mehr als 50 bis 60 km vorgesehen werden. Ein FNL-angepaßtes Rad sollte eine Reifenbreite von minimal 32 mm aufweisen oder besser ein ATB oder MTB sein.

Ersatzteile

Wer nicht außerhalb der Ladenöffnungszeiten eine Panne hat, kann in jeder Stadt mit entsprechender Ersatzteil-Versorgung in Fahrradgeschäften rechnen. Einfache »Verschleißteile« wie Schlauch und Mantel gibt es zusätzlich in fast jedem Kaufhaus oder in kleinen Haushaltswarenläden.

Schwierigkeiten gibt es stellenweise mit Ersatzteilen für englische Produkte.

Radtransport

Bahn: *DB, Zentrale Hauptverwaltung,* Fahrradbeauftragter Herr Jaquet, Stephensonstraße 1, 60326 Frankfurt a.M., ✆ 069/97336676
CH: *DB,* Schwarzwaldallee 200, CH-4016 Basel, ✆ 061/263311.

Selbstverladung ist in allen Zügen mit Packwagen (Koffersymbol, Achtung: Sonn- und Feiertage) bis zur Grenze möglich. Für FD- und D-Züge mit Gepäckwagen kostet die Mitnahme unabhängig von der Entfernung 8,60 DM; bei Inter-Regio plus 3,50 Reservierungsgebühr, im Bereich der Dt. Reichsbahn 6 DM. Bei Zügen ohne Gepäckwagen können Fahrräder im Eingangsbereich der Eilzüge, Nahverkehrszüge, Citybahnen und Regionalschnellbahnen mitgenommen werden. Für diese Züge ist eine *Fahrradkarte* zu lösen, bis 100 km 5,40 DM (im Bereich der DR 4 DM), über 100 km 8,60 DM (DR 6 DM). Für Gruppen ab 6 Personen kostet die Mitnahme in allen Fällen 5,40 DM (DR 4 DM). Die Fahrradkarte erhält man am Schalter, am Automaten und im Notfall beim Schaffner. Die Fahrradmitnahme ist auch in Inter-Regio-Zügen möglich, allerdings muß man seinen Fahrradplatz voher reservieren. Ab sofort dürfen auch Gruppenreisende nach erfolgter Reservierung bis zu 13 Fahrräder (je 8,60 DM) in einem Interregio-Fahrradabteil unterbringen, vorausgesetzt, die Gruppe reist mindestens 200 km weit.

Ein Anspruch auf die Fahrradmitnahme besteht nicht. In Zweifelsfällen entscheidet das Zugpersonal. Da Intercity-Züge keinen Packwagen mitführen, werden dem Radler oft schlechte Verbindungen und lange Wartezeiten zugemutet. Ausnahmen sind der IC 632/35 Berlin – Hamburg – Sylt, IC 534 Dresden – Hamburg IC 633 Sylt – Dresden, IC 780/81 Freilassing – Hamburg und IC 782/83 Passau – Würzburg. Hier gibt es jeweils 24 Plätze, für die Reservierungspflicht besteht.

Die *grenzüberschreitende Fahrradmitnahme* ist möglich nach:
– Österreich im Regionalverkehr generell, im Fernverkehr mit dem EC 22/23 Köln – Wien, mit dem D 222/3 Dortmund – Wien, D 376/7 Berlin – Wien und EN 490/1 Hamburg – Wien. Die Fahrradkarte kostet 16 DM und ist nur an Bahnhöfen zu bekommen, die von grenzüberschreitenden Zügen angefahren werden;
– Dänemark: D-Züge 272 – 277 Hamburg – Jütland, D 304 ab Dresden, D 305 ab Chemnitz und D 1232/3 ab Aachen – Kopenhagen, Preis 16 DM;

– Frankreich in Eilzügen zwischen Offenburg und Straßburg, Preis 8,60 DM; D 400/1 Forbach – Frankfurt a.M. bzw. Karlsruhe und D 1252/3 Frankfurt a.M. – Forbach;

– Niederlande: D 202/3 Basel – Amsterdam und IR-Züge zwischen Berlin und Amsterdam, Preis 16 DM;

– Polen in allen Zügen mit Gepäckwagen, Preis 16 DM, siehe Länderinfo »Polen«;

– Tschechische Republik in den Fernzügen zwischen Prag und Hamburg, Berlin, Köln und Marktredwitz, Preis 16 DM;

– Ungarn in einigen Fernzügen möglich, Preis: 16 DM.

Aufgabe: Reisegepäckstücke – also auch Fahrräder – befördert die Bundesbahn seit Sommer 1990 nicht mehr umweltfreundlich im Gepäckwagen am Ende des Zuges, sondern per Lkw zu einem der 34 bundesweiten Knotenbahnhöfe. Für Ziele in D sollte das Rad 4 bis 5 Werktage vorher, ins Ausland 10 bis 14 Tage vorher unter Vorlage der Fahrradkarte am Gepäckschalter aufgegeben werden. Bei Gruppen ist es unbedingt nötig, sich frühzeitig (ruhig 1 Monat vorher) zur Fahrradaufgabe anzumelden. Es kostet entfernungsunabhängig und europaweit 21 DM, für Gruppen je 10,50 DM (eine Gepäckaufgabe nach Italien, Irland und GB ist seit 1992 nicht mehr möglich, in Dänemark sind außer in Kopenhagen und Padborg zusätzlich 34 DM zu zahlen – zurück in die Steinzeit). Man sollte eine Gepäckversicherung abschließen, obwohl die DB seit dem 1.1.94 nur noch verpackte Räder annimmt.

Billiger als der Vorausversand als Stück- oder Expreßgut per Bahn ist bis 20 kg der **Versand als Postpaket.** Dazu Fahrradkartons beim Fahrradhändler besorgen; der gibt sie meistens umsonst ab.

In einigen **S- und U-Bahnen** ist unter bestimmten Bedingungen Fahrradmitnahme möglich.

Bus: Lokal in Ausnahmefällen möglich, bei Bahn und Post nur im Einzelfall.

Fähren

Auf zahlreichen Fähren zur Flußüberquerung an Elbe, Weser, Rhein, Mosel, Neckar, Main und Donau sowie am Bodensee ist der Radtransport sehr billig bis kostenlos und für die Streckenführung oft günstiger als die Fahrt bis zur nächsten Brücke.

Fähren zu den Nordseeinseln sind demgegenüber vergleichsweise teuer (z.B. Borkum einfache Fahrt 13 DM). Dies geschieht vor dem Hintergrund, die kommerziellen Verleiher auf den Inseln konkurrenzfähig zu halten.

Burgstaaken/Fehmarn – Warnemünde etwa 20 DM. Auskunft beim Verkehrsamt.

Travemünde/D – Warnemünde 30 DM/frei, Buchung beim Seetouristik Flensburg, ✆ 0461/86417

Fähren nach Finnland, Schweden, Norwegen, Dänemark und Polen siehe dort.

Fahrradverleih

Bei der DB und Reichsbahn vom 1.4. bis 31.10. an knapp 400 Bahnhöfen. Sie sind in der Broschüre »Fahrrad am Bahnhof« enthalten, die es an fast jedem Bahnhof gibt. Der Preis beträgt pro Tag 7 DM für ein Tourenrad, 9 DM für ein Dreigangrad, wenn man eine Fahrkarte der DB/DR vorweist, sonst 11 DM bzw. 13 DM. Bei Rückgabe bei einem anderen Bahnhof empfiehlt es sich, vorher dessen Öffnungszeiten zu checken.

Verleih ebenso bei vielen Fahrradläden, Hotels und Fremdenverkehrsämtern, besonders in beliebten Radel- und Urlaubsregionen.

Übernachten

Camping: Eine vollständige Liste der 3000 offiziellen Campingplätze findet sich im ADAC-Campingführer, jährlich neu, Band 2 (Deutschland, West-, Nordeuropa) 19,80 DM. Eine Übernachtung mit Zelt kostet ab 10 DM.

JH: DJH, Postfach 1455, 32704 Detmold, ℗ 05231/74010. Im Buchhandel erhält man für 14,80 DM das »Deutsche Jugendherbergsverzeichnis«. Übernachtungen inkl. Frühstück in den 650 JHs kosten für Junioren 9,50 DM bis 16,50 DM und für Senioren 13,50 DM bis 23,50 DM, in Jugendgästehäusern ab 20 DM. Achtung: In bayerischen JHs besteht eine Altersgrenze von 27 Jahren.

Das DJH hat zusammen mit der Barmer Ersatzkasse eine kostenlose JH-Karte mit allen Adressen der Jugendherbergen Deutschlands ausgegeben. Erhältlich bei allen Geschäftsstellen der BEK, in Jugendherbergen oder gegen selbstadressierten und mit 1,40 DM frankierten Langumschlag beim DJH, Detmold.

Ansonsten kann man sich auch näher informieren beim:

Touristenverein *Die Naturfreunde Bundesgruppe Deutschland e.V.*, Postfach 600441, 70304 Stuttgart, ℗ 0711/337687 & 88; und

Verband Deutscher Gebirgs- und Wandervereine e.V., Reichstraße 4, 66111 Saarbrücken, ℗ 0681/390070.

Weiterhin bieten sich die in unserem Kapitel »Übernachten«, Seite 167/68, näher erläuterten Adressenlisten »ADFC-Dachgeber« und das »Schlafbuch« an.

Hotels gibt es in allen Kategorien und Preisklassen ab circa 50 DM pro Doppelzimmer. Unterkünfte kann man finden in dem Buch »Deutsches Handbuch für Fremdenverkehrreisen in Deutschland«, Zimmerkatalog mit Häusern ab 9 Betten, 30,70 DM, jährlich neu.

Geld & Papiere

Die Auslandsvertretungen der BRD und die Botschaften der europäischen Staaten in D stehen unter den jeweiligen Ländern.

Währung & Kaufkraft: Deutschland ist für die meisten Europäer ein günstiges Reiseland. Österreicher, besonders aber Schweizer können mit Kaufkraftgewinnen gegenüber daheim rechnen. Umrechnungskurse siehe unter den jeweiligen Ländern.

Telefon: Seit dem 1.6.92 sind allen Orten der fünf neuen Bundesländer Vorwahlen zugeordnet worden, die im Amtlichen Verzeichnis der Ortsnetzkennzeichen (AVON) aufgelistet sind. Telefonhäuschen mit dem Glockensymbol können angerufen werden.

Baden-Württemberg

Die überwiegend hügelige Topographie des Landes, geprägt vom Schwarzwald, der Schwäbischen Alb und dem Alpenvorland, bieten dem bergbegeisterten Radler genügend Reize. Wer es eher flach liebt, weicht auf die zahlreichen Radwege entlang der Flüsse Donau, Altmühl, Tauber, Neckar oder Rhein aus.

Karten & Reiseführer

Landesverm.-Amt, TK 50, flächendeckend mit Eindruck empfohlener Radwanderwege

K & S Verlag: gibt Radwanderkarten verschiedener Regionen heraus, 14 – 28 DM

Kompass, Tour de Baden-Württemberg, S. Wetterich & H. Wittner, 24,80 DM

Kompass, Tour de Ländle 1, H. Wittner, 16,80.

DuMont Kunstreiseführer, Zwischen Neckar und Donau, W. Dettelbacher, 44 DM

Info-Adressen

Landesverm.-Amt Baden-Württemberg, Büchsenstr. 54, 70174 Stuttgart, ℡ 0711/1232831. Kostenloses Kartenverzeichnis. Verschickt die Karte »Wandern und Radwandern in Baden-Württemberg«, 1:200.000, 18,20 DM, mit Hauptwanderwegen und Radwanderwegen.

LFV Prospektservice, Postfach 420, 72234 Freudenstadt-Grüntal, »Radfahren durch Stadt und Land mit den schönsten Radtouren an Donau, Tauber, Neckar, Bodensee und Schwarzwald«, 72 Seiten, für 5 DM

Am Rheinfall von Schaffhausen

ADFC Landesverband B.-W., Augustenstraße 99, 70197 Stuttgart, ✆ 0711/628999.

Landesfremdenverkehrsamt B.-W, Esslinger Straße 8, 70182 Stuttgart, ✆ 0711/247364.

Schwäbische Alb

Vom Rheinfall bis zum Nördlinger Ries zwischen Neckar und Donau erstreckt sich eine Landschaft, die von sanften Bergrücken ebenso geprägt ist wie von steil abfallenden Felswänden. Schlösser, Burgen, Höhlen, Wasserfälle und Thermalquellen machen die Schwäbische Alb zu einem schönen, aber auch anstrengenden Radelgebiet. Auf meist verkehrsarmen Nebenstraßen durchradelt man riesige Wälder, romantische Trockentäler, herausgeputzte »Ländle-Dörfer« und mittelalterliche Stadtkerne.

Karten & Reiseführer

BVA, ADFC-Radtourenkarte 1:150.000, Nr. 25, 12,80 DM
Mair, Generalkarte 1:200.000, Blatt 19 – 21, je 7,80 DM
Kompass, Wanderführer Schwäbische Alb, J. Viel, 24,80 DM
Sportinform Verlag, Die schönsten Mountain-Bike-Touren in der Schwäbischen Alb, H. Mayr, 24,80 DM

Info-Adressen

FVV Neckarland-Schwaben, Lohtorstr. 21, 74072 Heilbronn, ✆ 07131/629061. »Mit dem Fahrrad auf Tour«, 11 Streckentouren, unter anderem auf der Schwäbischen Alb.

Touristik-Gemeinschaft Schwäbische Alb, An der Neckarbrücke, 72072 Tübingen, ✆ 07071/35011: Radwanderbroschüre »Schwäbische Alb« im Taschenformat mit 40 Rundtouren und Tips.

Schwarzwald

Beachtliche Höhenunterschiede von über 1000 m vom flachen Oberrheingraben bis zu den Spitzen des Feldbergs fordern vom Radfahrer einige Kraftanstrengungen. Daher ist es sinnvoll, von Ost nach West zu radeln bzw. die Bahn zu Hilfs zu nehmen. Es locken etliche Schluchten, kleinere Seen und natürlich viel, viel Wald – nur wie lange noch? Gerade als Radfahrer kann man die Waldschäden in bedrückender Weise wahrnehmen.

Karten & Reiseführer

BVA, ADFC-Radtourenkarte 1:150.000, Nr. 24, 12,80 DM
RV, Radwanderkarten, 1:50.000, 7,80
Hayit, Radwandern im Schwarzwald, V. & W. Weise, 24,80 DM
Landesverm.-Amt, Topogr. Karten mit Radwanderwegen ab 1:50.000
Morstadt-Verlag, Radwanderwege Ortenau, G. Schneider, 9,80 DM
Kompass, Radwanderführer Schwarzwald, W. Benz, 24,80 DM

Info-Adressen

Verkehrsamt, Postfach 1549, 79015 Freiburg. Für 2,50 DM in Briefmarken zehn »Radtouren zwischen Oberrhein und Schwarzwald«.

FVV Schwarzwald, Postfach 1660, 79016 Freiburg, ✆ 0761/31317, verschickt Radtoureninfos einzelner Gemeinden sowie die Broschüre »Fahrrad-Erlebnis«.

Tourist-Info Südlicher Schwarzwald, Kaiserstr. 110, 79761 Waldshut-Tiengen, ✆ 07751/86444. Verschickt gegen 15 DM eine topographische Radkarte 1:50.000 in einem praktischen Kartenset mit diversen Rundtouren.

Bodensee

Eine ideale Möglichkeit, Wasser zum Baden, Kultur für die Sinne und Radfahren auf schönen Uferwegen mit immer neuen Ausblicken zu verbinden, ist der Bodensee, eine der wärmsten Gegenden Deutschlands, obwohl ständig mit überraschend kräftigen Winden und Schauern zu rechnen ist. Im Hochsommer aber ist es überlaufen: Pfahlbauten, Insel Mainau (auf der Radfahren verboten ist), Kloster Birnau, Konstanz, Meersburg, Lindau, Bregenz, um nur einige Stichworte zu nennen. Auf dem gut markierten Radweg darf der Personalausweis nicht fehlen; Österreich und Schweiz grenzen an. Wer unterwegs abkürzen möchte: Auf Fähren und Personenschiffen sind Radler gern gesehene Gäste.

Karten & Reiseführer

BVA, ADFC-Radtourenkarte 1:150.000, Blatt 24 und 25, je 12,80 DM
Mair, Generalkarte 1:200.000, Blatt 24, 25, je 7,80 DM, oder Karte Nr. 1 der Schweiz.
RV, Rad- und Wanderkarte, 1:50.000, Rund um den Bodensee, 9,80 DM
VCS, Velokarte Bodensee/Thurgau, 1:60.000, 24,80 DM
E & W, Radwanderführer Bodensee, Spiralheftung, 17,80 DM

Knaur, Von Lindau nach Konstanz – rund um den Bodensee 1. Von Konstanz nach Bregenz – rund um den Bodensee 2, jeweils 16,80 DM
Multi-Media-Verlag, Bodensee-Handbuch, M. Hinze, 9,80 DM
Kompass, Radwanderführer Allgäu-Bodensee, J. & B. Viel, 24,80 DM

Info-Adressen

Der Bodensee-Verkehrsverein, Schützenstr. 8, 78462 Konstanz, ✆ 07531/22232, gibt ein Info-Blatt »Radwandern am und um den Bodensee« heraus mit Adressen der örtlichen FVA, Fahrradverleihstationen.

Landesamt für Tourismus, Rönnerstraße 7, A-6900 Bregenz, ✆ 05574/42525, und Fremdenverkehrsverband des Kantons St. Gallen, Bahnhofplatz 1a, CH-9000 St. Gallen, ✆ 071/226262: Infos über Bodenseeradwege auf Schweizer und österreichischer Seite.

ADAC-Freizeit, Neckartor 2, 70190 Stuttgart, ✆ 0711/2800172, gibt die Radwanderkarte »Rund um den Bodensee – mit dem Rad oder zu Fuß«, 1:50.000, heraus.

Gebietsgemeinschaft Allgäu-Bodensee-Oberschwaben, im Rathaus, 88239 Wangen im Allgäu, ✆ 07522/74211: Informationen für einen Abstecher zum Donau-Radwanderweg bei Ulm oder Rüdlingen.

Neben privaten Fahrradverleihern vermieten auch die jeweiligen Bahnen an allen größeren Bahnhöfen Fahrräder. Diese dürfen auch im Ausland gefahren werden, müssen aber wieder am Leihort abgegeben werden.

Neckar

Von Heidelberg schlängelt sich der Neckar mit vielen Windungen an Burgen, aber leider im Bereich von Heilbronn und Stuttgart auch an Industriesiedlungen vorbei. Wer immer in Flußnähe radeln will, muß öfters den Radweg verlassen und auf vielbefahrene Bundesstraßen ausweichen. Südlich von Stuttgart kann, wer noch Elan und Kraft hat, einen Abstecher über die Schwäbische Alb in Richtung Ulm/Donau wagen. Radelt man am Neckar weiter, ergibt sich südlich von Tübingen die Gelegenheit, den Schwarzwald zu erkunden. Mit relativ geringen Steigungen verläuft der Alb-Neckar-Radfernwanderweg (circa 270 km) vom Naturpark Neckartal-Odenwald über Heilbronn und Ludwigsburg bis nach Ulm.

Karten & Reiseführer

BVA, ADFC-Radtourenkarte 1:150.000, Blatt 20, 21, 24, 25, je 12,80 DM
Mair, Generalkarte 1:200.000, Blatt 16, 18, 21, 22, je 7,80 DM
Moby Dick, Am Strom entlang, Fahrradführer Neckar, 19,80 DM
Kompass, Radwanderführer Schwäbischer Wald, Neckarland, B. Widmann, 24,80 DM
FVV Neckarland-Schwaben, Lotharstraße 21, 7100 Heilbronn, ✆ 07131/629061: Broschüre »Mit dem Fahrrad auf Tour«

Tauber

»Ein Gang durch das Taubertal ist ein Gang durch die deutsche Geschichte«, sprach der Volkskundler W. H. Riehl 1865. Wer in Rothenburg ob der Tauber – der mittelalterlichen Vorzeigestadt über Tauber-Bischofsheim – startet, folgt den romantischen Tauberschleifen vor Wertheim bis nach Miltenberg entlang eines gut ausgeschilderten Radwanderweges (»Liebliches Taubertal«, circa 130 km) fast durchgehend auf autofreien Wegen. Zwischenstops bieten sich in der herrlichen Landschaft überall an: Rothenburg mit seiner Stadtbefestigung, in Creglingen der Riemenschneideraltar der Herrgottskirche, zahlreiche Sonnenuhren in Röttingen, das Puppenmuseum in Bad Mergentheim oder zur Stärkung eine Weinprobe beim Winzer. Gut 300 km lang ist das Radwander-Erlebnis beim »Main-Tauber-Fränkischen Rad-Achter« teils am Main, teils an der Tauber. Mittelpunkt ist der Bereich von Wertheim bis Lauda, von wo aus Wege zu einer West- oder Ostring-Rundwandertour abzweigen.

Karten & Reiseführer

BVA, ADFC-Radtourenkarte 1:150.000, Blatt 21 und 22, je 12,80 DM
Mair, Generalkarte 1:200.000, Blatt 16, 7,80 DM
Maacks, Taubertal 1:50.000, 7,80 DM
Echter, Radwanderwege an Main und Tauber – von Würzburg bis Rothenburg, H. Höllerl, 16,80 DM
Kettler, RegionalRadGeber Rhön, Spessart, Steigerwald, Unterer Main und Tauber J. Rieck & U. Schäfer, 24,80 DM
Kompass, Radwanderführer Hohenlohe – Taubergrund – Bauland, B. Widmann, 24,80 DM

Info-Adressen

»Mit dem Fahrrad auf Tour«, FVV Schwaben Neckarland (siehe vorher): Schwäbische Alp bis Neckar mit Streckenverlauf des Radwanderweges »Liebliches Taubertal«.

Gebietsgemeinschaft Liebliches Tauberland, 97932 Tauberbischofsheim, Postfach 1254, ℗ 09341/820, Infos über Taubertalradweg und über Main-Tauber-Fränkischen Rad-Achter.

Bayern

Es ist das größte Bundesland mit den meisten Radfernwanderwegen. Zunächst verbindet fast jeder Nichtbayer schweißtreibende Bergstraßen mit dem blau-weißen Land. Und das nicht zu Unrecht, die angrenzenden Alpen bieten ausreichend Bergpässe für Radler, »die es wissen wollen«. Doch zwischen Spessart und den Bayerischen Alpen liegen auch Tiefebenen sowie die Flußtäler von Main, Donau oder Isar, die wie Magnete auf Radler wirken. All das hier vorzustellen, würde an der Vielzahl der zur Verfügung gestellten Radtourenkarten von Verbänden und Ämtern scheitern. Wir haben uns daher auf die großen »Magnete« beschränkt, die kleinen sind auf eigene Faust leichter zu entdecken, als man denkt, z.B. mit den Broschüren der FVA und einem Blick auf die Generalkarte.

Karten & Reiseführer

BVA, ADFC-Radtourenkarte 1:150.000, Blatt 18, 21 – 23, 25 – 27, je 12,80 DM
Mair, Generalkarte 1:200.000, Blatt 19 – 35, je 7,80 DM

Haupka, Radtourenkarte 1:100.000, Blatt 19 – 35, je 11,80 DM
Landesverm.-Amt, Sonderblätter der TK 50 mit Radwanderwegen, fast flächendeckend erschienen
Für kleinere Touren in einzelnen Gebieten können beim LVA Bayern, Prinzregentenstr. 18, 80538 München, ℗ 089/2123970 die Broschüren Radeln in Franken, Ostbayern, Allgäu – Bayrisch-Schwaben und Oberbayern bestellt werden. Einfache Kartenskizzen, Gebietsbeschreibungen und Adressen.
ADFC & DB, Radeln mit der Bahn, 20 Tourenvorschläge in unterschiedlichen Regionen, mit Zugverbindungen.

Franken

Die nördlichste Region Bayerns lädt den Besucher zu Radwanderungen im Fichtelgebirge, dem Spessart-Main-Odenwald-Bereich oder in den Naturpark Altmühl ein. Wer die Berge nicht so mag, findet um Nürnberg/ Fürth, zwischen Steigerwald und Frankenwald im Westen, sowie weiter südlich im »Neuen Fränkischen Seeland« einige lohnende Ausflugsziele.

Reiseführer und Info-Adressen

Kettler, RegionalRadGeber, Neue Fränkische Seen und Altmühltal, und Frankenalb, Fränkische Schweiz, Unter Main und Tauber, beide von J. Rieck und U. Schäfer, je 24.80 DM.

Kompass, Radwanderführer Spessart, Kinzigtal, Fränkisches Weinland, C. Röder, 24,80 DM

ADFC Bayern, Landwehrstraße 16, 80336 München, ℗ 089/553575.

Bei Landratsämtern und den örtlichen Fremdenverkehrsstellen kann man für 3 DM Radwegnetzkarten, 1:75.000, bekommen. 15 Kartensätze für ganz Oberfranken.

Landratsamt Würzburg, Zeppelinstraße 15, 97074 Würzburg, © 0931/8003246: kostenloses Radwandermagazin »Fränkisches Weinland« mit einer Übersichtskarte der verschiedenen Radtouren; für 5 DM gibt es detaillierte Radwanderkarten.

Landratsamt Schweinfurt, Schramstraße 1, 97421 Schweinfurt, © 09721/55635: »Radwandern im Landkreis Schweinfurt«

Landratsamt Roth, Kultur und Fremdenverkehr, Postfach, © 09171/81329, 91154 Roth: Radwanderkarte Landkreis Roth mit 6 Tourenvorschlägen, 1:100.000

Tourist Information »Das Neue Fränkische Seeland«, Hafnermarkt 13, 91710 Gunzenhausen, © 09831/4191: Broschüren »Radwandern rund um den Altmühlsee« bzw. »… um den Bronnbachsee« mit Übersichtskarte 1:100.000 sowie Kartenblättern 1:50.000 können für je 3 DM bestellt werden.

Ostbayern

Das untere Altmühltal, der Donauradweg über die mittelalterliche Stadt Regensburg bis nach Füssen sind wohl die bekanntesten Radgebiete in Ostbayern. Doch es gibt noch mehr zu entdecken. Eine Radtour durch den Naturpark Bayrischer Wald, von Regensburg entlang des Regen über Cham nach Regen, oder von Deggendorf an der Isar bis Landshut. Naab,

Vils und das Oberpfälzer Jura sind ebenso einen Abstecher wert.

Wer den Personalausweis nicht vergessen hat, kann weiter der Donau nach Österreich folgen, oder über den Böhmerwald der Tschechischen Republik einen Besuch abstatten.

Karten & Info-Adressen

Mair, Generalkarte 1:200.000, Blatt 20/23, je 7,80 DM

FVV Ostbayern, Landshuter Straße 13, 93047 Regensburg, © 0941/560260, Diverse Kartensets und Tourenkarten.

Landratsamt Cham, Rachelstraße 6, 93413 Cham, © 09971/78322, versendet eine Karte für 4 DM.

Landratsamt Treyung-Grafenau, 94078 Freyung, © 08551/57121, Radwanderkarte für das Gebiet des Nationalparks.

Landratsamt Neustadt, Fremdenverkehrsreferat, Stadtplatz 38, © 09602/79217, Radwanderkarte mit Tourenbeschreibung und Infos für den Oberpfälzer Wald, 3,50 DM.

Weitere Literatur: Siehe Donauradweg, Altmühltal Seite 244/45.

Oberbayern/München

Kleinräumige Landschaften entlang der Flüsse Lech, Isar, Inn sowie im Chiemgau bieten verkehrsarme Straßen und weiß-blaue Gemütlichkeit als ideale Radelvoraussetzung. Der ein oder andere Biergarten dürfte nach schweißtreibender Fahrt auch für Ortsunkundige schell zu finden sein.

Auch die Weltstadt München und ihre Umgebung lassen sich hervorragend mit dem Rad erkunden: die Gedenkstätte Dachau, Starnberger See, Ammersee, Kloster Andechs, rustikale kleine Orte, der Ebersberger Forst.

Karten & Reiseführer

BVA, ADFC-Radtourenkarte 1:150.000, Blatt 26, 27, je 12,80 DM
Mair, Generalkarte 1:200.000, Blatt 20, 23, je 7,80 DM
Topograph. Karte 1:100.000, München und Umgebung mit Radtouren
Kompass, Radtourenkarte Isar/Inn, 1:125.000, je 8,80.
Berg, Radeln mit der S-Bahn rund um München, H. Ulrich, 19,80 DM
Hugendubel, Das Münchner Radlbuch, Sittl/Springorum, 16,80 DM
RV, Oberbayerisches Radlbuch, A. Schneider, 19,80 DM
Moby-Dick, Fahrradführer Inn, F. Angerer, 24,80 DM
Stöppel, Radeln zwischen München, Augsburg und Pfaffenhofen, von R. und A. Schätzl, 24 »Schmankerltouren« zwischen Lech und Isar im S-Bahnbereich West und Nord, je 19,80 DM. Im selben Verlag: Radeln zwischen München, Andechs und Bad Tölz; Radeln zwischen München, Freising und Rosenheim.

Info-Adressen

FVA München, Postfach, 80313 München, ℗ 089/23911: Münchener Radelstadtplan (4 DM) sowie »Radtouren für unsere Gäste«

FVV Ammersee Lech, Von-Kühlmann-Straße 15, 86899 Landsberg, ℗ 08191/47177. »Radwandern zwischen Ammersee und Lech«: 13 Einzelkarten in Klarsichthüllen mit Infos über Verleih, Wege usw. 12 DM

Allgäu

Auf den Spuren des bayerischen »Märchenkönigs« Ludwig II. läßt sich im Ostallgäu radeln, die Schlösser Neuschwanstein und Hohenschwangau sind sicher eine Besichtigung wert. Wer es weniger verspielt mag, entspannt sich am Forggensee oder genießt ganz einfach das Panorama. Weiter nördlich in Mittelschwaben bei Augsburg lockt der Naturpark »Westliche Wälder« mit einsamen Radwegen und kleinen Bächen. Ruhe, Romantik und Entspannung wird hier groß geschrieben. Gut die Hälfte des Radwanderweges »Romantische Straße« führt längs des Allgäu.

Karten & Reiseführer

BVA, ADFC-Radtourenkarte 1:150.000, Blatt 25, 26, je 12,80 DM
RV, Allgäu, 1:75.000, 9,80 DM
Mair, Generalkarte 1:200.000, Blatt 22, 25, je 7,80 DM
Kompass, Radwanderführer Allgäu-Bodensee, B. & J. Viel, 24,80 DM
Sportinform Verlag, Die schönsten Mountain-Bike-Touren: Allgäuer Alpen, H. Mayr, 24,80 DM
Weitere Literatur siehe »Romantische Straße«.

Info-Adressen

FVV Allgäu/Bayerisch-Schwaben, Fuggerstraße 10, 86150 Augsburg, ℗ 0821/33335. Infoheft »Radferien«, Tourenvorschläge ohne Landkarte.

Kurverwaltung Oberstdorf, Marktplatz 7, 87561 Oberstdorf, ℗ 08322/7000: Informationen über autofreie Radeltäler im Allgäu

Radfernwanderwege
in Bayern
Aischtal-Radweg
Rothenburg o. d. T. – Bamberg, 135 km

Als Start bietet sich das mittelalterliche Rothenburg ob der Tauber an. Vorbei an der europäischen Wasserscheide (Steigung) erreicht man nach circa 30 km die Quelle der Aisch. Die restlichen circa 100 km radelt man immer am Fluß entlang, vorbei an Gasthäusern mit der guten fränkischen Küche. Mit wenigen, kurzen Ausnahmen verläuft der Radweg immer auf ausgebauten Rad- bzw. Waldwegen.

Infos: Kreisfremdenverkehrsamt, Konrad-Adenauer-Str. 1, 91413 Neustadt a. d. Aisch, ✆ 09161/92182.

Romantische Straße

Entlang eines uralten Handelsweges kann der Radler die Städte an der Romantischen Straße genießen. Vom Main bis zu den Alpen erlebt er die süddeutsche Kulturlandschaft, bischöfliche und fürstliche Residenzen der alten Handelsstätten. Daß die Autotouristen die erste Zielgruppe dieser Straße waren, ist teils noch hautnah erlebbar. So führt der Radweg z.B. von Nördlingen nach Donauwörth längere Zeit an der Bundestraße 25 entlang. Aber was sind schon circa 30 km im Vergleich zu circa 400 km auf Radwegen oder kleinen Nebenstraßen.

Karten & Info-Adressen

BVA, ADFC-Radtourenkarte 1:150.000, Blatt 21, 22, 26, je 2,80 DM

Mair, Generalkarte 1:200.000, Blatt 16, 19, 22, 25, je 7,80 DM

Kompass, Romantische Straße, Radführer von H. Nauman, 24,80 DM

Märchenstraßen-Verlag, Mit dem Rad entlang der Romantischen Straße, G. Freund, 24,50 DM

Arbeitsgemeinschaft Romantische Straße, Marktplatz, 91550 Dinkelsbühl, ✆ 09851/90271. Heft »Radwandern entlang der Romantischen Straße«.

Donauradwanderweg

Quer durch Bayern, entlang der Schwäbischen Alb, zieht sich der wohl bekannteste »Radelfluß« Europas. Ab Tuttlingen ist es möglich, dem Fluß zu folgen, im Oberlauf fast ausschließlich auf Landstraßen, ab Regensburg meistens auf den als Radweg ausgeschilderten Treidelpfaden. Begleitet von Klosterkirchen, einigen Schlössern und Burgen (auf einem Bergrücken in Scheer bei Sigmaringen das Schloß der Fürsten von Thurn und Taxis) gelangt man schnell nach Ulm, wo sich nicht nur die Landschaft zum Donauried und -moos öffnet, sondern auch eine Ausschilderung des Radweges beginnt. Die historischen Altstädte von Ulm, Ingolstadt und Regensburg mit ihren gemütlichen Cafés lohnen einen Ruhetag. Wer Lust auf ein Bad im Bodensee hat, sollte in Ulm auf den Donau-Bodenseeradweg (siehe Bodensee, Seite 238) mit Ziel Friedrichshafen abzweigen.

Bei Kehlheim kann man der Altmühl (siehe dort) in den westlichen Teil der Fränkischen Alb folgen. Oder man kann auf einer stillgelegten Bahntrasse fast ohne Steigungen und abseits des Verkehrs einen Ausflug nach Falkenstein im Bayrischen Wald machen.

Wer weiter der Donau folgt, trifft hinter Regensburg auf die unter dem Bayernkönig Ludwig I. erbaute Walhalla und dann auf eine dichte Folge von Barockkirchen. In der Dreiflüsse- und Grenzstadt Passau sollte man den Dom mit der größten Orgel der Welt besichtigen. »Probehören« der 17.000 Pfeifen täglich um 12 Uhr, donnerstags auch um 19,30 Uhr (Mai bis Oktober).

Weder der Fluß noch die Radwege machen an der Grenze zu Österreich halt. Einer Weiterfahrt über Wien – Bratislava nach Budapest steht eigentlich nichts im Wege.

Karten, Reiseführer, Info-Adressen
BVA, ADFC-Radtourenkarte 1:150.000, Blatt 22, 23, 25, je 12,80 DM
Mair, Generalkarte 1:200.000, Blatt 19, 20, 22, 24, je 7, 80 DM
Kompass, WK 150 Donauradkarte Schwarzwald – Regensburg; WK 151, Donauradkarte Regensburg-Bratislava, je 8,80 DM
BVA, Der Donauradweg, Teil 1, 2, 3 bis Ungarn, Karten 1:200.000, 1:150.000, mit Infos, je 22,80 DM
Moby Dick, Am Strom entlang, Donau, von H. Lugschilz u.a.,19,80 DM
Verkehrsamt, Postfach 1453, 86604 Donauwörth: dreiteiliges Kartenset »Donau-Radwanderweg Ulm – Regensburg«, 1:100.000,
Arbeitsgemeinschaft Deutsche Donau, Postfach 1540, 86620 Neuburg/

Donau: »Städte an der Donau«, Spezial-Radwanderkarte mit allen wichtigen Informationen und Übernachtungsmöglichkeiten.

Bayreuth – Hof – Chemnitz
Hat man das Fichtelgebirge erst einmal hinter sich gelassen, fährt man einen Teil an der Elster entlang, um dann über das Erzgebirge nach Chemnitz zu gelangen. Dabei radelt man ganz nahe der tschechischen Grenze, so daß zwischen Hof und Chemnitz mehrere Grenzübergänge zum Besuch des Nachbarlandes laden. Lohnende Abstecher sind Franzensbad, Eger oder Karlsbad (siehe Tschechische Republik).

Karten, Reiseführer, Info-Adressen
BVA, ADFC-Radtourenkarte 1:150.000, Blatt 13, 18, je 12,80 DM
Mair, Generalkarte 1:200.000, Blatt 14, 36, 37, je 7,80 DM
Stöppel, Radfernwanderweg Bayreuth – Hof – Chemnitz, R. Hertwig, 9,80 DM
Landratsamt Bayreuth, Postfach, 85440 Bayreuth, ℡ 0921/2890, Karte nur bedingt tauglich.

Altmühltal
Gunzenhausen – Kehlheim, circa 160 km
Im größten deutschen Nationalpark kann man Romantik und Natur pur erleben und den umstrittenen Rhein-Main-Donau-Kanal sehen. Von Gunzenhausen bis Kehlheim gibt es vorzüglich ausgeschilderte Radwanderwege. Je nach Radellust ab Kehlheim der Donau weiter folgen. Aber

auch schon früher bieten sich Möglichkeiten, Abstecher in das Umland zu machen. Im letzten Teil, ab Bellngries, ist die Altmühl Teil der in Neumarkt beginnenden »Tour de Baroque«.

Karten, Reiseführer, Info-Adressen

RV, Barocke Radtour an Altmühl und Donau, dreiteilige Radtourenkarte 1:100.000 mit Erläuterungen, 7,80 DM

Walter E. Keller, Naturpark Altmühltal für Radwanderer, 9,80 DM

Knaur, Von München nach Regensburg durch das Altmühltal, G. Gaßner, 14,80 DM

Kompass, Radwanderführer Fränkische Schweiz, Frankenalb, Altmühltal, U. Schiller, 24,80 DM

Tourist Information Naturpark Altmühltal, 85072 Eichstätt, ☎ 08421/6733: kostenloses Infoblatt mit Radwegen und Übernachtungsstellen. Detaillierte Streckenkarten für 6,80 DM

Kreisverkehrsamt Weißenburg-Gunzenhausen, 91710 Gunzenhausen, ☎ 09831/691

Verkehrsamt, 86720 Nördlingen, ☎ 09081/84114

Tour de Baroque
Neumarkt – Passau, circa 300 km

Hier kommen Barock-Liebhaber voll auf ihre Kosten. Erste Wallfahrtskirchen gibt es gleich zu Beginn der Tour in Berching und Freystadt. Über das Sulztal gelangt man schnell auf den Altmühlradweg, der bei Kehlheim mit dem Donauradweg zusammenfällt. Hier stehen die Befreiungshalle bei Kehlheim und der Donaudurchbruch

mit dem Kloster Weltenburg auf dem Besucherprogramm. Hin mit dem Rad und gemütlich zurück auf einem Donaudampfer. Bis nach Passau unterbrechen noch einige sakrale Bauten mit den Arbeiten der Gebrüder Asam die Tour.

Karten, Reiseführer, Info-Adressen

BVA, ADFC-Radtourenkarte 1:150.000, Blatt 22, 23, 12,80 DM

Mair, Generalkarte 1:200.000, Blatt 19, 20, je 7,80 DM

RV, Barocke Radtour an Altmühl und Donau, 1:100.000, 9,80 DM

Landesfremdenverband Ostbayern, Landshuter Straße 13, 8400 Regensburg, gibt ein dreiteiliges Kartenset 1:100.000 (10 DM) über die Tour heraus.

Einen Donauradwanderführer mit integrierter »Tour de Baroque« (Karten 1:50.000) sowie einer Broschüre mit wichtigen Informationen und Übernachtungsmöglichkeiten gibt es für 20 DM ebenfalls beim LFV.

Maintal-Radwanderweg
Mainz – Bamberg, circa 350 km

Main: Spätestens ab Volkach trifft man regelmäßig auf Radwanderer. Die weite Flußlandschaft mit Wiesentälern, leichten Hügeln und Fachwerkdörfern vermittelt Ruhe und Beschaulichkeit. Die Verkehrsbelastung auf den Uferstraßen ist gering, selbst durch das Rhein-Main-Gebiet und Frankfurt kann man auf Uferpfaden radeln. Kurz vor Aschaffenburg wechselt der Main von Hessen nach Unterfranken. Entlang der südlichen Ausläufer des Spessart gelangt man über Miltenberg in einer großen Schleife nach Würzburg. Wer will, kann bei Wertheim zur Tauber abzweigen, und dort dem Radweg »Liebliches Taubertal« folgen. Ab Würzburg lohnen sich Abstecher in die südlich gelegene Fränkische Schweiz mit ihren bizarren Felsgebilden und schluchtenartigen Tälern, bis zur sehenswerten »Fahrrad-Modellstadt« Erlangen.

Karten, Reiseführer, Info-Adressen

BVA, ADFC-Radtourenkarte 1:150.000, Blatt 16, 21, je 12,80 DM
Mair, Generalkarte 1:200.000, Blatt 13, 16, 17, je 7,80 DM
Moby Dick, Am Strom entlang, Main, v. Blomberg, 19,80 DM
Maacks, Den Main auf und ab mit dem Fahrrad, Kartenwerk in 2 Sets à 3 Teilen mit Streckenbeschreibung von Dagmar Maacks, 19,80 DM
Echter, Radwanderwege am Main (14,80 DM); Am Main und Tauber (19,80 DM). beide von H. Höllert.
FVV Franken/Rhön, Postfach 1829, 97668 Bad Kissingen, ☎ 0971/61265.
Tourist Information Fränkisches Weinland, 97070 Würzburg, ☎ 0931/8003246.
Fremdenverkehrsamt Würzburg, Am Congresscentrum, 97070 Würzburg, ☎ 0931/37335: Maintal-Radwanderkarte 1:100.000, 5 DM
Tourenbeschreibungen aller Radfernwege in Deutschland sind zu finden im ADFC-Ratgeber, BVA, Radfernwege in Deutschland, F. Hofmann/ Th. Froitzheim, 19.80 DM.

Berlin

Auch ein Moloch wie die Hauptstadt kann Ausgangspunkt von Tages- oder längeren Touren sein. Eine Vielzahl von geführten Tagesfahrten bietet der ADFC Berlin (Programm anfordern, Rückporto beilegen) an, die meist in das Brandenburgische Seengebiet rund um Berlin führen. Es lohnt sich, die S-Bahn zu nutzen, um erst vom Stadtrand aus loszuradeln. Für eine längere Fahrt bieten sich besonders die Flüsse Spree bis in den Spreewald und die Lausitz und die Havel bis zu ihrer Quelle in der Mecklenburgischen Seenplatte an.

Karten & Reiseführer

Stadt & Land Verlag, Berliner Umland, 4 Karten mit 40 interessanten Tourenvorschlägen, 1:60000, je 8 DM.
BVA, Berlin und Umgebung, zw. Havelland und Spreewald, 1:100.000, 12,80 DM
Mair, Generalkarte 1:200.000, Blatt 33, 7,80 DM
Tourist-Verlag, Berlin und Umgebung 1:100.000, in 4 Blättern
BVA, Die schönsten Radtouren rund um Berlin, A. v. Blomberg, 19,80 DM
Elefantenpress, Durch Mark und Hain: Radtouren um Berlin, T. Rosemann, 14,80 DM
Kettler, RegionalRadGeber 1, Berlin Jwd, 19,80 DM
Kompass, Radwanderführer Berlin (West), R. Kuntzke, 22,80 DM
Stöppel, Das Berliner Radwanderbuch, H. S. Ernst. (1. Fahrradtouren im Berliner Osten; 2. Fahrradtouren im Berliner Süden, je 19,80 DM)
VSA, Berlin zu Fuß, A. Hallen, 29,80

Info-Adressen

ADFC Berlin, Brunnenstr. 28, 10119 Berlin-Mitte, ℗ 030/2084302.

Verkehrsamt Berlin, Martin-Luther-Str. 105, 10825 Berlin, oder Filiale im Europa-Center.

Brandenburg

Zwischen Oder und Havel, Rheinsberg und dem Spreewald liegt eine reizvolle und abwechslungsreiche Landschaft: im Norden Wiesen, Wälder und Seen, im Süden fein verästelte Flußgewässer und das Biosphärenreservat Spreewald.

Lohnenswert ist eine Radtour im Havelland, z.B. von der Inselstadt Werder in Richtung Brandenburg, oder als Kontrast zur weiten, grünen Flußlandschaft eine Tour von Frankfurt an der Oder nach Görlitz. Sie bietet als Ausgangsort eine Stadt, die von Betonkombinaten verwüstet wurde. Frankfurt wurde im Krieg zu 80 Prozent zerstört, was zwar die Bauwut erklärt, die Ausführung aber nicht rechtfertigt. Also lieber nicht lange ärgern, sondern gleich Richtung Spreewald strampeln, eine ungefähr 45 km lange und 15 km breite Flußinsellandschaft, die Verästelungen der Spree, der Malxe, Auen und dichte Erlenwälder durchziehen. Dieser Urwald läßt sich mit dem Rad auf alten Postwegen und Dammpfaden, z.T. über glitschige Holzbrücken durchfahren, beispielsweise von Burg nach Lübbenau. Fahrzeugwechsel lohnt sich hier:

Im Park von Schloß Sanssouci bei Potsdam

Wer mal Lust auf andere Bewegungen und Eindrücke hat, sollte auf ein Kanu umsteigen! Vermietungen in Lübbenau und Lübben. Eine gute Karte und manchmal Nachfragen ist allerdings nötig. Hier wohnen im übrigen die Sorben – Westslawen mit Sprachautonomie – weswegen die Ortsschilder in diesem Gebiet zweisprachig sind.

Weiter führt die Tour durch die Niederlausitz, ein kaum anstrengendes Tiefland mit Kiefernwäldchen, an Cottbus vorbei mitten in ein riesiges Braunkohle-Tagebaugebiet. Man muß diese Industrielandschaft nicht gesehen haben, aber es gibt Aufschluß über die Rücksichtslosigkeit, mit der auch in der DDR Energiepolitik betrieben wurde. Görlitz als Zielort lockt durch seine noch vollständig vorhandene Altstadt mit Renaissance-Bauten und Häusern aus der Gründerzeit. Was der Krieg der Stadt nicht anhaben konnte, haben die Versäumnisse seither geschafft: Die Bausubstanz steht kurz vor dem Verfall.

Karten & Reiseführer

Stadt & Land Verlag, Spreewald mit Tourenvorschlägen, 1:60000, 12,80 DM.

Landesvermessungsamt Brandenburg, Topographische Regionalkarte Brandenburg, 8 Blatt, 1:100000, je 9 DM.

Mair, Generalkarte 1:200.000, Blätter 31, 33 und 35, je 7,80 DM

BVA, ADFC-Radtourenkarte 1:150.000, Nr. 8 & 9 & Sonderblatt Berlin, je 12,80 DM

Tourist-Verlag, Brandenburg-Karte, 1:100.000

RV, Euro Cart Deutschland, 1:300.000, Blatt 14, 10,80 DM

Falken, Vom Spreewald zur Lausitz; Brandenburg, beide von R. Mader, je 19,80 DM

Moby Dick, Fahrradführer Havel, A. v. Blomberg; Fahrradführer Spree, C. Naffin, je 19,80 DM

Kompass, Radwanderführer Mark Brandenburg West, E. Hobusch, 24,80 DM

Argon, Der Spreewald mit Lübben und Lübbenau, Reisebegleiter, 16,80 DM

BVA, Die schönsten Radwanderungen durch die Mark Brandenburg, A. v. Blomberg, 19,80 DM

Tourist, Wanderatlas Spreewald, 12,80 DM, gute Infos über Straßen, Gasthäuser und Unterkünfte

Tourist, Wasserwanderatlas Märkische Gewässer, 19,80 DM. Wer entlang der Seen und Flüsse radelt und auch einem Paddelabstecher nicht abgeneigt ist, sollte sich nicht scheuen, den Tourist-Wasserwanderatlas zum Radeln zu nutzen.

Tourist, Regionalführer Brandenburg, 21,80 DM

Info-Adressen

Landesfremdenverkehrsverband Brandenburg, Friedrich-Ebert-Staße 115, 14467 Potsdam. Broschüre mit Tourenvorschlägen.

Heimatverlag Lübben, Unterer Spreewald, 9,80 DM. Vierzehn 5 bis 28 km lange Touren.

ADFC Brandenburg, Lindenstr. 53, 14467 Potsdam, ✆ 0331/2800595.

FVA Lübbenau, Ernst-Thälman-Straße 25, 03222 Lübbenau.

Hessen

Das klassische Fahrradland ist Hessen noch nicht. Eigentlich zu Unrecht, denn wo hervorragend durch waldreiche Mittelgebirge gewandert werden kann, ist gewiß auch eine Strecke für Radler nicht weit entfernt. Im Norden, wo Fulda und Weser sich zur Werra vereinigen, ist es am Rand des Kaufunger Waldes recht hügelig. Am nördlichen Ausläufer des Rothaargebirges lädt das Waldecker Land mit Ederstausee zum Verweilen ein. Schon nördlich von Kassel kann man der Fulda bis zur Quelle über Bad Hersfeld und die alte Bischofsstadt Fulda bis in den Naturpark Rhön folgen. Oder man biegt rechtzeitig westlich in das Kinzigtal ab und gelangt so über die Südausläufer der Wetterau in das Rhein-Main-Gebiet.

Dem klassischen Radlerfluß Lahn kann man ab Gießen bis Lahnstein über Weilburg (mit dem Tunnel für Radler), Limburg und Diez auf den Lahnradwanderweg folgen. Für Abstecher bieten sich nördlich der Westerwald und südlich der Taunus mit Verbindung zum Main und Rhein an. Anfang 1993 wurde mit der Ausschilderung von mehreren Radwanderwegen quer durch Hessen begonnen.

Karten & Reiseführer

Landesvermessungsamt, TK 50, ganz Hessen flächendeckend mit Eindruck empfohlener Radwanderwege
BVA, ADFC-Radtourenkarte 1:150.000, Blatt 16,17, 20, 21, je 12,80 DM

In der Wetterau

Mair, Generalkarte 1:200.000, Blatt 11, 12, 13, 15, 16, je 7,80 DM
ADFC, Radtourenbuch Rhein I und II, je 24,80 DM
Kompass, Radwanderführer Taunus-Wetterau, Rhön-Vogelsberg, Rhein-Main-Nahe, Spessart-Kinzigtal-Fränkisches Weinland, je 24,80 DM
Societäts-Verlag, Fahrradführer durch Frankfurt und drumherum von K. Marx und H. Pardey, 16,80 DM
Hitzeroth, Radwanderführer Marburg-Biedenkopf, von H. Kothe, 19,80 DM
Peter Meyer Reiseführer, Frankfurt – Ein praktischer Kulturreiseführer für Einheimische und Besucher, Annette Sievers (Hg.), 24,80 DM. Mit einer Beschreibung des »Grüngürtel«-Radwegerings von Martin Karsten.

Info-Adressen

ADFC Hessen, Neuhofstraße 41, 60318 Frankfurt a.M., ✆ 069/5961408
Hessischer FFV, Abraham-Lincoln-Straße 38-42, 65189 Wiesbaden, ✆ 0611/7788022. Versendet die Broschüre »Wandern und Radwandern in Hessen« und »Ohne Auto mobil« mit vielen Hinweisen sehr nützlich.
Landesverm.-Amt, Postfach 3249, 65022 Wiesbaden, ✆ 0611/535233. Infos über Karten.
Städt. FVA Witzenhausen, Am Markt 1, 37213 Witzenhausen, ✆ 05542/5745. Gibt für 5 DM eine Karte 1:50.000 mit acht Tourenvorschlägen heraus.
»Wandern und Radwandern mit der Burgwaldbahn« (Frankfurt-Gießen-Marburg-Frankenberg-Korbach), 14 Radtourenvorschläge mit zusätzlichen Informationen wie Fahrplan und Kartenverzeichnis, erhältlich beim FVV Marburg-Biedenkopf, Im Lichtenholz 60, 35043 Marburg, ✆ 06421/405381.

Mecklenburg-Vorpommern
Ostseeküste

Da ist die Insel Rügen, die größte deutsche Insel mit immerhin 570 km Küstenlänge. Ihre Buchenwälder, ihre bis zu 117 m hohen Kreidefelsen, das Meer: Natürlich ist das alles sehr reizvoll. Aber dort ist es auch voll, im Juli und August bis zum letzten Stehplatz ausgebucht. Daher empfiehlt es sich, eine Radreise an die Ostseeküste nur außerhalb der Sommerferien zu unternehmen.

Die nördlichste Küste der neuen Bundesländer ist sicherlich der schönste Teil der deutschen Ostseeküste, abwechselnd Sandstrand und steile Kreidefelsen, dazwischen Wald und viele große salzwasserhaltige Lagunen, sogenannte Bodden. Was soll man herausheben? – Es lohnt sich, die 340 km Küste von Boltenhagen im Westen (kaum 40 km von Lübeck) bis zur Oder-Mündung im Osten zu beradeln, einschließlich Rügen, wo abseits der Hauptstraßen viele Feld- und Wanderwege auf Zweiraderkundung warten und die alle das gleiche Ziel haben: sie führen ans Meer. Auf einer solchen Ostseetour möge man den Besuch der Halbinsel Fischland, Darß und Zingst nicht vergessen. Noch vor einigen Jahrhunderten existierten an gleicher Stelle drei Inseln, die aber heute zu einer Halbinsel zusammengewachsen sind. Man erschließt sie sich am besten mit einer Tour von Ribnitz-Damgarten nach Barth. Neben den Seebädern, die eine Entwicklung vom Fischerort zum sozialistischen Badeort bzw. zur Künstlerkolonie (Ahrenshoop) durchgemacht haben, reizt vor allen Dingen Darß, ein teilweise undurchdringlicher Wald, in dem die Bäume stehen und liegen, wie sie wollen.

Mecklenburgische Seenplatte

Die Eiszeit hat es hier gut mit den Radtouristen gemeint und ihnen eine weitläufige Landschaft mit sanften Hügeln und über 1000 kleinen und großen Seen geformt, eingebettet zwischen Wiesen und Wäldern. Man spürt noch nicht viel davon, wie sehr der hiesige Ökohaushalt durcheinandergerüttelt wurde.

Die ehemalige Residenzstadt Schwerin bietet sich als Ausgangs- und Endpunkt einer Rundreise an, die Neustrelitz und Güstrow (zuletzt Wohnort des expressionistischen Dramatikers, Bildhauers und Graphikers Ernst Barlach), als östlichsten Ort Neubrandenburg und als südlichsten Rheinsberg streifen könnte. Auf der Seenplatte sollte man sich treiben lassen, viele Pausen einlegen, baden gehen, vielleicht ein Fernglas mitnehmen, um Kraniche, See- und Fischadler zu beobachten. Irgendwann wird man auf den Müritzsee treffen, den größten Binnensee Ostdeutschlands, dessen schönes Ostufer mit Wanderwegen erschlossen ist.

Wer seine Fahrradausstattung auf viel Kopfsteinpflaster einstellt, wird uneingeschränkte Freude an dieser Tour finden.

Karten, Reiseführer & Info-Adresse

BVA, ADFC-Radtourenkarte 1:150.000, Blatt 2 Holstein-Hamburg, Blatt 3 Ostseeküste-Mecklenburg, Blatt 4 Rügen-Vorpommern, je 12,80 DM
Stadt & Land Verlag, »Rügen«, »Usedom«, Fahrradkarten mit Tourenvorschlägen, 1:60000, je 12.80 DM.
Kettler, RegionalRadGeber, Mecklenburger Seen I und II, U. Kelting, J. Rieck und u. Schäfer, je 19.80 DM.
Kettler, RegionalRadGeber, Ostseeküste von Wismar bis Ahlbeck, j. Rieck und U. Schäfer, 24.80 DM.
BVA, Die schönsten Radtouren in der Mecklenburgischen Seenplatte, D. Bredow, 19.80 DM.
Hayit, Radwandern in Mecklenburg-Vorpommern, J. Scherping/F. Tetzel, 24,80 DM
ADFC-Landesverband Mecklenburg-Vorpommern, Lübsche Str. 10, 23966 Wismar. Infos und Auflistung aller Fahrradverleihstellen.

Niedersachsen
Lüneburger Heide

Das, was von der Heide noch übrig ist (sie blüht im Spätsommer), steht größtenteils unter Naturschutz. Schön die typischen kleinen Heidedörfer, die vielen Wind- und Wassermühlen sowie die Städte Lüneburg und Celle.

Karten & Reiseführer

BVA, ADFC-Radtourenkarte 1:150.000, Nr. 7, LüneburgerHeide, 12,80 DM

Haupka, Radtourenkarten, 1:100.000; 6, 8, 9; je 11,80 DM
Landesverm.-Amt, TK 1:75.000, Radwanderkartenwerk für ganz Niedersachsen, 8,80 DM
Hayit, Radwandern Lüneburger Heide, J. Vehlow, 24,80 DM. 46 Routenbeschreibungen mit Unterkünften, Radverleih und Karten

Info-Adressen

ADFC Niedersachsen, Postfach 352, 30003 Hannover, ✆ 0511/282557.
FVV Lüneburger Heide, Am Sande 5, 213355 Lüneburg, ✆ 04131/42006: Ein ganzes Paket mit Radwanderbroschüren zu den verschiedensten Gegenden.

Weser

Ab Hannoversch-Münden kann man dem Fluß zu so schönen Städten wie Höxter, Hameln oder Minden folgen. Die breiten Uferregionen lassen genügend Platz für Bundesstraßen und die weniger frequentierten Landesstraßen. Kaum von Industrie verunstaltet, fließt die Weser so beschaulich nach Norden, daß sich im Sommer oft Gruppen mit Flößen auf ihr treiben lassen. Der Fernradweg bis Bremen führt u. a. am Kloster Crovey vorbei, Abstecher zum Steinhuder Meer oder zum Dümmer See lohnen sich.

Karten & Reiseführer

BVA, ADFC-Radtourenkarte 1:150.000, Nr. 6, 11, 12, je 12,80 DM
BVA, Radwege zur Weserrenaissance, 1.75000, 16.80 DM.
BVA, Weserradweg, 1:50000, 16.80 DM.

Haupka, Radtourenkarten 1:100.000; 8, 12, 16, je 11,80 DM und Buch »Die norddeutschen Fernradwege«, 24,80 DM
Landesverm.-Amt, TK 1:75.000, Radwanderkartenwerk für ganz Niedersachsen, 8,80 DM
Landesverm.-Amt, TK 1:75.000, Radwanderkartenwerk für ganz Niedersachsen, 8,80 DM
Moby-Dick, Am Strom entlang: Weser, U. Herzog, 19,80 DM

Info-Adressen

Fremdenverkehrsamt, Lange Straße 39, 31582 Nienburg, ✆ 05021/87355: Broschüre »Radwandern an der Mittelweser«; 38 Touren (aber nicht am Fluß) mit Sehenswürdigkeiten, Geschichte, Ausschnittskarten 1:50.000.
FVV Weserbergland, Inselstraße 3, 31787 Hameln, ✆ 05151/24566 (verschickt sehr gutes Material).

Nordseeküste/Weser-Ems-Land

Wer flaches Land, Ruhe, stille Wälder, Wiesen, Heide, Sandstrände, Wattenmeer und Moorlandschaften mag, ist hier sicherlich richtig. Auch rauhen Wind muß man mögen, oder zumindest in die richtige Richtung radeln. Auf einem weitläufigen Nebenstraßennetz ohne viel Verkehr kann man sehr schnell zu dem finden, was Radurlaub ausmacht: Körperliche und geistige Erholung. Achtung: Der Radtransport auf Fähren zu den Ostfriesischen Inseln lohnt sich nur bei längeren Aufenthalten – circa 13 DM einfache Fahrt.

Karten & Reiseführer

BVA, ADFC-Radtourenkarte 1:150.000, Nr. 5 & 6, je 12,80 DM

Landesverm.-Amt, TK 1:75.000, Radwanderkartenwerk für ganz Niedersachsen, 8,80 DM

BVA, »Die norddeutschen Fernradwege« und »Radwanderführer Bremen-Oldenburg« von Schultze-Gisevinas, Tourenvorschläge und kleine Kartenausschnitte, je 24,80 DM

Emsland-Pfade, von I. Röhrs. Fahrradführer mit Tourenbeschreibung

Stöppel, Hamburger Radwanderbuch 1+2, G. Eckert, je 19,80 DM

Stöppel, Oldenburger Radwanderbuch, U. Leininger, 19,80 DM

Nordrhein-Westfalen

ADFC-NRW, Birkenstraße 38, 40233 Düsseldorf, ☎ 0211/675248.

»Reizvolle Radtouren in NRW für Sie ausgewählt« heißt eine Broschüre – 40 Seiten, von DB und ADFC zusammengestellt, kostenlos –, die Wegebeschreibungen und Bahnanreise sinnvoll verknüpft: DB Essen, Bismarkplatz 1, 45128 Essen.

Münsterland

Grüne Weiden mit schwarz-weißen Kühen, gelbe Rapsfelder, Mais in Reih und Glied ... Hier gibt es das bestausgebaute Radwegenetz in Deutschland, auf den sogenannten »Pättkes-Pfaden« läßt sich sehr gut eine Tour von Wasserschloß zu Wasserschloß durchführen. Flach und angenehm zu radeln, für »Einsteiger«, »Gemütliche« und natürlich Familien mit kleinen Kindern optimal.

Karten & Reiseführer

Aschendorf, Pättkesführer mit amtlicher Karte 1:50.000, T. Breider, 21 DM

SGV, Wandern, Radfahren – Sehen und Erleben für Münsterland und Kreis Coesfeld, jeweils 14,80 DM

BVA, ADFC-Radtourenkarte 1:150.000, Nr. 10 und 11, je 12,80 DM

BVA, Radwanderkarte R1, 1:50.000, Spiralheftung. Von NL über Münsterland, Lipperland zum Weserbergland. Mit Sehenswürdigkeiten, Gaststätten, Hotels, 14,80 DM

BVA, Radwanderkarte 1:75.000, 100-Schlösser-Route, Spiralheftung, 16,80

Reizvolle Radtouren in NRW, 15 Touren mit Wegbeschreibung und Zugverbindungen: eine nachahmenswerte Gemeinschaftsproduktion von DB und ADFC.

Info-Adressen

Landesverkehrsverband Rheinland, Postfach 200861, 53138 Bonn, ☎ 0228/362921: Infos zum Bergischen Land, Niederrhein, Siebengebirge.

Landesverkehrsverband Westfalen, Friedensplatz 3, 44135 Dortmund, ☎ 0231/527506: Broschüre »Radwandern in Westfalen«.

Münsterland Touristik »Grünes Band«, Postfach 1265, 48542 Steinfurt 1, ☎ 02551/5099: Radwanderführer »100-Schlösser-Route«, 5 DM

Verkehrsverein, 59320 Enningerloh, ☎ 02524/28275: ausgearbeitete Touren und Freizeitkarte.

Verkehrsverein Münster, Berliner Platz 22, 48143 Münster, ☎ 0251/5101821

Sauerland/Siegerland

Eine waldreiche Mittelgebirgsland-schaft, in der viele Flüsse entspringen, bspw. Lahn, Sieg, Eder und Ruhr. Zur Wasserregulierung und Versorgung wurden Stauseen angelegt, die neben den Flußtälern bestens zum Radfahren geeignet sind. Will man das ein oder andere Flußtal, die Stauseen und manche sehenswerte Kleinstadt oder Ortschaft im Fachwerkstil zu einer längeren Tour verbinden, so sind bergige Strecken (Höhenunterschied bis zu 500 m) unvermeidlich. Allerdings fordert die Beschaulichkeit der Provinz den Radfahrer zu immer neuen Entdeckungen auf.

Karten & Info-Adressen

BVA, ADFC-Tourenkarten 1:150.000, Nr. 11 Ostwestfalen/Sauerland, Nr. 16 Rhein/Main/Nordhessen, je 12,80
BVA, Radwanderkarte Hochsauerlandkreis, 1:40.000, topografische Karte mit Begleitbuch je 12,80 DM
Kreisverkehrsverband Südsauerland, Postfach 1545, 57445 Olpe/Biggesee, ☎ 02761/6822. Detaillierte Tourenvorschläge.
Touristikzentrale Sauerland, Postfach 1460, 59917 Brilon, ☎ 02961/91329
Touristikverband Siegerland - Wittgenstein, Koblenzerstraße 73, 57072 Siegen, ☎ 0271/3331020, Freizeitkarte 1:50000 mit schönen Radtouren und Begleitheft, 12,80 DM.

Ruhrgebiet

Sein Image als Industrieregion mit Zechen, Hochöfen, Kohle und Stahl überdeckt, daß es sich hier um das »grünste« Ballungszentrum im Bundesgebiet handelt. Neben teilweise noch landwirtschaftlich genutzten Flächen trifft man auf viele kleine Schlösser und sehenswerte Industriedenkmäler. Außerdem kann man bei einer Radtour duchs Ruhrgebiet etliche Kunst- und Kulturstops einlegen, beispielsweise Villa Hügel in Essen, Eisenbahn- und Bergbaumuseum in Bochum, oder diverse Theaterbesuche.

Karten & Info-Adressen

BVA, ADFC-Radtourenkarte 1:150.000, Nr. 10 & 11, gut zur Übersicht, jedoch fehlen einige Schleichwege, 12,80 DM
BVA, Radtour Ruhr, hrsg. vom ADFC und vom Kommunalverbund Ruhrgebiet, 1:50000, 14.80 DM.
BVA, Die schönsten Radtouren im Ruhrgebiet, P. Margenau, 19.80 DM.
Kommunalverband Ruhrgebiet, Kronprinzstraße 35, 45128 Essen 1, ☎ 0201/2009-0, Infos und Organisation von Radtouren.

Die örtlichen Verkehrsvereine von Duisburg, Essen, Bochum, Mühlheim und Dortmund haben Radfahrpläne herausgebracht.

Eifel

Abwechslungsreiche und schweißtreibende Mittelgebirgslandschaft zwischen Rhein, Mosel und Ardennen. In der Vulkaneifel stößt man auf erloschene Krater, in denen sich Seen gebildet haben, auf Schluchten und bizarre Täler. Es gibt auch viele Schlösser und Burgen, Badeorte und entlang einiger kürzerer Flüsse idyllische Täler (z.B. Kyll). Wer hoch hinaus will, sollte sich wärmer anziehen. Mit 747 m ist die Hohe Acht die höchste Erhebung, aber auch andere Kuppen bieten schöne Panoramablicke. Romantisch, wenn auch langsam, ist die Schmalspurbahn, mit der man die Eifel über Brohl am Rhein erreichen kann, Radtransport kostenlos.

Karten & Info-Adresse

BVA, Radtourenkarte 1:150.000; Nr. 15 Rheinland/Eifel, 12,80 DM
Kompass, Radwanderführer Eifel, H. Naumann
WFG-Vulkaneifel, Mainzer Straße 25a, 54550 Daun, ℰ 06592/17200

Rhein

Von Weil am Rhein bis Kleve 700 km entlang des Rheins, der größtenteils auf Radwegen oder alten Treidelpfaden direkt am Ufer oder verkehrsarmen Straßen in Ufernähe zu befahren ist – natürlich meistens sehr flach. Die Abschnitte von Ludwigshafen nach Mainz und von Bonn nach Duisburg sind von vielen unschönen Industrieanlagen gesäumt. Am schönsten ist der sogenannte romantische Teil zwischen Mainz und Bonn. Bei Hochwasser, besonders im Frühjahr und Herbst, können die Radwege allesamt unter Wasser stehen.

Karten, Reiseführer & Infos

BVA, ADFC-Radtourenbuch Rhein, Bd. 1 Gotthard – Mainz, Bd. 2 Mainz – Hoek van Holland, je 19,80. Detaillierte Routenbeschreibungen in Spiralheftung.
Kettler, RegionalRadGeber, Niederrhein, M. Thomes, 24.80 DM

Aragon, Radwandern am Niederrhein, Ernst/Schmitt, 19,80 DM
J. P. Bachem, Das Rheinland entdecken mit Rad und Bahn, W. Ratt u.a., 24,80 DM
Eine Liste von Fremdenverkehrsämtern, die konkrete Radtourenvorschläge anbieten, würde den Rahmen sprengen. Einfach direkt beim jeweiligen Verkehrsamt anfragen.

Rheinland-Pfalz

Zwischen Pfälzer Wald, Hunsrück, Eifel und Westerwald bahnen sich Rhein, Mosel und Nahe (um nur die bekanntesten zu nennen) ihren Weg durch eine waldreiche Mittelgebirgslandschaft. Die für Radler so attraktiven Flußtäler sind oft zweischneidige Schwerter. Zum einen der Reiz, am Fluß zu radeln, zum anderen aber die wenigen Radwege, um vor dem starken Verkehr auf Bundesstraßen zu fliehen.

Aber Flußradeln ist nur die bekannteste Möglichkeit, Rheinland Pfalz per Rad zu erkunden. Touren durch die Vulkaneifel bei Daun, die Erkundung des Hunsrück-Gebirges oder die Weinstraßen sind sicher etwas anstrengend, aber genauso lohnend. Oder wie wär's mit einer gemütlichen »Schöppchen-Tour« durch Rheinhessen?

Karten & Reiseführer

BVA, ADFC-Radtourenkarte 1:150.000, Blatt 15, 19, 20, je 12,80 DM
Mair, Generalkarte 1: 200.000, Blatt 12, 15, 18, je 7,80 DM
Kompass, Radwanderführer Rheinhessen-Pfalz, H. E. Rösch, 29,80 DM

Radwanderkarten erhält man überall im Buchhandel.

Info-Adressen

Landesfremdenverkehrsamt Rheinland-Pfalz, Lohrstraße 103, 56068 Koblenz, ☎ 0261/31079.

Im Westerwald windet es kräftig, daß man trotzdem radeln kann, belegt die Broschüre »Radwandern im Westerburger Land und Umgebung«, 6 Touren zwischen 10 und 35 km sind mit Schwierigkeitsgrad und Steigung verzeichnet. Erhältlich bei Ferienland Westerwald, Kirchstraße 48, 56410 Montabaur.

FVV Rhein-Hunsrück, Ludwigstraße 4, 55469 Simmern, ☎ 06761/82209, hat die Broschüre »7 Touren im Rhein-Hunsrück-Kreis zwischen Mosel und Rhein« herausgegeben.

Fremdenverkehrsgemeinschaft Obermosel-Saar e.V, Granastraße 24, 54329 Konz, ☎ 06501/7790. Verspricht für 2 DM »Radelspaß im Dreilandeck Deutschland-Luxemburg-Frankreich«. Die Broschüre beschreibt 23 Touren zwischen 22 und 140 km Länge .

Die Südliche Weinstraße, Zentrale für Tourismus, Postfach 2124, 76811 Landau/Pfalz, ☎ 06341/380148, verschickt detaillierte Infos über 13 Touren im Bereich Neustadt/Elsaß.

ADFC Rheinland-Pfalz, Postfach 1162, 55001 Mainz, ☎ 06131/625402.

Mosel

Von schier endlosen Weinbergen begleitet, schlängelt sich die Mosel über 200 km von Frankreich nach Koblenz, durch so bekannte Weinorte wie Trier, Bernkastel-Kues oder Cochem, vorbei an Weinkellern und Burgen. Leider liegen sie oft im Hinterland auf wunderschönen Hügeln, die erst schweißtreibend erklommen werden müssen. Die bekannteste und schönste ist sicher Burg Eltz bei Moselkern, aber es gibt noch mehr, ein Blick auf die Karte genügt. Im engen Moseltal ist am Wochenende auf den schmalen Bundessstraßen mit Mehrzweckstreifen ein reger Autoverkehr. Werktags dagegen wird der Radfahrer noch mehr drangsaliert: von Lkw's. Da kommt schnell der Gedanke, auf Schiff oder Bahn umzusteigen.

Besonders empfehlenswert ist die Tour während der Weinfeste im Sommer (Termine beim örtl. FVA) und der Weinernte im Oktober. Es bietet sich die Fortsetzung an der Lahn an, wo am Wochenende weniger los ist.

Preisbewußte Radler finden die Jugendherbergen in annehmbarer Entfernung oft am Hang mit wunderschönem Ausblick und internationalen Gästen.

Karten und Reiseführer

Moselland Verlag, Radwandern und Einkehren im Moselland, 8,50 DM

Bastei Lübbe, die Mosel per Rad, von M. M. Fisch, 9,80 DM

Moselland-Radwanderführer, 12,80 DM

BVA, ADFC-Radtourenkarte 1:150.000, Blatt 19, 12,80 DM

Mair, Generalkarte 1:200.000, Blatt 12, 15, je 7,80 DM

DuMont, Kunstreiseführer Mosel, H. Held, 44 DM

Saarland

Die Nähe zum Nachbarland ist zu schmecken: in gemütlichen Lokalen mit französischer Küche und Wein. Unterwegs an Obermosel und Saar bieten sich viele Zwischenstops an. Da sind Wald- und Weinlehrpfade, Saarburg mit der Anlage aus dem 10. Jahrhundert, seiner mittelalterlichen Altstadt und der Glockengießerei, die berühmte Saarschleife bei Mettlach, die auf der Außenseite beradelt und vom Städtchen Cloef aus besonders gut zu sehen ist. Wermutstropfen: Trotz hoher Verkehrsdichte gibt es nur wenige Radwege.

Tip für Saarbrücken: das »Abenteuermuseum« von Heinz »Rox« Schulz im Alten Rathaus am Schloßplatz, ✆ 0681/51747, Dienstag, Mittwoch 9 – 13, Donnerstag, Freitag 15 – 19, Langer Samstag 10 – 14 Uhr sowie nach Vereinbarung geöffnet, geringer Eintritt. Der heute über 70jährige Globetrotter Rox zeigt Dokumente seiner Ein-Mann-Reisen in unerschlossene Gebiete zu verschiedenen Völkern in Asien, Afrika, Südamerika und Neuseeland.

Karten & Reiseführer

BVA, ADFC-Radtourenkarte 1:150.000, Blatt 19, 12,80 DM
Haupka, Radtourenkarte 1:100.000; 22 (Mosel, Nahe, Saarland), 11,80 DM
Mair, Generalkarte 1:200.000, Blatt 18, 7,80 DM
Kompass Radwanderführer Hunsrück-Saarland, H. E. Rösch, 24,80 DM
Kompass, Radtouren, Tour de Saar, A. Buchholz, 19,80 DM

Info-Adressen

ADFC, Landesverband Saarland, Auf der Werth 9, 66115 Saarbrücken, ✆ 0681/45098. In Zusammenarbeit mit der DB hat der ADFC Tourenbeschreibungen und Karten für 5 Radtouren erstellt. Bahnkunden wird eine verbilligte Fahrkarte angeboten.

Fremdenverkehrsverband Saarland, Postfach 101031, 66010 Saarbrücken, ✆ 0681/35376.

Saarpfalz Kreis, Landratsamt, Am Forum 1, 66424 Homburg, ✆ 06841/1040. Radwandervorschläge.

Kreisfremdenverkehrsverband Merzig-Wandern, Poststraße 12, 66663 Merzig, ✆ 06861/73874.

Sachsen

Von Dresden zieht sich links der Elbe ein in den 20er Jahren angelegter Radweg etwa 50 km bis Schmilka in der kleinen, aber schönen Sächsischen Schweiz. In südwestlicher Richtung kann man dann das vom Waldsterben gezeichnete Erzgebirge ansteuern. Sehenswert sind das Schaubergwerk Pobershau in Olbernhau, ein Kupferhammerwerk und der Frohnauer Hammer im Sehmatal. Als Radelgebiete eignen sich außerdem die Lausitz, das Zittauer Gebirge und das sehr hügelige Vogtland.

Karten & Reiseführer

BVA, ADFC-Radtourenkarte 1:150.000, Blatt 13, Saale/Westl. Erzgebirge und Blatt 14 Lausitz/Östl. Erzgebirge, 12,80 DM
Mair, Generalkarte 1:200.000, 7,80
Landesverm.-Amt Sachsen, 1:100.000, Ausgabe AS, 7 Blätter, je 7,80 DM (to-

pographische Karten, gut für Radwanderungen)
BVA, Auf den Kammwegen der östlichen Mittelgebirge, L. Gebhardt, 19,80 DM
Moby Dick, Fahrradführer Erzgebirge, U. Gross, 19,80 DM
Moby Dick, Am Strom entlang – Elbe, A. Beutlin u.a., 29,80 DM
Stöppel, Radwanderweg Bayreuth-Hof-Chemnitz, R. Hertwig, 9,80 DM

Info-Adressen

ADFC Sachsen, Bernard-Göring-Straße 152, 04277 Leipzig, ✆ 0341/3911067
Fremdenverkehrsverband Sachsen (VV), Maternistr. 17, 01067 Dresden, ✆ 0351/4845560.
Radtransport: Auf den Elbfähren ist die Fahrradmitnahme problemlos. Auch im regelmäßigen Schiffsverkehr auf der Elbe jeweils ab Dresden ist die Mitnahme einzelner Räder möglich. Abfahrtszeiten und Infos bei: Weiße Flotte, Georgenstr. 6, 01097 Dresden, ✆ 0351/5022611.
Verleih: Mittlerweile an 44 sächsischen Bahnhöfen.

Sachsen-Anhalt

Eine Fahrt durch die Altmark im Norden des Bezirks Magdeburg ist gemütlich und wenig anstrengend (»Gipfel« um 160 m), führt durch weite Felder und ausgedehnte Waldgebiete. Das ändert sich nicht bei der Weiterfahrt entlang der Elbe über Magdeburg, Roßlau bis zur Lutherstadt Wittenberg.

Wesentlich anstrengender wird es dann im Harz, denn Mittelgebirge gehen bekanntlich in die Beine. Trotzdem sollte man sich eine Fahrt zum Brocken (1142 m) nicht entgehen lassen, vielleicht ohne Gepäck. Denn hier hat sich als Ergebnis fast 30jähriger großflächiger militärischer Absperrung ein riesiges Naturreservat entwickelt. Die politischen Veränderungen haben es geöffnet und machen einen Besuch reizvoll, aber den Besucher auch nachdenklich ob der schnellen Veränderungen. Wer abseits der alten Brokkenstraße die Gegend auf Waldwegen erkunden will, kann auf Karten von vor dem Krieg zurückgreifen (alte Reiseführer, z.B. Grieben), was den ganz besonderen Reiz einer solchen Erkundung ausmacht. Bahnfans können eine Dampflok-Fahrt mit der Harzquerbahn zwischen Wernigerode und Nordhausen einplanen. Sachsen-Anhalt bietet viele historische Zeugnisse: Klöster, Dome, Dorfkirchen, Stadtanlagen und Burgen des Mittelalters. Noch nicht ganz fertiggestellt ist der Fernradweg R1. Bis Höxter schon beradelbar, soll er über Holzminden, Goslar, Wernigerode entlang der Bode bis zur »Ablaß«-Stadt Wittenberg weiter in Richtung Berlin gehen.

Von Bad-Kösen über Halle bis Bernburg ist der Saaleradwanderweg schon ausgeschildert. Die Weiterführung bis zur Mündung bei Barby an der Elbe ist ebenso geplant wie die Strecke über Thüringen bis zur Quelle in Bayern. Es bedarf also noch Abenteuerlust bei der Streckenerkundung.

Karten & Reiseführer

BVA, ADFC-Radtourenkarte 1:150.000, Blatt 8, 12,80 DM

Mair, Generalkarte 1:200.000, Blatt 32, 34, je 7,80 DM

DuMont, Kunstreiseführer Sachsen-Anhalt, N. Eisold & E. Laubl, 44 DM

Rump, Sachsen-Anhalt-Thüringen, P. & R. Höh, 19,80 DM

Falken, Sachsen-Anhalt; Harz, beide R. Mader, 19,80 DM

BVA, Der Ostharz – von Werningerode zum Kyffhäuser, C. Nowak, 29,80

Info-Adressen

ADFC Sachsen-Anhalt, Ökozentrum Magdeburg, Harsdorfer Straße 49, 39110 Magdeburg, ✆ 0391/30414

Landesfremdenverkehrsverband Sachsen-Anhalt, Trothaer Str. 9 h, 06118 Halle/Saale, versendet die Wanderbroschüre Saaletal für den Radweg Bad-Kösen-Bernburg

Fremdenverkehrsverband Halle-Saale-Unstrut e.V., Roßmarktstr. 13-15, 06217 Merseburg

FVV Altmark, Schloßfreiheit 3, 39590 Tangermünde

FVV Mitteldeutsche Burgen- und Weinregionen Saale-Unstrut, Jägerstr.3, 06618 Naumburg

Schleswig-Holstein

Ein ausgeprägtes Netz von Nebenstraßen in einem im ganzen flachen Land – mit Ausnahme einiger kurzer und heftiger Steigungen in der Holsteinischen Schweiz – sollte das Radfahrerherz höher schlagen lassen, wenn da der oft starke Westwind nicht wäre. Deshalb immer von West nach Ost radeln. Regenzeug und warme Sachen gehören zur Standardausrüstung.

Lohnenswert die tief in die Ostseeküste eingegrabene Bucht der Schlei, das Wikingermuseum Haithabu, Kiel und Flensburg, besonders aber Lübeck, sowie Insel-Hüpfen über die Nordfriesischen Inseln, das Elbufer, das Lauenburgische Seegebiet, der Dänische Wald, der Sachsenwald oder entlang des Nord-Ostsee-Kanals.

Karten & Reiseführer

BVA, ADFC-Radtourenkarte 1:150.000, 1. Nordfriesland/Schleswig; 2. Holstein/Hamburg, 12,80 DM

Haupka, Radtourenkarte 1:100.000; Nr. 1 – 3, 6, 36, je 11,80 DM

BVA, Die schönsten Radtouren zwischen Lübeck und Flensburg, H.-J. Fuß, 19.80 DM.

Kettler, RegionalRadGeber, Schleswig-Holstein, J. Rieck und U. Schäfer, 28,80 DM

Hayit, Radwandern in Schleswig-Holstein, J. Scherping, 24,80 DM

VSA, Regional-Führer Schleswig-Holstein, H. Breuer/J. R. Prüß (Hg.), 36,80 DM: hervorragender Regionalführer, neben zahlreichen Infos und liebevollen Beschreibungen werden auch die kritischen Seiten nicht ausgeblendet.

Info-Adressen

Umfangreiches Material mit Tourenvorschlägen, Adressen und Kartenhinweisen bekommt man meist kostenlos vom Fremdenverkehrsverband Schleswig-Holstein, Niemanns-Weg 31, 24105 Kiel, ✆ 0431/561061.

ADFC Schleswig-Holstein, Postfach 1346, 24012 Kiel, ✆ 0431/63190

Thüringen

Viele Wege führen vom Harz in den Thüringer Wald, beispielsweise über den Kyffhäuser (Schauplatz der Kaisersage um Barbarossa) und Jena, Weimar, Erfurt und Gotha. Bei soviel Geschichte darf aber Eisenach mit der Wartburg am Tor des Thüringer Waldes nicht fehlen. Noch ein Tip für den Thüringer Wald: Vom Hörschel an der Werra läuft der Rennsteig, ein 168 km langer Gebirgswanderweg auf dem Kamm des Thüringer Waldes entlang und über den nördlichen Teil des Frankenwaldes bis zum oberen Saaletal bei Blankenstein. Dieser ehemalige Kurier- und Handelspfad ist mit stabilem Rad bzw. MTB gut zu befahren, wegen seiner Höhe bis zu 973 m allerdings anstrengend. Für Lebensmittel und Schlafplätze muß man den Kammweg verlassen und Orte in der Nachbarschaft anlaufen. Wem der Thüringer Wald zu anstrengend ist, biegt südlich ab und folgt dem Flußlauf der Werra.

Paradoxerweise lohnt sich auch heute noch eine Tour entlang der »Zonengrenze«: Auf dem einstigen deutsch-deutschen Grenzstreifen haben sich im »Niemandsland« seltene Pflanzen und Tierarten erhalten. Zu sehen sind sie u.a. von den Wachtürmen, auf denen Künstler manchmal ausstellen.

Im Süden von Thüringen erwarten den Radler erfrischende Stauseen im Vogtland sowie erschreckende Aufforstungs-Monokultur.

Karten & Reiseführer

BVA, ADFC-Radtourenkarte 1:150.000, Blätter 12, 13, 17, je 12,80 DM
Mair, Generalkarte 1:200.000, Blätter 34, 36, je 7,80 DM
RV, Harz 1:50.000, 9,80 DM
Kompass, Radwanderführer Harz und Harz, Weser, Leinebergland. Zwei Reiseführer von R. Goedeke, je 24,80 DM
Falken, Der Thüringer Wald und die Dichterstädte, R. Mader, 19,80 DM
BVA, Thüringen, 888 km durch das grüne Herz Deutschlands, C. Nowak, 29,80 DM
BVA, Fahrradtrekking vom Thüringer Wald zur sächsischen Schweiz, L. Gebhard und J. u. Groß, 24,80 DM
Rump, Sachsen-Anhalt-Thüringen von R. & P. Höh, 19,80 DM
DuMont, Kunstführer Thüringen, H. Müller, 44 DM
Falken, Sächsische Schweiz, Erzgebirge und Vogtland, R. Mader, 19,80 DM
Falken, Thüringen, R. Mader, 19,80 DM
Tourist, Regionalführer Thüringer Wald, Oberes Saaletal, H. Müller, 21,80 DM
Moby Dick, Fahrradführer Thüringer Wald und Umgebung, L. Gebhardt, 19,80 DM

Info-Adressen

Landesfremdenverkehrsverband Thüringen, Stauffenbergallee 18, 5010 Erfurt: Tips für Radtouren
Fremdenverkehrsverband Jena-Saaletal, Postfach 303, 04775 Jena
ADFC Thüringen, Espachstraße 3a, 99094 Erfurt, ✆ 0361/6421634

LÄNDERINFOS

E U R O P A *A – Z*

RADELN IN EUROPA

Für die vorliegenden 37, alphabetisch geordneten Länderinfos haben wir eine Vielzahl von Informationen zusammengetragen. Gemeinsam mit vielen Freunden und Bekannten haben wir sie auf Radtouren gesammelt, und zwar zu allen europäischen Staaten (außer der ehemaligen UdSSR) und den Mittelmeerländern. Sie sind alphabetisch angeordnet und jeweils folgendermaßen gegliedert:

Naturräume

Oberflächengestalt und naturräumliche Gliederung des jeweiligen Reiselandes.

Radelgebiete

Die Auswahl aus möglichen Zielgebieten ist natürlich nicht ausschließlich. Auf feste Tourenvorschläge verzichteten wir bewußt. Der Punkt • markiert unsere besonderen Tips.

Klima & Reisezeit

Beschreibung des vorherrschenden Klimatyps; die Angaben über die Niederschläge sind die jährlichen Durchschnittswerte. Danach sind die **Hauptwindrichtungen** und jährlichen Durchschnitts-Windgeschwindigkeiten genannt. Nähere Klassifizierung der Windstärken im Kapitel »Windverhältnisse«, Seite 34. Die **besonderen Winde** sind diejenigen, die in der bezeichneten Region mit einer gewissen Regelmäßigkeit auftreten und dort deshalb benannt wurden. Unsere Empfehlungen zur besten **Reisezeit** sind Richtzeiten, aber selbstverständlich keine Muß-Zeiten.

Info-Adressen

Bei diesen Adressen können touristische und radelspezifische Infos bezogen werden. Da der Radtourismus stark zunimmt, stellen auch immer mehr lokale Fremdenverkehrsämter (FVA) solche Informationen zur Verfügung. Es lohnen also direkte Anfragen im Zielgebiet. Hier ist auch die Adresse der Diplomatischen Vertretung des Gastlandes für Deutschland genannt.

Karten & Reiseführer

Hier haben wir die Karten und Reiseführer genannt, die uns für Radler am sinnvollsten erschienen. Einige Angaben sind dem (wissenschaftlichen) Geo-Band II entnommen, der in geographischen Buchläden einzusehen ist. Diese mit »Geo II« gekennzeichneten Werke sind auch beim größten Landkartengroßhändler, dem Geo-Center in Stuttgart, einzeln nur schwer zu besorgen und oft sehr teuer.

Die jeweils erste Angabe ist der Verlag oder die Reihe, gefolgt von Titel, Autor und Preis und eventuell einer Kurzcharakteristik.

Gesundheit

Dieser Abschnitt steht nur bei Ländern, mit denen Deutschland ein Sozialversicherungsabkommen vereinbart hat oder die für die Einreise Impfungen verlangen oder wo mit besonderen Gesundheitsrisiken gerechnet werden muß, beispielsweise in den Staaten Nordafrikas.

Straßenverhältnisse

Für diese Angaben übernehmen wir keine Gewähr, sie können sich immerzu ändern, meistens jedoch zum besseren. Hier ist auch auf besondere Versorgungsschwierigkeiten hingewiesen.

Ersatzteile

Keine Gewähr, da hier nur Erfahrungen über die Ersatzteilbeschaffung verallgemeinert worden sind. Wenn für Campingkocher keine Gaskartuschen nachgekauft werden können, haben wir es unter diesem Punkt erwähnt.

Radtransport

Hauptsächlich haben wir den Transport per Bahn behandelt. Die Angabe von Sparangeboten und Netzkarten soll Hilfe und Aufforderung sein, mit der idealen Verbindung von Bahn und Rad umweltfreundlich auf Entdeckungsreise zu gehen. Die Informationen zum Thema Bus und Rad gründen zu einem großen Teil auf persönlichen Erfahrungen.

Fähren

Wir haben die jeweils wichtigsten Verbindungen, die niedrigsten Preise und die Telefonnummern der entsprechenden Agenturen zur Information und Buchung aufgeführt. Eine vollständige Adressenliste findet sich im Anhang, allgemeine Informationen zum Thema »Rad und Schiff« ab Seite

154. Bis auf die Hauptverbindungen zur Hochsaison lohnt es sich in den meisten Fällen, vor Ort zu buchen. Die Preisangaben (Person/Fahrrad) beziehen sich auf Buchungen bei deutschen Agenturen und gelten für einen Decksplatz bei einfacher Fahrt. Bei Hin- und Rückfahrt werden oft Ermäßigungen gewährt. Für Studenten gibt es Rabatte bis zu 30 Prozent. Die Fährverbindungen behandeln wir nur bei jeweils einem Land. Auf die Gegenrichtung verweisen wir. Durch die Veränderungen in Osteuropa werden sich etliche neuer Verbindungen ergeben, besonders in der Ostsee.

Fahrradverleih

Nicht überall möglich; natürlich können lokale Anbieter unberücksichtigt geblieben sein.

Übernachten

Genauere Informationen siehe im Kapitel »Übernachten« ab Seite 164.

Geld & Papiere

Angegeben sind die Wechselkurse deutscher Banken von Ende Juni 1994. Unsere Angaben zu empfehlenswerten Zahlungsmitteln und zur Kaufkraft beziehen sich auf Veröffentlichungen des Statistischen Bundesamtes, der Verbraucherzentrale Nordrhein-Westfalen, der Zeitschrift DM und auf Erfahrungen der Autoren der *Peter Meyer Reiseführer*. Die »empfehlenswerten Zahlungsmittel« bezeichnen die Devisenarten, die vor Ort die besten Wechselkurse erzielen.

Hier sind auch die Adressen der **Deutschen Botschaften** aufgeführt, die **Telefon-Ländervorwahlen**, sowie die Rufnummern für den »Deutschland-Direkt«-Service (siehe Seite 53).

Der Punkt **Einreisebedingungen** taucht nur dort auf, wo zur Einreise bestimmte Bedingungen erfüllt werden müssen. Radreisen in solchen Ländern gestalten sich erfahrungsgemäß schwieriger, sind aber keineswegs unmöglich. Bei Nicht-EG-Ländern, wo der Punkt »Einreisebedingungen« nicht aufgeführt ist, gilt die Aufenthaltserlaubnis in der Regel für drei Monate. Bei den Ländern Osteuropas sind weitere kurzfristige Änderungen zu erwarten.

Ägypten
Naturräume

Von Mittelägypten gen Norden erstreckt sich das bis zu 25 km breite Niltal, das sich im Norden bis auf 200 km zum Mündungsdelta verbreitert. Flache Fluß- und Schwemmlandschaft.

Westlich des Nils flachwellige, in verschiedenen Schichten verlaufende Wüstenlandschaft (Lybische Wüste) mit vereinzelten Oasensenken.

Östlich des Nils hügelige bis steile Gebirgslandschaft der arabischen Wüste, nach S aufsteigend bis 2000 m und zum Roten Meer steil abfallend. Im O die Halbinsel Sinai mit nach S bis 2641 m aufsteigendem Gebirge.

Radelgebiete

Nildelta: Keine besonderen landschaftlichen Attraktionen, aber reich an geschichtsträchtigen Bauwerken wie Pyramiden und Königsgräbern. Sehr lebendig, viel Verkehr, Straßen in einem leidlichen Zustand. »Touristen-Highway« von Alexandria über Kairo zu den Pyramiden. Westlich von Alexandria lohnenswerte Küste mit schönen Badebuchten.

Libysche Wüste/Oasen: Nur bedingt zum Radfahren geeignet. Für die landschaftlich reizvolle, asphaltierte Strecke von Bahariya nach Kharga sollten alle – außer erprobten Langstreckenradlern – Busse oder Sammeltaxis benutzen, da die Oasen bis zu 330 km voneinander entfernt liegen. In jedem Fall großen Wasservorrat von 5 bis 7 Liter pro Tag mitschleppen.

Niltal: Entlang der Lebensader Ägyptens verbinden sich Eindrücke vom heutigen Leben mit denen einer teilweise 5000 Jahre alten Vergangenheit.

Rotes Meer: Asphaltierte Straße auf der ganzen Länge inklusive Suez-Kanal, einige Badeorte, die Strände sind zum Teil verölt.

• *Sinai:* Landschaftlich faszinierend; berühmt sind das Katharinenkloster und die angeblichen biblischen Schauplätze, wenig Verkehr.

Klima & Reisezeit

Winter mild, Sommer heiß. Ganzjährige Trockenheit bis auf geringe Niederschläge von 100 bis 200 mm am Mittelmeer (Nildelta). Temperaturen im Sommer oft über 40°, die jedoch wegen der geringen Luftfeuchtigkeit erträglich sind.

Hauptwindrichtung: An der Mittelmeerküste aus N, in Kairo N-NO, im Osten aus N, im Süden aus N-NW, bei einer durchschnittlichen Windgeschwindigkeit (m/sec) von 4 am Mittelmeer, 3 in Kairo, 5 im Osten und 2 im Süden. Empfehlenswerte Fahrtrichtung ist daher im Niltal immer von Süd nach Nord.

Besondere Winde: *Chamsin:* heißer, trockener, mit Staub und Sand beladener Wüstenwind aus südlichen Richtungen, der besonders im Frühjahr in einer rund 50 Tage währenden Periode (Chamsin = arab. 50) trockene Warmluft aus dem schon erhitzten Wüsteninneren heranführt und während einer Dauer von zwei bis vier Tagen die gefürchteten Sandstürme hervorruft (im Winter: kalter Chamsin).

Diver's storm (Alexandria): am Ende der Regenzeit Ende Januar mit starkem Temperaturfall und stürmischen N-Winden einbrechende Kaltluft.

Merisi: zur Zeit der größten Überhitzung der Wüste in den Nachmittagsstunden des Sommers und Herbstes auftretender trocken-heißer, oft staubbeladener Wüstenwind aus südlichen Richtungen (Samun).

Reisezeit: Saison ist von Mitte Oktober bis Mitte April (Achtung: im Frühjahr ab Mitte März häufig Sandstürme), in den anderen Monaten ist es sehr heiß, wobei das trockene Wüstenklima besser zu ertragen ist als das stickige Niltal. Ebenso ist es in dieser Zeit oftmals billiger, es herrscht weniger Andrang, und man ist gegenüber den wenigen Touristen entgegenkommender. Fastenmonat Ramadan und Hammelfest siehe Feiertage, Seite 43.

Info-Adressen

Ägyptisches Fremdenverkehrsamt, Kaiserstraße 64a, 60329 Frankfurt a.M., ✆ 069/252153
Im Land: Touristeninformationsbüro, Sharia Adly 5, Cairo, ✆ 923000. Auch am Platz Saad Zagh Lul und im Hafen von Alexandria, ✆ 25985, sowie in allen touristisch erschlossenen Orten wie Assuan oder Luxor.
Ägyptische Botschaft, Kronprinzenstraße 2, 53173 Bonn, ✆ 0228/364008 und 09. Generalkonsulate siehe unten.

Gesundheit

Auf rohes Obst, Gemüse, Salat, Eiswürfel und Speiseeis unbedingt verzichten. Wasser in Flaschen kaufen oder entkeimen, genügend Durchfallmedikamente und effektiven Kopf- und Moskitoschutz, sowie Sonnenbrille auch als Staubschutz mitnehmen. Gelbfieber-Pflichtimpfung für Personen, die aus infizierten Gebieten kommen. Alle stehenden und seichten Gewässer sind wegen der Gefahr von Bilharziose (Wurmkrankheit) unbedingt zu meiden. Malariaschutz für Juni bis Oktober empfohlen.

Karten & Reiseführer

F & B, 1:1 Mio, 12,80 DM (mit Stadtplänen)
K+F 1162,1:750.000, 14,80 DM
Nelles 1:150.000/2,5 Mio, 12,80 DM
Bartholomew World Travel Map 31, 1:1 Mio., 16,80 DM

Ravenstein, Ägypten, 1:1 Mio, 12,80
Keine anerkannten topographischen Karten

Reiseführer: Tondok, Ägypten individuell, 29,80 DM; jährlich neu. Reisehandbuch zum Erleben, Erkennen und Verstehen mit einer Unmenge praktischer Tips.
DuMont, Kunstreiseführer Ägypten und Sinai, H. Strelocke, 44 DM. Solider Fachführer, aber oft fehlen notwendige praktische Informationen.
APA-Guide, Ägypten, 39,80 DM
Piper, Gebrauchsanweisung für Ägypten, W. Koydl, 19,80 DM. Eine flotte Einstimmung auf die Reise.
DuMont, Reiseberichte »Entdeckungsreisen in Ägypten«, G. Belzoni, 38 DM. Vermittelt als Reiselektüre spannende Einblicke in die Historie.
Rump, Kauderwelsch Ägyptisch-Arabisch für Globetrotter, 12,80 DM

Straßenverhältnisse

Die Hauptstrecke durchs Niltal, zum Teil auch diejenigen entlang des Roten Meeres und am Suez-Kanal sind sehr stark befahren mit teilweise chaotischen Zuständen. Die restlichen Strecken sind nur wenig frequentiert. Die Nebenstraßen sind in mäßigem Zustand, meist mit einer Teerdecke versehen, jedoch an der Oberfläche durch die Hitze oft aufgerissen. Die Beschilderung ist unvollständig.

Starker Lkw-Verkehr auf den Überlandstraßen. Vorsicht ist geboten, da sich dem Radler hier ein nach unseren Maßstäben heilloses Durcheinander aus Eselskarren und schweren Lkw bietet.

Vormittags radelt sich's am besten, einmal wegen der angenehmeren Temperaturen, zum anderen deshalb, weil dann die Kinder in der Schule sind und dem Radler keine bösen Streiche spielen können. Aus dem gleichen Grund ist auch der schulfreie Freitag zu meiden. Kairo ist zwischen Mitternacht und Sonnenaufgang am ruhigsten.

Ersatzteile

In größeren Städten (besonders an der Nilstrecke) relativ gute Versorgungslage, zumindest Mechaniker mit Improvisationstalent. Abseits der großen Städte ist nichts zu bekommen. Benzinkocher mitnehmen.

Radtransport

Bahn: Egyptian Railways (ER), Station Building, Ramses Square, Cairo. In Zügen mit Gepäckwagen werden Fahrräder gegen eine Gebühr von etwa 1 DM transportiert. Ticket nach Reservierungen für die Hauptstrecken im voraus buchen.
Ermäßigungen: Für 20 DM und 2 Paßbilder bekommt man den Kilometrage-Pass bis 2000 km.
Bus: Mitnahme in Bus und Sammeltaxi gegen geringen Aufpreis möglich.

Fähren

Piräus/GR – Alexandria ab 395/frei. Heraklion auf Kreta – Alexandria ab 275/frei. Venedig – Alexandria 795/frei. Seetours Frankfurt, ℂ 069/1333210. Bei zeitlicher Flexibilität Passagen ab Griechenland dort buchen, da sie dann etwa 30 % billiger sind.

Aqaba (Jordanien) – Nuveiba 75 DM pro Person, Buchung vor Ort.

Fahrradverleih

In großen Städten bei Fahrradgeschäften.

Übernachten

Camping: Es gibt nur wenige offizielle Campingplätze. Freies Zelten ist in der Regel erlaubt, nur nahe der Touristenzentren gibt es in letzter Zeit Schwierigkeiten mit der Polizei. Also lieber fragen. Im Niltal sind Pensionen und Hotels vorzuziehen, will man sich nicht zur allabendlich bestaunten Sensation der Dorfjugend machen.
JH: 13 JHs, 2 bis 3 DM
Hotels: In Städten und einigen Orten am Roten Meer Luxushotels meist internationaler Ketten, sonst viele einfache Hotels mit Preisen ab 12 DM/DZ.

Geld & Papiere

Die Einfuhr Ägyptischer Pfund ist verboten. Rücktausch nur mit dem Nachweis durch Wechselquittungen, daß man 30 $/Reisetag getauscht hatte. Es gibt für die ersten vier Wochen keinen Pflichtumtausch, danach 180 US$ monatlich.

1 LE (Ägyptisches Pfund) = 0,50 DM, 1 LE = 100 Piastres. Empfehlenswerte Zahlungsmittel sind DM- oder US-Dollar-Reiseschecks.

Einreisebedingungen: Reisepaß (ohne Stempel aus Südafrika) mit Visum, das mit Antragsformular, 2 Paßbildern und Einschreiben-Rückumschlag sowie 34 DM zu beantragen ist bei:

Generalkonsulat, Eysseneckstraße 52, 60322 Frankfurt a.M., ℅ 069/590557 und 58 (zuständig für Hessen, Rheinland-Pfalz und südlich davon); *Generalkonsulat,* Harvestehuder Weg 50, 20149 Hamburg, ℅ 040/4101031 (Norddeutschland); *Konsulat,* Wendelstadtallee 2, 53179 Bonn, ℅ 0228/332032 (NRW)

Name und Anschrift der Reisenden innerhalb von 7 Tagen den Paßbehörden vor Ort melden. Große Hotels erledigen das von sich aus. Besser ist es in jedem Fall, den *Aufenthaltsstempel* schon bald nach der Ankunft selbst zu besorgen. Mittlerweile ist auch die Grenze nach Libyen offen.

Konsularische Hilfe: Deutsche Botschaft, 8 b Sharia Hassan Sabri, Cairo-Zamalek, ℅ 3403687 und 3406017, Generalkonsulat, 5 Sh el Mina, Roushdy, Alexandria, ℅ 845443 & 75 **Telefon:** Vorwahl nach D 0049, nach Ägypten 0020.

Albanien

Auch das am meisten abgekapselte Land Europas öffnet sich langsam. Seit Frühsommer 1992 ist es möglich, auch mit dem Fahrrad einzureisen.

Naturräume

Sehr gebirgiges Land mit teilweise alpinem Charakter, lediglich der schmale Küstenstreifen vom Skutari-See im NW bis zur Hafenstadt Vlora ist ebenes Schwemmland.

Klima & Reisezeit

Mittelmeerklima mit warmen bis heißen, trockenen Sommermonaten.

In den Höhenlagen auch im Sommer gemäßigte Temperaturen. Der Winter ist im Küstengebiet recht mild und sehr niederschlagsreich, in den Bergen kalt und schneereich.

Reisezeit: Optimal sind im Mai/Juni und September/Oktober; Juli/August kann es zu heiß sein.

Info-Adressen

Deutsch-Albanische Freundschaftsgesellschaft e.V., Postfach 197622, 20149 Hamburg, ℅ 040/8502736. Mit reichlich Rückporto um Infos bitten. Die Freundschaftsgesellschaft bemüht sich intensiv um Möglichkeiten eines sanften Tourismus (Wandern, Radfahren) in Albanien, ohne allerdings bei den Verantwortlichen entsprechendes Gehör zu finden. Man kann sich in eine Liste aufnehmen lassen, um so mit Gleichgesinnten sein Anliegen zu dokumentieren und gegebenenfalls zu realisieren.

Österreichisch-Albanische Gesellschaft, Röndmühlgasse 4, A-8010 Graz

Schweizerisch-Albanische Freundschaftsgesellschaft, Baldhausstr. 35, CH-2503 Biel/Bienne, ℅ 032/236515 **Reisebüros,** die sich auf Albanien spezialisiert haben:

Skanderbeg-Reisen, Wittener Straße 71, Postfach 102204, 44722 Bochum , ℅ 0234/308686, Fax 308505

Imholz-Reisen, Birmensdorfer Straße 108, CH-8036 Zürich, ℅ 01/ 4624411

Egnatia Tours, Piaristengasse 60, A-1082 Wien, ℅ 01/425346

Botschaft der Republik Albanien, Dürener Straße 35-37, 53173 Bonn, ℅ 0228/351044, Fax 351048

A & CH: Jaquinstraße 41, A-1030 Wien, © 01/ 783795. Ist auch für die Schweiz zuständig.

Straßenverhältnisse

Die Hauptstraßen im Küstengebiet sind asphaltiert, oft aber in schlechtem Zustand. In den abseits liegenden Bergregionen finden sich vor allem schlaglochgespickte Schotterstraßen. Fahrten durch das Land sind aufgrund der Verkehrsbedingungen nicht unbeschwerlich, da bei schlechten Straßenverhältnissen der Individualverkehr zunimmt und neben Autos auch Fußgänger, Fuhrwerke und Viehherden den Fahrdamm benutzen und die Verkehrsregeln kaum respektiert werden. Fahrradwege gibt es nicht. Mountainbike und Helm zu empfehlen.

Passen Sie extrem auf Ihre Sachen und Ihr Fahrrad auf, Ihre »Luxusgüter« könnten große Begehrlichkeit wecken.

Ersatzteile

Die wichtigsten Ersatzteile unbedingt mitnehmen. Es gibt in allen größeren Ortschaften kleine Reparaturwerkstätten, deren Mechaniker meist sehr erfindungsreich sind.

An Konsumgütern gibt es zwar so gut wie alles zu kaufen, allerdings auch zu recht hohen Preisen. Für Dienstleistungen werden von Ausländern oft überhöhte Tarife verlangt.

Fähren

Triest oder Ancona/I – Durrës 160/140/frei; Bari/I – Durrës 105/frei, beide Seetours © 069/1333210.

Brindisi/I – Durrës 110/frei; Ortona/I – Durrës 134/frei; Koper/SLO – Durrës 150/frei, alle Neptunia © 089/8348161.

Otranto/I – Vlore 70/frei, Viamare © 0221/2573781.

Übernachten

Die Situation ist noch sehr schwierig: **Camping:** 1993 sollten die ersten Plätze an der Küste bei Durrës eröffnet werden. Zumindest gegen eine kleine »Gebühr« dürfte man bei privaten Bauern eine Erlaubnis zum Zelten bekommen.

Hotels: gibt es nur recht dünn gesät und sind gemessen am Gebotenen deutlich zu teuer.

Private Zimmer/Appartements gibt es nur vereinzelt, sind aber teilweise schon von zu Hause aus zu buchen.

Karten & Reiseführer

Ravenstein, Albanien, 1:400.000, 14,80 DM

VSA, Albanien, Pier/Stich, 32 DM. Aufsätze mit allen wichtigen Informationen zum Einstimmen auf Land und Leute, sowie zur praktischen Reiseorganisation.

DuMont, Kunstreiseführer Albanien, 44 DM

Walter, Reiseführer Albanien, H. Gestein, 40 DM. Umfassend und zeichnet sich durch Detailkenntnis aus.

Unterwegs im Land der Skipetaren, Albanien-Reisehandbuch und Landeskunde, R. Braun, 28,80 DM

Geld & Papiere

Währung ist der Lek, der sich in 100 Quindarka teilt. Da die Inflationsrate beträchtlich ist, spielen US-Dollar und DM eine große Rolle auch auf dem Binnenmarkt. Bargeldumtausch vor allem in großen Hotels.

Postsparbuch, Eurocheck und EC-Karte können nicht benutzt werden, Kreditkarten nur in einigen wenigen Hotels und Geschäften.

Einreise: Es ist nur ein gültiger Reisepaß erforderlich. Bei der Einreise wird eine Gebühr von circa 10 $ erhoben.

Konsularische Hilfe: Deutsche Botschaft, Rruga, Skanderbeg 8, Tirana, © 9038 und 3481

Telefon: Direktwahl vom und ins Ausland nur mit Tirana, Elbasan, Durrës, Korça, Gjirokastra und Shkodra. Verbindungen sind nur recht schwer herzustellen. Anrufen kann man von größeren Hotels und von Postämtern aus. Vorwahl nach D 0049, umgekehrt 00355.

Algerien
Naturräume

Mittleres Glied des Maghreb. Im Norden Gebirgszüge des Atlas, im Süden bedeckt die Sahara-Wüste 85% der Landesfläche. An die 1200 km lange buchtenreiche, teilweise steile Mittelmeerküste schließt sich die hügelige bis steile Gebirgslandschaft des Tell-Atlas an, die in der wild zerklüfteten großen Kabylei (2308 m) gipfelt.

Das innere Hochland der Schotts liegt 400 bis 1000 m hoch, ist flach bis anstrengend hügelig. Die Gebirge des Sahara-Atlas erreichen 2328 m Höhe und sind steil zerklüftet. Die Sahara ist im Norden durch ausgeprägte Dünenfelder, im zentralen Bereich durch

Stufenlandschaft und Plateaus geprägt; im Süden Massiv des Ahagger (3005 m).

Radelgebiete

Mittelmeerküste: hauptsächlich westlich von Algier interessant. Die Küstenstraße führt abwechselnd an zerklüfteten Steilküsten und langen Sandstränden mit Badeorten entlang, zum Teil sehr anstrengend.

Nordosten: Der bis 2000 m hohe Tell-Atlas östlich von Algier bietet viele Römer-Funde. Feigen und Olivenbäume in tieferen Regionen, sonst Kork- und Steineichenwälder. Sehr anstrengend.

• *Sahara:* Sehr gut trainierte Radler können die Wüste besuchen, wegen der Hitze und der Sandstürme aber nicht von Juni bis September. Die Entfernungen zwischen den Oasen im Osten (Biskra, El Qued, Tougourt) sind am radfahrerfreundlichsten, im Zweifelsfall Lkw, Bus, Louage oder Pick-up benutzen.

Klima & Reisezeit

Tell-Atlas: mediterranes Küstenklima, Sommer warm bis heiß (um 30°C) und trocken. An der Nordflanke durchschnittlich 1000 mm Niederschlag, in den Längstälern um 400 mm. Gemäßigte Winter auch in den Höhenlagen.

Hochland: kontinental; Winter kalt, Schnee möglich; im Sommer bis 30°C warm; 250 bis 400 mm Niederschlag, im Sahara-Atlas im Norden 500 mm, im Süden 100 mm Niederschlag.

Sahara: extrem heiß und trocken. Tägliche Temperaturschwankungen bis zu 30°C, im Winter sind nachts hin und wieder Minustemperaturen möglich. Niederschlag teilweise nur um 10 mm.

Hauptwindrichtung in Oran aus SW, in Algier von Mai bis September aus NO, im Winterhalbjahr aus W, bei einer durchschnittlichen Windgeschwindigkeit von 3 m/sec.

Besondere Winde: *Chichili* (Süd-Algerien): Sand- und staubführende S- bis SW-Winde.

Dschani (Sahara): Meist mittags oder nachmittags auftretende Hitzeböen mit Sand- und Staubtreiben.

Samum (Wüstengebiete Nordafrikas): Heißer, trockener, meist staub- oder sandbeladener Wüstenwind.

Reisezeit: an der *Küste* herrscht Mittelmeerklima, daher April bis Oktober. Allerdings im Juli und August über 30°C.

Atlas: Frühjahr oder Herbst, im Sommer zu heiß.

Sahara: Von Juni bis September nicht beradeln, Temperaturen dann bis 50°C, Sandstürme, irrsinniger Flüssigkeitsverbrauch.

Fastenmonat Ramadan und Hammelfest siehe Feiertage, Seite 43.

Info-Adressen

Algerien unterhält kein Fremdenverkehrsamt in D. Informationen kann man direkt aus Algerien anfordern:
O.N.A.T., Siege 25 – 27, Rue Khelifa Boukhalfa, Algier, ✆ 02/743376
Auskünfte in Deutschland erteilen:
Algerische Botschaft, Rheinallee 32, 53173 Bonn, ✆ 0228/8207
Air Algerie, Friedensstraße 11, 60311 Frankfurt a.M., ✆ 069/233281

Die folgenden Organisationen sind nur für ihre Mitglieder da. Infos über Vereinsziele und Aufnahmebedingungen gegen frankierten und selbstadressierten A5-Rückumschlag und zusätzlich ein paar Mark in Briefmarken:
Sahara Club e.V., Schmaler Weg 17, 61352 Bad Homburg
Euro-Arabischer Freundschaftskreis e.V. (EAF), Paul-Lagarde-Straße 21, 80686 München

Gesundheit

Wasser in Flaschen kaufen oder desinfizieren, auf rohes Obst, Gemüse, Salat, Eiswürfel und Speiseeis verzichten. Genügend Durchfallmedikamente und effektiven Kopfschutz mitnehmen, Malariaschutz wird für die Sommermonate in einigen Landesteilen empfohlen. Gelbfieberimpfung Pflicht für Reisende aus infizierten Gebieten.

Wüstenfahrer auf salzhaltige Nahrung achten und viel trinken. Man sollte sich nicht völlig auf die in Karten eingezeichneten Brunnen und Wasserstellen verlassen, da sie zum Teil weit von der Straße entfernt liegen oder Hilfsmittel wie Eimer und Seil benötigt werden. Nötig sind Sonnenbrille, Kopfschutz und warme Sachen für kalte Nächte. Es besteht kein Sozialversicherungsabkommen, deshalb Reisekrankenversicherung abschließen.

Karten & Reiseführer

Michelin 958, 1:1 Mio., Nord-Algerien/Tunesien, mit Stadtplan von Algier 13,80 DM

Carte d'Algérie 1:500.000 (43 Blätter, Geo II)

Algérie-Carte touristique 1:500.000 (3 Blätter, Geo II)

IGN-IWK, 1:1 Mio, pro Blatt 20 DM

IGN, Carte du Sahara, 1:200.000 (242 Blätter, 50 m Höhenlinien), je 25 DM (Geo II); bei Därr als Schwarzweißkopie für 9,80 DM

Reiseführer: DuMont, Kunstreiseführer Algerien, H. Strelocke, 44 DM

DuMont Richtig reisen, Algerische Sahara, W.& U. Eckert, 44 DM

Därr/TCS, Durch Afrika, 49,80 DM

Därr, TransSahara, K. Därr, 29,80 DM

Straßenverhältnisse

Über 22.000 km asphaltierte Straßen. Teerstraßen reichen bis weit in die Wüste. Nebenstraßen zum Teil mit schlechter Asphaltdecke. Außerhalb der großen Städte geringe Verkehrsdichte. Sandpisten unbedingt vermeiden, Sie kosten unkalkulierbar viel Kraft, Zeit und Wasser, außerdem können Sandstürme hier tödlich sein.

Ersatzteile

Schlechte Versorgungslage außerhalb von Algier und Constantine, alle Ersatzteile und Werkzeuge mitnehmen. Nur Benzinkocher empfehlenswert.

Radtransport

Bahn: Société Nationale des Transports Ferroviaires, 21 – 23 Boulevard Mohamed V, Algiers, ✆ 611510. Das Rad muß aufgegeben werden. Achtung: Nicht jede in der Karte verzeichnete Eisenbahnstrecke hat Personenverkehr!

Bus: Auf jedem Bus Transport gegen geringes Entgeld möglich.

Sammeltaxis (Louages) haben oft einen Dachgepäckträger und sind nicht viel teurer als der Bus.

Fähren

Zwischen Marseille/F und Algier 234/20 DM und zwischen Alicante/E und Oran 155/60 DM, SNCM, Eschborn, ✆ 06196/42911

Übernachten

Camping: Freies Zelten erlaubt, Campingplätze ca. 70 DM. Liste mit Adressen und Preisen bei Air Algerie. In den Oasen meist Möglichkeit zum Campen, etwa 4 DM pro Person.

JH: Eine Liste mit Adressen von 43 Häusern gibt es bei Air Algerie, Frankfurt, oder direkt bei O.N.A.T.

Hotels: Relativ wenige, größtenteils im Besitz der staatlichen Gesellschaft »Sonatour« und recht teuer (um 60 DM), an der Küste einige große Feriencenter.

Nur wenige einfache Herbergen und vereinzelt Palmhütten ab 6 DM/Person.

Geld & Papiere

Die Einfuhr von algerischen Dinar ist verboten. 1000 Dinar kosten vor Ort knapp 200 DM. Empfehlenswerte Zahlungsmittel sind FF und US $ in bar oder als Reiseschecks. Mindestumtausch 1000 Algerische Dinar. Quittung unbedingt bis zur Ausreise aufbewahren.

Einreisebedingungen: Reisepaß erforderlich. Das Visum muß bei der algerischen Botschaft des Heimatlandes mindestens 4 Wochen vor der beabsichtigten Einreise beantragt werden und kostet 40 DM. Deutsche können das Visum nur in der BRD und nicht unterwegs bei einer algerischen Vertretung im Ausland bekommen.

Konsularische Hilfe: Deutsche Botschaft, 165 chemin Sfingja (ex laperlier), Algier, ✆ 634827

A: 19 Mohammed V, Algier

CH: 27 Bvd. Zirout Youcef, Algier

Telefon: von Algerien nach D nur mit Voranmeldung möglich, umgekehrt durch Selbstwahl mit der Vorwahlnummer 00213.

Belgien
Naturräume

An der *Küste* und im Hinterland (N) Dünenküste und flaches Marschland bis 100 m Höhe. Im *Binnenland* (SO) flachwelliges Hügelland, im N bis 80 m, im S bis 200 m. *Hochbelgien* (S) ist ein von tiefen Tälern zerfurchtes, oft bewaldetes Rumpfflächenland der Ardennen mit Höhen bis 650 m.

Radelgebiete

Flandern: Der flache Norden mit böigen Winden, Strand, Landwirtschaft und langen, geraden Straßen. Zum Süden hin kündigt sich die hügelige Ardennenlandschaft an.

Ardennen: Abwechslungsreiches Hügelland mit langgezogenen, schweißtreibenden Steigungen.

• *Hohes Venn*/Dreiländereck: Ausgeschilderte Routen durch dünnbesiedelte, herbe, steigungsreiche, aber reizvolle Hochmoorlandschaft. Naturschutzgebiet, nur beschränkt zugänglich.

Klima & Reisezeit

Ozeanischer Charakter; an der Küste und im Binnenland mild, in den Ardennen rauh und windig. Niederschläge in Höhenlagen bis durchschnittlich 1250 mm im Jahr.

Hauptwindrichtungen: An der Küste im Sommer aus N bis SW, im Winter aus S. Im Landesinneren durchweg aus SW. Jährliche durchschnittliche Windgeschwindigkeit von 6,5 an der Küste und 3,8 bis 4,2 m/sec im Landesinneren. An der Küste herrschen »Prevailing westerlies« vor, beständige Westwinde mit besonderer Stetigkeit und Stärke.

Reisezeit: April bis Oktober, besonders Mai, Juni und September.

Info-Adressen

Groupe de Recherche et d'Action des Cyclistes Quotidiens (GRACQ), 28 Rue Ernest Gossart, B-1180 Bruxelles Fiets Overleg Flandern, Eglantierlaan 41, B-2020 Antwerpen B

Ligue Velocipédique Belge, Av. du Globe 49, B-1190 Bruxelles (Radsport) Koninklijke Belg. Wielerbund, Globelaan 49, Bruxelles (Radfahrverein)

Fremdenverkehrsämter:

D: Belgisches FVA, Berliner Allee 47, 40212 Düsseldorf, ✆ 0211/326008. Verschickt tourist. Übersichtskarten

A: Belgisches FVA, Sabena, Opernring 9, A-1010 Wien, ✆ 01/573506

CH: Belgisches FVA, Bahnweg 26, CH-4402 Frenkendorf, ✆ 061/846575 Die FVA *im Land* heißen »Dienst voor Tourisme« bzw. »Syndicat d'Initiative«.

Belgische Botschaft, Kaiser-Friedrich-Straße 7, 53113 Bonn, ✆ 0228/

212001-05. Generalkonsulate in Düsseldorf, Frankfurt a.M., Hamburg, München

Gesundheit

Es besteht ein Sozialversicherungsabkommen (Anspruchsberechtigung E 111 und Merkblatt der Krankenversicherung mitnehmen).

Karten & Reiseführer

Mair, Belgien, 1:250.000, 12.80 DM
Michelin, Belgien/Lux. 1:350.000, 12,80
RV, 1:300.000, mit tourist. Infos, 14,80
Kart van Belgie, 1:100.000, 24 Blätter, 16,80 DM
Fahrradkarten GeoCart, 1:100.000, für die Provinzen Lüttich, Limburg, Hainaut, Ost-, West-Flandern, Brabant, Ardennen, Antwerpen, Luxemburg, je 12,80 DM. Für »Fahrradkarten« in der Darstellung zu ungenau.
Radwanderkarten 1:50.000 sind über die FVA der jeweiligen Orte zu beziehen und über die Wanderzentralen:
Comité National Belge des Sentiers de Grande Randonne (C.N.B.S.G.R.), Boîte Postale 10, B-4000 Liege
Grote Routepaden, Vlaamse Jeugdherbergcentrale, Vam Stralenstraat 40, B-2000 Antwerpen, ✆ 0032/3/2327218
Teilweise geben lokale FVA eigene Radkarten mit vielen touristischen Informationen (Unterkünfte, Routenvorschläge, Werkstätten usw.) heraus.

Reiseführer: Herder, Belgien, von C. Herstatt, 36 DM. Neben Infoteil, Kurz-Sprachführer und Beschreibung relativ unbekannter Landschaften auch Texte über politische und wirtschaftliche Aspekte (1988)

DuMont Richtig reisen, Belgien mit dem Rad, von M. Graf und M. Angermaier, 29,80 DM. Zeigt Ansichten aus dem Fahrradsattel, die man als Durchreisender meistens übersieht.

Kettler, Fahrrad-Reiseführer Belgien/Luxemburg, 19,80 DM

Alano, Radwandern im Deutsch-Belgischen Naturpark, Eifel und Hohes Venn, von J. Mohr, 19,80 DM

Straßenverhältnisse

Hauptstraßen sind stark befahren, es gibt jedoch viele verkehrsarme Nebenstraßen. Gute Beschilderung. Belag meist gut (allerdings in Städten und Dörfern oft Kopfsteinpflaster). Die wenigen Radwege sind nicht immer im besten Zustand. Oft sehr schneidige Fahrweise der Autofahrer.

Ersatzteile

Kein Problem im Land diverser Radweltmeister.

Radtransport

Bahn: Belgische Eisenbahnen, Im Hauptbahnhof, 50667 Köln, ✆ 0221/134761

Sparangebote: Benelux-Netzkarte gültig an 5 von 17 Tagen, kostet 140/188 DM für Jugendl./Erw.

Fahrradmitnahme von allen Bahnhöfen in Nahverkehrs-, Regional- und IC-Zügen möglich, Karten am Gepäckschalter oder beim Schaffner. Reservierung bis zu 2 Tage vorher ratsam. Pauschalpreis 200 BEF ebenso wie die *Selbstverladung:* Mit internationaler Fahrradkarte (16 DM) in D

234 – 237, 242/243 Hamburg-Altona – Charleroi Sud, D 412/413, 422, 425, 434, 439 Oostende – Köln, D 1232/1233 Kopenhagen – Charleroi Sud.

Fahrradverleih

Das Info »Zug und Fahrrad« mit Bedingungen, Verleih- und Rückgabestationen und deren Öffnungszeiten (auf deutsch) gibt's beim FVA oder:

SNCB, Rue de France 85, B-1070 Bruxelles. Verleih an 35 Bahnhöfen, 150 BEF/Tag (280 BEF für Nicht-Bahnfahrer), 340 BEF für ein Tandem. Gruppen-Ermäßigung. 500 BEF Kaution, Kindersitz frei.

Verleih ebenfalls bei örtlichen FVA oder Fahrradgeschäften möglich.

Übernachten

Camping auf etwa 500 Plätzen an der Küste und in den Ardennen, Liste mit Karte beim FVA. Freies Zelten nur mit ausdrücklicher Genehmigung des Grundstückseigentümers.

JH: Laanse Jeugdherbergcentrale, Van Straalenstraat 40, B-2008 Antwerpen ℂ 03/2327218. Centrale Wallone des Auberges de la Jeunesse, Rue van Oost 52, 1030 Bruxelles, ℂ 02/2153100. 31 Häuser, etwa 10 DM pro Nacht

Infos über weitere **preiswerte Unterkünfte** beim FVA und über:

Naturvriendenhuis, Proviencistraat 53, B-2000 Antwerpen, ℂ 03/361862

Les Amis de la Nature, Rue de l'Enseignement 24, B-4800 Verviers, ℂ 087/330545

Centrum voor Jeugdtourisme, Diestzestraat 235, B-3000 Leuven, ℂ 016/226530

Centre Belge du Tourisme de Jeunes, Rue Guimard 1, B-1040 Bruxelles, ℂ 02/ 5125447

Kleine Hotels und einfache Pensionen sind oft nicht wesentlich teurer als Jugendherbergen.

Geld & Papiere

100 Belgische Franc kosten etwa 4,90 DM. 1 Belgischer Franc = 100 Centimes. Man bekommt für die DM geringfügig mehr als in D. Empfehlenswerte Zahlungsmittel sind DM in bar oder das Postsparbuch.

Konsularische Hilfe: Deutsche Botschaft, Avenue de Tervurenlaan 190, B-1000 Bruxelles, ℂ 02/7741911; Generalkonsulate in Antwerpen und Lüttich

A: Botschaft, 1050 Bruxelles, Rue de l'Abbaye 47, ℂ 02/6499170

CH: Botschaft,1040 Bruxelles, 26 Rue de la Roi, ℂ 02/2306145

Telefon: Von Belgien in die BRD 00, Ton abwarten, dann 49. Von der BRD nach Belgien 0032. Deutschland-Direkt ℂ 078/11/0049

Bulgarien
Naturräume

Das west-östlich verlaufende Balkan-Gebirge (bis 2375 m, Mittelgebirgslandschaft mit Pässen bis 1330 m Höhe) teilt Bulgarien in ein nördliches Donau-Bulgarien und in die südliche Beckenlandschaft. Nach Norden erstreckt sich vom Gebirge aus eine wellige Hügellandschaft, die steil zur Donau abfällt. Ebenso unvermittelt fällt das Balkangebirge nach Süden hin zum Becken und dem beginnenden Thrakien ab. Im Südwesten bilden Gebirgszüge bis 2975 m die Grenze nach Makedonien und im Süden das Massiv der Rhodopen, einer bis 2191 m hohen Mittelgebirgslandschaft mit großen Hochflächen, die Grenze nach Griechenland. Nach Osten schließt sich eine Hügellandschaft zur Schwarzmeerküste an.

Radelgebiete

Donau: auf 460 km Länge bildet der Fluß die Grenze zu Rumänien, fruchtbare Gegend mit einigen schönen Städten und Dörfern.

Mittelbalkan: Gebirge bis 2400 m, anstrengend. Im Mai/Juni Besuch der Täler bei Kasanlak mit Rosenfeldern und Heckenrosen empfehlenswert, aus denen Rosenwasser gewonnen wird.

• *Rhodopen:* dünn besiedeltes unberührtes Gebirge bis 2200 m mit beinahe endlosen Wäldern entlang des Tals des Iskar-Flusses; interessant, aber anstrengend.

Schwarzmeerküste: 330 km Küste mit »Reißbrett-Badeorten« und vielen Stichstraßen zu Stränden.

Klima & Reisezeit

Kontinental, im Thrakischen Becken kommen Mittelmeereinflüsse zur Geltung, die wie das Schwarze Meer milde Wirkung auf den Küstenbereich ausüben. Die Winter sind in Südbulgarien mild, da das Balkangebirge kalte Winde auffängt. Im Norden hingegen lösen strenge, kalte Winter heiße, trockene Sommer ab. Durchschnittlicher Jahres-Niederschlag im Balkan-Gebirge bei 1000 mm, an der Küste und im Becken um 400 mm.

Der **Wind** weht meist aus W bis NW, bei einer durchschnittlichen Geschwindigkeit von 2,5 m/sec.

Besondere Winde: An heißen Tagen häufig wehende Südwinde in der Donauebene.

Karajol: der meist im Sommer einer Regenfront folgende Westwind.

Lodos (Schwarzmeerküste): vorwiegend im Sommer und Herbst wehender warmer Süd- und Südwestwind.

Meltém (Schwarzmeerküste): regelmäßiger, oft plötzlich einsetzender, starker sommerlicher Nordostwind.

Ostria (Schwarzmeerküste): feuchtwarmer Süd- bis Südostwind, Vorbote schlechten Wetters.

Reisezeit: Mai bis September, im Norden immer kühler als im Süden, angenehme Wassertemperaturen des Schwarzen Meeres von Mai bis September. Campingplätze haben meist nur vom 1. Juni bis Ende August geöffnet.

Info-Adressen

D: Balkantourist Bulgarisches FVA, Stephanstraße 1 – 3, 60313 Frankfurt a.M., ✆ 069/295284;
Bulgar. FVA, Kurfürstendamm 175, 10707 Berlin , ✆ 030/8827418
A: Bulgarisches Fremdenverkehrsamt, Margaretenstr. 9, 1040 Wien, 01/577762
CH: Off. Bulgar. Verkehrsbüro, Steinmühlpl. 1, 8001 Zürich, ✆ 01/2212777
Bulgarische Botschaft, Auf der Hostert 6, 53173 Bonn, ✆ 0228/ 363061

Gesundheit

Kein Sozialversicherungsabkommen, deshalb zusätzliche Reisekrankenversicherung abschließen. Wegen Hepatitis- oder Typhus-Schutz nachfragen.

Karten & Reiseführer

F & B, 1:1 Mio., Rumänien/Bulgarien, 13 DM

K+F, 1:1 Mio., Rumänien und Bulgarien, 12,80 DM

Cartographia Bulgaria, 1:750.000, 10 DM

In Bulgarien erhältlich:

Obzorna touristiceska karta, (50 bis 100 m Höhenlinien, touristische Infos, Legende Deutsch, amtliche, unvollständige Kartenserie), 10 DM

Putna Karta 1:600.000 (kyrillische Beschriftung, gut und billig)

Das FVA verschickt eine Straßenkarte 1:800.000

Achtung: Straßen und Orte sind vielfach umbenannt worden, Karten und Stadtpläne stimmen also mit der Realität nicht immer überein

Reiseführer: Mundo, Mit dem Fahrrad nach Istanbul: Radwandern in Ungarn, Jugoslawien, Bulgarien, Griechenland und Türkei, 26 DM

Trescher, Das neue Bulgarien, K. Russev, 26,80 DM

DuMont, Reise-Taschenbuch Bulgarien, H. Weiß, 19,80 DM

DuMont Kunstreiseführer Bulgarien, G. Eckert, 44 DM

Vandenhoeck & Ruprecht, Südosteuropa-Handbuch, Bd. 6: Bulgarien (1990)

Kleines Wörterbuch nicht vergessen!

Straßenverhältnisse

Gutes Straßennetz in relativ gutem Zustand mit geringer Verkehrsdichte. Europastraßen meiden, wo möglich.

Für die E 83 und E 87 gibt's jedoch keine Alternative. Straßenschilder in kyrillischer Schrift. Vorsicht bei Fragen nach dem Weg u.ä.: Bulgaren haben eine umgekehrte Ja-Nein-Gestik; bei »ja« schütteln sie mit dem Kopf, bei »nein« nicken sie.

Ersatzteile

Im Verhältnis zu anderen osteuropäischen Staaten hat Bulgarien eine relativ gute Versorgungslage, zumindest in den Städten. Trotzdem: lieber alles Notwendige mitschleppen! Nur Benzinkocher sind zu empfehlen.

Radtransport

Bahn: Bulgarski Durzarni Zebznice, Iwan Wazov Str. 3, Sofia 1080. Selbstverladung möglich und kostenlos. Aufgabe gewichtsabhänig bis 2 DM.

Bus: Mitnahme fast immer möglich, vorher mit Fahrer verhandeln.

Schiff: Inlandsfahrten zwischen Küstenstädten am Schwarzen Meer, Radtransport muß angemeldet werden.

Fähren

Die russische Black Sea Shipping Company bedient die Linien von Odessa nach Alexandria, Algier und Marseille, wobei sie im bulgarischen Varna, in Istanbul, Larnaka/Zypern, Piräus, Neapel, Genua, La Valetta/Malta und Tunis anlegt. Infos: Seetours, Frankfurt, ℰ 069/1333-0

Fahrradverleih

An der Schwarzmeerküste bei Hotels möglich.

Übernachten

Camping: Ungefähr 100 Campingplätze, dichtes Netz nur an der Küste, sonst weniger. Die Preise liegen ähnlich wie bei uns bei ca. 11 DM pro Person und Zelt. Eine Campingkarte mit Adressen gibt's beim FVA. Freies Zelten ist nicht erlaubt!

JH: 41 Jugendherbergen, zumeist in den Bergen. Übernachtung 3 bis 5 DM. In Sofia und Veliko Tarnouo gibt es »Orbita«-Jugendhotels.

Privat: Neuerdings gibt es auch Privatunterkünfte ab 12 DM. Informationen über's FVA.

Hotels: Immer mehr unabhängige Hotels und Motels. Infos: Zentrale Bulgarische Zimmervermittlung, Trigadiza Str. 4, Sofias oder Reservierung beim FVA.

Geld & Papiere

Es darf kein bulgarisches Geld eingeführt werden! 100 Bulgarische Lew kosten 7,50 DM. 1 Lew = 100 Stotinki. Die Kaufkraft der DM liegt in Bulgarien um etwa 40 % höher als in Deutschland. Empfehlenswerte Zahlungsmittel sind DM in bar oder als Reiseschecks sowie Euroschecks. Pflichtumtausch gibt es nicht. Seit es private Wechselstuben und Banken gibt, lohnt es sich die Kurse zu vergleichen - je zentraler die Lage, desto schlechter der Kurs. Generell ist es nicht falsch, kleinere Scheine mit sich zu führen, um nicht soviel auf einmal zu tauschen.

Einreisebedingungen

D: Mit dem Reisepaß muß, am besten ein bis zwei Monate vor der Reise, für 38 DM mit einem Antragsformular und einem Paßbild ein Visum bei der Konsularabteilung der Bulgarischen Botschaft, Büchelstraße 17, 53227 Bonn, ✆ 0228/351071, (oder bei der Außenstelle Berlin, Leipziger Straße 20, 10117 Berlin, ✆ 030/2000922) beantragt werden. Für 52 DM und etwas Schlange stehen erhält man sein Visum sofort.

A: Schwindgasse 8, Wien

CH: Gryphenhübelweg 40, Bern.

Das Visum kann wahlweise für eine Aufenthaltsdauer von 30, 60 oder 90 Tagen ausgestellt werden und bleibt 6 Monate gültig. Visa kosten an der Grenze 76 DM. Innerhalb von 24 Stunden nach der Ankunft bei der jeweiligen Bezirksverwaltung der Miliz anmelden. Ein- und Ausreisekarte mit dem Stempel der Meldebehörde nicht verlieren!

Für Bulgarien könnten sich die Reisebedingungen in nächster Zeit ändern. Also aktuell erkundigen.

Konsularische Hilfe: Deutsche Botschaft, Ulica Joliot Curie 25, 1000 Sofia, ℂ 2/650451

CH: Uliza Cipka 33, Sofia, ℂ 02/443198 oder 443430

Telefon: Nach Bulgarien 00359 vorwählen, umgekehrt nur vom Postamt möglich und anmelden.

Dänemark
Naturräume

Küstenlänge etwa 7500 km, etwa 100 bewohnte Inseln. Keine markanten Gebirgszüge, höchster Punkt 173 m; durchweg leichte kuppenartige bis hügelige Erhebungen.

Radelgebiete

• *Jütland:* interessant, aber windig und oft regnerisch. Buchten, Badestrände, mittelalterlich geprägte Städte, Seenplatte im W, Limfjord im N; Tourenvorschlag: »Alter Heerweg«.

Fünen: sanfte Landschaft, »Garten Dänemarks«, Schlösser, Holzbauten.

Seeland: Buchenwälder, Seen, Landwirtschaft, Badestrände; København und andere historische Städte.

Laesø und Samsø: Strände, landwirtschaftlich geprägt, Ruhe und Beschaulichkeit.

Bornholm: mild, felsig und hohe Klippen im Norden, flach bis hügelig in der Mitte, Sandstrand im Süden. Nette Fischerdörfer, wenig Verkehr.

Klima & Reisezeit

Meeresnähe und schwaches Relief sorgen für ein maritimes Klima mit mäßig warmen Sommern und milden Wintern. Nach Osten hin nimmt der atlantische Einfluß ab, was sich durch geringere Luftfeuchtigkeit, weniger Windbewegung sowie höhere Sonnenscheindauer bemerkbar macht. Im Westen 700 bis 800 mm Niederschlag, im Osten 500 bis 600 mm jährlich.

Der **Wind** bläst meist aus NW/W, bei einer jährlich durchschnittlichen Windgeschwindigkeit von 7,5 m/sec an der Westküste und 5,8 m/sec an der Ostküste. Kleine Wege mit hohen Hecken bieten bei starkem Wind guten Schutz.

Reisezeit: Mai bis September, jedoch gerade im Hochsommer verstärkt Regen in Westjütland. Empfehlenswert sind Juni und September.

Info-Adressen

Dansk Cyklist Forbund DCF, Romersgade 7, DK-1362 København K, ℂ 33/323121. Karte »Radwandern in Dänemark«, 12 DM (für ADFC-Mitglieder 10 DM) und umfangreiche Radlerinfos.

Das FVA gibt eine kostenlose Karte (1:500.000) und die Broschüre »Radferien in Dänemark« heraus.

D: Dänisches Fremdenverkehrsamt, Postfach 101329, Glockengießerwall 2, 20095 Hamburg, ℂ 040/327803. Auch zuständig für A und CH

Dänische Botschaft, Pfälzerstraße 14, 53111 Bonn, ℂ 0228/72991-0

Gesundheit

Es besteht ein Sozialversicherungsabkommen, Ausweis E 111 und Merkblatt der Krankenkasse mitnehmen, Zahnärzte werden jedoch bar bezahlt.

Karten & Reiseführer

Mairs Generalkarte 1:200.000, (4 Blätter), 7,80 DM, sehr gut geeignet für längere Radtouren.

RV , 1: 300:000, 14,80 DM

K+F, 1:300.000, 12,80 DM

Amtl. Kort over Danmark, 1:300.000 (3 Blätter), 9,80 DM

Geodiatisk Instituts, 1:100.000 (33 Blätter, topogr. Karten), 8,80 DM, sehr gut für Regionen, die intensiv beradelt werden sollen.

Danmark Fardselskort, 1:200.000 (18 Kartendoppelseiten, Spiralheftung), 35 DM, 100 DKR

Die beiden letztgenannten Karten sind für ADFC-Mitglieder beim **DCF** oder beim ADFC (s. Radlerinfos) mit Rabatt erhältlich, ebenso eine Cykelferiekort, 1:510.000, mit wichtigen Infos zur Vorbereitung einer Radtour in DK, auch in deutscher Sprache; 12,80 DM bzw. 45 DKR.

Über den DCF des weiteren: Kopenhagen & Umgebung (kostenlos); Bornholm (1:50.000, 40 DKR, Reiseführer & Touren 25 DKR); Fünen (1:100.000, 80 DKR); Jütland, Teilkarten für einzelne Regionen (1:100.000, je 20 DKR) und für den »Heerweg« von Padborg nach Viborg (3 Teilkarten 1:100.000, zusammen 25 DKR).

Reiseführer: Kettler, Dänemark per Rad, ein Fahrradreiseführer von W. Kettler, 24,80 DM

Moby Dick, Fahrradführer Limford, Th. P. Henningsen, 19.80 DM

VSA, Länderreisebuch Dänemark, V. v. Westphal, 32 DM

Mundo, Reisehandbuch Dänemark 39 DM

Straßenverhältnisse

Netz von Nebenstraßen und gut ausgebauten Radwegen entlang von Hauptverbindungsstraßen mit ausgezeichneter, für den Radfahrer günstiger Beschilderung. Rücksichtsvolle Fahrweise der Autofahrer, wenig Verkehr auf Nebenstraßen. Bei Gegenwind können die geraden Hauptstraßen demoralisierend sein. Regenüberzug und warmen Pullover immer griffbereit halten.

Beim Linksabbiegen müssen sich Radfahrer rechts einordnen, bei grün an die rechte gegenüberliegende Straßenecke fahren, dort erneut auf grün warten und dann geradeaus in die angestrebte Richtung weiterfahren.

Achtung: Auf vielen Straßen liegt sehr spitzer Rollsplit, öfter Reifen kontrollieren. Nicht alle Tourenvorschläge aus Prospekten oder Radwanderführern sind mit beladenem Rad zu benutzen, da man manchmal über Sandwege geleitet wird.

Ersatzteile

Ein dichtes Netz von Fahrradläden sichert landesweit die Versorgung. Das Rad sollte mindestens drei Gänge haben, Reifen ab 32 mm Breite.

Radtransport

Bahn: Dänische Eisenbahnen DSB, Generalvertretung Reisebüro Norden, Ost-West-Straße 70, 20457 Hamburg, ✆ 040/3600150. Broschüre: Fahrräder mit der Bahn, *Sparangebot:* Skandinavien-Netzkarte 21 Tage für 462 DM.

Selbstverladung auf/zu bestimmten Strecken und Tageszeiten möglich;

teilweise Reservierung nötig (Preisberechnung nach Zonensystem, eine Zone ca. 3 DM).Grenzüberschreitende Fahrradmitnahme von /nach Hamburg und Berlin möglich.

Aufgabe: zwischen 45 Bahnhöfen möglich; 38 DM. Es gibt eine Kunststoffhülle zum Schutz vor Transportschäden. Rad reist nicht immer im gleichen Zug mit – Wartezeit!

Im Hauptbahnhof København hat die DSB – einmalig in Europa – ein Interrail-Center als Treffpunkt mit Dusch- und Waschgelegenheiten eingerichtet. Interessant für den Radler ist die Pinnwand mit Kontaktadressen und Tips.

Bus: In Überlandbussen ist meist Platz für 3 bis 4 Räder.

Fähren

Sylt/D – Rømø ab 7 DM, Buchung vor Ort

Gelting/D – Fåborg/Fünen ab 4/2,50 DM, Gelting © 04643/793

Kiel/D – Bagenkop/Langeland 7/10 DM, Kiel © 0431/974150

Rostock/D – Gedser/Seeland 11/5 DM mit Europa Linien, © 0381/36631030

Warnemünde/D - Gedser/Seeland ab 11/5 DM, Fährcenter © 0381/51406

Puttgarden/D – Rødbyhavn 10/8 DM, Fähr-Center, Puttgarden, © 04371/2168

Saßnitz/D – Rønne (Bornholm) ab 10/5 DM, Fährcenter © 04371/2168

Rostock/D – Rønne (Bornholm) 90/20 DM, TR-Linie, © 040/3601442

Nach Island, Norwegen, Schweden und Polen siehe dort.

Eine Liste mit den 74 wichtigsten Fährverbindungen von, nach und innerhalb Dänemarks inkl. Reisezeiten, Buchungsadressen und Preisangaben kann man über das FVA beziehen.

Fahrradverleih

Broschüre »Die Bahn besorgt ein Fahrrad« vom DSB. Fünf Vermietbahnhöfe (41 private), wo auch die Räder wieder zurückgegeben werden müssen. Kostet 8 bis 12 DM pro Tag, 32 bis 65 DM pro Woche, Kaution 20 bis 60 DM. Die lokalen Verkehrsämter und die Vandrerhjeme verleihen zum Teil selbst oder helfen weiter.

Übernachten

Camping: Etwa 500 Plätze meist in Küstennähe, kostet etwa 9 DM. Benutzer benötigen eine gültige internationale Campingkarte oder erwerben vor Ort für 6,50 DM einen »Campingpaß«. Liste »Camping in Dänemark« beim Fremdenverkehrsamt. Eine Broschüre »Naturlagerplätze« verkauft der DCF (Bezug über ADFC 10 DM). Freies Campen erlaubt, aber Grundstückseigentümer fragen.

JH: Eine Übernachtung in den etwa 100 Häusern (Wanderheime) kostet 18 bis 21 DM. Keine Altersbeschränkung und in einem großen Teil keine Geschlechtertrennung. Vielfach kann man sein Essen selber kochen. Vom 15.5. bis 1.9. ist Vorausbuchung absolut nötig. Eine Adressenliste verschickt das FVA. Die Organisation Danmarks Vandrerhjem, Vesterbrogade 39, DK-1620 København, © 31/313612, verschickt gratis das Handbuch »Danmarks Vandrerhjem«.

Privatzimmer: Auf Aushänge achten, auch bei Bauernhöfen (man muß meist länger bleiben). Kostet ab 30 DM. Ist ein längerer Aufenthalt mit kleineren Radtouren geplant, sollte man frühzeitig buchen.

Use-it-Büro, Rådhusstraede 13, DK-1466 København, ✆ 33/156518. Verschickt Liste preiswerter Unterkünfte.

Im Sommer können Jugendliche bis 25 in 50 dänischen Gemeinden kostenlos übernachten. Adressenliste bei Ungsomssekretariatet, Hadbjergvej 12, DK-8370 Hadstem, ✆ 86/980265.
Hotels: Verzeichnis vom Fremdenverkehrsamt. »Kro« = Krug: Für Dänemark typisch sind die meist rustikalen Landgasthöfe und kleinen Hotels in der Provinz mit gutem Essen – oft regionale Speisen. Doppelzimmer ab 50 DM. In Hafenstädten sind Somandshjeme eine interessante Alternative.

Geld & Papiere

100 Dänische Kronen kosten zur Zeit 26,40 DM. 1 Krone = 100 Öre. Dänemark ist etwa 20 % teurer als die BRD.

Empfehlenswerte Zahlungsmittel sind DM in bar oder als Reisescheck, sowie das Postsparbuch, an 120 Geldautomaten kann mit EC-Karte abgehoben werden.
Konsularische Hilfe: Deutsche Botschaft, Stockholmgade 57, DK-2100 København, ✆ 31/261622
A: Groningen 5, 1270 København, ✆ 01/124623
CH: Amaliegade 14, 1256 København, ✆ 01/141796

Telefon: Vorwahl nach D 0049, nach Dänemark 0045. Deutschland-Direkt ✆ 800/1/0049

Finnland
Naturräume

4600 km lange, meist flache Küste. Nördlich des Polarkreises hügelig bis gebirgig mit dem finnischen Lappland im Nordwesten. Im Osten das hügelige, mittelfinnische Bergland und im Süden die flache bis hügelige finnische Seenplatte. Daran anschließend die Bottnische (im Westen) und die südfinnische Küstenebene mit vorgelagerten Inseln (Schären).

Radelgebiete

• Geeignet ist die gesamte *Seenplatte,* ein Drittel Finnlands. Hier bietet es sich an, von einem festen Standort aus (Ferienhaus) die Gegend zu erradeln. Fast jede Ortschaft hat ihren eigenen See mit Badeplatz. An der südfinnischen Seenplatte beachtliche, wenn auch kurze Steigungen.

In *Lappland* Wildnis, dünn besiedelte, karge Landschaft. Nahrungsmittelvorräte, Wetter und Kälte bedenken, oft sehr rustikale Unterkünfte. Tankstellennetz (für Kaffeepausen, im Winter unerläßlich) wesentlich dünner. Im Sommer überaus lästige Mückenschwärme.

Ostfinnland bietet besondere Erlebnisse: tiefe Wälder, dunkle Schluchten, ausgedehnte Moore und reißende Flüsse mit kilometerlangen Stromschnellen. Gut für Radtouren sind auch die *Åland-Inseln* und die meisten flachen *Küstengebiete* im Süden und Südwesten.

Klima & Reisezeit

Kaltgemäßigtes kontinentales Klima mit warmen Sommern und strengen Wintern, im Norden mit subpolaren Zügen. Die Niederschläge (im Norden durchschnittlich 400 mm, im Süden 700 mm) fallen zu einem Drittel als Schnee, der im Süden circa 80 Tage und im Norden etwa 250 Tage liegt. Die Winter sind sehr lang, die Sommer nur etwa 2 Monate kurz. Im Sommer öfter kurzer, leichter Regen.

Hauptwindrichtungen: Im Norden aus S, an der Westküste vorwiegend aus SW, im Sommer aus NW, an der Südküste aus S bis SW, bei einer jährlich durchschnittlichen Windgeschwindigkeit von 3,0 m/sec im Norden und 3,8 m/sec. an der West- und Südküste.

Da Finnland durch die Berge Norwegens und Schwedens vor dem Atlantik geschützt ist, gibt es wenig starke Winde.

Reisezeit: Mitte Juni bis Mitte August, Lappland am besten nur im Juli. Im September erste Nachtfröste, dann allerdings kaum noch Mücken. 22./23.6. Mittsommerfeste. Beste Reisezeit für eine Wintertour: Mitte Februar bis Anfang April, denn auf Schnee läßt es sich besser fahren als auf Eis und vereisten Spurrillen. Häufig starker Ostwind, aber die trockene Kälte ist weniger unangenehm.

Info-Adressen

Helsingin Polkupyöräilijähdistys, c/o J. Henriksson, Leilankuja 4B18, SF-02230 Espoo (Radlervereinigung)
D: Finnisches Fremdenverkehrsamt, Darmstädter Landstraße 180, 60598 Frankfurt a.M., ✆ 069/9612360
CH: Finnische Zentrale für Tourismus, Schweizergasse 6, 8001 Zürich, ✆ 01/ 2111340
Finnland-Info, Avenariusstraße 13, 22587 Hamburg, ✆ 040/869651, verschickt für 25 DM das »Suomi-opas« (Finnland-Handbuch, 600 S.), mit allen nötigen Infos über Geschichte, Kultur, Sehenswürdigkeiten, Übernachtung etc.

Die *örtlichen* Fremdenverkehrsämter heißen »Matkailutoimisto«.

Finnische Botschaft, Friesdorfer Straße 1, 53173 Bonn, ✆ 0228/ 311033. Generalkonsulat in Frankfurt a.M.

Reisepaß und Visum sind erst ab 3 Monaten Aufenthalt erforderlich. Ansonsten genügt ein gültiger Personalausweis. Promillegrenze: 0,5

Gesundheit

Abkommen über soziale Sicherheit, Anspruchsberechtigung SF/D 111 und Merkblatt der Krankenversicherung mitnehmen. In den Sommermonaten sind Mückenschutzmittel notwendig. Wer auf Mückengift allergisch reagiert, sollte lieber woanders hinfahren.

Karten & Reiseführer

Suomen Tiekartta: Vägkarta over Finland (GT-Karte), 1:200.000, 19 Blatt, je 19,80 DM. Sehr gut, klassifizierte Straßenkarte mit Infos über Straßenbeschaffenheit, Höhenlinien, Fähren, Campingplätze etc.; zu beziehen über Nordis-Verlag, Monheim
K+F Straßenk., 1:400.000, 3 Bl. à 16,80 DM

RV, 1:800.000; 14,80 DM
Große Shellkarte 1:750.000; 12,80 DM
Karttakeshus Autokarte, 1:800.000
(Angaben über Straßenbelag, Campingplätze etc); 16 DM
Reiseführer: *Peter Meyer Reiseführer,*
Finnland – Praktischer Natur- und
Kulturführer durch das Land der
1000 Seen, von Rasso Knoller, der 2
Jahre in Helsinki als Rundfunkjournalist gearbeitet hat und mit Sympathie von den Finnen und ihrem Land
berichtet. 32 DM
Im Nordis-Verlag erschienen vier verschiedene Reiseführer mit Orts- und
Routenbeschreibungen, 22 bis 30 DM.
DuMont Richtig reisen, Finnland,
von R. Dey, 44 DM

Straßenverhältnisse

Im Süden meist asphaltiert, im Norden alle Nebenstraßen mit Kies- und
Schotterbelag (Achtung Speichenbrüche). Dort sind Mountain-Bike-Reifen sinnvoll, Reifenbreite mindestens 32 mm. Wenig befahrene Straßen. Im Winter unbedingt
Spike-Reifen aufziehen.

Ersatzteile

Dünnes Netz von Läden, Spezialteile
nur in großen Städten, häufiger 26-Zoll-Reifen. Benzinkocher zu empfehlen.

Radtransport

Bahn: Staatl. Finnische Eisenbahn,
Vilhonkatu 13, Postfach 488, SF-00101 Helsinki 10, ✆ 080/7071. Skandinavien-Paß 21 Tage 462 DM.
Selbstverladung kostet im Nahverkehr 6 DM, im Fernverkehr 12 DM,
allerdings nicht in Schnell- und Inter-city-Zügen, *Aufgabe* ist an 24 Bahnhöfen möglich. Ein bis zwei Tage vorher aufgeben. Kostet ebenfalls 12 DM.
Bus: Oy Matkahuolto Ab, Zentrale,
Lanttasaarentie 8, Helsinki, ✆ 0/6922088. Das Liniennetz ist wesentlich dichter als das der Bahn. Landesweit einheitliche Fahrpreise, deshalb
lohnend: 1000-km-Karte/14 Tage/110
DM; auch Fahrradmitnahme möglich,
besonders in Lappland. Wegen
schlechter Straßen sind dabei Beschädigungen möglich.

Fähren

Fahrradtransport ist auf allen aufgeführten Linien gratis! Für Mitglieder
des DJH-Verbandes gibt es auf der
Strecke Travemünde – Helsinki eine
Ermäßigung.

Travemünde/D – Helsinki 115;
Stockholm/S – Helsinki 125; Stockholm – Turku ab 31; Sundsvall/S –
Vaasa ab 42; alle zu buchen über Silja-Line, Lübeck, ✆ 0451/ 58990.

Stockholm – Helsinki ab 30; Viking-Line, Lübeck, ✆ 04502/ 4097.

Danzig/PL – Helsinki 118 DM/frei,
Poseidon, Lübeck, ✆ 0451/ 15070

Talinn/Estland – Helsinki 44 DM/frei, ENL, Helsinki, ✆ 90/ 6802499

Åland – Turku 9 DM. Kurzfähren
sind im Binnenland meistens kostenlos.

Fahrradverleih

Räder können in einigen Hotels, Feriendörfern, Jugendherbergen, Tourist-Büros und Campingplätzen, vor allem
im Süden, gemietet werden, 15 bis 22
DM pro Tag, 70 bis 120 DM pro Wo-

che. Achtung: Räder sind nicht tourentauglich!

Übernachten

Zu berücksichtigen ist, daß das Land sehr dünn besiedelt ist. Das FVA verschickt eine Broschüre »Günstig übernachten« mit einer Liste der Campingplätze, JH und Sommerhotels. Erhebliche Ermäßigungen gibt es für Studenten, Jugendliche und Schüler mit entsprechenden Ausweisen.

Camping: Die 360 Campingplätze liegen fast ausschließlich im Süden, einige aber auch in Lappland; 15 bis 30 DM pro Tag je nach Kategorie. Campingpaß (4 DM) oder Intern. Campingausweis erforderlich. Freies Campen auf Nachfrage beim Besitzer.

JH: Etwa 155 JH (oft mit Sauna), davon sind 100 nur im Sommer geöffnet. Nördlich des Polarkreises nur 20 Häuser. Keine Altersbeschränkung, Familienzimmer, teilweise Selbstversorgung möglich. Die Übernachtungspreise variieren zwischen 13 und 35 DM. Vorausbuchungen (im Winter obligatorisch): Hostel Booking Centre, Yrjönkatu 38b, Helsinki, ℅ 0/6940377. Hier gibt's auch ein detailliertes Verzeichnis aller Jugendherbergen. Kostenlose Broschüre »Von JH zu JH« mit Tips für Radtouren.

Sommerhotels sind von Juni bis August in den Unistädten geöffnete Studentenwohnheime, ab 25 DM.

Privatzimmer ab 20 DM Bauernhäuser, Ferienhütten und B+B: Liste beim FVA, ab 35 DM.

Hotels sind mit 60 bis 100 DM/DZ recht teuer.

Geld & Papiere

100 Markka kosten 31 DM, 1 Markka = 100 Penni. Die Kaufkraft der DM entspricht etwa derjenigen in D. Empfehlenswerte Zahlungsmittel: DM in bar, als Reiseschecks, Postsparbuch, Euroschecks.

Konsularische Hilfe: Deutsche Botschaft, Fredrikinkatu 61, Helsinki, ℅ 6943355

A: Esplanadikatu 18, Helsinki, ℅ 90/173322

CH: Kudenmaankatu 16 A, Helsinki, ℅ 90/649422

Telefon: Selbstwahl von Finnland nach D 99049, umgekehrt 00358. Deutschland-Direkt ℅ 9/800/10/490

Frankreich
Naturräume

Nordküste: von Calais bis zur Loire felsig und buchtenreich.

Südliche Atlantikküste: meist flache Dünenlandschaft.

Riviera: im Osten gegliederte Steilküste, im Südwesten Lagunenlandschaft.

Binnenland: eine Vielzahl von Einzellandschaften mit steilen alpinen Gebirgen (Alpen, Pyrenäen), Mittelgebirgen (Zentralplateau, Cevennen, Morvce, Jeuce, Vogesen, Ardennen), Grabenzonen (Rhône-Saône-Senken, Oberrheingraben) und ausgedehnten Ebenen (Landes, Languedoc, Rhônedelta).

Die *Zentrallandschaft* des Pariser Beckens wird eingerahmt von hügeligen Mittelgebirgslandschaften (Normandie/W, Picardie und Artois/N, Champagne/O, Berry und Touraine/S). Daran schließen sich im Osten Lo-

thringen, die Vogesen, das Elsaß und Burgund mit ihren Kammgebirgslagen, im Westen die hügelige Bretagne und das flach auslaufende Loirebecken an.

In *Südfrankreich* wird das teilweise steile Kernstück des Massiv Central eingerahmt im Osten von den französischen Alpen, im Südosten von den Cevennen, im Westen von zum Atlantik auslaufenden Flußlandschaften.

Radelgebiete

Normandie: mäßig hügelig, Landwirtschaft.

Bretagne: steile, kurze Steigungen, im Inneren weich gewellte, parkartige Landschaft mit ruhigen Straßen. Reizvoll zerklüftete Steilküste, berühmte Hünengräber, traditionsbewußter Landstrich. Beständig Westwind, gerade im Frühjahr rasch wechselndes Wetter.

• *Loiretal:* Das flache Tal ist einer der reizvollsten Wege, Frankreich zu entdecken. Es führt den Radler am Wasser entlang. Neben unzähligen Flüssen gibt es ein weit verzweigtes Kanalnetz (z.B. Canal du Midi, C. de la Marne, C. du Rhône au Rhin) mit schmalen Uferwegen, fast ohne Verkehr – ideal! Kunstgeschichtlich Interessierte sollten für die vielen Renaissance-Schlösser einen tauglichen Reiseführer mitnehmen. Im Sommer zeitweise Radtouren-Highway, evtl. auf das ruhigere Vallée du Loir ausweichen.

• *Vogesen/Elsaß:* buckelige Straßen, gesäumt von Weinbergen.

Jura: mäßige Steigungen zwischen weitgehend parallelen Höhenzügen, ausgedehnte Wälder, tief eingeschnittene Flußtäler. Leckere Käse (Comté) und Weine (Côtes de Jura).

Französische Alpen: höchste fahrerische Ansprüche, spektakuläre Landschaft, gute Ausblicke, viele Pässe, oft lange verschneit.

Seealpen: nur für trainierte Radler, sehr anstrengend, aber mit lohnenden Ausblicken, über 2000 m. Für Abfahrten warme Sachen und Mütze mitnehmen.

Zentralmassiv: steil und kurvig bis 1200 m, mit ehemaligen Vulkankegeln. Reisezeit erst ab Ende Mai, vorher Schnee und empfindlich kühl.

Perigord: Paradiesische Flußlandschaften, Dordogne, Vézèreen, Ur-Höhlen.

Ardèche: Flußschlucht der Ardèche, Hochplateau mit ausgedehnten Eßkastanienwäldern, einsame Landschaften und Täler.

• *Provence:* Ständig variierende Landschaft, viele historische Baudenkmäler, Grand Canyon, in der Camargue Mistralwind aus W bis SW.

• *Languedoc-Roussillon:* Bekannt durch lange Sandstrände und Feriensilos am Mittelmeer, das ruhige Hinterland ist für den sportlichen Reiseradler geeignet. Scheinbar niedrige Höhen erfordern einige Anstrengung. Trockene Karstlandschaften wechseln sich ab mit Pinien- und Kastanienwäldern, Flußtäler werden durch die Kalkberge zu engen malerischen Schluchten. Einsame Bergdörfer locken ebenso wie manch erfrischendes Flüßchen.

Pyrenäen: Radbergsteigen, teils Schnee bis Anfang Juni. Infos über Pyrenäenstrecken: Cyclo club Bernais, F-64000 Pau

Paris: Radfahrer sind hier eher Rarität, der Radler darf sich dabei sicherlich zur Avantgarde im »Kampf« um eine humane Stadt zählen. Es macht Spaß, man sieht vieles, was sonst eher im Verborgenen bleibt. (Verleih: ab 10 DM pro Tag, 40 DM pro Woche bei Authothèque 80, rue Montmartre; Cooper, 37 rue de Trébois, la maison du vélo 8, rue de Beleunce; Paris Velo, 2 rue du Fer-à-Moulin, ✆ 01/43375922.

Klima & Reisezeit

Ausgewogenes gemäßigtes Klima mit milden Wintern und warmen Sommern. An der Atlantikküste ozeanisch feucht und kühl, im N kühl und rauh. Im Ostteil kontinental. Am Mittelmeer regenreiche Winter und trockenwarme bis heiße Sommer; Niederschlag im atlantisch-feuchten Westen häufiger als im Landesinneren, nimmt in den Hochlagen des Ostens wieder zu.

Hauptwindrichtungen: An der Atlantikküste aus W, im Elsaß aus Süden, im Massiv Central von April bis August aus N, sonst aus S. An der Mittelmeerküste aus N bis NW, sonst aus SW, bei jährlich durchschnittlicher Geschwindigkeit von 4,5 am Atlantik, 3,9 im Elsaß, 3,1 im Massiv Central, 4,4 am Mittelmeer.

Besondere Winde: *Vent d'Espagne* (Ost-Pyrenäen, Roussillon): Feuchtwarmer SW-Wind, von Regen und Gewittern begleitet.

Ayalas (Zentralmassiv, Südfrankreich): Warmer und oft stürmischer Südostwind, der im Frühjahr den Schnee rasch schmelzen läßt und von reichlichen Niederschlägen begleitet ist.

Brises solaris (Provence): Tageszeitlich wechselnde, umlaufende Winde an der Küste, die hier vor Sonnenaufgang schwach aus NO wehen, dann auffrischend auf SO bis SSO (Beginn des Seewindes) drehen, mittags von S bis SSW kommen und gegen Abend fast aus W wehen.

Mistral: Rauher, meist trockener und kalter Nord- bis Nordwestwind, der besonders durch das Rhônetal mit seiner verstärkenden Düsenwirkung in heftigen Windstößen in die Camargue herabweht. Seine größte Häufigkeit erreicht der Mistral im Winter und Frühjahr.

Marin (Südfrankreich): Feuchtwarmer Süd- bis Südostwind der Mittelmeerküste; meist von Regen, Gewitter und diesigem Wetter begleitet.

Narbonés (Roussillon, Ost-Pyrenäen): Als heftige Nordwinde auftretende Kaltlufteinbrüche.

Traverse (Südosten): Kräftige, meist böige, im Sommer feuchtwarme, im Frühjahr und Winter feuchtkühle Winde aus westlichen Richtungen.

Reisezeit: Ende März bis Anfang November, je nach Region, z.B. Blütezeit in der Bretagne und Normandie im April/Mai. Im Juli und August, besonders um den und ab dem Nationalfeiertag 14. Juli ist infolge der französischen Schulferien oft alles überfüllt. Die Weinernte im Herbst bietet Gelegenheit zum Jobben.

Info-Adressen

Fédération Française des Usagers de la Bicyclettes, 4 rue Bruelée, F-67000 Strasbourg

Fédération Française de Cyclotourisme, 8 Rue J.-M. Jego, F-75013 Paris, ℡ 01/45803021: Veranstaltungskalender für Radtouren, zweimal jährlich erscheint ein Handbuch empfohlener Unterkünfte.

Touring Club de France, 6 – 8 Firmin Gillot, F-757337 Paris Cedex 15, ℡ 01/5322215, oder 65 rue de la Grande Armée, F-75016 Paris: Routenbeschreibungen auch für Radler.

Association Française de Mountain-Bike, 3 Villa des Sablorn, 92200 Neuilly-sur-Seine, ℡ 01/46244853

Die **Fremdenverkehrsämter** versenden Infomaterial und regionale Unterkunftslisten:
D: Französisches Verkehrsbüro, Westendstr. 47, 60325 Frankfurt a.M., ℡ 069/7560830. Die gute Broschüre *Kanu- und Radwandern in Frankreich* mit ausführlicher Beschreibung einiger Radelgebiete macht Appetit

auf mehr; ausführliche Hinweise auf lokale Radtouren, Verleihstationen, organisierte Radwanderungen etc. Einige regionale Touristenvereinigungen geben Broschüren mit dem vielversprechenden Titel »Tourisme vert« heraus. Meist sind dies Verzeichnisse einfacher, ländlicher Unterkünfte.
A: Französisches Fremdenverkehrsamt, Hilton Center, 1030 Wien, ℡ 01/7157062
CH: Franz. Verkehrsbüro, Bahnhofsstr. 16, 8022 Zürich, ℡ 01/2113085

Die *örtlichen* Fremdenverkehrsämter heißen Offices du Tourisme oder Syndicat d'Initiative.

Comité Départemental du Tourisme, 21 Cours de l'Indépendance, F-33075 Bordeaux, verschickt gegen 20 FF (Geldschein oder Internationale Antwortscheine) 44 Radtourenbeschreibungen und einen Kartennachweis.

Französische Botschaft, Kapellenweg 1a, 53179 Bonn

Gesundheit

Es gibt ein Sozialversicherungsabkommen, Anspruchsberechtigung und Merkblatt von der Krankenkasse mitnehmen.

Karten & Reiseführer

Es gibt Übersichtskarten über 1:500.000 im deutschen Buchhandel (Touristikkarte 1:600:000 beim FVA), gute Straßenkarten sind in Frankreich billiger:

Michelin 1:200.000, 36 Blätter à 6,80 DM; insgesamt billiger, aber etwas unhandlicher sind die 16 großen Regional-Blätter à 12,80 DM in D, in

F die Hälfte. Für Reiseradler nicht zu überbieten!

IGN-Karten (Institut Geographique Nationale), série rouge: 1:250.000, 16 Blätter, je 10,80 DM

IGN série verte: 1:100.000, 74 Blätter, je 10,80 DM. Sehr genau, auch mit Waldwegen, aber wegen des kleinen Ausschnittes eher für Radwanderer, die in einem festen Gebiet bleiben.

Reiseführer: Hayit, Kulturknigge Frankreich, E. Passet, 34,80 DM

DuMont-Kunstreiseführer für 16 verschiedene Regionen, 44 DM.

Piper, 21 mal Frankreich, Krahmer/Müller-Marein, 26,80 DM. Ein differenziertes und lebendiges Bild einzelner Regionen

Rowohlt Anders reisen, Frankreich, G. Liehr, 19,80 DM. Viel Hintergrund und Hinweise auf Wandlungsprozesse und Konflikte in Politik, Alltag und Kultur

Kompass, Radtouren durch Frankreich, E. Lamers, 24,80 DM

Kettler, Ost-, Süd- und Nordwest-Frankreich per Rad: Fahrradreiseführer von W. Kettler, je 24,80 DM

BLV, Radurlaub in Frankreich, S. Madron, 26 DM

Peter Meyer Reiseführer, Paris – Praktischer Kulturreiseführer für Schwärmer und Kurzentschlossene, Josef Petro & Pascal Varejka, 29,80 DM.

Zu Korsika siehe dort.

Straßenverhältnisse

Radfahrer-Atmosphäre: Landschaftsvielfalt, viele Nebenstraßen, Straßencafés. Fahrradfahren genießt ein gewisses Ansehen, allerdings nur als spritzig sportliche Betätigung. Dichtestes Netz von Nebenstraßen in Europa (D/Départementstraße: ruhig, meist guter, ab und an aber auch etwas rauher Belag; N/Nationalstraße: meiden, Radfahren wird zum Streß). Die Beschilderung ist ausgezeichnet, Straßen sind numeriert. Die Bezeichnungen in den einschlägigen Karten stimmen mit den Straßennumerierungen überein. »Routes Forestière« sind für den Forstbetrieb angelegt und dürfen auch von Radfahrern benutzt werden. Über Schneeverhältnisse auf den Paßstraßen informiert der ACF, ✆ 01/4265370.

Ersatzteile

Auch in abgelegenen Gebieten meist sehr gute Versorgung, Nachfragen lohnen sich auch in Auto- und Motorradwerkstätten.

Radtransport

Die **Bahn** versendet die Broschüre *Guide Train et Vélo.*

D: SNCF-Generalvertretung, Westendstraße 24, 60325 Frankfurt a.M., ✆ 069/ 728444

CH: SNCF, Effinger Straße 31, 3001 Bern, ✆ 031/251103

Sparangebote: Netzkarte 353 DM für 5 Tage, 554 DM für 10 Tage innerhalb eines Monats. Billet séjour 25 % Ermäßigung bei über 1000 km.

Aufgabe: Das Rad kostet als Reisegepäck pauschal etwa 40 DM mit und 55 DM ohne Transportschutz. Man muß dazu 30 bis 60 Minuten vor der Abfahrt am Schalter »Baggages« mit der Fahrkarte erscheinen.

Selbstverladung: In etwa 2000 lokalen Zügen, die im Kursbuch mit einem Fahrradsymbol gekennzeichnet sind, kostenlos möglich, versuchsweise jetzt auch in einigen Schnellzügen von Paris.

An 150 Bahnhöfen gibt es für 5 DM einen speziellen Fahrradkarton.

Wer mit Zug und Rad über Paris kommt, sollte in Paris selbst mit dem Fahrrad von einem Bahnhof zum anderen fahren. Das ist zwar teurer, da unter Umständen zweimal Beförderungsentgelt berappt werden muß, spart aber Zeit und Nerven.

Grenzüberschreitende Selbstverladung ist von Offenburg nach Straßburg und auf der Strecke Forbach - Frankfurt/M. bzw. Karlsruhe möglich, von den NL siehe dort.

In den Sommermonaten (Mai bis Oktober) bestehen Direktverbindungen von Boulogne (Nord-Frankreich, Nähe Calais) nach Bordeaux, Biarritz, Brive und Narbonne. Über Nacht werden Rad (in Spezialwaggons) und Radfahrer (Liege- oder Schlafwagen) zum Zielort transportiert. Genaueres bei der SNCF.

Bus: Fahrradmitnahme in Überlandbussen besonders in Südfrankreich möglich.

Anreise mit Bus über Velomobil, ADFC Bremen, siehe Seite 14.

Fähren

Nach Korsika, Marokko, Algerien, Tunesien, England, Irland siehe dort.

Fahrradverleih

«Location des bicyclettes» bei vielen Fahrradgeschäften, Hotels, Feriendörfern. Radfahrbroschüre beim FVA erhältlich.

SNCF (Broschüre *Train et Vélo*): an 98 Bahnhöfen, 1000 FF Kaution, Preise je nach Dauer und Radtyp 10 bis 15 DM pro Tag.

Übernachten

Camping: Konzentriert an der Küste und in den Touristenregionen, 7000 offizielle, viele ruhigere Camping à la ferme (Bauernhöfe, Verzeichnis bei Gîtes de France, Sachsenhäuser Landwehrweg 108, 60598 Frankfurt a.M., für 16,00 DM) oder städtische Air naturelle, pro Einheit durchschnittlich 3 DM, die meisten Plätze haben nur in der Saison von Juni bis Oktober geöffnet, freies Campen auf Nachfrage möglich. Eine Liste mit über 8500 Adressen ist erhältlich bei der Féderation Française de Camping, 78 Rue de Rivoli, F-75004 Paris, ✆ 01/42728408, oder 22 Avenue Victoria, 75001 Paris.

JH: 350 Herbergen, Übernachtung zwischen 9 und 13 DM, ungleichmäßig über das Land verteilt, keine Altersbegrenzung, meist Selbstverpflegung möglich.

Achtung: Unterschied von Jugendherberge und Jugendhotel! Das Jugendhotel ist teurer, aber wesentlich angenehmer, sauberer, freundlicher.

Fédération unie des Auberges de Jeunesse, 27 rue Pajol, 5018 Paris, ✆ 01/46470001 und Ligue Francaise pour les Auberges de la Jeunesse, 38 bd. Raspail, 75007 Paris, ✆ 01/45486984. Beide Organisationen verschicken ihre Verzeichnisse.

Informationen über in den Semesterferien freie **Studentenwohnheime** erhält man unter dem Titel »Reiseinformationen der Studentenwerke in

Dordogne: Zwischen Paradies und Technik

Frankreich« vom Deutschen Studentenwerk e.V. für 3 DM. Aufgrund eines Sozialabkommens mit Frankreich ist man mit einem deutsch-französischem Studentenausweis besser bedient als mit einem internationalen, für 3 DM beim Studentenwerk.

Gîtes ruraux sind ländliche Ferienwohnungen. Informationen und Verzeichnis bei Fédération nationale de gîtes ruraux de France, 35 rue Godot-de-Mauroy, 75009 Paris, ✆ 47422543.

Gîtes d'Etape: Umgebaute Bauernhäuser mit einfachem Standard und Selbstversorgung. Aufenthalt längstens 3 Tage, ähnlich Naturfreundehäusern (8 – 12 DM).

Lohnenswert ist der Unterkunftsführer »Gîtes et réfuges en France« von S. und A. Mouraret, mit über 1600 Adressen (Édition Créer, rue Jean Amariton, 63340 Nouette, 85 FF). Das Verzeichnis »Campings à la ferme Gîtes d'étape« gibt's für 16,00 DM bei Gîtes de France, Sachsenhäuser Landwehrweg 108, 60598 Frankfurt, ✆ 069/683599.

France-Reisen, Theresienstraße 19, 80333 München, ✆ 089/288237, verschickt gegen 5 DM in Briefmarken ein Adressenverzeichnis von »Café Covette«-Möglichkeiten (Bed + Breakfast).

Zimmer: (Chambres, Auberge, Hôtel): in der unteren Kategorie (1*) oft preisgünstig (ab 20 DM), Hotelführer beim FVA kostenlos erhältlich. Mittlerweile hat fast jede größere Stadt Frankreichs die zweifelhafte Ehre, ein »Formule 1«-Hotel aufzuweisen. 150 solcher »Plastikhotels« stehen an den Ausfallstraßen meist in Autobahnnähe. Einziger Vorteil ist der Preis (130 F) für ein DZ.

Geld & Papiere

100 Franc kosten 30 DM. 1 Franc = 100 Centimes. Die Kaufkraft der DM entspricht in Frankreich derjenigen in D. Korsika ist ein wenig teurer.

Empfehlenswerte Zahlungsmittel sind FF-Reisechecks, das Postsparbuch, sowie DM und FF in bar.

Zur **Einreise** genügt der Personalausweis. Österreicher benötigen ein Visum. Promillegrenze 0,8

Konsularische Hilfe: Deutsche Botschaft, Avenue Franklin D. Roosevelt 13 – 15, F-75008 Paris, Telefon 0033/1/2997800; Rechts- und Konsularabteilung, 34 Av. d'Iéna. Generalkonsu-

late in Bordeaux, Lille, Lyon, Marseille, Nancy und Strasbourg
A: 6 rue Falbert, 75007 Paris, ℂ 01/45559566
CH: 142 rue de Grenelle, 75007 Paris, ℂ 01/45503446
Telefon: Von Frankreich nach D zunächst 19 wählen und Ton abwarten, dann 49 und die Ortsnetzkennzahl ohne die Null am Anfang. Umgekehrt 0033. Deutschland-Direkt ℂ 19/0049

Korsika

Auf der französischen Mittelmeerinsel Korsika werden Fahrradreisen immer beliebter. Hauptsächlich entlang der Küste begegnet man immer wieder Radlern jeden Alters mit dicken Satteltaschen. Wer die Insel umrunden will, muß sich auf kurze Tagesetappen einstellen und sehr viel Kondition mitbringen. Eine Umrundung im Uhrzeigersinn ist angenehmer: Die relativ reizlose, aber flache Ostküstenstrecke zum »Einfahren«, dabei kann man einen Schlenker über Corte einbauen. An der anstrengenden, kurvigen Westküste fährt man dann auf der Innenseite und nicht am Abgrund. Dabei hat man auf den schwierigen Streckenabschnitten meistens die Sonne und den Südwestwind im Rücken. Inklusive Cap Corse knapp 800 km, mindestens zwei Wochen. Gut konditionierte Fahrer können die Castagniccia, Gebirgsstrecken durch das Landesinnere und die südliche Balagne einbauen. Im Gebirge gibt es weniger Autos, es ist kühler, grüner und schattiger, und baden kann man in den herrlichen Bergbächen. Sie brauchen bei einer ausgedehnten Tour über die ganze Insel mindestens drei, besser aber vier Wochen mit einigen Ruhetagen. Kürzere Rundkurse bieten sich beispielsweise ums Cap Corse, durch die Castagniccia, über die Höhen- und Küstenstraße der Balagne, durch den Inselsüden bei Bonifacio und Porto-Vecchio oder durch die Cinarca an.

Klima & Reisezeit

Die Sommer sind heiß und trocken, im Frühjahr und Herbst gibt es oft überraschende Schauer.
Hauptwindrichtung: Im Sommer aus SO, sonst aus SW, bei jährlich durchschnittlicher Geschwindigkeit von 2,2 m/sec. An der Süd- und Nordspitze oft heftige Düsenwinde von W.
Reisezeit: von der zweiten Aprilhälfte bis Ende Juni (dann blüht die Macchia) oder im September.

Info-Adressen

FVA: Comité Régional du Tourisme de Corse, 22 Cours Grandval, B.P. 19, F-20176 Ajaccio, ℂ 095/510022 (verschickt u.a. Hotelverzeichnis).

Karten & Reiseführer

Michelin Nr. 90, 1:200.000, 6,80 DM: gute Übersichtskarte mit aktuellen Straßenzuständen

IGN Blatt 73 und 74, 1:100.000, 10,80 DM: gut für Radfahrer in Kombination mit Michelin

Didier & Richard/IGN 1:50.000, Blatt 20 & 23; je 22 DM: Wanderkarten, geeignet für MTBler und die Berge, die Küsten fehlen darauf.
Reiseführer: Kettler, Korsika per Rad, Thöne/Kettler, 19,80 DM

Peter Meyer Reiseführer, Korsika – Reisehandbuch für Bade- und Aktivurlaub, Peter Meyer, 1994, 36 DM. Hervorragender Komplettführer mit vielen Hinweisen für Wanderer, Reise- und Ausflugsradler; Beschreibung aller Campingplätze, viele preiswerte Herbergen. Einfühlsam beschreibt der Verleger Land und Leute, Kultur und Geschichte seiner Lieblingsinsel.

Straßen & Versorgung

Die Straßen sind im Landesinneren mit Ausnahme der Hauptverkehrsachse Bastia – Ajaccio noch weniger befahren als auf dem Rest der Insel. Der Belag ist oft sehr rauh, im Gebirge muß man mit Frostaufbrüchen rechnen, mittlere bis breite Reifen sind also angeraten. Man sollte sein Rad mit einer bergtauglichen Gangschaltung mit kleinen Übersetzungen ausgestattet haben.

Die Lebensmittelversorgung ist entsprechend der Bevölkerungsdichte stellenweise sehr dünn. Besonders Brot erhält man in kleinen Bergdörfern nur nach Bestellung am Vortag.

Ersatzteile

In den Städten Bastia, Calvi, Ajaccio und evtl. noch Corte kann man mit guter Ersatzteilversorgung rechnen, diejenigen mit einem französischen Rad sind besonders gut dran. Im Zweifelsfall lohnt auch die Nachfrage in Auto- und Motorradwerkstätten.

Radtransport

Bahn: Die korsische Schmalspur-Eisenbahn (Chemins de Fer de la Corse, B.P. 170, 20294 Bastia, ☎ 95/326006) hat eigene Tarife, daher gelten die französischen Netztickets und Ermäßigungen hier nicht. Die abenteuerliche Gebirgsbahn erspart als »Fahrradlift« manche Anstrengung.

Bus: Mitnahme auf Nachfrage beim Busfahrer auf den von großen Linienbussen befahrenen Hauptstrecken möglich; im Bergland und an der Westküste sehr dünne Verbindungen.

Fähren

Von La Spezia oder Livorno/I mit Moby Lines nach Bastia ab 37/frei, von Genua 42/frei; Buchung: Seetours, Frankfurt a.M., ☎ 069/1333260

Von Marseille oder Nizza zu allen korsischen Fährhäfen einheitlich 78/20 DM bzw. 70/9 DM mit SNCM, Eschborn, ☎ 06196/42911.

Für jede Passage von oder nach Korsika wird zusätzlich eine »Grenzsteuer« von 9 DM erhoben.

Fahrradverleih

In den Ferienorten ab 60 FF pro Rad und Tag. Fahrrad-Verleihfirmen unter anderem in Bastia, Porticcio, Porto-Vecchio, Saint Florent, Ile Rousse, Calvi und Ajaccio.

Griechenland

Naturräume

Griechenland ist das am stärksten zergliederte Land Europas mit der deutlichsten mediterranen Ausprägung. Die Küste ist felsig mit tief eingeschnittenen Buchten, das Landesinnere besteht meist aus waldlosen, stark verkarsteten und schroffen Gebirgszügen.

Norden: Epirus, Thessalien, Makedonien, Thrakien, Insel Korfu, nördliche Inseln der Ägäis.

Mitte: Attika (mit Athen), Böotien, Phobis, Ätolien, Akarnien, Euböa, Salamis, Ägina, sowie die ionischen und ägäischen Inseln.

Süden: Peloponnes und die südionischen Inseln, die südlichen ägäischen Inseln, sowie Kreta u. Rhodos.

Im Westen liegen die Gebirge meistens zu den Küsten parallel (Hauptzug Pindos bis 2600 m hoch) und setzen sich über den Peloponnes bis Kreta fort.

Im Osten wie am Nordrand der Ägäis kräftige Hebungen und Senkungen mit zahlreichen kleinen Beckenlandschaften. Der 2911 m hohe Olymp stellt die höchste Erhebung Griechenlands dar. Oft haben kleine Flüsse tiefe Schluchten eingeschnitten und an ihren Mündungen weite Schwemmebenen aufgeschüttet. Vereinzelt trifft man auch auf kleinere Senken mit Seen.

Radelgebiete

Griechenland ist besonders geeignet für Leute, die gerne träumen, Romantik lieben und Radfahren bei großer Hitze zwischen Bergen, Seen und Küstenstreifen genießen. Es gilt zu bedenken, daß 80% des Landes aus Bergen und Abhängen bestehen und lange Steigungen keine Seltenheit sind.

Makedonien-Thrakien: Historisch und landschaftlich reizvolle Küstenregionen mit gebirgigem, fahrerisch sehr anspruchsvollem und vielfach unberührtem Hinterland.

• *Peloponnes:* Arkardisches Hochland, schöne leere, aber schwer erreichbare Strände. Sehenswert der Kanal von Korinth, Mykene, Epidaurus, Navplion und die antiken Sportstätten von Olympia.

Epirus/Pindos: Bergradtouren durch die Wildnis, gut für Mountain Bikes, »off-road« ist jedoch für einen sensiblen und naturverbundenen Radler tabu. An der Küste flach.

Thessalien/Zentral-Griechenland: Die fruchtbare thessalische Ebene ist von Gebirgszügen eingerahmt. Interessant ist es, dem Pinios-Fluß zu folgen und/oder eine Vielzahl historischer Stätten zu besuchen. Die Athos-Klöster können nur von Männern besucht werden, an ihnen nagt aber zunehmend der »Zahn des Massentourismus«. Auch im Parnassos-Gebirge läßt sich anstrengendes Bergradeln mit Historie (z.B. Delphi) verbinden.

Ionische Inseln/Korfu, Ägäische Inseln, Rhodos, Kreta: Am besten außerhalb der Saison, nach Kreta schon im Februar und März. Oft sind nur kurze Touren möglich. Auf Rhodos viel Kopfsteinpflaster. Interessant und preiswert ist das »Inselhüpfen« mit kleinen Fähren (Plan/Infos beim FVA).

Klima & Reisezeit

An der Küste und im Landesinneren ausgeprägtes Mittelmeerklima mit heißen, trockenen Sommern und milden, regnerischen Wintern. Durchschnittlicher jährlicher Niederschlag circa 400 mm, Temperatur im Sommer meist über 35°C (vereinzelt an der Küste kühler, teilweise Wärmegewitter, in den großen Städten im Juli und August unerträglich heiß). An der Luv-Seite im westlichen Griechenland intensive Niederschläge (bis zu 1500 mm durchschnittlich). Im Osten können winterliche Kaltluftströme aus NO zu erheblichen Temperaturstürzen führen.

Hauptwindrichtung in Athen aus NO, im Westen aus NW, im Norden aus N, in den Hochlagen N bis NW, in Kreta aus NO. Jährlich durchschnittliche Windgeschwindigkeit von 2 m/sec in Athen, 3,2 im Westen, 2,3 im Norden, 4,2 in den Hochlagen und 3 auf Kreta.

Besondere Winde: *Boreas* (Ägäis): Naßkalter Nordwind der mittelmeerischen Winterregenzeit, dessen Einbruch von Regen- und Schneeschauern, Böen und selbst Gewittern begleitet ist.

Chortias (Bucht von Saloniki): Vom Gebirgsstock der Chalkidike im SO der Stadt herabwehender Fallwind.

Emvatis: Täglicher Seewind an den Küsten Griechenlands, vorwiegend in der warmen Jahreszeit. Er setzt von der See zum Land fortschreitend ein (zum Beispiel in Athen gegen 10 Uhr) und bringt die nach den drückend warmen Vormittagsstunden ersehnte Erfrischung.

Etesien (Ägäisches Meer): Nord- bis Nordwestwinde, die nach Vorläufern im Mai sich vor allem von Juni bis Oktober regelmäßig auf ihrem Weg von Norden nach Süden erwärmen und deswegen trocken, über dem Meer oft stürmisch wehen. Ihre Hauptstärke erreichen sie am frühen Nachmittag, während sie des Nachts fast zum Erliegen kommen. Sie wirken angenehm erfrischend.

Euros: In den Übergangszeiten nach Norden geführte trocken-kontinentale, oft staubreiche Warmluft.

Kynuria (Peloponnes, Ebene von Sparta): Kühlender, vom Bergland des Parnon in Richtung des Landstrichs Kynuria wehender Abendwind.

Meltemi (Ägäis-Wind, Kreta): Heftiger Gewittersturm mit viel Regen, gerade zu den warmen Jahreszeiten aus NW.

Megas: Ein von Parnaß nach Böotien, besonders in der Ebene des trockengelegten Kopais-Sees herabwehender, föhnig-warmer SW-Wind.

Skiron: Trockener, je nach Jahreszeit warmer oder kalter Fallwind, der über die Landbrücke zw. Megara und Korinth zum Ägina-Golf herabstürzt.

Vadar-Wind (Vadartal, Bucht von Saloniki): Ein besonders im Winter das Vadartal von Mazedonien herab in die Bucht von Saloniki wehender kalter, mistralähnlicher Wind aus Nordwest, der meist von trockenem, heiterem Wetter begleitet ist.

Tsiknias (Ägäisches Meer): Oft in böigen Stößen die steilen Südseiten der Inseln des Ägäischen Meeres zur Zeit der sommerlichen Herrschaft der Etesien herabfahrender Fallwind.

Vogelwinde: Im Frühjahr auftretende kalte Nordwinde.

Reisezeit: März bis November, in klimatisch begünstigten Tälern und Inseln auch bis Dezember. Ansonsten ist auf die jeweilige Höhe der Reisegebiete zu achten, denn in Bergregionen ab 2500 m kann es auch im Sommer recht kühl sein. Die Hauptreisemonate Juli und August meiden, da sich dann Kolonnen von Touristen gerade an den klassischen Schauplätzen und bekannten Badestränden aufhalten. Das Frühjahr ist die beste und die schönste Reisezeit, da dann viel blüht und das Land noch nicht von der Sonne verbrannt ist. Die Wassertemperatur liegt von Juli bis Oktober bei mindestens 20°C. Diverse Feste und Veranstaltungen sind einer Broschüre des FVA zu entnehmen.

Info-Adressen

Automobil et Touring Club (ELPA) de Grece, Rue Messogion 2 – 4, Athen, © 01/7791615. U.a. Auskünfte über Straßenverhältnisse.

Fremdenverkehrsämter: Die Broschüre »Wegweiser für Autotouristen« und allgemeine Informationen (u.a. Fähren, Karten, Landesteile) verschicken:

D: Neue Mainzer Straße 22, 60311 Frankfurt a.M., © 069/236561

A: Operning 8, 1015 Wien, © 01/. 5125317

CH: Löwenstraße 25, 8001 Zürich, © 01/2210105

Die *örtlichen* Fremdenverkehrsämter EOT findet man in den größeren Orten und Touristenzentren, sonst hilft die Touristenpolizei.

Griechische Botschaft, Koblenzer Str. 103, 53177 Bonn, © 0228/ 83010; Generalkonsulate in Dortmund, Düsseldorf, Köln, Hamburg, Hannover, Frankfurt a.M., Stuttgart, München

Gesundheit

Sozialversicherungsabkommen. Anspruchsberechtigung E 111 und Merkblatt der Krankenkasse mitnehmen. Kopfschutz nicht vergessen.

Karten & Reiseführer

1981 hat eine Reform der Schreibweisen von Ortsnamen stattgefunden, daher muß man bei älteren Karten mit Schwierigkeiten rechnen. Wegen der Konflikte in der Region sind die Griechen mit der Herausgabe von Karten »zurückhaltend«.

F & B, Höhenangaben und Pässe (Reform beachtet), derzeit 10 Blätter zwischen 1:100.000 und 1:300.000, 9,80 DM: nicht flächendeckend; es gibt vor allem die Inseln, Attika, Peleponnes und Chalkidiki.

RV, 1:300.000, 14,80 DM: wohl die brauchbarste Karte K+F, 1:500.000, 12,80

Nelles-Karte 1:200.000, 12,80 DM

Shell-Hellas, 1:650000, 6 Blatt, vor Ort 15 DM

Topographische Karte nach Verwaltungsbezirken, 54 Blätter, teilweise in den 80er Jahren überarbeitet. Höhenlinien 200 m, griechisch beschriftet, je 20 DM

Reiseführer: K. C. Wanninger. Reisen mit einheimischen Verkehrsmitteln, ganz ohne Flugzeug und Auto, selbst auf kleinen Inseln werden Fahrrad-Vermieter aufgeführt, 16,80 DM

Müller, Reisehandbuch Griechenland, Kanzler, Fohrer, Siebenhaar, 39,80 DM. Sehr gut.

Mundo, Griechenland, Reisehandbuch, B. Hoffmann, 44 DM

APA-Guide Griechenland 44 DM

Frauenoffensive, Griechenland der Frauen, Ammer/Leontidou, 32 DM. Frau durchstreift die politischen, sozialen und geographischen Regionen Griechenlands.

Rowohlt Anders reisen, Kreta, R. Karbe/U. Latermann-Pröpper, 16,80

Michael Müller: Kreta, E. Fohrer, 34,80. Hervorragend!

Straßenverhältnisse

Hauptstraßen sind gut asphaltiert, sollten aber wegen der hohen Verkehrsdichte gemieden werden. Nebenstraßen in allen Kategorien (von gut asphaltiert bis Schotter). Je abgelegener, desto schlimmer, nach heftigen Regenfällen sogar oft schlecht passierbar, relativ breite Reifen, ab 37 mm empfehlenswert. Die Beschilderung ist schlecht oder fehlt ganz. Griechische Buchstaben sind gewöhnungsbedürftig. Karten und Namen der Orte stimmen oft nicht überein.

Bei Abfahrten in entlegenen Gebieten können schon einmal Kühe und Schafe die Wege blockieren, deshalb äußerste Vorsicht bei Kurven.

Achtung: in abgelegenen Gebieten oft wilde streunende Hunde.

Ersatzteile

Angebot in Athen und Thessaloniki sehr gut, sonst nur einfache Teile, in abgelegenen Bergregionen sehr schlecht. Meist kann eine Autowerkstatt oder Schlosserei weiterhelfen.

Radtransport

Bahn: Organismos Siderodromon Ellados (OSE), Karolou Street 1, Athen, ℂ 01/5248395 und Sinastreet 6, Athen, ℂ 01/3624402-6.

Sparangebote: Netzkarte für Bus & Bahn gestaffelt nach Tagen und Personen, z.B. 20 Tage/2 Pers. 276 DM. Mitnahme und Aufgabe 1 Stunde vor der Abfahrt, wenn Platz vorhanden ca. 2 DM.

Bus: In Überland-Bussen (dichtes Netz) meist für 2 bis 3 Räder möglich, sofern noch Platz vorhanden ist. Bus-Zentrale, Liossin Str. 260, Athen.

Fähren

Die Mitnahme des Fahrrades ist fast immer gratis. Im folgenden sind die jeweils günstigsten Preise angegeben.

Über Korfu und Igoumenitsa nach Patras dichter Fährverkehr von den italienischen Adria-Häfen Ancona ab 90, Brindisi ab 63, Bari ab 72 DM und von Otranto ab 65 DM.

Von Piräus nach Chania oder Heraklion auf Kreta ab 42, nach Agios Nikolaos ab 58 DM.

Informations und Buchung über:
Neptunia, München, ✆ 089/8348161
Ikon, München, ✆ 089/5501041
DERTRAFFIC, Frankfurt, ✆ 069/95881753
Viamare, Köln, ✆ 0221/2573781
Seetours, Frankfurt, ✆ 069/13330
Delphi-Reisen, ✆ 0041/1/3913655

In die Türkei, nach Zypern, Israel, Syrien, Ägypten siehe dort. Eine Übersicht über **innergriechische Fähren** ist der monatlich erscheinenden Broschüre *Greek Travel Pages* (Ikon, München, 089/5501041) zu entnehmen.

Fahrradverleih

Meist bei Mofa- und Motorradverleihern, eine Adressenliste gibt es beim FVA. Auch auf den Inseln können Räder ausgeliehen werden, allerdings oft nur sehr einfache Modelle.

Übernachten

Camping: Im Verhältnis zu anderen Unterkünften nicht immer billig (ab 8 DM), meist an den Küsten und in den Touristenzentren. Liste mit 280 Plätzen (Klassifizierung, Adresse etc.) und dazugehörige Karte (1:1 Mio, zur Grobplanung) beim FVA. Freies Campen offiziell verboten, aber nach Absprache mit dem Grundstückseigentümer oft möglich.

JH: 25 Häuser, meist in größeren Städten, Übernachtung 6 bis 10 DM; auch YMCA-Herbergen. Liste mit Anschriften beim FVA.

Pensionen: Zimmer in Privathäusern (dhomatias) EZ bis 10 DM (DZ 12). Manchmal Gasthäuser (pandhoheio) mit Schlafsäcken (ca. 4 DM).

Hotels und Pensionen: Die Griechische Hotelkammer Xenodochialko Epimelitrio, Karageorgi Servias Street 2, Athen, ✆ 01/3237193 erteilt Informationen. Billige Hotels ab 15 DM pro Person, Anfragen und Preise bei der örtlichen Touristenpolizei.

Geld & Papiere

100 Drachmen kosten 0, 70 DM. 1 Drachma = 100 Lepta. Die Kaufkraft der DM liegt in Griechenland etwa um 10 % höher als in der BRD, Inflationsrate ca. 10%. Empfehlenswerte Zahlungsmittel sind Bar-DM und DM-Reiseschecks, Umtausch am besten vor Ort.

Einreisebedingungen: Reisepaß und Visum sind erst ab 3 Monaten Aufenthalt nötig, ansonsten genügt der Personalausweis. Der Reisepaß sollte keinen Stempel aus Nordzypern tragen.

Das Fahrrad wird in den Reisepaß des Eigentümers eingetragen, um einem Verkauf im Lande vorzubeugen. Öffnungszeiten des Zolls (meist vormittags) beachten und Geduld mitbringen, evtl. Kaufquittung oder Fahrradpaß mitnehmen.

Der Besuch in dem Kloster-»Staat« (Berg **Athos**) auf der Halbinsel Chalkidike in Nordost-Griechenland ist nur Männern nach Erledigen einiger Formalien erlaubt. Anmeldebogen anfordern vom Deutschen Generalkonsulat, Odos Kavolou Diehl 4a, Thessaloniki.

Konsularische Hilfe: Deutsche Botschaft, Vass. Sofias Street 151, 15124 Amaroussion, Athen, ✆ 1/36941. Generalkonsulat in Thessaloniki

A: Leofrovos Alexandras, Athen, ☏ 1/8211036
CH: Rue Jassion 2, Athen, ☏ 1/7230364
Telefon: Vorwahl von Griechenland 0049, umgekehrt 0030

Großbritannien und Nordirland

Naturräume

England: Durchweg flach bis hügelig mit von Westen nach Osten verlaufenden Erhebungen, durchsetzt von weiten Mooren und Heiden. Kreidefelsen am Ärmelkanal. An der Ostküste meist flach mit vielen Badeorten.

Wales (an der Westküste): Im Norden die Coubrain Mountains, hügelig bis 1000 m. Im Westen geht die Hügellandschaft der Midlands über in das flache Niederbritain.

Schottland: Im Norden der Insel steiles, karges Schottisches Hochland bis 1300 m; Mittelschottische Senke; hügeliges Südschottisches Bergland bis 800 m. An der Westküste fjordartige Buchten.

Nordirland: Die nordirischen Bergmassive fallen zur Küste und ins Landesinnere steil ab. An der Nordküste ein Kliffküstenabschnitt aus Basaltsäulen, »Giant's Causeway«.

Radelgebiete

In **England** ist Radeln mit Ausnahme der Industriezentren Mittelenglands fast überall gut möglich.

• *Mittelengland:* Einige der hiesigen Kanäle sind Relikte aus dem Dampfmaschinenzeitalter. Eine Radtour entlang der alten Pfade vermittelt etwas vom ehemals blühenden Mittelengland, wo sich heute nach und nach der Wald die Halden und Fabrikruinen zurückholt.

• *East Anglia:* Flach bis hügelig, ländlich, mit Feldern, Wiesen und kleinen Fachwerk-Dörfern, ähnlich im Südosten. Kent und Sussex mit kuppenartigen Erhebungen und vielen verkehrsarmen Nebenstraßen.

West Country: Abwechslungsreich, hügelig, zerklüftete Küste, starke Steigungen, Moorlandschaften, malerische Dörfer und Häfen.

Cotwolds: Hügeliges ehemaliges Wollwebergebiet.

Lake District: Wilde Bergketten, einsame Täler, Seen, Landwirtschaft. Höchste jährliche Niederschlagsmenge, trotzdem Hauptreisezeit und Wochenenden meiden.

London: Wer sich von versmogter Luft nicht abhalten läßt, dem bietet die Kombination Stadt/Rad interessante, schnelle und vielfältige Einblicke in die britische Hauptstadt. Übernachtungshinweis: Tent City, Old Oale Common Lane, East Acton, London W37DP, ☏ 081/7435708, nur Schlafsäcke nötig, ca. 12 DM.

Wales: Grünes Hochgebirge mit angenehmem Kontrast zwischen Bergen und Küste. Den Süden wegen Schwerindustrie und stark befahrener Straßen meiden.

Schottland: *Highlands:* Öde, einsam, baumlos, wüstenartig, bergig und sehr regnerisch, aber dafür landschaftlich sehr reizvoll. Man ist fast ständig durchnäßt und sollte nicht vergessen, die Radkette nachzuölen, wenige Straßen sind stark befahren, ganz im Norden vermehrte Straßenschäden.

Achtung: Die letzte Möglichkeit, Ersatzteile zu beschaffen, ist Edinburgh!

Fjorde: Reizvoll, können teilweise mit Fähren durchquert werden (Fahrpläne bei den örtlichen Touristenbüros), ebenso bietet sich eine Insel-Tour an. Im Sommer viele Mücken.

Lowlands: Flach bis hügelig, fruchtbar, viele Nebenstraßen. Lohnend ist der meist kostenlose Besuch einer Whisky-Brennerei. Informationen in Edinburgh im Scotch Whisky Heritage Centre unterhalb der Burg.

Nordirland: Schöne, aber anstrengende Küstenstraße im Norden (Basaltformationen) mit historischen Bauwerken, malerischen Fischerdörfern und eindrucksvollen Naturschauspielen, älteste Whisky-Brennerei der Welt in Bushmills (vorherige Anmeldung unter ℭ 02657/31521).

Größtenteils schlechter Straßenzustand. Achtung: Bürgerkriegsähnliche Zustände, daher bestimmte Stadtteile in den Konfliktzentren Belfast und Londonderry meiden, siehe »Irland«.

Klima & Reisezeit
Ozeanisch mit milden Wintern und kühlen Sommern. Niederschlagsreichtum zu allen Jahreszeiten und stetige, oft stürmische Winde aus West, Niederschläge im Westen von 2000 bis 4000 mm im Jahr bei über 250 Regentagen. Durchweg hohe Luftfeuchtigkeit mit häufiger Nebelbildung im Herbst, dann besonders in Industriegebieten Smog-Gefahr. Temperaturgefälle von Süden nach Norden. Im Südosten fast kontinentale Züge durch Leelage (weniger Regen, höchste Sommertemperatur).

Nordirland: White Park Bay

Die **Hauptwindrichtung** ist W bis SW, bei einer jährlich durchschnittlichen Windgeschwindigkeit von 3,5 m/sec an der Westküste und 2,2 im Südosten.

Besondere Winde: *Prevailing westerlies* (auf einem breiten westlichen Küstensaum GBs): Beständige Westwinde mit besonderer Stetigkeit und Stärke.

Helmwind (Nordengland): Kräftiger föhnartiger Fallwind vom Cross Fell (Wolkenkappe auf den Berggipfeln).

Reisezeit: Mai bis Anfang Oktober. Mit Regen muß man immer und überall rechnen. In den schottischen Highlands ist es auch im Sommer oft empfindlich kalt, durchschnittlich 15 bis 20 Grad. Empfehlenswert ist die Zeit vor Mitte Juli, da dann die britischen Schulferien beginnen.

Info-Adressen

Cyclist Touring Club, Cotterel House, 69 Meadow, Godalming, Surrey GU7 3HS. Gibt u.a. das CTC Handbook (erscheint jährlich mit empfehlenswerten Unterkünften, Fahrradläden, Verleih, Fährverbindungen innerhalb GB etc.), eine Broschüre über empfehlenswerte Nebenstraßen und den »CTC Route Guide of Cycling in Britain and Ireland« (in GB für 5 £ als Penguin Handbook) heraus. In deutscher Übersetzung unter dem Titel »Radwandern in Großbritannien« in der Rutsker Edition erschienen und im Buchhandel erhältlich. Das Original ist beim Syro-Verlag zu bestellen.

London Cycling Campaign Network, 3 Stamford Street, London SE1 9NT. Dachverband lokaler Fahrradinitiativen, ✆ 01/9287220.

Friends of the Earth, 377 City Road, London EC1V 1NA: Fahrradatlas von London »A guide to cycling in London« und sonstige nützliche Infos.

CTC Travel Ltd., 13 Spring Street, London W23RA: Organisierte Fahrradreisen, Broschüre »Cycling in the British Isles«.

Country Side Commission, John Dower House, Crescent Place, Cheltenham, Gloucestershire GL50 3RA: Eine Broschüre über Radwege und Touren.

Fremdenverkehrsämter:

D: Britische Zentrale für Fremdenverkehr, Taunusstraße 52, 60329 Frankfurt a.M., ✆ 069/238070. Verschiedene nützliche Broschüren zu »Unterkunft« und »Britain Cycling« mit allgemeinen Radlerinfos und 13 detaillierten Tourenvorschlägen.

Nordirisches FVA, unter der gleichen Adresse, ✆ 069/234504

CH: Britisches FVA, Limmatquai 78, 8001 Zürich, ✆ 01/474297

Vor Ort:

British Tourist Authority, Thames Tower, Black's Road, London W6 9EL, ✆ 071/8469000 (u.a. für Südengland: »Kent for cycling«)

Tourist Information Center, Victoria Station Fore Court, London SW1 1NF: erteilt deutschsprachige Auskunft unter der Telefonnummer 071/7303488.

Scottish Tourist Board, 23 Ravelston Terrace, Edinburgh, EH4, 3 EU, ✆ 031/3322433, Broschüre »Cycling in Scotland« 50 Seiten.

Wales Tourist Board, 2 Fitzalan Road, Cardiff CF2 1UY, ✆ 01/499909

Northern Ireland Tourist Board, River House, 48 High Street, Belfast, BT 1 2 DS, ✆ 0232/231221

Britische Botschaft, Friedrich-Ebert-Allee 77, 53113 Bonn, ✆ 0228/234061. Generalkonsulate in Berlin, Düsseldorf, Frankfurt, Hamburg, München

Karten & Reiseführer

Routemaster Series of Great Britain, 1:250.000, 9 Blatt, herausgegeben von der Ordnance Survey (Vermessungsamt), 14,80 DM. Für den Reiseradler unbedingt zu empfehlen, da Höhenlinien, Straßenklassifizierung, Steigungsangaben und Hinweise auf Orts- und Landschaftsmerkmale und Campingplätze enthalten sind.

K+F, 7 Blätter, 1:200.000, 14.80

RV, 1:300.000, 4 Blätter à 14,80

Michelin, 1:400.000, 5 Blätter, 12,80

Bartholomew National Map Series, 1:100.000, 62 Blätter, je 14,80 DM, sehr gut für Radwanderer, die sich auf bestimmte Gebiete beschränken; noch nicht flächendeckend.

Bath, 1:253.444, 10 Blätter mit touristischen Informationen, je 12,80 DM

Bartholomew Tourist Route Map Britain, 1:570.240, 12,80 DM

London Cycling Campaign gibt einen Stadtplan für London heraus. Für die Grobplanung ist eine »Reisekarte« vom FVA mit allgemeinen Hinweisen zum Straßenverkehr nützlich.

Spezialisiert auf *Landkarten* aus und über GB ist die Landkartenhandlung Richard Schwarz KG, Eckenheimer Landstraße 36, 60318 Farnkfurt a.M., ✆ 069/553869, Fax 5975166.

Reiseführer: DuMont Richtig reisen, Großbritannien – Schottland, Wales & England, Breitenstein, 44 DM

Interconnections, Reisefieber Großbritannien, 26,80 DM

Rowohlt Anders reisen, Großbritannien, von M. Kadereit, 17,80 DM

Kettler, England per Rad, von J. Rieck und U. Schäfer, 19.80

Kettler, Schottland per Rad, W. Kettler, 19,80 DM

VSA, Länderreisebuch England/Wales, von A. Gehring und F. J. Krücker, 32 DM

In GB erhältlich: Cyclists Britain von Ordnance Survey, dem staatlichen Vermessungsamt.

Günstige Adresse für Reiseführer, Unterkunftsverzeichnisse und Karten aus GB: British Bookshop GmbH, Börsenplatz 17, 60313 Frankfurt a.M., ✆ 069/280492

Straßenverhältnisse

Gutes Nebenstraßennetz, aber teilweise rauher Belag. A-Straßen (Trunk Roads/Fernstraßen) und »Dual Carriageway« (zweispurig) sind sehr stark befahren und daher zu meiden, nur wenige Fahrradwege. Linksverkehr, trotzdem gilt die Regel »rechts vor links«. Meist rücksichtsvolle Autofahrer. Die Beschilderung ist selbst bei sehr kleinen Straßen ausgezeichnet (Entfernungsangaben in miles, 1 m = 1,6 km).

Radfahren auf den *Leinpfaden* (towpaths) der Flußläufe setzt eine Genehmigung der BWB voraus: British Waterways Board, PO Box 9, 1 Dock Street, Leeds, LS1 1HH, ✆ 0532/436741.

Ersatzteile

Nicht ganz einfach: Englische Maße und Normen sind andere als diejenigen, die auf dem Kontinent benutzt werden, da die englischen Maße auf dem inch = Zoll aufbauen. Deshalb passen unsere Muttern nicht auf englische Schrauben. In den Fachgeschäften der größeren Städte sind aber in der Regel auch »kontinentale« Maße zu bekommen. 28-Zoll-Bereifung ist nicht überall zu bekommen.

Radtransport

Achtung: Seit Sommer 92 ist die Aufgabe des Rades nach GB nicht mehr möglich. Es bleibt also nur die Aufgabe nach einem Ostseehafen und dann die persönliche »Überführung« mit der Fähre nach GB.

Bahn: Broschüre *The rail travelers guide to biking by train* gibt's bei D: British Rail, Düsseldorfer Str. 15 – 17, 60329 Frankfurt a.M., ✆ 069/ 232381.
CH: British Rail, Centralbahnhofsplatz 9, 4002 Basel, ✆ 061/231404.

Sparangebote: Netzkarte 8 Tage 340 DM, 22 Tage 640, 1 Monat 735, Jugendliche abzüglich 30 %. Regionale Netzkarten 8 Tage jeweils 128 DM.

Da die Bahnhöfe in London weit auseinanderliegen und die U-Bahn nur beschränkt auf drei Linien Räder mitnimmt, muß man sich auf eine Fahrt durch die Stadt einstellen.

Selbstverladung innerhalb von GB oft kostenlos fast in allen Zügen möglich, für IC-Züge und Regional Railways muß unbedingt reserviert werden (8 DM, gilt aber dann für mehrere Reservierungen am gleichen Tag). Bei den IC-Zügen immer genau nach den Bedingungen für den jeweiligen Zug fragen, da es verschiedene Ausnahmen gibt. In Nordirland kostet die Fahrradmitnahme entfernungsabhänig ca. 25 % des Fahrpreises.

Fahrradversand ist innerhalb Irlands und Großbritanniens privat durch »Red Star Parcel« organisiert, kostet 14 DM.
Bus: Verzweigtes Expreßbussystem, einzelne Räder werden auf Anfrage vor Ort mitgenommen. Infos: Coach Travel Centre, 13 Regent Street, London SW1Y 4LR, ✆ 071/ 7300202.

Fähren

Der Fahrradtransport ist bei allen Fähren gratis, nur von Hamburg nach Harwich (ab 84 DM pro Person) und Esbjerg/DK nach Newcastle (ab 148 DM) kostet er 15 DM (beide: Seaways, Hamburg 040/3890371).

Zur Hauptreisezeit günstigste Kanalfähre ist die Sally Line (Frankfurt 069/250197) Dünkirchen/B – Ramsgate (20 km von Dover) für 60 DM.

Preiswerter sind alle Verbindungen zwischen den belgischen Häfen Boulogne, Ostende und Zeebrügge sowie dem französischen Calais und den englischen Häfen Dover und Folkstone, alle um 40 bis 65 DM/Person. Information und Buchung durch P+O, Hoverspeed und Stenalink.

Weitere Kanalfähren: Hoek van Holland/NL – Harwich 95/frei (Stenasealink). Caen/F – Portsmouth ab 46 DM (Seetours); Cherbourgh und Le Havre/F – Portsmouth ab 35 (P+O); Dieppe/F – Newhaven 40 (Stenasealink); Cherbourgh/F – Poole ab 35 DM; Roscoff/F – Plymouth ab 45 und St. Malo – Portsmouth 45 DM (alle Seetours).

In GB weiter: Vom Festland zur Isle of Man ab 48 DM (Apollo-Reisen), Cairnryan – Larne 65 DM (P+O). Stanrair – Larne (Nordirland) ab 44 DM (Stenalink). Auf den Fähren der Gesellschaften Mc Brayne und P+O, die die meisten schottischen Inseln bedienen, ist der Radtransport umsonst.

Die Buchungsagenturen in D:
P+O European Ferries, Düsseldorf 0211/387060
Stenasealink, Düsseldorf 0211/9055150
Hoverspeed, Düsseldorf 0211/3613021
Seetours, Frankfurt 069/1333219
Apollo-Reisen, Hamburg 040/683252
Nach Irland und Spanien siehe dort.

Fahrradverleih

Die Broschüre »Britain Cycling«, u.a. mit einem Verzeichnis von privaten Vermietern (pro Tag ab 10 DM), beim FVA anfordern.

Youth Hostel Association Midland Region, 116 Birmingham Road, Lichfield, Staffordshire W15 9BW, und die Countryside Commission (s.o.) erteilen Auskünfte über das gemeinsame Verleihsystem von YHA, CTC und der Countryside Commission.

Es gibt allerdings kaum Fahrräder, die für längere Strecken tauglich sind.

Übernachten

Camping Club of Great Britain and Ireland, 11 Lower Grosvenor Place, London SW1 WEY. Wer nicht Mitglied in einem Campingclub ist, kann das hier kurzzeitig werden. Auch ist ein Verzeichnis von 2300 Zelt- und Lagerplätzen erhältlich. Es gibt über 1000 offizielle Plätze. Liste »Camping und Caravan Parks« beim FVA. Die meisten Plätze sind auf der Ordnance-Survey-Karte eingezeichnet. Pro Person und Zelt ca. 10 DM.

Freies Campen ist nur mit Erlaubnis des Geländeeigentümers möglich.
JH: 260 Youth Hostels in England und Wales, 80 in Schottland. Die Übernachtung kostet 8 bis 15 DM. Viele Häuser sind von Oktober bis März geschlossen. Keine Altersbeschränkung, meist Selbstversorgung möglich. Eine Karte mit Öffnungszeiten und Adressen verschickt das FVA.
B & B: Bed and Breakfast in jedem Ort. Gut, um Leute kennenzulernen, Gastgeber meist freundlich und hilfsbereit (ab 25 DM).
Hotels: Meist sehr teuer. Verzeichnis beim British Book Shop.
Guest Houses, Inns: Preisgünstiger als Hotels, mehr Komfort als B & B, ab 35 DM. Die Broschüre »Stay at an Inn« beim FVA anfordern.
Uni-Herbergen und YMCA (26, ab 40 DM): Broschüren »Youth Accomodation in Britain« und »Jugend besucht GB« beim FVA. Buchen über BVAC, University Park, Nottingham, NG7, 2RD, ℗ 0602/504571

Geld & Papiere

1 Pfund Sterling kostet etwa 2,50 DM. 1 Pfund = 100 Pence. Die Kaufkraft der DM ist in GB 15-20 % höher als in der BRD. Empfehlenswerte Zahlungsmittel sind Pfund-Reiseschecks

und DM in bar, an 1100 Geldautomaten kann mit EC-Scheckkarte abgehoben werden.

Konsularische Hilfe: Deutsche Botschaft, 23 Belgrave Sq., London, ℃ 2355033. Generalkonsulate in Edinburgh und Liverpool.

A: 18, Belgrave News West, London SW1X8 HV, ℃ 01/2353731.

CH: 16, Montagu Place, London W 1H 2BQ, ℃ 01/7230701.

Telefon: Direktwahl von GB in die BRD 01049, umgekehrt 0044. Kartentelefone akzeptieren teils auch Kreditkarten. Telefonkarten gibt es in Tabakläden und auf den Postämtern. Deutschland-Direkt über British Telecom 0/800/89/0049, über Mercury 0/500/89/0049.

Irland
Naturräume
Die Insel hat die Form einer Schüssel: 3200 km lange, gebirgige und zerklüftete Küste mit vielen Buchten und Naturhäfen, quasi als Fortsetzung der schottischen Küste, innen das zentrale Tiefland mit dem bis 1000 m hohen südirischen Bergland.

Radelgebiete
Ostküste: Hauptstadt Dublin, Farmland, weitläufige Dünenstrände, kleine Fischerhäfen. Südlich von Dublin locken die Wicklow-Berge mit Wasserfällen, Bergseen und alten Dörfern.
• *Golfstromküste:* Man gerät ins Schwärmen. Mit den fünf charakteristischen Halbinsel-Fingern bis weit in den Atlantik hinein eine Bilderbuchecke der Grünen Insel. Alpin aussehende Gebirge, davor riesige wildgewachsene Rhododendron-Haine und Fuchsienhecken. Schöne Sandstrände, unterbrochen von Steilküsten und Klippen. Schluchten und einige Paßhöhen mit Fernblick. Wenn auch anstrengend, so ist als Rundtour die Küstenstraße »Ring of Kerry« sinnvoll.

Connemara und der Westen: Zerklüftete Bergküste, Cliffs of Moher, im Landesinneren wechseln Moor- und Seelandschaften mit dem fast mondlandschaftlichen Karstgebiet The Burren. Grünes, fruchtbares Weideland an der Shannon-Mündung.

Südosten: Der trockenste und dürrste Landstrich, lange Sandbuchten, weite und bewaldete Hochplateaus.

Donegal: Gebirgslandschaft mit tiefeingeschnittenen Tälern, Wasserfällen, großen Seen und den typischen Cottages mit ihren Steinwällen, teilweise noch gälische Tradition.

Shannon: Größter, meist flacher Fluß Irlands, weitet sich immer wieder zu größeren Seen aus. Eine Radtour am Fluß – mit vielen Mücken – ist nur in Teilabschnitten möglich.

Seenplatte: Parkähnliche Hügellandschaft mit Naturparks und unzähligen großen und kleinen Seen, einige Klöster und Burgen.

Klima & Reisezeit
Atlantisch: Der Golfstrom bestimmt das Wetter weiter Teile des Westens und Südwestens. Milde Winter, kühle Sommer mit häufiger, starker Bewölkung und Regen. Kurze und kräftige Schauer, oft Nebel, Durchschnitts-Sommertemperaturen 14 – 16°C. Im Westen bis zu 250 Regentage.

Abenteuerurlaub an der Westküste Irlands

Die **Hauptwindrichtung** ist SSW bis SW, bei einer durchschnittlichen Geschwindigkeit von 3,5 bis 4,0 m/sec.
Reisezeit: Anfang Mai bis Ende September. Mitte Juni bis Ende Juli zu empfehlen. Im Juli/August ist Hochsaison, aber man kann auch dann noch ruhige Plätzchen finden. Hilfreich bei der Planung ist der »Calendar of Events« mit allen Festen vom FVA.

Info-Adressen

Cyclist Touring Club, 16 Royse-Road, Pilsborr, Dublin

Irish Cycling Federation, 7 Halston Street, Dublin, ✆ 01/727524. Jährlicher Radtouren-Kalender.

Cyclefolk c/o Kieran Byrn, Square Wheel Cycle Works, 6 Temple Lane South, Dublin 2, irischer Fahrradclub.

Fremdenverkehrsämter:
Von allen größeren Städten und ihren jeweiligen Verkehrsbüros gibt es Tourenvorschläge: Bei Prospektanforderung Zielorte angeben.
D: Irische Fremdenverkehrszentrale, Untermainanlage 7, 60329 Frankfurt a.M., ✆ 069/236492, Broschüre »Radfahren in Irland« mit Spezialkarte, 23 Tourenvorschlägen und allgemeinen Informationen zu Übernachtung und Transport. Auf englisch: »Cycling – a tour of Irland« mit Tips, Verleihstationen, regional gegliedert.
A: Irisches FVA, Post. 380, 1011 Wien
CH: Über Air Lingus, Lintheschergasse 17, 8001 Zürich, ✆ 01/2112850

Ein informationsreiches »Tarifdschungelbuch« ersetzt zumindest den Infoteil eines Reiseführers. Gibt es bei Gaeltacht-Irland-Reisen,

Schwarzer Weg 25, 47447 Moers, ℗ 02841/35035 gegen 5 DM in Briefmarken. Unter dieser Adresse gibt's außerdem Landkarten, Bücher, Platten, Infos zu Musikfestivals und 3 x jährlich einen Irlandbrief (Politik, Geschichte, Kultur).

Irische Botschaft, Godesberger Allee 119, 53175 Bonn, ℗ 0228/ 376937. Generalkonsulate in Berlin, Hamburg, München.

Gesundheit

Anspruchsformular E 111 und Merkblatt bei der Krankenkasse besorgen. Berechtigt zur freien medizinischen Behandlung im Land. Immer Regenzeug und warme Sachen bereithalten.

Karten & Reiseführer

Vorsicht, es gibt zwei verschiedene Straßenklassifizierungen, die aber von keiner Karte durchgängig berücksichtigt werden!
Michelin 405, 1:400.000, 12,80 DM
Amtliche Holiday maps, 4 Blätter, 1:250.000, je 18 DM, ausreichend.
Ordnance Survey of Ireland, 1:126.720, 25 Bl., 12,80 DM (englisch/gälisch), sehr detailliert, aber sehr kleine Schnitte.
Ordnance Survey of Northern Ireland, 1:126.720, 4 Bl., 12,80 DM
Als Übersichtskarte (1:625.000) die »Ireland Map« mit Stadtplänen vom FVA
Reiseführer: Kettler, Irland per Rad, W. Kettler, 24,80 DM, empfehlenswert.
Syro, Individualreisebuch, R. Dusik, 29,80 DM
Apa-Guide Irland, 39,80 DM, gute Bilder, aber sonst …

Rowohlt Anders reisen, Irland, A. Weweler, 19.80 DM
Jugend & Politik; Irland, Geschichte und Geschichten zum Lesen und Reisen, Gellings/Kralik/Vater, 14,80 DM
VSA, Irland, ein politisches Reisebuch, H. Ch. Oeser (Hg.)
dtv, Irisches Tagebuch, Heinrich Böll, 6,80 DM
Heyne, Irland, A. E. Johann, 10,80 DM

Straßenverhältnisse

Dichtes, gutes, aber rauh asphaltiertes Straßennetz (Reifenverschleiß) mit geringer Verkehrsdichte und rücksichtsvollen Autofahrern. Achtung, Linksverkehr! National Primary Routes (N) meiden. Die Beschilderung ist teilweise in gälisch, wirkt eher zufällig und stimmt mit der Karte nicht immer überein.

Ersatzteile

Insgesamt schwierig, da sich englische Gewindemaße von unseren unterscheiden. Selbstversorgung ist bei überwiegend deutschen und japanischen Teilen notwendig. Radler mit englischen Produkten haben in dieser Beziehung kaum Probleme.

Radtransport

Bahn: Vertretung der Staatsbahn in Deutschland durch CIE Tours International, Worringerstraße 5, 40211 Düsseldorf, ℗ 0211/84386, Bahn und Busfahrpläne. *Sparangebot:* Netzkarte Rambler-Ticket für Bus und Bahn 8 Tage 197 DM, 15 Tage 290 DM. *Mitnahme* möglich mit Fahrradkarte, die man eine halbe Stunde vorher am

Gepäckschalter kauft. Der Preis ist entfernungsabhängig und beträgt ein Viertel des Normaltarifs, jedoch maximal 16 DM, empfehlenswert bei mehreren Bahnfahrten ist die Rambler-Ticket - Fahrradzusatzkarte für ca. 55 DM. *Aufgabe* ebenfalls möglich, aber vergleichsweise teuer, 72 DM.
Bus: Mitnahme auf Anfrage möglich.

Fähren

Cherbourgh/F – Rosslare 143/16 DM; Le Havre/F – Cork 142/16 DM (beide über Geuther, Bremen 0421/ 14970). Roscoff/F – Cork ab 130/23 DM (Seetours, Frankfurt 069/1333219). Holyhead /GB – Dublin ab 48/13 DM (Reinecke, Bargteheide 04532/6517, Geuther, Bremen ✆ 0421/14970). Holyhead – Dunlaoghaire und Pembroke oder Fishguard – Rosslare ab 50 bis 60 DM/teilw. frei (Stenasealink, Düsseldorf 0211/9055150 und Reinecke, Bargteheide, ✆ 04532/6519).

Fahrradverleih

Fahrräder sind fast überall – bei Fahrradgeschäften, Tankstellen oder auch bei örtlichen Gemischtwarenläden – zu mieten. Eine Broschüre »Rent a Bike« von Raleigh oder VISIT mit Informationen, Händlern, Touren und Cycle Route Maps gibt's beim FVA oder bei
Raleigh Rent-a-Bike-Division, Raleigh House, Kylemore Road, Dublin 10, ✆ 01/6261333. Preise pro Tag 15 DM, pro Woche 60 DM, Verleihstationen an über 80 Orten. Die etwas billigere Konkurrenz nennt sich »The bike store« (58, Lower Gardine Street, ✆ 01/725339) mit Filialen in Rosslare,

Limerick und Cork, Killarney, Westpark und Shigo, ca. 18 DM pro Tag, 80 DMpro Woche.

Übernachten

Camping: Die Broschüre »Caravan- und Campingplätze« mit Preisen, Adressen etc.) vom FVA enthält die 119 offiziellen Plätze, pro Person ab 8 DM (ausdrücklich Liste aller Plätze anfordern). Freies Campen nur mit Genehmigung des Grundstückseigentümers möglich.

JH: 64 einfache Jugendherbergen, fast alle mit Benutzerküchen, Preis 4 bis 12 DM, je nach Alter, Haus und Reisezeit. Die teure Hauptsaison dauert vom 1.6. bis 30.9. Keine Altersbegrenzung. Irish Youth Hostel Association 39, Mountjoy Square, Dublin, ✆ 01/363111. Alternativ dazu ca. 65 »Independent Hotels«, privat und meist mit ähnlichen Preisen: Independent Hotel Owners, 189 Lower Dominik St. Dublin, Dublin (Hotel Guide für 3,50 DM bestellen).

B & B: Bed and Breakfast fast überall, ab 25 DM/Person (erleichtert das Kennenlernen von Land und Leuten ungemein), Liste »Irish Homes« beim FVA.

Hotels: Etwa 700 Hotels in 4 Kategorien, ab 40 DM pro Person. Das FVA verschickt einen hervorragenden »Accomodation Guide« mit Adressen, Preisen, B+B-Möglichkeiten.

Geld & Papiere

1 Irisches Pfund kostet etwa 2,50 DM. 1 Pfund = 100 New Pence. Die Kaufkraft der DM liegt geringfügig über derjenigen in der BRD. Empfehlens-

werte Zahlungsmittel sind Pfund-Reiseschecks, Bar-DM, Postsparbuch.

Konsularische Hilfe: Dt. Botschaft, 31 Trimleston Avenue, Booterstown, Blackrock/Co., Dublin, ℗ 01/693011
A: 93 Ailesbury Road, Dublin, ℗ 01/694577
CH: 6 Ailesbury Road, Dublin, ℗ 01/692515
Telefon: Von Irland nach D 1649, umgekehrt 00353. Deutschland-Direkt ℗ 1/800/55/0049

Island

Naturräume

Größtes und vielgestaltigstes Vulkangebilde der Erde. An der W-und SO-Küste zahlreiche Fjorde. Nur ein Viertel der Insel liegt unter 200 m Höhe, besonders die Küstentiefländer im Südwesten und Süden. Im Inneren Hochebenen auf 400 bis 1200 m mit dem größten zusammenhängenden Gletscher Europas »Vatnajökull«. 8400 qkm ewiges Eis; davon ausgehend oft breite Schmelzwasserströme, die schwer passierbare Geröll- und Kiesflächen aufspülen. Vulkane liegen auf einer Linie von SW nach NO mit 700 heißen Quellen und Gesteinen.

Radelgebiete

Es gibt eine *Ringstraße* (Nr. 1), die die gesamte Insel umrundet. Von dieser Straße gehen jeweils Stichstraßen in die entlegenen Gebiete ab, landschaftlich überall reizvoll. Die genaue Route sollte man wählen je nach Lust auf Fjorde, Wasserfälle, Gebirge, Wälder, Gletscher usw.

Süden & Tiefland: Ausgedehnte Farmlandflächen, Lavafelder, Berge und viele der berühmten Thermalgebiete sowie historische Stätte (Thingvellir).

Osten: Eisberge, Gletscher, insgesamt karg und schroff.

Nordküste und Westen: Kontrastreiches Weideland, zerklüftete Berge, Moore, Wasserfälle, heiße Quellen (Mývatn-Gebiet) und Schluchten.

Westfjorde & Halbinsel Snæfellsnes: Hohe, zerklüftete Berge und Plateaus, tief eingekerbte Küstenlinie und Steilhänge, Snæfellsnes-Gletscher. Karge Fischerdörfer.

Klima & Reisezeit

Kühl maritim. Durch den Golfstrom ist die Süd- und Westküste fast immer frostfrei. Wärmster Monat ist der Juli mit durchschnittlich 13°C. Außer im Lee der Eisberge ist es immer sehr feucht, vielfach neblig und stürmisch (jährlich 900 bis 2000 mm Niederschlag). Nur ein Viertel der Insel ist mit Vegetation bedeckt.

Es weht fast **durchweg SW-Wind** bei einer durchschnittlichen Windgeschwindigkeit von 4,3 m/sec jährlich. Außerdem prevailing westerlies, beständige Westwinde mit besonderer Stetigkeit und Stärke.

Reisezeit: In Island muß zu jeder Jahreszeit mit Regen und Sturm gerechnet werden. Am wärmsten sind die Monate Juli und August. Aber auch im Sommer unbedingt Handschuhe mitnehmen. In Reykjavik mittlere Temperatur im Juli 11,4°C. Die Niederschlagsmenge nimmt nach Nordosten hin ab.

Warnung vom *Peter-Meyer-Reiseführer*-Autor Oliver Nyul: »Robuste

Kleidung ist angesagt. Gerade Radler will ich warnen: ich habe schon manchen, der sich abends nicht vor den Unbilden der Natur in ein warmes Hotelzimmer retten konnte, seinen Islandtrip wegen mangelhafter Ausrüstung vorzeitig abbrechen sehen. Island hat viel zu bieten, Ihr Reisegepäck hoffentlich auch«.

Info-Adressen

Isländisches Fremdenverkehrsamt, (City Center) Carl-Ulrich-Str. 11, 63263 Neu Isenburg, ✆ 06102/254484. MTB-Tourenvorschlag (12 Tage) im SW des Landes; BSI-Travel-Informationsheft mit vielen Wandervorschlägen und Tips zum Übernachten sowie weitere Info-Blätter.

BSI-Travel (Reisebüro der isländischen Busunternehmen), BSI-Busterminal, Vatnsmyrarveg 10, Reykjavik, ✆ 1/22300: Bus- und Unterkunftsinfos (gut).

IFHK, Isländischer Mountainbikeclub c/o Jugendherberge Reykjavik.

Goethe-Institut, Tryggsagötu 26, 101 Reykjavik, ✆ 16061

Isländische Botschaft, Kronprinzenstraße 6, 53173 Bonn, ✆ 0228/364021

Karten & Reiseführer

Amtliche Isländische (Touristen)Karte 1:500.000, ein Blatt, 29,55 DM

Amtliche General Map, 1:250.000, 9 Blätter, je 29,55 DM, topogr. Karte mit vielen wichtigen Informationen, gut, aber teuer, Kombinationskarte billiger

Amtliche Uppartur Islands, 87 Blätter, 1:100.000, je 24,65 DM, sehr detailliert

Spezialisiert auf Landkarten von Island, Grönland, Färöer und Spitzbergen ist der Arktis Verlag Schehle mit Versandbuchhandlung, Memminger Straße 71 – 75, 8960 Kempten, ✆ 0831/14591. Programm anfordern.

Reiseführer: *Peter Meyer Reiseführer,* Island – Praktisches Reisehandbuch für den erlebnisreichen Urlaub, Oliver Nyul, 39,80 DM. Bietet auf 464 Seiten absolut alles, was ein Island-Tourist braucht. Umfassendste, aktuelle praktische Informationen.

Pietsch, Allein durch Island per Rad, A. Körtzinger, 29 DM

Frederking & Thaler, Island – Vulkane, Eis und Einsamkeit: Eine extreme Tour per Rad, C.E. Hannig, 16,80 DM

Lundipress, Island erfahren, K. Wiktorin, 41,80 DM, ideal für Alleinreisende

Straßenverhältnisse

Nicht vergleichbar mit kontinentalem Standard, nur 10 % der Straßen sind geteert, der Rest Schotter-, Sand- und Lavapisten. Mountain Bike unbedingt erforderlich, alles andere ist Quälerei. Häufig brückenlose Flußdurchquerungen, aber querfeldein ist tabu!

Ersatzteile

Was brauchen 240.000 Einwohner groß an Fahrraradersatzteilen? Alles mitnehmen, besonders Ersatzmantel fürs Mountain Bike, Schmiermittel und Bremsklötze. Der Verschleiß ist durch den Lavasand ungeheuer groß! Benzinkocher zu empfehlen. Standard-Gaskartuschen Typ 206 an Tankstellen.

Radtransport

Bei Flug nach Island mit Kelandair 30 kg Freigepäck incl. Fahrrad.

Auf Island existiert keine Bahn, daher ist lediglich eine Mitnahme im Bus möglich. Bei Strecken bis 100 km kostet der Transport einheitlich 20 DM, darüber 29 DM. Da die Gepäckfächer bei Flußdurchfahrten unter Wasser geraten können, Satteltaschen abnehmen.

Rundreisepaß: 350 DM, keine Zeitbeschränkung.

Überlandbusse nehmen nur je nach Platz und Laune Radfahrer mit.

Fähren

Esbjerg/DK – Seydisfjördur ab 392/ ab 16 DM, zu buchen über Reinecke, Bargteheide, ✆ 04532/6519. Wegen der oft erheblichen Rabatte für Studenten erkundigen.

Im W und N gibt es fünf inländische Fährverbindungen, um Fjorde oder Küstenabschnitte zu überbrücken. Näheres im Prospekt von BSI-Travel.

Fahrradverleih

Verleih von MTBs bei BSI-Travel (siehe oben, 20 % Ermäßigung für Rundreisepassinhaber). Kostet pro Tag 30 DM, 1 Woche 170, 2 Wochen 315, 3 Wochen 435, 4 Wochen 525 DM, zuzüglich 25 % Steuer. Billiger ist es bei Brogarhjól, Hverfisgata 50, Reykjavik, ✆ 1/15653 (pro Tag 23 DM). Liste weiterer Verleihstellen beim FVA.

Übernachten

Camping: 120 Plätze unterschiedlichen Standards, circa 12 DM. Campingplatz-Karte im BSI-Travel-Info. Komplette Ausrüstung kann man leihen bei Sportleigan, Rent a tent, Yatnsmyrarregi 9, Reykjavik, ✆ 9113072

Freies Zelten erlaubt außer in Naturparks, dort gibt es speziell ausgewiesene Stellen. Akku-Heizkissen nicht vergessen, denn es könnte kalt werden.

JH: 22 einfache Jugendherbergen ohne Altersbegrenzung recht gut über das Land verteilt, meist jedoch nur im Sommer geöffnet; auch Schlafsackplätze; 25 DM pro Nacht, Frühstück zusätzlich 12 DM.

Weitere Unterkünfte: Liste von Schlafsacklagern in Schulsälen (15 – 25 DM) und in Edda-Hotels (29 DM) beim FVA. Preiswert sind Bauernhöfe und Hütten des isländischen Touringclubs (Feroafélag Islands, Mörkinni 6, Reykjavik, ✆ 91/682533).

Hotels: Wenige, durchweg teure Hotels mit DZ ohne Bad ab 100 DM.

Geld & Papiere

100 Kronen kosten 2,30 DM. 1 Krone = 100 Öre. Die Kaufkraft der DM ist mindestens um ein Drittel schwächer als in D.

Empfehlenswerte Zahlungsmittel sind DM- und US-$-Reiseschecks, Kreditkarte. Man kann auch vom Postsparbuch abheben.

Einreisebedingungen: Oft wird bei der Einreise ein Rückreiseticket verlangt (Flug- oder Fährticket), zur Sicherheit also gleich die Rückreise mitbuchen.

Konsularische Hilfe: Deutsche Botschaft, Tungata 18, Reykjavik, Telefon 19535 und 19536

Telefon: Von Island nach D 9049, umgekehrt 00354 vorwählen. Deutschland-Direkt ℐ 999/049

Israel

Naturräume

Oft kleinräumige Einzellandschaften mit einer für Häfen ungünstigen, flachen, ausgeglichenen Küste. Dahinter erstreckt sich eine durchschnittlich 20 km breite, flache und fruchtbare Küstenebene. Nach Osten hin folgen die Hochflächen Palästinas, im Norden das stark zerklüftete Bergland Galiläas (bis 1208 m), an das sich in Richtung Süden die Jesral-Ebene und das Karmelgebirge anschließen. Danach geht das judäische Hochland in eine nach Süden hin bis über 1000 m hoch gelegene Tafellandschaft (unter anderem Negev-Wüste) über. Weiter nach Osten fällt das Hochland sehr stark bis 400 m unter den Meeresspiegel zum Toten Meer hin ab.

Politische Lage: In den besetzten Gebieten (West Bank, Gaza-Streifen) gibt es die Intifada, den palästinensischen Aufstand. Wer mit dem Fahrrad durch diese Gebiete fährt, sollte vorher besser die aktuelle Lage beobachten. Von längeren Fahrten durch die besetzten Gebiete ist abzuraten.

Radelgebiete

In ganz Israel ließe es sich – weil es so klein ist – bequem radeln. Insgesamt recht hügelig (bis 1000 m), schmaler Küstenstreifen, ansonsten Gebirge und Wüste.

Die Küstenstrecke ist stark befahren und nicht so interessant. Lieber See Genezareth, Jordan-Tal, Totes Meer und all die biblischen Orte erkunden; relativ anstrengend.

Klima & Reisezeit

Im Westen mediterran mit heißen und regenlosen Sommern und milden und feuchten Wintern. Im Osten und Süden wüstenhaft.

Hauptwindrichtung: N bis NO, an der Mittelmeerküste aus NW, bei einer durchschnittlichen Windgeschwindigkeit von 3 m/sec. Im Winter tritt in Palästina der Sharkia auf, trocken-heiße, östliche Winde.

Reisezeit: An der Küste von Mai bis Oktober, im Gebirge und in der Wüste März bis Mai und September bis November.

Info-Adressen

D: Staatlich Israelisches **Verkehrsbüro**, Bettinastr. 62, 60325 Frankfurt a.M., ℐ 069/752084. Versendet ein »Reise-Journal« für Jugendliche und Studenten mit Adressen von Kibbuz, JHs und Camping sowie eine Straßenkarte (incl. Feiertage in Kurzübersicht. Am Sabbat und an den Feiertagen sind alle jüdischen Geschäfte und Institutionen geschlossen).

A: Staatlich Israelisches Verkehrsbüro, Postfach 77, 1011 Wien, ℐ 01/3108174

CH: Staatlich Israelisches Verkehrsbüro, Lintheschergasse 12, 8001 Zürich, ℐ 01/2112344-5

Jerusalem Cyclist's Club: Tips von Radlern für die Umgebung von Jerusalem

Israel Cyclists' Touring Club, P.O.B 339, Kfar Saba, ℐ 052/23716, organisiert Radtouren

Israelische Botschaft, Simrockallee 2, 53113 Bonn, © 0228/8231

Gesundheit
Durchfallmittel und effektiven Kopfschutz mitnehmen. Ein Sozialversicherungsabkommen besteht nicht.

Karten & Reiseführer
Israel Touring Map, 1: 250.000 (doppelseitige Ausgabe, touristische Angaben, klassifiziertes Straßennetz, Höhenschichten), Sinai nur 1:1 Mio., 14,80 DM
   Bartholomew World Travel Map 16, Israel with Jordan, 1: 350.000, Höhenschichten, 15,80 DM
   Topographische Karten, 1:100.000 (22 Blätter, Höhenlinien, Entfernungen, touristische Angaben), 20 DM
Reiseführer: Rowohlt Anders reisen, Israel/Palästina, U. Frings und R. Rosen, 24,80 DM
Schettler, Israel und besetzte Gebiete, von Manfred Wöbcke und G. Heck, 32 DM
DuMont Kunstreiseführer, Das Heilige Land, von E. Gorys, 46,80 DM
Artemis, Israel mit Westjordanland, Hermann Teifer, 39,80 DM
Guggenheim, 30 x Israel, 24,80 DM

Straßenverhältnisse
Dichtes Straßennetz bei guter Straßenqualität, relativ dichter Verkehr (oft rücksichtslose Autofahrer), Küstenstraße meiden. Verkehrszeichen, Hinweisschilder und Ortsnamen sind zumindest in größeren Ortschaften in hebräischer, arabischer und englischer Sprache.

Ersatzteile
Versorgung in größeren Orten problemlos, Spezialteile sollte man aber lieber mitnehmen. Ein Benzinkocher ist einem Gaskartuschengerät vorzuziehen.

Radtransport
Mit der Bahn relativ uninteressant, da es für den Personenverkehr nur ein Streckennetz von 460 km gibt. Tägl. Züge Tel Aviv – Jerusalem durch landschaftlich schöne Gegend. In den meisten Bussen Transport möglich. Bei Vorlage eines Studentenausweises werden 10 % Ermäßigung gewährt.

Fahrradverleih
In Touristenorten möglich, besonders: Gal Kal, Rent-a-Bike Center, Tiverya (Tiberias), © 06/797095. Red Sea Sports Club, King's Wharf, North Beach, Eilat 89000, © 059/76111

Fähren
Zum israelischen Fährhafen Haifa Verbindungen ab Limassol/Zypern (ab 80 DM), Rhodos und Piräus/GR jeweils ab 150 DM. Die Fahrradmitnahme ist überall umsonst. Buchung: Viamare, Köln 0221/573781

Übernachten
Camping: 17 Plätze, ca. 10 DM pro Nacht. Israel Camping Union, POB 53, Nahariyya 22100, © 04/925392
JH: 33 Jugendherbergen, Übernachtung 8 bis 10 DM
Christliche Hospize: Für Pilger gedachte Übernachtungsstätten in der Nähe von Wallfahrtsstätten, in denen aber jeder aufgenommen wird. Infos

bei Pilgrimage Promotion Division, 23 Rehov Hillel, Jerusalem 94262, ℗ 02/247962. Adressen auch beim FVA.

Feld-Schulen, die Gesellschaft zum Schutz der Natur in Israel (SPNI), betreibt 26 Häuser, die neben Themen wie Ökologie und Naturgeschichte auch Unterkünfte bieten: SPNI-Tourist Service, 5 Hashefela Street, 66183 Tel Aviv, ℗ 03/537-4425 (auch ausgezeichnete Karten).

Privatzimmer: Im Sommer auf Schilder wie »private room« oder »room to let« achten: 20 – 30 DM/Person und Nacht.

Kibbuz-Gästehäuser sind Übernachtungsangebote der Kibbuze, meist mit großem Komfort für 50 bis 100 DM. Infos bei Kibbuz Guesthouses, 90 Rehov Ben Yahuda, POB 2193, 63437 Tel Aviv. Liste beim FVA erhältlich.

Hotels: viele gute, aber teure Hotels.

Während der Sommermonate kann man problemlos am Strand schlafen.

Geld & Papiere

1 Shekel kostet etwa 0,60 DM. 1 Shekel = 100 Agorot. Die Kaufkraft der DM liegt um etwa 30 % besser als in der BRD. Hohe Inflationsrate, über 15 %. Empfehlenswertes Zahlungsmittel ist der US $ in bar oder als Reisescheck.

Einreisebedingungen: Reisepaß und Visum ist für vor dem 1.1.1928 geborene Deutsche erforderlich, für jüngere genügt ein gültiger Reisepaß.

Achtung: Da viele Staaten Personen, die schon einmal nachweislich in Israel waren, die Einreise verweigern, ist es in jedem Fall zu empfehlen, entweder *zwei Reisepässe* mitzunehmen oder an der Grenze ein *Formblatt* mit dem Einreise-Stempel (»AL 17 Form«) in den Paß einlegen, statt den Paß stempeln zu lassen.

Wer sich bei der Weiterreise länger als eine Woche in *Ägypten* aufhalten will, braucht ein Visum, das man bei der Ägyptischen Botschaft in Bonn oder bei den Konsulaten in Tel Aviv oder Elat gegen eine Gebühr von 30 DM erhält. Zwischen Kairo und Jerusalem regelmäßig Busverbindungen.

Von Jordanien nach Israel kann man über die Allenby Bridge bei Jericho einreisen, aber nur Fußgänger mit Handgepäck bzw. Rucksack, nicht mit dem Fahrrad! (am Sabbat und hohen Feiertagen geschlossen). Wegen der israelischen Besetzung der West Bank muß man in Jordanien immer so tun, als reise man nur in die jordanische – völkerrechtswidrig besetzte – Westbank. Dafür muß man eine Erlaubnis beim jordanischen Innenminister oder über ein Reisebüro einholen (Jordanien – West Bank und zurück!). Das Dokument erhält man gegen 15 DM bei Vorlage eines Passes mit jordanischem Visum. Auf diesem Papier wird dann an der Brücke von den Jordaniern die Einreise in die West Bank bestätigt, was faktisch die Ausreise nach Israel bedeutet. Diese Durchreisemodalitäten können sich ändern. Aktuell bei der *Jordanischen Botschaft,* Beethovenallee 21, 53173 Bonn, ℗ 0228/357046/47, anfragen.

Für eine solche Reise ist eine *gründliche Information* zur aktuellen politischen Lage und über die historischen Hintergründe unbedingt nötig.

Konsularische Hilfe: Deutsche Botschaft, Soutime Street 16, Tel Aviv, ✆ 243111/5
Telefon: Vorwahl von Israel in die BRD 0049, umgekehrt 00972.

Italien
Naturräume
Küstenlänge über 8500 km. Hafenarme, flache Ostküste an der Adria. Buchtenreiche Westseite mit bedeutenden Häfen. Im Norden wird Italien durch den Alpenbogen begrenzt. 80 % des Landes sind Gebirgs- und Hügelland.

Nördliches Festland: Italienische Alpen (Hochgebirge, W-, O-, S-Alpen), Alpenrandgebiete mit eingelagerten Bergseen. Auslaufende Hügellandschaften hinunter in die flache Po-Ebene (piemontisches, lombardisches und venezianisches Tiefland).

Halbinsel mit dem von W nach SO 1200 km langen und bis 3000 m hohen Gebirgsrücken des Apennin, der nach Osten sanft, nach Westen steil ausläuft.

Mittelitalien: Am SW-Rand des Apennin gelegene hügelige Beckenlandschaften (Toskana, Umbrien, Latinum).

Unter- und Süditalien: Auflösen des Apenninstranges in verschiedene bergige Kleingliederungen (Kampanien, Apulien, Basilicata, Kalabrien), vermehrte Vulkantätigkeit im Süden.

Inseln: Sizilien, Sardinien, Elba und eine Vielzahl kleiner Inseln, oft mit dem Profil von Mittelgebirgslandschaften.

Radelgebiete
Die schönsten Landschaften liegen im hügeligen Landesinneren der Toskana, Umbriens, Kalabriens, Siziliens und Sardiniens.

Dolomiten: Pässe kürzer hintereinander als in den nördlichen Alpen, zerklüfteter Kalkstein, Radeln ist mit einigen Anstrengungen verbunden, viele Haarnadelkurven. Auskunft über Schneeverhältnisse auf den Alpenpässen: ACI, ✆ 0471/993808.

Italienische Seen: Landschaftlich eindrucksvoll, verkehrsreiche Hauptstraßen am Ufer entlang, teils hügelig. Milde Winter und heiße Sommer.

Palazzo Pubblico in Siena

Mittelitalien (Toskana, Umbrien, Latium): Vielfältig, abwechslungsreich in Landschaft und Kultur, für Radtour von leicht bis anstrengend alles dabei.

Latium: Rom, mit gebirgigem reizvollen Binnenland, teilweise felsigzerklüfteter, lebhafter und verkehrsreicher Riviera-Küste und schönen Inseln wie Elba.

Adria: Hotel an Hotel, flach, teilweise überlaufen und dreckig. In der Hauptsaison viel Verkehr, meiden!

Abruzzen: Kühl und windig, landschaftlich schön. Anstrengend.

• *Süditalien:* Landschaftlich sehr reizvoll durch Nebeneinander von Küste und Hinterland. Abstecher ins Landesinnere anstrengend. Neapel, Pompeji, Vesuv (Vulkan) sehenswert.

• *Sizilien:* Heiß, vor allem durch Sciròcco-Winde, Frühling empfehlenswert. Brennpunkt der Geschichte. Vulkane, Liparische Inseln.

• *Sardinien:* Nicht so überlaufen, im Sommer verdorrt, oft große Entfernungen zwischen Wasserstellen und Lebensmittelgeschäften. Reizvoll sind besonders die Nord- und Ostküste, das Gennargentu-Massiv und der Südwesten mit den kleineren Inseln vor der Insel. Campingplätze haben oft eine nur sehr kurze Saison im Sommer.

Klima & Reisezeit

Süditalien sowie Inseln: Vornehmlich an den Küsten lange sommerliche Trockenheit, winterliche Regenzeit. Im Westen durch Zyklone und Sciròcco-Tiefs mehr Niederschlag (800 bis 2000 mm) als im Osten (circa 500 mm). Im Landesinneren je nach Höhenlage niedrigere Temperaturen.

Poebene: Eher mitteleuropäisch kontinental geprägt. Regen im Frühjahr und im Herbst, tiefe Wintertemperatur, hohe Sommertemperaturen, meist über 1000 m Niederschlag.

Am *Südrand der Alpen* meist begünstigte Klimainseln (oberitalienische Seen, Riviera).

Hauptwindrichtungen: In Norditalien drehend von O über N nach W, Toskana aus NW, Westküste von N über NO nach O, in Sardinien aus NW, in Sizilien aus W, bei jährlich durchschnittlichen Windgeschwindigkeiten von 4,5 m/sec in Norditalien, 3,2 in der Toskana, 2,5 an der Westküste, 2,8 auf Sardinien und 3,4 auf Sizilien.

Besondere Winde: Neben den talaufwärts gerichteten Winden an den Oberitalienischen Seen sind die wichtigsten häufig auftretenden Winde:

Furiani (Nördliche Adria): Starke Böen vor der Po-Mündung von südwestlichen bis südöstlichen Winden.

Gregale (Süditalien): Der »Wind aus Griechenland« ist ein vorwiegend winterlicher und daher kühler, kräftiger, manchmal stürmischer Nordostwind zwischen einem Hochdruckgebiet über den Alpen und Südosteuropa und einem Tief im südlichen Mittelmeer oder über Nordafrika.

Levante (Nördliche Adria): Bezeichnung für den von Sonnenaufgang her wehenden Ostwind.

Maestro (Adria, Jonisches Meer): Sommerliche, vorherrschende Nordwestwinde des Adriatischen und Jonischen Meeres.

Libeccio (Nordwestliches Mittelmeer, Adria): Meist trocken-warmer, selten feuchter Südwestwind.

Ponente (Italien, Mittelmeerküste Frankreichs): Aus Richtung des Sonnenunterganges wehende Westwinde.

Scirocco (Mittelmeergebiet): Extrem warme, sehr trockene Winde, besonders in den Übergangszeiten. Der Ursprung dieser Winde liegt in den heißen Wüstengebieten Nordafrikas oder Vorderasiens. Scirocco-Winde sind auf der Südseite des Mittelmeeres noch trocken, oft auch staub- oder sandführend mit recht hohen Temperaturen. Scirocco-Luft reichert sich oftmals mit Feuchtigkeit an und trifft in Spanien, Italien, Sizilien, Dalmatien, Griechenland usw. als feuchtwarmer, sehr regnerischer Wind ein.

Reisezeit: Im Norden von Ende März bis Oktober, im Süden von Ende Februar bis November. Die Reisezeiten hängen auch von der Höhe ab. Im Norden sind Pässe teilweise bis in den Mai hinein gesperrt.

Im Juli und August den Süden wegen Hitze, den Norden wegen Überfüllung meiden. Will man trotzdem in dieser Zeit reisen, so umradele man die Touristenzentren an den Küsten. Dies ist allerdings immer mit einigen Anstrengungen verbunden, da das Landesinnere hügelig bis steil ist.

Karfreitag/Ostern finden überall Prozessionen statt, im Sommer vielerorts Reiterspiele, Termine beim FVA.

Info-Adressen

Amici della Bicicletta, Via San Leonardo 20/2, 40125 Bologna. Fahrradinitiative. Partner des ADFC.

Auskunft über Touren und Verleih:
Federazione Ciclistica Italiana, Via L. Franchetti 2, Roma, 06/36857255

Federazione Ciclo e Motociclo, Via M. Macchi 32, 20124 Milano

Touring Club Italiano, Corso Italia 10, 20122 Milano. Der Touring Club bietet in erster Linie Infos für Autofahrer, gibt aber auch die Broschüre »Cicloturismo« heraus.

Fremdenverkehrsämter:
D: Italienisches FVA (ENIT), Berliner Allee 26, 40212 Düsseldorf, ✆ 0211/132231

A: ENIT, Kärntener Ring 4, 1010 Wien, ✆ 01/654374

CH: ENIT, Uraniastr. 32, 8001 Zürich, ✆ 01/2113633

Die *örtlichen* Touristenbüros heißen »Ente Provinciale per il Turismo« (ENIT), vornehmlich in Touristenzentren. In kleineren Orten nach dem Zimmernachweis »pro loco« fragen.

Italienische Botschaft, Karl-Finkelnburg-Straße 49, 53173 Bonn, ✆ 0228/822-0. Generalkonsulate in Berlin, Frankfurt, Hamburg, Köln, Stuttgart, München.

Karten & Reiseführer

K+F, Autokarte 1:500.000, 14,80 DM
K+F, Reisekarte 15 Blätter, 1:200.000, 14,80 DM

Es gibt auch topographische Karten 1:100.000 (je 30 DM) und 1:50.000. Empfehlung: Direktbesorgung in autorisierten Läden (z.B. Schreibwarenhandel) der jeweiligen Provinzhauptstadt.

Karten ausgewählter Regionen gibt es beim FVA und ACI im Maßstab 1:275.000.

Reiseführer: Kettler, Oberitalien, Mittelitalien (Toskana, Umbrien) per Rad, 2 Bände, Rieck/Schäfer, je 19,80 BLV, Die 35 schönsten Radtouren, Toskana, Abruzzen, Süd-I, R. Geser, 29,80
DuMont Kunstreiseführer, Italien, R. Hess, E. Paschinger, 44 DM
Rowohlt Anders reisen, Italien, Humburg, Lau, Novelli u.a., 19,80
Müller, Toskana, M. Müller, 29,80 DM
Müller, Rom/Latium, Hemmie, 29,80
Velbinger, Süditalien, H. Bausenhardt, 36 DM
Velbinger, Sizilien, H. Bausenhardt, 36,80 DM
Peter Meyer Reiseführer, Sardinien – Reisebegleiter für Erholungs- und Erlebnisurlaub, Ela Strieder, herausragender Komplettführer mit Beschreibung aller Campingplätze, 544 Seiten für nur 29,80 DM!
Rump, Kauderwelsch, Italienisch, Ela Strieder, 14,80 DM

Straßenverhältnisse

Hauptstraßen mit glattem Belag, aber starkem Verkehr. Auf Nebenstraßen oft rauher Belag, in abgelegenen Gebieten Schlaglöcher und Kopfsteinpflaster, ebenso in vielen Städten. Die Beschilderung orientiert sich praktisch nur am Autofahrer. Deshalb Karte benutzen, denn Schilder bedeuten oft Umwege über große Autostraßen.

Achtung, der Fahrstil ist teilweise sehr rasant. Wenig Verständnis für Radreisende mit Gepäck. Bergtüchtige Übersetzung erforderlich, da überall im Binnenland steile Anstiege lauern.

Ersatzteile

Gute Versorgung in großen Städten, nach Süden wird es dünner, Sardinien und Sizilien sehr schlecht. Kaum Ersatzteile für Tourenradler mit Nabenschaltungen. Fachgeschäfte sind auf Rennräder ausgerichtet, z.B. sind Drahtreifen, die breiter als 25 mm sind, kaum zu finden. Ersatz mitnehmen.

Radtransport

Bahn: Achtung: kein Fahrradtransport nach Italien. Die Italienische Staatsbahn FS befördert im internationalen Verkehr keine Räder und Koffer mehr. Die müssen jetzt als *Frachtgut im Güterverkehr* aufgegeben werden, was länger dauert und teuer ist: Dortmund – Rom, bislang 15 DM, jetzt 95,70 DM Transportkosten.

Es gibt einen kostenlosen Fernzug-Taschenfahrplan.

D: Italienische Staatsbahn, Bahnhofsplatz 2, 80335 München, © 089/ 591597, Fax 553406
CH: FS, Effingerstraße 8, 3011 Bern, 031/254161
A: FS, Mariahilferstr. 84, 1070 Wien
Sparangebot: Netzkarte 8 Tage 274 DM, 21 Tage 395 DM.

Fahrradmitnahme im gleichen Zug nur in ausgewählten Zügen der Bezirke Genua, Mailand, Verona und Turin; diese Züge sind im Kursbuch mit Fahrradsymbol gekennzeichnet. Die Mitnahme muß am Vortag der Abreise bis 12 Uhr unter Vorlage einer Hin- und Rückfahrkarte reserviert werden. Der Preis ist entfernungsunabhängig, es wird eine Fahrradtageskarte für ca. 7,50 DM gelöst. Seit 1992 kann man das Fahrrad in allen Regionalzügen verpackt in einer Fahrradtasche (max. 80 x 110 x 30 cm, Aufbewahrung im Bahnhof kostenlos) ebenfalls zu Preis von ca. 7,50 DM transportieren.

Aufgabe mindestens 3 Stunden (in großen Bahnhöfen wie Mailand oder Rom 5 Std.) vorher als Reisegepäck/bagaglio. Dann erfolgt der Transport durch eine private Firma als Stückgut normalerweise im gleichen Zug. Sonst dauert es etwa 2 Tage. Rad gut verpacken, Versicherung möglich. Unabhängig vom tatsächlichen Gewicht werden für ein Fahrrad immer 20 kg berechnet. Preis bis 200 km 14900 Lire, 400 km 16390 Lire, 600 km 17880 Lire.

Bus: Je weiter südlich, um so wahrscheinlicher die Möglichkeit, von Bussen mitgenommen zu werden.

Fähren

Außer auf der Strecke Livorno – Olbia/Sardinien (ab 47 DM mit Corsica & Sardinia Ferries, München, ℗ 089/337383, oder ab 42 DM mit Moby Lines über Seetours, Frankfurt, ℗ 069/1333260), wo der Fahrradtransport gratis ist, kostet auf allen angeführten inneritalienischen Strecken die Mitnahme des Fahrrades 9 bis 13 DM.

Sardinien: Bonifacio/Korsika – Sta. Teresa di Gallura 15/5 DM (Seetours) zuzüglich 9 DM Steuer. Von Civitavecchia und Genua nach Arbatax 52 bzw. 62 DM. Nach Cagliari von Genua 103, von Neapel 58, von Trapani und Palermo auf Sizilien 54, von Civitavecchia 58 DM. Nach Olbia von Genua 66, von Civitavecchia 88 DM. Nach Porto Torres von Genua 65 DM. Die preisgünstige Fähre der FS Civitavecchia – Golfo Aranci (20 DM)

Bei Alghero an Sardiniens Westküste

LÄNDERINFOS EUROPA A–Z

ist nur an italienischen Bahnhöfen oder vor Ort zu buchen!

Sizilien: Nach Palermo von Livorno und Genua ab 118, Neapel 66 DM. Neapel – Syrakus 63, Reggio di Callabria – Catania 40 DM.

Infos und Buchung über Armando Farina, Frankfurt a.M., ✆ 069/6668491. Buchung vor Ort ist meistens wesentlich billiger!

Nach Kroatien, Griechenland, Frankreich, Tunesien siehe dort.

Fahrradverleih

In einigen Städten am Meer von Privat möglich. Auskünfte durch Federazione Ciclo e Motociclo, Via M. Macchi 32, 20124 Milano

Übernachten

Camping: Vornehmlich an der Küste, Auskünfte und Gesamtverzeichnis beim TCI

(Touring Club), ENIT oder beim Dachverband der Zeltplätze mit Reservierung: Federazione Italiana del Campeggio, C.P. 23, Via Vittorio Emanuele 11, 50041 Calenzano (FI), ✆ 055/882391.

Campingplätze sind teuer (18 DM), die Preise hängen aber von der Attraktivität der Region ab, im Süden wenig Plätze. Oft vermitteln lokale FVA Gelegenheiten auf örtlichen Camping Comunale, dort Aufenthalt bis zu 3 Tage.

Einzelreisende kommen auf Campingplätzen in Touristengegenden während der Hauptreisezeit schlecht unter, da man auf Caravan- und Autoreisende spekuliert, die die Kasse entsprechend klingeln lassen. Ande-

rerseits außerhalb der Saison oft geschlossen. Mit einem Mitgliedsausweis eines Campingclubs wird man bevorzugt aufgenommen und erhält auf vielen Plätzen eine Ermäßigung.

Frei campen ist nach Absprache mit dem Besitzer möglich.

JH: Etwa 60 Jugendherbergen, meist im Norden Italiens. Die Übernachtung kostet 12 bis 15 DM (Verzeichnis beim FVA). Auskunft und Reservierung: Associazione Italiana Alberghi per la Gioventú, Via Cavour 44, 00184 Roma.

Studentenherbergen: »casa dello studente«, Übernachtung ab 17 DM. Infos bei den Universitäten oder beim Erziehungsminister, Viale Trastevere, Rom.

Berghütten in Alpenregionen sind kaum teurer als Camping. Auskunft: Club Alpino Italiano (CAI), Via Ugo Foscolo 3, 20121 Milano, ✆ 02/8057519.

Bauernhäuser: Infos bei Agriturist, Corso V. Emanuele 101, 00186 Roma, ✆ 06/6512342. Die Broschüre »Ferien auf italienischen Bauernhöfen zwischen Südtirol und Sizilien« mit 750 Wein- und Landgütern ist für 18,80 plus Versand erhältlich bei der Zentrale für Landurlaub, Heerstraße 73, 53111 Bonn.

Hotels und Pensionen sind auf dem Lande vergleichsweise preiswert, Pensionen ab 20 DM. Einen kostenlosen Hotelführer gibt es bei ENIT, Zimmernachweis beim örtlichen »pro loco«.

Klöster stellen häufig einfache Zellen zur Übernachtung zur Verfügung.

Geld & Papiere

1000 Lire kosten etwa 1 DM. Die Kaufkraft der DM liegt 15 % über derjenigen in der BRD. Essen gehen ist aber sehr teuer. Empfehlenswerte Zahlungsmittel sind das Postsparbuch, für das vor der Reise beim Postsparkassenamt spezielle Auszahlungsscheine angefordert werden müssen, sowie Lire-Reiseschecks.

Konsularische Hilfe: Deutsche Botschaft, Via po 25c, 00198 Roma, ℗ 06/860341
Generalkonsulate der BRD in Genua und Neapel
Telefon: Von Italien in die BRD 0049 vorwählen, umgekehrt 0039. Die alten Gettoni (Telefonmünzen) werden zunehmend durch Telefonkarten ersetzt. Die gibt's in Tabakläden und an Automaten. Deutschland-Direkt ℗ 172/0049

Kroatien
Naturräume

Das Brückenland zwischen Mittel- und Südosteuropa grenzt im Nordwesten an Slowenien. Der Westen wird vom felsigen Istrien und Teilen des Dinarischen Gebirgsblocks eingenommen, der sich entlang der östlichen Adriaküste erstreckt und hier Höhen bis 1800 m erreicht. Das schroffe und zur Küste meist steil abfallende Gebirge weist verschiedentlich Karstplateaus und -becken auf. Parallel zur Küstenlinie liegen zahlreiche, oft karge Inseln (mediterraner Landschaftstyp). Nördlich der bosnischen Dinaren schließt sich das hügelige Save-Drava-Zweistromland mit kleineren und größeren Becken an, die in flaches Schwemmland übergehen, das an Ungarn und Serbien grenzt.

Radelgebiete

• *Istrien:* reizvolle Städtchen, hügeliges Inneres. Nicht zu anstrengend, Straßen recht stark befahren. Im Winter und Frühjahr kalte nördliche Bora-Winde, auch im Sommer heftige Fallwindböen.

Kvarner Golf: Man kann von Insel zu Insel springen, was sehr preiswert und reizvoll ist.

Kroatisches Küstenland und *Dalmatinische Küste:* leicht bis sehr anstrengend zu fahren wegen zwar kurzer, aber steiler Aufstiege. Entlang der Küste Touristikzentren und Fischerdörfer, etwa 1000 Inseln, 1800 km Küste. Die Straßen ins Landesinnere sind sehr steil mit für Abfahrten gefährlichen Haarnadelkurven.

Achtung, südlich der Brücke zur Insel Krk ist das Festland wegen des Kriegs zu unsicher!

Dinarisches Gebirge: rauh und wild, trostlose Karstlandschaft, heiße Sommer, dünn besiedelt; ebenso wie das Gebiet südlich und östlich von Zagreb (Slawonien) *zur Zeit nicht zu bereisen.*

Klima & Reisezeit

Vom mediterranen Küstenstreifen abgesehen, kontinental mit heißen Sommern und kalten Wintern. Im Binnenland ganzjährig verteilter Niederschlag. Feuchte Westwinde bringen im Gebirge bis 2000 mm Niederschlag, mit dem europäischen Spitzenwert oberhalb der Bucht von Kotor (um 5000 mm). Temperaturstürze durch Fallwinde zur Adria (Bora).

Hauptwindrichtung: An der Mittelmeerküste aus NW, im Norden aus NO, im Hochland aus O, bei einer jährlich durchschnittlichen Windgeschwindigkeit von 3 m/sec an der Mittelmeerküste, 2,4 im Norden und 2 m/sec im Hochland.

Besondere Winde: *Bora* (Dalmatinische Küste): Trocken-kalter, meist böiger Fallwind von Norden, immer dort, wo kaltes Hochland an relativ warmes Meer grenzt.

Bora chiara: Extrem kalte Luft aus Ungarn und Südrußland stößt über das Hochland von Istrien zur warmen Adria heftig und kalt hinab; begleitet von nebelartigen Erscheinungen.

Quarnero (Istrien): Heftige Kaltluft-Sturzböen der Bora.

Bora scura: Durch Scirocco-Winde abgemilderte Bora mit trübem Wetter und nicht so böig.

Reisezeit: April bis Oktober, die Wassertemperaturen sind von Juni bis September angenehm.

Info-Adressen

Es gibt derzeit kein Kroatisches Fremdenverkehrsamt. Neben der Botschaft erteilt Auskunft: Bemex-Tours, Rumfordstraße 5, 80469 München.

Die *örtlichen* Fremdenverkehrsbüros heißen Turist biro. Hauptsächlich an der Küste und in den großen Städten.

Kroatische Botschaft, Augustastraße 4, 53173 Bonn, ℗ 0228/476796 & 466061.

Karten & Reiseführer

F & B, 1:600.000; Küste & Inseln 1:275.000, 12,80 DM

K+F, 1:500.000, 12,80

RV, Jugoslawische Adriaküste, 1:300.000, 14,80 DM

Mair, 3 Generalkarten Dalmatinische Küste, 1:200.000, je 7,80 DM, Blatt 1 = Istrien; mit Mängeln in der Darstellung des Straßenzustandes, aber brauchbar.

F & B, Istrien, 1:100.000, 8,80 DM

Reise Know-how, Jugoslawien-Reisehandbuch, Peter Meyer/B. Rausch, 2. aktualis. und erw. Aufl. 1989, 29,80 DM. Immer noch tauglich für eine Reise nach Istrien und auf die Inseln im Kvarner Golf.

Straßenverhältnisse

(Wenige) Hauptstraßen: relativ guter Belag, extrem hohe Verkehrsdichte, deshalb auch da unbedingt meiden, wo sie noch nicht zur Autobahn ausgebaut sind, zur Hauptreisezeit auch die Küstenstraße entlang der Adria, besser Inselhüpfen.

Nebenstraßen: schlechter Belag, kaum Verkehr, in abgelegenen Regionen oft Schotter (Mountain Bike empfehlenswert). Viele Schlaglöcher, Bodenwellen, Betonplatten.

Autofahrer sind oft rücksichtslos, man braucht gute Nerven. Nie bei Nacht fahren!

Ersatzteile

Kaum Ersatzteile für Importräder, eventuell in Haushaltswarenläden nachfragen. Ansonsten ist Selbstversorgung angeraten. Nur Benzinkocher sind zu empfehlen.

Radtransport

Bahn: An jedem Bahnhof Radversand bzw. -mitnahme für etwa 4 DM möglich. Vertretung Kroatische und Slowenische Eisenbahn, Eschersheimer Landstraße 69, 60322 Frankfurt a.M., © 069/598178. Vor Ort: Hrvatske Zeljeznice (HZ), Komercijalna sluzba, Mihanoviceva 12, 41000 Zagreb, © 41/274871, FAX 422169.

Auf Nebenstrecken überaus langsames Vorwärtskommen. Fahrradtransport als Reisegepäck (Aufgabe 30 Minuten vorher) möglich, wenn der Zug einen Gepäckwagen hat. Geringer entfernungsabhängiger Preis, bis zu 1 DM. Bei Aufgabe des Rades von D (das gleiche gilt für die Rückaufgabe) nur größere Zielbahnhöfe wie Zagreb oder Rijeka auswählen. Hier ist man einigermaßen zuverlässig. Der Rücktransport kann lange dauern (zwei bis drei Wochen), da z.T. mit Speditionen gearbeitet wird.

Fähren

Von Italien: Der Fahrradtransport ist umsonst. Eine Deckspassage ab Ancona/I oder Ortona/I kostet etwa 60 DM. Auskunft durch Seetours, Frankfurt, © 069/1333210, DER, Frankfurt a.M., © 069/95881753 und Viamare, Köln, © 0221/2573781.

Auf vielen Inselfähren ist der Radtransport kostenlos. Der Personentransport ist ausgesprochen billig, so daß sich Inselspringen entlang der Küste anbietet. Inselfähren sind nur vor Ort zu buchen. Auch kleinere Personenboote und Bootstaxis nehmen Fahrräder mit. Nach Griechenland siehe dort.

Fahrradverleih

In vielen Küstenorten örtliche Verleihagenturen.

Übernachten

Camping: Konzentriert an der Küste und bei Zagreb. Zwei Personen mit Zelt zahlen zusammen 10 bis 15 DM.

Freies Campen ist nur mit Genehmigung der Gemeindebehörde erlaubt.

JH: einige wenige und recht teuer, 8 bis 18 DM

Privat: mit Preisen um 15 DM billiger als Hotels, Adressen bei örtlichen FVA, Listen liegen aus. Auf Schilder mit der Aufschrift »sobe« (Zimmer) achten. Gibt es in fast allen Regionen, ebenso Gasthöfe und Pensionen.

Hotels: 5 Kategorien. Für Durchreisende ist die C- bis D-Klasse zu empfehlen, im Sommer mit Vorbestellung.

Geld & Papiere

Der Kroatische Dinar litt bei Drucklegung unter einer Inflation von 40 bis 50 % im Monat. 1 Dinar = 100 Para.

Empfehlenswerte Zahlungsmittel sind das Postsparbuch und DM in bar. Unbedingt erst vor Ort tauschen oder gleich in DM oder öS zahlen!

Kroatien war bei Drucklegung für »DM-Träger« eines der preiswertesten Länder Europas. Wie sich die Preise einpendeln, bleibt abzuwarten.

Einreisebedingungen: Für die Einreise von Bürgern aller Staaten, mit denen Kroatien diplomatische Beziehungen unterhält (auch D, A, CH. NL), genügt der Personalausweis. Vor der Einreise in alle Gebiete außer nach Zagreb, Istrien und auf die Inseln bei der Deutschen Botschaft in Zagreb oder der Kroatischen Botschaft in Bonn nach der Sicherheitslage erkundigen.

Konsularische Hilfe: Deutsche Botschaft, Avenia Vukova 61, 41000 Zagreb, ☎ 041/519200

Telefon: Vorwahl nach D 9949, nach Kroatien 00385

Libyen

Nachdem jahrelang kaum Touristenvisa für Libyen ausgestellt wurden, ist dies seit 1989 wieder der Fall. Die Normalisierung der Beziehungen zwischen Libyen und Tunesien und die Wiedereröffnung der gemeinsamen Grenze bei Ben Guerdane sowie der südlichen Grenzübergänge nach Tunesien und Algerien, aber auch weitere Anzeichen der jüngsten Zeit lassen eine weitere Öffnung des Landes vermuten. Die Grenze mit Ägypten wurde 1990 geöffnet, so daß eine komplette Umrundung des Mittelmeeres mit dem Fahrrad nicht mehr unbedingt ein Wunschtraum bleiben muß. Praktische Erfahrungen von Radfahrern lagen uns bei Drucklegung allerdings noch nicht vor.

Bei der Einreise sind 500 US $ zu wechseln. Rücktausch ist nur bei einem kürzer als 10 Tage währenden Aufenthalt möglich, wobei pro Besuchstag 50 US $ abgezogen werden.

Ledige Frauen unter 35 Jahren brauchen zur Einreise eine Sondergenehmigung.

Karten & Reiseführer

USGS Topographic Map of the United Kingdom of Libya, 1:2 Mio,
Höhenlinien, Verkehrsnetz, Sandgebiete, 19,80 DM, alt.
Cartographia Libya, 1:2 Mio, 15 DM
Stein, Libyen, Reisehandbuch von David Steinke, 22 DM

Info-Adressen

Libyan Arab Airlines, Baseler Straße 35-37, 60329 Frankfurt, ☎ 069/234243. Zweimal wöchentlich gibt es einen Direktflug Frankfurt – Tripolis.

Die Fluglinie hat auch die Funktionen eines Fremdenverkehrsamtes übernommen.

Aktuelle Reiseerfahrungen sind eventuell auch über die Globetrotter-Clubs (Seite 15) oder Ausrüstungsläden (siehe unter »Lexikon & Adressen«) zu erfragen.

Botschaft: Volksbüro der Großen Sozialistischen Libysch-Arabischen Volks-Dschamahirija, Konsularabteilung, Beethovenallee 12a, 53173 Bonn (Bad Godesberg), ☎ 0228/820090. Geöffnet Mo bis Do 9 bis 12 Uhr.

Luxemburg

Naturräume

Ösling heißt das nördliche Drittel des Landes. Er ist das Bindeglied zwischen den Ardennen und der Westeifel, bekannt für tief eingeschnittene und windungsreiche Flußtäler (durchschnittlich 450 bis 550 m hoch).

Gutland macht die restlichen zwei Drittel des Landes aus. Es ist eine Stufenlandschaft, die aus flachen Plateaus und steileren Anstiegen besteht.

Radelgebiete

In *Ösling* gibt es durch die Fortführung der belgischen Ardennen schöne Aussichtspunkte auf Berge, Flußtäler und malerische Dörfer.

Im *Gutland* sieht man viele Schlösser. Wegen der häufigen, aber mäßigen Steigungen nennt man es auch die »kleine Schweiz«. Schöne Flußetappen bieten sich an der Sûre und Our an.

Klima & Reisezeit

Liegt im ozeanisch-kontinentalen Übergangsbereich, was lange kühle Winter und milde Sommer bedeutet. Die Höhenflächen des Ösling sind rauh, windig und regenreich. Der durchschnittliche jährliche Niederschlag beträgt 850 bis 950 mm.

Hauptwindrichtung im Norden aus S (von April bis

Juli aus N). Im Süden aus S-SW (von März bis Mai aus O), bei einer jährlich durchschnittlichen Windgeschwindkeit von 3,9 m/sec im Norden und 3,2 im Süden.

Reisezeit: Zwischen April und Oktober ist es am angenehmsten.

Info-Adressen

Bund des Luxemburger Radsports, Postfach 2253, 1022 Luxemburg: Man kann sich den sommerlichen Radtouren des Sportclubs anschließen.

D: Luxemburgisches **Vehrkehrsamt**, Bismarckstraße 23-27, 41061 Mönchengladbach, ✆ 02161/208888

Die *örtlichen* Fremdenverkehrsämter heißen Syndicat d'Initiative und sind an dem Schild mit blauem Ritter zu erkennen. Die Verkehrsvereine von Luxemburg, Diekirch und Mersch geben Faltblätter mit Radtourenvorschlägen heraus.

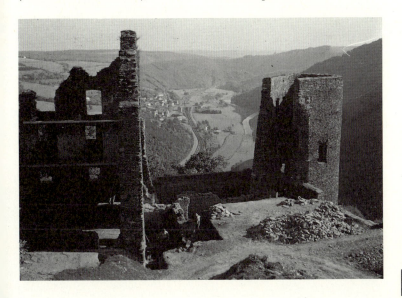

Botschaft von Luxemburg, Adenauerallee 108, 53113 Bonn, ℗ 0228/214008

Karten & Reiseführer
RV, Belgien und Luxemburg 1:300.000, 14,80 DM
Grand Duché de Luxembourg, 1:50.000, carte topographie et touristique, 2 Blätter à 12,80 DM
Michelin, 1:150.000, 6,80 DM
Übersichtskarte 1:200.000 mit Tourenvorschlägen (JH, Camping etc.) kostenlos vom FVA.
DuMont, Kunstreiseführer, Luxemburg, U. Moll, 40 DM

Straßenverhältnisse
Dichtes Nebenstraßennetz mit gutem Straßenbelag. Die bestehenden Radwanderwege sind in einer Broschüre des FVA beschrieben.

Ersatzteile
Problemlose Versorgung im ganzen Land.

Radtransport
Bahn: SNCL (Société Nationale des Chemins de Fer Luxembourgeoise), Boîte Postale 1803, 1018 Luxembourg, ℗ 052/4990-5587, Fax -4470 (Hauptverwaltung)
Sparangebot: Benelux-Paß siehe Belgien, Monatsnetzkarte ca. 50 DM.
Selbstverladung: Im Sommer an Wochenenden teilweise kostenlos, sonst in allen Zügen mit Gepäckwagen zum einheitlichen Preis von 1,75 DM. In Triebwagen werden Fahrräder befördert, wenn genügend Plätze vorhanden sind.

Aufgabe: 3,50 DM
In **Bussen** kein Radtransport.

Fahrradverleih
Ausleihen möglich in Luxemburg, Diekirch, Echternach, Ettelbruck, Reisdorf, Vianden, Wiltz. Auskünfte beim jeweiligen Syndicat d'Initiative.

Übernachten
Camping: rund 120 Plätze, ab ca. 6 DM, Liste beim Fremdenverkehrsamt. Freies Campen nur mit Genehmigung des Platzeigentümers.
JH: 12 Häuser, Übernachtung ca. 8 bis 10 DM, Höchstaufenthaltsdauer 3 Tage.
Gîtes: Billige Unterkünfte mit Küche. Teilweise Altersgrenze von 20 Jahren. Infos bei Gîtes d'Etape Luxembourgeois, 23 Boulevard Prince Henri, 1724 Luxemburg, ℗ 23698.
Hotels sind wesentlich teurer als Pensionen. Umfangreicher Prospekt incl. Restaurants mit Preisangaben vom FVA.

Geld & Papiere
100 Franc kosten ca. 4,90 DM. 1 Franc = 100 Centimes. Man kann auch überall mit Belgischen Franc bezahlen. Die Kaufkraft der DM liegt um etwa 10 % höher als in der BRD. Empfehlenswerte Zahlungsmittel sind DM-Reiseschecks, Postsparbuch oder DM in bar.
Konsularische Hilfe: Deutsche Botschaft, 20 – 22 avenue Emile Reuter, Luxembourg, ℗ 26791/2
Telefon: Von Luxemburg in die BRD 0049, umgekehrt 00352. Deutschland-Direkt ℗ 0/800/0049

Marokko
Naturräume
Grob lassen sich drei Großräume unterscheiden:

Im Westen atlantisches und zentrales Tiefland als gebirgsumschlossenes Becken.

Norden und Süden: Gebirgsregionen, hügelig bis steil mit Pässen über 2000 m, bestehend aus dem zum Mittelmeer steil abfallenden Rif (bis 2500 m, Gebirgszüge in West-Ost-Richtung), dem Mittleren Atlas (bis 1800 m, von SW nach NO), dem Hohen Atlas (bis 4165 m von W nach O) und dem Anti-Atlas im Süden (2000 m).

Im Süden Senken des Wadi Draa und die Beckenregion des Tafilalet (600 bis 1000 m hoch), an die sich im Osten verschiedene Plateaus anschließen.

Radelgebiete
Atlantikküste: Landschaftlich uninteressant, abseits der großen Städte geeignet für Radler, die gerne baden (Küste Safi – El Jadida).

Rifgebirge: Spanisch geprägte Mittelmeerküste, (zollfreier Einkauf in Ceuta, was ebenso wie Melilla zu Spanien gehört). Schönes, aber anstrengendes Gebirge (bis zu 1600 m). Die Gegend um Ketama ist extrem gefährlich, da dort alle Tricks angewandt werden, Touristen Hasch unterzujubeln (Straßensperren, Schafherden usw.). Teilweise Zusammenarbeit mit Polizisten, deshalb unbedingt meiden!

• *Mittlerer Atlas:* Mittelgebirgslandschaft südlich der größten Städte (Fés, Meknès), geschichtsträchtige Orte (Volubilis, Moulay Idriss), ursprüngliche Dörfer in der Hochgebirgsregion, französisch geprägte Städte und erfrischende Seen.

Hoher Atlas: Sehr anspruchsvolles MTB-Gebiet, in dem gutes Kartenmaterial erforderlich ist. Lebensmittelversorgung zum Teil schwierig, Räder müssen auf Pfaden häufig geschultert werden.

• *Straße der Kasbahs:* Steinwüste, Oasen. Die Region um Erfoud gilt als Wüste für Anfänger. Beeindruckende, aber mühsame Gebirgslandschaft, die eine gute Planung der Wasservorräte verlangt (Entfernungen zwischen Versorgungspunkten beachten). Die Hauptverbindungsstraßen sind gut geteert.

Klima & Reisezeit
Atlantisches Tiefland vom kühlen Kanarenstrom beeinflußt, mild. Inneres Tiefland mit kontinental heißen Sommern und gemäßigt kalten Wintern. Niederschlag im atlantischen Bereich 300 bis 600 mm, hauptsächlich im Winter. Im Norden und in der Mitte durchschnittlich 800 bis 1000 mm, im Anti-Atlas durchschnittlich 200 mm. Winterliche Schneedecke (teilweise 4 Monate im Rif, mittlerer und hoher Atlas ab 1000 m).

Hauptwindrichtung: An der Atlantikküste N bis NW, in Tanger aus O, im Osten aus N, im Landesinneren aus W, bei einer durchschnittlichen Windgeschwindigkeit von 3 m/sec am Atlantik, 6 in Tanger, 3,5 im Osten, 2,9 im Innern.

Besondere Winde. *Gharbi* (Atlantikküste): Winterliche, regenreiche Süd- bis West-Winde, die mit großer

Regelmäßigkeit von einem manchmal stürmischen Nordwestwind abgelöst werden.

Ifri (Westmarokko): Trockenheißer NO-Wind aus dem Landesinneren, der besonders im Frühjahr und Herbst – zeitweise noch föhnig verstärkt – bis in die atlantische Küstenebene vorstößt.

Sahel (Südmarokko): Starker, staubführender Wüstenwind.

Schergüi: Trocken-heißer O- bis SO-Wind, der besonders im Frühjahr aus dem Inneren zum Meer bläst.

Reisezeit: Mitte April bis Ende Juni oder Anfang September bis Ende Oktober. Juli und August sind zu heiß und zu überfüllt. Die Straße der Kasbahs in die Wüste auf keinen Fall im Hochsommer beradeln. (Feiertage und Ramadan siehe Seite 43.)

Info-Adressen

Förderkreis Sahara, Bockweg 15, 7900 Ulm 10, ℂ 0731/481506 (Information für Wüstenradler)

Sahara Club e.V., Schmaler Weg 17, 61352 Bad Homburg. Infos gegen reichlich Rückporto und A5-Rückumschlag.

Fremdenverkehrsämter:

D: Staatlich Marokkanisches FVA, Graf-Adolf-Straße 59, 40210 Düsseldorf, ℂ 0211/370551 (übersichtliche Broschüre »Land der Gastlichkeit – Marokko«

A: Staatlich Marokkanisches FVA, Elisabethstr. 4, Stiege 5, Tür 16, 1010 Wien, ℂ 01/68356

CH: Staatlich Marokkanisches FVA, Schifflände 5, 8001 Zürich, ℂ 01/2527752

Marokkanische Botschaft, Gotenstraße 7, 53175 Bonn, ℂ 0228/355044

Generalkonsulate in Düsseldorf und Frankfurt a.M.

Gesundheit

Wasser in Flaschen kaufen oder entkeimen. Genügend Durchfallmedikamente und effektiven Kopfschutz mitnehmen, eventuell Malariaprophylaxe. Wüstenfahrer auf salzhaltige Nahrung und genügend Flüssigkeitszufuhr achten und nicht völlig auf die in Karten eingezeichneten Brunnen und Wasserstellen verlassen, da sie z.T. weit von der Straße entfernt liegen oder Hilfsmittel wie Eimer und Seil benötigt werden.

Seit 1.1.1990 besteht ein Sozialversicherungsabkommen mit Marokko. »Internationale Anspruchsbescheinigung« und Merkblatt von der Krankenversicherung mitnehmen.

Karten & Reiseführer

Carte du Maroc, 1:100.000 (Höhenlinien, franz./arab. Beschriftung, in 164 Blättern, 1:200.000 in 94 Blättern beide je 24 DM. Verkauf derzeit gesperrt. Amtl. Carte touristique et routière 1:500.000, 7 Teilgebiete je 12,80 DM
Michelin, 959, Marokko, 1:1.000.000, 13,80 DM
RV, 1:800.000 (Westsahara & Kanaren 1:2,5 Mio.) 14,80 DM
Marcus, Carte routière Maroc, 1:1400.000, km-Angaben, klassifiz. Straßen und Touristeninfos, 14,80 DM
Reiseführer: Pollmer, Marokko zu Fuß, mit Fahrrad und Boot, F. u. M. Riegel. Zwei MTB- und eine Straßenstrecke sind beschrieben, 38 DM
Därr, Marokko vom Rif zum Anti-Atlas, E. Därr, 34,80 DM

Müller, Reisehandbuch Marokko, J.Grashauser, 29,80 DM
Regenbogen, Nord-Marokko selbst entdecken, C. & N. Machelett, 16,80

Straßenverhältnisse

Beste Straßenverhältnisse Afrikas, allerdings meist schmale Teerdecken mit unbefestigten Randstreifen, im Gebirge ohne Randbefestigung und ohne Leitplanken. Auch in der Wüste asphaltierte Straßen, im Anti-Atlas und im Mittleren Atlas sind wegen schlechter oder arabischer Beschilderung gute Karten notwendig. Schwierigkeiten machen Horden von Kindern, die schon mal mit Steinen werfen oder Stöcke zwischen die Räder halten. Tip: Morgens während der Schule fahren. Nachtfahrten vermeiden.

Ersatzteile

In jedem größerem Ort gibt es Fahrradläden, wobei das Improvisationstalent stärker ausgeprägt ist als das Ersatzteilangebot. Wichtige Ersatzteile auf jeden Fall mitnehmen. Ein Benzinkocher ist vorzuziehen.

Radtransport

Bahn: Office Nationale des Chemins de Fer, Rue Abderahman el Ghafiki, Rabat-Agdal, ☎ 72385. Aufgabe auf allen Strecken im Land für 1 DM, am besten bis in den Gepäckwagen begleiten und darauf bestehen, daß das Rad im gleichen Zug mitfährt. Selbstverladung ist nicht möglich.
Bus: Transport auch auf Bussen und Sammeltaxis möglich. Bei Verladung darauf achten, daß das Rad nicht un-

ter schwerem Gepäck liegt und die Kette gegen aufwirbelnden Staub geschützt ist.

Fähren

Algeciras/E – Tanger 55 DM/Rad zur Hauptsaison 10 DM. Algeciras – Ceuta 22/8 DM. Von Almeria und Malaga nach Melilla 41/10 DM (DER-TRAFFIC, Frankfurt a.M., © 069/9588172)Sète/F – Nador oder Tanger ab 382/ab 110 DM (S.T.A., Frankfurt 069/730471).

Wöchentlich 3x Personenfähre von Faro/P nach Tanger, Info nur vor Ort.

Bahnanschluß nur in Tanger.

Übernachten

Camping: zahlreiche Plätze über das gesamte Land verteilt. Ausstattung meist in schlechtem Zustand, Preise von 1 bis 3 DM.

Freies Campen überall gefahrlos möglich. Man sollte sich allerdings darauf einstellen, neugierig bestaunt zu werden.

JH: 8 Jugendherbergen, Übernachtung ca. 3 DM (Liste beim FVA).

Hotels: in den Touristengebieten alle Hotelkategorien bis zum Luxushotel vorhanden, in den kleineren Orten meist nur einfache Hotels (ab 12 DM/DZ, 4 Sterne Hotels bis ca 100 DM). Im Sommer empfiehlt es sich, in kleinen Gasthöfen nach Dachterrassen oder ähnlichem zu fragen (3 – 5 DM).

Geld & Papiere

Die Einfuhr von Dirham ist seit Mai 1988 erlaubt. 100 Dirham kosten 16 DM. Die Kaufkraft der DM liegt um ca. 20 % höher als in D. Empfehlenswerte Zahlungsmittel sind DM-Reiseschecks und Französische Franc.

Einreisebedingungen: Reisepaß mit noch mindestens sechsmonatiger Gültigkeit erforderlich, jedoch kein Visum. Keinen Reisepaß mit Stempeln aus Israel und Südafrika vorzeigen. Manchmal werden Reisende mit »schlampiger« Kleidung, langen Haaren etc. nicht reingelassen. Wer aber genügend Reisemittel (mindestens 500 DM in bar oder als Schecks) vorweisen kann, dürfte keine Schwierigkeiten bekommen. Weiterfahrt nach Algerien ist ohne Schwierigkeiten möglich. Die West-Sahara darf auf Hauptpisten befahren werden (Polizeikontrollen). Fahrt nach Mauretanien nicht möglich.

Konsularische Hilfe: Deutsche Botschaft, 7 Zankat Madine, Rabat, © 69662. Generalkonsulat in Casablanca A: 2 Zankat Tididas B.P. 135, Rabat, © 64003

CH: Squae de Berkane, B.P. 169, Rabat, © 66974

Telefon: Von Marokko in die BRD generell anmelden, bis zu drei Stunden Wartezeit. In Fés, Casablanca, Marrakesch stehen im Hauptpostamt Telefonzellen, die dem Selbstwählverkehr angeschlossen sind, Vorwahl 0049. Vorwahl nach Marokko 00212

Niederlande
Naturräume

Von NW nach SW entlang der Küste 50 bis 200 m breiter Dünengürtel, im Süden durch das Mündungsdelta von Schelde, Maas und Rhein unterbrochen. Im Norden Westfriesische Inseln als Düneninseln. Dahinter flaches

Marschland (Weideland, durch-schnittlich 6 m unter dem Meeresspiegel), dann Fest-Dauersiedlungsland bis 10 km. Anschließend Limburger Hügelland (Nordrand des Rheinischen Schiefergebirges) bis 300 m hoch.

Radelgebiete

Nord- und Südholland: Deiche, Kanäle, Windmühlen: »das typische Holland«.

Veluwe: Wald, Sand und Heide; dünner besiedelt. Wunderbarer Nationalpark »De Hoge Veluwe« mit Kröller-Möller-Museum (Kunst des 19. und 20. Jh., z.B. van-Gogh-Originale).

Seeland, Nordbrabant, Limburg: Mündungsdelta, Häfen, Wälder, Moore, hügeliges Weideland.

• *Friesland, Groningen, Drenthe:* Kanäle, Wasserwege, Strand, Naturreservate; ruhig. Fährverbindungen zu den Inseln. Schiermonnikoog besonders empfehlenswert. In Groningen kann man den Prototyp einer verkehrsberuhigten Innenstadt mit konsequenter Förderung des Fahrradverkehrs bewundern.

Holland per Boot und Rad: Die Niederlande sind nicht nur ein Land für Radfahrer, sondern auch das Wasser ist überall gegenwärtig. »Fietsen« und Schippern lassen sich in Holland besonders reizvoll kombinieren. Ein tolles Erlebnis. Übernachtet wird auf Haus- und Segelbooten. Und tagsüber nehmen die Radler den Landweg zum nächsten Hafen. Um das Gepäck braucht man sich nicht immer zu kümmern, es bleibt an Bord. Ein Ur-

laub, der bei sportlichen Zeitgenossen mit Sinn für Kultur und Muße ankommt. Preis: Ab 695 Mark für 6 Tage einschließlich Vollpension, Rad und Reiseleitung. Anbieter: Velomobil-ADFC, DERTOUR, TUI, Cycletours.

Klima & Reisezeit

Ausgeprägt ozeanisch mit kühlen Sommern (Juli und August sind am wärmsten, aber auch am regnerischsten) und milden Wintern. Niederschläge im Durchschnitt 700 bis 800 mm. Niederschlagsmaximum an der Küste im Herbst, im Binnenland im Sommer. Insgesamt wechselhaft und feucht.

Hauptwindrichtung: W bis SW, bei einer jährlich durchschnittlichen Windgeschwindigkeit von 5,3 m/sec an der Nordküste und auf den Inseln,

6,8 m/sec an der Westküste und 3,3 m/sec östlich der Rheinmündung.
Reisezeit: Anfang Mai bis Ende Oktober. Hauptreisezeit im Sommer meiden, obwohl es dann am wärmsten ist.

Info-Adressen

Koninklijke Nederlandse Wielrijelers Bond (ANWB), Wassernaarseweg 220, Postbus 93200, 2509 BA Den Haag, ℭ 070/264426 (allgemeine Touristeninfos, Landkarten, Radtourenbeschreibungen)

Echte Nederlandse Fietsersbond, Postbus 2150, 3440 DD Woerden

Nederlandse Rijwiel Toer Unie (NRTV), Postbus 326, 3900 AH Veenendaal, ℭ 08385/21421 (Tourenprogramm, Adressen, Jahreskalender)

Stichting Fiets, Europaplein 2, 1078 GZ Amsterdam. Zusammenschluß von Fahrradfirmen; verschickt Landkarten, Streckenbeschreibungen, Listen der VVV und Fahrrad-Verleihstationen.

Fremdenverkehrsämter: D: Niederländisches Büro für Tourismus, Postfach 270580, 50511 Köln, ℭ 0221/2570383. Verschickt Broschüre »Radfahren in den Niederlanden« mit sieben Routenvorschlägen.

Infos in Österreich und in der Schweiz über die KLM-Flugbüros in Wien und Zürich.

Die *örtlichen* Fremdenverkehrsämter VVV halten oft ausgearbeitete Touren und Karten bereit. Erkennbar am blauen Dreieck.

Niederländische Botschaft, Sträßchensweg 10, 53113 Bonn, ℭ 0228/238091

Generalkonsulate in Berlin, Düsseldorf, Frankfurt a.M., Hamburg, München und Stuttgart.

Karten & Reiseführer

ANWB, 1:100.000, 14 Blatt, je 13,80 DM. Die beste Karte, mit allen Radwegen und Numerierungen

ANWB 1:200.000, Straßenkarte Niederlande, 3 Blätter, je 10,80 DM

RV, 1:300.000, 14,80 DM

Ein grenzüberschreitendes Rad-Spezialkartenverzeichnis für die Region Rhein/Maas-Nord gibt es beim Amt für Stadtentwicklung der Stadtverwaltung, 4050 Mönchengladbach.

Reiseführer: Kettler, Holland per Rad, W. Kettler, 19,80 DM

Kompass, Radwandertouren in den Niederlanden, G. R. Richter, 24,80

Mundo, Niederlande, Hrsg. H.-J. Moritz, 39,80 DM

DuMont, Richtig reisen, Niederlande, H. Hetzel, 44 DM

Rasch & Röhring, Holland mit Kindern, H.-E. Lex, 16,80 DM

Stöppel, Das Holland-Radwanderbuch, U. Fischer, 19.80 DM

VSA, Länderreisebuch Niederlande, E. Boesten und W. Weyers, 32 DM

Hayit, Radwandern in den Niederlanden, U. Fischer, 29,80 DM

ADFC, Radtourenbuch Rhein, 2. Mainz – Hoek van Holland, mit Detailkarten

Fietserbond enfb (niederl. Radfahrerbund) hat »Cycling in dutch Cities« (in engl.) herausgegeben. Bezug gegen 30 Gulden beim Fietserbond enfb, Haavestraat 13, NL-3440 DD Woerden, ℭ 0031/3480/23119, Fax 17058.

Straßenverhältnisse

Möglichst dem Verkehr auf Nebenstraßen und die vielen Radwege ausweichen. Holland ist das Fahrradland überhaupt. »Fietsen« haben Vorfahrt. Nebenstraßen mit gutem Belag, manchmal mit Kopfsteinpflaster.

Es gibt ein gutes Radwegenetz von 10.000 km Länge, manche sind allerdings nicht in bestem Zustand (Schlaglöcher, bei Regen schlammig). Auf Radwegen bei Fußgängern und Gegenverkehr Klingel benutzen! Es besteht Radwegebenutzungspflicht, sobald einer da ist. Ausnahmen sind nur die mit kleinen länglichen schwarzen Schildern »fietspad« oder »rijwielpad« gekennzeichneten Wege. Die Beschilderung der Radwege ist ausgezeichnet. Blaue Schilder mit weißem Text kennzeichnen Radwege, weiße Schilder mit rotem Text verkehrsarme Wege (geeignet für Radler), sog. Pilze (viereckige, 50 cm hohe Wegweiser) stehen häufig an Abzweigungen von Fahrradrouten. Die gesamte Beschilderung kann allerdings sinnvoll nur mit einer ANWB-Karte 1:100.000 genutzt werden, wegen Numerierung und Ausschilderung relativ kurzer Entfernungen.

Ersatzteile

Die Versorgungslage ist ausgezeichnet.

Radtransport

Bahn: Niederl. Eisenbahnen (NS), Postfach 4072, 50216 Frechen, ✆ 02234/691657, Fax 65603 (Broschüren »Holland mit der Bahn«).
CH: NS, Centralbahnhofsplatz 13, 4051 Basel, ✆ 061/235477

Sparangebote: Netzkarte 3 Tage 72 DM, bzw. 10 Tage innerhalb eines Monats 241 DM. Benelux-Paß siehe Belgien.

Selbstverladung mit »Fietskaart« an 300 Bahnhöfen möglich, Sperrzeiten 6.30 bis 9 und 16.30 bis 18 Uhr. Eine Fietskart kostet 8 DM (Tageskarte 16 DM), Juli/August Mo -Fr 14 DM (Tageskarte 22 DM).

Aufgabe ist nur noch im nationalen Verkehr möglich. Preis für Rücksendung in wenigen ausgewählten Zügen mit Gepäckwagen (keine Gepäckumladung am Wochenende und an Feiertagen) ca. 25 DM, Transportversicherung zwischen 2,50 und 10,50 DM, Kunststoffschutzhülle für 13 DM.

An 80 Bahnhöfen gibt es »fietsstallen«, bewachte Fahrradhäuser mit angeschlossener Fahrradwerkstatt. Bei Stadtbesichtigungen sind die Räder hier sicher aufgehoben.

Grenzüberschreitende Selbstverladung ist in ausgewählten Zügen nach Deutschland (D 202/203 Basel – Amsterdam, Amsterdam – Berlin), Luxemburg und Belgien möglich, Informationen bei: Niederländische Eisenbahnen (siehe oben) oder Eigen-Wijze Reizen, Postbus 1178, NL-7500 BD Enschede, ✆ 53/314341 & 303435, und bei Fietsvakantiewinkel, Jan-de-Bakker-Straat 14, NL-3441 EE Woerden, ✆ 3480/21844.

Bus: Die zuletzt genannten Reisebüros organisieren außerdem Reisen mit dem »Fietsbus«. Hierbei handelt es sich um Busse mit besonderen Fahrradanhängern, die im Sommer regelmäßig zwischen den Niederlanden und Zielen in GB, Frankreich, Italien,

Ungarn, Österreich, Dänemark, Schweden, Finnland, Nordspanien und der Tschechei und Slowakei verkehren. Man bucht nur den Transfer, die Tour vor Ort gestaltet man selbst.
Fähren: im Inlandsfähren oft kostenlos. Verbindungen nach GB und Norwegen siehe dort.

Fahrradverleih

Verzeichnis von 10 Verleihbahnhöfen in der Broschüre »Fiets en trein« von NS. Ein Rad kostet 5,50 DM/Tag, 21,50 DM pro Woche (mit Fahrkarte billiger), 100 DM Kaution; meist ganzjährig geöffnet. Weitere Ausleihmöglichkeiten fast in jedem Ort, beim VVV oder in Fahrradgeschäften im Verzeichnis »Fahrradverleih« vom FVA.

Übernachten

Camping: 2000 Plätze über das ganze Land verteilt (ab 10 DM), freies Campen ist nur mit Genehmigung des Platzeigentümers möglich; Campinghäuser und eine Vielzahl von Bauernhöfen (Kamphuizen), umfangreiche Liste beim FVA.

Camping für Radler: Rund 100 der Stiftung »Fietscamping« angeschlossene Campingplätze garantieren Radlern auch ohne Anmeldung wenigstens eine Übernachtung, wenn man vor 19 Uhr mit dem Rad ankommt. Alle Plätze verfügen über einen Reparaturraum; die meisten über einen Wasch- und Trockenraum sowie Trekkershütten.

Camping auf Bauernhöfen und größeren Privatgrundstücken für ca. 3,50 DM (Übernachtung und Zelt) er-

möglicht die Mitgliedschaft (15 DM) in Sichting Vrije Recreatie (SVR), Broekseweg 77, 4231 VD Meerkerk, ✆ 01837/2741, Liste mit ca. 1000 Adressen.

JH: 42 Häuser, Übernachtung 18 DM. Die Jugendherbergen haben angenehm liberale Hausordnungen und sind daher interessante internationale Treffpunkte. Faltblatt mit Adresse beim FVA im Prospekt »Ferienland für junge Leute«. 20 weitere Adressen von billigen Jugendhotels und Sleep-Ins.

Wanderhütten: Unter der Adresse Niederländisches Reservierungszentrum (Trekkershütten), Postbus 404, 2200 Leidschendam, ✆ 070/3202546, kann man einfache Campinghütten vorbestellen bzw ein Verzeichnis anfordern (Übernachtung max 4 Personen 40 DM).

Biwakhäuser und -höfe: 8 bis 10 DM, fast überall.

Hotels ab 60 DM das DZ.

Pensionen und Privatzimmer gibt's an jeder Ecke, 25 bis 35 DM je Doppelzimmer.

Für ca. 10 DM bekommt man eine Adressenliste incl. Mitgliedskarte von ca. 800 Übernachtungsmöglichkeiten zwischen 17 und 25 DM bei Vrienden op de Fiets, Brahmsstraat 19, 6904 DA Zevenaar, ✆ 08360/24448.

Adressenliste »Trekken en Fietsen« über ADFC-Dachgeber, nur für Mitglieder, siehe Seite 167.

Geld & Papiere

100 Gulden kosten 90 DM, 1 Gulden = 100 Cents. Die Kaufkraft der DM liegt geringfügig über derjenigen in

der BRD. Empfehlenswerte Zahlungsmittel sind der Gulden, das Postsparbuch und die DM.

Konsularische Hilfe: Deutsche Botschaft, Groot Hertoginnelaan 18-20, Den Haag, ✆ 070/3420600. Generalkonsulat in Rotterdam

A: Van Alkemadelaan 342, 2 597 Den Haag, ✆ 070/3245470

CH: Lange Voorhout 42, 2514 EE Den Haag, ✆ 070/3642831

Telefon: Von den NL in die BRD 09, Wählton abwarten, dann 49, umgekehrt 0031. Deutschland-Direkt ✆ 06/022/0049

Norwegen

Naturräume

Küstenlänge von 20.000 km. Mittel- und Südnorwegen besteht aus dem Hügelland um den Oslo-Fjord, der Fjellregion und dem norwegischen Hochland, das durchschnittlich 550 m über dem Meeresspiegel liegt, nur im Jotunheim-Massiv alpine Hochgebirgsformen (bis 2500 m) erreicht und sich größtenteils als unwirtlich kahle Hochfläche darstellt. Nordnorwegen weist eine Vielzahl von tiefeingeschnitten Tälern und Halbinseln sowie das Hochplateau Finnmark auf.

Radelgebiete

Land der großartigen Landschaften mit Fjorden, Bergen, Seen, Wasserfällen und Gletschern, traumhaft, aber viele lange, anstrengende Steigungen mit Paßstraßen bis 1400 m.

Sörlandet: Telemark, sanfte Landschaft den Fjorden abgewandt, landwirtschaftlich geprägt, kleinere Inseln, Oslo.

• *Die westlichen Fjorde:* Beeindruckende Landschaft und anstrengendes Radfahren, viele Bergpässe; die Stadt Bergen.

Nordnorwegen: Zerklüftete und wilde Landschaft, der Weg zum Nordkap geht bei Wind an die Substanz. Ausflug auf die Lofoten sehr reizvoll.

Niedrige Tagesschnitte wegen Abfahrtszeiten der Fähren, wegen des Geländes und des Wetters einplanen, Tagesetappen aufgrund der großen Entfernungen von Unterkunfts- und Verpflegungs-Einrichtungen sorgfältig planen.

Klima & Reisezeit

Im Winter milder ozeanischer Charakter, zum Osten hin kontinentaler. Das skandinavische Gebirge wirkt als Regenfänger (1000 bis 2000 mm durchschnittlicher Niederschlag). Vorherrschend sind regennasse Sommer mit warmen Phasen. Die meisten Flüsse fließen nach Westen, im Süden und Osten nach Süden. Die Schneegrenze liegt im Norden bei 600 m, in der Mitte bei 1200 bis 1600 m und im Süden bei 1800 m. Am Nordkap scheint 80 Tage lang die Mitternachtssonne. Im winterkalten Binnenland gibt es verhältnismäßig warme, 9 Wochen lange Sommer.

Hauptwindrichtung: Im Norden aus SSW, von Juni bis August aus NO. In der Mitte aus S, von Mai bis August aus NNW. Im Süden aus NNO, von April bis September aus S. Jährlich durchschnittliche Geschwindigkeiten von 3 m/sec im Norden, 3,2 in Mittelnorwegen und 2,2 m/sec im Süden.

Ein besonderer Wind ist der Sno, ein kalter Fallwind, der besonders im Winter bei hohem Luftdruck und heiterem Wetter vorwiegend in die innersten Enden der Fjorde hinabstürzt.

Reisezeit: Von Ende Mai (oft noch Kälteeinbrüche) bis Mitte September. Die Nächte sind auch in der Hauptreisezeit (Juni bis September) öfters kalt. Straßen in höheren Regionen und im Norden sind oft bis Ende Mai wegen Eis und Schnee gesperrt. Im Norden nur Juli/August zu empfehlen, dann allerdings Mückenplage.

Info-Adressen

Syklistenes Landsforening SLF, Maridalsveien 60, 0458 Oslo 4, ✆ 02/719293. Norwegische Radfahrervereinigung, die den Rutsker-Radwanderführer im Original herausgebracht hat (ca.15 DM), Broschüre »Cycle Touring in Norway«.

Norges Cycleforbund, Hanger Skolevej, 1351 Rud, ✆ 02/134290 (Radrennorganisation).

Norges Automobil-Forbund (NAF), Storgarten 2, Oslo 1, ✆ 02/429400. Autofahrer-Organisation, die auch einige Campingplätze verwaltet.

Norwegisches **Fremdenverkehrsamt**, Postfach 760820, 22058 Hamburg, ✆ 040/227108. Das FVA gibt gratis einen umfassenden Prospekt mit Angaben über Verkehrsverbindungen (Preise, Abfahrtszeiten, Adressen) von Fähren, Bahn, Bus und Flugzeug innerhalb Norwegens ab. Für 5 DM gibt es eine Fahrradkarte als Basisinformation.

Nordis, Christophstraße 18-20, 45130 Essen. Erstellt und versendet Publikationen im Auftrag des FVA. Hier gibt es auch Ermäßigungskarten für Hotels und Gaststätten sowie für Oslos öffentliche Verkehrsmittel.

Etwa 130 *örtliche* Fremdenverkehrsämter. Liste im offiziellen Reisehandbuch des FVA, siehe unten.

Norwegische Botschaft, Mittelstr. 43, 53175 Bonn, ✆ 0228/374055

Generalkonsulate in Hamburg, Düsseldorf und Stuttgart

A: Botschaft, Bayerngasse, 1037 Wien, ✆ 01/7156692

CH: Botschaft, Dofonstr. 29, 3005 Bern, ✆ 031/441649

Gesundheit

Kein Sozialversicherungsabkommen, deshalb Reisekrankenversicherung abschließen. Immer warme und regenfeste Bekleidung und »Mückenschutzmittel« bereithalten. Achtung Allergiker!

Karten & Reiseführer

K+F, Cappelen-Generalkarte mit klassifiziertem Straßennetz und Kilometrierung, allerdings ungenaue Markierung einiger Tunnels, 1:325.000/1:400.000, 5 Bl., je 16,80 DM

Shell-Reisekarte, 1:1.500.000, 9,80

Norske Vegkart, 1:250.000, Höhenlinien, klassifiziertes Straßennetz mit km-Angaben, 21 Blätter, je 16,80 DM

Reiseführer: Kettler, Norwegen per Rad, 22,80

Mundo Express Reisehandbuch, Norwegen, von K. Dörfert, 39 DM, gut, ausführliche Hintergrundinfos

Notra, Norwegen. Offizielles Handbuch des FVA, jährlich neu mit allen notwendigen Adressen u. Tips, 12 DM

VSA, Norwegen – ein politisches Reisebuch, Ambjornsen/Haeb, 32 DM
Nordis, 6 Reisehandbücher über verschiedene Regionen, circa 24 DM (außerdem ausführliche Literaturliste).
Geo Spezial, Norwegen, 2/90, 19,80

Straßenverhältnisse

Im allgemeinen gut, höher gelegene Straßen (vor allem im Norden) mit Schotter und Kies, Nebenstraßen mit Schlaglöchern. Regel: Je höher die Straßennummer, desto weniger der Verkehr und desto schlechter der Zustand. Achtung, viele sehr gefährliche Tunnel. Einige sind für Radfahrer gesperrt, eventuell Lastwagenfahrer um Mitnahme bitten. In jedem Fall für gute Beleuchtung, evtl. mit Taschenlampe, sorgen.

Im Rutsker-Radwanderführer sind alle für Radler gesperrten Straßenabschnitte und Tunnel aufgelistet. Gesperrte Abschnitte sind z.B. die E 18 von Kristiansand nach Oslo (Ausweichstrecke ausgeschildert) und die E 6 bis 200 km nördlich von Oslo. Europastraßen (E ...) meiden.

Anfang des Sommers unbedingt nach Sperrungen erkundigen, da manche Pässe bis Ende Mai gesperrt sind. Bergtüchtige Übersetzung der Schaltung (1:1) sehr zu empfehlen. Außer in der Hauptreisezeit kaum Verkehr.

Ersatzteile

Für einfache Räder ist die Ersatzteilversorgung im Süden gut, in großen Städten (Oslo, Bergen) auch für den gehobenen Bedarf. Für Touren im nördlichen Bereich sind stabile Räder (Felgen und Rahmen) zu empfehlen.

Für ausgedehnte Touren lieber Benzinkocher mitnehmen.

Radtransport

Bahn: NSBPersonentrafikk, Internasjonal markedsføring, Postboks 1162, Sentrum, 0107 Oslo, ℃ 22/368000, Fax 367033.

Sparangebot: Skandinavien-Paß 21 Tage 462, für Jugendliche 343 DM

Selbstverladung ist in einigen Nahverkehrszügen mit Gepäckwagen kostenlos, ohne Gepäckwagen 4,50 bis 9 DM.

Aufgabe etwa eine halbe Stunde vor Abfahrt (in Oslo lieber eine Stunde), kostet 15 DM. Transport in Zügen mit Gepäckwagen, kein Transport in Expresszügen. Bei Nahverkehrszügen ohne Gepäckwagen den Schaffner fragen.

Bus: In Städten und stadtnahen Gebieten werden keine Fahrräder mitgenommen, wohl aber in ländlichen Regionen, wo häufig spezielle Vorrichtungen am Bus angebracht sind, ungefähr 1/3 des Fahrpreises von Personen. Infos bei NOR-WAY, Bussekspress A/S, Karl Johansgt. 2N, 0154 Oslo 1, ℃ 02/330191

Fähren

Von Hirthals/DK nach Oslo ab 42 DM, Egersmund & Kristiansand ab 22 DM. Fahrradmitnahme jeweils gratis. Zu buchen bei Color Line, Kiel, ℃ 0431/974110.

Von Frederikshavn/DK nach Larvik (Reisebüro Norden, Hamburg 040/36001578) ab 68/6 DM nach Oslo ab 60 DM/frei und Moos ab 50 DM/frei (Stena Line, Kiel 0431/9099).

Nach Oslo außerdem ab Kiel ab 122/25 DM (Line, Kiel 0431/974110) und ab Kopenhagen für 116/11 DM (Scandin Seaways, Hamburg 040/3890371).

Newcastle/GB nach Stavanger oder Bergen 142 bis 242/11DM
Inlandsfähren sind zur Verbindung von Hauptstraßen und zur Vermeidung von riesigen Umwegen unerläßlich und unvermeidlich, bei kurzen Strecken oft kostenlos, Fahrpläne von örtlichen Reisebüros oder vom FVA besorgen. Achtung, Fähren sind saisonabhängig.

11 Postschiffe verkehren täglich auf der Strecke Bergen – Kirkenes – Bergen (Hurtigruten). Fahrradtransport ist bei gültigem Personenticket frei. Mehr im Infopaket Nr. 7 »Reisen in Norwegen« bei Nordis gegen 1 DM in Briefmarken.

Fahrradverleih

Bei einigen Fremdenverkehrsämtern vor Ort möglich, Liste beim norwegischen Fremdenverkehrsamt in Hamburg, siehe oben. Verleih in Oslo: Den Rutsne Eike, Oscarsgt. 32, 0352 Oslo 3, ℗ 02/441880

Übernachten

Camping: 1400 Plätze, meist auch mit Hütten (plus Herd und Kühlschrank, ca. 40 DM pro Hütte und Nacht), besonders im Süden. Verzeichnis mit Karte beim FVA. Freies Campen ist etwa ein bis zwei Tage an einem Ort möglich.

JH: 92 »Vandrerhjem«, eine Übernachtung kostet ab 20 DM, mit JH-·Ausweis 5 DM billiger. Skandinavien-Liste mit Karte bei: Norske Vandrerhjem, Dronningensgate 26, 0154 Oslo, ℗ 02/421410. Ferienpaß-Angebot für sieben Übernachtungen, Coupons bei Fjordtra im NOR-Center, Rosastraße 4, 45130 Essen, ℗ 0201/791413.

Hütten: Katalog beim FVA oder Den Norske Hytte Formidling, AS Boks 3404, Sagene, Oslo 4, oder Fjordhyttes, Jon Smorsgatan 11, 5011 Bergen (ab 270 DM/Woche für 4 bis 6 Personen in der Nebensaison). Berghüttenkatalog (286 Hütten, 30 bis 45 DM/Übernachtung) bei Den Norske Turistforening (DNT), Stortingsgatan 28, 0125 Oslo 1, ℗ 02/563290.

Privat: Husrom oder rom, durchschnittlich 30 DM
Mit dem Schild »hytta til lei« weisen Privatleute auf ihre Hütten hin, die dann etwa 10 DM pro Nacht und Person kosten.

Hotels sind teuer (ab 70 DM, Verzeichnis beim FVA). Billiger sind hospits, pensjonat, gjestehus.

Geld & Papiere

100 Kronen kosten ca. 24 DM, 1 Krone = 100 Öre. Die Kaufkraft der DM liegt um gut 20 % niedriger als in der BRD. Empfehlenswertestes Zahlungsmittel ist die DM in bar oder als Reisescheck, sowie das Postsparbuch.

Konsularische Hilfe: Deutsche Botschaft, Oscarsgate 45, Oslo, ℗ 02/552010
A: Sophus Liesgt 2, 0244 Oslo 2, ℗ 02/563384.
CH: Bygdoy Albé 78, 0268 Oslo 2, ℗ 02/430590.

Telefon: Vorwahl von Norwegen in die BRD 09549, umgekehrt 0047. Deutschland-Direkt ℗ 050/199/49

Österreich

Naturräume

Zwei Drittel Alpengebirge, das von N nach S von Beckenlandschaften über kuppig-hügelige Mittelgebirgslandschaft (bis 1000 m) treppenhaft zum schroffen Hochgebirge um 3000 m ansteigt. Großlandschaften sind die Alpen, das Wiener Becken und das oststeierische Hügelland.

Radelgebiete

Zentralalpentäler, Alpenvorland, Weinorte der Donauniederungen, Hügelland des Weinviertels – praktisch ganz Österreich ist fein zum Radeln.

Vorarlberg/Tirol: Für bergorientierte Radler, ruhige Nebental-Straßen.

Salzkammergut: Viele Seen, verkehrsreich, abseits der Durchgangsstraßen sehr reizvoll.

Tauern: Ständig steile Straßen, viele Höhlen.

Untere Donau/Wien: Kultur-Zentrum, flach bis hügelig, Neusiedler See.

Burgenland: Hügel, Landwirtschaft.

Kärntner Seengebiet: 200 Seen, trockenes Klima.

Ganz Österreich hat sich auf den Fahrradtourismus eingestellt. Schwerpunkt ist mittlerweile das MTB, für das in vielen Orten ausgeschilderte Wege eingerichtet wurden. Häufig vermitteln die FVA MTB-Führer (bike guiding). Extra-Angebote der Bergbahnen für steigungsscheue MTBler.

Klima & Reisezeit

Feucht-gemäßigtes Übergangsklima vom ozeanisch bestimmten Klima Westeuropas in den höher liegenden Landesteilen bis zu verstärkt kontinentalen Einflüssen in den Tiefländern und geschützten Becken. Niederschlagsmenge im Osten 600 mm, im Westen und Süden nur 300 mm. Schneegrenze im Sommer 2900 m bis 3200 m. Achtung: In den Bergen kann das Wetter plötzlich wechseln, also vorher Wetterinformation einholen.

Hauptwindrichtungen: In Wien aus W, im Norden aus N, Tirol aus O, in allen Höhenlagen aus SW. Durchschnittliche Geschwindigkeiten von 3 m/sec in Wien, 1,3 im Norden und Tirol, 6 in Höhenlagen.

Besondere Winde: Achtung, viele plötzlich auftretende, lokale Bergwinde!

Bregenzer Fallwind (Bregenzer Bucht des Bodensees): Ost- bis Nordostwind, der sich föhnartig erwärmt (am häufigsten im Frühjahr).

Föhn: siehe Schweiz; *Dimmerföhn* (Nördl. Alpenvorland): Abart des Südföhns; starker Südsturm mit oft trüber, staubführender Luft.

Etschwind (Tirol): Das Etschtal heraufwehender Südwind.

Krowotenwind (Wien): Mehrere Tage aus Kroatien wehender kalter Südostwind, oft mit Nebel verbunden.

Jochwind (Tauern): = Paßwinde

Scharnitzer Wind (Tirol): Über den Paß von Scharnitz aus N – NW wehend.

Seefelder Wind (Nord-Tirol): Von Telfs im Inntal über die Hochfläche von Seefeld gegen den Wetterstein wehend.

Ungarischer Wind (Oberöster-reich): Warm-trockener, aus der unga-rischen Steppe wehender Ostwind.

Reisezeit: April bis Oktober, in höheren Lagen ab 1500 m mit Einschränkung – mit Schnee muß man immer rechnen: einige Pässe sind Oktober bis Mai gesperrt. Am geeignetsten sind Juli, August.

Info-Adressen

ARGUS (AG umweltfreundlicher Stadtverkehr), Frankenberggasse 11/2, A-1010 Wien, ☎ 01/5058435. Gibt eine Mappe »Radfahren in Wien« mit Vorschlägen und komplettem Radwegeplan und ein Kartenverzeichnis für Radfahrer heraus, das man dort oder für 6 DM (Mitglieder 5 DM) beim ADFC erhält.

VCÖ, Verkehrsclub Österreichs, Dingelstedtstraße 15, A-1150 Wien, ☎ 0222/858386. Die Mitgliedschaft bietet auch dem Radfahrer Vorteile wie Fahrraddiebstahlversicherung, Versicherungsschutz, Verbilligungen bei Bahnbenutzung und Radkartenkauf.

Fremdenverkehrsämter (FVA):
D: Österreichisches FVA, Roßmarkt 12, 60311 Frankfurt a.M., ☎ 069/20698
A: FVA, Margarethenstraße 1, A-1040 Wien, ☎ 01/5872000
CH: Österreichisches FVA, Neue Hard 11, CH-8037 Zürich, ☎ 01/443331

Bei den FVA gibt es Broschüren für Radreisen in fast jedem Bundesland und mehrere Hochglanzhefte von kommerziellen Radreiseanbietern.

Vor Ort gibt es fast überall Fremdenverkehrsämter und Verkehrsvereine mit Adressenlisten und Tourenvorschlägen. Eine nur unvollständige Übersicht von *Broschüren:*

»Natur erfahren«, Mountain Biking in Paradies und Tourenradweg der Salzach entlang, 13 DM, bei FVA Salzburger Land, ☎ 0662/8191

»Kreuz und Quer«, Landes-FVV Burgenland, ☎ 02682/3384

»Raderlebnis« und »Für Pedalritter«, »Kulturradweg Linz – Steyr – Wels«, Ober-Österreich-Information, ☎ 0732/1702

»Die Tour-Mühlviertel«, Ferienregion Mühlviertel, ☎ 0732/235020

»Donauradweg«, Niederösterreich-Informationen, ☎ 01/5333114

»Wien vom Sattel aus entdecken«, Wiener FVV, Augartenstr. 40

Österreichische Botschaft, Johanniterstraße 2, 53113 Bonn, ☎ 0228/230051. Generalkonsulate in Hamburg, Bremen, Düsseldorf, Bielefeld, Dortmund, Hannover, Köln, Frankfurt a.M., München.

Straßenverhältnisse

Im allgemeinen gut, abgesehen von einigen Kiesbelägen und Frostschäden in Hochlagen. Infos zu Pässen unter den Telefonnummern:
01/7222101/7, Alpenverein, Wien
01/7299-7, ÖAMTC, Wien
069/6606300, AvD, Frankfurt a.M.

Karten & Reiseführer

Kartenverzeichnis für Radfahrer siehe Radlerinfos/ARGUS

Esterbauer und Weinfurter, Radtourenkarte Österreich, 8 Blatt,

1:200.000, 12 DM. Dieses Karten-werk, das zusammen mit ARGUS erstellt wird, ist das beste: Straßenklassifizierung, Straßenzustand, Steigungsangabe, Übernachtungsstellen, Radverleih, Werkstätten, Radwanderwege, MTB-Routen.

K+F, Reisekarte Österreich 1:150.000 (6 Blätter), 10,80 DM

F & B, (52 Blatt) 1:100.000, 8,80 DM. Für Mountain-Bike-Touren, nicht mehr flächendeckend

Kompass, Radkarte 1:125.000, bisher 2 Blätter à 10,80 DM

ARGUS, Stadtplan Wien für Radfahrer/innen, 1:25.000, 3. Auflage

Reiseführer: Esterbauer & Weinfurter, Reihe BIKELINE: Donauradweg 1 – 3, Bodensee Neusiedlersee, Tauernradwg, Kärnten, Inn – Radweg, Rund um Wien, je 22,80 DM; gelungene Kombination aus Karte, 1:60000, und praktischen Hinweisen zu Sehenswürdigkeiten, Streckenverlauf, Übernachtungsmöglichkeiten etc.

Kettler, Österreich per Rad, Rieck/Schäfer, 19,80 DM

Styria, Mit Rad und Bahn durch Österreich, G. und L. Auferbauer, 24 DM

Im Verlag VCM sind erschienen: Radwandern in Österreich, ... Donau von Passau nach Wien, ... Wien, Niederösterreich und Burgenland, ... Kärnten, ... im Salzburgerland, je 17 bis 20 DM

Im Verlag NP sind erschienen: Der Donauradweg, Mountain-Biking in den Wiener Hausbergen. Mit dem Rad durch das Kärntner Seenland, ... durch Tirol nach Südtirol, ... rund um den Neusiedler See, ... Niederö-sterreich, ... das Weinviertel, ... das Salzkammergut, ...Retzer Land - Znainer Land, ...Burgenland/Westungarn/Südoststeiermark, ...Donauradweg alllternativ, ...Neusiedler See, ... Wien und Umgebung.

Weitere Donau-Radwanderführer:

VCÖ/Argus, Radwanderführer Donauwanderweg, Teil 2 Passau-Wien, Teil 3 Wien-Budapest mit Karten (1:50.000), Übernachtungsverzeichnis, Ausflugstips, Verleih, Werkstätten. 100 Seiten, für Mitglieder 13, sonst 16 DM

E&W, Der Donauradweg Passau-Hainburg mit Karte 1:50.000, 22,80

Freytag & Berndt, 1:133.000 Donauradweg Passau – Hainburg. Karte 9.80, Radwanderführer, 14,80 DM

Kompaß, Radwanderführer Donau (Schwarzwald – Wien), Naumann, 24,80

ÖAMTC, Donauradweg Passau – Hainburg, Radwanderkarten 1:200.000 mit Führer in Klarsichthülle, 11,80 DM

BLV, Das Donau Radwanderbuch, R. Geser, 36 DM

Kettler-Verlag, Mit dem Mountain Bike in den Bergen, von C. Dialer, 1988, 19,80 DM (25 kombinierte Rad- und Bergtouren im Alpenvorland, Bayerischen Wald, Salzkammergut, Engadin)

Pollner, 25 MTB-Touren in Bayern und Tirol, Karwendelgebirge und Tegernseer Berge, P. Dinter, 15,80 DM

Ersatzteile

Außer in Bergregionen ist die Versorgung gut. Für dort das Nötigste mitnehmen. Ersatzteile für Mountain Bikes sind nur in größeren Städten zu haben.

Radtransport

Bahn: Österreichische Bundesbahn, Fremdenverkehrsdirektion, Elisabethstraße 9, A-1010 Wien, ✆ 01/56500. Umfassende Bahninfos, u. a. »Bahntips für Radtrips«

Generalvertretung der ÖBB, Am Hauptbahnhof 10/1, 60329 Frankfurt a.M., ✆ 069/231101, Fax 231164

Sparangebote: Halbpreispaß 1 Jahr 159 DM (für Schüler, Studenten und Familien mit Kindern 15 DM); Netzkarte 1 Monat 527 DM, »Rabit Card« an 4 von 10 Tagen für 165 /Erw. und 102 /Jugendliche.

Fahrradaufgabe für 10 DM, mit Umweltticket 5 DM, möglich.

Selbstverladung mit übertragbarer Tageskarte für 4,20 DM (mit Umweltticket 2,10, Wochenkarte 8,50 DM, Monatskarte 30 DM, im Vorarlberg gratis) in allen Regional- und Nahverkehrszügen, die im Kursbuch mit einem Fahrradsymbol gekennzeichnet sind, und zwar Mo bis Fr 9 – 15 und ab 18.30, Sa ab 9 Uhr, sonn- und feiertags ganztägig. Einstiegs- und Abstellmöglichkeiten sind am Waggon an einem Fahrrad-Zeichen zu erkennen. Z.T. Aufhängevorrichtungen für Räder. Auf der Strecke Wien Nord – Wolfsthal und Wien Südbhf./Ostseite – Neusiedl am See werden spezielle Fahrradtransportwagen mitgeführt. Rad-Tramper ist ein Zugangebot für Radfahrer. Diese Spezialzüge verkehren Wien – Passau, Passau – St. Pölten, Krems – St. Pölten und Villach – Spittal – Milstätter See, täglich Juni –

September. Mehr dazu beim FVA und bei der ÖBB.

Grenzüberschreitende Selbstverladung ist in einigen Zügen nach Deutschland möglich, siehe dort.

Bus: Einzeln im Postbus für 1 DM möglich

Fähren

Auf allen Bodenseelinien ist die Fahrradmitnahme möglich. (Regensburg/D) – Passau-Linz, Reederei Wurm + Köck, Höllgasse 26, 8390 Passau, ✆ 0851/2065, Fahrrad kostenlos. Sonstige Donau, DDSG, Im Ort 14a, 8390 Passau, ✆ 0851/33035, 3,50 DM pro Rad, 7 DM auf Schnellbooten nach Ungarn (siehe dort).

Fahrradverleih

April bis Mitte November an 170 Bahnhöfen (Fahrrad am Bahnhof), ab 7 DM pro Tag, mit Bahnkarte die Hälfte (Gruppen Sondertarife), Info-Broschüre bei der ÖBB (s.o.). In der Hauptreisezeit lohnt sich Vorbestellung, besonders für Kinderfahrräder und Kindersitze.

Ebenso in Touristenzentren bei Fremdenverkehrsämtern oder Hotels, in Tallagen auch bei Radgeschäften.

Übernachten

Camping auf circa 500 Plätzen, Karte mit Adressenverzeichnis beim Fremdenverkehrsamt, in Touristengegenden häufiger, sonst weiter verstreut. Frei Campen ist offiziell verboten, aber man kann den Grundstückseigentümer um Erlaubnis bitten.

JH: Die 100 Herbergen sind ungleichmäßig verteilt, Übernachtung 13 bis

20 DM. Broschüre: Accommodation for Young People mit 600 anderen einfachen Unterkünften beim FVA.

Studentenherbergen in Großstädten, Liste ebenfalls beim FVA.

Privatzimmer mit Frühstück 150 bis 250 ÖS/Person. Verzeichnis beim FVA.

Hotels sind sehr teuer (ähnlich BRD). Auskünfte bei der Österreichischen Hotelvereinigung, Hofburg, Michaelerstiege, A-1010 Wien, © 01/5337071.

Der grüne Urlaubsführer Österreich, Brodnik/Hammer (Hrsg.), 12 DM, mit über 300 Adressen von fußgänger-, radler-, familien- und kinderfreundlichen Betrieben, Hotels und verkehrsberuhigten Gemeinden.

Die Stadt Wien gibt einen Prospekt mit fahrradfreundlichen Hotels heraus.

Für Radfahrer, deren Urlaubsbudget knapp bemessen ist, machte der Linzer Johannes Muhr in Oberösterreich, Salzburg und der Steiermark rund 100 **Bauernhöfe, Landgasthäuser und Privat**-Adressen ausfindig, bei denen Radler für nur 3 Mark campen und für 1,50 DM duschen können. Das komplette *Verzeichnis* »Lagerplatz für Radwanderer« kann bei ARGUS oder direkt bei Johannes Muhr, Füchselstr. 2, A-4020 Linz für 5 DM bestellt werden.

Geld & Papiere

100 Schilling kosten 14,30 DM. 1 Schilling = 100 Groschen.

Kaufkraft: Man bekommt für eine Mark geringfügig weniger als in der BRD.

Empfehlenswerte Zahlungsmittel sind Schilling und DM in bar, sowie das Postsparbuch.

Konsularische Hilfe: Deutsche Botschaft, Metternichgasse 3, A-1037 Wien, © 01/736511 & 18, Generalkonsulate in Graz, Salzburg und Innsbruck

Telefon: Vorwahl bei Selbstwahl von Österreich in die BRD 060, von der BRD nach Österreich 0043. Achtung: neue Vorwahl von Wien: 01.

Polen
Naturräume

Das nördliche Tief- oder Plattenland nimmt etwa die Hälfte der Gesamtfläche Polens ein und liegt 100 bis 200 m hoch: flachwellige und weiträumige Mulden mit flacher Küsten- und Hafflandschaft, den Weichsel- und Warthe-Niederungen (breite, teilweise sumpfige Flußtäler), sowie das Pommerische und Ostpreußische Plattland mit etwa 8000 kleinen Seen.

Mittelgebirge: Hügelig, Oberschlesische Platte im Westen und Bergland der Beskiden.

Hochgebirge: Hügelig bis steil (bis 2500 m), teilweise verkarstet. Die Hohe Tatra, Teile der Karpaten und Sudeten ziehen sich kammartig von O nach W.

Radelgebiete

• *Masurische Seen:* Fast schon ein Mythos; unberührte Wälder, unzählige Seen, in denen man wunderschön baden oder auch segeln kann. Eine Kanu- oder Kajakpartie auf den unzähligen, teilweise miteinander verbundenen Flüßchen und Seen ist unbedingt zu empfehlen, Ausleihmöglichkeiten vor Ort. Aber Achtung: In einigen Seen mit größeren Städten, die keine Kläranlage haben, herrscht Badeverbot. Ganz im Osten ist es am ruhigsten.

Ostseeküste: viele ruhige und weite Sandstrände. Danzig eine Reise wert, aber Badeverbot in der Danziger Bucht.

Pommern: Zwischen Oder und Weichsel liegt ein Hauptreisegebiet Polens mit vielen mittelalterlichen Kulturdenkmälern. Die schöne Küste ist teils sandig, teils felsig. Im Sommer herrscht viel Betrieb. Die Pommersche Seenplatte ist für Camper sehr schön.

Schlesien: Niederschlesien mit seiner fruchtbaren Ackerlandebene und Wroclaw (Breslau) als Zentrum ist gut zu beradeln. Oberschlesien ist als heutiges Industriegebiet weniger attraktiv.

Südpolen: Zwischen den Flüssen Bug, Weichsel und San im Südosten liegt diese alte, dünn besiedelte Kulturlandschaft mit endlosen, welligen Äckern, alten Städten und Dörfern mit strohgedeckten Bauernhäusern. Von dort lohnt sich unbedingt die Fahrt nach Krakau, dem slawischen Rom.

Klima & Reisezeit

Gemäßigtes, ostwärts zunehmend kontinentales Klima mit kalten Wintern und gemäßigt warmen Sommern. Im Gebirge ist es jeweils 5 bis 7°C kälter als in den Ebenen. Die Niederschläge nehmen sowohl von W nach O, als auch von S nach N hin ab. Etwa 1000 mm am Nordhang der Karpaten, 750 mm im Mittelgebirge, 500 bis 650 mm an der Küste.

Hauptwindrichtung: An der Ostseeküste im Winter aus S, im Sommer aus N bis W, im Landesinneren durchweg W. Im Osten von November bis Mai aus O, sonst aus W. Durchschnittliche Geschwindigkeit von 3 im N, 3,8 m/sec an der W- u. S-Küste.

Ein besonderer Wind ist der Pseudoseewind an der Ostsee. Es handelt sich um Landluftmassen, die zwar von See her auf Land wehen, nachts zuvor jedoch durch den Landwind aufs Meer geführt wurden.

Reisezeit: Von Mai bis Ende September ist es am schönsten.

Info-Adressen

Fahrradverband: Academic Bicycle Club »Diamant«, Ulica Bankowa 14, 40-007 Katowice

Polorbis Reiseunternehmen, Hohenzollernring 99 – 101, 50672 Köln, ✆ 0221/95153440 organisiert Radreisen, gibt Polrailpaß aus.

Polnische Informationszentrale für Touristik, Waidmarkt 24, 50676 Köln, ✆ 0221/230545.

Örtliche FVA sind in allen größeren Städten zu finden: »ORBIS«, »PTTK« oder »it«

Polnische Botschaft, Lindenallee 7, 50968 Köln, ✆ 0221/380261.

Gesundheit

Es ist eine Zecken-Impfung empfehlenswert (FSME). Kein Sozialversicherungsabkommen, deshalb Reisekrankenversicherung abschließen.

Reiseapotheke mitnehmen, denn Medikamente sind in Polen Mangelware.

Karten & Reiseführer

PPWK (offizieller polnischer kartographischer Verlag), 1:500.000, klassifiz. und numeriertes Straßensystem, km-Angaben, Hotels und Camping, 16 Blätter, je 6 DM

RV, 1:300.000. Euro-Regionalkarte Polen, 4 Blätter, einige Stadtpläne, klassifizierte Straßen, je 14,80 DM
Ravenstein, 1:750.000, 12,80 DM
Höfer, 1:200.000, Westpommern, 18,20; sehr klare, genaue Darstellung
Reiseführer: Kettler, Polen per Rad I u. II, H. Lindenberg, je 24.80 DM
Moby Dick, Reihe Am Strom entlang: Fahrradführer Weichsel, 19,80 DM
Knop, Reisen in Masuren, H. und R. Schallon, 32,80 DM.
AT, Unbekannter Nachbar Polen, Geschichte, Kunst, Land und Leute, F.W. Kramer, 39,80 DM
DuMont Kunstreiseführer Polen, Vetter/Leszcylnska/Bentchev, 46 DM
Müller, Polen, Reisehandbuch, M. Salter/G. Mclachlan, 34,80 DM

Straßenverhältnisse

Die Hauptstraßen sind gut, aber stark befahren. Sehr wenig Verkehr auf den hervorragend asphaltierten Nebenstraßen. Nur die Abzweige zu kleineren Orten sind schlecht oder nicht asphaltiert. In Städten und Dörfern oft schlechter Asphalt oder Kopfsteinpflaster. Daher sind schmale Reifen nicht empfehlenswert. Teilweise spärliche Beschilderung. Meist rücksichtsvolle Fahrweise der Autofahrer.

Der alte Markt von Poźnan

Ersatzteile

Das Angebot von Ersatzteilen ist eher zufällig. Fahrradläden sind selten und nur mit ganz einfachen Teilen ausgestattet. Privat kann man durch Devisen schon mal an sonst nicht greifbare Ersatzteile gelangen. Auf Selbstversorgung und Improvisationstalent zurückgreifen. Im übrigen sind viele Polen sehr hilfsbereit und wissen meist einen Ausweg. Lose Teile, z.B. die Luftpumpe, behalte man immer im Auge. Benzinkocher mitnehmen.

Radtransport

Bahn: Polnische Staatsbahnen (PKP), Schillerstraße 3, 60313 Frankfurt a.M. 1, © 069/294366, Fax 283697.

Sparangebot: Netzkarte Polrail für 8 Tage 70, für 21 Tage 90 DM, in D über Polor bis Köln zu beziehen. *Aufgabe* des Rades 1 Stunde vor Abfahrt mit Fahrkarte gegen geringe Gebühr, 1 – 2 DM, möglich.

Selbstverladung in allen Zügen, die im Fahrplan mit »B« gekennzeichnet sind. Preis entfernungsabhängig 0,75 bis 3,50 DM. Die Fahrradkarte (Bilet), die man am Gepäckschalter (kasa bagazowa) bekommt, muß man dem Schaffner am Gepäckwagen zur Entwertung vorzeigen.

Bei *Hin- und Rückreise* mit der Bahn ist auf die Öffnungszeiten der Zollstellen zu achten (bei der Botschaft erfragen), da sie z.T. nur an einem Wochentag geöffnet haben und man so weder an das Rad herankommt, noch es zurückschicken kann. Sicherer ist es, das Rad an einen Grenzbahnhof zu schicken und über die Grenze zu radeln.

Grenzüberschreitende Selbstverladung: in Nahverkehrs- und Schnellzügen für 1 – 3 DM möglich.

Eine gute Möglichkeit, über Nacht nach Nordpolen oder ins Baltikum zu fahren, bietet der einmal wöchentlich, zwischen dem 29.4. und dem 30.9. verkehrende Königsberg-Express (Berlin, Braniewo, Königsberg). Fahrradmitnahme 25 DM; Auskünfte und Buchung bei Rail Tours, Georg-Vogel-Straße 2, 77933 Lahr.

Fahrradverleih

In einigen Städten und an der Ostseeküste kann man Fahrräder ausleihen, aber »die Nachfrage übersteigt in der Regel das Angebot«. So steht's seit Jahren im Reiseprospekt!

Übernachten

Camping: An vielen örtlichen Plätzen »biwaky« oder Hütten kostenlos möglich. Solche Gelegenheiten sind ohne große sanitäre Ausstattung, allerdings bieten sie gute Einblicke ins polnische »Innenleben«. Daneben über 200 gebührenpflichtige Campingplätze, besonders an der Ostsee. Preis je nach Kategorie 6 bis 12 DM, eine kostenlose Campingkarte gibt es beim FVA. Freies Zelten wird geduldet.

JH: Etwa 220 Häuser, meist nur von Juli bis August geöffnet, da sie in geschlossenen Schulen untergebracht sind, Übernachtung 3 bis 6 DM. Ein Verzeichnis von ca. 1000 Unterkünften verschickt die Polnische Gesellschaft für Jugendherbergen Polskie Towarzystwo Schromisk, Mlodziezowych Ul Chocimska 28, Warschau.

Privatunterkünfte («pokoj«) werden in zunehmendem Maße angeboten, besonders an Bahnhöfen, Wechselstuben und wo viele Touristen zu erwarten sind, ab 10 DM.

Hotels: Hotelverzeichnis bei Polorbis. Preiswerte Almatur-Studentenhotels für Leute unter 35. Billiger sind die nicht verzeichneten Kommunalhotels der unteren Kategorie. Die staatlichen Touristen-Organisationen PTTK und Orbis vermitteln Unterkünfte, ab 25 DM.

Geld & Papiere

1000 Zl = 0,07 DM. Die Kaufkraft der DM liegt über 20 % höher als in D. Euroschecks werden angenommen. Empfehlenswerte Zahlungsmittel sind DM und US $. Die Einfuhr von Zloty ist verboten. Tauschen kann man in privaten Wechselstuben »Kantor«.

Einreisebedingungen: Es genügt der Reisepaß, kein Pflichtumtausch.

Der *Internationale Studentenausweis* bringt Vorteile beim Besuch von Museen u.ä.

Konsularische Hilfe: Deutsche Botschaft, ul. Katowicka 33, Warschau, ✆ 022/176065

Telefon: Vorwahl von der BRD nach Polen 0048, umgekehrt bei den Postämtern anmelden.

Portugal

Naturräume

600 km Küste, abwechselnd Steilküste und flache Abschnitte. Im NO Küsten- und Flußlandschaften des Minho und Douro. Im NNO auslaufende spanische Gebirgszüge mit steilen und im Osten zerklüfteten Höhenzügen. Unterhalb von Douro die Serra de Estrela, ein uriges Granitgebirge mit dem höchsten Berg Portugals.

In der Mitte Portugals das zentrale Tejo-Tiefland, die hügelige mediterrane Landschaft der Estremadura, an die das meist flache Alentejo anschließt. Überall folgen rasch Gebirge, Tiefebenen und Hochflächen aufeinander.

Süden: Küstenebenen der Algarve.

Radelgebiete

• *Norden:* Flußtäler (Douro, Anbaugebiet des Portweins), Fischerdörfer, Gerês-Nationalpark mit reizvollen Wäldern und Wasserfällen, die zum Baden einladen. Hügelig mit kulturellen Zentren (Coimbra). Costa Verde mit landschaftlich schönem, dünn besiedeltem Hinterland. Wenig Tourismus, kühler und regenreicher als im Süden.

Serra da Estrela: Zwischen den Flüssen Tejo und Douro gelegenes urtümliches Granitgebirge, teilweise verkarstet.

Estremadura: Lissabon (gemütlich, sehenswert), Fischerdörfer, Sandstrände. Das Mittelgebirge wird landwirtschaftlich genutzt; reizvoll das Pendeln zwischen Weinbergen, Tälern und Küste.

Alentejo: Meist leicht hügelig, weite, fast monotone Landschaft. Wenig Verkehr, aber oft gute Straßen und sehr hübsche Orte.

Algarve: An der West-Algarve im Sommer viel Tourismus. An der Fels-Algarve ist es heiß, aber landschaftlich sehr schön. Im Hinterland reizt die Serra de Monchique zu Ausflügen. Die Ost-Algarve besitzt einen weißen Sandstrand mit vorgelagerten Inseln und Sandbänken. Vorsicht beim Baden im Atlantik, starke Strömungen!

Madeira: Radfahren zwischen Lava und Meer, ideal für Mountain-Biker (Madeira-Karte von Bartholomew, 1:70.000)

Klima & Reisezeit

Im Norden atlantisch: Der Westwind bringt ganzjährigen Niederschlag von 1000 bis 2500 mm. Auch im Sommer ist es öfters bedeckt mit vereinzelten Regenschauern. Im Süden mediterran: Der Sommer ist fast regenlos, 400 mm Niederschlag.

An den Küsten ist die Temperatur bei Tag und Nacht ausgeglichen und durch beständige SW-Winde durch-

aus angenehm. Landeinwärts wird das Klima zunehmend kontinental, im Sommer ist es also heiß und trocken.

Hauptwindrichtung: In Porto von Oktober bis März aus O, von April bis September aus NW. Im Hochland aus NW, im W aus N, von August bis Januar aus O. Jährliche mittlere Windgeschwindigkeiten von 5,2 m/sec bei Porto, 2,3 in der Mitte, 4,3 in Lissabon und an der Algarve.

Ein besonderer Wind ist der »Portugiesische Nord« an der Westküste, ein frühsommerlicher, nordwärts verlagerter Nordostpassat.

Reisezeit: März bis Oktober. Besonders schön ist der Frühling mit der Mandelblüte (an der Algarve schon Februar). Über die Feste informiert ein Kalender vom FVA. Besonders besuchenswert ist das Johannesfest im Norden des Landes, Ende Juni. Schön auch die Weinernte am Douro.

Info-Adressen

Centro Portugues de Cicloturismo, Av. Miguel Bomdarda 147, 2 Dt. 1000 Lissabon, ℰ 1/3561253.
Fahrradclub: Federaçao Portuguesa de Ciclismo, Rua Barros Queiroz 39-1, 1100 Lisboa, ℰ 01/3422787.

Automóvel Clube de Portugal (ACP), Rua Rosa Araújo 24, 1200 Lissabon, ℰ 01/3563931. Touring Club für Autofahrer, der eine Karte über die Straßenverhältnisse und eine Touristenkarte für die Algarve (290 $) abgibt. Die Straßenzustandskarte ist für Autofahrer gedacht, so daß z.B. Kopfsteinpflaster als »guter Zustand« gilt, aber ein glatter Belag mit ein paar Schlaglöchern als schlecht (550 $ zuzüglich 500 $ Porto).

Fremdenverkehrsämter:
D: Portugiesisches Touristikamt, Kaiserstraße 66, 60329 Frankfurt a.M., ℰ 069/234094-97, Fax 231433
CH: Portugiesisches FVA, Badener Str. 15, 8004 Zürich, ℰ 01/2410001
A: Portugiesisches FVA, Stubenring 16, 1010 Wien, ℰ 5132670.
Über 80 *örtliche* Touristikbüros »Turismo«, in jeder größeren Stadt.

Portugiesische Botschaft, Ubierstr. 78, 53173 Bonn, ℰ 228/363011-16. Generalkonsulate: Hamburg, Osnabrück, Düsseldorf, Frankfurt a.M., Stuttgart.

Gesundheit

Es besteht ein Sozialversicherungsabkommen (Formular E 111), Infoblatt bei der Krankenkasse besorgen.

Karten & Reiseführer

K+F, 1:500.000, 12,80 DM

Michelin 440, 1:400.000, 12,80 DM, für große Radtouren ausreichend

RV 1:300.000, 14,80 DM

Carta militar de Portugal 1:250.000, 8 Blätter zu je 14,80 DM

Carta de Portugal 1:500.000, 2 Blätter, zusammen 30 DM

Carta de Portugal 1:100.000, jeweils 20 bis 30 DM, 53 Blätter

Reiseführer: Hoff, Portugal-Handbuch, Marita Korst, 29,80 DM

DuMont Kunstreiseführer, Portugal, von H. Strelocke, 44 DM

Mundo, Portugal-Reisehandbuch, A. und R. Steinecke, 39 DM

Quest, Reise- und Erlebnisführer Portugal, R. & Ch. Merten, 29 DM

Straßenverhältnisse

Haupt- und Nebenstraßen in schlechtem Zustand, Kopfsteinpflaster, Schlaglöcher. Um Lissabon und in der Nähe der Touristenzentren der Algarve guter Asphalt.

Nur eine zweispurige Hauptstraße zwischen dem Norden und dem Süden (E1). Lediglich zwischen Braga und Coimbra und bei Lissabon kann der Verkehr auf die parallel geführte Autobahn ausweichen. Bei extrem schlechten Nebenstraßen bleibt oft nur die E1 als Alternative, die aber während der Hauptverkehrszeiten absolut zu meiden ist: Radfahren wird zum Russischen Roulette. Achtung: Rücksichtslose Lkw-Fahrer scheuen nicht davor zurück, Radfahrer auf den Seitenstreifen oder in den Straßengraben zu drängen. Riskante Überholmanöver der Lkws werden mit

dicken, schwarzen Abgaswolken garniert. Als günstig hat sich der Sonntagvormittag erwiesen.

Die Beschilderung ist auf kleinen Straßen manchmal unleserlich, falsch oder unzureichend, daher ständig die Karte benutzen.

Nicht alle Grenzübergänge sind ganzjährig geöffnet.

Ersatzteile

Besser sortierte Fahrradläden sind fast nur auf Porto und Lissabon beschränkt. In den meisten Kleinstädten gibt es Fahrrad- oder Mopedwerkstätten mit Mechanikern, die großes Improvisationstalent haben. Einfache Teile erhält man oft auch in Auto- und Motorradwerkstätten. In Anbetracht der zahlreichen Schlaglöcher gehören einige Reservespeichen samt dem dazugehörigen Werkzeug in jedes Tourengepäck.

Radtransport

Bahn: Caminhos de Ferro Portugueses (CP), Estaçao Santa Apolonia, 1100 Lisboa, ℰ 01/876025, und Touristikamt (s.o.). Teils veraltete Strecken und Wagen. Hauptstrecke: Nord-Süd.

Sparangebote: Netzkarte 7 Tage 106 DM, 21 Tage 230 DM.

Selbstverladung ist außer bei einigen Vorortzügen nach Porto und Lissabon möglich, wenn der Zug einen Gepäckwagen hat. Das Rad muß aber vorher als Gepäckstück beim Schalter »bagagem« aufgegeben werden, etwa 4,50 DM.

Aufgabe eine Stunde vor Abfahrt mit Fahrkarte möglich, gleiche Bedingungen wie bei der Selbstverladung, etwa 4,50 DM. Wird stets korrekt verladen.

Bus: Transport in Überlandbussen meist möglich, häufig kostenlos. Radtransport auf den Fähren in Lissabon und an der spanischen Grenze VillaReal/Ayamonte problemlos.

Fahrradverleih

Nicht üblich, in einigen Ferienzentren an der Algarve jedoch möglich, oft bei Hotels. Vermietung meist nur stundenweise und in zweifelhaftem Zustand. Das FVA hält ein Informationsblatt mit 32 Verleihstellen an 17 Orten vor allem in Südportugal bereit.

Übernachten

Camping: Circa 160 Plätze in Küstennähe, oft sehr teuer. Eine Liste der offiziellen Plätze gibt's beim FVA oder beim Direçao-General do Turismo, Av. António Augusto de Aguiar 86, 1099 Lissabon, ☎ 575012.

Einen empfehlenswerten Campingführer mit detaillierten Angaben über jeden Platz gibt es an fast allen Rezeptionen und im Buchhandel für 350 $.

JH: 16 Häuser 8 – 12 DM/Nacht. Juli bis September (dann teurer) Reservierung notwendig (Faltblatt beim FVA).

Pensionen oder Privatzimmer sind mit 13 bis 20 DM relativ billig, der Preis ist oft Verhandlungssache. »Quarto« heißt Zimmer, »Cama« wie im Spanischen »Bett«.

Hotels: Unterkunftslisten beim FVA.

Geld & Papiere

100 Escudos kosten 1 DM, 1 Escudo = 100 Centavos. Das Zeichen $ steht anstelle eines Kommas zwischen Escudos und Centavos, beispielsweise 5$300. Die Kaufkraft der DM liegt um etwa 8 % höher als in der BRD. Empfehlenswerte Zahlungsmittel sind die DM, Escudo-Reiseschecks und das Postsparbuch. Umtausch am besten vor Ort, ca. 20% Gewinn. An 400 Geldautomaten kann mit EC-Scheckkarte abgehoben werden.

Konsularische Hilfe: Deutsche Botschaft, Campo dos Mártires da Pátria 38, 1100 Lissabon, ☎ 01/3523961. Konsulat in Porto.

A: 1297 Lisboa, Rua das Amoveiras 70, ☎ 01/654161.

CH: 1399 Lisboa, Travessa do Patrocinio 1, ☎ 01/673121

Telefon: Vorwahl von Portugal in die BRD 0049, von Porto aus 0749. Von D nach Portugal 00351. Deutschland-Direkt ☎ 050/500/49

Telefonkarten gibt es in Postämtern, Geschäften und der Banco Portugues do Atlantico.

Rumänien

Naturräume

Rumänien wird durch den von Nordwesten über Südosten nach Südwesten verlaufenden Karpatenbogen in die Walachische Tiefebene und den Kernraum, das Hochland von Siebenbürgen, getrennt. Diese 300 bis 800 m hohe Hügellandschaft steigt an ihren Rändern an und fällt dann steil zu den äußeren Tiefländern ab. Im Süden liegt der Wall der Karpaten.

Radelgebiete

• *Karpaten:* Gebirge zwischen 1000 und 2500 m, sehr anstrengend, hauptsächlich bei Nacht wegen der ständig mitzuführenden Knoblauchzehen, des Kruzifixes und des Holzpflockes zur Abwehr der immer noch recht zahlreichen Vampire. Die Südkarpaten sind mit ihren vielen Höhlen, Klamms und Seen landschaftlich besonders reizvoll, auch an der ukrainischen Grenze (Maramureş). Außergewöhnliche Flora und Fauna, Klöster, Holzkirchen und -häuser.

Donauebene: Das flache Rumänische Tiefland umfaßt das gesamte Südrumänien. An den Ausläufern der Karpaten Weinberge, sonst viel Getreide-, Obst- und Gemüseanbau.

Donaudelta: Das Gebiet ist zu vier Fünfteln mit Wasser bedeckt und beheimatet eine einzigartige Tier- und Pflanzenwelt. Gute Straßen gibt es nur bis Tulcea, so daß es vorzuziehen ist, mit dem Schiff weiterzufahren. Unter Führung eines Einheimischen kann man ohne Gepäck mit dem Rad auf Trampelpfaden die Sumpflandschaft erkunden. Gute Infos hierzu gibt's beim FVA.

Schwarzmeerküste: Ein Abschnitt von 50 km rund um Konstanza im Süden ist touristisch erschlossen, aber sehr überlaufen.

Klima & Reisezeit

Übergangsglied vom mittel- zum osteuropäischen Kontinentalklima mit heißem Sommer und strengem Winter. Im Küstenraum herrschen wegen des Schwarzmeer-Einflusses mildere Temperaturen, im Südwesten im Sommer zeitweise Mittelmeereinfluß. In den Höhenlagen der Karpaten ist es 5 bis 10°C kühler als in den Ebenen. Die Frostperiode dauert über 4

Monate, die Donau ist oft von Dezember bis Februar zugefroren. Auf der Luv-Seite der Karpaten fällt bis 1500 mm, im Regenschatten der Gebirge 400 bis 700 mm, im Tiefland teilweise unter 400 mm Niederschlag. Im Frühjahr Überschwemmungen durch heftige Regenfälle im Donautal.

Hauptwindrichtung: Im Osten und an der Schwarzmeerküste aus N bis NW, im Hochland aus NW. Im Westen aus N, von August bis Januar aus Osten. Durchschnittliche jährliche Windgeschwindigkeiten von 4 m/sec an der Schwarzmeerküste, 3 im Hochland und 2 im Westen.

Besondere Winde: *Austru* (Walachei): Nach Überquerung des Balkan-Gebirges und der Transsylvanischen Alpen föhnig trockener, kalter West-Südwestwind, der in den Wintermonaten am stärksten auftritt.

Crivitz: Die Karpaten umwehende Nordost- bis Ostströmung, die als kontinentaler Wind im Sommer sehr warm, im Winter dagegen sehr kalt ist (im Frühjahr/Herbst am häufigsten).

Nemere (Siebenbürgen): Heftige, in Ost-West-Richtung liegende Täler Siebenbürgens herabwehende, vorwiegend winterliche Ost- bis Nordostwinde.

Rotenturmwind (Siebenbürgen): Föhnartiger südlicher Wind bei Hermannstadt, der von den Südkarpaten über den Rotenturmpaß ins Siebenbürgener Becken weht.

Reisezeit: Die Karpaten sind nur im Juli und August zu empfehlen, da es sonst zu kalt ist. Südrumänien und die Schwarzmeerküste sind von Mai bis September angenehm zu bereisen.

Info-Adressen

D: Rumänisches Touristenamt, Neue Mainzer Str. 1, 60311 Frankfurt a.M., ✆ 069/236941-42. Informationen über aktuelle Einreisebedingungen, Hotel- und Campingadressen.

A: Rumänisches Fremdenverkehrsamt, Währinger Straße 6-8, 1090 Wien, ✆ 0222/343157

CH: Rumänisches Informationsbüro, Schweizergasse 10, 8001 Zürich, ✆ 01/2111730 & 31

Lokale Touristenbüros in den größeren Städten.

Zusätzlich gibt das auf Rumänien spezialisierte Reisebüro Rotours Auskunft: Untermainanlage 7, 60329 Frankfurt a.M., ✆ 069/239151

Rumänische Botschaft, Legionsweg 14, 53117 Bonn, ✆ 0228/670001

Generalkonsulat in Berlin

Gesundheit

Es besteht ein Sozialversicherungsabkommen. Berechtigungsformular und Infos bei der Krankenkasse.

Karten & Reiseführer

RV, 1:800.000, 14,80 DM
K+F, 1: 1000.000, 12.80 DM
Ravenstein 882, 1:1 Mio, Rumänien/ Bulgarien mit Ortsreg., 12,80

Reiseführer:

DuMont Kunstreiseführer, Rumänien, E. Melas, 44 DM
Stein, Reisehandbuch, R.Müller, 19,90
Langenscheidt, Sprachführer Rumänisch, 14,80 DM

Straßenverhältnisse

Sehr wenig Verkehr, relativ gute Straßen, gelegentlich Kopfsteinpflaster.

Ersatzteile

Alle Ersatzteile und jedes notwendige Werkzeug mitnehmen. Es gibt zwar in fast jeder Stadt Radgeschäfte, aber sie führen meist nur wenige, einfache Artikel. Darüber hinaus gibt es in erster Linie Ersatzteile für russische Räder. Auschließlich Benzinkocher sind zu empfehlen.

Radtransport

Bahn: Caile Ferate Romane (CFR), Bdf. Dinicu Golescu 38, 78123 Bukarest, ✆ 184020. Radtransport möglich, wenn ein Gepäckwagen vorhanden ist. Für Gepäck und Fahrrad liegen die Preise zwischen 0,75 und 2,30 DM. Man melde sich wegen eines geeigneten Platzes beim Schaffner. International ist die Radmitnahme und der Versand für 14 DM möglich in den Zügen 33/372, 373/34 Bucaresti – Prag – Berlin, 802/205/352 und 353/206/801 Constanta – Bucaresti Nord – Budapest, 23/346 und 347/24 Bucaresti Nord – Wien sowie 109 und 110 Bucaresti Nord – Sofia und jeweils zurück.

Übernachten

Camping: Wenige über das ganze Land verteilte Plätze, die von Mitte Mai bis Mitte September geöffnet sind. Bei fast allen Plätzen kann man preisgünstige Holzhäuser mieten.

JH: Es gibt keine Jugendherbergen.

Hotels: Staatlich geleitet und teuer.

Privatunterkünfte: noch relativ neu.

Da Übernachtungen in Devisen bezahlt werden müssen, ist es insgesamt billiger und besser, Gutscheine zu kaufen (ADAC oder Reisebüro).

Geld & Papiere

100 Leu = 0,20 DM. Empfehlenswerte Zahlungsmittel sind US $ und DM in bar und als Reisescheck. Kein Zwangsumtausch. Die Einfuhr rumänischen Geldes ist verboten. Siehe auch unter »Übernachten«.

Einreisebedingungen: Bürger der BRD, der Schweiz und Österreichs brauchen lediglich einen gültigen Reisepaß. Sie erhalten an der Grenze einen Sichtvermerk und können sich bis zu 3 Monate frei im Land bewegen. Bei der Einreise muß man einen Meldeschein ausfüllen. Radfahrer geben als Aufenthaltsort einen Campingplatz an.

Die allgemeine **Versorgungslage** ist schlecht. In Städten und Landwirtschaftsgebieten sind Grundnahrungsmittel aber ohne größere Schwierigkeiten zu bekommen. Man wird sich also bei einer Radtour durch Rumänien keinen kulinarischen Genüssen hingeben können. Oft bekommt man von den sehr gastfreundlichen Rumänen Essen angeboten. Nicht vergessen darf man, daß sie es sich wirklich vom Mund absparen müssen. Nützlich ist eine »Eiserne Reserve« in Form von Tütensuppen, Reis o.ä.

Konsularische Hilfe: Deutsche Botschaft, Strada Rabat 21, Bukarest, ☏ 792580, 792680 und 792780

A: Strada Dumbrarca Rosiet, 79324 Bukarest, ☏ 128434

CH: Strada Pitar Mos 12, 79324 Bukarest, ☏ 106585

Telefon: Von Rumänien in die BRD nur mit Vermittlung, umgekehrt in Direktwahl mit 0040.

Schweden

Naturräume

Südschweden (Götaland) besteht aus Småland und Schonen (flachwellig), den Küstenlandschaften von Blekinge und Halland, dem ansteigenden südschwedischem Hochland (bis 378 m), den Inseln Öland und Gotland.

Mittelschweden (Seveland) setzt sich zusammen aus der Senke der großen Seen (Vättersee, Vänernsee, Mälarsee), den ebenen, eher agrarisch bestimmten Landschaften von Uppland, Västmanland, Soedermanland und Närke, dem Bergbaugebiet Bergslagen, der westschwedischen Waldlandschaft Värmland sowie der bergigen Dalarna, eingeschlossen im W und O von zerklüfteter Schärenküste mit vorgelagerten Inseln.

Nordschweden (Norrland) wird – bis auf den schmalen, flachen und nicht eingeschnittenen Küstensaum im Osten – durch das zur Grenze nach Norwegen beständig ansteigende Skandinavische Gebirge von der Dalarna im Süden als Lappland im Norden (bis 2100 m) gekennzeichnet. Parallel zu den nach SO gerichteten Bergen fließen zahlreiche Flüsse mit Bergseen im Oberlauf zur Ostsee ab.

Radelgebiete

Der leicht wellige Süden ist zwar landschaftlich nicht so aufregend wie der Norden, hat aber wegen des milden Klimas und der landwirtschaftlichen Prägung seine Reize.

Bohuslän-Küste: Küstenstrecke nördlich von Göteborg entlang der Granit-Küste mit Fischerdörfern und Stränden. Halland, südlich von Göteborg, ist für seine Fahrradfreundlichkeit bekannt. Weite Strände und gut ausgeschilderte Radwege.

• *Vänern- und Vättersee:* viel Verkehr auf den Uferstraßen. Reizvoll ist der Mälarsee, auch wegen der vielen Villen und Schlösser. Stockholm lohnt sich ebenso. Vom Südzipfel des Vänernsees kann man entlang des Göta-Kanals nach Göteborg fahren; ehemalige Treidelpfade wurden zu Radwegen ausgebaut.

Värmland, Dalarna: Dichtes Waldgebiet und Landwirtschaft, viele Seen, anstrengend.

Jämtland: Bis 1000 m, mehr Niederschläge, fruchtbare Gegend.

Lappland: Große Entfernungen, sehr anstrengend, Natur pur, gut für den, der die Einsamkeit oder das Abenteuer zu Rad oder zu Wasser sucht. Im Sommer Mückenplage.

Öland, Gotland: Zum Radwandern ideal. Beschauliche Wälder und Heidelandschaften mit fast endlosen Stränden.

Klima & Reisezeit

Das schwedische Klima nimmt eine Übergangsstellung zwischen dem milden atlantischen Bereich und dem kontinentalen Eurasien ein. Feuchte Luftmassen sorgen vor allem im SW für hohe Niederschläge. Heftige SO-Strömungen bringen im Sommer beständig trocken-warmes Wetter und kaltes, klares im Winter. Durch häufige polare Kälteeinbrüche von NO ist der Bottnische Meerbusen oft bis Mitte Mai vereist. Kurze Sommer, aber wärmer und weniger Regen als in Norwegen.

Hauptwindrichtung: Im Norden aus SW, in der Mitte aus S bis SO, März bis September aus NW. Im Süden W bis SW. Durchschnittliche Windgeschwindigkeit 1,5 m/sec im N, 2,4 m/sec in der Mitte, 4 m/sec im S.

Reisezeit: Mai bis September, obwohl am Anfang und Ende die Nächte empfindlich kühl werden. Nachtfrost in Mittelschweden schon ab Ende August. Der Juli ist Hauptsaisonzeit, bereits ab Mitte August sind viele Restaurants und Unterkünfte geschlossen (im Norden geht von Juni bis August die Sonne nicht unter!).

Info-Adressen

Cykelfrämjandet, Stora Nygatan 41-43, P.O. Box 6027, S-10231 Stockholm, ✆ 08/321680 (Tourenvorschläge und Radlerinfos, ADFC-Partner)

Svenska Cykelsallskapet (SCS), Box 6006, S-16406 Kista, 08/7516204 (Broschüre über Radtouren, eigenes Programm, diverse Streckenführer, u.a. »Sverigeboken«, ein lohnenswertes Tourenbuch in 26 Etappen.)

ADFC-Länderinfo Schweden.

Fremdenverkehrsamt (auch für Österreich zuständig):

D: Schwedisches Touristik-Amt, Burchardstraße 22, 20095 Hamburg, ✆ 040/330185; Infoblatt zum Fahrrad-Urlaub mit allgemeinen Tips und Veranstaltungskalender. Liste der Campingplätze und Naturparks.

CH: Schwedische Touristik-Information, Wiesenstr. 9, 8034 Zürich.

Die 200 *örtlichen* Fremdenverkehrsämter heißen »Turistbyra«.

Königliche Schwedische Botschaft, Theodor-Heuss-Str. 2 – 10, 53117

Bonn, ☎ 0228/260020. Generalkonsulate in Berlin, Düsseldorf, Frankfurt, Hamburg und München

Gesundheit
Es besteht ein Behandlungsabkommen. Ambulante Behandlungen werden unter Selbstbeteiligung (25 DM) gewährt. Infos bei der Krankenkasse.

Karten & Reiseführer
RV Esselte-Serie 1:650.000, 14,80 DM
RV, Esselte-Serie 1:300.000, gut, Höhenlinien, Campingplätze, 8 Bl. à 16,80 DM
K+F, 1:300.000, Straßenkarte, 8 Blätter je 16,80 DM
Oversiktskartan 1:250.000 »Röda kartan«, 25 Blätter (25 m Höhenschichten), optimale Karte für Radler, 17 DM
Blakarta, 1:100.000, je Blatt 14,80 DM
Reiseführer: Kettler, Südschweden per Rad (o.k), 19,80 DM
3 Reiseführer des Nordis-Verlag, mit Streckenbeschreibungen, 20 – 27 DM
Reynowski, Globetrotter-Handbuch Nordkap 1 und 2, je 24 DM
Umschau, Schwedischer Abenteuer-Almanach von J. Trobitzsch, 24 DM

Straßenverhältnisse
Die Hauptstraßen sind im allgemeinen gut (überwiegend mit gut befahrbarem Seitenrand), im Sommer aber stark frequentiert. Viele Nebenstraßen im Süden, nach Norden hin weitmaschiger und oft nur mit Schotter, Schlaglöchern oder rauhem Teer.

Ersatzteile
Fast in jeder Stadt können Ersatzteile ausreichend beschafft werden, aber es sind nicht alle Spezialteile und -werkzeuge erhältlich. Besser Benzinkocher mitnehmen.

Radtransport
Bahn: Reisebüro Norden Tours GmbH, Ost-West-Straße 70, 20457 Hamburg, ☎ 040/36001578, Fax 363211
Sparangebote: Skandinavien-Netzkarte 21 Tage 462, Jugendliche 343 DM. Bei Fahrten über 850 km Einheitspreis.
Selbstverladung ist nur in Nahverkehrszügen der Städte Stockholm und Malmö möglich.
Bei *Aufgabe* ist das Rad etwa 2 Tage unterwegs und kostet 16,50 DM bis zu einem Gewicht von 25 kg, Tandems doppelter Preis. Bei der Anreise nach Schweden (auch nach Norwegen und Finnland) Fahrrad frühzeitig (2 Wochen) vorher aufgeben, da nur ein Packwagen pro Woche (montags) Fahrräder transportiert.
Bus: Fast alle Überlandbusse und Taxis haben Vorrichtungen zum Radtransport.
Flug: Auf Inlandsflügen mit »Linjeflyg« kostet die Radmitnahme 45 DM. Es wird nicht garantiert, daß das Rad mit demselben Flugzeug fliegt. Es ist ein Fahrradsack (90 DM) notwendig. Nach dessen Kauf ist der erste Transport gratis.

Fähren
Von Travemünde/D 50/ab 9 DM; von Rostock/D (40/ab 7) nach Trelleborg; TT-Line, Hamburg, ☎ 040/ 3601442. Von Kiel bzw. Frederikshavn/DK nach Göteborg ab 100 bzw. ab 25

DM/frei; beide Stena-Line, Kiel, ✆ 0431/9099.

Von Grenaa/DK nach Halmstad oder Varberg ab 32 DM; bei Geuther, Bremen, ✆ 0421/14970

Saßnitz/D – Trelleborg 30 DM; Fäfrcenter Puttgarden, ✆ 04371/2168

Helsingör/DK – Helsingborg ab 8 DM; Ystad – Rönne/Bornholm 28 DM; Murkan, ✆ 038392/35226.

Yastad - Swinemünde/PL 69 DM/ frei, Darpol Berlin ✆ 030/3420074.

Dragör/DK – Limhamm ab 13 DM; Scandlines Helsingborg, ✆ 46/42186000

Außer bei der ersten ist die Fahrradmitnahme auf allen Strecken gratis. Nach Finnland siehe dort.

Fahrradverleih

Bei einigen JHs, Campingplätzen und Bahnhöfen möglich. Liste bei den örtlichen Touristenbüros oder vom Cykelfrämjandet.

Übernachten

Camping: 800 Plätze vor allem im Süden, teilweise auch mit Hütten (Liste beim FVA). Den für viele Plätze erforderlichen Campingausweis kann man auf dem ersten Platz kaufen. Freies Campen ist für eine oder zwei Nächte erlaubt, sofern die Fläche nicht landwirtschaftlich genutzt wird und nicht in Sichtweite eines Wohngebäudes liegt. Feuer nur auf den präparierten Feuerstellen u. wegen Erosionsgefahr nicht auf Felsen erlaubt.

JH: 280 gut ausgestattete Häuser (Vandrarhem), hauptsächlich im Süden (im Juli vorbuchen). Außerhalb der Ferienzeiten machen viele Her-

bergen dicht. Übernachtung 15 bis 18 DM (Karte mit Adressen beim FVA).
Zimmer: ähnlich wie bed and breakfast in GB, um 25 DM
Ferienhäuser: Liste beim FVA; 300 bis 600 DM pro Woche.
Hotels: Teuer, oft Ermäßigungen bis zu 50 % am Wochenende für Familien. Auch zur Saison in Stadthotels.

Geld & Papiere

100 Kronen kosten 21 DM. 1 Krone = 100 Öre. Die Kaufkraft der DM liegt geringfügig über derjenigen in der BRD. Empfehlenswerte Zahlungsmittel sind das Postsparbuch, DM-Reiseschecks und Kronen.

Zur **Einreise** nur Personalausweis erforderlich.

Konsularische Hilfe: Deutsche Botschaft, Skarpögatan 9, 11527 Stockholm, ✆ 08/6631380. Generalkonsulat in Göteborg.
A: Kommendörsgatan 35, 11458 Stockholm, ✆ 08/233490
CH: Birger Jarlsgatan, 11486 Stockholm, ✆ 08/231550
Telefon: Direktwahl von Schweden nach D 00949, umgekehrt 0046. Deutschland-Direkt ✆ 020/799/049. Karten für Kartentelefone im Postamt und in Geschäften.

Schweiz
Naturräume

Südosten: Steile Alpengebirgszüge bis 4600 m Höhe machen 57 % der Landesfläche aus.

Südwesten nach Nordosten: Die Mulden- und Hügellandschaft mit einer Höhe von 300 bis 1500 m bedeckt 38 % des Landes.

Nordwesten: Mittelgebirgszug (Kammgebirge) des Jura bis 1600 m.

Im Norden kleiner Teil der Oberrheinebene.

Im Süden italienisches Hügelland.

Radelgebiete

Überall ausgesprochen schöne Landschaft für durchtrainierte Radler.

Jura: Französische Schweiz, gut erschlossen, nicht überlaufen, dünner besiedelt, viele Bergkammstraßen.

Mittelland: Das flachgewellte Land und viele Seen animieren zu einer Seentour.

Schweizer Alpen: Hauptverkehrsstraßen führen durch die Täler (meiden!). Die Nebenstaßen sind sehr anstrengend. Die vielen Haarnadelkurven erfordern viel Umsicht. Beim Bremsen Gepäck, Schotter und Ausweichmöglichkeiten berücksichtigen.

• *Tourenvorschlag:* »Auf Jakobswegen durch die Schweiz per Velo oder zu Fuß« – quer durch die Schweiz von Konstanz bis Genf. Die dazugehörige Broschüre mit vielen Hinweisen gibt es beim FVA.

Klima & Reisezeit

Der Alpenkamm ist die Grenze zwischen der gemäßigten Zone des atlantischen Bereiches und dem Mittelmeerklima. Durch Föhn und Niederschlags-Abschirmung entstehen in den Talkammern wärmebegünstigte Klimanischen.

Die Regenmenge liegt zwischen 3000 mm an Luv-Hängen und 600 mm im Rhônetal, die Schneegrenze im Sommer bei 2500 bis 3200 m. Durch lange Sonnenscheindauer und Lufttrockenheit ausgezeichnetes Hochgebirgsklima.

Hauptwindrichtung im Norden aus W, in den Hochlagen aus WSW und im Süden aus NO, bei durchschnittlichen Windgeschwindigkeiten von 2,8 im Norden, 6,6 in den Hochlagen, 3 m/sec im Süden.

Besondere Winde: *Bise* (Nordwest-Schweiz, Französische Alpen): Bei meist heiterem Himmel auftretender trocken-kalter, von trübem Wetter begleiteter Wind aus Nord bis Nordost, besonders für den Alpenrand von Basel bis Genf charakteristisch.

Churer Express (Alpentäler bei Chur): Kaltlufteinbruch mit rascher Nebelbildung.

Föhn (Alpenländer): Leeseitiger, warmer Fallwind der Alpen mit charakteristischen Eigenschaften: Wolkenauflösung, Trockenheit und Wärme. Föhn kann durch die hohen Temperaturen eines Sciroccos noch wärmer werden.

Aperwind: Frühjahrsföhn insbesondere der Schweizer Alpen, der Schnee zum Schmelzen bringt.

Glarner Wind (Schweizer Mittelland, Züricher Becken): Von den Glarner Alpen her wehender Wind.

Joran (Schweizer Jura): Am Südosthang des Schweizer Jura auftretender, vorwiegend aus W und NW kommender kalter, oft böiger Wind, besonders in der warmen Jahreszeit in Verbindung mit lokalen Gewittern.

Rebat (Genfer See): See- und Tag-Wind aus SW.

Vaudaire (Genfer See): Vom Kanton Waadt/Vaud (Lausanne) her über den See wehender Nordostwind.

Walliser Talwind (Genfer See, oberes Rhônetal): Bei Schönwetter sehr regelmäßiger Talwind des oberen Rhônetales, der aus Westen vom oberen Ende des Genfer Sees bis nach Brig weht.

Achtung: Viele lokale Bergwinde.

Reisezeit: Von Mai bis September, in tieferen Lagen auch entsprechend früher bzw. später. Einige Pässe sind bis Anfang Juni und ab Ende Oktober geschlossen.

Info-Adressen

Schweizer Radfahrer- und Motorradfahrer-Bund, Schaffhauser Str. 272, 8023 Zürich, ✆ 01/3119220. Gibt ein kostenloses Taschenbuch mit 60 Kurzbeschreibungen von Radwanderwegen heraus.

Infos für Radfahrer:

Touring Club Swisse, Section Cyclo Tourisme, 9 Rue Pierre-Fatio, 1211 Genf, ✆ 022/7371212. Organisierte Touren, Fahrradverleih.

IG Velo Schweiz, Postfach, 3001 Bern, ✆ 031/451836

IG Velo beider Basel, Postfach 105, 4011 Basel, ✆ 061/3123611

VCS Ressort Velo, Verkehrsclub der Schweiz, Bahnhofstraße 8, 3360 Herzogenbuchsee, ✆ 063/615151: Velotourenführer und Velokarten 1:50.000 mit Straßenklassifizierung, Radwegen und Steigungen, für ADFC- und ARGUS-Mitglieder zum ermäßigten Preis (17 bis 24 sFr). »Mit Velo und Bahn durch Europa«, Sonderteil: Transport mit Schiff und Flugzeug, 12,80 DM.

VCS-Mitglieder erhalten bei der Bahn 5 % Ermäßigung.

Ein besonders gut sortierter *Buchladen* in der Züricher Altstadt: Travel Book Shop, Rindermarkt 20, 8001 Zürich, ✆ 1/2523883.

Fremdenverkehrsämter:

D: Schweizer Verkehrsbüro, Kaiserstraße 23, 60311 Frankfurt, ✆ 069/2560010, gibt die Broschüren »Schweiz A–Z«, »Touren über Alpenpässe«, »Unterkünfte in der Schweiz« mit allen wichtigen Informationen gratis ab. Außerdem »Schweiz Pauschal-Veloferien« – eine Zusammenstellung aller Velopauschalangebote in der Schweiz. Außergewöhnlich detailliert und gut aufgemacht sind folgende Broschüren: Veloferien in den Voralpen, … im Mittelland, … im Jura, … vom Rhein zum Tessin, … von der Rhone zum Doubs, … vom Lago Maggiore zu den Schlössern.

A: Schweizer Verkehrsbüro, Kärntner Straße 20, 1015 Wien, ✆ 01/5127405

CH: Schweizer Verkehrsbüro, Bellariastr. 38, 8027 Zürich, ✆ 01/2881111. Fünf Ferntourenbeschreibungen und eine Broschüre mit Velo-Pauschalangeboten erhältlich.

Örtliche FVA heißen »Office de Tourisme«, »Verkehrsverein-Büro« oder »Ente Turistico« und geben Karten- und Wanderweginfos ab. Auskunft auch durch die Kantonsvereine. **Botschaft der Schweiz,** Gotenstr. 156, 53175 Bonn, ✆ 0228/810080. Generalkonsulate in Berlin, Düsseldorf, Hamburg, Frankfurt a.M., München und Stuttgart.

Gesundheit

Deutsche Krankenkassen erstatten ihren Mitgliedern in der Schweiz entstandene Kosten gegen Vorlage der Rechnung nach speziell vorgesehenen Tarifen. Über Einzelheiten informieren die Kassen. Da zwischen den offiziellen österreichischen und schweizerischen Krankenkassen kein Abkommen besteht, empfiehlt sich der Abschluss einer privaten Krankenversicherung.

Karten & Reiseführer

K + F, 16 VCS-Velokarten Schweiz 1:50.000, sFr 24,80 (Für ADFC- oder VCS-Mitglieder 19,80 DM)
Michelin 427, 1:400.000, 12,80 DM
K + F, ACS-Karte, 1:250.000, 14,80 DM
Michelin, Blätter 216, 217, 218, 219, 1:200.000, sind ausreichend, je 6,80 DM
Mair, Generalkarte Schweiz, 4 Blätter, 1:200.000, je 7,80 DM
Eidgenössische Landestopographie, 1:25.000, 1:50.000 (93 Blatt), 1:100.000 (23 Blatt, sehr genau, für Mountain-Bike-Touren geeignet), 1:200.000 (4 Blätter), 14,80 DM
Reiseführer: K + F, 4 VCS Velotourenführer passend zu jeweils 2 VCS Karten, je Buch sFr. 25,80 (ADFC- und VCS-Mitglieder 19,80 DM)
Schweizer BIKE-Magazin, »Bike-Paradies Schweiz 92/93« (Nr 7/8 1992). Tourenvorbereitung, Bahntransport, 180 Ziele im Profil, geprüft auf Fahrradtauglichkeit, 190 Seiten , 9 DM bei Verlag Gasser, Kasernstr. 1, 7007 Chur, © 081/235111
Mietvelo BR AG, 40 Velotouren mit Mietvelos der Bahn, ausgearbeiteten Tourenvorschlägen mit farbigen Streckenkarten, ca. 34 DM

Kettler, Schweiz per Rad, von J. Rieck und U. Schäfer, 24,80 DM
Kettler, Mit dem Mountain Bike in den Bergen, von C. Dialer, 1988, 19,80 DM, (25 kombinierte Rad- und Bergtouren im Alpenvorland, Bayerischen Wald, Salzkammergut, Engadin)

Straßenverhältnisse

Mit Ausnahme von Winterschäden sind im allgemeinen auch die Nebenstraßen gut; teilweise mit Strichen abgetrennte Radwege. Kaum Straßen ohne Steigungen, viele Tunnel. Informationen über geschlossene oder offene Pässe und Straßenzustandsberichte überall unter der Telefonnummer 163. Gute Beschilderung.

Ersatzteile

Im Flachland sehr gut erhältlich, im Gebirge größere Entfernungen bis zum nächsten Geschäft. Achtung: Die Bremsen sollten in hervorragendem Zustand sein. Gaskartuschen preiswert erhältlich.

Radtransport

Bahn: SBB/Personenverkehr, Mittelstr. 43, CH-3030 Bern, und Schweizerische Bundesbahn (SBB), Kaiserstr. 23, 60311 Frankfurt a.M., © 069/2560010, Fax 256001-10; Prospekt »Rent a bike«. *Sparangebote:* Halbpreispass 1 Monat 85 DM, Netzkarte swiss-pass 15 Tage 343 DM, 1 Monat 471 DM.
Selbstverladung (7 DM) in allen Regionalzügen und vielen Privatbahnen möglich, bei Tunnelstrecken auch in Schnellzügen. Gruppen 48 Stunden vorher am Bahnhof anmelden.

Als *Reisegepäck* für 14,50 DM, Dauer etwa 1 Tag. Plastik-Schutzhülle im Preis inbegriffen.
Bus: Im Postbus (PTT) 2 sFr, im Verbund mit Schiff oder Bahn 7 sFr.

Fahrradverleih
An fast jedem Bahnhof möglich. An kleinen Stationen und für Gruppen muß man vorbestellen, ab 22 DM/Tag, Schülervelos halber Preis, Mountain Bikes 50% Aufpreis. Bei Rückgabe an einem anderen Bahnhof 7 DM extra. Die Schweizerische Bahn bietet die Informationsschrift »Rent a bike«.

Übernachten
Camping: Die 500 Plätze sind ungleichmäßig verteilt, z.B. gibt es im Jura weniger. Karten mit allen offiziellen Campingplätzen gibt es beim Verkehrsbüro. Wildcampen verboten, nach Absprache aber oft möglich.
JH: 8, Übernachtung ab 14 sFr. Broschüre beim FVA.
Naturfreundehäuser: Die Naturfreunde, Postfach, 3000 Bern 14, ✆ 031/456004 geben Auskunft, auch über Gruppenunterkünfte.
Privat: Zimmer mit Frühstück (Hinweisschilder an der Straße) kosten ab 15 bis 20 sFr. Kostenlose Adressenliste »Preiswerte Unterkünfte in der Schweiz« beim FVA.
»Bei Schweizer Bauern« heißt ein Prospekt mit Angaben zu ca. 100 Höfen. Buchungszentrale des Schweizer Bauernverbandes, Lauerstr. 10, CH-5200 Brugg.
Hotels: Teuer (ab 40 sFr). Bei der Schweizer. Verkehrszentrale gibt es den »Schweizer Hotelführer« und

»Einfach und gemütlich« mit günstigen Hotels.
Mit dem »Swiss - Hotel - Paß«, 110 sFr für 1 Jahr, bekommt man in 40 Zwei- bis Vier-Sterne-Hotels bis zu 50 % Ermäßigung; Shihopa AG, Zihlstraße, CH-6354 Vitznau
Gruppenunterkünfte vermittelt gratis: Kontakt Lupsingen, Gartenstr. 15, CH-4419 Lupsingen, ✆ 061/911814.
Ferienwohnungen am besten direkt reservieren (Liste beim FVA).
Jugendliche mit schmalem Geldbeutel können in der Schweiz gratis übernachten. Broschüre mit Adressen der Gastgeber bei der Vereinigung Ferien und Freizeit, Wasserwerkstr. 17, 8035 Zürich.

Geld & Papiere
100 Franken kosten 120 DM, 1 Franken = 100 Rappen. Die Schweiz ist um etwa ein Viertel teurer als D. Empfehlenswerte Zahlungsmittel sind das Postsparbuch, DM, Franken.
Zur **Einreise** ist nur der Personalausweis erforderlich.
Konsularische Hilfe: Deutsche Botschaft, Willadingweg 83, 3006 Bern, ✆ 031/484111. Generalkonsulate in Zürich und Genf.

A: Kirchfeldstr. 28, 3005 Bern, © 031/430111.
Telefon: Vorwahl von der Schweiz in die BRD 0049, umgekehrt 0041. Deutschland-Direkt © 155/4549

Slowakische Republik
Naturräume
Im Norden und Osten Gebirge der West-Karpaten mit Hoher und Niederer Tatra bis 2655 m und dem slowakischen Erzgebirge. Die Gebirgszüge verlaufen von SW nach NO. Im SW liegt ein kleiner Teil des Donau-Tieflandes.

Radelgebiete
Teilweise noch unberührte Landstriche, Niedere und Hohe Tatra relativ anstrengend, aber wunderschöne ausgedehnte Wälder und Täler, Seen und Stauseen. Bis April Schnee. Im Süden die fruchtbare Donauebene. Für die Hauptstadt Bratislava sollten Sie sich etwas Zeit nehmen.

Klima & Reisezeit
Kontinentalklima mit harten Wintern und warmen Sommern. An der Luv-Seite der Karpaten durchschnittlich bis 1500 mm Niederschlag.
Hauptwindrichtung: N bis NW. Durchschnittliche Windgeschwindigkeit von 3,5 m/sec.
Reisezeit: Mitte Mai bis Mitte September, aber in den Höhenlagen ist auch im Sommer nicht mit Hitze zu rechnen.

Info-Adressen
Seit der staatlichen Trennung von der Tschechischen Republik am 1.1.1993 sind die Änderungen in diesem Bereich noch nicht zur Ruhe gekommen. Zunächst sind noch die Informationsstellen der Tschechischen Republik (Čedok) zuständig, siehe dort.
Slowakische Botschaft, Ferdinandstraße 27, 53127 Bonn, © 0228/285081-2.

Karten & Reiseführer
GKP Automapa Tschechoslowakei, 1:200.000, detaillierte Verkehrsnetz- und touristische Angaben, km-Angaben, 10,50 DM je Blatt; vor Ort viel billiger, aber nicht überall zu haben.
RV, ČSFR-Ost, 1:300.000, 14,80 DM
Subor, turistické mapy, die meisten 1:100.000, (20 bis 50 m Höhenlinien, Wanderwege, touristische Angaben in Deutsch), Geo II

Eigene **Reiseführer** zur Slowakei gab es zur Drucklegung noch nicht, siehe Tschechische Republik.

Straßenverhältnisse
Geringe Verkehrsdichte auf den Nebenstraßen, aber teilweise dünnes Verkehrsnetz. Hauptverkehrsstraßen sind in gutem Zustand, wegen dichtem Verkehr aber zu meiden.

Ersatzteile
Schlechte Versorgungslage, alle nötigen Ersatzteile mitnehmen. Bestenfalls in größeren Städten sind einfache Teile zu bekommen. Nur Benzinkocher zu empfehlen.

Radtransport
Bahn: Zeleznice Slovenskej republiky, Generálne riaditel'stvo ZSR, Odbor cenovy, Klemensova 8, 81361 Bra-

tislava, © 00427/55242, Fax 362341. *Fahrradmitnahme und -versand* offiziell nur in einigen Erholungsgebieten möglich. In der Regel wird aber das Rad bei rechtzeitigem Erscheinen im selben Zug im Gepäckwagen gegen geringes entfernungsabhängiges Entgelt, bis zu 1 DM, mitbefördert.
Bus: Recht dichtes Netz, Fahrradmitnahme mit Fahrer absprechen.

Radverleih

Ein Verleihsystem an Bahnhöfen ist im Aufbau.

Übernachten

Camping: Gute Versorgung mit Plätzen, die über das ganze Land verteilt sind. Eine Karte mit Öffnungszeiten (meist Mitte Mai bis Ende September) gibt es beim FVA. Freies Zelten ist offiziell verboten.
JH: Die Übernachtung kostet 10 bis 20 DM. Im Sommer bieten auch Studentenwohnheime Zimmer.
Privatzimmer: ab 10 DM
Hotels: 5 Kategorien, Preise zwischen 10 und 50 DM pro Person.

Geld & Papiere

Die Einfuhr von Kronen ist verboten. Zum Touristenkurs erhält man für 1 DM 17 Kronen. Empfehlenswertes Zahlungsmittel ist die DM in bar und als Reisescheck. Die Währungsunion mit der Tschechischen Republik wurde im Frühjahr '93 aufgelöst
Einreisebedingungen: Zur Einreise genügt ein gültiger Reisepaß oder Personalausweis, kein Zwangsumtausch mehr.

Konsularische Hilfe: Deutsche Botschaft, Balisady 47, Bratislava, 07/315300
Telefon: Vorwahl von D in die Slowakei 0042 , umgekehrt 0049.

Slowenien
Naturräume
Der Nordwesten wird von den bis auf 2863 m (Triglav) aufragenden Südlichen Kalkalpen gebildet. Südöstlich folgt eine hügelige Mittelgebirgslandschaft, die von der Save durchschnitten wird und im Süden in den hier bis auf 1800 m aufsteigenden Dinarischen Gebirgsblock übergeht. Abwechselnd bewaldet und verkarstet. Ostslowenien ist eine liebliche, hügelige bis flache Gartenbauregion.

Radelgebiete
Alpines Slowenien: Nicht so hoch, aber ebenso anstrengend wie der Alpenhauptkamm in A und CH, dauerndes Auf und Ab. Schön: die Strecke von Bled zum Wocheiner-See und durch das Soča-Tal.
• *Drava und Ostslowenien:* Flußradeln und hügelige Obst- und Weinbaugebiete.
    Istrien ist nur in Kombination mit Kroatisch-Istrien zu empfehlen.

Klima & Reisezeit
Außer in Istrien mit wintermildem mediterranem Klima, kontinental mit langen heißen Sommern und kalten Wintern. Feuchte Westwinde bringen ganzjährig Niederschlag.
Hauptwindrichtung: An der Adria und im Süden aus NW bis W, im Norden aus NO mit einer durchschnittli-

chen Windgeschwindigkeit von 3 m/sec an der Küste und 2,4 m/sec im Inneren.

Reisezeit: April bis Oktober, in den Hochlagen Mai bis September.

Info-Adressen

Botschaft der Republik Slowenien, Siegfriedstraße 28, 53179 Bonn, ✆ 0228/858033

Slowenisches FVA, c/o Studio Marketing Vision GmbH, Eschersheimer Landstraße 8, 60322 Frankfurt a.M., ✆ 069/5961004

Karten & Reiseführer

K+F, 1:500.000, 12,80 DM

F & B, Slowenien, 1:250.000, 12,80 DM

Vor Ort sind in Buchhandlungen und bei Touristeninformationen gute Straßenkarten und topographische Karten erhältlich. In größeren Städten gibt es Reiseliteratur in deutscher Sprache preisgünstig, aber ohne praktische Informationen zu kaufen.

Straßenverhältnisse

Die Hauptstraßen haben guten Belag, aber auch eine hohe Verkehrsdichte. Zu meiden sind die beiden Achsen vom Karawankentunnel bei Jesenice über Ljubljana nach Zagreb und von Maribor über Celje und Ljubljana nach Istrien und Triest.

Nebenstraßen haben oft rauhen Belag, manchmal Schotter. Viele Schlaglöcher und Bodenwellen. Breite Bereifung und bergtaugliche Schaltung oder MTB zu empfehlen.

Ersatzteile

Ersatzteile für unsere Räder gibt es höchstens in den größten Städten, evtl.

in Haushaltswarenläden nachfragen. Ansonsten ist Selbstversorgung oder die Besorgung in Österreich angeraten. Nur Benzinkocher zu empfehlen.

Radtransport

PTA Shipping, Schiffahrt & Transport GmbH, Schäftlarnstr. 2, 81371 München, ✆ 089/808216, Fax 7255569

Sparangebote: Netzkarte gestaffelt nach Tagen und Peronen, z.B. 10 Tage 1 Person 32 ECU oder 20 Tage 3 Personen 104 ECU.

Fahrradmitnahme national außerhalb der Hauptverkehrszeiten für 2,50 DM und international in allen Zügen für 7 ECU möglich.

Übernachten

Camping: Verzeichnis mit circa 50 Plätzen gibt es vom FVA.

JH: etwa 5, mit 10 bis 18 DM recht teuer

Privat: mit Preisen um 15 DM billiger als Hotels, Adressenlisten liegen bei den örtlichen FVA aus.

Geld & Papiere

Währung ist der Slowenische Tolar, 1 DM sind ca. 70 Tolar; Inflation. Akzeptiert werden auch Euroschecks und die Kreditkarten von Eurocard und Visa.

Einreise: Deutsche benötigen für Aufenthalte bis zu drei Monaten nur den gültigen Personalausweis oder Reisepaß.

Konsularische Hilfe: Deutsche Botschaft, Preser Nova 27, 61000 Ljubljana, ✆ 061/153309

Telefon: Vorwahl nach D 9949, umgekehrt 00386.

Spanien

Naturräume

Das Land ist von hohen Randgebirgen umschlossen.

Norden: Das 400 km von West nach Ost verlaufende, steile, bis 3400 m hohe Pyrenäengebirge mit nach Süden und Norden eingeschnittenen Seitentälern bildet die Grenze zu Frankreich.

Nord-West: Das Kantabrische Gebirge Cordillera Cantábrica (bis 2650 m) fällt nach S zur Hochebene Kastiliens ab. Am Atlantik hügelig, buchtenreich und teilweise Steilküste.

An der *Mittelmeerküste* von Osten nach Süden: Katalonisches Bergland (Mittelgebirge der gehobenen Kategorie), im Süden das von West nach Ost verlaufende, bis 3480 m hohe Andalusische Gebirgsland und die Sierra Nevada. Die Ausläufer dieses Gebirges reichen im Westen bis nach Gibraltar.

Das *Landesinnere* ist durch das Iberische Randgebirge (bis 2300 m, O/S Richtung), das Kastilische Scheidegebirge (SW-NO-Richtung) und die Sierra Morena (W-O-Richtung) stark zergliedert. Dazwischen liegen die Hochebenen von Alt- und Neukastilien (Iberische Meseta, duchschnittlich 600 bis 900 mm Niederschlag) und verschiedene Becken mit den Flußläufen Tajo, Guadiana, Guadalquivir und Ebro.

An der *Atlantikküste* liegt der Parque de Doñana, das größte Naturschutzgebiet Europas. Es ist ausschließlich unter Führung zu besuchen.

Radelgebiete

• *Kantabrien, Asturien, Galicien:* Schöne Felsenküste ohne brütende Hitze, feuchtes und kühleres Klima, üppige grüne Landschaft, hügelig, teilweise steil. **Tip:** *Picos de Europe,* eine faszinierende Landschaft, oft drehende Winde aus West. Jakobsweg nach Santiago de Compostela.

Kastilien: Viele Burgen (castillos), historische Städte wie Toledo, Segovia und Avila. Heiße Sommer, kalte Winter. Hügeliges, oft steppenartiges Hochland, Zentrallandschaft der Meseta.

Küste: Das Hinterland der *Costa Blanca* in der Provinz Alicante gehört zu den noch unentdeckten Berg-Radelgebieten Spaniens.

• *Andalusien:* Einzigartige Verbindung europäischer und islamischer Kultur in einer bezaubernden Landschaft. Empfehlenswert: die »Route der weißen Dörfer« (auf der unser Foto entstand) in der Provinz Cádiz. Im Juli und August sind wegen der großen Hitze eigentlich nur die Küsten empfehlenswert, dann ist es dort allerdings überlaufen. In der Sierra ist Radfahren sehr anstrengend, aber dafür entschädigt eine einmalige Landschaft mit vielen Gegensätzen und Kompositionen.

Pyrenäen: Anstrengende, aber beeindruckende Hochgebirgslandschaft, Reisezeit eher im Juli/August, da die Pässe bis in den Juni gesperrt sind.

Klima & Reisezeit

Im Landesinneren kontinentales Klima mit trockenen, heißen Sommern (meist über 30°C), kalten Wintern.

Die Küstenregionen sind vom Mittelmeerklima mit milden Wintern und mäßig-heißen, trockenen Sommern bestimmt. Die Niederschläge nehmen von NW nach SO ab. Im NW (Galicien) durch Westwinde durchschnittlich 2500 mm Niederschlag, im SO im Cabo de Gata das trockenste Gebiet Europas mit weniger als 200 mm Niederschlag im Jahr. An den Küsten im S und SO ist es ganzjährig warm.

Hauptwindrichtung: An der Nordküste aus NW, an der N-Spitze aus SW, auf den Hochebenen aus N bis NO, in Barcelona aus S bis SW, Balearen und Südspanien aus SW bis NW. Durchschnittliche Windgeschwindigkeiten von 3,6 m/sec an der Nordküste, 5,3 m/sec an der Nordspitze, 2,9 m/sec in den Hochebenen und 2,3 m/sec in Südspanien.

Besondere Winde: *Bochorno* (Ebrotal): Feuchtwarmer Südostwind der warmen Jahreszeit in Richtung des Tallaufes.

Galerna (Nordküste Spaniens): Im Sommer und Herbst nach heißen Tagen auftretender, mit Gewittern verbundener Nordweststurm.

Himmelsbesen (Palma de Mallorca): Trockener, föhnartiger Wind aus NW.

Llevantades (Ostküste): Stürmische, böige nordöstliche Winde (Übergangsjahreszeiten).

Levante (Straße von Gibraltar): Infolge der Küstengestaltung herrschen in der Straße von Gibraltar zwei Hauptwindrichtungen, westlich und östlich. Der entstehende Luftmassenstau vor der Enge fördert die Wolkenbildung, so daß eine Wolkenkappe

Auf der Ruta de Pueblos Blancos belohnen malerische weiße Dörfer für die Anstrengungen

an der Ostseite des Gibraltarfelsens und sogar Regen für den Levante charakteristisch sein können. Jenseits der wie eine Staudüse wirkenden Engstelle herscht jedoch klares Wetter. Heftige Luftwirbel möglich.

Leveche (Südostküste, Balearen): Trockener, heißer Scirocco aus südlichen Richtungen, oft noch mit Staub und Sand aus seinem afrikanischem Ursprungsgebiet.

Norte (Nordspanien): Kalter, durchdringender, von den winterlichen schneebedeckten Höhen der Pyrenäen herabwehender Nordwind.

Tramontana: Mistralähnliche Nord- und Nordwestwinde im Golfo de León und dem südlich anschließenden Gallischen Meer.

Reisezeit: Im Norden von April bis Oktober, im Süden von März bis November. Frühling und Herbst sind, nicht nur wegen der Hitze, auf alle Fälle vorzuziehen, eventuell Feste einplanen: beispielsweise Semana Santa (Karfreitagswoche), Feria (Anfang Mai), Pferde- und Weinfeste (Spätsommer). Siehe auch »Radelgebiete«.

Info-Adressen

Pedallibre, Calle Campomanes 13, 28005 Madrid (Spanische Radfahrerorganisation). Radurlauber werden in Spanien oft belächelt, obwohl Radsport Volkssport ist. Man versteht nicht, wie man es sich so schwer machen kann, wo es doch das Auto gibt.

Amics de la Bici, Agrupació d' Usaris, Barcelona, Apartat de Correus 10012, 08080 Barcelona

Federación Española de Ciclismo, Ferráz 16, 28036 Madrid

Fremdenverkehrsämter:

D: Spanisches FVA, Myliusstraße 14, 60323 Frankfurt a.M., ℂ 069/725033. Campingliste und 2 ausführliche Broschüren mit Tourenbeschreibungen kostenlos: »Zu Fahrrad auf den Spuren von El Cid« (Burgos-Valencia, 20 Etappen, 800 km); »Zu Fahrrad auf den Spuren von Kolumbus« (Cordoba, Granada, Sevilla, Huelva, 17 Etappen, 800 km)

A: Spanisches FVA, Rotenturmstr. 27 und Mayedergasse 4, beide 1010 Wien, ℂ 01/5353191

CH: Spanisches FVA, Seefeldstr. 19, 8008 Zürich, ℂ 2527931 und -30

Die örtlichen Fremdenverkehrsämter heißen »Oficina de Turismo«.

Spanische Botschaft, Schloßstraße 4, 53115 Bonn, ℂ 0228/217094 Generalkonsulat in Frankfurt a.M.

Gesundheit

Es besteht ein Sozialversicherungsabkommen (int. Anspruchsbescheinigung E 111 und Merkblatt mitnehmen).

Karten & Reiseführer

Firestone R-Serie 1:200.000, nur ausgesuchte Küstenteile, 9,80 DM

Firestone T-Reihen 1:200.000, nur Küsten, Madrid & Umgebung, 8,80 DM

Michelin, 1:400.000, 6 Blätter je 12,80 DM. Trotz des kleinen Maßstabs wegen der großen Informationsdichte gut zu gebrauchen.

RV, 1:300.000, 6 Bl., 12,80 – 14,80 DM, viele Fehler, ungenau.

Mapa Provincial 1:200.000, 47 Blätter 14,80. Zu beziehen auch über: Phoebe

Mapas S.A., Paseo de La Habana 206, Madrid 16, ℗ 91/4572707 oder 2508017.

Reiseführer: *Peter Meyer Reiseführer*, Andalusien, Susanne Asal u. Lino Schäfer, 29,80. Praktischer, kenntnisreicher Kulturreiseführer. Besonders ausführlich sind die Provinzhauptstädte beschrieben.

Peter Meyer Reiseführer, Die Costa Blanca, V. Bredenberg, 29,80. Reisebegleiter für Bade- und Aktivurlaub für die ganze Provinz Alicante.

Peter Meyer Reiseführer, Galicien und der Jakobsweg durch den Norden Spaniens, T. Büscher/P. Bohning, 32 DM. Ein Kultur- und Erlebnisführer mit allen Campingplätzen.

Peter Meyer Reiseführer, Barcelona und die Katalanische Küste, Adriana Campi, 29,80. Sehenswürdigkeiten, Museen, Hotels, Restaurants, Discos etc. kompakt von einer Barcolonesin vorgestellt. Enthält die Costa Brava.
Kettler, Mallorca per Rad, W. Kettler, 22,80 DM
Hayit, Radwandern in Mallorca, J. Scherping, 19 DM.

Zu den Kanarischen Inseln siehe dort.

Straßenverhältnisse

Die Nebenstraßen »C« sind am schönsten, haben aber nicht selten einen sehr rauhen Belag mit Schlaglöchern. Oft gibt es keine Randbefestigung und kaum Ausweichmöglichkeiten. Die Küstenstraßen sollte man in der Ferienzeit und an Wochenenden meiden. Die Beschilderung ist mäßig, daher öfters mit der Karte vergleichen.

Ersatzteile

Es gibt meist nur in größeren Städten ein umfassendes Warenangebot. Für Hollandräder oder Dreigangnabenschaltungen sehr schwierig, allgemein sehr stark am Rennrad orientiert. Deshalb ist es fast unmöglich, Schläuche und Mäntel der Größe 32-622 zu bekommen. Breiten von 28 bzw. 37 mm sind problemlos.

Radtransport

Bahn: RENFE, UN Viajeros Largo Recorrido, Caracola 21, Estación de Chamartín, 28036 Madrid. Auskunft auf engl. und franz.: ℗ 00341/5630202. In Bahnhöfen kaum Gepäckaufbewahrung oder Schließfächer.

Der Transport von Fahrrädern ist als *Reisegepäck* kostenlos, aber nicht in jedem Zug möglich. Bei »equipajes« aufgeben (Zettel und Quittung). Oft wird das Rad erst nachts mit dem Postzug transportiert, so daß man Verzögerungen einkalkulieren muß. Manchmal lohnt es sich, vorher mit dem »jefe de la estación« in Verhandlung zu treten.

Sparangebot: Euro - Domino für 3, 5, 10 Tage eines Monats zu 231, 357 bzw. 572 DM
Bus: in Bussen Transport einzelner Räder möglich.

Fähren

Von Barcelona oder Valencia nach Ibiza, Menorca und Mallorca 74/8 DM. Von Cadiz auf die Kanarischen Inseln 334/10 DM. Alle bei DER-TRAFFIC Frankfurt a.M., ℗ 069/95881772

Von Plymouth/GB nach Santander 110 bis 185 DM/frei; Seetours Frankfurt a.M., ✆ 069/1333219. Nach Marokko und Algerien siehe dort.

Fahrradverleih
Vereinzelt in Touristenzentren an der Mittelmeerküste.

Übernachten
Camping: Besonders an der Küste, um Madrid und am Rande der Pyrenäen. Ein Führer »Guía de Camping« mit Karte kann beim FVA oder von der Federación National de Camping de España, Madrid 14, ✆ 91/2629994, bezogen werden.

Frei campen ist offiziell verboten, nicht jedoch, wenn der Grundstückseigentümer einverstanden ist.

JH: Etwa 116 Häuser, bis 26 Jahre 7.50 DM, ab dann 15 DM. Eine Liste verschickt TIVE, Calle Ortega y Gasset 71, ✆ 1/4011699.

Pensionen sind oft sehr billig, Doppelzimmer sind ab 30 DM zu haben. Viele sind in dem beim FVA erhältlichen Verzeichnis »Vacaciones en casas de Labranza« verzeichnet. Selbst wenn diese besetzt sind, werden vor Ort oft noch Zimmer angeboten.

Hotels bis hin zu Paradores (Luxusklasse meist in historischen Gebäuden) sind ab 50 DM zu haben, Verzeichnis beim FVA.

Geld & Papiere
100 Peseten kosten 1,25 DM. Eine alte gebräuchliche Einheit ist der Duro, er entspricht 5 Peseten. Die Kaufkraft der DM liegt 15 % höher als in der BRD. Empfehlenswerte Zahlungsmittel sind das Postsparbuch, DM in bar und als Reisescheck. An 4600 Geldautomaten kann mit der EC-Karte abgehoben werden.

Konsularische Hilfe: Deutsche Botschaft, Calle de Fortuny 8, 28001 Madrid, ✆ 1/3199100. Generalkonsulat in Barcelona

A: Paseo de la Castellana 91, 28046 Madrid, ✆ 1/43134002

CH: Calle Nuñez de Balboa 35, 28001 Madrid, ✆ 1/43134002

Telefon: Vorwahl von Spanien nach D 07, Wählton abwarten, dann 49, umgekehrt 0034. Deutschland-Direkt ✆ 900/99/0049. Bei Ortsgesprächen innerhalb Spaniens immer die Vorwahl mitwählen.

Kanarische Inseln
Zwischen 200 und 500 km vor der Nordwestküste Afrikas liegen die sieben größeren (El Hierro, La Palma, La Gomera, Tenerife, Gran Canaria, Fuerteventura und Lanzarote) und sechs meist unbewohnten, kleineren Inseln. Besucher überrascht eine schier unglaubliche Landschaftsvielfalt von steilen Felsküsten, wilden Schluchten bis hin zu ausgedehnten Kiefernwäldern und wüstenartigen Vulkanlandschaften.

Klima und Reisezeit
Subtropisch-trocken. Über das ganze Jahr verteilt liegen die Temperaturen im angenehmen Bereich zwischen 20 und 30 Grad mit einzelnen Ausrutschern nach oben während des Sommers. Die »Inseln des ewigen Frühlings« kann man ganzjährig ohne Einschränkung bereisen. Meistens

Passatwind aus nördlichen Richtungen.

Radelgebiete
Die Inseln sind so überschaubar, daß man getrost jeweils die komplette Insel als Radelgebiet bezeichnen kann. Ausnahmen bilden hier vielleicht die großen Tourismuszentren, aber abseits von diesen lohnt es sich, jeden Landstrich zu entdecken. Für Fahrten auf den über 2000 m hoch gelegenen Bergstrecken ist ein »bergtaugliches« Rad mit breiten Reifen (größer als 32 mm) Voraussetzung.

Übernachten
Camping: Campingplätze sind sehr sparsam vorhanden. Frei campen ist nach Absprache mit dem Grundstückseigentümer oder für eine Nacht auf Picknickplätzen möglich. Generell verboten ist das Zelten bis zu 1 km vom Stadtrand und näher als 50 m zu einer Hauptstraße.

Hotels & Zimmer: Neben den klassischen Hotels in allen Preisklassen gibt es noch Fondas (Zimmer bei Familien), Hostals (Pensionen) oder Apartamentos, die mit Bad und Kochgelegenheit auch für längeren Aufenthalt geeignet sind.

Fähren
Zwischen allen Inseln und nach Cádiz auf dem spanischen Festland bestehen gute Verbindungen. Teilweise können die Fahrräder kostenlos mitgenommen werden. Entfernungsabhängiger Preis für die Deckspassage zwischen Inseln ab 40 DM.

Karten & Reiseführer
Michelin 451, 1:200.000, Kanarische Inseln, 12,80 DM

Mairs Generalkarte Tenerife, La Palma, El Hierro, La Gomera, 1:150.000, 7,80 DM

Mairs Generalkarte Gran Canaria, Fuerteventura, Lanzarote,1:150.000, 7,80 DM

Mapa Militar de España, Serie C, 1:100.000, 14 Blätter à 10 DM

Mapa Militar de España, Serie L, 1:50.000, je Blatt 10 DM

Mapa Topografico, 1:50.000 für La Palma, El Hierro, La Gomera, à 19,80

Reiseführer: Hayit, Radwandern auf den Kanarischen Inseln, R. Tarrach, 24,80, zusätzliche Führer sind nötig

Peter Meyer Reiseführer, La Palma – Aktivurlaub auf der grünsten der Ka-

narischen Inseln, Rolf Goetz, 29,80
DM, 3. Aufl. 1994; mit Wanderungen,
Strecken und Radlertips.
Peter Meyer Reiseführer, Lanzarote,
Rolf Goetz, 29,80. Fundierter Führer
für Wanderer und andere Aktive.
Peter Meyer Reiseführer – La Gome-
ra, ebenfalls von Rolf Goetz, der sich
mit diesem Natur- und Wanderführer
erneut als Kanarenkenner zeigt. 29,80

Syrien
Naturräume
Der 200 km schmale, flache Mittel-
meerküstenstreifen steigt nach etwa
50 km an zur bis zu 1385 m hohen
mediterranen Randschwelle, die sich
nach Süden verstärkt (bis 2659 m).
Dahinter schließt sich eine Senke der
Gebirgssysteme mit niedrigen Bergen
und vorgelagerten Hügellandschaften
an. Im Osten nachfolgend dann die

syrische Wüste, die im Süden durch
das Drusengebirge (bis 1735 m) und
im Norden durch das Flußtal des Euphrat unterbrochen wird.

Radelgebiete
West-Syrien: Vielseitige, teilweise
fruchtbare Gegend mit Baudenk-
mälern aus römischer, frühchristlicher
und Kreuzritterzeit. Hügelig, fast
durchgehende Küstenstraße.

Euphrat-Tal: Das gesamte Euphrat-Tal kann unterhalb des Assad-
Staudamms auf asphaltierter Straße
befahren werden. Außergewöhnliche
Landschaft, da die Wüstensteppe bis
unmittelbar an das Tal heranreicht.
Vorsicht, Sackgasse! Für den Irak gibt
es zur Weiterfahrt kein Touristenvi-
sum, und durch die Wüste gibt es
zum Teil nur Pisten. Besser einige
Strecken mit dem Bus fahren.

Palmyra ist eine der eindrucksvoll-
sten Ruinenstädte des Orients. Dieser
römische Fundort liegt mitten in der
Wüste und ist von W her per Asphalt-
strecke zugänglich, nur von geübten
Wüstenradlern mit viel Wasser zu erradeln, andere unbedingt Bus nehmen!

Klima & Reisezeit
Im Westen Mittelmeerklima mit milden feuchten Wintern und trocken-
heißen Sommern. Im Küstengebirge
bis 1000 mm durchschnittlicher Niederschlag, der nach Osten bis unter
200 mm abfällt. In der Wüste trocken
und heiß, mit extremen Temperaturschwankungen.

Sollen wir wirklich weiterfahren?

Der **Wind** dreht ganzjährig im Tagesverlauf aus NW über N auf NO bei einer durchschnittlichen Windgeschwindigkeit von 2,3 m/sec.

Reisezeit: Am besten von März bis Mai. Juli und August wegen der Hitze meiden. Im Winter ist es in den Bergen kalt, zum Teil fällt Schnee. Feiertage und Ramadan siehe Seite 43.

Info-Adressen

Es existiert zur Zeit kein FVA. Syrian Arab Airlines, Pacellistraße 2, 80333 München, ☎ 089/ 222067, verschickt widerwillig allgemeine Infos.
Botschaft der Arabischen Republik Syrien, Andreas-Hermes-Str 5, 53175 Bonn, ☎ 0228/819920

Gesundheit

Wasser in Flaschen kaufen oder entkeimen. Durchfallmedikamente und effektiven Kopfschutz mitnehmen, evtl. Malaria-Prophylaxe.

Wüstenfahrer auf salzhaltige Nahrung und Getränke achten. Man sollte sich nicht auf die in Karten eingezeichneten Brunnen und Wasserstellen verlassen, da sie z.T. weit von der Straße entfernt liegen oder Hilfsmittel wie Eimer und Seil benötigt werden. Kein Sozialversich.-Abkommen.

Karten & Reiseführer

Carte topographique de la Syrie, 1:200.000, klassifiziertes Straßennetz, Höhenlinien, arabische Beschriftung, 28 Blätter à 36 DM
Carte routière et touristique Syrie, 1:1 Mio., Höhenschichten, touristische Angaben, 38 DM
Carte routiere et touristique 1:1.000.000, Verkehrsnetz, Ortsverzeichnis, Höhenschichten, 32 DM
F & B, Syrien, 1:800.000, 14,80 DM
Reiseführer: Bardorf, Syrien & Jordanien Reisehandbuch, 32,80 DM
DuMont Kunstreiseführer Syrien, J. Odenthal, 44 DM
Frank & Frei, Syrien-Reisehandbuch, Hannes Frank, 34,80 DM

Straßenverhältnisse

Die erhältlichen Straßenkarten sind meist nicht auf dem neuesten Stand, daher ruhig mal bei der Polizei nach der Aktualität fragen. In West-Syrien relativ dichtes Netz gut asphaltierter Straßen. Fast alle bekannten Baudenkmäler sind über Teerstraßen erreichbar, in der Wüste allerdings fast nur Pisten.

Ersatzteile

Die Handwerker besitzen viel Improvisationsgeist. Ersatzteile und Werkzeuge sollte man aber mitnehmen. Nur Benzinkocher zu empfehlen.

Radtransport

Bahn: Chemins de Fer Syriens, BP 182, Aleppo, ☎ (11)213900.
Busse und Pick-ups nehmen Räder mit.

Fähren

Vom türkisch-zypriotischen Magosa nach Liskiye 40 DM, Fahrrad gratis. Infos und Buchung bei Rece, Sindelfingen, ☎ 07031/866010.

Übernachten

Camping: Nur ganz wenige offizielle »Camping Zones« in der Nähe von größeren Städten. Daneben an manchen Hotels möglich, auf jeden Fall fragen. Freies Zelten abseits der Städte und Dörfer möglich.

JH: 7 Häuser, Übernachtung 2 DM
Hotels: Viele einfache Hotels in den Städten, DZ ab 15 DM

Geld & Papiere

1 syrisches Pfund = 0,07 DM. Empfehlenswerte Zahlungsmittel sind DM und US $ in bar und als Reiseschecks. Das Einlösen von Schecks ist nur in großen Städten möglich. Kein Pflichtumtausch mehr.

Einreisebedingungen: Im Reisepaß darf bei der Einreise kein Stempel von Israel enthalten sein. Visumspflicht (35 DM). Die Visumsunterlagen können gegen einen frankierten Rückumschlag bei der Botschaft (siehe oben) angefordert werden. Meldepflicht nach 14 Tagen beim Sicherheitsdienst.

Konsularische Hilfe: Deutsche Botschaft, Rue Ibrahim Hanano 53, Damaskus, ✆ 716670/72

Telefon: Direktwahl von Syrien in die BRD 0049, umgekehrt 00963.

Tschechische Republik

Naturräume

Im Südosten verläuft die Wasserscheide zwischen Nord- und Ostsee und dem Schwarzen Meer.

Böhmen (NW): Mittelgebirgslandschaft mit zum Teil schönen Wäldern, von gebirgig über hügelig bis leicht wellig, sowie kleine Plateaus mit eingelagerten Senken und Tälern von 200 bis 1000 m Höhe.

Das Böhmische Becken mit Eltei- und Moldau-Tälern wird allseitig von Gebirgen umrandet, nämlich vom Böhmerwald (bis 1370 m), Erzgebirge, Riesengebirge und den Böhmisch-Mährischen Höhen.

Mähren (SO): Hügellandschaft mit breitem Becken und Flußtälern.

Radelgebiete

Größtenteils schöne Mittelgebirgslandschaft mit sehenswerten Kurorten wie Karlsbad, Marienbad und Franzensbad. Lohnenswert der Böhmerwald mit Schwarz- und Teufelssee und das Chodenland um Domažlice. Mäßig anstrengend. Zusätzlich sollten für Prag und Pilsen ein paar Tage eingeplant werden.

Klima & Reisezeit

Mitteleuropäische Kleinklimata unter atlantischem Einfluß, Böhmen und Mähren sind durch ihre Beckenlage sommerlich warm begünstigt, hier etwa 500 mm durchschnittlicher Niederschlag.

Hauptwindrichtung: aus N bis NW. Durchschnittliche Windgeschwindigkeit von 3,5 m/sec.

Ein besonderer Wind ist der *Polake,* ein boraartiger kalter Fallwind, der vorwiegend im Frühjahr vom Adlergebirge zwischen Sudeten und Riesengebirge ins Böhmische Becken weht.

Reisezeit: Mitte Mai bis Mitte September, in den Höhenlagen der Mittelgebirge ist natürlich auch im Sommer nicht mit Hitze zu rechnen.

Info-Adressen

Automotoklub (AMK), Opletalova 29, 11631 Praha 1, ✆ 223544 & 47.

Straßeninfos und Hilfen zum Kartenkauf.

Fremdenverkehrsamt:
D: Čedok-Reisen, Kaiserstraße 54, 60329 Frankfurt, ℂ 069/ 2740171-0
A: Čedok, Parkring 12, 1010 Wien, ℂ 01/4120199
CH: Čedok, Kraniastr. 34, 8025 Zürich, ℂ 01/2114245.
Tschechische Botschaft, Ferdinandstraße 27, 53127 Bonn, ℂ 0228/ 285081-2.

Karten & Reiseführer

GKP Automapa Tschechoslowakei, 1:200.000, detaillierte Verkehrsnetz- und touristische Angaben, km-Angaben, je Blatt 10,50 DM; vor Ort wesentlich billiger, aber nicht überall zu haben.
GKP Automapa 1:500.000 mit Kurzführer in Deutsch, 18 DM

RV, ČSFR-West, 1:300.000, 14,80 DM
Höfer, 1:200.000, 4 Blätter à 17,50 DM: Erzgebirge, Westböhmen, Böhmerwald, Umgebung von Prag, sehr klare und genaue Darstellung
Subor, turistické mapy, die meisten 1:100.000, (20 bis 50 m Höhenlinien, Wanderwege, touristische Angaben in Deutsch), 12 DM, Geo II
F & B, 1:500.000, 12,80 DM, Autokarte
Reiseführer: Hayit, Radwandern in der Tschechoslowakei, 2 Bände, J. Bodt, je 29,80
NP, Mit dem Rad zu Kultur und Natur, G. und L Auferbauer, 27 DM
Moby Dick, Fahrradführer Böhmische Dörfer, W. Steiniger, 28 DM
Kettler, Tschechoslowakei per Rad, H. Lindenberg, 24,80 DM
Peter Meyer Reiseführer, Prag & Westböhmen, Annette Tohak, 29,80

Walter, Prag und die Tschechoslowakei, H. Pross-Weerth, 32 DM
VSA, Tschechoslowakei, politischer Reiseführer, Cupalová/Wolf, 32 DM

Straßenverhältnisse

Geringe Verkehrsdichte auf den Nebenstraßen, aber teilweise dünnes Verkehrsnetz. Hauptverkehrsstraßen sind in gutem Zustand, wegen dichtem Verkehr aber zu meiden.

Ersatzteile

Schlechte Versorgungslage, alle nötigen Ersatzteile mitnehmen. Bestenfalls in größeren Städten sind einfache Teile zu bekommen. Nur Benzinkocher zu empfehlen.

Radtransport

Bahn: Tschechische Staatsbahnen, Kaiserstraße 30, 60311 Frankfurt a.M., ✆ 069/234567. ČD, Nábrezí Ludvíka Svobody 12, 11015 Praha 1, ✆ 00422/23032076

Fahrradmitnahme und -versand ist in Zügen mit Gepäckwagen gegen geringes entfernungsabhängiges Entgelt möglich. International für 16 DM in den Zügen D 258 Prag – Marktredwitz, D 259 Marktredwitz – Karlsbad, D 352/353 Prag – Köln, D 372/373 Budapest – Prag – Berlin, D 376/377 Wien – Prag – Berlin, D 476/477 Prag – Hamburg-Altona und jeweils zurück.

Bus: Recht dichtes Netz, Fahrradmitnahme mit Fahrer absprechen.

Radverleih

Ein Verleihsystem an Bahnhöfen ist im Aufbau.

Übernachten

Camping: Gute Versorgung mit 250 Campingplätzen, die über das ganze Land verteilt sind. Eine Karte mit Öffnungszeiten (meist Mitte Mai bis Ende September) gibt es beim FVA. Freies Zelten ist offiziell verboten.
JH: 40 Häuser, 10 bis 20 DM/Nacht. Im Sommer bieten auch Studentenwohnheime Zimmer.
Privatzimmer: ab 10 DM
Hotels: 5 Kategorien, Preise zwischen 10 und 50 DM pro Person.

Geld & Papiere

Die Einfuhr von Kronen ist verboten. 100 Kronen kosten 6,70 DM. Empfehlenswertes Zahlungsmittel ist die DM in bar und als Reisescheck. Die Währungsunion mit der Slowakei wurde im Frühjahr 93 aufgelöst.
Einreisebedingungen: Zur Einreise genügt ein gültiger Reisepaß oder Personalausweis, kein Zwangsumtausch mehr.
Konsularische Hilfe: Deutsche Botschaft, Vlašska 19, Prag 1, ✆ 02/532351/6
A: Viktoria Huga 10, Prag 5, ✆ 02/546558
CH: Pevnostni 7, Prag 6, T02/328319.
Telefon: Vorwahl von D 0042, umgekehrt 0049. Deutschland-Direkt ✆ 0042/00/4949

Türkei

Naturräume

Das Gebirgsland Türkei liegt zu 80 % höher als 500 m über NN und ist grob in Anatolien u. Thrakien zu gliedern.

Bis über 3000 m hohe *Randgebirge* umschließen vor allem im Nordosten und Osten das von zahlreichen Becken und Bergzügen zergliederte *anatolische Hochland* (900 bis 1000 m) mit mehreren Seen und Salzseen. Das Schwarzmeergebirge fällt steil zur hafenarmen Küste des *Schwarzen Meeres* ab. Im Osten befindet sich das gebirgige und steile, 2000 bis 5162 m hohe *Ostanatolische Hochland.*

Die Gebirge im Süden sind stark und tief eingeschnitten mit durch Flußanschwemmungen vorgelagerten *Küstenebenen.*

Im *Südosten* sanftere Höhenzüge und Ebenen, die die Tiefebenen des Zweistromlandes ankündigen.

Im Westen geht es von einem bergigen, oft steilen Hügelland hinunter zu einer buchten- und inselreichen Küste mit meist flachen Tiefebenen, die von niedrigen, von Westen nach Osten verlaufenden Bergrücken eingeschlossen werden.

Radelgebiete

Westküste: Größtenteils zerklüftete Küste mit oft anstrengender Küstenstraße. Alte Fischerorte werden vom Tourismus zerstört, neue Ferienanlagen aus dem Boden gestampft. Westeuropäischer Einfluß ist deutlich spürbar. Im Hinterland dominiert die Landwirtschaft, was alles etwas beschaulicher wirken läßt.

Südküste: Wenig erschlossener Teil mit weiten Stränden und interessanten kunsthistorischen Denkmälern.

Zentralanatolien: Steppenartiges Hochland mit großen Weizenfeldern. Im Sommer sehr heiß und im Winter kalt. Reizvolle »orientalische« Orte, die oft sehr weit auseinander liegen.

Ost- und Südostanatolien: Das dünn besiedelte Gebiet zwischen Euphrat und Tigris mit Vulkanbergen, dem um 1800 m hohen ostanatolischen Hochland und dem Van-See ist lohnenswert.

Schwarzmeerregion: Wenig Tourismus. Schöne, oft schwer zugängliche versteckte Buchten. Dahinter Stichstraßen ins über 3000 m aufragende Gebirge.

Achtung: Im kurdischen Teil der Türkei herrscht *teilweise Krieg.* Sowohl das türkische Militär als auch die kurdische Arbeiterpartei (PKK) setzen schwere Waffen ein. Auch von kurdischer Seite wird empfohlen, diese Region nicht zu bereisen. Medico International und die Gesellschaft für bedrohte Völker haben wegen der Unterdrückung der kurdischen Minderheit durch den türkischen Staat zum *Tourismusboykott* aufgerufen. Nach Bombenanschlägen auf Touristenzentren warnt das Auswärtige Amt vor Reisen in die Türkei (Juni 1994).

Klima & Reisezeit

An der Küste mediterran (im Sommer über 30° C), sonst trockene und sehr heiße Sommer und milde, feuchte Winter. Durchschnittlich 700 bis 2500 mm Niederschlag, wovon am meisten an der Schwarzmeerküste fällt. Im Landesinneren herrschen kontinentale Temperaturgegensätze (Sommer heiß/Winter kalt) vor. In Ostanatolien ist das Klima mit nur 200 bis 400 mm Niederschlag bei hoher Verdunstung arid.

Hauptwindrichtung: In Kleinasien aus NW, am Schwarzmeer aus N, sonst NO bei einer durchschnittlichen Geschwindigkeit von 3,2 m/sec in Kleinasien und 2,8 am Schwarzmeer.
Besondere Winde: *Hellespontías* (Dardanellen): Häufiger, vom Schwarzen Meer zur Ägäis gerichteter Nordost-Wind.

Rageas (Bucht von Alexandrette/Iskenderum, Kleinasien): Heftige, stark böige, kalte Fallwinde aus Osten vom Alma Dagh herunter, besonders zur Winterzeit.

Meltém (Schwarzmeerküste): Regelmäßig wiederkehrende Nordost-Winde, besonders ausgeprägt im Sommer.
Reisezeit: Von April bis Juni und im September und Oktober, wobei das Frühjahr vorzuziehen ist, da die Landschaft dann noch nicht verdorrt ist. Juli und August wegen der Hitze und des Betriebs meiden. Das Hochland Zentral- und Ostanatoliens kann sich in den Übergangszeiten Frühjahr und Herbst kalt und unbeständig zeigen. Besonders für kalte Nächte unbedingt Vorsorge treffen. Das Baden im Mittelmeer ist bis Mitte Oktober möglich. Ramadan siehe Seite 43.

Info-Adressen
Fremdenverkehrsämter:
D: Informationsabteilung des türkischen Gerneralkonsulats, Baseler Straße 37, 60329 Frankfurt a.M., ☎ 069/233081 & 82
A: Türkisches FVA, Mahlerstraße 3, 1010 Wien, ☎ 0222/522128 & 29
CH: Türkisches FVA, Talstr. 74, 8001 Zürich, ☎ 01/2210810-12

Türkische Botschaft, Utestraße 47, 53179 Bonn, ☎ 0228/346052. Generalkonsulate in Berlin, Essen, Frankfurt a.M., Hamburg, Hannover, München, Münster, Nürnberg, Düsseldorf, Karlsruhe und Stuttgart.

Gesundheit
Leitungswasser kann fast durchweg bedenkenlos getrunken werden. Im Zweifelsfall Wasser in Flaschen kaufen oder entkeimen. Genügend Durchfallmedikamente und effektiven Kopfschutz mitnehmen.

Es besteht ein Sozialversicherungsabkommen. Formular E 111 und Merkblatt bei der Krankenkasse.

Karten & Reiseführer
Keine topographischen Karten im Handel, eine Alternative:
RV, 1:800.000, Türkei Ost & West, je 14,80 DM. Teils verwirrende Angaben, im Detail oft fehlerhaft.
Amtliche Turkiye Fiziki Karayollain Haritese, 1:1 Mio., 3 Teile, Höhenschichten, km-Angabe, 150 DM
Trotz des Maßstabes von 1:2,85 Mio ist die vom FVA erhältliche Karte ganz nützlich.
Reiseführer: Hoff, Türkei-Handbuch, E. Hoff/M. Korst, 32,80 DM, sehr gute praktische Informationen
Hayit, Rutsker Edition, Radwandern in der Türkei, C Buttkereit, 29,80 DM
Mundo, Reisehandbuch Türkei, Band 1: Politik, Ökonomie, Kultur; Band 2: Umwelt, Alltag, Reiseziele. je 39 DM, oft etwas langatmig
Rowohlt Anders reisen, Türkei, 22,80 VSA, polit. Reisebuch Türkei, 32 DM
Frederking & Thaler, Mit dem Fahr-

rad in die Türkei, H. Lindenberg,
17,80 DM
Michael Müller Verlag, Türkei, Gras-
häuser u.a., 34,80 DM, informativ

Straßenverhältnisse

Hauptverkehrsstraßen asphaltiert,
aber als Verbindungen zwischen den
großen Städten auch stark von Lkw
und Bussen befahren. Wenn möglich
internationale Fernstraße »TIR« meiden, besonders Ankara-Istanbul. Vor
allem im Gebirge landschaftlich reizvolle Nebenstraßen (Steigung durch-
schnittl. 12 %), teilweise nur Schotterpisten oder holprig und steinig asphaltiert. Gute Bereifung notwendig!
Lkw- und Busfahrer nehmen wenig
Rücksicht auf Radler, im Ernstfall
runter von der Straße.

Ersatzteile

Das Reiserad (Reifenbreite mind. 32
mm) sollte robust und bergtauglich
oder ein Mountain-Bike sein. In den
größeren Orten gibt es Fahrradge-
schäfte mit geringem Ersatzteilangebot, im Osten kaum Fahrradläden.
Diese Lage fördert das Improvisationstalent. Am besten aber alle notwendigen Ersatzteile und Werkzeuge
mitnehmen, wenn man nicht im
Zweifelsfall auf Provisorien zurückgreifen will. Bei längeren Fahrten Er-
satzdecken und -schläuche (Sclave-
rand-Ventile gibt es nicht) mitnehmen. Werkstätten oft in der Nähe von
Nato-Stützpunkten. Besser Benzinkocher mitnehmen.

Radtransport
Bahn: Türkiye Cumkuriyeti Devlet
Demiryollari, TCDD Isletmesi Genel

*Busse: billige Transportmittel
für alles und jeden*

Müdürlügü Gar, Ankara, ℂ 00904/ 3110620, Fax 3123215

Bei Aufgabe von Deutschland nach Istanbul landet das Rad beim Zoll im Hafen, und der liegt 30 km vom Bahnhof entfernt. Wer sein Rad gleich benutzen will, kann es zerlegt in einem Karton mit ins Abteil nehmen.

Im Land selbst ist die *Mitnahme* nur möglich, wenn ein Packwagen mitfährt. Besser allerdings ist die *Aufgabe*. Der geringe Preis ist entfernungs- und gewichtsabhängig, unter 500 km 1 DM, über 500 km 3 DM je 10 Kilo.

Bus: Fahrradmitnahme vor allem in abgelegenen Gebieten möglich. Das Busnetz ist sehr dicht und die Preise günstig. Besonders bei Fernfahrten frühzeitig um Platzreservierung kümmern und Fahrradmitnahme mit Busfahrer absprechen.

Fähren

Von Ancona/I 222 DM nach Cesme. In der Türkei zuzüglich Einschiffungsgebühren von etwa 20 DM.

Piräus/GR – Kusadasi 84 DM; zu buchen bei Seetours, Frankfurt, ℂ 069/1333262

Innertürkische Fähren von Istanbul nach Izmir 50, nach Trabzon 60 DM, nach Samsun 50 DM. Buchungen über Reca, Sindelfingen, ℂ 07031/ 866010.

Bei allen genannten Verbindungen ist die Fahrradmitnahme gratis.

Nach Zypern siehe dort.

Übernachten

Camping: Offizielle (vom Ministerium für Kultur und Tourismus aner-

kannte) Plätze in den Touristenzentren mit gutem Standard, Preis um 3 DM pro Person, geöffnet Mai bis Oktober. Viele inoffizielle Plätze mit schlechten sanitären Anlagen überall entlang der Küsten, ab 1,50 DM pro Person. Freies Zelten erlaubt.

JH: 2 in Istanbul und Bursar. Im Sommer gibt es in Ankara und Çannekale ähnliche Einrichtungen, meist in Schulen. Schlechte Leistung für den Übernachtungspreis von 10 bis 15 DM.

Hotels: Nahezu überall sind Hotels zu finden, aber mit sehr unterschiedlichem Standard. Mittel- und Luxusklasse-Hotels sind nur in Touristenzentren zu finden und kosten ab 30 DM/DZ. Einfache Hotels und Pensionen gibt's in jedem Ort ab 9 DM/DZ (Infos beim FVA).

Geld & Papiere

10.000 Pfund kosten ca. 0,50 DM. Starke Inflation, deshalb erst in der Türkei und jeweils kleinere Mengen tauschen. Die Mark ist hier etwa 30 % mehr wert als in der BRD. Empfehlenswerte Zahlungsmittel sind DM und US $ in bar oder als Reiseschecks, das Postsparbuch wird nicht akzeptiert.

Konsularische Hilfe: Deutsche Botschaft, Atatürk Bulvari 114, Ankara, ℂ 041/1265465-67 und 1265451. Generalkonsulate in Istanbul, Izmir A: Atatürk Bulvari 189, Ankara, ℂ 041/1342172 CH: Atatürk Bulvari 247, Ankara, ℂ 041/1675555/6.

Telefon: Vorwahl von der Türkei in die BRD 9, Wählton abwarten, dann

949, umgekehrt 0090. Deutschland-Direkt © 99/800/49/1149

Tunesien

Naturräume

Im Norden verlaufen bis zu 1544 m hohe Ausläufer des Atlas-Gebirges von Süd-Westen nach Nord-Osten und gehen von einer Gebirgslandschaft in eine Berg- und Hügellandschaft über. Die *Nord-Küste* ist schroff und felsig mit nur vereinzelten Niederungen, das *Cap Bon* eine sanfte Hügellandschaft mit intensiver landwirtschaftlicher Nutzung, die *Ost-Küste* flach mit einem ausgeprägt tiefliegenden flachen und steppenhaften Hinterland (Salztonebenen), im Süden riesige *Salzseen,* Djotts genannt.

Im Süden: Im Landesinneren befinden sich die Dünenfelder des Großen Östlichen Erg und das Steinplateau Dahar mit dem sich nach Osten anschließenden Küstentiefland der Djeffara und zahlreichen Lagunen. Der Küste vorgelagert sind die Inseln Djerba und Kerkena.

Radelgebiete

Küstengebirge im Nordwesten: Reizvolle unberührte Küsten. Ausläufer des Tell-Gebirges reichen bis zur Küste. Riesige Korkeichenwälder und leere Sandstrände, die oft nur zu Fuß zugänglich sind. Dünn besiedelt. Die Weiterfahrt in das Tell-Gebirge lohnt sich, ist aber anstrengend.

Ostküste: Relativ fruchtbarer Küstenstreifen, für tunesische Verhältnisse dicht besiedelt. Badeorte wie Hammamet am Cap Bon und Houmt Souk

auf Djerba sind im Sommer sehr überlaufen. Das Cap Bon und Djerba sind schön zum Radeln.

• Vorschlag 1: Von Tunis Umrundung des Cap Bon – Kairouan – Sousse – Monastir – El Djem – Sfax – Bahnfahrt zurück (mäßig anstrengende Tour für Frühjahr und Herbst durch alte Städte, Kulturlandschaft und Steppe).

Südtunesien: Südlich von Kairouan zuerst Wüstensteppe, später Wüste. Für Wüstenfans interessant ist die Dammstraße über den Djott el Djerid in die Oasen und Bergoasen nahe der algerischen Grenze. Auch hier gilt: Wüstenfahrten sind nur etwas für Durchtrainierte! Attraktiv sind auch die entlang der Straßen relativ dicht besiedelte Djeffara-Ebene und das imposante Dahar-Gebirge.

• Vorschlag 2: Von Tunis Bahnfahrt nach Gabès – Djerba – Djeffara-Ebene – Dahar-Bergland – Djott El Djerid – Oasen – Bergoasen – Metlaoui – Bahnfahrt nach Tunis (anstrengende Abenteuer-Tour für unser Winterhalbjahr).

Klima & Reisezeit

Im Norden mediterran: Winter feucht, Sommer heiß, im Süden extreme Wüste. Niederschläge im Norden durchschnittlich 1500 mm, im Süden 150 mm. Die Temperaturen sind im Norden mild und ausgeglichen, im Süden sowohl jahreszeitlich als auch am Tage stark schwanken.

Hauptwindrichtung in Tunis aus W, in Gafsa aus NW bis SO drehend, bei einer jährlich durchschnittlichen Windgeschwindigkeit von 2,6 m/sec.

Besondere Winde: *Chili* (ganz Tunesien): Lokaler Name des Scirocco bzw. Ghibli (siehe Algerien).

Gharra (Küste der Syrte): Winterliche Böen aus Nordost, die an der nordafrikanischen Küste schwere Gewitter hervorrufen.

Ghibli (Ostküste): Im Frühjahr aus den schon heißen Wüsten Nordafrikas wehender Staubsturm, der über die Randgebirge absteigt. In der kalten Jahreszeit auch kalte Südwinde, sogenannte Kalte Ghiblis.

Reisezeit: an der Küste von März bis Oktober, Juli und August sind die heißesten Monate. Hochsaison an der Küste von Juli bis Anfang September. Das Gebirge im Nordwesten ist im Sommer zu heiß, im Winter dagegen grimmig kalt, am besten Mai/Juni und September.

Süden: Juni bis September wegen Hitze und Sandstürmen meiden.

Ramadan und Feiertage s. Seite 43.

Info-Adressen

D: FVA Tunesien, Am Hauptbahnhof 6, 60329 Frankfurt a.M., ✆ 069/231891-2, Broschüre mit Infos von A bis Z und einer Übersichtskarte
A: FVA Tunesien, Landgerichtsstr. 22, 1010 Wien, ✆ 0222/433960
CH: FVA Tunesien, Bahnhofstr. 69 8001 Zürich, ✆ 01/2114830

Die *örtlichen* Verkehrsämter heißen »Office National du Tourisme Tunisien« (ONTT). Man findet sie in allen größeren Städten und Touristenzentren.

Tunesische Botschaft, Godesberger Allee 103, 53175 Bonn, ✆ 0228/376981. Generalkonsulat in München

Gesundheit

Wasser in Flaschen kaufen oder entkeimen, genügend Durchfallmedikamente und effektiven Kopfschutz mitnehmen. Wüstenfahrer auf salzhaltige Nahrung und Flüssigkeitszufuhr achten. Man sollte sich nicht völlig auf die in Karten eingezeichneten Brunnen und Wasserstellen verlassen, da sie zum Teil weit von der Straße entfernt liegen oder Hilfsmittel wie Eimer und Seil benötigt werden. Es besteht ein Sozialversicherungsabkommen, Infos bei der Krankenkasse.

Karten & Reiseführer

Amtliche Straßenkarte Tunesien, 1 : 500.000 (touristische und km-Angaben, Südtunesien 1:1 Mio., Tunis & Umgebung 1:150.000), 19,80
Michelin, Algerien und Tunesien, 1:1 Mio., 13,80 DM. Trotz des Maßstabs wegen der dichten Informationen und des dünnen Verkehrsnetzes sehr gut
K+F, 1:1 Mio mit touristischem Lexikon, 12,80 DM

Reiseführer: Rausch, Tunesien, B. Rausch, 29,80 DM; ausführlich & hilfreich
DuMont, Richtig reisen, Tunesien, M. Köhler 44 DM
Ellert & Richter Verlag, Tunesien, W. Gartung/H. Sobik, 24,80 DM
Rotpunkt Verlag, Grün und integriert – Wie in Tunesien Naturlandschaften für den Luxustourismus zerstört werden, M. Jäggi/B. Stauffer, 15 DM

Straßenverhältnisse

Im Norden gibt es ein gut ausgebautes Straßennetz, im Süden asphaltierte Überlandstraßen und steinige, oft mit

Sand überwehte Pisten. Die Verkehrsdichte nimmt zum Süden hin deutlich ab. Teilweise nur schmale Asphaltdecken, so daß Radfahrer häufig auf den unbefestigten Randstreifen ausweichen müssen.

Nachtfahrten sind äußerst gefährlich, weil Kraftfahrzeuge meistens nur mit Standlicht fahren.

Ersatzteile
Viele »Bicycle-Shops«. Wenn kein Ersatzteil vorhanden ist, wird improvisiert. In kleineren Orten kann es allerdings schwierig werden. Man ist generell am französischen Maß orientiert. Benzinkocher empfehlenswert, Gaskartuschen kaum erhältlich.

Radtransport
Bahn: Société Nationale des Chemins de Fer Tunisiens, 67 avenue Farhat Hached, Tunis

Das Streckennetz für Passagiere ist nur 465 km lang, so daß eine genauer Reiseplanung nötig ist. *Radaufgabe* meistens gegen einen geringen Betrag ohne Probleme möglich, wenn ein Gepäckwagen vorhanden ist.
Bus: Fast überall möglich, ebenso auf dem Dachgepäckträger der preiswerten Louage (Sammeltaxi), im Süden auf Pick-ups, jeweils gegen Entgelt.

Fähren
Nach Tunis (La Goulette) ab den italienischen Häfen Genua 240/20 DM, Cagliari (Sardinien) 167/9 und Trapani (Sizilien) 143/13 DM. Von Marseille/F 270/20 DM. Alle zu buchen über S.T.A., Frankfurt a.M., ℂ 069/730472. Studentenermäßigung!

Neu ab 1993: Triest – Tunis; Auskunft durch Seetours, Frankfurt a.M., ℂ 069/1333262

Inlandsfähren nach Kerkenah und Djerba befördern Fahrräder kostenlos.

Fahrradverleih
In den Touristenorten an der Küste für etwa 10 DM pro Tag. Bei Hotels fragen.

Übernachten
Camping: Etwa 10 offizielle Campingplätze, hauptsächlich an der Küste, und in den Djott-Oasen, schlechter Standard. Freies Campieren erlaubt, in besiedeltem Gebiet bei der Garde National anmelden.
JH: 22 Herbergen, wovon nur einige zu empfehlen sind. Die Übernachtung kostet etwa 4 DM, Frühstück und Mittagessen oft erhältlich.
Hotels: In praktisch jedem Ort gibt es einfache Hotels ab 15 bis 20 DM/DZ, in größeren Orten Hotels verschiedener Kategorien (ab 40 DM/DZ, Verzeichnis beim FVA).

Geld & Papiere
Die Einfuhr von Dinar ist verboten. 1 Dinar kostet 1,60 DM. Die Kaufkraft der DM liegt um etwa ein Drittel höher als in der BRD. Empfehlenswerte Zahlungsmittel sind DM in bar und als Reisescheck.

Zur **Einreise** ist nur ein Reisepaß erforderlich, ein Visum erst bei mehr als 4 Monaten Aufenthalt.
Konsularische Hilfe: Deutsche Botschaft, 1, Rue el hamra, 1002 Mutuelleville, Tunis, ℂ 01/786455

A: 1004 Tunis, 16 Rue Ibn Hamdis, El Menzah, ✆ 01/238696
CH: 1002 Tunis, 10 Rue Ech-Chenkiti Mutuelleville, Belvedere, ✆ 01/281917
Telefon: Direktwahl von Tunesien in die BRD 0049, umgekehrt 00216.

Ungarn
Naturräume
Das ungarische Tiefland (von der Donau unterbrochen) wird durch das hügelige bis plateau-ähnliche, von SW nach N verlaufende Mittelgebirge (200 bis 1000 m hoch, mit Weinbau an den Südhängen und dem Plattensee im südlichen Teil) in die Kleine Tiefebene (von Wien nach Budapest) und in die Große Niederungarische Tiefebene (äußerst flache, ausgeprägte Steppenlandschaft) getrennt.

Radelgebiete
Plattensee: Schon im Frühjahr ausreichende Badetemperaturen. Ideal für Familien. Radelverbot auf der Nationalstraße am Südufer. Unterkünfte und Campingplätze sind im Juli und August schwierig zu ergattern.
• *Donau:* Wer Flußstrecken mag, wird begeistert sein. Am ungarischen Donauteil läßt sich weitgehend von der österreichischen bis zur serbischen Grenze fahren. Empfehlenswert das Donauknie. Budapest ist eine mehrtägige Pause wert. Lohnenswert auch ein Abstecher nach Transdanubien westlich der Donau.
Puszta: Diese Tiefebene ist Inbegriff unseres Ungarn-Bildes: Weite, Pferde, Zigeunermusik. Die Romantik läßt sich zum Teil tatsächlich noch

nachempfinden. Große Weizen-, Sonnenblumen- und Paprikafelder. Oft unangenehm starker Wind, der durch die landschaftlich eintönige Ebene pfeift.
Norden: Abwechslungsreich die Gebirgsketten Mátra, Bükk und Zempléni. Entlang der Theiß (Tisza) auf unbefestigten Uferwegen oder kleinen Nebenstraßen.

Klima & Reisezeit
Kontinental mit kalten Wintern und trockenen und warmen, vor allem in den Ebenen oft heißen Sommern (um 30°C). Niederschläge im Tiefland teilweise unter 500 mm durchschnittlich.
Hauptwindrichtung: Im Westen aus N, in der großen Pannonischen Tiefebene aus NW bis SW, im Süden NW bis NO. Jährlich durchschnittliche Windgeschwindigkeiten von 3,3 m/sec im Westen, 4,2 m/sec in der Tiefebene und 3,3 m/sec im Süden.
Besondere Winde: *Kossava* (Südungarn, Nördliches Serbien, Morava-Tal): Ein die Täler Serbiens herabwehender, staubführender Südostwind der kalten Jahreszeit. Die Kraft des Windes nimmt in der Ebene meist rasch ab.
Balaton-Wind (Plattensee): Seewind aus W bis NW.
Reisezeit: März bis Ende September; ideal sind Frühjahr und Herbst.
Von Juni bis August sind kaum Unterkünfte frei, besonders am Plattensee.

Info-Adressen
Ungarisches Fremdenverkehrsamt, Berliner Straße 72, 60311 Frankfurt

a.M. 1, ℗ 069/20929: Campingplatzliste, Veranstaltungskalender, Broschüren »Mit dem Fahrrad durch Ungarn«, »Junge Leute in Ungarn«, sowie eine brauchbare Karte mit detaillierten Informationen (Camps, Fähren …) im Maßstab 1:650.000.

IBUSZ-Reisebüro, Schäfergasse 17, 60313 Frankfurt a.M., ℗ 069/ 2998870

MKTE (Vereinigung der ungarischen Radwanderer), 1065 Budapest, Bajsy-Zsilinszky ut 31, ℗ 112467 oder 119289

Radlerkarten und -tips in Budapest, Petöfi, Sándor uctá 17-19

Ungarische Botschaft, Turmstraße 30, 53175 Bonn, ℗ 0228/376797

Generalkonsulat in Berlin

Gesundheit

Es besteht kein Sozialversicherungsabkommen, deshalb Reisekrankenversicherung abschließen.

Karten & Reiseführer

Übersichtskarte Magyarors-zág, 1:300.000, 4 Teile mit Höhenlinien, zusammen 32 DM

Magyarország autótérképe, 1:500.000. Klassifiziertes Straßennetz, Ortsregister, in Ungarn für 6 DM

RV, 1:300.000, 14,80 DM. leicht veraltet, aber zur Übersicht brauchbar, rot markierte Straßen meiden.

Megyetérképe, 1:150.000, 20 Bl (topografisch-touristische Karte, brauchbar für festen Standort

Zur Planung äußerst hilfreich ist auch die in der Höhendarstellung gute Karte vom FVA (1:165.000)

Reiseführer: Kettler, Ungarn per Rad, 19,80 DM

Mundo, EXpress Reisehandbuch, Ungarn, hrsg. von Andras Rigo, 39 DM

Rowohlt Anders reisen, Ungarn, H. Knabe, 19,80 DM (Kultur, Umwelt, Politik, Schwerpunkt Budapest)

VSA, Ungarn, ein politisches Reisebuch, 32 DM

NP, Mit dem Rad zu Kultur und Natur: Plattensee, H. Lugschitz, 26 DM

NP, Mit dem Rad von Wien bis Budapest, E. Zott, 17 DM

Moby Dick, Fahrradführer Donau, Wien – Budapest, W Steininger, 19,80

Mundo, Mit dem Fahrrad nach Istanbul. (Radwandern, unter anderem durch Ungarn), 26 DM

Müller, Ungarn, von H. Zeutschner, 29,80 DM

Straßenverhältnisse

Das dichte Straßennetz ist in der Regel gut in Schuß, nur teilweise mit Schlaglöchern und Kopfsteinpflaster. Außer im Sommer am Plattensee mäßige Verkehrsdichte. Mit einstelligen Zahlen gekennzeichnete Fernstraßen sind für Radler verboten, jedoch ist dies nicht immer einzuhalten.

Ersatzteile

Auch in Budapest gibt es kaum Spezialgeschäfte, deshalb lieber alles mitnehmen. Einfache Verschleißteile bekommt man aber fast überall. In der Broschüre »Radtouren in Ungarn« vom FVA sind einige Adressen von Fahrradläden enthalten, besonders in Budapest. Benzinkocher empfehlenswert.

Radtransport

Bahn: Magyar Államvasutak (MÁV), Generaldirektion, Atg. Dienstleistung, Herrn Béla Rimóczi (Fahrradbeauftragter), Andrássy út 73 – 75, 1940 Budapest, ℅ 00361/122-0660, Fax 142-8596. Im Inland Aufgabe in Zügen mit Gepäckwagen entfernungsabhängig gegen 1 bis 6 DM möglich.

Sparangebote: Netzkarte 10 Tage 227 DM, 20 Tage 304 DM, 30 Tage 510 DM

Bus: Dichtes Netz, über Fahrradmitnahme verhandeln.

Fahrradverleih

An 9 Bahnhöfen am Balaton und 7 weiteren Stationen kann man Fahrräder ausleihen (3 – 5 DM/Tag). Bei den 20 Touristik-Leihstationen »Ezerme-ster« kann man neben Rädern auch Sport- und Wanderausrüstungen bekommen, meist von Mai bis September und in der Nähe von Campingplätzen oder »Express«-Urlaubsgeländen. Liste in »Junge Leute in Ungarn« vom FVA.

Fähren

Ab Wien verkehrt von April bis Oktober ein Tragflügelboot nach Budapest, ca. 120 DM, 4,5 Stunden, Fahrräder anmelden. Eine Vielzahl von Fähren auf Balaton und Donau, Gebühr ca. 2 DM pro Person und Rad.

Übernachten

Camping: Etwa 200 Plätze verschiedener Kategorien, viele an Donau und Plattensee. Sie kosten um 5 DM pro Nacht und sind von Mai bis September

Die Ersatzteilversorgung ist noch dünn, die Hilfsbereitschaft der Ungarn groß

ber geöffnet (Liste beim FVA). Außerdem gibt es schon viele Privatplätze. Freies Zelten ist verboten, wenn aber zur Hauptsaison alles überfüllt ist, geduldet.

JH: Es sind zwar etwa 50 ausgewiesen, aber davon werden nur 35 ausschließlich während der Saison geöffnet (Studentenheime, Schulen etc.). Die Übernachtung kostet 8 bis 12 DM, Voranmeldung ist empfehlenswert. Infos bei Express, 1054 Budapest, Szabadság tér 16, ℗ 530660.

Hotel: Ein- bis Fünf-Sterne-Hotels sind in touristischen Gebieten reichlich vorhanden. Preis für ein Ein-Sterne-Hotel ab 25 DM/DZ, in der Hauptsaison zum Teil schwierig zu bekommen.

Privatzimmer »szoba kiadó« sind häufig ausgeschildert und kosten ab 15 DM (Verzeichnis beim FVA).

Ferienhäuser oder Hütten in der Nähe von Campingplätzen eignen sich für einen längeren Aufenthalt, 10 bis 15 DM pro Person.

Geld & Papiere

100 Forint kosten ca. 1,70 DM. Die Mark ist hier 20 % mehr wert als in D. Die Einfuhr von mehr als 100 Forint ist verboten! Kein Mindestumtausch, wegen der hohen Inflation wird der Wechselkurs des Forint dauernd angepaßt, also immer nur kleinere Mengen tauschen. Postsparbuch akzeptiert.

Einreisebedingungen: Bundesdeutsche benötigen zur Einreise einen noch mindestens 6 Monate gültigen Paß oder Personalausweis. Bei einem Aufenthalt von mehr als 30 Tagen vor Ablauf der Frist bei der Polizei anmelden. Schweizer benötigen ein Visum.

Bei der Einreise am besten *über die Grenze radeln,* dann braucht man das Rad nicht durch den Zoll zu schleusen (am Wochenende geschlossen).

Konsularische Hilfe: Deutsche Botschaft, Izso utca 5, 1440 Budapest, ℗ 061/224204

A: 1068 Budapest, Benczur ucta 16, ℗ 061/229467

CH: 1143, 1068 Budapest, Népstadion ucta 107, ℗ 061/1229491

Telefon: Von D nach Ungarn Direktwahl mit 0036. Von Ungarn nach D anmelden, aus größeren Städten von roten internationalen Telefonen Selbstwählverkehr: 00 (Pfeifton abwarten), dann 49. Deutschland-Direkt ℗ 00/800/049/11

Zypern
Naturräume

Zwischen zwei von West nach Ost parallel zur Küste verlaufende Gebirgsketten liegt die Ebene Massaria, zum größten Teil aber auf dem türkischen Gebiet der Insel. Das Gebirge im Norden ist bis 1022 m hoch und fällt zur Küste steil ab. Das südliche Trodos-Gebirge steigt teilweise bis 1952 m Höhe steil an, hat jedoch einen flachen vorgelagerten Küstenstreifen.

Radelgebiete

Hauptsächlich im »freien« (griechischen) Südteil der Republik Zypern unzählige Kirchen und Klöster, oft in schöner Hanglage. Im südlichen Gebirge Steigungen bis 20 %, aber herrliche Aussichten, prachtvolle Orchideen und andere seltene Pflanzen. Den 1952 m hohen Olympus nicht vergessen, Straße führt bis auf den Gipfel.

Klima & Reisezeit

Subtropische, trocken-heiße Sommer, teilweise bis 40°C. Milde Winter bei 10 bis 15°C. Niederschlag im Norden 400 bis 600 mm, im Gebirge bis 1600 mm. Flüsse führen nur im Winter und im Frühjahr Wasser.

Hauptwindrichtung aus Nord, im Winter aus Süd, in der Ebene Massaria aber aus West.

Reisezeit: Februar bis November. Juli und August sind heiß (über 33°C, wenig Schatten an den Straßen), in den Bergen ist es etwas kühler. Frühling und Herbst sind die angenehmeren Reisezeiten. Im Spätsommer steigen die Wassertemperaturen bis 28°C, selbst im Januar und Februar liegen sie noch bei 16°C.

Info-Adressen

D: Fremdenverkehrsamt Zypern, Kaiserstr. 50, 60329 Frankfurt a.M., ✆ 069/251919
A: Fremdenverkehrszentrale Zypern, Walfischgasse 6, 1040 Wien, 01/5121458
CH: Fremdenverkehrsamt Zypern, Gottfried-Keller-Straße 7, 8001 Zürich, ✆ 01/2623303
Botschaft von Zypern, Kronprinzenstraße 58, 53173 Bonn, ✆ 0228/363336

Gesundheit

In der Regel muß der Reisende alle Kosten selbst bezahlen und dann mit der Krankenkasse abrechnen. Reisekrankenversicherung abschließen!

Karten & Reiseführer

Topograhical Map Cyprus, 4 Blätter, 1:100.000, zus. 64 DM
Amtl. Administration Road Map Cyprus, 1:250.000, 24,80 DM
Freytag & Berndt, 1:250.000, Straßenkarte mit Kultur- & Freizeitführer, 9,80
RV, 1:200.000 mit Freizeitinfos, 14,80 DM
Reiseführer: DuMont, Richtig reisen, von K. Bötig, 44 DM
Iwanowski, Klöster, Strände & Gebirge, Reisehandb. Zypern, 36,80 DM
Hoff, Zypern-Reisehandbuch, E. Hoff & M. Korst, 26,80 DM
VSA, Zypern, ein politischer Reiseführer, W. Klawe, 32 DM

Straßenverhältnisse

Linksverkehr. Im allgemeinen gute, asphaltierte, in den Bergen zum Teil unbefestigte Straßen. Ein Mountain Bike mit 18 Gängen ist zu empfehlen.

Ersatzteile

Nur einfache Ersatzteile zu bekommen, vollständige Werkzeugtasche mitnehmen. Benzinkocher empfehlenswert.

Radtransport

Mit Bussen und Sammeltaxis möglich, lohnt sich wegen der kurzen Entfernungen aber kaum.

Fähren

Nach Limassol ab Heraklion/Kreta ab 100 DM und ab Piräus ab 120 DM zuzüglich einer Hafentaxe von circa 15 DM; Viamare, Köln, ℗ 0221/2573781. Vom türkischen Mersin ins türkisch-zypriotische Magosa für 65 DM, bei Reca, Sindelfingen, ℗ 07031/866010. Fahrradmitnahme überall gratis.

Nach Israel siehe dort.

Fahrradverleih

An einigen Hotels an der Küste für 4 bis 6 DM/Tag möglich.

Übernachten

Camping: Es gibt 7 offizielle Campingplätze, außerhalb von Ortschaften in Strandnähe. Infos beim FVA. Private Plätze sind meist an Restaurants angegliedert. Freies Zelten ist nur mit Erlaubnis des Platzbesitzers erlaubt.

JH: 6 Herbergen, 8 bis 12 DM/Nacht.

Klöster: Gegen eine Spende nehmen einige große Klöster Gäste auf.

Pensionen ab 10 DM

Guest Houses: 12 bis 30 DM/Nacht

Hotels: Doppelzimmer ab 38 DM

Geld & Papiere

1 Pfund (CYL) = 3,50 DM. Ein- und Ausfuhr von mehr als 50 Pfund ist verboten. Mitgeführte Beträge von mehr als 1000 US $ Fremdwährung müssen bei der Einreise deklariert werden. Empfehlenswerte Zahlungsmittel sind DM in bar oder als Reisechecks sowie Euroschecks. An 16 Geldautomaten kann mit der EC-Karte abgehoben werden.

Einreise: Es ist ein noch 6 Monate gültiger Reisepaß, aber kein Visum erforderlich.

Als Radfahrer kollidiert man auf der kleinen Insel schnell mit der *Demarkationslinie*. Wer im nördlichen (türkisch-zypriotischen) Teil ankommt, darf den größeren Südteil nicht beradeln. Wer im Süden gelandet ist, bekommt nur für einen Tag eine Einreisegenehmigung in den Norden.

Konsularische Hilfe: Deutsche Botschaft, 10 Nikitaras Str., Nikosia, ℗ 02/444362

A: Dem. Severis Str. 33, Nikosia, ℗ 02/451994

CH: Olympos Str. 4, Latsia, ℗ 02/3882282

Telefon: Von Zypern Direktwahl in die BRD 0049, umgekehrt 00357.

SARDINIEN

Reisebegleiter für Erholungs- & Erlebnisurlaub

Die italien-erfahrene Autorin zeigt dem Leser, wie er die vielfältige Mittelmeerinsel sowohl mit dem eigenen Fahrzeug als auch mit öffentlichen Verkehrsmitteln behutsam entdecken kann. Neben der einfühlsamen Landeskunde und der ausführlichen Geschichte alter Kulturen, die ihre sensationellen Spuren auf der Insel hinterließen, bietet dieser praktische und aktuelle Reiseführer kundige Beschreibungen von Orten, Sehenswürdigkeiten und *allen* Campingplätzen. So hilft er, einen preiswerten, aktiven und individuellen Urlaub zu erleben.

544 Seiten, 54 Karten, Pläne und Grundrisse, 130 Fotos und Stiche
Peter Meyer Reiseführer
ISBN 3-922057-26-8
DM/SFr 29,80 • ÖS 233

LA PALMA

Aktivurlaub auf der grünsten der Kanarischen Inseln

Der Autor, der mehrere Monate im Jahr auf La Palma lebt, sensibilisiert für ihre Schönheiten ebenso wie für ihr prekäres Gleichgewicht. Das Buch führt Sie von Ort zu Ort rund um die Insel, stets mit genauen Angaben zu Unterkünften und kulinarischem Angebot. Es begleitet Sie bei allen Aktivitäten und zeigt Ihnen, wie sich das Leben genießen läßt. Darüberhinaus ist es ein veritabler **Wanderführer** mit genauen Detailkarten für 33 Touren per pedes oder auf 2 Rädern.

320 Seiten, 27 Pläne, 4 farbige Klappenkarten, 7 Schaubilder, 73 Fotos, 27 Zeichn. & Radierungen
Peter Meyer Reiseführer
ISBN 3-922057-32-2
DM/SFr 29,80 • ÖS 233

ANDALUSIEN

Praktischer Kulturreiseführer in den Süden Spaniens

Die von der arabischen Kultur am stärksten geprägte Region Spaniens fasziniert durch die Dichte der kulturellen Höhepunkte, die den Gegenpol zu den einsam schlummernden Bergdörfern und den Nationalparks bilden: Sevilla, die Vielfältige, Granada und die Alhambra, Córdoba mit der Mezquita, Málaga und Cádiz – Städte des Meeres. Weiße Dörfer in stillen Landschaften … und natürlich die Bade- und Surferparadiese an der Costa del Sol und der Costa de la Luz. – Andalusien sehen, verstehen, erleben.

384 Seiten, 24 Karten und Grundrisse, 64 Fotos und Stiche
Peter Meyer Reiseführer
ISBN 3-922057-45-4
DM/SFr 29,80 • ÖS 233

 Peter Meyer Reiseführer

In jeder guten Buchhandlung - fragen Sie danach!

LEXIKON & ADRESSEN

DAS RADLERLEXIKON

Auf den folgenden Seiten haben wir die für Radler wichtigsten Wörter und Phrasen in sechs Sprachen zusammengestellt: Englisch, Französisch, Spanisch, Portugiesisch, Italienisch und Niederländisch.

Deutsch	Englisch	Französisch	Spanisch
Teile			
Birne	bulb	ampoule	bombilla
Bolzen	bolt	boulon	perno
Bremse	brake	frein	freno
Bremskabel	brake cable	cable de frein	cable de freno
Dynamo	generator	dynamo	dínamo
Felge	rim	jante	llanta
Felgenbremse	brake	frein	freno de llante
hinten/vorn	rear/front	arrière/avant	trás/delante
Fett	grease	graisse	grasa
Freilauf	freewheel	roue libre	rueda libre
Gepäckträger	carrier	port bagage	porta equipaje
Kette	chain	chaine	cadena
Kettenrad	chainwheel	plateau de pédaler	rueda de cadena
Kettenschaltung	derailleur	dérailleur	cambio de marchas
Klingel	bell	clochette	timbre delantera
Kugeln	balls	billes	bolas
Kugellager	ball bearings	roulements à billes	cojinte de bolas
Kurbelkeil	cotter pin	elavette	chaveta hendida
Lenker	handlebars	guidon	guía
Licht	light	feu	luz
Vorder-	front	avant	delantera
Rück-	rear	arrière	trasera
Luftpumpe	pump	pompe	inflandor
Nabenschaltung	variable speed	change à moyeu	cambio de velocidades
Öl	oil	huile	aceite
Pedal	pedal	pédale	pedal
Rad	wheel	roue	rueda
Radnabe	hub	moyeu	cubo de rueda
Rahmen	frame	cadre	cuadro
Reifen	tyre	pneu	pneumático
Rückstrahler	reflektor	reflécteur	reflector
Sattel	saddle	selle	silla
Schlauch	inner tube	chambre à air	cámara de aire
Schloß	lock	anti-vol	seguro o cerrejo
Schraube	volt	vice	tornillo
Schraubenmutter	nut	écrou	tuerca
Schutzblech	mudguard	garde-bou	guarda barro
Speiche	spoke	rayon	rayo de rueda
Tretkurbel	crank	manivelle	palance
Trommelbremse	trumbrake	frein à tambour	freno de tambor
Umwerfer	changer	dérailleur	cambio de marchas

Deutsch	Englisch	Französisch	Spanisch
Ventil	valve	valve	valvula
Vorbau	stem	potence	
Vordergabel	fork	fourche	norquilla
Zahnkranz	freewheel	couronne dentée	corona dentada

Werkzeug

Deutsch	Englisch	Französisch	Spanisch
Draht	wire	fil	alambre
Flickzeug	repair kit	nécessaire de réparation	material para reparaciones
Hammer	hammer	marteau	martillo
Inbus	inbus	inbus	inbus
Nietendrücker	priprivet	machine à river	separador de remaches
Schlauchklemme	jubilee clip	collier	abrazadera jubilee
Schlüssel	spanner	clef	clave
Schraubenzieher	screwdriver	tournevis	destornillador
Schraubstock	vice	étau	torno
Zange	pair of pliers	pince	tenazag

... außerdem

Deutsch	Englisch	Französisch	Spanisch
Guten Tag	good morning/afternoon	bonjour	buenos días
Guten Abend	good evening	bon soir	buenas tardes
Danke	thank you	merci	gracias
Bitte	please	s'il vous plaît	por favor
Können Sie ...	Can you ...	Pouvez-vous ...	¿Puede Usted ...
– den Weg erklären nach ...?	show the way to ...?	montrer la direction à ...	enseñar el camino a ...?
– mein Rad reparieren?	repair my bicycle ?	réparer mon vélo?	reparar mi bicicleta?
Bis wann?	How soon?	Jusque quand?	¿Hasta cuándo?
Wo ist ...?	Where is ...?	Où est ...?	¿Dónde está ...?
nächste/r/s/	next	le/la prochain/e	el/la próximo/a
Lebensmittelladen	(food)shop	l'épicerie	almacén
Bäckerei	baker	boulangerie	panadería
Wasserstelle	waterplace	poste d'eau	fuente de agua
Unterkunftsmöglichkeit	place to sleep	possibilité de dormir	posibilidad de pasar la noche
Hotel	hotel	l'hôtel/auberge	hotel
Telefon	telefon	téléphone	teléfono
Fahrradgeschäft	bicycle shop	magazin de velo	tienda de bicicletas
Schlosserwerkstatt	garage	ateliers de semunier	taller
Welche Richtung?	What direction?	Quelle direction?	¿En qué dirección?
Wieviele Kilometer?	How many kilometers?	Cobien de kilomètres?	¿Cuántos kilómetros son a ...?
Was kostet es?	How much is it?	Ça fait combien?	¿Cuánto vale?
Bitte, schreiben Sie es auf	Please write it down.	Pourriez-vous l'écrire?	Por favor, escríbalo.
Ist es mödglich, auf diesem Platz für eine Nacht zu bleiben?	Is it possible to stay a night on that ground?	Est-ce possible de passer la nuit à cette place?	¿Es posible pasar la noche aquí?

Deutsch	Portugiesisch	Italienisch	Niederländisch
Teile			
Birne	lampada	lampadina	lampje
Bolzen	cavilha	ballone	bout
Bremsen	travao	freno	rem
Bremskabel	cabo de travao	cavo del freno	rem kabel
Dynamo	dinamo	dinamo	dynamo
Felge	pina/jante	cerchione	velg
Felgenbremse	travao	freno	velgrem
hinten	detràs	posteriore	achter
vorne	da frente	anteriore	voor
Fett	gordura	grasso	vet
Freilauf	roda livre	ruota libera	freewheel
Gepäckträger	portabagagem	porta bagagli	bagagedrager
Kettenrad	roda de engrenagem	ruota a catena	ketting wiel
Kettenschaltung	mudenca	cambio	derailleur
Klingel	campainha	campanello	bel
Kugeln	esferas	sfera	kogels
Kugellager	rolamento de esferas	cuscinetto a sfere	kogellager
Kurbelkeil	chaveta	chiavetta	spie
Lenker	guiador	manubrio	steuer
Licht	farol	faro	licht
Vorder-	anterior	anteriore	voor
Rück-	posterior	posteriore	achter
Luftpumpe	bomba de ar	pompa	pomp
Nabenschaltung	velocidade variavel	cambio a mozzo	versnelling snaaf
Öl	oleo	olio	olie
Pedal	pedal	pedale	pedaal
Rad	roda	routa	wiel
Vorder-	da frente	anteriore	voor
Hinter-	traseira	posteriore	achter
Radnabe	eixo	mozzo	wielnaaf
Rahmen	moldura	telaio	frame
Reifen	rodas	pneumatico	buitenband
Rückstrahler	reflector	riflettore	reflector
Sattel	selim	sella	zadel
Schlauch	camara de ar	camera d'aira	binnenband
Schloß	fecho de segurance	lucchetto	slot
Schraube	parafuso	vite	schroef
Schraubenmutter	porea	dado	schroef niver
Schutzblech	guarda-lamas	para fango	spatbord
Speiche	raio	raggio	spaak
Tretkurbel	manivela	pedivella	crank
Trommelbremse	travao freio	freno a tamburo	trommelrem
Umwerfer	mudenca	deragliatore	versteller
Ventil	válvula	valvola	ventiel
Vorbau	suporte	attacco	steuerpen
Vordergabel	forquilha	forcella	voorvork
Zahnkranz		corona dentata	tandwiel

Deutsch	Portugiesisch	Italienisch	Niederländisch
Werkzeug			
Draht	fio, arame	filo metallico	draad
Flickzeug	material de arranjo	arnesi da rammendo	reparatie-doosje
Hammer	martelo	martello	hamer
Inbus	inbus	inbus	inbussleutel
Nietendrücker	martelo de orelhas	macchina ribaditore	nietmachine
Schlauchklemme	clip para pneumatico	pinza da tubi	slaugen klem
Schlüssel	chave inglesa	chiave inglese	moersleutel
Schraubenzieher	chave de parafuses	cacciavite	schroevendraaier
Schraubstock	torno	morsa	banleschroef
Speichendreher	roda de raios		spaakpen
Zange	alicate	pinza	buigtang
... außerdem			
Guten Tag	bom dia/boa tarde	buon giorno	goedemorgen
Guten Abend	boa noite	buona sera	goedenavond
Danke	obrigado	grazie	dank u wel/dank je wel
Bitte	por favor	prego/per favore	alstublieft
Können Sie ...	Pode ...	Puo ...	Kunt u ...
– den Weg erkl. nach...	explicar o caminho ...	indicare la direzione ...	den weg wijzen naar ...
– mein Rad reparieren?	arranjar a minha bicicleta?	riparare la mia bicicletta?	mijn fiets repareren?
Bis wann?	Quando está?	Fino a quando?	Tot wanneer?
Wo ist der/die/das nächste ...	próximo/a ...	Dov'è la/il prossima/o...	Waar is de/het dichtbijzijnde ...
Lebensmittelgeschäft	loja de alimentos /supermercado	negozio di generi alimentari	de winkel
Bäckerei	padeiro	panetteria	de bakker
Wasserstelle	fonte (Quelle) /água (Wasser)	la fonte	de drinkplaats
Unterkunfts- möglichkeit	possibilidade de pernoitar	possibilità per dormire	overnachtings mogelykheid
Campingplatz	parque de campismo	il campeggio	de kampeerplaats
Hotel	hotel	l'albergo	het hotel
Telefon	telefone	il telefono	de telefoon
Fahrradgeschäft	loja de bicicletas	negozio di biciclette	de fietsenwinkel
Schlosserwerkstatt	mecanicoo, oficina	la fucina/officina di riparazioni	de monteur/ de garage
Welche Richtung?	Em que direcc~ao	Che direzione?	Welke richting?
Wieviele Kilometer?	Quantos quilómetros?	Quanti chilometri?	Hoeveel kilometer?
Was kostet es?	Quanto custa?	Quanto fa?	Hoeveel zal het kosten?
Bitte, schreiben Sie es auf.	Escriva, por favor.	Prego, noti questo.	Wilt u het opschrejven,
Ist es möglich, auf die- sem Platz für eine Nacht zu bleiben?	E possivel per- noitar sobre neste campo?	È possibile di pernot- tare una notte su questo campo?	Mag ik op deze plaats kamperen foor een nacht?

Adressenverzeichnis

Fahrradversandgeschäfte

Mit Ladenverkauf = (L)
Zum Teil nur Versandhandel = (V)

Bicycle, Fasanenstr. 30, 33607 Bielefeld, ✆ 0521/92807-0, Katalog 10 DM (V, L)

2-Radcenter Rose, Ravardistraße 48, 46399 Bocholt, ✆ 02871/997510, Katalog 10 DM (V, L)

Centurion Renner, Blumenstraße 49, 71106 Magstadt, ✆ 07159/400630, vertreibt u.a. das Radnabendynamo

Radsport Brügelmann, Oberhiederbacher Weg 42, 65843 Sulzbach, ✆ 06196/750075 (V, L), Katalog 12 DM (V, L)

Radsport Gerber AG, Luzernstr. 38, 4665 Oftringen, ✆ 062/975577

Transa-Veloläden, Gasometerstr. 29, 8005 Zürich, ✆ 071/2719040, versenden Velohandbuch

Veloplus, Hochstr. 16, CH-8330 Pfäffikon, ausführlicher Katalog für Schweizer kostenlos, sonst 10 sFr; Mindestbestellwert für Nicht-Schweizer 300 sFr

Reiseradhersteller

Hersteller von Behindertenrädern siehe Seite 65, Tandembauer Seite 117.

Bicycle, Fasanenstraße 30, 33607 Bielefeld, ✆ 0521/92807-0

Schubert & Schefzyk, Magdeburger Str. 12, 64372 Ober-Ramstadt, 06154/52466

Mittendorf Radstudio, Hauptstr. 58, 55756 Herrstein, ✆ 06785/7444

Technobull, Platanenstraße 9, 63179 Obertshausen 2, ✆ 06104/71012

Utopia Fahrradmanufaktur, Eschberger Weg 1, 66121 Saarbrücken, 0681/816506

Ausrüstungsläden

Alles für Tramper, Bundesallee 88, 12161 Berlin, ✆ 030/8518069

alles Outdoor, Klostergut 5, 38372 Büddenstedt, ✆ 05352/7654. Gebrauchtmarkt

Alpinsport, Sulzbacher Str. 69, 90489 Nürnberg, ✆ 0911/550155

Äquator GmbH, Hohenzollernstr. 93, 80796 München, ✆ 089/2711350

Därr-Expeditions-Service, »Därr's Travel-Shop«, Theresienstraße 66, 80333 München, ✆ 089/282032

Globetrotter- und Expeditionsausrüstung, Georg Bannat, Lietzenburger Straße 65, 10719 Berlin, ✆ 030/882760

Globetrotter-Ausrüstungen Denart & Lechart, Wiesendamm 1, 22305 Hamburg, ✆ 040/291223, sowie Wilsdruffer Str. 3, 01067 Dresden, ✆ 4952116

Globetrotter-Ausrüstungen, Horst Pritz, Schmiedgasse 17 – 19, 94032 Passau, ✆ 0851/36220

Globetrotter-Service, Edwin Kreutzer, Konstanzer Straße 50, 10707 Berlin, ✆ 030/871164

Globetrotter-Zentrale, Bernd Tesch, Karlsgraben 29, 52064 Aachen, ✆ 0241/33636

LARCA-Sportartikel, Schloßstraße 49, 70174 Stuttgart, ✆ 0711/225133

Lauche und Maas, Expeditionsausrüstung, Alte Allee 28a, 81245 München, ✆ 089/880705, und Karl-Liebknecht-Str. 11, 07749 Jena

Sahara-Spezial (Versand), Bachstr. 10, 35664 Hohenahr, ✆ 06446/6308. Laden in der Bahnhofstraße 69 in 35390 Gießen, 0641/73195

Sine-Ausrüstungen für Rucksackreisende, Oederweg 43, 60313 Frankfurt, ✆ 069/552233

Südwest-Versand, Magirusstraße 35, 89077 Ulm, ✆ 0731/170-70

Trans Globe, Alexanderstraße 35, 40210 Düsseldorf, ✆ 0211/326429

Woick Expeditionsservice, Gutenbergstr. 14, 73760 Ostfildern, 0711/455038

Schweiz:

Transa Backpacking AG, Josefstr. 59, CH-8005 Zürich, ✆ 01/2719040

Transa Backpacking AG, Leonhardgraben 8, 4051 Basel, ✆ 061/2617776

Transa Backpacking AG, Speichergasse 39, CH-3011 Bern, ✆ 031/211235

Österreich:

Hof & Turecek Expeditionsservice, Markgraf-Rüdiger-Straße 1, A-1150 Wien, ✆ 0222/922361

Steppenwolf, Kirchengasse 34/4, 1070 Wien, ✆ 01/5234055

Fähragenturen

Apollo Reisen GmbH, Straßburger Str. 42, 22049 Hamburg, ✆ 040/683252

Corsica Ferries – Sardinia Ferries, Georgenstr. 38, 80799 München, ✆ 089/337383

DER-TRAFFIC, Emil-von-Behring-Str. 6, 60439 Frankfurt a.M., ✆ 069/95881752

Hoverspeed, Oststraße 122, 40210 Düsseldorf, ✆ 0211/3613021

Ikon Rreisen, Schwanthaler Straße 31, 80336 München, ✆ 089/5501041

J.A. Reinecke GmbH & Co., Jersbeker Str. 12, 22941 Bargterheide, ✆ 04532/6510

Karl Geuther GmbH & Co., Martinistraße 58, 28195 Bremen, ✆ 0421/14970

P+O European Ferries Ltd., Graf-Adolf-Str. 41, 40210 Düsseldorf, ✆ 0211/38706-0

Poseidon Schiffahrt, Große Altefähre 20-22, 23552 Lübeck, ✆ 0451/1507-0

Reca-Handels-GmbH, Neckarstraße 37, 71065 Sindelfingen, ✆ 07031/866010

Reisebüro Norden, Ost-West-Straße 70, 20457 Hamburg, ✆ 040/360015

S.T.A., Postfach 111821, 60053 Frankfurt, T 069/730471

Sally Line Ltd., Münchener Str. 48, 60239 Frankfurt a.M., ✆ 069/250197

Scandinavian Seaways, Jessenstraße 4, 22767 Hamburg, ✆ 040/38903-0

Sealink Stena Line, Hildebrandstraße 4d, 40215 Düsseldorf, ✆ 0211/9055150

Seetours International, Seilerstr. 23, 63131 Frankfurt a.M., ✆ 069/1333-0

Silja Line GmbH, Zeißstr. 6, 23560 Lübeck, ✆ 0451/5899-0; Georgsplatz 1, 20099 Hamburg, ✆ 040/321384; Skandinavienkai, 23570 Lübeck-Travemünde, ✆ 04502/4077

SNCM, Berliner Str. 31 – 35, 65760 Eschborn, ✆ 06196/42911

TT-Line GmbH & Co., Mattentwiete 8, 20457 Hamburg, ✆ 040/3601442

Viamare GmbH, Apostelnstr. 9, 50667 Köln, ✆ 0221/2573781

Schweiz & Österreich:

Lavanchy S.A., Rue du Bourg 15, CH-1002 Lausanne, ✆ 021/203631

J. Ouboter A.G., Pelikanplatz 15, CH-8022 Zürich, ✆ 01/2113611

Universal Reisen, Schubertring 9, A-1015 Wien, ✆ 0222/736348

»Reisen in Einer Welt«

Aktionsgemeinschaft Solidarische Welt e.V. (ASW), Hedemannstraße 14, 10969 Berlin, ✆ 030/2510265

amnesty international, Sektion der BRD e.V., Heerstr. 178, 53111 Bonn, ✆ 0228/650981

Arbeitsgruppe Ferntourismus, Anita Orlovius, Loreleystraße 8, 50677 Köln

Arbeitskreis Tourismus & Entwicklung, Missionsstraße 21, CH-4003 Basel, ✆ 061/2614742; diverse Publikationen

Arbeitskreis Welthandel des Aktionszentrums Arme Welt, Lange Gasse 2, 72070 Tübingen, ✆ 07071/23062

Bildungs- und Aktionszentrum »3. Welt« e.V., Oranienstraße 159, 10969 Berlin

Bundeskongreß entwicklungspolitischer Aktionsgruppen (BuKo), Nernstweg 32-34, 22765 Hamburg, ✆ 040/ 393156

Bundesministerium für wirtschaftliche Zusammenarbeit, AG Touristen in die »3. Welt«, Ingo Ferrari, Postfach 120322, 53045 Bonn, ✆ 0228/535-1; Publikationen

Deutsche Stiftung für Internationale Entwicklung, Endenicher Straße 41, 53115 Bonn, ✆ 0228/631881

Deutscher Entwicklungsdienst DED, Kladower Damm 299, 14089 Berlin

Erklärung von Bern, Quellenstraße 25, CH-8005 Zürich; Entwicklungspolitik

Gesellschaft für bedrohte Völker, Postfach 2024, 37010 Göttingen

Gruppe Neues Reisen e.V., Postfach 8, 25822 St. Peter-Ording; Publikation: Reisebriefe

Informationszentrum »3. Welt«, Mechthild Mauer, Kronenstraße 14a, 79100 Freiburg

Zentrum für Entwicklungsbezogene Bildungsarbeit ZEB, Postfach 100340, 70747 Leinfelden-Echterdingen, ✆ 0711/7989281

Fachstelle für Ferntourismus in der EKD

Geographische Buchläden und Landkartenhandlungen

Äquator, Hohenzollernstr. 93, 80796 München

Aigner, Arsenal-Platz, 71638 Ludwigsburg, ✆ 07141/924171

Angermann, Mauergasse 21, 65183 Wiesbaden

Baedecker Buchhandlung, Kettwiger Str. 23 – 25, 45127 Essen, und Friedrich-Ebert-Str. 31, 42103 Wuppertal

Braeuer, Kirchgasse 22, 65185 Wiesbaden

Buch-Kaiser, Kaiserstr. 199, 76133 Karlsruhe

Därr's Travelshop, Theresienstraße 66, 80333 München, ✆ 089/282032

Dannheimer, Bahnhofstr. 4, 87435 Kempten

Deuerlichsche Buchhandlg., Weender Straße 33, 37073 Göttingen

Eins zu hunderttausend, Wörthstr. 10, 24116 Kiel, ✆ 0431/16127.

Fata Morgana, Auf den Häfen 7 – 8, 28203 Bremen, ✆ 0421/78717

Geo Center (Internationales Landkarten-haus), Postfach 800830, 70508 Stuttgart, ✆ 0711/7800-791

Geographische Buchhandlung, Rosental 6, 80331 München, ✆ 089/265030

Gleumes & Co., Hohenstaufenring 47 – 51, 50674 Köln, ✆ 0221/211550

Götze Land & Karte, Bleichenbrücke 9, 20095 Hamburg, ✆ 040/3480313

Gutenberg Buchhandlung, Große Bleiche 29, 55116 Mainz

Heinrich-Heine-Buchhandlung, Schlüter-straße 1, 20146 Hamburg

Herder, Habsburgerstr. 91, 79104 Freiburg

Heymann-Buchzentrum, Eppendorfer Baum 27/28, 20249 Hamburg

Hugendubel, Nymphenburger Str. 25 – 27, 80335 München, und Im Steinbügel 12, 60435 Frankfurt a.M., ✆ 069/29982-130, und Ludwigsplatz 1, 90403 Nürnberg

Kiepert KG, Hardenbergstraße 4 – 5, 10623 Berlin, ✆ 030/3110090

Krüger, Westenhellweg 9, 44137 Dortmund

Tobias Löffler, B1,2, 68159 Mannheim

Mayersche Buchhandlung, Talbotstraße 25, 52068 Aachen, und Neumarkt, 50667 Köln; auch in Mönchengladbach

Osiandersche, Wilhelmstraße 12, 72074 Tübingen

Palm & Enke, Schloßplatz 1, 91054 Erlangen

Phönix, Oberntorwall 23, 33602 Bielefeld

Poertgen-Herder, Salzstr. 56, 48143 Münster

Prinz, T1, 1 – 3, 68161 Mannheim

Pustet, Gesandtenstraße 6, 93047 Regens-burg; auch in Augsburg

Rombach, Bertoldstraße 10, 79098 Freiburg

Sahara-Spezial (Versand), Bachstraße 10, 35644 Hohenahr, ✆ 06446/2334. Fern-reiseziele, besonders Afrika

Schmorl & von Seefeld, Bahnhofstraße 14, 30159 Hannover 1

Schropp Fachbuchhandlung, Lauterstr.. 14 – 15, 12159 Berlin, ✆ 030/8593812

Richard Schwarz KG, Eckenheimer Land-straße 36, 60318 Frankfurt, ✆ 069/553869, und Berliner Str. 72, ✆ 069/287278. Reise-buchhandlung mit großem Kartensorti-ment, besonders für Radler und Wanderer

Richard Schwarz Nachf., Lützowstr. 105, 10785 Berlin, ✆ 030/2613365

Siebengebirgsbuchhandlung, Alte Bahnhof-straße 1–26–21, 53173 Bonn

Stern-Verlag Janssen, Friedrichstraße 20 – 22, 40217 Düsseldorf

Thalia-Buchhandlung, Bramfelder Straße 102 B, 22305 Hamburg

Voigt Landkarten, Schiffstr. 6, 79098 Freiburg

Wenner, Große Straße 69, 49074 Osnabrück

Wittwer, Königstaße. 30, 70173 Stuttgart; auch in Esslingen

Österreich & Schweiz:

Freytag-Berndt & Artaria KG, Kohlmarkt 9, A-1010 Wien, ✆ 01/5332094

Hof & Turecek, Markgraf-Rüdiger-Straße 1, A-1150 Wien, ✆ 0222/922361 und 952174

Reisebuchladen, Kolingasse 6, A-1090 Wien, ✆ 0222/343384

Reiseladen, Dominikanerbastei 4, 1010 Wien, ✆ 01/5137577

Atlas Reisebuchladen, Schauplatzgasse 31, CH-3011 Bern, ✆ 031/229044

Globetrotter Travel Service, Rennweg 35, CH-8023 Zürich, ✆ 01/2117780; auch in Baden, Basel, Bern, Luzern, Winterthur und Sankt Gallen; nur Bücher

Travel Book Shop, Gisela Treichler, Rinder-markt 20, CH-8001 Zürich, ✆ 01/2523883, auch englische, ausgefallene Titel

Register
der Sachbegriffe

Abkürzungen

Außer den internationalen
Kfz-Kennzeichen der Länder
und den jeweils üblichen Kür-
zeln für die Währung kommen
in den »Länderinfos« vor allem
folgende Abkürzungen vor:

A: *Österreich*
CH: *Schweiz*
D: *Deutschland*
FVA: *Fremdenverkehrsamt*
FVV: *Fremdenverkehrs-*
    verein
LVA: *Landesvermessungs-*
    amt
BVA: *Bielefelder Verlags-*
    anstalt
F & B: *Freytag & Berndt*
K+F: *Kümmerly und Frey*
RV: *Ravenstein*
SW: *Südwest*
NO: *Nordost*
SO: *Südost*
NW: *Nordwest*
Mio: *Million*
MTB: *Mountain Bike*
DM: *Deutsche Mark*
DZ: *Doppelzimmer*
JH: *Jugendherberge*
Mo: *Montag*
Di: *Dienstag*
Mi: *Mittwoch*
Do: *Donnerstag*
Fr: *Freitag*
Sa: *Samstag*
So: *Sonntag*
s. *siehe*
S. *Seite*